MODERNISMO BRASILEIRO e MODERNISMO PORTUGUÊS

Arnaldo Saraiva

MODERNISMO BRASILEIRO e MODERNISMO PORTUGUÊS

Subsídios para o seu estudo e para a história das suas relações

EDITORA UNICAMP

FICHA CATALOGRÁFICA ELABORADA PELA
BIBLIOTECA CENTRAL DA UNICAMP

Saraiva, Arnaldo.
Sa71m Modernismo brasileiro e Modernismo português: subsídios para o seu estudo e para a história das suas relações – Campinas, SP: Editora da UNICAMP, 2004.

1. Literatura brasileira – História e crítica. 2. Literatura portuguesa – História e crítica. 3. Modernismo (Literatura). 4. Pré-modernismo. 5. Literatura comparada. I. Título.

CDD B869.09
869.09
ISBN 85-268-0626-2 809

Índices para catálogo sistemático:

1. Literatura brasileira – História e crítica	B869.09
2. Literatura portuguesa – História e crítica	869.09
3. Modernismo (Literatura)	809
4. Pré-modernismo	809
5. Literatura comparada	809

Sumário

Livro II — Documentos inéditos

Livro III — Documentos dispersos

Esta edição

O leitor tem em mãos um estudo concluído em 1985 e editado em Portugal em março de 1986. De então para cá, houve inovações na área da teoria e da análise literária, as relações entre Portugal e o Brasil conheceram novas fases, em geral mais eufóricas, e aumentou substancialmente a bibliografia sobre os modernismos português e brasileiro, que o autor não deixou de estudar. Isso poderia justificar várias intervenções (atualizações, ampliações, amputações, alterações...) que de algum modo desfigurariam uma obra naturalmente datada mas pioneira. Por isso, e também porque não julga desinteressantes as pesquisas de que deu conta, praticamente inéditas para muitos estudiosos brasileiros, nem obsoletos os seus pontos de vista, o autor achou por bem limitar-se a modificações pontuais: correção de gralhas ou de alguma imprecisão, pequenos ajustes estilísticos, uma ou outra breve informação acrescentada.

Há muito esgotado, estranhavam alguns que este estudo não circulasse no Brasil, para onde foram enviadas, por sinal, três centenas de exemplares de cada um dos três volumes da edição portuguesa (que achamos por bem reunir na edição brasileira). A verdade é que, talvez por sugestão de João Cabral de Melo Neto, o editor brasileiro Sérgio Lacerda veio um dia propor-me a sua publicação pela Nova Fronteira, o que evidentemente logo aceitei. A sua morte, porém, inviabilizaria tal edição. Só então tomei a iniciativa de me dirigir a três outros grandes editores brasileiros, sem sucesso; um deles até me despachou de pé, em segundos, no hall *da sua editora onde, passando, me reconheceu, prometendo uma resposta que nunca chegou. Resignei-me; e nem estranhei que continuassem a publicar-se estudos sobre o modernismo brasileiro que ignoravam o meu, ou que se publicasse no Brasil uma tese (de Matildes Demétrio dos Santos) sobre a epistolografia de Mário de Andrade que desconheceu completamente as 24 cartas dele que adiante se incluem; como não estranhei que até na revista* Colóquio/Letras *de Lisboa aparecesse (no seu nº 149-150, de julho-dezembro de 1998) a referência a essa correspondência... "inédita até hoje".*

Lembro o que Wilson Martins escreveu no Jornal do Brasil *de 26 de outubro de 1991: "Parece ter tido pouca ou nenhuma repercussão entre nós o livro em que Arnaldo Saraiva coligiu valiosas pesquisas de literatura comparada sobre um tópico que, de fato, ainda estava à espera do seu historiador". Sem necessidade de evocar algumas críticas e referências calorosas que apesar de tudo* Modernismo brasileiro e Modernismo português *suscitou a brasileiros, consola-me ver realizado, graças à iniciativa de Paulo Franchetti, um antigo desejo meu e de outros, como João Almino, que em 1999 disse numa revista paulistana que o meu "até hoje insuperado estudo" merecia "ter sua primeira edição brasileira". Aqui está.*

Porto, 30 de janeiro de 2004
A. S.

Prefácio

A literatura sobre a comunidade, a cultura e as relações que se dizem luso-brasileiras (como se poderiam dizer brasilusas, forma que encontramos em Guimarães Rosa) é já enorme e, nalguns casos, fantástica.

Em jornal, em revista ou em livro, na rádio ou na televisão, em poema, em crônica, em ensaio, em entrevista ou em discurso (de preferência na cena de um banquete ou de um salão mundano), essa literatura conhece bem o excesso (o ufanismo; a grandiloqüência; a esparramação sentimental; o delírio optativo) e a carência (o silêncio sobre complexos, ressentimentos, preconceitos, ironias, fobias; o desprezo da história; a estreiteza da visão); mas conhece ainda melhor a impotência e o lugar-comum.

Hoje, aliás, lugar-comum não é só cantar as excelências da amizade luso-brasileira; também já o é juntar a esse canto o apelo para que se passe dos desejos às realidades, ou a ironia sobre a retórica que (des)-serve tal amizade. Como se isso bastasse para salvar da retórica, ou para salvar essa amizade.

Mas convém não exagerar. Decerto que o progresso das relações luso-brasileiras está longe de corresponder às promessas de tantos políticos, administradores e intelectuais, feitas num ou noutro dos lados do Atlântico; decerto que é escassa a cooperação em alguns setores das atividades econômicas e culturais; decerto que Portugal e Brasil têm passado por fases de afastamento, determinado por razões ideológicas ou outras, que de modo algum deveriam sobrepor-se às dos interesses culturais das nações; decerto que em Portugal quase se não lê Machado de Assis e José de Alencar, e que no Brasil quase deixaram de se ler alguns clássicos da língua portuguesa; decerto que nunca se fez um Congresso de Escritores de Portugal e do Brasil; decerto que nunca entre duas grandes instituições de Portugal e do Brasil se acordou e consagrou a atribuição regular de prêmios, ou a realização de encontros periódicos, ou o apoio sistemático a cientistas, intelectuais, escritores dos dois países.

Lembre-se, porém, a importância de alguns tratados e acordos que se têm feito entre entidades portuguesas e brasileiras, mesmo quando eles não foram inteiramente cumpridos (por exemplo: a convenção de arbitragem de 1909-1911; a convenção sobre a propriedade literária e artística de 1922; o acordo postal de 1942; os vários acordos ortográficos; o tratado de amizade e consulta de 1953 etc.); lembre-se o esforço de algumas instituições, sobretudo universitárias, no sentido de preservar e estreitar os laços culturais entre os dois povos; lembre-se a realização de simpósios, congressos, colóquios e encontros em que têm participado, desigualmente embora, intelectuais de ambos os países (lembre-se especialmente a série de Encontros de Professores Universitários Brasileiros de Literatura Portuguesa); e lembrem-se as tentativas privadas ou individuais para fazer circular em todo o espaço da língua portuguesa novos ou velhos produtos culturais, o livro, a revista, o disco, o filme, a fita cassete.

Falando-se em livro, convirá lembrar também que não são recentes as queixas sobre a ausência do livro português no Brasil e sobre a ausência do livro brasileiro em Portugal. No que se refere às primeiras, por exemplo, já se ouviam na década de 1920, como se pode verificar pelas palavras que o livreiro Antônio Figueirinhas deixou no seu livro Impressões sobre a instrução no Rio de Janeiro e S. Paulo *(Porto: Figueirinhas, 1929, p. 152): "É freqüente ouvir-se dizer, e até ver-se escrito, que o livro português está a perder terreno no Brasil e que, se não se lhe acode a tempo e a horas, ele vai pela água abaixo, desaparecendo para Portugal aquele belo mercado".*

Ora, tal como fazia aquele livreiro, também nós poderemos dizer que nas escolas brasileiras "correm" muitos dos nossos livros e que "alguns autores portugueses" estão sendo editados no Brasil. E o mesmo acontece em relação ao livro e ao autor brasileiro em Portugal.

Isso porém não pode servir de consolação — é apenas uma constatação capaz de funcionar como indicativo das possibilidades históricas que ainda se abrem a um intercâmbio que por todas as razões deveria ser bem mais intenso e diversificado do que tem sido. Porque a verdade é que as trocas culturais (e talvez a maioria das trocas econômicas) se fazem de modo desgarrado, irregular e desproporcionado, estando longe de satisfazer as exigências das duas comunidades (a que devem associar-se cada vez mais as comunidades africanas que falam a língua portuguesa). E há que dizer que tais exigências se impõem muito mais na esfera cultural do que na política ou na econômica. Mas também há que dizer que não está em causa a fundação — à falta de outro — de um império da língua portuguesa; está apenas em causa a identidade histórica e espiritual de povos que de outro modo poderão sentir os traumas das cisões e das errâncias.

Os brasileiros, tem-se dito, revelaram nos últimos anos maior sensibilidade, inteligência, imaginação e sentido de oportunidade do que os portugueses na colocação dos seus produtos culturais (e não só) fora do seu país. Isso tem que ver possivelmente com a qualidade desses produtos, mas não só. De qualquer modo, é verdade que a fita cassete, o disco, o filme brasileiros se vêem e se vendem em Portugal bem mais do que a fita cassete, o disco e o filme portugueses no Brasil (e já não se fala no videocassete ou no filme televisivo; os portugueses devem saber mais do que ninguém como a telenovela, por exemplo, foi em tempos recentes o melhor modo de revelar um certo Brasil a Portugal).

Nenhuma amizade luso-brasileira, nenhum luso-brasilismo poderá crescer sobre o desconhecimento mútuo (luso e brasileiro). E todavia esse desconhecimento persiste algumas décadas depois da teorização do luso-brasilismo, e malgrado as profissões de fé luso-brasileiras que repetidamente se fazem em Portugal e no Brasil.

Infelizmente tem sido bem mais fácil publicar e publicitar essas profissões de fé, discursos, homenagens, memórias sentimentais de viagens, ou memórias de viagens sentimentais, do que publicar obras nas quais se faça ou analise a história das relações luso-brasileiras. As tentativas de Fidelino de Figueiredo — Um século de relações luso-brasileiras (1825-1925) *— ou de A. da Silva Rego —* Relações luso-brasileiras (1822-1953) *— são demasiado esquemáticas (além de limitadas no tempo). O mesmo poderá dizer-se de obras de outro tipo, que poderíamos designar como obras teóricas do luso-brasilismo, tais as dos portugueses Nuno Simões (*Atualidade e permanência do luso-brasilismo*) e Manuel de Sá-Machado (*Para uma comunidade luso-brasileira*) ou a do brasileiro Lourival Nobre de Almeida (*A comunidade luso-brasileira*), em que as referências históricas e as explorações prospectivas quase se limitam ao político, ao econômico e ao sentimental, pouco se preocupando com a polêmica da língua e da ortografia, com os problemas da transtextualidade literária, e com as incidências etnológicas e antropológicas, que apontam vários estudos de Gil-*

*berto Freyre (*Uma cultura ameaçada: a luso-brasileira*;* O luso e o trópico *etc.).*

*No campo específico da literatura, quase tudo se passa como se se aceitasse de mão beijada que as literaturas portuguesa e brasileira são separáveis e estão separadas. Se se edita um ou outro autor, uma ou outra antologia de autores do "outro lado", escasseiam as obras histórico-documentais como as de Henrique de Campos Ferreira Lima (*Casimiro de Abreu em Portugal*;* Gonçalves Dias em Portugal*) e de Mário Monteiro (*Bilac em Portugal*), ou como as anônimas* Agripino Grieco em Portugal *e* Aquilino Ribeiro no Brasil*; escasseiam os estudos de literatura comparada, de que não se conhece nenhum exemplo de vulto, embora se conheçam alguns breves ensaios meritórios (de Casais Monteiro e de Fábio Lucas, por exemplo); escasseiam os trabalhos sobre a fortuna do tema "Portugal" ou do tema "Brasil" respectivamente em escritores brasileiros e em escritores portugueses, sejam esses trabalhos do tipo do de Jacinto do Prado Coelho,* O Rio de Janeiro na literatura portuguesa*, do de Guilhermino César,* O "brasileiro" na ficção portuguesa*, ou do tipo do de Heitor Lyra,* O Brasil na vida de Eça de Queirós*, e do de Carlos d'Alge,* As relações brasileiras de Almeida Garrett*; escasseiam os livros que se ocupam de transtextualidades, como o excelente* Camões e a poesia brasileira*, de Gilberto Mendonça Teles; escasseiam ensaios (como* Os últimos luso-brasileiros*, de Pedro da Silveira) sobre a colaboração de brasileiros e de portugueses em movimentos literários, ou tão-só sobre a colaboração de portugueses na imprensa brasileira ou de brasileiros na imprensa portuguesa; e escasseiam as obras escritas por portugueses sobre autores ou problemas da literatura brasileira — tais os de Rodrigues Lapa sobre as* Cartas chilenas *e de Fernando Cristóvão sobre Graciliano Ramos — e, embora menos, as de brasileiros sobre autores ou problemas da literatura portuguesa (será justo lembrar que se devem a brasileiros alguns importantes estudos sobre escritores portugueses clássicos, como Camões, Gil Vicente, Eça de Queirós, e sobre escritores portugueses modernos, como Vergílio Ferreira, Bernardo Santareno, Augusto Abelaira, Herberto Helder, Almeida Faria etc.).*

Neste contexto, talvez não seja para admirar que nenhum estudo de fôlego tenha sido consagrado às relações culturais e literárias de Portu-

gal e do Brasil durante o período modernista, ou às relações entre os respectivos modernismos.

A falta desse estudo parece tanto mais grave quanto é certo que o Modernismo português e o brasileiro representam sem dúvida os momentos mais altos da cultura portuguesa e brasileira no século XX, e quanto é certo que se supõe comumente que o modernismo brasileiro teorizou e praticou a separação definitiva entre a cultura brasileira e a portuguesa, ou que os modernistas brasileiros ignoraram a literatura portuguesa.

Ao abalançarmo-nos à elaboração desse estudo, foi este último equívoco que nos empenhamos especialmente em desfazer. Mas é evidente que não quisemos apenas desfazer esse e outros equívocos, esclarecer ângulos obscuros e silenciados dos dois modernismos em conjunção ou em disjunção. Quisemos mostrar também como portugueses e brasileiros só terão a ganhar com o estreitamento de laços culturais e com o conhecimento mútuo.

E quisemos ainda mostrar a razão e o alcance das palavras de Machado de Assis quando afirmou que não é "no campo da inteligência" que se cavarão as divisões entre Portugal e o Brasil (de uma crônica do Diário do Rio de Janeiro de 22 de março de 1862) ou das palavras de Pessoa quando disse que "urge que estreitemos inteligências" entre os dois povos (Obras em prosa, 1974, p. 423).

Convirá esclarecer no entanto que, partindo como partimos de zonas de investigação afetadas por estranhos silêncios, quando não por erros arraigados ou por teses indiscutidas, e tendo de enfrentar várias dificuldades de investigação, não podíamos apresentar, aqui e agora, a história completa (na exterioridade social ou na interioridade textual) das relações dos modernismos português e brasileiro, ou o seu estudo comparativo sistemático.

Pretendemos apenas contribuir para que se escreva uma e outro com o rigor e o desenvolvimento que se impõem, e que procuramos servir já pela análise seletiva e metodologicamente diversificada de alguns documentos e de alguns textos (essa análise tanto pode privilegiar critérios e instrumentos sócio-históricos como semióticos, tanto pode valer-se da teoria comparativista como da teoria da recepção), já pela publicação de várias dezenas de inéditos e de dispersos.

Pelas mesmas razões, não podíamos por agora aspirar à produção de uma teoria global dos modernismos luso e brasileiro; e de resto, também não nos vimos confrontados com a necessidade de repensar o conceito de Modernismo, aliás já suficientemente enraizado na história literária ocidental, pois, cruzado ou não com o conceito de vanguarda, tem servido para definir uma época, uma escola, uma atitude ou um estilo que é comum a várias literaturas, ainda que conheça em cada uma delas modalidades específicas, ou ainda que se tenha manifestado em cada uma delas com pequenas diferenças temporais.

É sabido que o Modernismo hispano-americano pode confundir-se com o que noutros espaços se chama Simbolismo e Decadentismo, e cobre um período literário que se inicia no final do século XIX. Na sua obra El moderno visto por los modernistas, *Ricardo Gullón considera como primeiro "manifesto modernista" o prólogo que José Martí escreveu em 1882 para o poema "Al Niágara". Gilberto Mendonça Teles também inicia o seu* Vanguarda européia e modernismo brasileiro *com o soneto "Correspondances" (1857), de Baudelaire, e com "L'alchimie du verbe" (1873), de Rimbaud, embora dê como primeiro manifesto do Modernismo brasileiro a conferência que Graça Aranha fez na Semana de Arte Moderna de 1922.*

Todavia, há algum consenso, que até os dicionários de literatura fixam e repercutem, na admissão de que o Modernismo literário propriamente dito se define nos primeiros anos do século XX, e muito especialmente a partir da publicação do primeiro manifesto futurista, em 1909; como há algum consenso na admissão de que a fase "gloriosa" do Modernismo se encerra pelos finais da década de 1920, depois de publicados os primeiros manifestos surrealistas, ou, no espaço luso-brasileiro, depois do aparecimento da revista Presença *(1927) e da publicação dos manifestos antropófago (1928), verde-amarelo (1929) e* Leite criôlo *(1929), tendo atingido em Portugal o seu clímax em 1915, com o* Orpheu, *e, no Brasil, em 1922, com a Semana de Arte Moderna.*

Foi sobre esse período que a nossa atenção incidiu; mas dado que o fenômeno modernista não apareceu ou desapareceu pontualmente, não poderíamos, nem quereríamos, evitar nalguns casos o recuo ou o avanço no tempo.

Ora o fenômeno modernista também não é um fenômeno isolado; não o é em termos históricos, sociais, ideológicos; mas menos o é em termos de estética ou de história literária. Como qualquer fenômeno humano, o fenômeno modernista conhece várias fases, ambigüidades, intensidades. Nenhum modernista o foi puramente desde sempre (e para sempre); e as idéias, os ideais e as estéticas do Simbolismo e do Decadentismo podem comparecer nos textos e nas ações de modernistas, como as do Modernismo podem contaminar os textos e as ações de não-modernistas. Eis por que nos vimos por vezes na necessidade de prestar atenção a alguns autores que a história literária não arrumou entre os modernistas, e que num ou noutro caso tem desprezado até quase ao silêncio.

Escusado será dizer que o nosso trabalho — que nalguns capítulos aproveitou partes de artigos ou ensaios que publicamos aqui e ali — só pôde ser levado a cabo com a ajuda de inúmeros investigadores, ensaístas, escritores, familiares de escritores, colecionadores, professores, funcionários da Varig e de institutos, bibliotecas e arquivos etc. A lista (portuguesa e brasileira) seria demasiado longa para a publicarmos aqui; e não haverá o perigo de, calando publicamente os nomes, calarmos intimamente a gratidão que a todos devemos — a todos, desde os que apontaram uma pista até aos que fizeram uma fotocópia, desde os que apresentaram um informador até aos que indicaram um livro, desde os que cederam um manuscrito até aos que o datilografaram ou imprimiram.

Ser-nos-á permitida, no entanto, a referência, como que a título simbólico, a Maria de Lourdes Belchior, que orientou e acompanhou a (lenta) evolução deste trabalho com muita amizade, ciência e paciência, a José Maria Couto, que generosamente se dispôs a ajudar-nos na revisão de provas, e a Maria de Fátima Marinho, testemunha sempre atenta, dedicada, fecunda.

Advertência

As referências a livros feitas em notas de fim de texto indicam como regra apenas os títulos, as datas e as páginas; a indicação completa está na bibliografia final, que aliás é apenas uma bibliografia das obras citadas, e que naturalmente não inclui todas as obras de que nos valemos para a elaboração deste trabalho.

As referências a textos que reunimos nos livros de inéditos e de dispersos são feitas com o recurso às siglas DI (Documentos inéditos) *e* DD (Documentos dispersos).

Nas citações de textos antigos procedemos à atualização ortográfica.

I

Modernismo brasileiro e Modernismo português

Introdução

A idéia generalizada de que no período em que se afirmam os modernismos de Portugal e do Brasil foram interrompidos, ou quase, os contatos literários entre os dois países, ou se pôs termo à influência da literatura portuguesa sobre a brasileira, é uma idéia que já nesse período defendiam vários modernistas brasileiros.

O insuspeito Ronald de Carvalho, por exemplo, escrevia em 1920: "A literatura portuguesa, apesar da comunidade da língua, desperta menos interesse no Brasil, sobretudo nas classes cultas, que a francesa, a italiana, a alemã ou a inglesa. Pondo de lado alguns escritores de maior renome, ignoramos tudo quanto se passa no mundo das letras em Portugal".[1]

Mário de Andrade, que em 1925 dava Portugal como um "paisinho desimportante" para os modernistas,[2] reconhecia em 1932 "muito menos ligação contemporânea da expressão intelectual brasileira com a portuguesa, que com a francesa e a inglesa".[3] E Tristão de Ataíde garantia em 1928: "Portugal deixou, de todo em todo, de exercer sobre nós qualquer espécie de influência literária".[4]

Essa idéia, essas idéias parecem mais indiscutíveis quando se observa o silêncio sobre a literatura portuguesa que guardam quase todas as revistas modernistas brasileiras, ou quando se percorrem antologias de documentos produzidos pelos modernistas brasileiros, como *Brasil: 1º tempo modernista — 1917-1929, Documentação*, em que quase não há referências a autores ou textos portugueses; as poucas que há ainda podem aparecer em contextos de distanciação e de oposição, mesmo que não tão simbolicamente marcadas como no artigo de Carlos Drummond de Andrade em que Portugal era definido como um "povo que gerou os *Lusíadas* e morreu"[5] e no discurso de Graça Aranha na Academia Brasileira de Letras (19 de junho de 1924) em que propôs: "Em vez de tendermos para a unidade literária com Portugal, alarguemos a separação".[6]

E ainda mais indiscutíveis parecem quando se vêem confirmadas nos testemunhos de alguns portugueses. Carlos Malheiro Dias, falando da cultura brasileira dos anos 1917-1923, notava: "A verdade é que o papel influente da literatura portuguesa extinguira-se já".[7] E Antônio Ferro deixou-nos em 1923 este depoimento sobre uma situação que conhecera no ano anterior: "Quando eu desembarquei no Rio de Janeiro o Portugal moderno, o Portugal infante, o Portugal com os olhos de estrelas e cabelos de ondas, era um segredo para o Brasil, um segredo absoluto, um segredo inexplicável... Os escritores novos [...] eram desconhecidos no Brasil... Foi por isso que o Brasil me perguntou admirado, mal cheguei, se eu era o único escritor novo de Portugal...".[8]

Em face de tantos e de tão autorizados testemunhos, não admira que a crítica recente alinhe pelo mesmo diapasão. Mário da Silva Brito, depois de notar que "o 'futurismo' português e o brasileiro não se encontram" nos seus primeiros tempos, concluía: "Como operários que escavassem o mesmo túnel subterrâneo, partindo de pontos extremos, chegaram, a dado instante, à mesma parede divisória — e não se puderam comunicar".[9]

Thiers Martins Moreira dizia em Lisboa, em 1961: "O admirável movimento de renovação que se chama de Modernismo Português e que parte de 1915, só muito mais tarde seria amplamente difundido no Brasil, em contraste com os fatos literários do século XIX, que tinham divulgação quase que simultânea aqui e lá. Cortadas as comunicações culturais o que o Brasil ficava conhecendo eram os escritores do período anterior. Durante muito tempo, quando outros nomes já aqui eram representativos da nova sensibilidade criadora, o Brasil ainda supunha que em matéria de poesia, romance ou história, não se dera um passo além de Guerra Junqueiro, Eça de Queirós ou Oliveira Martins".[10] Antonio Candido asseverava no seu ensaio de 1950 "Literatura e cultura de 1900 a 1945" que Antônio Nobre fora "o último português de acentuada influência" na literatura brasileira (até à "voga atual" de Fernando Pessoa), e que o Modernismo brasileiro desconheceu Portugal "pura e simplesmente".[11] E jovens ensaístas brasileiros como Jorge Schwartz parecem comungar nas opiniões dos mais velhos.[12]

O estado atual dos nossos conhecimentos obriga-nos porém a desconfiar dessas verdades que passam por óbvias (e que por isso mesmo podem valer como óbvias mentiras); obriga-nos a perguntar até onde foi a ignorância, o desconhecimento, o esquecimento, o desprezo dos modernistas brasileiros pela literatura portuguesa em geral e pela modernista em particular; obriga-nos a refletir sobre as razões que terão pesado numa mudança de atitude (radical ou não) dos intelectuais brasileiros em relação à cultura portuguesa; obriga-nos a tentar precisar o momento em que tal mudança se terá verificado; obriga-nos a considerar as eventuais "culpas" que a cultura portuguesa terá tido nela, assim como as repercussões que ela possa ter tido em Portugal; e obriga-nos a verificar se não terá havido também uma geral mudança de atitude dos intelectuais portugueses na sua relação com a cultura brasileira.

A simples suspeita da existência de um "sismo" (ou de um "cisma") cultural luso-brasileiro deveria ter concitado desde há muito as atenções dos historiadores e estudiosos das literaturas portuguesa e brasileira (ou, pelo menos, as dos historiadores do luso-brasilismo e as dos muitos lusófilos e brasilófilos) para o que se passou no período que vai de 1909 aos fins da década de 1920.

Aliás, o ano de 1909, ano do início simbólico do Modernismo, ano do aparecimento do Futurismo, que logo chegaria a Portugal e ao Brasil,[13] poderia inclusivamente funcionar também como data simbólica para o arranque de uma nova era das relações luso-brasileiras. É nesse ano que se cumpre o que já foi considerado como "o primeiro ato oficial do luso-brasilismo": o lançamento, pela primeira vez em Portugal, da idéia de uma aliança com o Brasil, idéia que ficou a dever-se ao então presidente da Academia das Ciências de Lisboa, Coelho de Carvalho.[14]

Foi isso em junho. Em janeiro, a Sociedade de Geografia de Lisboa decidira organizar um concurso sobre "o modo mais eficaz de promover a união moral da colônia portuguesa no Brasil com a mãe-pátria",[15] que de algum modo viria a prenunciar, ou a pedir, a célebre proposta (mesmo se fracassada) que o presidente dessa Sociedade, Consiglieri Pedroso, viria a formular em 10 de novembro do mesmo ano.

Nessa proposta, conhecida como Acordo Luso-Brasileiro, previa-se a criação de uma comissão geral permanente ("Comissão Luso-Brasileira") que deveria: estudar a forma mais adequada para realizar congressos periódicos luso-brasileiros; estudar a forma de se negociar um tratado de incondicional arbitragem entre Portugal e as suas colônias, de um lado, e o Brasil, do outro, e de cooperação internacional conjunta; estudar a forma de se ultimar um tratado de comércio ou de se conseguir um largo entendimento comercial; promover a criação de uma linha de navegação luso-brasileira; promover a fundação de entrepostos centrais para o intercâmbio comercial; promover a construção de dois palácios, um no Rio, outro em Lisboa, para exposição e venda permanente de produtos portugueses e brasileiros (respectivamente); promover na medida do possível a unificação ou a harmonização da legislação civil e comercial; promover a aproximação intelectual — científica, literária e artística — dando equivalência de direitos ou de títulos aos diplomados de um país que decidam trabalhar no outro; promover visitas regulares de intelectuais, artistas, indutriais e comerciantes; estudar a maneira de se fundar numa das capitais, ou simultaneamente em ambas, uma revista luso-brasileira; promover a cooperação entre jornalistas e editores; promover a cooperação entre associações científicas, artísticas, pedagógicas, beneficentes, desportivas, acadêmicas etc.; promover o movimento de aproximação lusíada no Brasil; estudar a maneira de se fazer da colônia portuguesa do Brasil a ativa intermediária da aproximação moral — simbolizada pela língua — dos dois povos, "cujo destino histórico assim engrandecido deverá, a bem da civilização, alargar-se triunfante pelas mais belas regiões do globo".[16]

Se o ano de 1908 provocara alguma frustração luso-brasileira na tragicamente anulada viagem do rei dom Carlos ao Brasil, viagem que no entanto ainda gerou o estranho, e belo, livro comemorativo *Homenagem ao Brasil e Portugal*,[17] e se o ano de 1910 quase renovava essa frustração quando o presidente eleito do Brasil, Marechal Hermes da Fonseca, de visita a Portugal, foi surpreendido com a proclamação da República, o ano de 1909 ainda poderia ser a outros títulos um ano simbólico do luso-brasilismo: é o ano em que se conhecem João de Barros e João do Rio, que tanto fariam pelo estreitamento dos laços entre as duas comunidades, e que logo idealizam uma grande revista luso-brasileira, que a *Atlântida* infelizmente não foi; é o ano em que João do Rio escreve em Portugal e manda para os jornais do Brasil algumas das crônicas que reuniu no livro *Portugal d'agora* (1911); é o ano em que Bettencourt Rodrigues publica *Os sentidos e a emoção nalguns poetas portugueses e brasileiros*, trabalhando literariamente pela união que o levaria a formular a teoria da confederação luso-brasileira; é o ano em que sai a 4ª edição de *Brasileiros ilustres*, de Pinheiro Chagas...

Outros importantes acontecimentos marcaram o mundo cultural luso-brasileiro no período que vai de 1909 aos fins da década de 1920. Por exemplo: a proclamação da República em Portugal, com os seus reflexos no comportamento (e no aumento) da colônia portuguesa do Brasil; a nomeação de um cônsul português no Rio de Janeiro logo seguida da criação de uma Embaixada; a publicação de novas revistas culturais preocupadas com o luso-brasilismo; a inauguração dos estudos brasileiros em Portugal; a celebração de alguns acordos culturais ou comerciais; as visitas de alguns altos estadistas (Hermes da Fonseca, Epitácio Pessoa, Antônio José de Almeida); a primeira travessia aérea do Atlântico, por Gago Coutinho e Sacadura Cabral; a publicação da obra monumental, dirigida por Carlos Malheiros Dias, *História da colonização portuguesa do Brasil* etc.

Pois apesar de todos esses acontecimentos, apesar do "sismo" de que atrás falamos, as poucas histórias que temos das relações luso-brasileiras, os poucos trabalhos em que se estudam comparativamente as duas culturas passam rapidamente sobre o período modernista, que ainda por cima é, para ambas, um dos mais ricos de toda a sua existência.

No aliás muito breve estudo intitulado *Um século de relações luso-brasileiras (1825-1925)*, Fidelino de Figueiredo só tem tempo para assinalar três ou quatro fatos importantes, entre os quais a estadia em Portugal de Oliveira Lima, de Olavo Bilac e de Rui Barbosa.

Na história, bem menos sintética, *Relações luso-brasileiras (1822-1953)*, A. da Silva Rego, que tem o cuidado de nos precaver contra o "que ficou por dizer", e que trata separadamente das "relações político-sociais" e das "relações culturais", quase só se limita a falar na "intensificação" destas últimas "a partir de 1922" (o que aliás não prova), nalguns aspectos relacionados com a questão ortográfica, e nalgumas personalidades que serviram a causa do luso-brasilismo.

Curiosamente, em obras com menos pretensões historicistas ou globais encontramos maior soma de informações e maior riqueza de reflexões. É o caso de *Brasil e Portugal* (1914), de Moreira Teles, que naturalmente só vai até 1914, e, sobretudo, de *Atualidade e permanência do luso-brasilismo* (1960), de Nuno Simões, nomeadamente na "conferência" inicial "Conceito e evolução do luso-brasilismo".[18]

Informações e reflexões com interesse podem encontrar-se também em alguns capítulos da obra de Alberto de Oliveira *Na outra banda de Portugal* (1919), e de várias obras de João de Barros: *Caminho da Atlântida* (1918), *Sentido do Atlântico* (1921), *Presença do Brasil* (1946), bem como nos volumes organizados por Manuela de Azevedo, *Cartas a João de Barros* (1972) e *Cartas políticas a João de Barros* (1982), ou ainda no volume *Adeus ao Brasil* (1962) do mesmo João de Barros, e na obra *Daquém & dalém mar* (1916), de Veiga Simões.

Nos últimos anos, talvez em virtude do interesse suscitado por Pessoa, parece ter começado a desenhar-se no Brasil uma certa tendência para a análise comparativa dos dois modernismos. Já dois portugueses ali radicados, Adolfo Casais Monteiro[19] e João Alves das Neves,[20] tinham em tempos publicado estudos, naturalmente de diversa qualidade, em que apontavam semelhanças e diferenças entre os dois modernismos. Já em Portugal João Gaspar Simões chamara a atenção para as possíveis "influências brasileiras na poesia de *Orpheu*".[21] Já Cleonice Berardinelli tinha aproximado textos de Mário de Sá-Carneiro e de Ernâni Rosas.[22] E já Pierre Rivas tentara seguir as pistas do Futurismo no espaço luso-brasileiro.[23]

Mas em 1982 o Centro de Estudos Portugueses da Faculdade de Letras da Universidade de Minas Gerais organizou um "módulo" de estudos comparados de literatura modernista portuguesa e brasileira. Alguns dos trabalhos então apresentados estão já publicados, como por exemplo o de Antônio Sérgio Bueno, "Revistas modernistas em Portugal e no Brasil",[24] e o de Maria Aparecida Santilli, "Desacatos em português e em brasileiro".[25] Outros não o foram nem talvez venham a sê-lo, mas é possível que tenham deixado alguma semente; as publicações culturais brasileiras, sobretudo as dos lusófilos, incluem agora com alguma freqüência motivos modernistas comparatísticos, e é até possível encontrar aproximações que já não têm em conta só os textos, como a que Edgard Pereira fez entre Ismael Nery e Almada Negreiros.[26]

Começam pois a aparecer no Brasil estudos que sugerem que as distâncias entre os dois modernismos não foram assim tão grandes como alguns imaginaram, ou quiseram levar-nos a imaginar.

Talvez as páginas que se seguem possam reforçar essa sugestão.

Parte 1

Convergências, divergências

A literatura portuguesa no Brasil no início do século XX

Pode dizer-se que os autores populares em Portugal ao longo do século XIX eram também os autores populares no Brasil. Aqui, alguns desses autores não eram só conhecidos e lidos — aliás por uma escassa população alfabetizada, com cerca de 84% de analfabetos em 1890 (em Portugal também era escassa: em 1910 ainda havia 75% de analfabetos) —, podiam despertar cultos e paixões e servir de modelo aos jovens escritores, a quem de resto só por traduções portuguesas, como regra, chegavam as obras de outros possíveis modelos estrangeiros.

Não será exagerado dizer que, nas letras, o Brasil era ainda uma colônia muitos anos depois de proclamada a independência — o que não significa que não se manifestasse nelas a vontade de diferença e o "instinto de nacionalidade". Para lá de dependências seculares, sensíveis no domínio do ensino universitário, da edição, da imprensa, havia ainda razões políticas e sociais para ajudar a manter os laços culturais: casos de escritores que, como Filinto de Almeida, João Luso ou Faustino Xavier de Novais, tinham nascido em Portugal; casos de escritores que, como Machado de Assis ou Júlia Lopes de Almeida, tinham casado com uma portuguesa ou com um português; casos de escritores que, como Garcia Redondo, Pinto da Rocha, Silva Ramos, tinham vivido alguns anos em Portugal; casos de escritores que, como Aluísio Azevedo, Casimiro de Abreu, Sílvio Romero, tinham pais ou avós portugueses; ou casos de escritores que, como João Ribeiro, tinham familiares próximos com uma boa biblioteca de autores portugueses.

Já antes dos meados do século XIX, quando Paris começou a tornar-se capital cultural do mundo, a França começara a competir com Portugal na conquista dos mercados literários e artísticos do Brasil — exportando livros, impondo modelos culturais, e até imprimindo publicações em português ou enviando editores e livreiros, como Plancher, Villeneuve, Aillaud, Garnier e outros, referidos no excelente *Books in Brazil* (1982) de Laurence Hallewell (que em 1985 T. A. Queiroz e a Edusp editaram em português com o título *O livro no Brasil*). Por outro lado, com as viagens e estadias de escritores e artistas brasileiros em Paris, as comunicações entre a França e o Brasil intelectual passavam a fazer-se mais diretamente, sem a mediação portuguesa. Aliás, a presença da França parnasiana, simbolista, decadentista era sufocante em Portugal antes de o ser no Brasil. Eça de Queirós fora o primeiro a denunciar, no artigo "O francesismo" (1866), a tendência portuguesa para imitar tudo o que se produzia em França, idéias, artes, livros, culinária, modas etc.[1] Em 1887, Xavier de Carvalho, decerto o jornalista "parisiense" mais lido em Portugal e no Brasil de então, proclamava Paris como a "grande capital de todos os povos", e a sua "soberania intelectual" como "incontestável".[2]

No início do século XX, a situação não se alterou, nem em Portugal nem no Brasil, onde escritores como Elísio de Carvalho faziam constantes declarações de amor à França, como esta que se lê em *As modernas correntes estéticas na literatura brasileira* (1907):

> E é portanto da França, constituída para a alma do tempo em Oriente luminoso e sagrado, que vai irradiar para a terra, no meio de um vasto alvoroço de redenção, a luz bendita por que suspiram as almas. O movimento espiritual em que se associam todos os adoradores da vida no que ela tem de mais alto e mais augusto — lá está se concretizando numa bela obra de esforço na qual se pressente que se vão conciliar definitivamente todas as inteligências e todos os corações que amam a Beleza.[3]

Tal como Veiga Simões lamentava, em *A nova geração* (1911), a excessiva presença francesa nas letras portuguesas,[4] também havia quem a lamentasse nas letras do Brasil. Osório Duque Estrada, respondendo ao famoso inquérito que em 1905 fez João do Rio (e que pode ter sugerido o que em 1912 veio a fazer Boavida Portugal em Lisboa), lamentava que "a inspiração literária, para consumo de todo o Brasil" continuasse "a ser importada de França" e chegasse a terras americanas "muito deteriorada pelos imitadores sem talento".[5] Outro inquirido por João do Rio, Sousa Bandeira, confessava que na sua juventude chegara a achar "elegante escrever em português afrancesado".[6]

Mas não seria ainda na década de 1910 que a situação seria alterada, até porque entretanto também a literatura brasileira começara a penetrar em França. Em 1901, ano em que começou a publicar-se em Paris (e em português) a... *Ilustração Brasileira*, o *Mercure de France* iniciou a sua secção "Lettres Brésiliennes", confiada primeiramente ao português Xavier de Carvalho e pouco depois a Figueiredo Pimentel. E em 1910 surgiam as traduções francesas do romance *Canaã* de Graça Aranha e de uma seleção de contos de Machado de Assis, e surgia a primeira antologia em língua estrangeira da literatura brasileira: *Littérature brésilienne*, de Victor Orban.

Paris continuava a atrair brasileiros, como Graça Aranha, que ali vive alguns anos, ou Oswald de Andrade, que ali passa alguns meses em 1912, ou Ronald de Carvalho, que ali edita o seu primeiro livro de poemas, em 1913. (E é mais do que provável que esses ou outros escritores brasileiros se tenham cruzado em Paris com escritores portugueses que por lá andaram, tais como Mário de Sá-Carneiro, Almada Negreiros, Raul Leal.) Paris continuava a editar publicações brasileiras como *Le Brésil* e *Courrier du Brésil* — que chegavam a Portugal bem antes dos jornais brasileiros.[7]

Por muito que apregoassem a independência em relação à Europa, e censurassem a "burrice" de suspirar pela Europa,[8] os modernistas brasileiros não escapariam ao fascínio e à tutela da cultura francesa, como poderia exemplificar-se facilmente com Ronald de Carvalho, ou com Mário de Andrade, que já motivou duas obras esclarecedoras: *Mário de Andrade e* L'Esprit Nouveau, de Maria Helena Grembecki, e *Leituras em francês de Mário de Andrade*, de Nites Therezinha Feres.[9]

Pois, apesar da concorrência que os franceses faziam aos portugueses no Brasil desde os meados do século XIX, é inegável que estes dominavam a cena literária brasileira — como dominavam a teatral — até pelo menos aos meados da década de 1910. Escritores como Eça de Queirós, Camilo, Antero, Ramalho Ortigão, Fialho de Almeida, Gomes Leal, Cesário Verde, Antônio Nobre, Guerra Junqueiro, Eugênio de Castro, e às vezes insuspeitadamente até outros como Abel Botelho, João Barreira, Tomás Ribeiro ou Santo Tirso, gozavam de grande popularidade e tinham discípulos certos.

De Eça de Queirós disse Brito Broca que foi uma moda literária até à guerra de 1914, e que o seu culto terá sido "maior no Brasil do que em Portugal".[10] Mas coisas idênticas têm sido ditas de Camilo,[11] de Antônio Nobre,[12] de Junqueiro,[13] por exemplo. Não faltam testemunhos de escritores brasileiros para sugerirem o quanto estimaram e deveram a alguns escritores portugueses. Um dos mais curiosos foi o que nos deixou Adolfo Caminha, a propósito do pedido que lhe formularam colegas seus ao tempo da fundação, em Fortaleza, da famosa "Padaria Espiritual":

> Você está designado para escrever uma carta a Guerra Junqueiro, o Sales vai se dirigir a Ramalho Ortigão, o Tibúrcio a Eça de Queirós, o Lopes Filho a Antônio Nobre [...]. Todos nós tínhamos entusiasmo pela gloriosa constelação portuguesa; recolhemo-nos para meditar frases ao Eça, ao Nobre, ao Ramalho, ao Guerra Junqueiro...[14]

Era assim no Ceará. Mas no Sul, no Rio Grande (como noutros estados) não haveria muita diferença. Pedro Vergara di-lo claramente: "aqui, permanecíamos na dependência de Portugal, éramos discípulos de Antônio Nobre, de Cesário Verde, de Eugênio de Castro".[15] Sintomático é que um dos melhores simbolistas riograndenses, Alceu Wamosy, devesse o seu *prénom* a Guerra Junqueiro, muito admirado pelo seu pai, que queria justamente dar ao filho o nome de Junqueiro.[16] No Rio de Janeiro, o paranense Nestor Vítor, que foi o primeiro crítico do Simbolismo, e que exerceu um importante papel na formação literária de gerações do início do século XX, lia bastante os portugueses, entre os quais se contavam, além de Gonçalves Crespo (brasileiro de nascimento), Guilherme de Azevedo e João Penha, assim como Guerra Junqueiro e Cesário Verde.[17]

Quase todos os escritores que em 1908 compareceram em *O momento literário*, de João do Rio, assinalaram a importância que na sua formação tiveram os portugueses, clássicos ou contemporâneos. Um deles, Garcia Redondo, chegava mesmo a declarar: "O velho Portugal ainda sobre nós exerce tal influência literária que não conseguimos criar uma literatura essencialmente nossa".[18]

Os escritores portugueses podiam chegar aos leitores brasileiros não só através dos livros — e o Brasil era "o grande mercado dos livros portugueses" — mas também através dos jornais e revistas. A (primeira) *Ilustração Brasileira* trazia, no seu primeiro número, de agosto de 1901, colaborações de Maria Amália Vaz de Carvalho, Júlio Brandão, Teófilo Braga. Em 1911-1912, o *Jornal do Comércio* acolhia crônicas de Correia de Oliveira, Alberto de Oliveira, conde de Sabugosa, Maria Amália Vaz de Carvalho, entre outros. Se alguns anos antes faziam sucesso as crônicas de Eça (v.g. na *Gazeta de Notícias*, do Rio), de Ramalho Ortigão (na *Gazeta de Notícias*) e de Fialho de Almeida (n'*O Estado de S. Paulo*), ou se no final de 1882 A. J. Macedo Soares dizia, ressentido, que "os mais autorizados escritores da grande imprensa fluminense" eram Ramalho, Eça, Júlio César Machado, Lino de Assunção, Pinheiro Chagas, d. Maria Amália, Mariano Pina e Guilherme de Azevedo,[19] no início da década de 1910 faziam sucesso as colaborações portuguesas de *O País*, "destacando-se as crônicas de Justino de Montalvão, as 'Cartas de Lisboa' de José Maria Alpoim [...], as 'Cartas de Paris' de Xavier de Carvalho, as páginas excelentes de Câmara Reys", assim como, "pela originalidade de espírito e humor", os artigos de Santo Tirso reunidos nos livros *De rebus pluribus* e *Cartas de algures.*[20]

Em 1915, ainda João de Barros podia falar no "amor fervoroso que os escritores brasileiros" tinham pela literatura portuguesa.[21] O que Alberto de Oliveira confirmava quando escrevia, nesse mesmo ano: "Fiquei desvanecido de ver que nas bibliotecas particulares dos homens de letras brasileiros os clássicos portugueses são colecionados com amor e lidos assiduamente [...]. Não falo já nos nossos escritores modernos que, como ninguém ignora, fazem o seu nome ao mesmo tempo em Portugal e no Brasil e ali encontram frutuoso mercado para as suas obras".[22]

Estávamos no ano em que surgiram as revistas *Orpheu* e *Atlântida*; a primeira durou pouco, nem chegou a sair o terceiro número, em que aliás já não figurava nenhum brasileiro, e a segunda agüentou-se até o número 48. Mas a partir de 1917-1918 e até aos nossos dias, salvo em curtos períodos, a situação geral do escritor e do livro português no Brasil não deixaria de se agravar.

Alguns sinais de degradação vinham, aliás, já do início do século. Em 1900, numa das muitas cartas que dirigiu a Teófilo Braga, Fran

Paxeco, que no Maranhão se mostrava muito bem informado sobre a literatura brasileira, e se empenhava em divulgar folhetos de propaganda sobre os escritores portugueses, dizia pesaroso: "temos caído muito aqui intelectualmente [...]. A Academia tem grande culpa neste arrefecimento de relações literárias".[23]

Em vários momentos do seu livro *Portugal d'agora*, Paulo Barreto também assinalava algum desdém português pela sorte da sua cultura no Brasil, e a sua inevitável decadência.

O diálogo entre os novos de Portugal e do Brasil passa a conhecer, depois da Primeira Guerra Mundial, as maiores dificuldades. Ronald de Carvalho, num artigo de 1920, já se queixava: "Pondo de lado alguns escritores de maior renome, ignoramos tudo quanto se passa no mundo das letras em Portugal".[24] Ele próprio vira interrompido o seu diálogo com o antigo companheiro Luís de Montalvor e deixara de se corresponder com Pessoa.

No ano do centenário da Independência do Brasil aparecia, curiosamente, *A perpétua metrópole* de Almáquio Dinis, em que figuravam estudos sobre Guerra Junqueiro, Eugênio de Castro, Teixeira de Pascoaes, Antônio Patrício, Júlio Dantas, Malheiro Dias, Forjaz de Sampaio etc., havendo mesmo algumas referências aos "novos". Mas este livro foi publicado em Portugal, que entretanto mandara ao Brasil, a acompanhar a visita de Antônio José de Almeida, o que A. da Silva Rego chamou uma "bem escolhida missão intelectual"[25] mas que era constituída apenas por Jaime Cortesão, Antônio Luís Gomes e João de Barros. Este publicava no catálogo oficial da Exposição Internacional do Rio de Janeiro, de onde o livro literário quase esteve ausente, um artigo sobre "A poesia e os poetas de Portugal", em que não citava um só modernista.[26]

Em 1923, dizia Oswald de Andrade que Monteiro Lobato — que era ou tinha sido um fervoroso camiliano e queirosiano — já não se preocupava "com as novas gerações de Portugal".[27] O mesmo poderia dizer-se de muitos modernistas brasileiros, que, entretanto, aproveitando as comemorações centenárias e uma certa moda integralista, se mostravam empenhados em "abrasileirar o Brasil" e em libertar-se da suposta "tirania" da cultura e da língua literária dos portugueses.

A literatura brasileira em Portugal no início do século XX

Quando ainda não se operava com o conceito de "literatura brasileira", porque se trabalhava só com o de "literatura portuguesa no ou do Brasil", "literatura de brasileiros, ou de homens nascidos, ou fixados, ou experimentados, no Brasil", não faltaram portugueses ilustres para assinalar a importância dessa literatura e até para sugerir a necessidade da sua libertação da literatura européia.

O caso mais exemplar foi o de Garrett. No seu *Bosquejo da história da poesia e língua portuguesa* (1826) escreveu a respeito de Cláudio Manuel da Costa: "o Brasil o deve contar seu primeiro poeta, e Portugal entre um dos melhores", acrescentando:

> E agora começa a literatura portuguesa a avultar e a enriquecer-se com as produções dos engenhos brasileiros. Certo é que as majestosas e novas cenas da Natureza naquela vasta região deviam ter dado a seus poetas mais originalidade, mais diferentes imagens, expressões e estilo, do que neles aparece: a educação européia apagou-lhes o espírito nacional; parece que receiam de se mostrar americanos; e daí lhes vem uma afetação e impropriedade que dá quebra em suas melhores qualidades.[1]

Afrânio Coutinho empobreceu e desentendeu, como é freqüente nele, esta bela passagem em que enfatizou o sintagma "literatura portuguesa" (sem se lembrar de que ele poderia desdobrar-se em "literatura de língua portuguesa") e escamoteou o sintagma "espírito nacional".[2]

Cerca de vinte anos depois, era Herculano que, a propósito dos *Primeiros cantos* de Gonçalves Dias, elogiava a mocidade brasileira que "despregando o estandarte da civilização", se preparava "para os seus graves destinos pela cultura das letras" que pareciam agonizar em Portugal.[3]

Nem todos os intelectuais portugueses afinariam então, como nos anos seguintes, pelo diapasão dos mestres românticos, sensíveis à diferença, à novidade e à qualidade, pouco preocupados com alguns preceitos ou preconceitos estéticos e com eventuais rivalidades nacionalistas. Mas o tom estava dado, e definitivamente.

No decurso do século XIX, como nos séculos anteriores, a literatura brasileira corria em Portugal nos livros que mesmo depois de 1808 aqui eram geralmente impressos e contava com a propaganda de autores e leitores brasileiros, viajantes, estudantes, ou emigrantes, às vezes com relações familiares portuguesas. Os brasileiros em Portugal não eram tantos como os portugueses no Brasil; eram porém proporcionalmente mais cultos.

Mas, à volta de 1874, deu-se uma mudança histórica, que Camilo referiu nas *Noites de insônia*:

> Longo tempo se queixaram os estudiosos do descuido dos livreiros portugueses em se fornecerem de livros brasileiros. Nomeavam-se de outiva os escritores distintos do império, e raro havia quem os tivesse nas suas livrarias. Nas bibliotecas públicas era escusado procurá-los. Em compensação, sobravam nelas as edições raras de obras seculares que ninguém consulta. O mercado dos livros brasileiros abriu-se, há poucos meses, em Portugal. Devemo-lo à atividade inteligente do snr. Ernesto Chardron. Foi ele quem primeiro divulgou um catálogo de variada literatura, em que realçam os nomes de mais voga naquele florentíssimo país.[4]

José de Alencar queixava-se, decerto com alguma razão, da cruzada que em Portugal se faria contra a "embrionária e frágil literatura" brasileira: "sem darem-se ao trabalho sequer de ler-nos, acusavam-nos de abastardar a língua e enxovalhar a gramática".[5] Na verdade, do Camilo do *Cancioneiro alegre de poetas portugueses e brasileiros* (1879) e do Silva Pinto do violento *No Brasil* (1879), ao Sampaio Bruno de *O Brasil mental* (1898), dos bairristas aos puristas, aos puritanos e aos hipercríticos não faltavam demolidores portugueses de alguns livros e autores brasileiros. Mas conviria não esquecer que também não faltavam os demolidores portugueses de livros e autores portugueses.

Em 1885 outra importante mudança se fez sentir em Portugal. De acordo com Fidelino de Figueiredo, começaram nesse ano "as edições portuguesas de autores brasileiros: José de Alencar, Gonçalves Dias, Álvares de Azevedo, Alvarenga, Machado de Assis, Aluízio Azevedo, Luís Guimarães, João Ribeiro, Olavo Bilac, Coelho Neto etc.".

Entretanto, os escritores brasileiros passavam a entrar sistematicamente nas antologias, nos almanaques, nas revistas e nos jornais portugueses.[6]

No *Parnaso Português Moderno* (1877), por exemplo, incluiu Teófilo Braga poemas de Álvares de Azevedo, Gonçalves Dias, Casimiro de Abreu, Junqueira Freire, Gonçalves de Magalhães, Fagundes Varela, Castro Alves, Bernardo Guimarães, Machado de Assis etc.; e no estudo introdutório Teófilo não receava escrever que considerava a lírica brasileira superior à portuguesa "em veemência sentimental e em novidade de formas".

Na viragem do século XIX para o século XX, as perspectivas eram excelentes. Tal como acontecera com Gonçalves Crespo, vários brasileiros se integravam em Portugal nas ações dos novos grupos literários. Em *Os últimos luso-brasileiros* Pedro da Silveira fez o balanço minucioso da "participação de brasileiros, quase todos poetas, na vida literária portuguesa" durante o período que vai do Realismo aos primeiros anos do século XX.[7] Raimundo Correia, que também em terras lusas se tornou muito popular com o soneto "As pombas", trabalhou como segundo secretário (1897-1898) da legação brasileira em Lisboa. Ele e outros, como Olavo Bilac, Valentim Magalhães, Artur Azevedo, colaboravam ou eram transcritos na imprensa portuguesa, quando não eram mesmo editados em livro. "O número de obras de autores brasileiros, editados em Portugal de 1890 a 1910, é bem grande" — escreveu Brito Broca em *A vida literária no Brasil — 1900.*[8] Valentim Magalhães publicou em Lisboa, em 1896, o seu *A literatura brasileira*, "notícia crítica dos principais escritores, documentada com escolhidos excertos de suas obras".

Mas a prosa perdia claramente em relação à poesia. José de Alencar e Machado de Assis, que alguns portugueses leram desde as primeiras obras, não eram em Portugal o que Eça e Camilo eram no Brasil. E Coelho Neto, abundantemente editado pela Chardron do Porto, não tinha a estatura ou a exemplaridade daqueles; o mesmo se diria de Lima Barreto, o qual em 1909 viu editado em Lisboa *Recordações do escrivão Isaías Caminha*, que, segundo Agripino Grieco, foi revisto "pelo furioso polemista Albino Forjaz de Sampaio, que por sinal tornou lisboetas alguns vocábulos tipicamente cariocas".[9]

Se em 1877 apareceu o que supomos primeiro ensaio alentado (144 pp.) editado em Portugal sobre literatura brasileira, o ensaio de José Antônio de Freitas — nascido no Brasil mas desde menino em Portugal, tendo feito estudos na Escola Politécnica e no Curso Superior de Letras — intitulado *Estudos críticos sobre a literatura do Brasil, I, O lirismo brasileiro*; e se em 1895 apareceu no Porto uma mescla de ensaio e de antologia, *Poetas brasileiros*, de Teixeira Bastos, nas primeiras décadas do século XX sairiam dos prelos lusitanos vários estudos de portugueses e de brasileiros que privilegiavam a literatura do Brasil, e em especial a sua poesia.

Lembremos as *Páginas de crítica* (Lisboa, 1906) de Pedro do Couto, em que se fazia um balanço pessimista da literatura brasileira "puramente imitativa", mas se concedia já atenção aos "novos"; lembremos *Os sentidos e a emoção nalguns poetas portugueses e brasileiros* (Lisboa, 1909), conferência de Bettencourt Rodrigues pronunciada em São Paulo, que fazia Antero, João de Deus, Gomes Leal, Junqueiro cruzar-se com poetas franceses e com Castro Alves, Bilac, Raimundo Correia, Vicente de Carvalho, Luís Guimarães e Baptista Cepelos; lembremos *A concepção da alegria nalguns poetas contemporâneos* (Lisboa, 1914), conferência de Carlos Maul que vale como o primeiro estudo (e antologia) a congregar escritores novos (e modernos) portugueses (Montalvor, Sá-Carneiro, Pessoa) e brasileiros (Alvaro Moreyra, Filipe de Oliveira e Homero Prates).[10]

Já Almáquio Dinis se preocupava especialmente com o pensamento crítico em *Sociologia e crítica* (Porto, 1910) e *Moral e crítica* (Porto, 1912), a que não faltava o sal das polemizações, nem a sedução de um difuso enciclopedismo; e Sílvio Romero fazia publicar em Portugal muitos dos seus ensaios ou estudos históricos, entre os quais o *Quadro sintético da evolução dos gêneros na literatura brasileira* (Porto, 1911).

Por sua vez, José Cervaens y Rodríguez fazia um rápido mas atualizado balanço em *Letras brasileiras* (Porto, 1914); José Simões Coelho reproduzia em *O Brasil contemporâneo* (Lisboa, 1915) o "quadro sintético" de Sílvio Romero; e João de Barros iniciara com *A energia brasileira* (Porto, 1913) a sua cruzada em favor da literatura brasileira, que o levaria poucos anos depois não só à criação da revista *Atlântida* que, diferentemente de *A Águia*, se queria explicitamente luso-brasileira, mas também à publicação de *Caminho da Atlântida* (1919) e *Sentido do Atlântico* (1921).

Entretanto, alguns escritores brasileiros (Bilac, João do Rio, Álvaro Moreyra, Filipe de Oliveira...) visitavam Portugal, por vezes a caminho ou de regresso de Paris. A Bilac foi em 1916 prestada em Lisboa uma grande homenagem. E a *Atlântida* familiarizava alguns nomes brasileiros com o leitor português, ao longo dos anos 1915-1920.

Em 1914, Moreira Teles queixava-se de alguma desatenção passada e presente à literatura brasileira, que poderia levar a "equívocos curiosos" como o de se "atribuir a poetas portugueses novos, produções de literatos brasileiros consagrados";[11] Alberto de Oliveira, um ano depois, lamentava que "muitas obras valiosas da literatura brasileira moderna" fossem "quase desconhecidas entre nós",[12] que nenhum grande escritor brasileiro colaborasse regularmente nos jornais portugueses[13] e que os portugueses fossem "distraídos estudantes do Brasil";[14] em 1923, Rui Gomes assinalava na *Revista Portuguesa*:

> enquanto no Brasil é bem conhecida a literatura portuguesa, mesmo as obras dos escritores novos, em Portugal não se mostra o merecido interesse pelo conhecimento da literatura brasileira [...]. De fato, em Portugal apenas se conhece Coelho Neto e Olavo Bilac, e alguns outros de conhecimento mais limitado — Machado de Assis, Euclides da Cunha, Raimundo Correia e poucos mais.[15]

Ia algum exagero nessas palavras, que esqueciam inclusivamente o início da publicação em Portugal, em 1920, de obras da coleção Antologia Brasileira, que merecera até um "testemunho de louvor" de Augusto Nobre, ministro da Instrução Pública, à Casa Aillaud e Bertrand, e a Afrânio Peixoto e Constâncio Alves, diretores dessa coleção, por sinal correspondente à Antologia Portuguesa de Agostinho de Campos, de que era dito ser "um complemento indispensável".

Fidelino de Figueiredo poderia até escrever em 1925: "ao contrário do que se tem dito, o conhecimento da literatura brasileira em Portugal tem sempre crescido, embora sem se popularizar, como é natural, visto falar duma natureza e dum teor de vida que choram pelo exotismo: e o comum dos leitores procura o prazer fácil de identidade e não caminha ao arrepio da sua sensibilidade".[16]

Mas é evidente que poucos escritores brasileiros, nomeadamente os novos, eram editados em Portugal; poucos colaboravam na imprensa portuguesa: de poucos se falava na imprensa portuguesa; poucos visitavam Portugal, ou mantinham contato, epistolar ou outro, com colegas portugueses — como fariam por exemplo Oswald de Andrade e Antônio Ferro. Uma página de *A Águia* de 1920 (janeiro-julho) falava numa literatura brasileira "enriquecida" que no entanto não tinha em Portugal quem procurasse "espalhá-la" ou "torná-la conhecida".

As seletas ou antologias escolares e as outras eram um bom indício do conhecimento médio português da literatura brasileira na década de 1920: as atenções iam ou para escritores do século passado, ou para escritores menores. Mas isso era também o que se passava com a literatura portuguesa. *A pátria portuguesa e brasileira* (1924) de Nuno Catarino Cardoso incluía poemas de João de Barros, Antônio Correia de Oliveira, Silva Tavares, Oliva Guerra, mas não de gente do *Orpheu*; incluía poemas de Bilac, Luís Guimarães, Augusto de Lima, mas não de Bandeira, Menotti, Ronald, Mário de Andrade. *Os melhores sonetos brasileiros*, reeditado em 1928 pela Empresa do *Diário de Notícias,* continha sonetos já dos anos 1910 e 1920, mas de Hermes Fontes, Adelmar Tavares, Djalma Andrade, Martins Fontes, Silveira Neto.

A hora coletiva dos modernistas só chegaria pelos fins da década, pode dizer-se que a partir do aparecimento de *Literatura brasileira*, de José Osório de Oliveira, em 1926. Esse volumezinho de setenta e poucas páginas, contrariamente ao que pode sugerir o título, só se ocupa da literatura brasileira moderna, sobre a qual o autor revela muita informação (colhida na viagem que ao Brasil fizera em 1923) e sobre a qual emite opiniões que, mesmo se por vezes esteticamente confusas, revelam uma grande abertura de espírito e a consciência perfeita do grande momento literário que se vive no Brasil.

Foi talvez isso que levou Mário de Andrade a escrever que, antes de José Osório de Oliveira, "a bem dizer, não havia literatura brasileira" em Portugal.[17] Mário exagerava, sem dúvida; mas também não há dúvida de que José Osório, juntamente com Ribeiro Couto, que no final da década de 1920 esteve em Portugal, e com Adolfo Casais Monteiro, foi o grande responsável pela popularização que a literatura brasileira moderna conheceria em Portugal nas décadas seguintes.

O início oficial dos estudos de literatura brasileira em Portugal

A necessidade de oficializar em Portugal os estudos sobre a história, a geografia, e a cultura do Brasil fazia-se sentir mais intensamente desde que os estudantes brasileiros começaram a freqüentar menos as universidades portuguesas; desde que a emigração portuguesa no Brasil passou de algum modo a ter de competir com outras; ou desde que o Brasil começou a manifestar alguma autonomia cultural e começou a ser reconhecido como uma "grande nação", no virar do século XIX para o século XX, quando surgiu também o fenômeno do "ufanismo".

Mas o gesto decisivo para a criação e funcionamento na Universidade de Lisboa de uma cadeira de Estudos Brasileiros só seria feito em 1915 pelo poeta português Alberto de Oliveira.

Nomeado cônsul-geral de Portugal no Brasil em 1914, Alberto de Oliveira teve, um ano depois, por ocasião de uma viagem a Lisboa, a feliz idéia de propor ao governo português a criação dessa cadeira. A primeira vez que publicamente manifestou a sua idéia foi numa sessão da Academia das Ciências de Lisboa, que o nomeara seu sócio correspondente, algum tempo depois de a Academia Brasileira de Letras ter feito o mesmo. Essa nomeação teve lugar a 11 de novembro de 1915 e veio relatada no *Boletim da Segunda Classe da Academia*, em que podia ler-se:

> Nessa mesma ordem de idéias o orador comunica à Academia que é seu intento aproveitar a sua estada em Lisboa para recomendar aos poderes públicos a necessidade da criação de uma cadeira de história, geografia e literatura brasileiras, numa das nossas Faculdades de Letras. Só assim a nossa mocidade irá sendo educada no conhecimento da vida e da cultura do Brasil e poderá acompanhar passo a passo os progressos dessa grande nação, nos quais a atividade portuguesa tem ainda hoje parte tão preponderante, graças à continuidade da nossa emigração. E entende que, criada essa cadeira, deveremos convidar alguns professores brasileiros a virem alternadamente regê-la.[1]

Noutra sessão, de 2 de dezembro de 1915, Alberto de Oliveira voltava ao assunto, depois de referir alguns aspectos da "passividade ou apatia" que a seu ver recaíra sobre "as relações intelectuais entre os dois povos":

> Desejo apenas acrescentar que, no sentido das idéias que acabo de expor, estou diligenciando junto das estações competentes promover a criação de uma cadeira de estudos brasileiros, com caráter obrigatório, e regida por professores brasileiros, na Faculdade de Letras da Universidade de Lisboa. Muita satisfação teria se este projeto merecesse o apoio da Academia, como já mereceu a simpatia e o interesse do nosso ilustre consócio, aqui presente, sr. dr. João de Barros, Secretário Geral do Ministério da Instrução Pública, que tanto tem feito pela aproximação intelectual dos dois países.
>
> Se essa cadeira vier a criar-se, os estudantes da Faculdade de Letras, que se destinam em geral ao professorado, sairão daquela Escola aptos a transmitir os conhecimentos adquiridos sobre e vida brasileira a novas camadas e gerações de alunos; e assim se desvanecerá rapidamente um estado de coisas que não podemos encarar hoje sem desgosto.[2]

O projeto de Alberto de Oliveira — que manifestou também o desejo de que "os alunos das escolas superiores do Brasil pudessem matricular-se em qualquer ano das nossas Universidades, desde que se submetessem a um exame de admissão"[3] — mereceu a aprovação unânime dos "sócios de todas as classes" da Academia das Ciências, entre os quais se contavam Henrique Lopes de Mendonça, Teixeira de Queirós, Júlio Dantas, David Lopes e João de Barros, que "ergueram a sua voz" num "coro de simpatia e de orgulho" pelo Brasil.[4]

Dias depois, Alberto de Oliveira procurou o apoio da Faculdade de Letras de Lisboa, de que eram então professores Teófilo Braga, José Leite de Vasconcelos, Adolfo Coelho, José Maria Rodrigues, David Lopes, Silva Teles, Manuel Oliveira Ramos, Augusto Epifânio da Silva Dias, Agostinho Fortes: "O diretor da Faculdade, dr. Queirós Veloso, tomou logo a peito a idéia simpática a todos e não tardou em convocar os seus colegas, alguns dos quais já a tinham votado na Academia, para os ouvir sobre ela. A aprovação foi ainda uma vez unânime".[5]

É o próprio Conselho da Faculdade de Letras que decide fazer a proposta ao Ministério da Instrução Pública, ao mesmo tempo que

Alberto de Oliveira efetua outras *démarches* para que ela seja aprovada. Mas a sua idéia encontra só apoio caloroso junto de pessoas como o presidente da República, Bernardino Machado, o chefe do governo, Afonso Costa, e outros representantes dos poderes públicos. Assim, o ministro da Instrução Pública, Pedro Martins, que de resto tinha como secretário-geral o já então grande amigo do Brasil dr. João de Barros, não pôs qualquer restrição à proposta da Faculdade de Letras, que transformou em projeto de lei e que fez seguir sem demora para o Congresso e para a Câmara dos Deputados. Aqui, esse projeto teve como relator o próprio João de Barros, e, depois de uma discussão que mais valeu como "um hino ao Brasil", para usar a expressão de Alberto de Oliveira, veio a ser aprovado por unanimidade. Eis o texto com que foi oficialmente criada a cadeira de Estudos Brasileiros da Faculdade de Letras de Lisboa (Lei nº 586 de 12 de junho de 1916):

> Artigo 1º – É criada, na Faculdade de Letras da Universidade de Lisboa, uma cadeira de estudos brasileiros, que será comum a todas as secções da mesma Faculdade.
> Art. 2º – Na cadeira de estudos brasileiros deverá estudar-se simultaneamente a história política e econômica desse país, a sua literatura, as suas condições geográficas, a sua etnografia, a sua arte, enfim, as diversas modalidades da civilização brasileira sob todos os aspectos.
> Art. 3º – A cadeira de estudos brasileiros deverá ser, em regra, regida por um Brasileiro de reconhecida competência, contratado pela Faculdade com autorização do Governo.
> Parágrafo único – Quando seja impossível o provimento da referida cadeira por essa forma, será então provida por concurso de provas públicas em indivíduo de nacionalidade portuguesa, devendo o programa do concurso ser organizado pela Faculdade e submetido à aprovação do Governo.
> Art. 4º – O vencimento do professor da cadeira de estudos brasileiros fica a cargo do Estado e será igual ao dos professores ordinários[6] da Faculdade de Letras.
> Art. 5º – Fica revogada a legislação em contrário.[7]

Dez dias depois de aprovada esta lei, a 22 de junho, Alberto de Oliveira, cheio de natural regozijo, dava-a a conhecer à Academia Brasileira de Letras, numa comunicação em que pedia a esta instituição que interviesse ou exercesse "uma influência discreta" na nomeação dos professores da cadeira de Estudos Brasileiros,[8] e em que se dizia convencido de que nas universidades de Coimbra e do Porto iriam ouvir-se também, em breve, outras "vozes brasileiras".[9] Por sua vez, a Faculdade de Letras da Universidade de Lisboa delegou na mesma Academia Brasileira, por intermédio do Ministério dos Negócios Estrangeiros de Portugal, o encargo de escolher o primeiro professor.

Acedendo ao convite, a Academia Brasileira de Letras resolveu nomear Miguel Calmon, que se preparava para viajar quando a entrada do Brasil na Grande Guerra o obrigou a suspender a viagem. Depois, outras razões o terão levado a desistir de ocupar o cargo, para que foram sugeridos outros nomes: o de Lúcio de Azevedo (por Alberto de Oliveira), o de Graça Aranha e de Manuel de Sousa Pinto (por João de Barros) e os de João Ribeiro e de Afrânio Peixoto.

No discurso que a 15 de abril de 1920 pronunciou na Academia Brasileira de Letras, João de Barros soube aproveitar a oportunidade para lembrar aos acadêmicos a urgência da inauguração da cadeira de Estudos Brasileiros:

> em nome do amor de Portugal pelo Brasil eu vos peço, senhores, a vossa intervenção decisiva neste caso, certo de que assim traduzo os sentimentos sinceros das classes cultas do meu País, que, por intermédio dum dos vossos homens mais ilustres, quer escutar as aspirações, as modalidades, as tendências rejuvenescedoras e ardentes da cultura brasileira.[10]

A Academia Brasileira de Letras acabou por indicar o nome de Coelho Neto que, por motivos particulares, veio a declinar o convite. Mas, antes ainda de ele o fazer de forma definitiva, a Faculdade de Letras de Lisboa, já impaciente com os sucessivos adiamentos, e aproveitando o fato de se encontrar em Portugal o diplomata e historiador Oliveira Lima — brasileiro filho de um português do Porto e que fizera estudos superiores na própria Faculdade de Letras de Lisboa (quando ainda era Curso Superior de Letras) — resolveu, talvez instigada por intelectuais e universitários como Fidelino de Figueiredo,[11] solicitar à Academia Brasileira a sua nomeação. Esta foi imediatamente aprovada pelo então presidente Afrânio Peixoto, e Oliveira Lima pôde assim quebrar o "enguiço" e inaugurar a cadeira de Estudos Brasileiros, a 9 de junho de 1923, com uma lição intitulada "A independência do Brasil como movimento a um tempo conservador e revolucionário".

Essa lição e as três que se lhe seguiram, pronunciadas a 16, 23 e 30 do mesmo mês, portanto em número total de quatro (e não de duas, como disse A. da Silva Rego[12] enganado aliás por Mário de Albuquerque,[13] que regeu a cadeira de Estudos Brasileiros) foram em 1923 publicadas no volume *Aspectos da história e da cultura do Brasil* (Lisboa: Clássica Editora), que contém igualmente: o discurso de Queirós Veloso, ainda diretor da Faculdade de Letras, que fez a história da criação da cadeira e apresentou Oliveira Lima; o discurso de Manuel Múrias, ao tempo aluno da mesma Faculdade, que saudou o "eminente historiador" brasileiro e teceu rápidas considerações sobre o intercâmbio luso-brasileiro,[14] o breve texto de Teófilo Braga, antigo professor de Oliveira Lima e na altura "cego e trôpego" com 80 anos, que encerrou as lições; e ainda, em apêndice, o discurso com que a 9 de julho de 1923 o diretor da Faculdade de Letras da Universidade de Coimbra, Eugênio de Castro, saudou o seu antigo companheiro de estudo Oliveira Lima, que foi repetir duas das lições de Lisboa — às quais juntou um pequeno texto de circunstância, que o volume também inclui — na Sala dos Capelos da Universidade de Coimbra.

Chamado a ocupar, a título permanente, o lugar de catedrático de Direito Internacional na Universidade Católica de Washington, Oliveira Lima deixou logo vaga a cadeira de Estudos Brasileiros. Eis por que o diretor da Faculdade de Letras decidiu contratar o brasileiro Manuel de Sousa Pinto, que viera para Portugal aos 3 anos, e que aqui se formara em Direito e em Letras. Por despacho de 8 de dezembro de 1923, foi esse polígrafo nomeado "professor ordinário" da cadeira de Estudos Brasileiros. A sua "lição inaugural" intitulou-se "Língua minha gentil" e foi com este título editada ainda em 1924 (pela Aillaud e Bertrand de Paris e Lisboa, associada à Chardron do Porto e à Francisco Alves do Rio de Janeiro). Manuel de Sousa Pinto regeu a cadeira até à sua morte, ocorrida a 7 de junho de 1934. Sucedeu-lhe no cargo Mário de Albuquerque, o qual regeu a cadeira até 1957.

Entretanto, pela reforma da Faculdade de Letras de 25 de fevereiro de 1930, a cadeira deixaria de ser "comum a todas as secções" para passar a ser obrigatória apenas para os alunos de filologia românica. Mas, mais tarde, haveria necessidade de criar uma cadeira de História do Brasil para os alunos de história, tendo a cadeira de Estudos Brasileiros passado a designar-se como Literatura Brasileira.

Malgrado a orientação predominantemente historicista ou "passadista" de quem primeiramente a regeu, a cadeira de Estudos Brasileiros não podia deixar de exercer alguma influência, também simbólica, nos intelectuais portugueses. Talvez não tenha sido por acaso que na década de 1930, poucos anos depois de a cadeira ter começado a funcionar, a atenção à cultura brasileira, e em especial à literatura, foi em Portugal de tal ordem que pela primeira vez na longa história das duas comunidades os autores brasileiros passavam a influenciar sistematicamente os portugueses, e a literatura de brasileiros passou a aparecer ou a ser comentada sistematicamente em várias publicações portuguesas, como *Presença*, *Descobrimento*, *Revista de Portugal*, *Atlântico* etc.

A questão da língua

Falando no Porto em 1900, por ocasião das celebrações do IV Centenário do Descobrimento do Brasil, Antônio Cândido (o deputado português, que naturalmente não há que confundir com o professor e ensaísta brasileiro) dizia que "como um arco-íris que, dum e outro lado, assentasse nas duas praias do Atlântico", a língua portuguesa "refletirá sempre, em combinação maravilhosa e feliz, as cores da alma portuguesa e as da alma brasileira, sua filha e sua igual".[1]

A imagem parece bonita, mas peca por alguma inadequação. Por um lado, seria de esperar que o arco-íris não ligasse apenas mas cobrisse também os dois territórios até às fronteiras com as nações de língua castelhana; por outro lado, a língua portuguesa não refletiu nem refletirá apenas euforicamente as cores (também nem sempre eufóricas) da alma portuguesa e da alma brasileira.

Porque a língua é justamente desde há muito um dos lugares de tensão luso-brasileira, um dos mais fortes motivos de discórdia e de "atritos sentimentais e intelectuais" — como afirmou Gilberto Freyre em *O mundo que o português criou* — entre portugueses e brasileiros (e, diga-se de passagem, também entre brasileiros e brasileiros). As naturais divergências verificadas na evolução fonética, morfossintática e semântica da língua em cada um dos lados do Atlântico nem sempre foram bem compreendidas e aceites — com naturalidade — já se não diz pelos homens políticos mas pelos próprios filólogos, lingüistas e escritores, que nem sempre souberam conduzir a luta pela preservação da possível unidade na maior e necessária diversidade, luta essa de que se beneficiariam igualmente as duas comunidades. Valha a verdade que a tarefa não era nem é fácil, porque não pode quedar-se no plano das idéias ou da língua e da literatura, tendo de "descer" também ao plano do convívio social e da política e do comércio; mais uma razão portanto para que se evitasse e combatesse a tempo a leviandade ou a estreiteza de quantos concebiam a língua como algo de estático, de definitivamente fixado pelos clássicos, ou como propriedade de uma parte da comunidade dos seus falantes, como objeto suscetível de transformações arbitrárias, e como obstáculo à emancipação política, cultural e literária.

É sabido que data de 1824 ou de 1825 o primeiro texto, só divulgado no entanto cerca de um século mais tarde, que se conhece sobre diferenças entre o português de Portugal e do Brasil. Esse texto, breve e esquemático, deve-se ao visconde de Pedra Branca, apareceu em francês, na *Introduction à l'atlas ethnographique du Globe*, de Adrien Balbi, e foi reproduzido por João Ribeiro no capítulo "Antigüidade dos brasileirismos", de *A língua nacional* (1921).[2]

A partir dos meados do século XIX, homens como F. Adolfo Varnhagen, João Francisco Lisboa, Gonçalves Dias, Macedo Soares e José de Alencar refletem sobre a feição que a língua assume no Brasil e, por vezes de modo confuso, que decorre de alguma impreparação lingüística ou da mistura de razões de ordem lingüística com razões de ordem literária e razões de ordem política ou nacionalista, assinalam a diferença e o direito à diferença da língua portuguesa no Brasil — sem com isso preconizarem o desprezo dos clássicos da língua, ou sem preverem uma ruptura com a gramática ou com o sistema, antes defendendo, por vezes, a legitimidade dessa diferença, tendo em conta que o português do Brasil era mais fiel aos clássicos quinhentistas e era menos permeável aos estrangeirismos, argumentos a que mais tarde se juntaria o da maioria de falantes. Sinal da referida confusão é a oscilação das denominações ou das designações que começam a propor-se para a variante do português no Brasil: "dialeto brasileiro", "dialeto luso-brasileiro", "co-dialeto", "falar brasileiro", "falares brasileiros", "novo idioma", "português americano", "língua nacional", "idioma nacional" etc.

Quase toda a crítica reconhece o papel fundamental que representa José de Alencar na clarificação do problema ou na reivindicação do direito ao uso literário do falar brasileiro.[3] As idéias lingüísticas de Alencar, defendidas entre 1865 e 1875, foram despertadas ou suscitadas por ataques lingüísticos e/ou literários que lhe fizeram brasileiros como Antônio Henriques Leal, Franklin Távora e Joaquim Nabuco, ou portugueses como José Feliciano de Castilho que, nascido em 1810, foi em 1847 para o Brasil, e Manuel Pinheiro Chagas.

Pinheiro Chagas publicou em 1867, no Porto, os seus *Novos ensaios críticos*; um dos "ensaios" intitulava-se "Literatura brasileira — José de Alencar: *Iracema*, lenda do Ceará" e nele, a par de alguns elogios à prosa, ao estilo e às qualidades de paisagista e de "cronista" de Alencar, deixava esta censura:

> o defeito que eu vejo nessa lenda, o defeito que eu vejo em todos os livros brasileiros, e contra o qual não cessarei de bradar intrepidamente, é a falta de correção na linguagem portuguesa, ou antes a mania de tornar o brasileiro uma língua diferente do velho português, por meio de neologismos arrojados e injustificáveis, e de insubordinações gramaticais, que (tenham cautela!) chegarão a ser risíveis se quiserem tomar as proporções duma insurreição em regra contra a tirania de Lobato.[4]

Pinheiro Chagas evidenciava assim, de forma transparente e simplista, em todo o caso menos agressiva do que a das *Questões do dia* de Lúcio Quinto Cincinato e de Semprônio[5] — respectivamente, José Feliciano de Castilho e Franklin Távora, dois críticos ferozes de Alencar —, um conceito de língua estreito e conservador (outra coisa não seria de esperar do indireto provocador da *Questão Coimbrã*) que muitos brasileiros, a começar por Alencar, logo tomariam como um conceito ou preconceito dos intelectuais portugueses (e é quase certo que o seria da maioria), não só contra o autor de *Iracema* mas também contra os escritores brasileiros.

José de Alencar responderia a Pinheiro Chagas, com serenidade, bom senso e argumentos certeiros, no "Pós-escrito" à 2ª edição de *Iracema* (1870), em que também responderia às críticas de Antônio Henriques Leal, por sinal formuladas em textos aparecidos em Portugal, onde ele chegou a residir e de onde replicaria ao autor de *Diva*.[6] Defendendo-se, Alencar era categórico: "Que a tendência, não para a formação de uma nova língua, mas para a transformação profunda do idioma de Portugal, existe no Brasil, é fato incontestável".[7]

Depois das polêmicas de Alencar surgiram propostas como a de Paranhos da Silva, que foi ao ponto de traduzir para o "idioma brasileiro" o poema "A uns olhos negros", de Almeida Garrett. Mas, de acordo com Celso Cunha, o "caminho" lingüístico e literário aberto por Alencar "só foi retomado pelo Modernismo", após um longo período conservador:

> Excluídos os casos isolados de Machado de Assis, Raul Pompéia, Euclides da Cunha — que procuraram, cada um a seu modo, harmonizar renovação com tradição — e de críticos nacionalistas, como Sílvio Romero e Araripe Júnior, o panorama lingüístico era de sonolenta monotonia. Na escola, na imprensa, pontificavam os gramáticos mais reacionários. A palavra de Cândido de Figueiredo tornara-se oracular. O casticismo esclerosante dominava, sobranceiro a radicais mudanças políticas e econômicas.[8]

A essa fase lingüística pós-romântica — que vai de cerca de 1880 até cerca de 1920— chama Edith Pimentel Pinto de "apogeu e contestação" do "vernaculismo",[9] designação que parece mais pertinente do que a de "fase histórico-etnográfica" que lhe deu Renato Mendonça.[10] É a fase dos consultórios gramaticais nos jornais, ou a fase em que os gramáticos, os filólogos e os escritores em geral se mostram preocupados com a fidelidade aos modelos lingüísticos clássicos, e com o apuro vernacular; em que João Ribeiro, Mário Barreto, Rui Barbosa, Heráclito Graça, Cândido de Figueiredo e outros originam um "bom e útil e necessário movimento a favor da boa linguagem portuguesa", para evitar que a "ignorância" e o "desmazelo" dos escritores brasileiros a reduzisse "a uma algaravia luso-franco-brasileira";[11] em que Coelho Neto se esmera no uso de lusismos; em que se trava a célebre polêmica gramatical entre Rui Barbosa e o seu antigo professor Ernesto Carneiro Ribeiro. Este aceitara com alguma relutância fazer a revisão da linguagem do Projeto do Código Civil que, uma vez apresentado ao Senado, depois de passar pela Câmara de Deputados, sofreu as vigorosas críticas de Rui Barbosa, que fora encarregado de dar um parecer. Mas a este *Parecer sobre a redação do Código Civil* (1902) achou por bem responder logo Carneiro Ribeiro no *Diário do Congresso* com "Ligeiras observações sobre as emendas do dr. Rui Barbosa" (1902), que motivaram a *Réplica do senador Rui Barbosa às defesas da redação do Código Civil* (1904), que por sua vez motivou as centenas de páginas de *A redação do projeto do Código Civil* e a *Réplica do dr. Rui Barbosa* (1905), motivando a polêmica entre os dois baianos intervenções ou comentários de outros intelectuais como José Veríssimo, Medeiros e Albuquerque, Anísio de Abreu etc.[12]

Por estranho que pareça, enquanto no Brasil aumenta o interesse pela discussão dos problemas da língua, e se multiplica o número dos seus estudiosos, dir-se-ia que em Portugal se verifica o contrário, ou pelo menos há um certo alheamento em relação à teoria e à prática lingüística brasileira. Os poucos gramáticos e filólogos portugueses ou não se dão conta da importância histórica do momento por que passa a língua portuguesa no Brasil, talvez pelo convencimento da "superioridade" da língua que se fala e escreve em Portugal, ou apenas se atêm a alguns aspectos, como o da discussão sobre a natureza dialetal do falar brasileiro, o da fonética, ou, logo a seguir, o da ortografia. Em vão esperaremos da competência de homens como Adolfo Coelho, Gonçalves Viana e José Leite de Vasconcelos intervenções abalizadas nas discussões sobre a língua portuguesa no Brasil — que não lhes mereceu grande atenção. Parece sintomático que o próprio José Leite de Vasconcelos, na *Esquisse d'une dialectologie portugaise* (1901), tenha confessado "com louvável probidade científica, sua incompetência para elucidar o assunto" das diferenças dialetais, "entregando-o ao estudo dos seus confrades brasileiros".[13]

Neste contexto, a "questão ortográfica" — que nos merecerá referência especial — veio ampliar a polêmica da língua entre portugueses e brasileiros e entre brasileiros e brasileiros: e veio forçar ou reforçar a tendência para a retomada das teses de José de Alencar, e para a ultrapassagem da fase vernaculista, inclusivamente por parte de alguns dos que, como João Ribeiro, nela tinham desempenhado um importante papel.

À volta de 1921, depois do aparecimento de *A língua portuguesa no Brasil*, de Virgílio de Lemos (1916); depois de iniciada a publicação da *Revista de Língua Portuguesa*, dirigida por um ambíguo Laudelino Freire (o primeiro número apareceu em setembro de 1919); depois de aberto — por sugestão das obras de Leite de Vasconcelos — o ciclo dos estudos dos falares regionais (*O dialeto caipira*, de Amadeu Amaral, 1920 — a que se seguem obras como *O linguajar carioca* em 1922, de Antenor Nascentes, e *A língua do Nordeste*, de Mário Marroquim, 1934 etc.); depois do lançamento da *Gramática portuguesa* de Firmino Costa (1920) e de *A língua nacional* de João Ribeiro (1921); depois da publicação de alguns textos de Silva Ramos (1918, 1919), de Said Ali, e Sousa da Silveira (1919 e 1920) em que se valoriza o autor brasileiro e a diferença da "língua nacional" — depois de tudo isso, estava aberto o caminho aos modernistas de 1922, para que eles pudessem escrever numa língua já liberta da tirania purista, mais comprometida com a fala ou os falares brasileiros, ou mais atenta às lições da "língua errada do povo/ língua certa do povo",[14] em que formas, modalidades ou modismos europeus poderiam misturar-se com os de origem americana e africana.

Aliás, quase todos os modernistas se sentiram tentados a opinar sobre questões relacionadas com a língua que alguns diziam "brasileira" — e não só a escrevê-la. Já antes deles Monteiro Lobato concebia a necessidade de uma "gramática brasileira", como o provam as palavras que escreveu a propósito da *Gramática portuguesa* de Firmino Costa, publicada em 1920:

> A língua brasileira positivamente está a sair das faixas, e coexiste no Brasil ao lado da língua portuguesa — como filha que cresce ao lado da mãe que envelhece. E tempo virá em que veremos publicar-se a *Gramática brasileira*. Pois bem: a gramática de Firmino Costa, sem que o autor pensasse nisso, é já um bom passo à frente para a criação da gramática brasileira.[15]

O mesmo Monteiro Lobato saudava, eufórico, o aparecimento da "primeira gramática da língua brasileira" — *O dialeto caipira*, de Amadeu Amaral.[16] Pouco depois, eram Mário de Andrade e Menotti del Picchia que falavam na "gramatiquinha" ou na gramática da fala brasileira.[17] Menotti celebraria mesmo num poema de 1928 o "nascimento" da "ágil, acrobática, sonora, rica e fidalga" língua brasileira. Ainda que para os modernistas o conceito de "língua brasileira" fosse elástico ou difuso, podendo até equivaler ao de "estilo brasileiro", não há dúvida de que, na esteira de Alencar e de Monteiro Lobato, eles tendiam a pensar que o Brasil, como nação independente e livre, teria de ter uma língua própria, muito diversa da de Portugal.[18]

Mas não é verdade que tenham sido os modernistas que inventaram "de dia prá noite a fabulosíssima língua brasileira" — como queria Mário de Andrade.[19] O que eles inventaram foi, isso sim, a língua literária brasileira, um novo padrão literário a partir de novos aproveitamentos lingüísticos, fazendo entrar na sua literatura a língua falada e popular do Brasil, o que tornaria subitamente velha uma literatura que usava uma língua livresca, nobre e solene, não por acaso corrosivamente parodiada em textos como o conto de Monteiro Lobato "O colocador de pronomes" ou a "Carta pràs Icamiabas" do *Macunaíma* de Mário de Andrade — o Mário de Andrade que conscientemente abandonara uma língua que "sabia escrever bem, pra tropeçar [...] cruentamente numa língua sem formação nenhuma" (cf. *DD*, p. 576).

Os modernistas portugueses, de Almada Negreiros a Pessoa, sem se debaterem com problemas gramaticais ou filológicos, nem com problemas de nacionalismo estritamente lingüístico, estavam em certo sentido (da revitalização lingüística pelo compromisso com a oralidade ou pela renovação e dinamismo das estruturas gramaticais) muito próximos dos brasileiros, e poderiam subscrever sem dificuldade a poética de Manuel Bandeira que reclamava contra os puristas ou proclamava o uso de "barbarismos" e de "sintaxes de exceção",[20] como poderiam subscrever as palavras que Oswald de Andrade deixaria no "Manifesto da Poesia Pau-Brasil": "A língua sem arcaísmos, sem erudição. Natural e neológica. A contribuição milionária de todos os erros. Como falamos. Como somos".[21]

Mas os modernistas brasileiros evidenciavam bem como a "questão da língua" que se arrastava desde Alencar era inseparável da "questão da literatura". A reclamação do direito à diferença lingüística era, da parte dos escritores brasileiros, equivalente à do direito à diferença literária. Decerto que havia os que, como Antônio Henriques Leal, concebiam — contra a opinião de alguns portugueses, como Pinheiro Chagas, que achava que o Brasil não possuía uma literatura — a independência literária brasileira na unidade lingüística com Portugal; mas a maioria, com Alencar à frente, tenderia para a fórmula que Monteiro Lobato inventou em 1921: "povos diferentes, língua diferente, literatura diferente".[22]

Um dos primeiros ensaístas a notar objetivamente a diferença entre a literatura brasileira e a portuguesa foi José Veríssimo, que na introdução à *História da literatura brasileira* (1916) corrigiu a sua concepção anterior de uma literatura brasileira que não passaria de "um ramo da portuguesa". Foi ele que enumerou algumas das diferenças que definiriam a existência de uma "linguagem literária" dos brasileiros:

1) é outro o boleio da frase, a construção mais direta, a inversão menos freqüente;
2) usam mais comumente dos tempos compostos dos verbos, à francesa ou à italiana;
3) refogem ao hábito português de nas orações de gerúndio *começá-las por eles*;
4) usam de extrema e até abusiva liberdade no colocar os pronomes átonos;
5) dão maior extensão a certas preposições;
6) preferem o infinito seguido de gerúndio à forma do modo finito em seguida de um infinitivo com preposição;
7) empregam os vocábulos ameríndios e africanos já perfilhados pelo povo;
8) são parcos de estrangeirismos, quer de vocabulário quer de sintaxe;
9) aceitam as deturpações (?) ou modificações de sentido das formas castiças aqui operadas popularmente.[23]

Convirá notar, porém, que a "insubordinação" gramatical não seduziu igualmente todos os modernistas, e que houve contradições e "arrependimentos" entre os mais ousados, que não por acaso foram os de São Paulo, cidade onde desde os fins do século XIX se fazia sentir a forte presença de uma emigração não oriunda de Portugal, e o frenesi econômico da exportação do café ou da indústria manufatureira.

Os desvios da norma portuguesa são escassos, por exemplo, na literatura modernista do carioca Ronald de Carvalho. Mas também são relativamente pouco significativos na literatura do mineiro Carlos Drummond de Andrade. Estudando a língua de 98 textos que compilamos, e que Drummond publicara em jornais e revistas dos anos 1918 a 1930, chegamos à conclusão de que continham apenas 33 brasileirismos lexicais, número que mais modesto parecerá se o compararmos com o de galicismos e anglicismos como: *à outrance*; *cabarets*; *blagueur*; *fetichismo*; *féerie*; *élite*; *blague*; *enfant du siècle*; *toilette*; *maquilhage*, *maquilhar-te*; *frac marron*; *lianas*; *vianda tenra*; *spleen*; *caubói*; *clown*; *jazz-band*; *yankee*; *boicotado*; *club*.

A estes poderiam acrescentar-se outros de *Alguma poesia* como *goche*, ou *gauche*, *declanchar* etc., e como *forde*, *trustes*, *black-bottom*, *meeting*, ou *mittingue*, *craques*, *sweet home* etc.

Tendo em conta o mesmo conjunto de textos dispersos e o livro *Alguma poesia* (1930), vamos enumerar os desvios que Drummond pratica em relação à norma escrita moderna e culta de Portugal,[24] desvios que podem também encontrar-se na maioria dos modernistas brasileiros[25] que quiseram justamente normalizá-los. Já que não há edição impressa — só policopiada — dos dispersos, indicaremos apenas, entre parêntesis, as páginas com abonações de *Alguma poesia*; mas damos esta indicação com a sigla *OC*, e a página correspondente à edição da *Obra completa* (1964), exceto quando a versão inicial não foi seguida nesta edição, caso em que usamos a sigla *AP* e a página correspondente à da edição de 1930:

A) *Ta'í*; *sinão*; *passá*; *milhor*; *sê*; *ocês*; *nêgo*; *vancê*; *si* (*AP*, 9, 10, 11 etc.). Há ainda a considerar casos freqüentes de emprego de *pra* ou *prá* e *pro* ou *pró*, e o uso de formas como *papai* e *vovô*;

B) a) supressão do artigo: "Todo mundo" (*AP*, 94); "Diabo espreita" (*OC*, 54);

b) uso da preposição em vez do artigo + preposição: "creio na realidade de tua fantasia"; "ofereceram um banquete a meu amigo";

c) uso do artigo em vez da preposição + artigo: "vem até os nossos dias";

d) uso de um superlativo especial: "pistolas deste tamanho"; "espiando com um olho assim";

e) emprego de *mais* por *já*: "não deslizo mais não" (*OC*, 55);

f) emprego de *já* por *mais*: "já não me aborreças";

g) uso de *quéde* por que é feito de, que é de: "Quéde os bandeirantes?" (*AP*, 35); "quede" (*OC*, 58);

h) emprego de *ter* com o significado de *haver*: "Diz-que tem modernistas brasileiros apaixonados pelo negro. Tem?"; "Tem dias que ando na rua de olhos baixos" (*AP*, 140); "No meio do caminho tinha uma pedra" (*OC*, 61); "Hoje tem festa no brejo" (*OC*, 65);

C) a) uso da expressão *diz-que* por *dizem que*, *diz-se que*: "diz-que tem virgens tresmalhadas" (*OC*, 54); "Diz-que tem modernistas brasileiros";

b) repetição do advérbio *não* depois do verbo: "não precisa não"; "não deslizo mais não" (*OC*, 55); "não quero ir no clube não";

c) emprego do conjuntivo negativo (melhor: do "imperativo negativo") com forma de indicativo: "não mexe comigo não";

d) uso freqüente do gerúndio: "ninguém a vê fugindo dos autos/ recuando, tropeçando,/ insistindo"; "minha mãe ficava sentada cosendo" (*OC*, 53); "o sol cai sobre as coisas em placa fervendo" (*OC*, 55); "um coração enorme está batendo, batendo" (*OC*, 56);
e) colocação irregular dos pronomes átonos: "Me parece"; "eu não devia te dizer" (*OC*, 53); "A lagoa se pinta" (*OC*, 60); "os passageiros também puseram-se à vontade";
f) mistura de tratamentos: "Mas quando ia te pegar/ e te fazer minha escrava, / você fez o sinal-da-cruz" (*OC*, 72); "Meu Bom Jesus que tudo podeis,/ humildemente te peço uma graça" (*OC*, 78);
g) reduplicação da negativa pré-verbal: "ninguém não percebe" (*OC*, 78);
h) uso do pronome pessoal sujeito no lugar do complemento direto: "Não deixem eles se perder"; "Corta ele, pai" (*OC*, 74);
i) uso do pronome complemento indireto no lugar do direto: "Adverti-lhe de que não faria";
j) uso da preposição *em* com verbos de movimento: "não quero ir no clube não"; "O poeta chega na estação" (*OC*, 64);
l) uso do pronome relativo sem preposição: "a coxa morena/ sólida construída/ que ninguém repara" (*AP*, 136);
m) outras construções especiais: "debrucei sobre a água"; "Reparaste o bife queimado?" (*OC*, 73); "Está quentando sol" (*OC*, 74); "a sua inquietação de V.".

Alguns destes desvios praticou-os Drummond certamente sob alguma influência de Mário de Andrade, ou sob uma certa pressão da moda (lingüístico-literária) dos anos polêmicos do Modernismo. De outro modo não se justificariam algumas incoerências lingüísticas dos seus textos, nem tampouco as correções que veio a introduzir nalguns deles. Assim, a grafia "si" desaparece na "reedição" de *Alguma poesia* — integrado no volume *Poesias* (1942). Neste mesmo volume, o verso "ele veio na rede" passa a ser "ele veio para a rede"; o verso "Tem dias que ando na rua de olhos baixos" muda para "Há dias..."; os versos "a coxa morena [...] que ninguém repara" transformam-se em "a coxa morena [...] em que ninguém repara" (mais tarde, este verso ainda se transformará em "mas ninguém repara"); os versos "os homens não melhoraram/ e se matam como percevejos" viram "os homens não melhoraram/ e matam-se como percevejos". Por outro lado, um verso como "Estás a sonhar? Olha que a sopa esfria" — do poema "Sentimental", publicado em 1925 e não incluído inicialmente em *Alguma poesia* — aparece-nos no volume *Poesias* com esta versão: "Está sonhando? Olhe que a sopa esfria". E o verso "Quem não subir direito o povo dá uma vaia nele" — do poema "Sabará", publicado pela primeira vez em dezembro de 1925 — é modificado para "Quem não subir direito toma vaia" logo no livro *Alguma poesia*.

Tendo estudado demoradamente a "norma literária do Modernismo" brasileiro, Raimundo Barbadinho Neto chegou à conclusão de que "o sistema da língua do Brasil, no seu conjunto, ainda é o mesmo da de Portugal, sem embargo das leves diferenças de norma e da nítida existência de um estilo nacional americano e um estilo nacional português".[26]

Poderemos dizer coisa semelhante da literatura?

O problema da ortografia da língua portuguesa já nas últimas décadas do século XIX preocupava seriamente portugueses como Barbosa Leão e brasileiros como Paranhos da Silva; e muitos eram os que reclamavam a sua simplificação, ou a sua clarificação, dado que ela se tornara, por "imitação francesa" ou por "anti-iberismo lusitano" — disse-o João Ribeiro — "uma arte difícil e para poucos",[1] oscilando sem critério entre a fonética e a etimologia. José Veríssimo falava em 1907 na "anarquia reinante na nossa ortografia, hoje entregue ao bel-prazer de cada escritor, de cada amanuense, de cada jornal, de cada editor, de cada pedagogo, de cada revisor".[2]

Em Portugal, mais ou menos pela mesma altura (informa-nos Cândido de Figueiredo) "a anarquia ortográfica prosseguia desabaladamente; a folha oficial era um museu de barbaridades gráficas, porque cada deputado, cada chefe de repartição, cada ministro exigia que o *Diário do Governo* lhe respeitasse os hábitos e os caprichos gráficos".[3] Essa anarquia ou salada de ortografias sônicas, etimológicas, estéticas, científicas, ameaçava eternizar-se perante o desinteresse geral. "Os debates ortográficos têm-se restringido a algumas palestras entre gente letrada, e à publicação de algum raro artigo na imprensa periódica, afora um ou outro livro ou monografia de quem tenha autoridade inconcussa na matéria" — escrevia em 1908 o mesmo Cândido de Figueiredo, que pugnava havia trinta anos pela simplificação ortográfica.[4] E se Gonçalves Viana tinha publicado em 1904 o seu *A ortografia nacional*, que valia como uma boa proposta apresentada à Academia das Ciências de Lisboa, esta parecia desinteressada da reforma ortográfica até ao momento em que nomeou uma comissão para a preparar. Comissão de que diria ainda Cândido de Figueiredo, que a integrava: "pouco ou nada fez nem fará, porque ainda se não descobriu o meio de conciliar os conceitos opostos de alguns colegas meus, que irredutivelmente se entrincheiraram nas suas teorias e práticas".[5]

Chegara entretanto a Portugal a notícia de que no dia 25 de abril de 1907 Medeiros e Albuquerque apresentara à Academia Brasileira de Letras um projeto de reforma ortográfica "sônica", em que cada som corresponderia a uma letra e cada letra a um som. As credenciais lingüísticas de Medeiros e Albuquerque eram poucas, como lembraria Jorge Guimarães Daupiás: "não era filólogo o autor da reforma, nem se alicerçava a sua tentativa na história da língua, que ignorava".[6] E as suas credenciais literárias também não eram famosas. Mas o seu projeto, se teve de enfrentar a resistência maior ou menor de Carlos de Laet, Rui Barbosa, Sílvio Romero, Euclides da Cunha, contou logo com o apoio majoritário, e nomeadamente com o de João Ribeiro e de José Veríssimo, bem como, fora da Academia, com o de Cândido de Figueiredo, cujo *Dicionário* figurava no projeto como a autoridade ortográfica para os casos em que não se propunham alterações.

O próprio Medeiros e Albuquerque ficou surpreendido com este apoio, como se deduz das suas palavras:

> Podia, entretanto, recear que os escritores portugueses não pensassem desse modo. Foi, porém, o contrário que se viu, quando, há dias, apareceram os artigos do sr. Cândido de Figueiredo, concordando com a reforma, a exceção apenas de dois pontos, e propondo, por sua vez, outras alterações. Mas o mais curioso de seus artigos foi que começaram com a declaração que só da Academia Brasileira se poderia esperar o movimento reformista. Membro da Academia de Ciências de Lisboa, ele mesmo nos veio dizer que, enleada na tradição e na rotina, ela estava na incapacidade de deliberar a tempo, utilmente.[7]

Medeiros e Albuquerque via assim reforçadas as razões político-nacionalistas que conviviam com as razões lingüísticas do seu projeto e que ele não escondia quando dizia, antes das palavras que transcrevemos:

> [...] havia quem achasse que não devíamos tomar a iniciativa de qualquer decisão oficial: a iniciativa, pensavam esses, devia caber a Portugal. Os que isso dizem esquecem que os papéis estão invertidos. Sem o mínimo intuito de fazer patriotada, pode afirmar-se que o centro da civilização portuguesa passou do velho reino para o Brasil. Economicamente,

> Portugal já é uma colônia do Brasil. Ora, a supremacia econômica precede e arrasta todas as outras. Se, portanto, a língua portuguesa ainda puder esperar um grande papel no mundo, será pelo desenvolvimento que tiver no nosso país. Assim, é perfeitamente justo que a nós toquem as iniciativas.[8]

Medeiros e Albuquerque repetia afinal, ao invés, um velho equívoco de muitos portugueses: o da existência de donos da língua, neste caso justificada não por razões histórico-culturais mas por razões de quantidade e de economia.

Agostinho de Campos indignar-se-ia contra tal teoria, que Medeiros e Albuquerque iria defender ainda mais explicitamente na mesma Academia Brasileira de Letras, de que então era presidente, em 28 de junho de 1924 (ou seja, poucos dias depois do famoso discurso de Graça Aranha): "Somos nós hoje os donos da língua. É a nossa opinião que deve prevalecer em todos os desacordos. Portugal tem atualmente, segundo as estatísticas oficiais de lá, menos de dois milhões que saibam ler e escrever. Nós temos mais de dez milhões".[9]

Mas foi o mesmo Agostinho de Campos que tentou justificar o erro que em setembro de 1911 Portugal — agora também republicano — resolveu somar ao erro brasileiro de 1907, oficializando unilateralmente a sua reforma ortográfica, elaborada por uma comissão nomeada pelo Conselho Superior de Instrução Pública:

> Tem-se dito que o governo português fez mal em alterar a ortografia oficialmente sem consultar o Brasil. É possível que sim, mas devemos encarar o fato com otimismo, se é sincero o nosso desejo de atingir a qualquer fim prático. O Brasil é tão grande e tão descentralizado politicamente que a muito custo se consultará a si próprio. Se Portugal tivesse procurado ouvir o seu parecer pelas "vias competentes", para proceder em seguida, é mais que certo que ainda a estas horas não teria feito nada em sua própria casa, e muito menos haveria conseguido que o escutassem do Amazonas ao Prata. Assim, foi o Brasil consultado pelo exemplo e pelo fato, e não há dúvida que o gigante acordou. Não sei se se voltará outra vez para o outro lado, para continuar a dormir; mas é de esperar que alguma coisa se consiga da agitação atual e que o português venha a ter a sua escrita unificada, como a tem o castelhano, na Europa e na América.[10]

Cândido de Figueiredo também tentara justificar o injustificável:

> A Comissão bem desejaria trocar impressões com a Academia Brasileira, antes de apresentar qualquer proposta; mas o seu caráter oficial não lhe facilitava negociações com Academias, nem mesmo com a Academia das Ciências de Lisboa, que continuou a versar o problema ortográfico, independentemente daquela Comissão; além de que a urgência dos trabalhos desta mal se compadecia com quaisquer negociações, que nunca poderiam ser rápidas; e a esse tempo já era conhecida em Portugal a reforma brasileira de 1907, em cuja essência aquela Comissão estava de acordo.[11]

Curiosamente, o Brasil, onde a reforma de 1907 continuava a ser posta em causa, contaria em 1912 com outra reforma, também aprovada pela Academia mas nunca oficializada, e que também não foi bem aceita, pelo que não impediu que, com ela, circulassem outras "normas" ortográficas: a da reforma de 1907; as de ferrenhos etimologistas e foneticistas; a da reforma portuguesa de 1911; as de quantos achavam por bem combinar ou selecionar, subjetivamente, regras contidas em cada uma das propostas.

Não admira, assim, que em 11 de novembro de 1915, a Academia Brasileira aprovasse, por dez votos contra um, uma proposta de Silva Ramos que equivalia à adoção da reforma portuguesa, e que facilitava o trabalho já esboçado de preparação de um *Dicionário da Academia*. Mas tal proposta encontrou pela frente a animosidade de alguns nacionalistas, que não descansaram enquanto a não anularam. Aconteceu isso em 1919, na seqüência da intervenção de Osório Duque Estrada, que Cândido de Figueiredo chamou acintosamente "um jornalista" que "conseguiu entrar na Academia".[12]

Com ou sem competência lingüística, a verdade é que o autor da letra do Hino Nacional brasileiro conseguiu que a Academia revogasse até nova ordem todas as suas disposições ortográficas, remetendo portanto para o período anterior a 1907.

Desse *grau zero* ortográfico quis Laudelino Freire sair ou fazer sair em 1922 e em 1924, com o seu "Formulário ortográfico" ou com a sua "Reforma ortográfica", que lhe interessava também pelo empenho em que andava de editar um "Dicionário brasileiro", como o testemunha o livro *Notas e perfis* (1925). O projeto desse "Dicionário" viria provocar o aparecimento de novos motivos de polêmica lingüística, e não só no Brasil, onde Graça Aranha exigia que ele excluísse os "portuguesismos" ou "expressões da linguagem usada exclusivamente em Portugal".[13] E em Portugal ele mereceria, por exemplo, a atenção e as censuras de Jorge Guimarães Daupiás, no pequeno volume intitulado *O dicionário da Academia Brasileira* (1929).

Quanto à reforma ortográfica, também acaloradamente discutida, o projeto de Laudelino Freire viu-se relegado em 1929 pela proposta de um retorno à reforma de 1912. Proposta que conheceria ainda muita contestação (alguns escritores e filólogos preferiam usar a grafia de Portugal), pelo que a Academia Brasileira de Letras resolveu, sob pressão do governo brasileiro, entender-se finalmente com a Academia das Ciências de Lisboa. Foi assim que os seus representantes José Bonifácio de Andrada e Silva e Júlio Dantas assinaram em 30 de abril de 1931 um "Acordo ortográfico" segundo o qual os brasileiros aceitariam "a ortografia oficialmente adotada em Portugal" com algumas modificações que os portugueses também aceitariam.

Mas o "folhetim" ortográfico não acabaria aqui. Ele prosseguiria até 1945, até 1971, até hoje,[14] fazendo mossas nas relações luso-brasileiras e, sobretudo, perturbando escusadamente o ensino da língua a portugueses, a brasileiros e a estrangeiros, e dificultando o labor de produtores intelectuais (editores, jornalistas, escritores etc.) ou de eventuais leitores.

Lembre-se o que Andrade Muricy escrevia em 1920: "A ortografia oficial portuguesa veio, efetivamente, tornar os livros recentemente editados em Portugal de leitura irritante e difícil".[15] Júlio Dantas confirmava esse ponto de vista quando em 1929 dizia na Academia das Ciências de Lisboa que "as vicissitudes ortográficas têm comprometido e estão comprometendo a expansão do livro português nos mercados brasileiros".[16] E o mesmo dizia o livreiro Antônio Figueirinhas quando escrevia, também em 1929: "Um dos grandes óbices para a vitória da literatura portuguesa naquele país foi a ortografia. Nunca ela se devera ter realizado sem um entendimento claro pelas vias diplomáticas e pelos escritores das duas nações".[17]

Foi em 1909 que Zófimo Consiglieri Pedroso, presidente da Sociedade de Geografia de Lisboa, que também foi diretor do Curso Superior de Letras e deputado, elaborou a proposta de um Acordo Luso-Brasileiro, a que noutro lugar nos referimos (ver "Introdução").

Consiglieri Pedroso conhecia o Brasil, conhecia as dificuldades culturais, jurídicas e comerciais da colônia portuguesa que lá vivia, e sabia também de alguns melindres diplomáticos luso-brasileiros, que vinham desde as vésperas da Proclamação da Independência do Brasil, e passavam pelo corte de relações que Floriano Peixoto determinara em 1894, depois de o comandante português Augusto de Castilho ter acolhido no *Mindelo* os marinheiros da Revolta da Armada que queriam depô-lo.

No entender de João do Rio, a proposta de Consiglieri Pedroso estava "eivada" de muitas "impossibilidades materiais", mas era "um belo sonho".[1] Por isso, e porque o seu autor faleceu a 3 de setembro de 1910, meses depois de a redigir, tal proposta caiu rapidamente no esquecimento.

Mas a necessidade de um acordo, ou de vários acordos, fazia-se sentir oficialmente tanto em Portugal como no Brasil. Segundo A. da Silva Rego, "até 1909 não se assinaram acordos dignos de nota entre as duas potências".[2] Do ponto de vista cultural, talvez não seja bem assim. Com efeito, antes da Proclamação da República do Brasil, em 3 de setembro de 1889, Brasil e Portugal, "animados do mais vivo desejo de estreitar e consolidar os vínculos de amizade que unem os dois países," tinham assinado um acordo de propriedade literária, que determinava que "os autores de obras literárias escritas em português, e das artísticas de cada um deles, gozem no outro, em relação a essas obras, do mesmo direito de propriedade que as leis vigentes, ou as que forem promulgadas, concedem ou concederem aos autores nacionais".[3]

Também não parece tão desimportante assim — sobretudo se pensarmos em livros — o acordo de 1898 em que Portugal e Brasil, "desejando facilitar as relações comerciais" entre si, resolveram permitir a permuta de "volumes, sem declaração de valor, sob a denominação de encomendas postais", "até ao peso de três quilogramas por cada volume".[4]

Em 1909 — depois do malogro da visita de d. Carlos — os dois países celebraram um importante acordo político, que previa que fossem submetidos a um Tribunal Permanente de Arbitragem instituído em Haia os desacordos "sobre questões de caráter jurídico ou relativas a interpretação de tratados em vigor", que não pudessem "resolver-se por via diplomática".[5]

Mas a República portuguesa tardou em celebrar acordos com o Brasil. Só a viagem de Antônio José de Almeida, por ocasião das celebrações do Centenário da Independência brasileira, levou ao estabelecimento de três importantes acordos sobre a propriedade literária e artística, sobre emigração e trabalho, e sobre a isenção do serviço militar e a dupla nacionalidade.

O último removia dificuldades surgidas com cidadãos que tinham dupla nacionalidade e feito o serviço militar num dos países: ficavam dispensados de o fazer no outro, mas passariam a ter só uma nacionalidade. O segundo estabelecia "a igualdade de tratamento entre os cidadãos das duas nações" no que se referia "aos benefícios das leis sobre os infortúnios do trabalho" e adotava as "medidas necessárias para facilitar tanto quanto possível o movimento da emigração e o tratamento dos trabalhadores imigrantes".[6]

Quanto à convenção especial sobre propriedade literária e artística, ela aperfeiçoava os termos do acordo de 1889, com vista à "intensificação das relações literárias e artísticas entre os dois países" e dizia o seguinte nos primeiros cinco dos seus nove artigos:

> Art. I – As garantias decorrentes do registo de obras literárias e artísticas em um dos países contratantes são reciprocamente asseguradas em ambos, segundo a legislação interna de cada um.
> Art. II – As obras literárias e artísticas submetidas a registo em um dos países contratantes serão consideradas, para os efeitos legais, como registadas no outro, a partir da data do depósito da respectiva certidão passada pelo país em que se efetue o registo.

Art. III – Serão depositados tantos exemplares das obras registadas, quantos forem exigidos pela legislação do país em que for feito o registo e mais um, que será remetido à repartição competente do outro país contratante, acompanhando a certidão a que se refere o artigo anterior.
Art. IV – As publicações periódicas literárias e artísticas serão consideradas como obras, para os efeitos da presente Convenção especial.
Art. V – As Altas Partes Contratantes estabelecerão entre a Biblioteca Nacional do Rio de Janeiro e a de Lisboa um serviço de permuta de duplicatas de obras nacionais publicadas antes da vigência da presente Convenção especial.
§ 1º Para isso, cada uma dessas bibliotecas fornecerá, periodicamente, à outra uma relação das obras permutáveis.
§ 2º Essas obras serão avaliadas segundo os preços do mercado e esses preços serão mencionados em ouro na respectiva relação.
§ 3º As despesas decorrentes dessa permuta serão pagas, anualmente, por encontro de contas.[7]

Em 1924, depois de um acordo administrativo para troca de malas diplomáticas invioláveis, novo acordo vinha "facilitar as relações intelectuais entre os dois países". Por ele, "os livros brochados ou encadernados e os jornais e revistas expedidos pelos respectivos editores, de cada um dos países contratantes, com destino ao outro", assim como as "publicações literárias e científicas trocadas entre as bibliotecas e instituições literárias e científicas dos dois países", gozariam "da redução de 50 por cento sobre as taxas internacionais em vigor".

Após este acordo, só em 1931 viria a ser feito outro, também de cariz cultural: o acordo ortográfico, que aliás teria de ser revisto em 1943 e em 1945. Porque alguns dos acordos que Portugal estabeleceu com o Brasil ao longo deste século nem sempre tiveram as conseqüências práticas que seriam de esperar. Alguns não seriam sequer ratificados, como terá acontecido a dois dos assinados quando Antônio José de Almeida foi ao Brasil. Outros foram-no com algum atraso, como aconteceu com o da propriedade literária e artística de 26 de setembro de 1922, que só veio a ser confirmado e ratificado por Manuel Teixeira Gomes em 28 de fevereiro de 1924.

Para isso terão contribuído as mudanças políticas de um ou dos dois países, mas não só: também a leviandade da escolha de negociadores mal preparados, a desatenção a situações desfavoráveis que deveriam ser antecipadamente estudadas e resolvidas,[8] e velhos preconceitos e ressentimentos por parte de homens políticos e de alguns intelectuais de ambos os países.

Uma carta de Francisco Manuel Homem Cristo a João de Barros, talvez erradamente dada como de 1940, mas que se reporta ao início dos anos 1920, pode sugerir até que ponto seria difícil vencer certas resistências à prática dos acordos:

> Recebi hoje as cartas de V. Ex.ª. No fundo, concordo. Eu sempre disse, ou disse-o duas ou três vezes, que achava muito bem o acordo com o Brasil, se ele fosse possível. É possível? Em tudo isso era preciso vergastar fortemente aquela canalha e demonstrar-lhe que Portugal não está disposto a aturar insultos afrontosos. Demonstrei-o no *Gil Blas* e a todos, pois eles, os outros, não repeliram uma décima da afronta que me era feita. E a atitude do Epitácio Pessoa era revoltante.[9]

Epitácio Pessoa foi o presidente da República que recebeu Antônio José de Almeida no Brasil, depois de ele próprio ter visitado Portugal em 1919; alguns julgavam-no "o mais requintado dos chamados 'jacobinos' antiportugueses", outros estavam longe de partilhar dessa opinião.[10] Mas a grosseria ou tão-só o despeito e o azedume supostamente patrióticos de portugueses (ou de brasileiros, que também os houve) como Homem Cristo não facilitava nem estimulava nenhum entendimento duradouro entre as duas comunidades; e os acordos luso-brasileiros podiam redundar facilmente em desacordos.

A história das relações entre os portugueses e os brasileiros não é só a história de uma longa amizade, fraternidade, cordialidade; é também a história de ressentimentos, lamúrias, queixas, amuos e até ódios, pontuais ou seculares.

Já em Gregório de Matos se denunciava a oposição ou inimizade entre mazombos e reinóis, por razões que seriam tanto de ordem ética ou moral como de ordem política, econômica e cultural.

A Inconfidência Mineira viria aprofundar e multiplicar essas razões, sobretudo as de ordem política, que mais se fariam sentir nas vésperas e nos anos imediatos ao da Independência. Nesse período, uma boa parte dos brasileiros tenderia a ver como "inimigos" não só os portugueses em geral como também os portugueses que viviam no Brasil, apesar de muitos deles terem estimulado ou aderido à causa independentista, como o próprio dom Pedro. E não é necessário evocar Freud ou as pulsões edipianas para perceber por que é que havia entre os que mais se empenhavam na desmoralização e na luta contra os ex-colonizadores muitos filhos de portugueses.

É verdade que, mesmo depois de reconhecida e consolidada a independência do Brasil, ainda evidenciavam alguns portugueses complexos típicos de ex-colonizadores, o que não impediu que ao longo de mais de um século e meio tenha havido períodos de grande acalmia, distensão e cordialidade política e cultural entre os dois povos. Mas também houve períodos de crispação, tensão e retraimento, de que dão conta mais do que os acordos ou desacordos diplomáticos os textos de escritores e jornalistas.

Um desses períodos foi o iniciado em 1870 pelos ataques de Pinheiro Chagas e José Feliciano de Castilho a José de Alencar, logo seguidos pelos ataques das *Farpas* (1872), de Eça e Ramalho, aos brasileiros[1] e, poucos anos depois, em 1879, pelos ataques de Camilo, no *Cancioneiro alegre*, a alguns poetas brasileiros — o que deu origem à famosa polêmica com Carlos de Laet[2] e com outros brasileiros ou luso-brasileiros. Embora Camilo tenha dito que não ofendeu os escritores brasileiros,[3] algumas notas do *Cancioneiro alegre* provocaram, indevidamente ou não, o "melindre nacional" a que se referiu o moderado Carlos de Laet, e que foi ainda agravado com as réplicas contidas no volume *Os críticos do* Cancioneiro alegre, no qual o romancista qualificava assim os seus opositores: "Uns tolos, outros crianças, outros estúpidos e maus".[4]

Muitas outras polêmicas opuseram portugueses e brasileiros com o pretexto da língua e da literatura; lembremos apenas as que se travaram entre Sílvio Romero e Teófilo Braga (que contou com o apoio de Fran Paxeco),[5] entre Júlio Ribeiro e o padre Sena Freitas,[6] entre João Ribeiro e Leite de Vasconcelos,[7] e entre Cândido de Figueiredo e um sem-número de filólogos e gramáticos; de acordo com Herbert Parentes Fortes escreveram contra ele "Rui Barbosa, Carlos de Laet, Ramiz Galvão, Heráclito Graça, Mário Barreto, Paulino de Brito, Cândido Lago, Francelino de Andrade, Afonso Costa e não sei quantos mais".[8]

Mas não foram só as polêmicas mais ou menos "camilianas", por Brito Broca consideradas "um tanto fora de moda em 1909",[9] que favoreceram os sentimentos de lusofobia ou brasilofobia. O romance, brasileiro e português, não os favoreceu menos.

Com efeito, numa série de romances românticos e naturalistas estudados por Nelson H. Vieira, tais como *O guarani* e *A guerra dos mascates*, de José de Alencar, *Memórias de um sargento de milícias*, de Manuel Antônio de Almeida, *O mulato* e *O cortiço*, de Aluísio Azevedo, e *O bom-crioulo*, de Adolfo Caminha, é veiculada uma imagem pejorativa do português, que, ainda quando aplicado no trabalho ou quando vítima, não deixa de ser venal, intolerante, sensual, rude, estúpido e cobiçoso.[10]

Essa imagem, que funcionou — também ao longo do século XX — como justificação mítica do atraso da sociedade brasileira, como exorcismo (que recorre a bodes expiatórios) de inseguranças e incapacidades individuais e coletivas, e como sinal de busca da identidade cultural, encontrou alguma equivalência — "o reverso da medalha", diz Guilhermino César — no romance português que se ocupou do "brasileiro".[11] Porque embora neste caso fosse ainda o homem português que estivesse em causa, tratava-se não obstante de um português contaminado ou transformado pelo Brasil, de que dava também uma imagem negativa, que contribuía para fortalecer os sentimentos brasilófobos. Carlos de Laet reconheceu-o claramente: "Causa, e não pequena, que concorre para desprestigiar-nos aos olhos dos humoristas de além-mar, é aquela celebreira de em Portugal chamarem brasileiros aos portugueses que daqui vão enriquecidos, a matar saudades da pátria".[12] E o mesmo reconheceu Afrânio Peixoto: "Pela culpa de ter colaborado no 'brasileiro', nunca o Brasil, por sua natureza, escapa à graçola...".[13]

Percorrendo vários textos de ficcionistas como Camilo, Fialho, Eça, Júlio Dinis, Luís de Magahães, Aquilino (e poetas como Antônio Nobre e Junqueiro), Guilhermino César pôde definir o tipo ou o estereótipo do "brasileiro", por dentro e por fora. E malgrado as tentativas de reabilitação como as de *O brasileiro Soares*, em que se procedia à "desbrasileirização do brasileiro", como disse Eça de Queirós,[14] o retrato-robô não andaria longe do que o mesmo Eça desenhara nas *Farpas*: sem inteligência, sem coragem, sem distinção, tosco, grosso, gordalhufo, barrigudo, exibindo brilhantes e correntes ou berloques, ávido de estima social, dado aos amores, cultivando o mau gosto, apetecendo os poderes, o "brasileiro" seria o grande fornecedor do riso português, alimentando não só a anedota quotidiana e o romance mas também o teatro, sobretudo de revista, e a caricatura.

Camilo ter-se-ia vingado, nos seus muitos "brasileiros", de Manuel Pinheiro Alves, que se interpusera entre ele e Ana Plácido; mas os outros autores que se valeram do estereótipo, e os portugueses em geral, também pareciam vingar nele a dependência econômica da antiga colônia, ou exorcizar os demônios da emigração e disfarçar o ciúme por algum triunfo do novo rico.

Os clichês do "brasileiro" começaram a rarear na literatura portuguesa do início do século XX. Mas nem por isso deixaram de se exprimir em Portugal as sensibilidades brasilófobas provocadas por acontecimentos de que, à volta de 1914, dava notícia Moreira Teles:[15] as campanhas da imprensa contra o Brasil por causa da emigração, geralmente desaconselhada; o incidente diplomático com Lobo d'Ávila provocado pelo seu asilo político na Legação Brasileira de Lisboa; alguns ataques à República permitidos nos jornais do Brasil, para onde se exilaram muitos monárquicos; a perda gradual da preponderância comercial dos portugueses no Brasil; a falta de bons correspondentes dos jornais no Brasil; as dificuldades impostas à exportação do livro português etc.

Por essa altura renascia também no Brasil o que João do Rio chamaria "onda lusófoba".[16] Foi exatamente em 1913 que começaram no Rio os ataques à imprensa dominada pelos portugueses — que, diz Mário da Silva Brito, "em 1920 atingiram o ponto extremo".[17] Com efeito, Edmundo Bittencourt no *Correio da Manhã* e Macedo Soares em *O Imparcial* iniciaram uma violenta campanha contra o diretor de *O País*, João de Sousa Lage, por razões difusas que tanto teriam que ver com a política — que já motivara os ataques de Mário Rodrigues ao mesmo João Laje, opositor de Dantas Barreto — como com a economia, pois até se tratava de um concorrente; e não só. Uma nota publicada n'*O País* de 21 de agosto dizia: "O crime principal do sr. João Laje é constituído pela sua qualidade de português".

A "onda lusófoba" não deixaria de crescer até meados da década de 1920. Em 1914, Pedro do Couto, que anos antes publicara em Portugal as *Páginas de crítica*, confessou no inquérito proposto por Licínio Santos aos escritores brasileiros, e que foi recolhido no livro *A loucura dos intelectuais*:

> Sabei que descendo de portugueses. Que coisa pavorosa! Que legado fatídico! É a maior tristeza da minha vida; mas enfim o fato é este e não vo-lo devo ocultar, mesmo porque ele servirá de desculpa a alguma inferioridade que em meus trabalhos encontreis, caso me deis a honra de compulsá-los.[18]

Três anos depois, ocupando-se de um livro do lusófilo Afrânio Peixoto, José Maria Belo discordava dos elogios a Portugal,

> que nos descobriu por acaso, colonizou-nos da pior forma que pôde, com os seus degredados, dando-nos, assim, a par das suas virtudes, os maiores vícios do seu temperamento. Trouxe-nos depois o negro e a maldita instituição da escravatura, que é a maior desgraça da nossa história, e à qual seria possível atribuir ainda hoje grande parte dos nossos defeitos.[19]

Nesse mesmo ano de 1917 aparecia no Rio a revista *Brazilea*, que fazia do nativismo, do nacionalismo e do antilusismo o seu cavalo de batalha, e lançava Bettencourt Rodrigues em Portugal a idéia de uma confederação luso-brasileira, que iria deitar mais achas na fogueira da lusofobia brasileira, ateada sobretudo pelos homens que criaram a Ação Social Nacionalista: Jackson de Figueiredo, Afonso Celso, Álvaro Bomilcar, Alcibíades Delamare e Arnaldo Damasceno Vieira.

O primeiro publicaria em 1921 a obra *O nacionalismo na hora presente*, em que combateria com azedume a presença portuguesa no comércio, na indústria e na imprensa e até na política do Brasil. Esse azedume persistia ainda em 1924, quando Álvaro Pinto se viu na necessidade de publicar em *Terra de Sol* uma "Carta a Jackson de Figueiredo", que serenamente demonstrava os excessos de um artigo do pensador brasileiro, e que o desafiava a citar-lhe nomes e textos de portugueses que dissessem do Brasil o que um grupo de jornalistas cariocas não perdia o mais leve ensejo de dizer de Portugal.[20]

O livro de Jackson de Figueiredo aparecia poucos meses depois de um conflito que muito afetou os portugueses do Brasil e que foi pretexto para novos ataques antilusitanos. Esse conflito deu-se quando Epitácio Pessoa, desejoso de pôr fim aos privilégios marítimos que os portugueses detinham desde o tratado de comércio e navegação assinado em 1836, e na mira de melhorar o poder naval brasileiro, decretou a obrigatoriedade da naturalização dos pescadores portugueses que quisessem continuar no Brasil. Esses pescadores, ditos os poveiros, que em 1915 se tinham organizado e fundado a Associação Marítima dos Poveiros, e que dominavam a indústria da pesca brasileira (só na baía de Guanabara tinham eles em 1915 cerca de cem lanchas, que ocupavam cerca de dois mil homens),[21] recusaram a naturalização, pelo que foram compulsivamente repatriados, tendo sido acolhidos como heróis ao chegar a Portugal.

A tensão provocada por este incidente tanto no Brasil como em Portugal traduziu-se em inúmeras crônicas e artigos da imprensa, quase todos marcados pelo ressentimento e pela exaltação. Mas foi então que, como de outras vezes em que esteve em causa a amizade luso-brasileira, se fez ouvir a voz serena e qualificada de Carlos Malheiro Dias que no *Século* primeiro e em edição autônoma depois publicou a *Carta aos estudantes portugueses* em que, sem deixar de condenar os excessos e complexos dos pseudo-brasileiros nativistas, censurava também os portugueses que não davam "o exemplo da fraternidade e da moderação", e que tudo faziam para "afastar o Brasil da nossa comunhão moral".[22] Em relação ao "caso dos poveiros", Malheiro Dias defendia a legitimidade da decisão governamental, excluía Epitácio Pessoa da corrente lusófoba e tirava do incidente uma lição de amor pátrio: "Os poveiros deixaram os seus barcos e as suas redes, mas guardaram a sua Pátria. Abandonaram a sua profissão, mas trouxeram intacta a sua honra. Foi um belo dia para Portugal. Não nos queixemos, nem, por no-lo ter proporcionado, queirais mal ao hospitaleiro Brasil, para onde muitos deles já voltaram!".[23]

A "onda lusófoba" atingiria ainda grande altura em 1925, quando Antônio Torres publicou *As razões da Inconfidência*, que em poucos meses conheceu três edições. O teor e os objetivos desse livro podem ser medidos por passagens como estas da "nota" da 3ª edição:

> — O Brasil, enquanto for português (como desgraçadamente é), nunca será uma nação.
> — O Brasil está em caminho errado desde o nefasto ano de 1500.
> — O português é o mais ferrenho e o mais perigoso inimigo do Brasil.
> — Portugal não é uma nação. Portugal é uma doença.
> — Ah! marrecos!... Bem vos conheço, picaretas! Tudo isso é apenas barulho para distrair a atenção pública do problema realmente importante: a deslusitanização gradual e definitiva do Brasil. O nosso país tem que optar: ou desaportuguesar-se, ou desaparecer.[24]

O longo preâmbulo ampliava ou repetia com variantes o que dizia a "nota": vejam-se por exemplo estas palavras que vinham em caixa alta: "Se um cataclisma fizer desaparecer Portugal da face do planeta, o Brasil lucrará; se, porém, um cataclisma fizer desaparecer da superfície da terra o Brasil, Portugal morrerá à míngua".[25] E o estudo-conferência sobre "as razões da Inconfidência" era a justificação expedita de tais opiniões. A fúria lusófoba de Antônio Torres, que era bem maior do que a "fúria osculatória" ou o "furor beijocativo" que atribuiu, com alguma razão, aos portugueses que iam ao Brasil, levou-o a suspirar pela língua castelhana, já que o português era "um dialeto obscuro e atamancado": "[...] Portugal provavelmente ainda seria espanhol até hoje (o que talvez fosse melhor, pelo menos para nós, brasileiros, que estaríamos independentes do mesmo modo e falando castelhano, idioma muito mais conhecido que o português e bastante superior ao português)".[26]

Agripino Grieco, que saudou o aparecimento do livro de Antônio Torres (saudação que foi incorporada na reedição dele), informou que o contentamento supremo do *défroqué* de Diamantina "era descontentar e, quando as indignações dos criticados explodiam em torno aos seus comentários, isso talvez o inebriasse mais que o rumor dos aplausos".[27]

Se assim era, devia sentir-se feliz com *As razões da Inconfidência*, que provocaram logo inúmeras réplicas, inclusivamente em livro, como *Brasileiros & portugueses*, de Vitório de Castro, antigo secretário da revista *Fon-Fon!*, que não se conformava com a "campanha vergonhosa que, à sombra do patriotismo", se ia movendo contra aqueles precisamente a quem o Brasil devia a "unidade política" e a "própria existência nacional".[28]

Há que dizer no entanto que assistia alguma razão às *Razões* de Antônio Torres, nomeadamente no ataque ao comportamento de alguns portugueses no Brasil; era verdade que eles tentavam intrometer-se na política local, que tinham dificuldade em assumir a independência brasileira, que dominavam boa parte da imprensa, que encaravam ainda o Brasil como um prolongamento ou a "outra banda" de Portugal, que se mostravam freqüentemente arrogantes e ignorantes.

Mas Antônio Torres caía em primarismos e até em contradições chocantes: dava demasiada importância àqueles a quem negava importância; denunciava alguma influência de Fialho de Almeida, de Camilo e de Forjaz de Sampaio num livro antiportuguês que abria com uma epígrafe de Fernão Lopes; e por sinal até a capa desse livro fora trabalhada por um português, Correia Dias, que, segundo o testemunho de Agripino Grieco, quase teve uma crise de nervos quando verificou, demasiado tarde, que não se tratava de uma obra "imparcialmente histórica".[29]

Em 1932, ainda Gondin da Fonseca acumulava diatribes e insultos contra os portugueses no livro *Portugal na história, o Brasil e os portugueses* — a que faltava a desenvoltura, a verve e a qualidade estilística de Antônio Torres. Mas a "onda lusófoba" passara, e já se faziam ouvir vozes favoráveis ao luso-brasilismo tão autorizadas como a de Gilberto Freyre, ainda que os portugueses continuassem a ser chamados tamanqueiros, pés-de-chumbo, galegos, burros sem rabo, portugas, e a figurar como personagens das anedotas, e ainda que novas vagas antilusas se levantassem nos anos 1950 e 1960, como poderão levantar-se até ao dia em que o Brasil resolva de vez os complexos de ex-colonizado e Portugal os complexos de ex-colonizador.

A essa onda não tinham escapado os modernistas, como Graça Aranha, que falava na "câmara mortuária de Portugal",[30] e até como Oswald de Andrade, que proclamava no "Manifesto antropófago": "Antes dos portugueses descobrirem o Brasil, o Brasil tinha descoberto a felicidade". "A nossa independência ainda não foi proclamada. Frase típica de d. João VI: — Meu filho, põe essa coroa na tua cabeça, antes que algum aventureiro o faça! Expulsamos a dinastia. É preciso expulsar o espírito bragantino, as ordenações e o rapé de Maria da Fonte".[31]

Mas Oswald não era lusófobo, como afinal o não eram de um modo geral os Modernistas, mesmo os cariocas e os paulistas, desde o Ribeiro Couto que escreveria *Sentimento lusitano* até ao Guilherme de Almeida de *O meu Portugal.*

O antilusismo que Tristão de Ataíde apontou como uma das características do Modernismo brasileiro,[32] profundo ou superficial, falso ou sincero, ditado pela moda ou pelo gosto da *boutade*, assentava quase sempre em noções confusas do que é uma cultura, e afirmava-se quase sempre na ignorância da produção modernista que em Portugal se fazia, a partir de 1912 ou de 1915. Eis por que, quando mais tarde vieram a tomar conhecimento dela, ou quando a maturidade intelectual os fez refletir sobre o equívoco de noções como a de "língua brasileira" e sobre o perigo de propostas como a da (edipiana) "separação" cultural da Europa, os modernistas brasileiros passaram a fazer declarações de amor à cultura portuguesa: "Sei é que amo muito, mas de amor todo carnal e espiritual é Portugal, isso não tem dúvida, é o país que eu mais amo" — escrevia Mário de Andrade em 1944.[33]

Curiosamente, é bem possível que um português, o integralista Luís de Almeida Braga, tenha contribuído para estimular o nativismo dos modernistas (alguns deles futuros integralistas...) de São Paulo, onde ele fez em 1921 uma conferência sobre o nacionalismo,[34] e onde Menotti del Pichia o entrevistou.[35]

E aliás não podemos esquecer que o ano da explosão modernista brasileira, que por sinal coincidia com o do Centenário da Independência brasileira, foi também o ano em que visitou o Brasil o presidente Antônio José de Almeida, em que Gago Coutinho e Sacadura Cabral fizeram a primeira travessia aérea do Atlântico, em que Almáquio Dinis publicou *A perpétua metrópole* e em que Elísio de Carvalho, longe das polêmicas e de leviandades jornalísticas, editou *Os bastiões da nacionalidade*, no qual não só se insurgia contra o "nacionalismo artificial, apaixonado e agressivo", que continha "um grande prurido de antipatias contra os portugueses", como destruía, uma por uma, todas as graves acusações que se faziam aos portugueses.[36]

Ao fim e ao cabo, como notaram Malheiro Dias e Álvaro Pinto, a lusofobia envolvia quase só uma pequeníssima parte de intelectuais, na sua maioria cariocas, e nalguns casos padecendo de ressentimentos pessoais contra portugueses bem colocados na imprensa ou no comércio. E certamente que havia nela muita ignorância do que se passava de importante na cultura portuguesa, que no final da década de 1920 era pouco ou nada brasilófoba. Revistas como *Presença* e *Descobrimento*, as universidades, os escritores etc., não tinham dificuldade em reconhecer e em louvar a autonomia e a pujança da cultura brasileira.

Lusófilos, brasilófilos

Nos difíceis momentos diplomáticos ou culturais por que passaram as relações luso-brasileiras desde os fins do século passado até aos anos 1930, não faltaram intelectuais que por ações e por palavras souberam não só refletir sobre a outra cultura mas também serenar os ânimos ou exorcizar os fantasmas de rupturas iminentes. A esses intelectuais chamamos lusófilos e brasilófilos ainda que estes termos possam convir também a não-intelectuais, e talvez até à maioria da população de Portugal (para quem o Brasil é, seguramente, depois do seu, o país mais amado), e à maioria da população do Brasil (que nutre especial afeto pela terra e gentes de Portugal).

No início de uma série de palestras sobre o Brasil que em 1923 fez na Universidade Livre de Lisboa, Fran Paxeco apresentou uma lista de lusófilos brasileiros e de brasilófilos portugueses, antigos e "recentes" (ou "modernos"). Dessa lista constavam os nomes dos lusófilos

> Luís Pereira Barreto, médico e filósofo, Miguel Lemos, que elaborou o *Luís de Camões*, Teixeira Mendes, matemático e pensador, Eduardo Prado, Garcia Redondo, Olavo Bilac, Rocha Pombo, Pinto da Rocha, Oliveira Lima, Coelho Neto, João Ribeiro, Teodoro Magalhães, Paulo Barreto (João do Rio), Afrânio Peixoto, Graça Aranha, Antônio Austregésilo, Dinis Júnior, Elísio de Carvalho etc.

e dos seguintes brasilófilos:

> o historiador Leite Velho, os jornalistas Léo de Afonseca, Boaventura Gaspar da Silva, Eduardo Salamonde, Mariano Pina, João Chagas, Antônio Claro, o professor Consiglieri Pedroso, João Lúcio de Azevedo, os drs. Zeferino Cândido da Silva, Teixeira Bastos, Bettencourt Rodrigues, Bernardino Machado, Cândido de Figueiredo, Antônio Luís Gomes, Cunha e Costa, Duarte Leite, Ricardo Severo, Teixeira de Abreu, Alberto de Oliveira, João de Barros, Veiga Simões, Alexandre de Albuquerque, Nuno Simões, e também, no jornalismo e noutros campos, José Barbosa, Eugênio Silveira, Luciano Fataça, João Lage, Malheiro

Dias, João Luso, Augusto Machado, Carvalho Neves, Antônio Guimarães, Simões Coelho, Rui Chianca, Mário Monteiro etc.[1]

Bastaria notar a ausência nesta lista de nomes como os de Correia Dias, Álvaro Pinto, Manuel de Sousa Pinto, Luís de Montalvor, Antônio Ferro, ou de Ronald de Carvalho, Carlos Maul, Almáquio Dinis, Manuel Bandeira — assim como de José Osório de Oliveira, de Gilberto Freyre, ou do próprio Fran Paxeco — para nos darmos conta de que ela era incompleta. E não podia deixar de o ser, mesmo que estes nomes constassem dela, ou mesmo que a lista oralmente apresentada por Fran Paxeco fosse mais extensa do que a reproduzida pelo jornalista do *Diário de Lisboa.*[2]

É óbvio que a lusofilia (como alguma lusofobia) deveu muito à colônia portuguesa do Brasil e às suas principais instituições. Entre estas, há que nomear antes de mais o Gabinete Português de Leitura, do Rio de Janeiro, que foi fundado em 14 de maio de 1837 por José Marcelino da Rocha Cabral — também fundador da Beneficência Portuguesa, em 1840 — e por Francisco Eduardo Alves Viana. Destinado à "cultura do espírito", que para os 43 sócios presentes na primeira reunião, em boa parte emigrados políticos das lutas entre liberais e absolutistas, era mais importante do que o comércio e a indústria, o Gabinete Português de Leitura cedo se tornaria no que Malheiro Dias viria a chamar o "Solar da Família Portuguesa". Em 1872 já a sua Biblioteca continha 20.371 obras em 44.917 volumes; já contava com 1.891 sócios; já dispunha de terrenos para a construção de uma nova sede — que começaria a ser construída em 1880, no lugar em que ainda hoje se encontra (Rua Luís de Camões, outrora da Lampadosa) e no estilo manuelino que tanto se distingue no Rio atual. Em 1920 possuía 70.376 volumes e em 1977 possuía cerca de 250 mil.

Apesar de ter tido geralmente à sua frente homens de negócios, que além de tempo de serviço lhe davam dinheiro, o Gabinete foi no passado como ainda hoje um centro privilegiado de cultura lusíada (que aliás outras cidades como Salvador e Recife imitaram): por ele passaram e passam inúmeros escritores, investigadores, estudantes, jornalistas, intelectuais de vária espécie, leitores de todas as idades; nele foram e são ministrados cursos, feitas exposições, organizados colóquios e conferências, dadas recepções, festejados acontecimentos, lançadas publicações etc.[3]

Outra instituição carioca destinada ao serviço da causa da cultura portuguesa foi o Liceu Literário Português. Fundada em 1868, esta associação que se queria composta por "indivíduos capazes de ensinar e indivíduos necessitados de aprender" funcionou inicialmente como uma academia, mas cedo se dedicou a tarefas pedagógicas, tendo iniciado no Brasil a prática do ensino noturno e gratuito — e não só para filhos de portugueses ou para portugueses mas para crianças ou adultos de todas as nacionalidades.

No Rio como noutras cidades, outras escolas, colégios, associações, institutos, centros, clubes, casas (de Portugal, do Minho, das Beiras, dos Poveiros etc.) cumpriam com maior ou menor brilho e repercussão a tarefa de manter vivas no Brasil as tradições culturais portuguesas, e de garantir uma certa coesão entre os portugueses emigrados, que mais se reforçou quando em 1931 se criou a Federação das Associações Portuguesas do Brasil. Porque em São Paulo vivia a segunda maior colônia portuguesa do Brasil, assumiram particular relevo — como ainda hoje ocorre — as atividades de associações dessa cidade: o Club Português, dotado de uma boa biblioteca, o Orfeão Português, a Escola dos Republicanos Portugueses etc.[4]

Com uma pequena colônia estabelecida em Portugal, o Brasil não dispunha aqui de nada que se parecesse com essas instituições; mas os modelos e modos culturais brasileiros encontravam difusores naturais nas pessoas dos próprios portugueses de torna-viagem, assim como nalguns qualificados turistas que às vezes em Portugal iniciavam ou terminavam uma visita à Europa.

Rápida e simbolicamente, apontemos alguns dos nomes que mais se distinguiram no campo da aproximação literária (não necessariamente modernista) entre Portugal e Brasil no decurso da segunda e terceira décadas do século XX.

João de Barros (1881[5]-1960)

João de Barros era já um conhecido poeta e pedagogo quando se transformou no que José Carlos Seabra Pereira chamou um "incansável apóstolo da aproximação luso-brasileira, como cidadão e governante, como conferencista e escritor".[6] A sua "conversão" deu-se em 1909, com o encontro, em Lisboa, de João do Rio, que lhe foi apresentado por Manuel de Sousa Pinto. Juntos, os dois Joões logo programaram algumas atividades em favor da relação luso-brasileira, entre as quais a publicação da revista que se chamaria *Atlântida* e que veio a publicar-se entre 1915 e 1920. Foi João do Rio que o estimulou a visitar o Brasil, onde esteve pela primeira vez em 1912, e para onde voltaria mais quatro vezes, em 1920, 1922, 1936 e 1946. Em livro, a sua "campanha luso-brasileira" produziu os seguintes títulos (por ele ordenados): *Caminho da Atlântida*; *Sentido do Atlântico*; *A energia brasileira*; *A aproximação luso-brasileira e a paz*; *Portugal, terra do Atlântico*; *Euclides da Cunha e Olavo Bilac*; *Palavras ao Brasil*; *Alma do Brasil*; *Heróis portugueses no Brasil*; *Presença do Brasil*. Títulos a que há que juntar o volume *Brasil* feito em colaboração com José Osório de Oliveira, e o livro póstumo *Adeus ao Brasil*, que reúne artigos da imprensa publicados entre 1946 e 1960, mas a que podem juntar-se alguns poemas e dois volumes de cartas (*Cartas a João de Barros*, *Cartas políticas a João de Barros*), freqüentemente motivadas pelo luso-brasilismo do destinatário. Por elas se imagina bem a amplitude dos serviços prestados por João de Barros à causa luso-brasileira, e a extensão das suas amizades ou relações brasileiras, que incluíram escritores modernistas como Ronald de Carvalho, Guilherme de Almeida, Graça Aranha, Cecília Meireles, Manuel Bandeira e Jorge de Lima. Estes dois últimos reconheceram mesmo alguma dívida literária a João de Barros.[7]

João do Rio ou Paulo Barreto (1881[8]-1921)

De acordo com Ribeiro Couto, "falar de Portugal e Brasil depois de 1910 [...] é pronunciar, antes de quaisquer outros, estes dois nomes: Paulo Barreto e João de Barros".[9] Mas antes do nome do português deve vir realmente o nome do brasileiro, que chamou aquele à causa luso-brasileira, em 1908, quando escreveu um comentário sobre um seu ensaio, ou em 1909, quando o conheceu em Lisboa. No comentário, que provocou "funda impressão" que "não se desvaneceu mais" em João de Barros, dizia João do Rio: "Porque não se tenta a aproximação, o comércio mental, o intercâmbio intelectual entre Portugal e Brasil? [...]/ É o afastamento contra o qual me bato há tanto tempo, que faz os literatos da Rua do Ouvidor conhecerem mais os poetas chineses do que os poetas portugueses. [...]".[10]

João do Rio tinha 27 anos, como João de Barros. Viria pouco depois a Portugal, onde esperava ficar poucos dias, e onde ficou "metade do tempo que contava empregar" numa peregrinação pela Europa[11] — o que lhe permitiu escrever as crônicas que em 1911 viriam a constituir o livro *Portugal d'agora*, dedicado a João de Barros e a Manuel de Sousa Pinto. Esse livro ainda hoje se lê com proveito e prazer, ao contrário do que sucede com a quase totalidade dos livros de turistas luso-brasileiros; escrito no estilo leve, suave e sensual que caracteriza a obra do autor, que o deu como um livro de "impressões ligeiras",[12] era até então o "único livro de um brasileiro sobre Portugal", e está, não obstante, povoado de observações e idéias cintilantes sobre a sociedade portuguesa — sobretudo lisboeta e portuense — da fase de transição da Monarquia para a República, e sobre as relações luso-brasileiras, que vê com tanta simpatia como realismo.

À causa dessas relações dedicou boa parte da sua curta vida; a sua paixão por Portugal ficou patente na orientação de jornais e revistas, desde a *Gazeta de Notícias* à *Atlântida* ou a *A Pátria*, em muitos dos seus artigos e ensaios, ou nos livros *Fados, canções e danças de Portugal* e *Adiante!* (capítulo final), e em ações especiais como a que levou Epitácio Pessoa a visitar Portugal.

Essa paixão nunca significou carência de sentimento nacionalista, bem pelo contrário.[13] E se lhe trouxe algumas vantagens ou homenagens, como a que em 6 de setembro de 1919 lhe foi prestada no Club Ginástico Português,[14] não lhe trouxe menos antipatias e ataques ("Foste vaiado, insultado, caluniado e até maltratado" — lembrou João de Barros),[15] que o não atemorizaram ou demoveram, mas talvez tenham contribuído para a sua morte prematura.

Carlos Malheiro Dias (1875-1941)

Nascido no Porto, de mãe brasileira, estudou Direito em Coimbra e Letras em Lisboa, e partiu em 1893 para o Rio de Janeiro, onde fez a sua estréia literária e começou a colaborar na imprensa. A publicação do romance *A mulata*, em 1896, que muitos consideraram insultuoso para o Brasil, determinou o seu regresso a Portugal, e aqui concluiu o curso de Letras. Servindo devotadamente a causa monárquica, a proclamação da República e a agitação que se lhe seguiu fizeram com que, em dezembro de 1913, se exilasse para o Rio de Janeiro, onde aliás estivera de visita em 1907 e em 1910. Mas, cronista e romancista famoso, que nesse mesmo ano de 1913 prefaciara com altos elogios o *Jardim das tormentas*, livro de estréia do seu adversário político Aquilino Ribeiro, Malheiro Dias decide, ao exilar-se, renunciar "a qualquer ação militante de adversário das instituições republicanas",[16] e torna-se, em breve, a figura mais respeitada da colônia portuguesa, recusando-se a entrar em jogos de ódio ou fanatismo que nela se teciam, então como em tempos mais recentes.

Isso lhe valeu alguns ataques de compatriotas, que se somaram aos ataques de "nativistas" brasileiros — os quais foram ao ponto de ameaçar e vaiar os que um dia participaram num banquete em sua homenagem.[17] Mas, como colaborador de jornais (por exemplo, o *Correio Paulistano,* para o qual mandou as "cartas" de *Em redor de um grande drama*); como diretor da *Revista da Semana*; como fundador de *O Cruzeiro*; como autor da *Carta aos estudantes portugueses* que, entre outras, lhe valeu a polêmica com Antônio Sérgio; como organizador e colaborador da *História da colonização portuguesa do Brasil*; como responsável pela antologia e notas de *Pensadores brasileiros*; como prefaciador de livros de Elísio de Carvalho e José Osório de Oliveira; como autor de várias conferências de tema luso-brasileiro, Malheiro Dias, que a doença impediu de ser embaixador em Madri, e que em 1935 passou a viver, pobre, em Portugal, foi bem um alto exemplo de homem de duas pátrias, e de "escritor luso-brasileiro".

Correia Dias (1892[18]-1935)

Nos finais do século XIX e no início do século XX, o Brasil e os temas brasileiros seduziam os artistas plásticos, como os atores e os literatos portugueses. E alguns deles para lá emigraram, ou por lá passaram anos e meses, como aconteceu com Rafael Bordalo Pinheiro, Julião Machado, Alfredo Cândido, Celso Hermínio e Antônio Carneiro. Quando este chega ao Rio em 22 de junho de 1914,[19] já lá está o seu colega e amigo Correia Dias, desde o início de abril. Carlos Maul, Ronald de Carvalho e outros, alertados por Nuno Simões, esperavam no cais o artista que *A Águia*, *A Rajada* e uma exposição lisboeta já haviam tornado conhecido, estimado e íntimo de muitos escritores, como se deduz até dos testemunhos do "álbum" que publicamos em *DI*.

O mesmo aconteceria no Brasil, onde conviveu de perto com quase todos os modernistas, onde casou em 1922 com Cecília Meireles, de quem teve três filhas, onde impulsionou as artes gráficas, onde colaborou em inúmeros jornais e revistas, e onde deixou uma enorme produção multifacetada, injustamente esquecida, de desenhos, retratos, caricaturas, ilustrações, ex-libris, cartazes, capas, cerâmicas, esculturas etc.

Em 1934 pôde, acompanhado de Cecília, rever a sua pátria, que nunca deixara de servir. E talvez essa visita, ao homem sentimental que ele era, tenha agravado a neurastenia que o levaria, meses depois, ao suicídio.

Ronald de Carvalho (1893-1935)

De regresso ao Brasil, depois de uma estadia em França, em 1913, Ronald parou em Lisboa, por um dia, mas, doente, só saiu do navio para consultar um médico.[20] Não obstante, os anos de 1914-1915 cimentariam a sua relação com Portugal: aparece a colaborar n'*A Águia*, na *Alma Nova* e no *Orpheu*, de que é co-diretor; torna-se grande amigo de Luís de Montalvor, de Correia Dias, de Malheiro Dias; corresponde-se com Sá-Carneiro e com Pessoa, com João de Barros, Nuno Simões, José Pacheco etc.

Essa relação manteve-se nos anos difíceis do "nativismo" carioca, e apesar da sua inclinação para a cultura francesa. "Gentil-homem das letras", como o definiu Malheiro Dias[21] — que como Álvaro Pinto e Montalvor lhe dedicou um texto exemplar —, não alinhou com o seu amigo Graça Aranha na questão luso-brasileira, e aí exerceu, como afinal na literatura modernista, "um papel de equilíbrio, de justa medida, de bom gosto clarividente",[22] que aliás se vê nos estudos que dedicou a d. Francisco Manuel de Melo, aos "paladinos da linguagem", a Antônio Carneiro e a Mário de Sá-Carneiro.

José Osório de Oliveira (1900-1964)

Quando José Osório de Oliveira contava apenas 8 anos o seu pai, o poeta Paulino de Oliveira, republicano de têmpera, foi preso na seqüência de uma conjura e, depois, viu-se obrigado a emigrar para o Brasil. Regressado a Portugal logo que foi proclamada a República, retorna ao Brasil mas desta vez na qualidade de cônsul de Portugal em São Paulo.

Acompanha-o sua mulher, a escritora Ana de Castro Osório, que já era bastante lida no Brasil. Paulino de Oliveira morrerá pouco depois, em 1914, e Ana de Castro Osório terá de cuidar do seu futuro e dos seus filhos; instala uma livraria — que será o pretexto para a viagem que em 1923 José Osório faz ao Brasil, e durante a qual se relaciona com os escritores modernistas, de que se torna em Portugal o grande divulgador logo a partir de 1926, com intervenções na imprensa, em especial na revista *Descobrimento*, que dirige o seu irmão João de Castro Osório, e na revista *Atlântico*, com livros de ensaios (*Literatura brasileira*, *Espelho do Brasil*), com uma *História breve da literatura brasileira*, e com obras de divulgação ou antologias (*Ensaístas brasileiros*, *Contos brasileiros*, *Líricas brasileiras*).

A somar a essas obras, de um impressionismo suave, José Osório, que foi um pioneiro dos estudos de literaturas em língua portuguesa, deixou-nos um espólio de preciosos documentos de autores brasileiros, entre os quais as cartas de Mário de Andrade que publicamos em *DI*.

De outros lusófilos ou brasilófilos dos tempos pré-modernistas e modernistas poderíamos falar aqui: de Maul ou de Almáquio, de Júlio Dantas ou de Álvaro Pinto. E poderíamos falar também de viajantes em busca do outro país, e da importância que daí adveio; Álvaro Moreyra, por exemplo, nunca esqueceu a sua passagem por Lisboa, que evocou em *As amargas, não...*[23] e Gilberto Freyre, de passagem por Lisboa em 1923, tomou aí "maior contacto" com os "modernistas" brasileiros de São Paulo[24] e colheu certamente muita informação para as suas obras de brasileiro e de luso-brasileiro.

Baste-nos apenas uma referência aos editores e livreiros portugueses que, como Lello, do Porto, em relação à literatura brasileira, se empenharam na divulgação da literatura portuguesa no Brasil nas décadas de 1910 e 1920: Francisco Alves, Paulo de Azevedo, Álvaro Pinto, Joaquim Saraiva, Heitor Antunes e Joaquim Antunes, entre outros.

A Águia

Até ao aparecimento — e depois do desaparecimento — da revista *Atlântida* (1915-1920), foi decerto *A Águia* (revista fundada no Porto em 1910, e de que saíram até 1932 mais de 200 números, distribuídos por cinco séries) que mais lutou para impedir o progressivo apagamento da cultura portuguesa no Brasil, ou tão-só para manter vivos os laços culturais entre portugueses e brasileiros.

É mesmo essa uma das ações mais meritórias dos homens que faziam a revista, sobretudo a partir da 2ª série, e que criaram a Renascença Portuguesa, editaram o quinzenário *A Vida Portuguesa* (de que saíram 39 números), fundaram universidades populares e publicaram inúmeras obras de caráter literário, científico e pedagógico.

Porque se *A Águia* quis estar aberta ou ligada a algumas culturas estrangeiras, como se deduz desde logo pela existência de correspondentes seus no Brasil, em França (Philéas Lebesgue) e em Espanha (Unamuno e Ribera y Rovira), a verdade é que a cultura francesa e espanhola, ou outras, têm nela uma presença que parece quase irrisória se comparada com a da cultura brasileira.

O correspondente de *A Águia* no Brasil (na Bahia), Almáquio Dinis, não era, nem é, tão conhecido como os outros; mas merece decerto mais atenção do que a que lhe tem sido dada em Portugal e no Brasil, onde só há pouco se "descobriu" que ele traduzira e publicara, logo em 30 de dezembro de 1909, o primeiro manifesto futurista.

É difícil saber em que medida Almáquio terá contribuído para a circulação de *A Águia* (ou para a divulgação da cultura portuguesa) no Brasil, como é difícil saber até onde foi a sua responsabilidade na publicação das colaborações brasileiras, pelo menos até ao momento em que cedeu o lugar a Costa Macedo, em 1918. Mas não é difícil verificar que ele tinha consciência das vantagens do intercâmbio cultural luso-brasileiro.

De qualquer modo, em 1912 *A Águia* já circulava razoavelmente no Brasil, pois até se vendia no Rio, no Pará, em Manaus, em Pernambuco, na Bahia e em Santos; anos mais tarde, em 1919, outros lugares se somavam a esses (Porto Alegre, Curitiba, Curvelo, São Paulo); e nesse mesmo ano vendia-se em seis livrarias do Rio.[1]

Aliás, a Renascença Portuguesa empenhara-se em nomear brasileiros para os seus corpos gerentes; e tal como tinha um Comitê de Lisboa, também tinha um Comitê do Rio de Janeiro, constituído por Antônio Austregésilo, Raul Pederneiras, Coelho Neto, Rodolfo Amoedo, Emílio de Meneses, João do Rio, Correia Lima, Julião Machado, João Luso, Óscar Lopes, Abner Mourão, Roque de Carvalho, Santos Maia e Costa Macedo.[2]

Sendo assim, não admira que durante algum tempo, ao longo dos anos de 1920 e 1921, *A Águia* tenha chegado a ser impressa na então capital brasileira, onde também funcionava a redação.

É a ida de Álvaro Pinto para o Brasil, em março de 1920, que gera tão curiosa situação. Nessa altura, que é também a que os homens da Renascença Portuguesa julgam mais apropriada para criar a Sociedade Luso-Brasiliana, para fundar a editora Anuário do Brasil, e para incrementar "a obra de expansão e intercâmbio intelectual entre as duas nações", é bem mais notória na revista a presença do Brasil (que inspira interessantes cartas a Antônio Sérgio e Álvaro Pinto) e dos escritores brasileiros, ainda que por vezes em transcrições, que de resto podem falar de obras portuguesas.

Mas a colaboração brasileira era já um hábito da revista. Por esta já tinham passado vários escritores, alguns dos quais se moviam em águas pré-modernistas ou pós-simbolistas: Vicente de Carvalho, Coelho Neto, Lima Barreto, Gonzaga Duque, Homero Prates, João Luso, Carlos Maul, Ronald de Carvalho etc.

O estudo dos ecos de algumas dessas colaborações em escritores portugueses é capaz de trazer tantas surpresas como a do estudo dos ecos das colaborações portuguesas em escritores brasileiros. E convirá lembrar o entusiasmo que Sá-Carneiro cedo despertou em pós-simbolistas como Ernâni Rosas; ou lembrar que é quase impossível que o poema "A dama branca" que Bandeira incluiu no seu *Carnaval* (1919) não tenha sido provocado pelo soneto de Gomes Leal "A dama branca" que apareceu no nº 39 de *A Águia* (março de 1915).

De todos os escritores brasileiros citados, dois houve que se distinguiram pela assiduidade. Um deles foi Carlos Maul, que, como Almáquio Dinis, chegou a ser publicado em Portugal: o seu livro *Ankises* (1914) editou-o a Renascença Portuguesa depois de ter aparecido como simples colaboração de *A Águia*. Maul também chegou a corresponder-se com Sá-Carneiro, e tornou-se íntimo de Luís de Montalvor; mas não entrou no *Orpheu*, como entrou Ronald de Carvalho, que foi outro colaborador assíduo, com prosa e verso, de *A Águia*, e que acabaria por ser o único brasileiro que, tal como o português Antônio Ferro, viu o seu nome ligado estreitamente ao Modernismo português e ao brasileiro.

A sedução da cultura brasileira acabaria por levar ao Brasil muitos dos homens de *A Águia*: Álvaro Pinto por lá ficou entre 1920 e 1937; Antônio Carneiro, sobre quem escreveram em *A Águia* Ronald e Maul, lá passou cerca de metade do ano de 1914, e lá voltou em 1929, sempre com o pretexto de exposições; Antônio Sérgio lá se demorou por duas vezes, uma em 1913, e outra em 1920, quando colaborou com Álvaro Pinto na orientação do *Anuário do Brasil*; Correia Dias, que, tal como Antônio Carneiro, assinava muitas das ilustrações de *A Águia*, e a quem se devia a capa da revista — tendo a sua arte sido elogiada por Ronald nessa mesma revista —, partiu em 1914 para o Rio, onde viria a casar com Cecília Meireles e onde se distinguiria como renovador das artes gráficas locais; Jaime Cortesão, que esteve em visita "oficial" ao Brasil em 1922, para lá foi viver e ensinar em 1940, e lá viu sua filha Maria da Saudade casar com o poeta Murilo Mendes; Veiga Simões desempenhou, de 1915 a 1919, várias missões diplomáticas em cidades brasileiras...

Fácil é calcular a importância que *A Águia* teve na aproximação humana e cultural entre portugueses e brasileiros, em tempos particularmente difíceis (na década de 1910 e 1920; a revista extinguir-se-ia em 1932). Nenhuma outra instituição, nem nenhum governo, desenvolveu em tal domínio uma ação que se lhe possa comparar. Porque os intelectuais que idealizaram *A Águia* e a Renascença Portuguesa não se limitaram a atuações episódicas, não se contentaram com almoços, discursos, reuniões, acordos sem conseqüência, nem se ficaram pela revista. Eles deram-se conta muito cedo do que em nossos dias se tarda em descobrir: que não pode manter-se viva a cultura portuguesa no Brasil ou a brasileira em Portugal sem a edição de livros portugueses no Brasil e brasileiros em Portugal.

A edição de centenas de livros de portugueses e de brasileiros (mas também de escritores universais), cobrindo várias épocas e vários domínios — da literatura à política, da educação à etnografia, da história ao direito — constituiu certamente o melhor serviço que às duas culturas prestaram Álvaro Pinto e seus amigos.[3]

Pena foi que aí como em *A Águia* o lusitanismo e a generosidade cultural não se aliassem a um maior sentido da modernidade ou a uma grande capacidade inventiva. As dissidências que desembocaram no *Orpheu* ou na *Seara Nova* não se verificaram por acaso. Como não foi por acaso que Antônio Sérgio desde muito cedo combateu nas próprias páginas de *A Águia* a sua orientação ou o seu "espírito". No grupo nuclear da revista havia afinal nacionalismo a mais e cosmopolitismo a menos; demasiada metafísica e insuficiente atenção à atualidade e ao concreto; muita baba conservadora e pouco faro modernista.

Assim, não admira que *A Águia* tenha saudado grandiloqüentemente a revista *Atlântida* e tenha ignorado a sua contemporânea *Orpheu*, cujo nome só aparece numa breve referência ao *Céu em fogo* de Sá-Carneiro, de que apenas se diz que está cheio de "originais extravagâncias", que fazem o seu autor "notado" — note-se; aliás, *A confissão de Lúcio* e a *Dispersão* também mereceram poucas linhas. Nem admira que, elogiando *Luz gloriosa* de Ronald de Carvalho, guardasse silêncio sobre livros mais modernistas desse e de outros autores.

A Águia não se deu bem conta da modernidade européia de 1909 — que, ao contrário do que alguém escreveu, não era então nada do outro mundo, como até o prova Almáquio Dinis; e nem levou, como lhe competia, a modernidade portuguesa de 1915 ao Brasil, a não ser em escassos lampejos, como não trouxe a Portugal a modernidade brasileira de 1922.

Mas que ninguém duvide: sem ela o intercâmbio cultural entre Portugal e o Brasil nas décadas de 1910 e 1920 teria sido bem mais pobre.

Sobre o *Orpheu* escreveu, em 1975, Pierre Rivas: "Cette *Revue trimestrielle de littérature* présente comme première originalité de s'adresser à la fois au Portugal et au Brésil, alors que, traditionnellement, les deux pays, qui parlent la même langue, s'ignoraient".[1]

A verdade é que tal originalidade não pode ser imputada ao *Orpheu*, que aliás teve outras mais relevantes; em fins do século XIX ou início do século XX as culturas portuguesa e brasileira estavam bem mais atentas uma à outra do que no período posterior justamente a 1915: os grandes autores portugueses eram sempre lidos no Brasil, onde alguns chegavam a criar numerosos admiradores e até discípulos (casos de Camilo, Eça, Fialho, Antônio Nobre, Eugênio de Castro, por exemplo), e Portugal tinha sempre lugar privilegiado nos noticiários da imprensa brasileira, ou não fosse ela em boa parte propriedade de portugueses, que colocavam freqüentemente portugueses na sua redação; por outro lado, enraizara-se em Portugal a tradição da edição de autores brasileiros, que também colaboravam com freqüência em jornais ou revistas portuguesas.

Para não falarmos em publicações (de diversa periodicidade) menos preocupadas com as questões literárias, como o *Novo Almanaque de Lembranças Luso-Brasileiro*, que aliás desde o seu aparecimento sempre fez gala na divulgação de textos literários, ou *Brasil-Portugal*, que se publicou de 1899 a 1914 —, digamos que, como regra, as melhores revistas culturais em português ao longo do século XIX ou no início do século XX previam colaboradores e leitores portugueses e brasileiros, indicando quase sempre os preços e por vezes até os lugares de venda nos dois países. Veja-se, por exemplo, o *Panorama* (1837), a *Revista Contemporânea de Portugal e Brasil* (1859), *O Futuro* (1862), que no Rio editou o portuense Faustino Xavier de Novais, a *Revista de Estudos Livres* (1883), a *Revista de Portugal* (1889), e também *Os Dois Mundos* e *Ilustração Brasileira*, aparecidas em Paris respectivamente em 1877 e em 1901; a última propunha-se apresentar nas suas páginas "produções absolutamente inéditas" dos mais "eminentes escritores" das "literaturas brasileira e portuguesa, irmãs de leite".[2] Mesmo que o não declarassem, idênticos propósitos animariam outras revistas, como *A Águia*, que surgiu dois anos depois de fracassar o projeto que o editor Lello tinha de editar, em 1908, "uma grande revista luso-brasileira", como se lê numa carta de Manuel Laranjeira a Amadeo de Sousa-Cardoso, publicada em *O Primeiro de Janeiro* de 2 de março de 1983.

A originalidade que Pierre Rivas atribuiu ao *Orpheu* já em fins de 1915, um redator da *Revista da Semana* carioca a atribuía, também indevidamente, à *Atlântida*: "Pela primeira vez se realiza a antiga aspiração de uma revista destinada a pôr em contato as duas correntes intelectuais brasileira e portuguesa".[3] Idéia que decerto recolhera na nota final do primeiro número da *Atlântida* que não por acaso (como veremos) deixava em completo silêncio o *Orpheu*.

No entanto era mais do que evidente que esta revista, que começara a publicar-se em março de 1915, meses antes do aparecimento da *Atlântida*, cujo primeiro número vinha datado de 15 de novembro de 1915, tinha também entre os seus objetivos o de realizar a mesma "antiga aspiração". E se só dois brasileiros apareceram nas suas páginas, isso se deve a circunstâncias que ultrapassaram os seus responsáveis, os quais também pretendiam publicar no mínimo quatro números e nem chegaram a publicar o terceiro. Bastaria aliás o simples fato de se apresentar com um diretor em Portugal e outro no Brasil — fórmula que *Atlântida* logo repetiria — para, mais do que simbolicamente, revelar empenho no estabelecimento de contatos entre "as duas correntes intelectuais brasileira e portuguesa".

Quantitativamente, é indubitável que o luso-brasilismo do *Orpheu* não pode comparar-se ao da *Atlântida*. Mas também não pode haver comparação entre a qualidade literária das duas revistas, ou entre a importância que tiveram ao tempo do seu aparecimento e que ainda hoje têm.

Atlântida dizia-se, nas palavras do seu diretor em Portugal, João de Barros, aberta à "colaboração de gente moça".[4] E alguns jovens autores nela colaboraram, efetivamente; no entanto, a média das idades dos colaboradores principais estava muito acima da dos homens do *Orpheu*, o que é logo sugerido pelas idades dos seus diretores: João do Rio e João de Barros nasceram em 1881; Fernando Pessoa nasceu em 1888, Luís de Montalvor em 1891 e Ronald de Carvalho em 1893. Mas o importante é que *Orpheu*, mais do que uma revista de novos, era uma revista de vanguarda, como *Atlântida* nunca seria em nenhum dos seus muitos números.

A necessidade de uma revista desse gênero (*A Águia* também o não era) havia anos que se fazia sentir tanto em Portugal como no Brasil. Fernando Pessoa já em 1908 (?) sonhava com uma revista sua.[5] Em janeiro de 1913 ainda ele deixava escapar a hipótese: "se tivesse uma revista minha...". Mas, à medida que se iam acentuando as suas divergências com *A Águia* ou com a Renascença Portuguesa, que em maio de 1913 já considerava "uma corrente funda, rápida, mas estreita",[6] Pessoa mais sentia — até porque atravessava uma fase de grande criatividade, também marcada pelo desejo de afirmação e intervenção — a necessidade de uma revista sua e dos seus jovens companheiros mais comprometidos com a modernidade do sentimento e do pensamento (e convém lembrar que já então mantinha boas relações com todos os que constituiriam o grupo do *Orpheu*), a necessidade de uma revista que servisse e impusesse o paulismo ou o interseccionismo, correntes por que se bateu antes de se bater pelo sensacionismo.

E assim surgiu a idéia das revistas *Lusitânia*, de que tinha já "em fevereiro de 1913" um "plano completo",[7] e *Europa*, que seria, em projeto, uma "revista pequena" que "abriria com um manifesto" de que Pessoa chegou a escrever "uns quatro parágrafos, com colaboração ocasional de Sá-Carneiro".[8] Não sabemos se as revistas correspondiam a dois projetos diferentes. Mas os títulos apontam para uma diferença ideológica fundamental: enquanto o primeiro lembra necessariamente a "estreiteza" da Renascença Portuguesa, já o segundo sugere uma visão cosmopolita que está mais de acordo com a consciência da gravidade bélica do momento europeu e mundial, e com as pretensões e a filosofia do ex-colaborador de *A Águia*, que queria agir sobre a humanidade (não só sobre os portugueses), e que pensava na dignificação internacional do "nome português",[9] em suma, numa arte de exportação, e numa arte sem fronteiras.

Não terá sido difícil a Pessoa aliciar um ou outro companheiro para os seus projetos; difícil, para ele, seria apenas executá-los ou mantê-los, numa fase em que as suas idéias alternavam ou evoluíam com invulgar velocidade. Sá-Carneiro, por exemplo, bem clamava de Paris pela *Europa*, em cartas de junho, julho e agosto de 1914 enviadas a Pessoa: "mais do que nunca urge a *Europa*..."; "*Europa*! *Europa* (revista) o que é preciso sobretudo!"; "a *Europa*! a *Europa*! como ela seria necessária!..."; "Que belíssima coisa seria agora com essa orientação "total" a nossa revista — *Europa*!".[10]

Inutilmente, porém. A *Europa*, ou o que fosse, seria um projeto já abandonado em 4 de outubro de 1914, quando Pessoa escreve a Côrtes-Rodrigues: "Em vez de uma revista interseccionista, contendo o manifesto e obras nossas, decidimos (e v., estou certo, concordará) para evitar possíveis fiascos e não se poder continuar a revista, etc., e, ao mesmo tempo, ficar coisa mais escandalosa e definitiva, fazer aparecer o Interseccionismo, não em uma revista nossa, mas em um volume, uma *Antologia do Interseccionismo*".[11]

Afinal, também essa antologia, aparentemente organizada, aliás, de modo que faz lembrar o *Orpheu* (sete colaborações diferentes, de Pessoa, Sá-Carneiro, Côrtes-Rodrigues, Guisado, Álvaro de Campos; total de 98 a 126 páginas), acabou por ser posta de parte, até por que entretanto o poeta atravessava uma grande crise psíquica. Essa crise desviou-o da "ambição grosseira de brilhar" ou de "querer *épater*", que estava por detrás do projetado "lançamento do Interseccionismo", como confessa ainda a Côrtes-Rodrigues em 19 de janeiro de 1915.[12]

Ora, exatamente um mês depois, Pessoa dirige outra carta ao poeta açoriano a pedir-lhe, urgentemente, colaboração, "o mais interseccionista que tiver", para o *Orpheu*, que diz ser uma revista "nossa", dirigida por Montalvor e Ronald de Carvalho, e que "vai entrar imediatamente no prelo".[13]

O que entretanto se passara já é do conhecimento público, se bem que necessite das precisões que adiante se farão. Mal chegado do Brasil, de onde trazia a idéia e o nome de uma revista de novos escritores portugueses e brasileiros, Luís de Montalvor comunica uma e outro a Pessoa e Sá-Carneiro, que, dispondo-se o último, ou o seu pai, a suportar as despesas, passam imediatamente — e surpreendentemente — à ação.

É Pessoa que confessa: "Com tanto mais entusiasmo acolhemos a idéia quanto é certo que ambos nós havíamos projetado várias revistas, mas sempre, por qualquer razão, os projetos haviam esquecido".[14]

Antes de verificarmos como as coisas realmente se passaram, teremos de lembrar que a necessidade de uma revista de novos, e ao serviço de novas visões do fenômeno literário, também pelos anos 1912-1914 se fazia sentir no Brasil, especialmente entre o jovem grupo de colaboradores da também jovem revista *Fon-Fon!* (fundada em 1907), alguns dos quais colaboravam igualmente na igualmente jovem revista *Careta*.

Entre esses colaboradores, unidos por relações de amizade — que nalguns casos vinham desde a adolescência no Rio Grande do Sul — e por idênticas concepções estéticas, que apontavam já algumas saídas do Simbolismo para o Modernismo (e talvez não fosse por acaso que ambas as revistas se referiam várias vezes ao Futurismo, ainda que de modo ligeiro ou jocoso), contavam-se Álvaro Moreyra, Eduardo Guimaraens, Homero Prates, Ernâni Rosas, Ronald de Carvalho e ainda Carlos Maul e Mário Pederneiras que, idoso, tutelava de algum modo o grupo, e que, erroneamente embora, passara durante muito tempo por introdutor do verso livre no Brasil.

Careta foi "a primeira folha carioca a publicar versos" de Eduardo Guimaraens,[15] futuro colaborador de *Orpheu*; e em 1914 chegou mesmo a publicar colaboração de um dos futuros animadores do Modernismo paulista, Menotti del Picchia,[16] e de outros dois futuros colaboradores do *Orpheu*: Ronald de Carvalho e Mário de Sá-Carneiro.[17] Aliás, nas suas páginas são por vezes defendidas, já na década de 1910, teses que antecipam as dos modernistas da década de 1920. É o caso, por exemplo, da tese que podia ler-se no número de 26 de julho de 1913: "os escritores brasileiros nutrem a convicção de que, para acentuar vigorosamente o caráter da nossa literatura, é preciso ceder aí um grande lugar à ação do povo, com sua linguagem, com sua índole, com seus costumes".

A incompatibilidade de sensibilidades ou gostos pode ser sugerida pela confissão que, numa carta inédita de 4 de novembro de 1912, fez Ronald de Carvalho à então sua noiva; reportando-se a uma festa de poetas e visando sobretudo Goulart de Andrade e Óscar Lopes, ironiza sobre "uma escola velha e decadente, a escola de todos os poetas... cabelos... olhos... lábios... Pierrot... Colombina... Amor...".[18]

Mas da necessidade que a nova geração literária brasileira teria de uma revista em que se definisse com "vitalidade" e "competência" falava eloqüentemente uma nota anônima de *Fon-Fon!*, em 26 de abril de 1913: "Todos estes belos espíritos que surgem [...] precisam iniciar um movimento em que o seu destaque seja decisivo e benéfico". Para isso, acrescentava, nada melhor do que uma "revista especial" em que se fizesse a "apostolização" da "nova crença".

Não por acaso, esta nota acompanhava, no mesmo número, a notícia de que Eduardo Guimaraens faria nesse dia 26 de abril uma leitura pública do livro a editar em breve *Do ouro, do sangue e do silêncio*.

Ele os seus companheiros não chegaram a ter a "revista especial" por que suspiravam (a nota anônima era sem dúvida da autoria de um deles): só a partir de 1922, a partir de *Klaxon*, apareceriam no Brasil revistas desse gênero. Mas Eduardo Guimaraens e Ronald de Carvalho tê-la-iam em Portugal com o *Orpheu*. Como é que ambos apareceram a colaborar nesta revista, e Ronald apareceu inclusivamente como seu diretor? Como se justifica que só eles, dentre os brasileiros, tenham colaborado no *Orpheu*? Por que é que Ronald já não figurou como diretor do segundo número?

Estas e outras perguntas para que já adiantávamos algumas respostas no texto "A gênese de *Orpheu* e do Modernismo português e brasileiro" que em 1975 escrevemos para o Catálogo da exposição *Orpheu: 60 anos* que se fez na Biblioteca Municipal de Gaia, não têm tido nem completa nem correta resposta nos vários estudos que em Portugal, no Brasil, e não só, têm sido publicados sobre o *Orpheu*. Para se ter uma idéia da quantidade e da qualidade de erros que correm a esse respeito, bastaria citar os de Andrade Muricy, que supôs que Ernâni Rosas "e outros brasileiros", além de Eduardo Guimaraens (e de Ronald de Carvalho), colaboraram no *Orpheu*;[19] de Sílvio Castro, que deu Manuel Bandeira e Cecília Meireles como aderentes ao *Orpheu*;[20] de Dieter Woll, que pensava que a idéia de *Orpheu* surgiu quando Montalvor e Ronald acabavam de chegar a Lisboa;[21] de Peregrino Júnior, Antônio Carlos Vilaça e Manuel Bandeira, que disseram que em 1914 Ronald esteve em Portugal com o grupo do *Orpheu*,[22] ou aí se ligou a ele.[23]

A maior parte dos que abordam o problema da gênese do *Orpheu* limita-se a valorizar, sem adiantar provas, o papel fundador de Ronald, ou de Montalvor, ou dos dois, ou até de Pessoa; e a maior parte das referências parece colhida no capítulo "Vida e morte do 'Orpheu'", de *Vida e obra de Fernando Pessoa*. Aí, Gaspar Simões defende que "é o regresso a Lisboa de Luís da Silva Ramos que concorre de maneira decisiva" para a publicação do *Orpheu*: que Silva Ramos era uma "personagem inteiramente desconhecida ao tempo"; que, regressado do Brasil, "expôs ao grupo de Lisboa os seus projetos, mostrando-lhe ser viável fundar com êxito uma revista que seria simultaneamente vendida no Brasil e em Portugal"; que por isso ficou assente, entre o comitê redatorial do *Orpheu*, que os diretores da revista seriam Montalvor e Ronald — cujos nomes, segundo Gaspar Simões, não figuram "no primeiro número da publicação"; que é de crer "que o título da revista [...] seja de inspiração de Fernando Pessoa, uma vez que em 1913 já ele dera a conhecer a Sá-Carneiro uma poesia com esse título"; que, dos diretores do primeiro número, "só Luís de Montalvor tivera interferência" nele etc.

Tais teses, porém, contêm vários erros e imprecisões, o que infelizmente não é coisa rara na referida obra (não obstante útil, ainda hoje). Alguns deles são facilmente corrigíveis, mesmo que não tão facilmente quanto o evidente *nonsense* que dava os diretores do *segundo número de Orpheu* como "menos soberbos que os seus antecessores" por ousarem "oferecer as páginas da sua publicação" aos que se sentissem "irmanados com os seus propósitos" (essa "ousadia" já era "denunciada" no primeiro número) e os dava também como infelizes por o seu apelo não ter encontrado nenhum eco — por não ter suscitado colaborações, já... no *segundo número*, de gente que não pertencesse ao grupo.[24]

Mas se é fácil verificar, por exemplo, que Luís Ramos não era nem no Rio nem na Lisboa culturais de 1915 um personagem inteiramente desconhecido, ou que os nomes (e os endereços) de Luís de Montalvor e de Ronald de Carvalho figuram realmente no frontispício do primeiro número de *Orpheu*, já outras afirmações do conhecido crítico exigem alguma ponderação, e justificam o confronto com os depoimentos que sobre a revista nos deixaram os escritores, hoje todos falecidos, que a ela estiveram ligados.

O conjunto desses depoimentos, feitos em diversas circunstâncias, é deveras importante — com destaque para os de Pessoa e de Almada Negreiros. Acontece porém que eles deixam muito a desejar no que se refere à gênese do *Orpheu*. A bem dizer, até há pouco só dispúnhamos a esse respeito de um depoimento interessante: o depoimento de Pessoa que François Castex publicou na *Colóquio — Artes e Letras*, nº 48, abril de 1963, e que João de Castro Osório encontrou no espólio de Luís de Montalvor.[25]

Esse depoimento foi feito em páginas datilografadas (com poucas emendas a lápis) que se encontram hoje na posse de um colecionador do Porto, e parece responder à solicitação de alguém ("o que v. quer saber..."), mas acusa algum inacabamento, porque apresenta duas ou três alternativas semântico-estilísticas sem que o autor se tenha decidido por uma delas, riscando ou eliminado a outra — o que parece indicar que não chegou a "limpá-lo" para entrega ou publicação.

Escrito não sabemos ao certo quando, mas sem dúvida a alguns anos de distância da publicação do *Orpheu*, e quando o poeta residiria na Rua de S. Julião, 52-1º, como indica o papel timbrado, esse depoimento conta-nos o seguinte:

> Em princípios de 1915 (se me não engano) regressou do Brasil Luís de Montalvor, e uma vez, em fevereiro (creio), encontrando-se no *Montanha* comigo e com o Sá-Carneiro, lembrou a idéia de se fazer uma revista literária trimestral — idéia que tinha tido no Brasil, tanto assim que trazia para colaboração alguns poemas de poetas brasileiros jovens, e a idéia do próprio título da revista — *Orpheu*. Acolhemos a idéia com entusiasmo, e como o Sá-Carneiro tinha, além do entusiasmo, a possibilidade material de realizar a revista, passou imediatamente a dar o caso por decidido, e desde logo se começou a pensar na colaboração. Com tanto mais entusiasmo acolhemos a idéia quanto é certo que ambos nós havíamos projetado várias revistas [...] Sem perda de tempo se adotaram o nome e a periodicidade, e se estabeleceu o número de páginas — de 72 a 80 em cada número. E ficou igualmente assente que figurariam como diretores o Luís de Montalvor e um dos poetas brasileiros seus amigos — Ronald de Carvalho. Digo "figurar como diretores" sem intuito algum reservado. A direção real da revista era, e foi sempre, conjunta, por estudo e combinação entre nós três e também o Alfredo Guisado e o Côrtes-Rodrigues [...] No mesmo dia ou no dia seguinte ex-

pusemos, Sá-Carneiro e eu, a idéia da revista ao Alfredo Guisado e ao Côrtes-Rodrigues, e pode dizer-se que o número ficou completo, sobretudo depois de termos obtido a colaboração do Almada Negreiros [...] O *Orpheu* foi logo para a tipografia, ficando eu apenas a completar o "Opiário" do meu personagem Álvaro de Campos [...].

A citação é longa, mas impunha-se perante a consideração do que diz um parágrafo de um artigo que Montalvor consagrou a Ronald de Carvalho, e, sobretudo, perante os novos e importantes dados que ao problema da gênese do *Orpheu* trazem as cartas inéditas que publicamos em *DI*.

No referido parágrafo informa Montalvor que data da época em que conheceu o autor de *Luz gloriosa* "o plano, *in mente*, da fundação de uma revista eclética, repositório vivo, documentário incisivo dos vários modos de ser, dos anseios, das curiosidades estéticas da gente nova, de ritmo independente e livre, unânimes no repúdio das fórmulas triviais e gastas, revista esta que mais tarde eu batizei com o título de 'Orpheu'".[26] Ora Montalvor conheceu Ronald em fins de 1913.[27]

A informação de Montalvor contém alguma ambigüidade; mas as cartas de Ronald de Carvalho parecem desfazê-la, assim como parecem introduzir alguma restrição ao depoimento de Fernando Pessoa, e não necessariamente porque tenha havido falha da sua memória privilegiada; pode ter sido induzido em erro, consciente ou inconscientemente, por Luís de Montalvor.

Com efeito, não batem certo com as palavras de Pessoa (e precisam as de Montalvor) estas que Ronald deixou em carta de janeiro de 1915: "Escrevi ao Nuno Simões, por pedido do Correia Dias, sobre uma revista de novos daqui e daí. Falei no teu nome. Procura estar com ele, pois, serás um dos redatores em Portugal".

Pouco depois, nova carta, de janeiro-fevereiro, informa: "Sobre a revista de que já falei na outra carta nada me respondeu o Nuno Simões; por isso nenhuma informação posso confiar-te. Em verdade trabalharia melhor com vocês". "Vocês" eram — além de Montalvor — Pessoa e Sá-Carneiro, para quem aliás mandava "um aperto de mãos", e para quem já havia mandado a *Luz gloriosa* (a data da dedicatória a Pessoa indica o ano de 1914).

Ora é talvez esta carta que vai decidir Montalvor a sugerir a Pessoa e a Sá-Carneiro a publicação da "revista trimestral". Na verdade, é de crer que Montalvor já estaria em Lisboa, desde dezembro. Por outro lado, recorde-se que Pessoa supõe que a sugestão de Montalvor foi feita em fevereiro — e isso, e o mais que Pessoa diz, confere com o fato de ter escrito a Côrtes-Rodrigues, em 19 de fevereiro, uma carta em que lhe pede urgente colaboração "o mais interseccionista que tiver" para o que chama "nossa" revista, o *Orpheu*, que, esclarece, "vai entrar imediatamente no prelo", e de que são diretores Luís de Montalvor em Portugal "e no Brasil um dos mais interessantes e nossos dos poetas brasileiros de hoje, Ronald de Carvalho".[28]

Pela mesma altura deve Montalvor ter informado Ronald da decisão tomada pelo grupo lisboeta, solicitando-lhe o envio de colaborações e a angariação de assinaturas. E Ronald responde, em março, dizendo do seu "encantamento", do seu empenho e da sua disponibilidade em relação ao *Orpheu*, e deixando ainda esta preciosa nota memorialista: "esse é o meu, o nosso Orfeu, cuja primeira semente floriu ao pé das ondas de Copacabana, perto dos barcos, dos poveiros e das redes de corda envelhecidas. Daí para cá foi só guardá-lo dentro da alma, como um segredo, em ciúme de primeiro amor boêmio e profundo". (É interessante notar como também pelo lado de Ronald o *Orpheu*, à partida, aponta para um destino mágico ou esotérico.)

Estamos assim habilitados a esclarecer o que aparecia algo confuso, se não mesmo errado, em Pessoa, Montalvor, Gaspar Simões, e em tantos mais:

1) Em 1914, uma revista de novos de Portugal e do Brasil foi idealizada por Ronald e Montalvor no Rio de Janeiro, "ao pé das ondas de Copacabana" — o que não é uma alusão à casa de Ronald, que morava em Botafogo (na Rua Humaitá), mas pode ser uma alusão à casa de Carlos Maul na Avenida Nossa Senhora de Copacabana, nº 565, a "casa familiar e hospitaleira de Copacabana" de que falaria Montalvor num *in memoriam* de Ronald, publicado no *Diário de Lisboa* (ver *DD,* p. 555); nessa casa vivia Montalvor, então em crise financeira, como informa Maul também num *in memoriam* (ver *DD,* p. 567); a referência às "ondas" não deixa de assumir relevância simbólica, na medida

em que se veja no Atlântico o longo e largo traço de união entre Portugal e Brasil.

2) Tal projeto nasceu e cresceu talvez no diálogo de Ronald com Montalvor; mas terá sido este que sugeriu o nome da revista até porque já o imaginara como título de um poema; Eduardo Guimaraens também usaria o nome de Orfeu como título de poema, e Homero Prates como título de livro; e outro amigo de Montalvor, Ernâni Rosas, já em dezembro de 1913 falava de Orfeu num soneto (ver *DI,* p. 314).

3) Em janeiro de 1915, quando Montalvor já regressara a Lisboa, Ronald avança para a realização do projeto de uma revista luso-brasileira de novos; nesse sentido escreve a Montalvor, pedindo-lhe para assumir o papel de um dos redatores em Portugal, e, noutra carta, solicita os bons ofícios do bem relacionado e devotado amigo do Brasil Nuno Simões; esta carta escreveu-a a pedido do pintor português Correia Dias, que passara a viver no Rio de Janeiro, e que certamente foi associado ao projeto, até porque, tendo estado ligado à *Águia* e à *Rajada*, era um homem indicado para se ocupar da direção ou da colaboração artística da nova revista.

4) Só depois da iniciativa de Ronald e de este ter declarado que lhe agradaria mais trabalhar com Montalvor e seus amigos (Pessoa, Sá-Carneiro) do que com Nuno Simões e talvez com os futuros fundadores da *Atlântida* — quer dizer, só entre 15 e 19 de fevereiro é que Montalvor expõe a Pessoa e Sá-Carneiro a idéia, que parece ter apresentado como sua, de uma "revista trimestral"; a adesão a essa idéia é imediata e calorosa, e sem demora são tomadas decisões que constituem uma autêntica jogada de antecipação por parte de Montalvor e fazem deslocar o centro editor da nova revista do Rio para Lisboa; funda-se a algo fantasmática Sociedade Editora do Orfeu, ou, como se leria em *Orpheu*, a sociedade Orpheu Ltda.; organiza-se, facilmente, a lista dos colaboradores e das colaborações do primeiro número e boa parte da colaboração entra logo a 20 de fevereiro na tipografia; escolhem-se os nomes dos diretores formais, e decide-se fazer rapidamente os dois contatos que se impunham: Pessoa escreve a Côrtes-Rodrigues em 19 de fevereiro a pedir a sua colaboração (antes de, a 4 de março, lhe pedir para conseguir algumas assinaturas), e Montalvor deve ter feito o mesmo, nessa altura, em relação a Ronald, a quem, note-se, também Pes-

soa escreveria em 24 de fevereiro, para lhe agradecer a *Luz gloriosa* que lhe mandara meses antes por intermédio de Montalvor.

Ronald não parece ter estranhado a movimentação lisboeta, deve até ter ficado envaidecido com a idéia de aparecer como co-diretor de uma revista editada em Portugal, dispõe-se a arranjar colaborações e assinaturas e, naturalmente, desistirá da idéia da sua revista. Porque o *Orpheu*, na verdade, esteve longe de ser uma revista da sua responsabilidade: que se saiba, a sua participação nela limita-se à sua colaboração (de texto) e talvez ao envio da de Eduardo Guimaraens — se é que estas duas colaborações não vieram do Brasil com Montalvor, como este fez crer, o que, sendo admissível, não é seguro, sobretudo em face do que diz outra carta de Ronald.

Mas o papel de Montalvor também não seria muito mais relevante: limitar-se-ia ao contato com Ronald e à estranha "introdução" do *Orpheu* 1, bem como à publicação do poema "Narciso" em *Orpheu* 2. Esse poema, que já estivera programado para *Orpheu* 1, foi o pretexto de uma carta de Sá-Carneiro que é bem reveladora da posição subalterna que teve no *Orpheu* 1 o seu diretor português — e que contradiz o "espírito prático" que Gaspar Simões quis ver como decisivo da publicação da revista.

Datada de 12 de março, quando a impressão do *Orpheu* 1 já "vai muito adiantada" (estão impressos três cadernos — prova da rapidez com que se preparava a revista, que seria posta a venda a 26 do mesmo mês), essa carta de Sá-Carneiro é uma franca e autoritária solicitação para que Montalvor entregue a sua colaboração até ao dia 14 (o que ele não fará, pelo que "Narciso" transitará para o *Orpheu* 2, sendo ainda necessária outra carta de Sá-Carneiro, ainda mais desabrida do que a anterior, para que Montalvor o entregasse).[29]

Com isto estamos já a esclarecer o problema da direção do *Orpheu*. No depoimento atrás referido, Pessoa foi claro ao dizer que "a direção real da revista era, e foi sempre conjunta, por estudo e combinação entre nós três" (Montalvor, Pessoa, Sá-Carneiro) "e também o Alfredo Guisado e o Côrtes-Rodrigues". Acontece, porém, que Côrtes-Rodrigues estava nos Açores, e a carta ou cartas que Pessoa lhe escreve não o consultam a respeito da direção da revista — só o informam.

E acontece que a responsabilidade financeira da edição é inteiramente assumida por Sá-Carneiro que, como se viu nas cartas a Montalvor e noutras circunstâncias, inclusive nas que envolveram a (não) publicação do *Orpheu* 3, nunca deixaria de ter um papel decisivo na vida da revista. Por outro lado, sabe-se do respeito e até da dependência crítica de Sá-Carneiro em relação a Pessoa, que aliás escreveu a Côrtes-Rodrigues como escreveria um verdadeiro diretor, e que, quantitativa e qualificativamente, pontifica no *Orpheu* 1 como pontifica no *Orpheu* 2 e 3, este último da sua inteira responsabilidade. Note-se ainda que, mal saído da tipografia o *Orpheu* 1, é Pessoa que o envia a Unamuno com uma carta em que pede a sua opinião, e que assina "por *Orpheu*".[30]

Por tudo isto, não é a mudança de diretores no *Orpheu* 2 que é estranha; estranho é que não tenham sido Pessoa e Sá-Carneiro os diretores oficiais do *Orpheu* 1.

Se isso aconteceu, não foi por receios de fracasso cultural; Pessoa, pelo menos, nunca duvidou do sucesso espetacular do *Orpheu*. Talvez Sá-Carneiro e Pessoa entendessem que deviam essa cortesia aos que tinham tido a idéia da publicação e do nome da revista; talvez não contassem com a "abulia" de Montalvor, que Sá-Carneiro por mais de uma vez, noutras circunstâncias, criticou com veemência; talvez não imaginassem que havia distâncias estético-literárias entre eles e os dois diretores do *Orpheu* 1, os quais poderiam dar uma falsa imagem da revista — e Gaspar Simões pôs mesmo a hipótese de o "aristocratismo" de Montalvor ter ficado desagradado com o "interseccionismo" pessoano; talvez não se dessem bem conta da conveniência prática em fazer coincidir os nomes da diretoria oficial com os da diretoria funcional.

São em todo o caso razões mais ou menos de ordem prática que o "Serviço da redação" do *Orpheu* 2 aponta para a mudança da direção: "Várias razões, tanto de ordem administrativa, como referentes à assunção de responsabilidades literárias perante o público, levaram o comitê redatorial de *Orpheu* a achar preferível que a direção da revista fosse assumida pelos atuais diretores, não envolvendo tal determinação a mínima discordância com o nosso camarada Luís de Montalvor, cuja colaboração, aliás, ilustra o presente número".

Escrita com a inteligência e a diplomacia de que Pessoa era capaz (pois, como já por Gaspar Simões foi reconhecido, o estilo do

"Serviço da redação" é pessoano), essa nota suscita no entanto uma perplexidade: Ronald de Carvalho é nela pura e simplesmente esquecido, o que inclusivemente poderia levar a supor que, não tendo havido discordâncias com Montalvor, as teria havido com ele. Teria Ronald falhado, por exemplo, no envio das prometidas colaborações e na angariação de assinaturas?

Faltam-nos dados a esse respeito; nada sabemos sobre a recepção e a circulação do *Orpheu* no Brasil (só encontramos uma notícia, que publicamos em *DD*, p. 512), e a última referência que conhecemos de Ronald ao *Orpheu* é ainda de uma carta a Montalvor, mas escrita logo em abril de 1915: "Lembra-te, ao menos, do nosso *Orpheu* e da silhueta de sonho que ele poderá derramar, longos anos, sobre a nossa emoção". Custa a crer, porém, dadas as personalidades envolvidas, que houvesse na nota do *Orpheu* mais do que um lapso justificado pela distância geográfica, e pela difícil relação estabelecida sobre o Atlântico.

De qualquer modo, é possível que tenha havido uma explicação de Pessoa e Sá-Carneiro apresentada a Ronald de Carvalho; houve-a pelo menos a Luís de Montalvor, como se deduz de uma carta de Sá-Carneiro datada de 22 de junho de 1915 — seis dias antes da saída de *Orpheu* 2: "Afinal sei que o Fernando Pessoa já te falou da 'affaire' da direção do *Orpheu* por causa do menino Ronald. Ótimo que estivesses de acordo. Bem. E agora a direção fica assim: eu e o Fernando Pessoa — com quem acabo de insistir — porque eu de forma alguma queria ficar sozinho".[31]

Como deverá entender-se a referência ao "menino Ronald"? No sentido em que Sá-Carneiro também dizia "menino idiota A. Ferro"[32] implicando simultaneamente a idade e o espírito agarotado? Não é de crer, até porque Ronald não era tão novo quanto Ferro, e tinha apenas menos três anos do que Sá-Carneiro. Haverá algo de pejorativo neste uso da palavra "menino"? Se há, a que se deveu? E o que pretendem Pessoa e Sá-Carneiro ao dirigirem-se a Montalvor por causa de Ronald é só obter o seu acordo com a decisão tomada ou é (também) obter o seu acordo em ser ele a dar a informação a Ronald?

E como terá Ronald reagido? A partir de abril de 1915, e até fevereiro de 1917, há um lapso na sua correspondência com Montalvor — correspondência que pouco mais dura (ou ter-se-ão perdido peças dela?). Montalvor só parece voltar a lembrar-se de Ronald quando este morre em 1935 de um acidente de viação (curiosamente, Montalvor morreria uma dúzia de anos depois também de um acidente de viação, que alguns supõem "provocado"). Nessa altura, dedica-lhe um artigo no *Diário de Lisboa* de 22 de fevereiro (Ronald morreu a 15). Pessoa, por sua vez, falará de Ronald em 1934, mas só para dizer, na abertura do *Sudoeste* dedicado "aos do Orpheu", que "a estreiteza do tempo e a largueza da distância" o impediu de lhe pedir colaboração, e a Eduardo Guimaraens (que nem sabia já morto — desde 1928): e Ronald parece ter esquecido os seus companheiros de *Orpheu*, a quem não manda livros, e de quem não fala, ele que falara de Sá-Carneiro ainda antes do *Orpheu*. Entretanto, colaboraria ainda noutras publicações portuguesas como *Descobrimento* — mas não no *Centauro* do seu amigo Montalvor, nem na *Contemporânea* de 1922, quando fora solicitado por José Pacheco para a *Contemporânea* de 1915: e corresponder-se-ia com outros escritores portugueses como José Osório de Oliveira (a quem escreveu de Paris, em março de 1932, uma carta — inédita — que tenho em meu poder) e como João de Barros.

E Montalvor, terá ele digerido bem a sua "despromoção"? Aparentemente, sim, tudo se fez com o seu acordo. Mas por essas e/ou por outras razões, é evidente um esfriamento das suas relações com Sá-Carneiro no segundo semestre de 1915. Em outubro desse ano o autor da *Dispersão* chega mesmo a falar no "Montalvorzinho", pejorativamente, a Fernando Pessoa.[33] E não é verdade que em 1916, numa altura em que ainda não estava posta de parte a hipótese da continuação de *Orpheu*, Montalvor fez *Centauro* que, tal como o *Orpheu*, se dizia "revista trimestral de literatura"? E não é verdade que, colaborando nela Pessoa (que, como se viu, não fazia questão em tornar-se formalmente diretor do *Orpheu*), não há nela colaboração do recém-falecido Sá-Carneiro? Convém não esquecer, porém, que a Montalvor se deveriam alguns esforços para a edição das obras de Sá-Carneiro.

Com ou sem melindres, a mudança de direção do *Orpheu* implicava, simbolicamente, pelo menos, uma mudança no projeto de uma revista que inicialmente se supunha luso-brasileira, e que se tornava ainda mais lusa e menos brasileira do que já era. Decerto que *Orpheu* 2 contaria ainda com a colaboração de um brasileiro, obtida pelos seus amigos Ronald de Carvalho ou Montalvor; decerto que *Orpheu* 2 continuava a indicar o preço de assinaturas para o Brasil. Mas o idealizado encontro dos novos (dos modernistas) de Portugal e do Brasil em *Orpheu* teve representações demasiado desproporcionadas, e valeu sobretudo como intenção e sugestão.

Não é só o problema da idealização e da direção do *Orpheu* que tem dado azo a opiniões desencontradas: também o tem o problema do nome, que, salvo erro, é referido pela primeira vez em carta de Pessoa a Côrtes-Rodrigues, de 19 de fevereiro de 1915,[34] e é referido em carta de Ronald a Montalvor de março de 1915, na qual aliás aparece com a grafia *Orfeu*.

Para Gaspar Simões, "é de crer [...] que o título da revista, não obstante o helenismo literário de Luís de Montalvor, seja de inspiração Fernando Pessoa [sic], uma vez que em 1913 já ele dera a conhecer a Sá-Carneiro uma poesia com esse título".[35]

Mas Pessoa declarou no seu já citado depoimento que Montalvor trouxera do Brasil "a idéia do próprio título da revista — Orpheu". E se Ronald de Carvalho não diz o mesmo explicitamente, parece apontar, na alusão ao "meu, antes, o nosso Orfeu", a autoria da idéia da revista e a do nome dela.

Montalvor, porém, é concludente: "revista esta que mais tarde eu batizei com o título de *Orpheu*".[36] Uma nota do livro de Casais Monteiro *Estudos sobre a poesia de Fernando Pessoa* diz o seguinte: "Segundo me informou o sr. Carlos Maul, que privou aqui no Rio com Luís de Montalvor, o *Orpheu*, antes de ser uma revista, foi o enredo de um longo poema que Luís ruminava mas não escrevia".[37] Tal informação encontra-se também na obra de Maul *O Rio da Bela Época*, que reproduz, com variantes, o que o mesmo Maul escreveu nas "Memórias" publicadas no volume VII da *Revista da Academia Fluminense de Letras*, em que refere que Montalvor em 1913 ou 1914 "tinha em mente realizar um poema intitulado 'Orfeu', mas tal epígrafe ele a aplicou, anos depois a um mensário" [sic].[38] E parece que a grafia arcaizante do nome-título mais de acordo com Montalvor do que com Pessoa, embora não devamos esquecer o partido que este tirou da ortografia arcaizante na *Mensagem* e no *Livro do desassossego*, e embora tudo leve a crer que a Pessoa se deve o "Orpheu" manuscrito reproduzido na capa do nº 1. Quanto ao mais, já se sabe que qualquer poeta moderno era seduzido pela figura e mito de Orfeu.

Um aspecto da questão do *Orpheu* que não tem merecido qualquer discrepância, pela simples razão de que também não tem merecido nenhum estudo, nem em Portugal nem no Brasil, é o da sua venda e circulação. Sabe-se do receio que Pessoa teria de um fiasco financeiro com uma projetada revista interseccionista, o que o levou a desistir em favor de uma também nunca publicada antologia;[39] sabe-se da sua preocupação, antes da saída do primeiro número, com o problema das assinaturas;[40] sabe-se que *Orpheu* 1 se esgotou em duas ou três semanas;[41] e sabe-se das conseqüências que as questões financeiras do *Orpheu* tiveram na vida e na morte da revista, na vida e na morte de Sá-Carneiro.

Quer isto dizer que não podia ser descurado o problema da circulação e da venda do *Orpheu* no Brasil. E não o foi. Por um lado, a revista indicava numa das suas primeiras páginas o custo do número avulso e da assinatura (série de quatro números) para o Brasil: respectivamente, 1.100 réis e 5 mil-réis (moeda fraca) — o que não podia considerar-se caro, malgrado a diferença com Portugal (30 centavos, e 1 escudo). Por outro lado, a resposta de Ronald de Carvalho à solicitação que lhe chegou por Montalvor mostra, de parte a parte, as preocupações com a publicidade e as finanças, que não seriam menores do que as preocupações com a colaboração:

> Já comecei a trabalhar por ele. Assinaturas, publicações e outras burguesas coisas estão em caminho, bravamente. [...]
> Por esta semana vindoura iniciarei a propaganda pelos jornais. Valente propaganda prometeu-me o Félix Pacheco, que é bom elemento. [...]
> O Castilhos, o Alves e o Briguieto se encarregarão da venda avulsa do Orfeu, já lhes falei para isso.
>
> Carta de março de 1915
> (Ver *DI*, pp. 336-37)
>
> Recebi os talões e as circulares. As assinaturas surgem de todos os cantos. É quase a Vitória.
>
> Carta de abril de 1915
> (Ver *DI*, p. 340)

Esta última declaração lembra o que Pessoa disse a Côrtes-Rodrigues, também em abril de 1915, mas noutras circunstâncias (dado que Ronald e os brasileiros ainda não conheceriam a revista): "Foi um triunfo absoluto".[42] No entanto, a euforia de Ronald é só prévia: não há sinais posteriores à recepção do *Orpheu* — não os conhecemos, se os houve.

No que resta da biblioteca e do espólio de Ronald no Rio de Janeiro e em Brasília não encontramos sequer um exemplar da revista, que um filho do escritor só veio a conhecer em Portugal. Na Biblioteca Nacional, do Rio de Janeiro, na Biblioteca Mário de Andrade, de São Paulo, em bibliotecas particulares de pré-modernistas ou de modernistas brasileiros também nunca encontramos qualquer exemplar do *Orpheu* que para o Brasil tivesse sido enviado em 1915. Pelo que a única indicação que temos da chegada do *Orpheu* ao Brasil é a que nos dá um jornal ou uma revista carioca, em que veio publicada uma nota sobre ele; nota banal, porém, que não pode ser comparada com os textos calorosos ou polêmicos que a revista provocou em Portugal.[43]

Assim, há mesmo que perguntar se para o Brasil chegaram a ser enviados os vários exemplares de *Orpheu* correspondentes às assinaturas, de que falava Ronald, que surgiam "de todos os cantos".

Que a venda do *Orpheu* no Brasil interessava sobremaneira os seus responsáveis portugueses sugere-o bem a passagem de uma carta de Pessoa em que, depois de advertir que a revista devia "pegar a valer", confessava: "Parece-me isto, sobretudo por causa da venda e das assinaturas no Brasil, que o Luís de Montalvor (diretor em Portugal), que esteve bastante tempo no Brasil, e o Ronald de Carvalho, diretor do Brasil, devem conseguir obter".[44]

Mas o inesperado sucesso de vendas que a revista obteve em Portugal, a ponto de se ter esgotado em duas ou três semanas, não terá gerado algum descuido com o Brasil, por parte de Pessoa & Cia., ou por parte da livraria depositária encarregada dos envios para os assinantes, e que por sinal se chamava Brasileira?

Recorde-se que a 4 de abril ainda não tinham seguido os exemplares para os assinantes indicados por Côrtes-Rodrigues, e Pessoa adianta mesmo que "não há números para irem para todos os nomes" indicados por ele.[45] Se isso acontecia com portugueses, do continente ou dos Açores, que poderia acontecer com brasileiros? Uma coisa é certa, porém: o *Orpheu* quis congregar jovens escritores de Portugal e do Brasil, logo, quis atingir especialmente os leitores portugueses e brasileiros. Não passará despercebido, aliás, que os dois brasileiros são os únicos estrangeiros que colaboram no *Orpheu*.

Perguntar-se-á: mas por que é que só entram no *Orpheu* dois brasileiros? E por que é que entram exatamente esses, e não outros? E por que deixariam de entrar no *Orpheu* 3?

Dificilmente se encontrará uma resposta satisfatória para essas perguntas. As dificuldades de contato, que existiam, não impediram que muitos escritores brasileiros colaborassem na *Atlântida* que começou a publicar-se, mensalmente, também em 1915, certamente com apoios oficiais que *Orpheu* não teve. O possível receio de algum desfasamento estético não se justificaria quando se lê no *Orpheu* 1, 2 e, sobretudo, 3, colaboração decadentista, simbolista e pré-modernista de vários autores portugueses. O europeísmo de Pessoa e seus companheiros, em que tanto pensariam pouco antes de pensarem no *Orpheu* (que, é verdade, em nenhum momento se diz, como a *Atlântida*, revista "para Portugal e Brasil", ou, como a *Atlântico*, "revista luso-brasileira"), não era tanto que fizesse com que eles deixassem de ser os homens cosmopolitas que eram; o sensacionismo que em 1914 Pessoa pretendia lançar definia-o ele como uma arte "cosmopolita" e "universal";[46] e numa entrevista de 1923 o autor da *Mensagem* era bem claro ao definir a "arte portuguesa" como "uma arte de Portugal que nada tenha de português" (porque para o homem português "desnacionalizar-se é encontrar-se") e ao dizer que entendia por Europa "principalmente a Grécia antiga e o universo inteiro".[47] De resto, os escritores brasileiros da década de 1910, e Ronald em especial, quase todos formados ainda no respeito pelos modelos europeus, sobretudo portugueses e franceses, não exibiam a bandeira do americanismo como o fariam na década de 1920. E mesmo que a exibissem, ou a exibissem no *Orpheu*, nem por isso haveria aí motivo de conflito, porque poderia haver apenas convergência; como disse Almada Negreiros, "o que para o português representa o europeísmo, é evidentemente para o brasileiro o americanismo".[48]

Releve-se ainda que Mário de Sá-Carneiro já em 1913 se empenhara em ser lido no Brasil,[49] onde não tardou a conquistar admiradores; que Montalvor se tornara amigo de vários escritores brasileiros; que Pessoa proclamava, antes certamente dos tempos do *Orpheu*, a urgência do estreitamento de inteligências com o Brasil.[50]

Não é de admitir, portanto, qualquer preconceito dos responsáveis portugueses do *Orpheu* em relação aos camaradas brasileiros. E não se pode dizer que os dois brasileiros que entraram no *Orpheu* estivessem afastados esteticamente, como o estavam geograficamente, da maioria dos colaboradores do *Orpheu*, como não se pode dizer que fossem desprovidos de talento, que a história da literatura iria encarregar-se de valorizar, ou até que fossem estranhos à cultura portuguesa — que o não eram, ou por formação e gosto ou até, no caso de Eduardo Guimaraens, por origens familiares. Recorde-se, a propósito, que Pessoa definiu Ronald de Carvalho como "um dos mais interessantes e nossos dos poetas brasileiros de hoje", quando nele falou pela primeira vez a Côrtes-Rodrigues.[51]

E era verdade — quer se entendesse "nosso" em sentido cultural quer se entendesse em sentido estético. Decerto que no seu primeiro livro e nos seus primeiros escritos Ronald revela uma grande dependência do simbolismo francês, o que também acontecia com Eduardo Guimaraens. Mas não deixa de revelar igualmente, na poesia como na crítica, alguma dependência dos clássicos e dos simbolistas portugueses.

Tais dependências eram comuns, aliás, ao grupo da *Fon-Fon!* (em que se integram os dois colaboradores do *Orpheu*), se não mesmo a todos os simbolistas brasileiros. Não admira: sabe-se que o mesmo acontecia exatamente com os pré-modernistas portugueses. Se o grupo da *Fon-Fon!* era dominado por homens vindos do Rio Grande do Sul, conviria lembrar o que Pedro Vergara escreveu em *A poesia moderna riograndense*: "aqui, permanecíamos na dependência de Portugal; éramos discípulos de Antônio Nobre, de Cesário Verde, de Eugênio de Castro...".[52]

Ora Ronald de Carvalho e Eduardo Guimaraens chegaram ao *Orpheu* pela mão de Montalvor, que os conheceu no Rio, aonde o segundo arribou em fins de 1912, quase ao mesmo tempo que o próprio Montalvor (mas de onde partiu cerca de um ano depois), e aonde Ronald regressou em fins de 1913, depois de um ano de ausência na Europa.

Montalvor deve ter chegado a Eduardo Guimaraens ou ao grupo de *Fon-Fon!* exatamente pela mão de um gaúcho que estudara Direito em Coimbra, e de quem era amigo, Araújo Cunha. Foi este que o apresentou pelo menos a Carlos Maul, pouco depois da sua chegada ao Rio.[53] E como Maul era colaborador da *Fon-Fon!* (e da *Águia*, que inclusivamente favorecera a edição de obras suas em Portugal), também por ele não teria dificuldade em contatar com os jovens brasileiros que ao tempo representavam a melhor modernidade literária, e que eram lidos em todos os estados do Brasil.

Evocando a *Fon-Fon!* do início da segunda década do século, Maul definia-a deste modo:

> Moldada no tipo dos semanários europeus, principalmente os franceses, harmonizava a literatura com o humorismo da caricatura. Concorria com *O Malho*, mas destinava-se a uma classe de leitores seletos, e nela apareciam os nomes da juventude intelectual do tempo. Constituíam a redação três dos mais altos valores espirituais do passado [Gonzaga Duque, Lima Campos, Mário Pederneiras]. Filipe de Oliveira, Álvaro Moreira, Homero Prates, Olegário Mariano, Adelmar Tavares, Da Costa e Silva, Hermes Fontes, Goulart de Andrade, Luís Edmundo, entre muitos, pertenciam a esse elenco de luminosos sonhadores.[54]

Convidado a co-dirigir o *Orpheu* e a obter a colaboração de brasileiros, é evidente que Ronald pensaria antes de mais nos seus amigos.

Não sabemos se Eduardo Guimaraens comparece no *Orpheu* por seu convite direto ou pelo de Montalvor, que no primeiro número da sua *Centauro* (que talvez quisesse substituta do *Orpheu*) anunciaria Eduardo Guimaraens como colaborador do segundo número, que não chegou a haver.

O que sabemos é que não seria só Ronald nem Eduardo Guimaraens que se teriam disposto a colaborar no *Orpheu*. A nota de Andrade Muricy no *Panorama do movimento simbolista brasileiro* em que afirma que no *Orpheu* houve "colaboração de Eduardo Guimaraens, Ernâni Rosas e outros brasileiros", contendo embora um erro, não deixa de ter algum fundamento, e não só porque, como me disse, a escreveu a partir de uma informação do próprio Ernâni Rosas.

Na verdade, uma das cartas inéditas de Ronald de Carvalho vem lançar também sobre este problema — da colaboração dos brasileiros no *Orpheu* — uma luz não bem gloriosa, mas preciosa. Essa carta data de março de 1915, e nela promete Ronald escrever "ao Eduardo" a pedir colaboração, assim como promete mandar "versos do Álvaro, do Homero, do Ernâni, prosa do Alcides Maia e, talvez, do Graça Aranha", além de prometer que tentará conseguir algum inédito de Mário Pederneiras, falecido cerca de um mês antes, em 8 de fevereiro.

Ora o "Eduardo" só pode ser Eduardo Guimaraens que, como já foi dito, regressara a Porto Alegre ainda em 1913 (e regressaria por algum tempo ao Rio em 1916); o "Álvaro" só pode ser Álvaro Moreyra, o "Homero" só pode ser Homero Prates; e o "Ernâni" só pode ser Ernâni Rosas. Este, porém, foi convidado a colaborar no *Orpheu* por Luís de Montalvor em carta de "março-915" enviada "ao cuidado de Ronald": "Vais em breve ver o *Orfeu*, este sonho enorme que vamos realizar e em que tu tomarás parte a seu tempo. [...] Faz tudo o que puderes fazer pelo *Orfeu*! Trata de arranjares cousas tuas, mas *com juízo* e unidade, cousas absolutas e necessárias para a orientação do *Orfeu*". (Carta publicada no *Anuário Catarinense*, nº 9, 1956, p. 130.)

Todos estes escritores, cujas idades eram, salvo as de Graça Aranha, nascido em 1868, e de Alcides Maia, nascido em 1878, mais ou menos as dos homens do *Orpheu* (Álvaro Moreyra nascera no ano de Pessoa; Homero Prates no de Sá-Carneiro, Ernâni Rosas no de Raul Leal, o próprio Ronald no de Almada Negreiros etc.) vinham do Rio Grande do Sul, com exceção de Ernâni Rosas, que vinha do estado vizinho de Santa Catarina, e de Graça Aranha, natural do Maranhão; carioca, portanto, era só Ronald.

Alcides Maia, que por sinal era mais novo do que Ângelo de Lima, nascido em 1872, acolhia no seu *Jornal da Manhã*, de Porto Alegre, as produções do grupo, no geral marcadas por Marcelo Gama, fundador em 1902 do Simbolismo do Sul. Mas eles partiram cedo, com o intuito de estudarem ou de trabalharem, para o Rio de Janeiro. Aí, Homero Prates e Álvaro Moreyra concluíram em 1912 o curso de direito — exatamente como Ronald de Carvalho. Foi a conclusão desse curso que deu a Ronald e a Álvaro Moreyra o prêmio — tão ambicionado pelos brasileiros cultos de então — de uma viagem à Europa, onde os dois se encontraram, juntamente com outro poeta sul-rio-grandense: Filipe de Oliveira.

Sabemos que este e Álvaro Moreyra passaram por Portugal em 1913; mas de Ronald nem rastro, ainda que, a partir de um testemunho oral, deva admitir-se que a sua passagem por Lisboa, com a regular paragem do navio durante algumas horas, pode ter-lhe permitido, mesmo adoentado, algum passeio e algum contato cultural. De qualquer modo, a sua ligação a Portugal estava feita já na *Águia*; mas com *Orpheu* seria bem mais sólida, ainda que mais episódica. Não tanto pela sua colaboração — como pela companhia que aí tinha, e pelo prestígio da "direção".

Mas a sua colaboração não era certamente despicienda, malgrado o desprezo a que o próprio poeta a votou, pois quase a não recolheu em livro. E quando a recolheu, como fez com o soneto "Gênese" do tríptico "A alma que passa", submeteu-a a transformações que só deixaram reconhecíveis (nem mesmo iguais) cinco versos:

Orpheu 1 (1915) A alma que passa III — Gênese	Poemas e sonetos (1919) Avatar
Antes a alma que tenho andou perdida, foi pedrouço a rolar pelo caminho, topazio, opala, perola esquecida num bracelete real; foi caule e espinho,	*Antes, a alma que tenho andou perdida. Por que mundos rolou, que mão subtil Poz tão nobre fulgor, e estranha vida Nesse bocado de ouro e barro vil?*
bronze que a mão tocou, aurea jazida por entre as ruinas de um paiz maninho, e reflectiu, fatal, o olhar da Vida no corpo em sangue de um estranho [vinho...	*De certo, arvore foi: verde jazida De ninhos, sob o céo de espuma e anil. E foi grito de horror, na ave ferida, E, na canção de amor, sonho febril!*
Foi casco medieval, foi lança e escudo, foi luz lunar e errante de lanterna, e depois de exsurgir, triste, de tudo,	*Foi desespero, sofrimento mudo, Odio, esperança que tortura e inferna; E, depois de exsurgir, triste, de tudo,*
Veio para chorar dentro em meu ser a amarga maldição de ser eterna e a dôr de renascer quando eu morrer...	*Veio para chorar dentro em meu sêr, A amarga maldição de ser eterna, E a dor de renascer, quando eu morrer!*

A colaboração de Ronald era certamente pouco digna do modernista que, a partir de certa altura, ele quis ser. Antecipando o penumbrismo que ele próprio teorizou e denunciou em 1921 na poesia de Ribeiro Couto, os seus poemas no *Orpheu* constroem atmosferas de sol-posto, de luz lunar, de sombras, de lâmpadas extintas (a palavra "penumbra" comparece mesmo em "Reflexos"), exploram um sentimentalismo em que se misturam sugestões românticas e decadentistas (a vida como princesa dolorosa, a morte de desejo, a vaga evasão do real) com sugestões modernistas (a alma dividida ou vária, a ausência de si a si, a estranheza e a perda da razão).

Do ponto de vista estilístico, os cinco sonetos e os dois poemas em quadras (um deles com um dístico final) — quer dizer, de estruturas métricas e rímicas tradicionais — não fogem ao gosto simbolista das metáforas colhidas nas áreas das pedras preciosas, da vegetação, da heráldica, da religiosidade; mas uma certa elegância e depuração clássica do verso, a boa distribuição dos seus acentos e das suas pausas, fazem com que esses poemas nos poupem o fastio que colhemos noutros poetas decadentes ou neo-simbolistas brasileiros, que ainda vagueiam por jardins, e vêem coisas como lírios, opalas, monjas, círios, claustros, quando outros poetas já falam em automóveis, multidões, cidades, guerras. Assinale-se entretanto a ausência de pontuação no soneto "Torre ignota". Só que tal ausência não foi da inteira responsabilidade de Ronald, pois se deve em parte a Fernando Pessoa, que no já referido depoimento publicado por François Castex conta o seguinte:

> Um sonetilho de Ronald de Carvalho vinha, por distração ou outro qualquer motivo, mal pontuado. Tinha só um ponto no fim das quadras e outro no fim dos tercetos. Esta deficiência lembrou-me a extravagância de Mallarmé, alguns de cujos poemas não têm pontuação alguma, nem no fim um ponto final. E propus ao Sá-Carneiro, com grande alegria dele, que fizéssemos, por esquecimento voluntário, a mesma coisa ao soneto de Ronald de Carvalho. Assim saiu. Quando mais tarde um crítico apontou indignadamente que "a única coisa original" nesse soneto era não ter pontuação, senti deveras um rebate longínquo num arremedo de consciência. Depressa me tranqüilizei a mim mesmo. A falta de fim justifica os meios.

Os três poemas que Eduardo Guimaraens publicou no *Orpheu* 2 fazem parte da "edição definitiva" de *A divina quimera* que a Globo, de Porto Alegre, editou em 1944, e que na realidade reúne seis livros. "Sobre o cisne de Stéphane Mallarmé" faz parte do livro *Estâncias de um peregrino* (nº 15); "Folhas mortas" faz parte de *Cantos da terra natal* (nº 2); "Sob os teus olhos sem lágrimas" faz parte de *Poemas à bem amada* (nº 16).

Só este último poema, porém, consta de *A divina quimera* propriamente dito, editado em 1916. Aí, aparece já com muitas variantes:

ORPHEU 2

(1915)
Sob os teus olhos sem lágrimas

Ah! não dirás por certo
que não te amei, que não sofri!
— Foi-me a tua alma assim como um
[salão deserto
onde, uma noite, me perdi.

Um ramo de violetas fenecia
em cada movel amortalhado pelo pó;
a purpura das cortinas, rubra, estremecia
presa a cada janella. Eu hesitava, só.

— E era meu coração, por ti quasi ferido,
á duvida infantil que o emmudecera já,
um velho piano adormecido
que ninguém mais acordará.

A DIVINA QUIMERA

(1916)
Parte 1
XIV

Ah, não dirás, por certo,
que não te amei, que não sofri!
Foi-me a tua alma assim como um
[salão deserto
onde, uma noite, me perdi.

Sobre o escuro tapete uma rosa morria
que deixara cahir, sem pena, a tua mão.
Das cortinas, purpurea, a sombra
[estremecia...
Havia em cada espelho uma recordação.

— E era o meu coração ardente e dolorido
sob a dor infantil que o emmudecera já,
um velho piano adormecido
que ninguem mais acordará!

De notar que a reedição de *A divina quimera* feita em 1978 pelo Instituto Estadual do Livro, do Rio Grande do Sul, desrespeitou, em dois casos, a pontuação, que é igual à da edição de 1944, a qual acrescentava ao poema uma epígrafe de Mallarmé ("Une rose dans les ténèbres").

Em relação a esta edição, também o poema "Folhas mortas" apresenta uma variante simples ("Porque" / "Por que"); mas "Sobre o cisne de Stéphane Mallarmé", além de outra epígrafe do poeta francês ("Un cygne d'autrefois se souvient que c'est lui"), apresenta duas ou três variantes de ordem gráfica ("Sonho" por "sonho", e ao invés; "cisne" por "Cysne" e "cysne"; "pressago" por "presago"), e as de dois versos: "um outro cysne branco e ainda mais branco e triste" / "outro cisne alvo e triste, e ainda mais alvo e triste"; "em ser mais"... / "por ser mais"; "a graça inversa que consiste" / "a graça inversa em que consiste".

Explorando um tema ou motivo não só de Mallarmé, porque o era já de Baudelaire e o seria de Rubén Darío (poeta cuja influência sobre a poesia ibero-americana é considerável), o soneto de Eduardo Guimaraens, em impecáveis alexandrinos, que se valem de anáforas, *enjambements*, repetições, quiasmos, sinestesias para envolverem o leitor, parte do subjetivo para o objetivo e daqui regressa ao subjetivo, aproximando e afastando os termos da comparação prolongada cisne-sonho, cisne-destino, num jogo que é também um jogo da relação do humano e do divino, da forma e da essência, e portanto um jogo de conhecimento (de inspiração platônica).

Poema notável, embora menos conceptual, é também "Sob os teus olhos sem lágrimas", em que são perceptíveis alguns ecos de Cesário, que Eduardo Guimaraens e seus companheiros gostavam de ler, tendo mesmo um deles, Filipe de Oliveira, celebrado o seu nome em verso. Aí, dirigindo-se diretamente à amada, o locutor compara a alma dela a um "salão deserto" em que se perde, em que é ferido porque muito a amara. E a imagem do "salão" e do vazio ("deserto") é acompanhada de imagens da degradação de um cenário doméstico (o pó dos móveis "amortalhados", o ramo de violetas fenecendo, as cortinas estremecendo presas, o piano adormecido) — imagens essas que reforçam a do coração emudecido, ou que contrapõem o tempo "infantil" da ilusão ao tempo "velho" do desengano.

Menos interessante, "Folhas mortas" tem no entanto a curiosidade do seu experimentalismo, pois se apóia, do princípio ao fim das suas três quadras, nas rimas de dois únicos lexemas, "triste" e "mortas", dobre ou epífora que sugere o mecanismo das horas, do tempo que morre.

É estranho que a colaboração dos brasileiros no *Orpheu,* e em especial a de Eduardo Guimaraens, não tenha interessado quase nenhum dos muitos estudiosos portugueses e brasileiros da revista. Isso explica que ninguém se tenha ainda dado conta de que pelo menos um dos poemas de Eduardo Guimaraens já estava publicado quando *Or-*

pheu 2 saiu. Trata-se exatamente de "Sob os teus olhos sem lágrimas", publicado na *Fon-Fon!* de 27 de fevereiro de 1915 — quer dizer, um mês antes do aparecimento do *Orpheu* 1.

Reduzida embora a dois escritores, a presença de brasileiros no *Orpheu* funcionou, e funciona ainda simbolicamente, como um poderoso elo de ligação entre as duas literaturas. Não esqueçamos que Ronald estaria presente na Semana de Arte Moderna, ou que em sua casa se deu o primeiro encontro dos modernistas cariocas e dos paulistas (representados por Mário de Andrade); nem esqueçamos que Eduardo Guimaraens foi mestre dos modernistas sul-rio-grandenses, na sua poética como na sua crítica e nas suas traduções.

Se, como já foi dito, muitas revistas culturais do século XIX ou do início do século XX se queriam luso-brasileiras, elas, como regra, não davam aos escritores brasileiros o espaço que davam aos portugueses, e muito dificilmente atingiriam grandes camadas de leitores, como as que atingiam publicações de informação generalista ou com intuitos menos culturais e mais pragmáticos. Era o que acontecia com os almanaques, em que por sinal a colaboração literária édita ou inédita também podia ocupar um lugar de relevo. Vejam-se, por exemplo, o *Almanaque Familiar para Portugal e Brasil*, que apareceu em Braga em 1868 e em que colaboravam Camilo, Ana Plácido, João de Deus, Castilho, Gonçalves Dias etc., ou o *Almanaque de Lembranças Luso-Brasileiro*, criado em 1851, e, sobretudo, o *Novo Almanaque de Lembranças Luso-Brasileiro* — que publicava muita poesia de portugueses e brasileiros, e também muita charada. João Ribeiro confessou que aprendeu a fazer versos com o *Almanaque de Lembranças*: "ensinava-me a fazer charadas, e as charadas ensinaram-me a fazer versos".[1] Por isso, alguma razão assistia a Alberto de Serpa quando deu a livros de poemas de convívio com amigos brasileiros os títulos de *Almanaque de Lembranças Luso-Brasileiro* (1954) e *Novo Almanaque de Lembranças Luso-Brasileiro* (também de 1954).

Quase no final do século XIX fundara-se em Lisboa a revista *Brasil-Portugal*, dirigida por Augusto de Castilho, Jaime Vítor e Lorjó Tavares. Quinzenário ilustrado e de informação geral, que se publicou de 1899 até 1914, também concedia algum espaço à colaboração literária de portugueses e de brasileiros, mas veio a justificar as palavras de Pedro da Silveira: "O seu valor literário é escasso. Vivia de explorar a vaidade dos comendadores portugueses, publicando-lhes os retratos e elogiosas biografias, tal como a *Mala da Europa* e o *Correio da Europa*, também produtos jornalísticos portugueses de exportação para o Brasil".[2]

Mas a idéia de uma grande revista cultural que pudesse chegar a um bom número de leitores de Portugal e do Brasil andava então no ar. Uma carta de Manuel Laranjeira a Amadeo de Sousa-Cardoso informa-nos que em novembro de 1908 se preparava em Portugal o lançamento de "uma revista luso-brasileira":

> no Porto vai fundar-se uma grande revista luso-brasileira, editada pela casa Lello & Irmão. Não estou agora a expor-lhe o que vai ser essa revista, e dir-lhe-ei apenas que o projeto é monumental. O seu nome está incluído na lista dos colaboradores artísticos. A colaboração, claro, é toda paga. Você deve receber convite de colaboração. Acho que deve aceitar. Mas sobre esse assunto ainda voltarei a escrever-lhe mais detalhadamente.[3]

O projeto de uma tal revista devia-se, certamente, a Paulo Barreto (João do Rio), que na altura se encontrava em Portugal, e que para ele terá convocado não só a Lello mas também o seu amigo Manuel de Sousa Pinto e, logo que o conheceu, no início de 1909, João de Barros.

Com efeito, numa carta que enviou de Paris a João de Barros em 12 de fevereiro de 1909, Paulo Barreto dizia que estava à espera de uma "carta do Lello";[4] e Manuel de Sousa Pinto enviava de Lisboa ao mesmo João de Barros, que então era professor no Porto, uma carta datada de 19 de março de 1909, em que se lia o seguinte:

> Recebi o postal e a carta, cheios da revista. Tenho andado bastante achacado e numa roda-viva com visitantes ilustres. Nem tempo tive ainda para me curar. [...]
> Quanto à revista, preciso absolutamente de conferenciar previamente contigo. Saberás que temos de abrir as portas a todos: ao Júlio Dantas, ao Fialho. Está isso no plano do Paulo, e creio, sem virar a casaca, que é o único modo de ter artigos, divulgadores e público numeroso. Já comecei a elaborar um projeto que discutiremos depois. Para a semana diligenciarei ir aí, ainda que só por um dia ou dois. Conversaremos os dois, e abordaremos de novo os Lellos.
> Há, porém, uma decisão deles, noticiada na tua carta, a que me não submeto. O do nosso ordenado começar com o 2º número.
> Não aceito. Se quiserem têm que começar a pagar-me — como é justo — quando começar a trabalhar, porque de modo nenhum estou decidido a fazer o enorme e absorvente serviço de preparação sem ganhar vintém. Podes, se assim o entenderes, comunicar-lhes isto. Devo dizerte que não vou para a revista de inteira vontade. Vou, porque vejo que é necessário que eu vá, e com sacrifício mais que provável de outros

trabalhos talvez mais agradáveis. Já vês que não estou disposto a ceder os meus interesses a quem os não carece.

Só entrarei, por conseguinte, desde o momento em que eles comecem a pagar. Não estou para trabalhar com força, a perder o meu tempo, e que por uma coisa ou outra a revista se malogre, e eu fique com a dolorosa glória de os ter servido desinteressadamente...

Creio que por teu lado te solidarizarás comigo nesta pretensão lembrando-te de que agora não vamos, como no bom tempo, fazer na nossa revista a nossa obra: vamos fazer a obra dos editores, principalmente. E como estou crente de que a revista feita nas bases que combinamos será um sucesso, é conveniente que logo de entrada nos mostremos exigentes, para que os homens se não costumem a contar com o nosso *amor à arte* — que não vem para o caso.

Em todo o caso, sabes que nada me magoará que de outro modo procedas e só te peço que vejas nas palavras que aí ficam o acertadíssimo desejo de nos garantir a todos.[5]

A carta terminava com este interessante *post-scriptum*:

É talvez conveniente que, dada a mudança de orientação, não misturemos a nossa velha e pura obra à nova obra mais tolerante. Em vez de *Arte & Vida*, poderemos dar outro nome à colossal revista. Lembrei-me de vários, que compendiassem Portugal e Brasil. Há um de efeito: ATLÂNTICA.

Gostas?

Não parece haver dúvidas, portanto, de que a *Atlântida* (a quem se terá devido a substituição de um fonema, ou grafema, na proposta de Manuel de Sousa Pinto?) foi idealizada em 1908-1909. O próprio João de Barros, aliás, confessava no texto com que abria o primeiro número, publicado com a data de 15 de novembro de 1915:

um entusiasmo tão grande como aquele que me animava, tinha-o eu verificado nas minhas longas palestras com um grande e ilustre camarada brasileiro: — com Paulo Barreto, quando da sua estada em Lisboa, em 1909. [...] A idéia de publicação da *Atlântida* a ele se deve, fundamentalmente. Ela nos ligou logo do princípio; e desde essa época longínqua nunca mais nos abandonou.

João de Barros não explicou devidamente por que é que ele e os seus amigos levaram meia dúzia de anos a incubar a sua revista, limitando-se a apontar para as "dificuldades que pareciam insuperáveis", sobretudo por parte dos editores. E também não esclareceu como é que em 1915, quando já se estava em plena guerra na Europa, essas dificuldades foram superadas; apenas falou nas razões de solidariedade que nessa altura mais urgente tornavam a sua publicação.

O autor de *Ansiedade* também não aludia ao fato de, meses antes, ter aparecido em Lisboa uma revista que se quis à partida luso-brasileira — o *Orpheu*. E não sabemos até que ponto é que o seu lançamento, ou a sua suspensão, determinaram a saída da *Atlântida*. O que sabemos é que não havia propriamente pontos de contato estéticos e pessoais entre João de Barros e os melhores representantes do grupo do *Orpheu*. Fernando Pessoa dava-se bem conta disso quando dizia em 1913 a Álvaro Pinto: "Há aqui várias *coteries* (meras e reles *coteries*) que nos fazem uma guerra esquerda e assolapada. Uma delas — a do João de Barros, Sousa Pinto, Joaquim Manso etc. — estende-se até incluir o Lopes Vieira e (parece-me) até enganchar, em Coimbra, gente que *espiritualmente* é o mais *Renascença* possível".[6] Por isso, também não admira que Mário de Sá-Carneiro deixasse numa das suas cartas a Pessoa esta ironia: "Lepidóptero claro o Jean Finot — que lê português — acha admirável o Jean de Barros já vê!".[7]

Em 1915 outros projetos haveria de revistas com colaborações luso-brasileiras: o projeto da *Contemporânea* de José Pacheco, de que saiu ainda um número-espécime (muito diferente do modelo da revista homônima que ele editaria em 1922) e o de Correia Dias (?) e Nuno Simões (?). Seria este idêntico ao da *Atlântida*? É possível, não sabemos ao certo; mas fosse ou não fosse, a verdade é que Ronald de Carvalho, solicitado para colaborar nesse projeto, acabou por optar pelo *Orpheu*: "O Diabo da nossa revista veio em má ocasião, vou dizer-lhe. Com o *Orpheu* e a *Contemporânea* há muito o que fazer. Eu não me chegaria para tanto. Voilà".[8]

Por sinal, no nº 14 de *Atlântida*, de 15 de dezembro de 1916, a obra de Ronald seria analisada por um dos homens do *Orpheu*, Luís de Montalvor; e foi essa a única colaboração dele, que na *Atlântida* teve apenas a companhia — aliás também breve (e inexpressiva) — de dois (ou três) homens do *Orpheu*. A revista era eclética, mas não era propriamente "aberta a todos", como desejava Manuel de Sousa Pinto, porque se fechava quase por completo à modernidade, e porque se abria excessivamente ao academismo, mesmo que ele tivesse algum verniz modernista.

Dirigida no Brasil por João do Rio e em Lisboa por João de Barros, tendo inicialmente por secretário de redação Elísio de Campos e por editor Pedro Bordalo Pinheiro, impressa e administrada em Lisboa, e publicada com o patrocínio dos ministros das Relações Exteriores do Brasil e dos Estrangeiros e do Fomento de Portugal, *Atlântida*, que se dizia "mensário literário e social para Portugal e Brasil", denunciava claramente as suas preferências ou os quadrantes estético-literários em que ia mover-se ao publicar, logo após as primeiras palavras dos seus dois diretores, que insistiam sobre a necessidade do entendimento luso-brasileiro, um soneto de Olavo Bilac e outro de Júlio Dantas.

As outras colaborações desse primeiro número reforçavam a sugestão de que se tratava de uma revista luso-brasileira, sim, mas pouco ousada, literariamente sem o "espírito aventureiro" a que aludia João de Barros na sua apresentação. Teófilo Braga escrevia sobre "a revolução de 1640 e o terror bragantino"; Luís da Câmara Reis escrevia sobre Ramalho Ortigão; A. Veloso Rebelo, então conselheiro da Embaixada do Brasil em Lisboa, escrevia sobre o diplomata do Império Sérgio Teixeira de Macedo; Teixeira de Queirós escrevia sobre os campos do Minho; Moreira Teles escrevia sobre as "relações luso-brasileiras". Na parte de colaboração criativa, Manuel de Sousa Pinto publicava um excerto do "Romance dum escultor" e Afonso Lopes Vieira publicava o poema "Os dois sebastianistas" — que parece que ninguém recebeu como piada aos dois Joões que dirigiam a revista. Além disso, a revista publicava um desenho de Ramalho Ortigão da autoria de Sargeant e várias notas, notícias e comentários.

Como se vê, a cultura portuguesa marcava neste primeiro número uma presença maior do que a da cultura brasileira. E noutros números o desequilíbrio seria ainda bem mais acentuado.[9] O que se explicaria já pelo fato de a revista ser editada em Portugal, já por algum descuido ou por alguma dificuldade da parte de João do Rio. João de Barros, que acabava por ser na prática o verdadeiro diretor da revista, não se terá conformado com isso, e terá enviado ao amigo uma carta exaltada que levou este a desculpar-se nos seguintes termos:

> Simplesmente: Escrevi muitas cartas. A metade delas não te chegou às mãos. As que tiveram tal sorte, mostraram a minha estupidez, porque não as compreendias. Cansei-me de descrever o nosso estado de guerra na escassez da massa. Tu a duvidares patentemente de quanto eu to dizia: a lerdice dos literatos em dar originais para a *Atlântida* (alguns desses originais lá não chegaram porque até agora não os publicaste) a impossibilidade de arranjar dinheiro, etc. etc.
> Só as cartas desse jovem cavalheiro Bordalo que assinava os seus *ukases* como se desse ordens a um dos seus caixeiros, irritaram-me seriamente: as tuas encheram-me de prazer. Parecia que eu no caso *Atlântida*, em que se afundaram dois contos e tanto meus, estava procedendo como mau amigo. E eu desejava pelo menos salvar o meu! E enervei-me e trabalhei horrivelmente, num momento sério, em que tendo deixado a *Gazeta* e com uma verdadeira matilha contra mim — era preciso criar uma nova situação para mim...
> Claro que entreguei a *Atlântida* ao Brás Lauria. É história passada.[10]

A carta não alude apenas a dificuldades na obtenção de colaboração brasileira, alude também a dificuldades financeiras. Que se terão agravado em 1919, quando João de Barros solicitou os bons ofícios de Manuel Teixeira Gomes, então embaixador em Londres, a fim de conseguir apoios financeiros, que não vieram, para a revista.[11] Esta começou a conhecer atrasos que impacientaram Graça Aranha, que entretanto fora nomeado — a convite de João de Barros, mas certamente com o aval de João do Rio — seu diretor em Paris, com o objetivo de transformar *Atlântida* num "órgão do pensamento latino no mundo luso-brasileiro".[12]

Foi essa, sem dúvida, uma das poucas mudanças que conheceu a *Atlântida* ao longo dos seus cinco anos de existência. Para lá de uma circunstancial mudança da cor do papel no número 7, a primeira mudança assinalável (mas não "assinalada" na própria revista) ocorreu no número 8, com o aparecimento de um desenho na contracapa e outro na capa, que era muito sóbria e sóbria continuou ser: o anônimo desenho, não muito feliz, era uma pequena forma oval, no interior da qual se via uma águia que lembrava, malgrado as diferenças, a que Correia Dias desenhara para a capa de *A Águia*.

O número 18, de 15 de abril de 1917, anunciava em destaque duas novas seções ("Portugal na Grande Guerra" e "Revista das Revistas"), e recomeçava a publicar colaboração assídua — anunciada com destaque no número anterior — do "grande escritor" Manuel de Sousa Pinto.

O número 25, de 15 de novembro de 1917, que inaugurava o terceiro ano de vida da revista, foi um número especial — com capa diferente e 240 páginas (normalmente tinha cerca de 100) —, dito de "propaganda patriótica" e por isso redigido em português e francês.

O número 29-30, de março e abril de 1919, apresentava novidades gráficas, e não só; a capa reproduzia em cores (em colagem) um quadro de Navarro da Costa, e manter-se-ia na mesma linha, mais artística, até ao número 38, quando, com algumas modificações, voltou a ser "tipográfica": o formato tornou-se um todo nada mais pequeno; e Elísio de Campos deixou de ser o "secretário da redação" (que era desde o primeiro número), cedendo o seu lugar ao "editor" Pedro Bordalo Pinheiro, que passou a acumular funções.

A partir do número 31, e até ao número 39, a revista deixou de indicar o mês de saída — o que sugere a existência de atrasos e dificuldades, que também sugerem as substituições operadas no nível da direção: Pedro Bordalo Pinheiro foi promovido a "diretor técnico", e entraram para "secretário da redação" Bourbon e Meneses e para "editor" José Baptista Águas. Aliás, o número 33-34 refere que "motivos de ordem puramente pessoal forçaram o seu antigo editor a suspender a publicação desta revista por alguns meses", e que o endereço da redação passara a ser o mesmo da administração.

E no número 37 a *Atlântida* passou a definir-se como "órgão do pensamento latino em Portugal e no Brasil", tentando justificar com isso a nomeação de um novo diretor, que João de Barros fora descobrir em França; assim, João do Rio continuava a ser diretor "para o Brasil", João de Barros continuava a ser diretor "para Portugal", e Graça Aranha passava a ser diretor "para França". A esses diretores vinham juntar-se o "diretor gerente" Nuno Simões e o "editor" Sebastião Mesquita. Os nomes de Pedro Bordalo Pinheiro, que Graça Aranha logo acusaria de "amadorismo, desconfiança e inércia",[13] de Bourbon e Meneses e de José Baptista Águas deixavam de ser mencionados.

Se, independentemente do número 25, propagandístico, *Atlântida* já havia publicado textos em francês, de Philéas Lebesgue, de Augusto Casimiro e de Pierre Halary, ela tornava-se agora quase uma revista bilíngüe, e um órgão não já luso-brasileiro mas franco-luso-brasileiro; o que não seria negado, talvez pelo contrário, pela publicação de dois ou três textos em italiano e em galego; de qualquer modo, a latinidade da *Atlântida* limitar-se-ia, em cada número, a três ou quatro países, quase sempre os mesmos. Parece pois muito exagerada a afirmação, à entrada do número 38, segundo a qual "os maiores espíritos de todas as nações latinas" trabalhavam na revista "para defesa e honra da cultura mediterrânica".

O número 39 voltava à indicação mensal: junho de 1919.

Mas o número seguinte, de julho, ainda não estava publicado no início de outubro, para indignação do diretor Graça Aranha[14] que, se trabalhava para a revista, inclusivamente angariando publicidade, não tinha de enfrentar diretamente os muitos problemas — inclusive decorrentes de greves, como foi o caso — que põe uma publicação periódica. Pelo que o número 41 suprimia outra vez a referência ao mês — e até ao ano —, ao mesmo tempo que reintegrava a figura do "secretário de redação", na pessoa de Virgílio Correia.

No entanto, ao festejar o seu 5º aniversário, a *Atlântida* aproximava-se do fim. João de Barros manifestava desejos de abandonar a sua direção, e era ele, tinha sido sempre ele, a alma da revista. De tal modo que, anunciada a sua retirada no número 46-47, retirada justificada por razões da sua "vida funcional e até literária", a revista só duraria mais um número, ainda que nesse mesmo número anunciasse apenas a sua suspensão "por algum tempo".

Ao despedir-se dos leitores, *Atlântida* podia fazer um balanço francamente positivo da sua existência relativamente longa. Por ela tinham passado dezenas e dezenas de escritores, de diversas tendências e de diversa qualidade ideológica ou estética, como Bilac, Maul, João Luso, Antônio Torres, Ronald de Carvalho, Graça Aranha, Afrânio Peixoto, Mansueto Bernardi, Hermes Fontes, Tristão de Ataíde ou como Teófilo Braga, Teixeira de Queirós, Antônio Patrício, Jaime Cortesão, Carlos Malheiro Dias, Afonso Lopes Vieira, Afonso Duarte, Júlio Dantas, Antônio Sérgio, Aquilino Ribeiro etc.; nela tinham deixado desenhos, vinhetas, fotos e ilustrações artistas como Columbano, Antônio Carneiro, Alberto de Sousa, Navarro da Costa, Raul Lino, Antônio Soares, Teixeira Lopes, Vitoriano Braga etc.; através dela se tinha procedido ao levantamento e ao esclarecimento de problemas fundamentais das sociedades portuguesa e brasileira, em si ou entre si: problemas de ordem literária e artística e de natureza histórica, política, econômica, social.

Mas também haveria muito de negativo a apontar no balanço da *Atlântida*, que não soube sequer corresponder ao "sucesso tão imediato, tão seguro e tão confiante" com que foi acolhida.[15] O desequilíbrio quantitativo entre a colaboração portuguesa e a brasileira foi sempre muito acentuado, e não podia ser justificado com falhas de João do Rio, ou com as dificuldades de comunicação durante o momento histórico que se vivia; o espaço reservado a colaboradores medíocres também foi sempre excessivo; a sobrevalorização de escritores acadêmicos ou literariamente conservadores, e a desvalorização dos novos ou dos renovadores até quase ao silêncio foi uma constante — apesar das palavras com que, imagine-se, o próprio sogro de João de Barros, Teixeira de Queirós, o alertou, ou censurou, logo de início.[16]

Sim, *Atlântida*, surgida no ano da explosão modernista do *Orpheu*, nem uma só vez cita o nome paradigmático de Pessoa, ou de Sá-Carneiro, cuja morte ignorou; se conheceu Almada Negreiros, foi só o ilustrador ou desenhador; se publicou Alfredo Guisado, foi o Guisado pré-modernista, autor de uns versos em galego; e só uma vez contou com a colaboração de Montalvor e de Antônio Ferro (que aliás chamou "Ferros", e... excluiu do índice). No que diz respeito aos brasileiros, *Atlântida* também desconheceu quase todos os responsáveis pela revolução modernista em curso, que teve em 1922 o seu momento mais eufórico; desconheceu, por exemplo, Manuel Bandeira, Menotti del Picchia, Oswald de Andrade, Mário de Andrade, Jorge de Lima — nomes que nem comparecem numa crônica de Tristão de Ataíde que tenta fazer o ponto da situação literária brasileira em 1919. Perante a ausência desses e de outros nomes, só pode soar a falso a frase publicitária que se lia no número 33-34 (p. 845): "Os maiores escritores, críticos e artistas do Brasil e de Portugal são os colaboradores da *Atlântida*".[17]

Por outro lado, a direção da *Atlântida* incorreu em equívocos ou distrações que não deixariam de provocar em Portugal e no Brasil críticas bem mais pertinentes do que as que falavam nas suas "influências desnacionalizadoras".[18] Assim, para lá do equívoco da transformação em "órgão do pensamento latino" — que foi um bom golpe publicitário de Graça Aranha —, poderíamos falar no equívoco da "nova e grande Lusitânia",[19] que parece estar por detrás de muitos textos de portugueses, mesmo dos mais generosos e mais amigos do Brasil. Nem todos estes se davam conta das susceptibilidades que tal equívoco provocaria, num momento em que se aproximava o centenário da independência brasileira e em que no Brasil crescia a "onda lusófoba", sobre a qual a revista fez quase completo silêncio — pois só Tristão de Ataíde se lhe referiu de passagem numa crônica de 1919 em que escreveu: "Os nativistas brasileiros querem insurgir-se contra o que lhes parece uma volta à dominação portuguesa, pela influência intelectual".[20]

Curiosamente, um dos homens que na década de 1920 mais bombasticamente se empenharia em altear essa onda foi nada mais nada menos do que o diretor da *Atlântida* "para França". E não deixará de ser edificante comparar as suas afirmações de 1924 — "Em vez de tendermos para a unidade literária com Portugal, alarguemos a separação"; "Não somos a câmara mortuária de Portugal" — com as suas afirmações emitidas em 1919, mal acabara de tomar posse do cargo de diretor da *Atlântida*:

> Quando Portugal cessa de desenvolver a sua nacionalidade, a raça portuguesa continua no Brasil a sua prodigiosa tarefa de descobrir e conquistar terras, de povoar desertos e incorporar novas regiões, mantendo assim o impulso originário pela força da lei de constância vital. Esta ânsia de crescimento não terminou e ela é a melhor expressão da vida coletiva brasileira. O mesmo caráter de raça anima os dois povos, a mesma lei de vida funde espiritualmente os dois países. A união política de Portugal e do Brasil, conseqüência da unidade moral das duas nações, seria a grande expressão internacional da raça portuguesa. [...] A história se repetiria, os brasileiros teriam vindo novamente a defender as colônias portuguesas, se Portugal, num esplêndido esforço,

não tivesse repelido por suas próprias mãos a invasão alemã. Trata-se de manter o nosso prestígio comum no Atlântico. E além desta consideração, que é dominante na ordem política, deve-se considerar o grande bem que seria para a imortalidade do pensamento brasileiro a sua incorporação ao mundo português. Haveria a Universalidade para o espírito brasileiro e maior aspiração humana para os destinos do Brasil. Unido a Portugal, o Brasil se tornaria uma nação européia, realizando a fusão do Oriente e do Ocidente sob um só espírito nacional, que seria português como para outras regiões é inglês ou francês.[21]

A Rajada e *Terra de Sol*

A *Atlântida* deixou de se publicar em março ou abril de 1920. Quando já se desenhava a sua agonia, que parecia anunciar uma carta de Graça Aranha a João de Barros,[1] aparecia no Brasil, sem dúvida por iniciativa de Correia Dias, a revista "de crítica, arte e letras" *A Rajada*, que era dirigida por F. A. da Silva Reis e por J. Bezerra de Freitas e que com pequenas diferenças copiava a capa, o grafismo e o formato da revista homônima que se publicara em Coimbra em 1912. Esta revista, de que se publicaram cinco números (ou quatro, mais um suplemento especial) e que teve como diretor literário Afonso Duarte e como diretor artístico Correia Dias, teve como colaboradores literários e artísticos, além dos seus diretores, Mário Beirão, João de Barros, Veiga Simões, Manuel de Sousa Pinto, Almada Negreiros, Cristiano Cruz, e outros, que denunciavam algumas preocupações ou tendências modernistas, por muito que alguns deles se tivessem ligado ao saudosismo. Não seria por acaso que o grafismo de *A Rajada* seria imitado pela *Presença*.

Curiosamente, seis desses colaboradores viriam a trabalhar com grande empenho pelo estreitamento dos laços culturais entre Portugal e Brasil: Correia Dias, João de Barros, Nuno Simões, Jaime Cortesão, Veiga Simões e Manuel de Sousa Pinto. Mas não se tratava de uma revista luso-brasileira, como seria a *Atlântida*, e como não seria bem *A Rajada* brasileira, embora esta concedesse alguma atenção às duas culturas, e embora Correia Dias pelo menos desde 1915 parecesse interessado numa revista luso-brasileira (ver *DI*, pp. 330-31).

No seu número 5, de fevereiro de 1920, *A Rajada* incluía colaborações brasileiras de Álvaro Moreira, Guilherme de Almeida, Martins Fontes, Menotti del Picchia, Olegário Mariano, Amadeu Amaral, José Geraldo Vieira, mas incluía também colaborações portuguesas de Correia Dias, Carlos Lobo de Oliveira, Antônio Nobre (uma carta inédita), além de que transcrevia parte de uma crônica sobre Correia

Dias, e publicava o poema de Martins Fontes com esta expressiva dedicatória: "A Júlio Dantas, mestre amado, lembrança do Brasil".

A Rajada brasileira durou pouco mais do que a portuguesa: deixou de se publicar em julho de 1920, com o número 7-8 da II série; e sobre ela tem pesado o injusto silêncio da crítica do Modernismo, movimento que serviu em várias colaborações tanto literárias como artísticas.

Mas em 1924 surgiria também no Rio de Janeiro outra revista — a que se ligaria Correia Dias, responsável pela sua capa e pelas suas vinhetas — que sem ser explicitamente luso-brasileira, e sem se dedicar exclusivamente às artes e letras, pois se queria "de arte e pensamento", iria preocupar-se com a cultura portuguesa como nenhuma outra nessa década no Brasil. Chamava-se *Terra de Sol* — e, como informava,[2] retirara o seu "nome luminoso" do título de um livro, que se tornara célebre, da autoria de Gustavo Barroso (João do Norte), livro que se ocupava do sertão do Ceará e que fora publicado em 1912. Por sinal, esse livro, editado por Benjamim Aquila, do Rio, fora composto numa tipografia do Porto; e é curioso assinalar que em abril do mesmo ano aparecera em Portugal um livro de versos de José Coelho da Cunha exatamente com o mesmo título...

Terra de Sol era dirigida por Tasso da Silveira e Álvaro Pinto, continuando portanto a prática da direção luso-brasileira, que ainda prosseguiria em 1928 com a revista *Crítica*, dirigida também por Tasso da Silveira e por Álvaro Pinto. Mas no seu primeiro editorial falava apenas do seu desejo de pugnar "pela fecundidade cada vez mais ampla da energia brasileira, pela dignidade de seu espírito, pela elevação de seu pensamento", embora saudasse "os camaradas de todo o mundo" com quem queria ter "a mais estreita solidariedade na obra a cumprir que, sendo bem brasileira, é ao mesmo tempo bem universal".[3]

O primeiro número, de janeiro de 1924, não decepcionava inteiramente os que vissem na direção luso-brasileira mais do que um encontro circunstancial. Com efeito, para lá da colaboração artística de Correia Dias, e das colaborações literárias, ensaísticas ou não, de Ronald de Carvalho, Tristão de Ataíde, Murilo Araújo, Renato Almeida e outros, que no geral se debruçavam sobre problemas brasileiros, esse número apresentava uma seção de Páginas Portuguesas com uma pequena antologia de textos de Jaime Cortesão, acompanhados de algumas notas biobibliográficas, e incluía reflexões de Álvaro Pinto sobre a recente convenção literária entre Portugal e o Brasil e sobre a reforma ortográfica, assim como incluía notas sobre o Consulado de Portugal no Rio de Janeiro e transcrevia opiniões sobre livros editados pelo Anuário do Brasil, entre os quais *Terra proibida* e *Verbo escuro*, de Teixeira de Pascoaes, *Ensaios*, de Antônio Sérgio, e *Itália azul*, de Jaime Cortesão.

Não se pode dizer que fossem muitos os colaboradores portugueses, porque talvez só o fosse verdadeiramente Álvaro Pinto, a quem se devia por certo a nota anônima que abria a seção Páginas Portuguesas, e que vale a pena transcrever:

> A propósito do último livro de versos de Jaime Cortesão, houve um crítico literário que se referiu ao Poeta como se fosse moço estreante. E houve um outro escritor-humorista que, para corrigir o desconhecimento, confundiu Jaime Cortesão com seu venerando Pai.
> Prova isto o quanto Brasil e Portugal se desconhecem, não obstante umas aproximações periódicas que com tanta retumbância se apregoam e viverem as embaixadas dos dois países no permanente propósito dum intercâmbio literário, que não chega a deitar rebentos.
> *Terra de Sol* fará o possível por promover um mútuo conhecimento mais eficaz, com menos retórica. Todos os autênticos valores portugueses para aqui serão solicitados, ou em colaboração inédita, ou em reprodução do que tenham de mais representativo. De todos os verídicos valores brasileiros daremos algumas de suas páginas mais altas. E assim ligaremos Portugal e Brasil, por intermédio de seus escritores, que são os seus mais nobres e exatos representantes.[4]

Nos números seguintes, estes bons propósitos ficariam bem longe da concretização. Decerto que não haveria nenhum número em que fosse esquecida a cultura portuguesa; mas os colaboradores portugueses contar-se-iam pelos dedos, os "autênticos valores portugueses" seriam apenas o visconde de Vila-Moura, Carlos Selvagem, Eugênio de Castro (com texto em prosa), Jaime Cortesão, João de Castro... enquanto do lado brasileiro compareciam, apesar de tudo, colaboradores como Ronald de Carvalho, Tristão de Ataíde, Cecília Meireles, Ribeiro Couto, Guilherme de Almeida, Emílio Moura, Andrade Muricy, José Lins do Rego... E se a revista inseria textos importantes de autores brasileiros, inclusivamente de história ou de sociologia, a colaboração dos portugueses era, como regra, desinteressante, constituindo exceção textos como o de Jaime Cortesão publicado no número 9, de setembro-outubro de 1924, "Do sigilo nacional sobre os descobrimentos".

Na seção Páginas Portuguesas compareceram, além de Jaime Cortesão, Carlos Selvagem e Aquilino Ribeiro, não se percebendo a ausência da seção na maior parte dos números; numa outra seção, que deveria mostrar como *pensava e vivia* Portugal,[5] intitulada Carta de Portugal, da responsabilidade de Carlos Selvagem, raramente se falou de coisas vivas e de modo vivo, chegando aquele autor a queixar-se de falta de "assunto glosável", e optando uma vez por falar da revista parisiense, a publicar, *Colon*. Além disso, era difícil entender as razões — salvo as da conveniência editorial — da publicação de capítulos dos *Trabalhos de Jesus* (justificar-se-ia muito mais a de capítulos de um livro moderno), ou, na seção bibliográfica, a simples transcrição de partes das críticas a obras só do Anuário do Brasil, e a simples transcrição dos sumários de revistas como *A Águia* e a *Seara Nova*.

Nas cento e tal páginas, a duas largas colunas, de cada número de *Terra de Sol* não era difícil encontrar motivos de interesse, inclusive nas ilustrações. Mas havia nela falta de imaginação e, sobretudo, falta de sentido da modernidade, só a espaços quebrada, por exemplo, pela tradução de um poema de Walt Whitman, por um estudo sobre as "mulheres poetas", por um ensaio sobre a emigração ou sobre a psique brasileira.

No que diz respeito à cultura portuguesa, a vivacidade quase só se via nalgumas "notas e comentários", ou nas notas da "seção Portugal–Brasil" em que Álvaro Pinto — era ele, sem dúvida — enfrentava várias questões quentes e vários atritos da relação cultural luso-brasileira: a questão ortográfica, a circulação do livro, as opiniões de lusófobos, as movimentações ou lucubrações de Júlio Dantas...

Numa dessas notas era referida a viagem ao Brasil dos escritores e jornalistas Hermano Neves e Artur Leitão, e censurado o primeiro por uma entrevista que concedeu ao jornal *Pátria*. Perguntado sobre "o moderno movimento literário em Portugal", ele respondeu que eram "ainda os escritores da geração anterior" que caracterizavam "a produção literária portuguesa", citando "o divino Eugênio de Castro", "as deliciosas redondilhas de Vicente Arnoso", "os admiráveis pequenos poemas de Augusto Gil", "a poesia simples e por isso mesmo encantadora de Afonso Lopes Vieira", "os versos brilhantemente esculpidos de João de Barros", nomes a que acrescentava outros como os de Antônio Sardinha, Antônio Patrício, Antônio Correia de Oliveira, Júlio Dantas, Forjaz de Sampaio, e outros bem menores... Passados quase dez anos sobre o *Orpheu*, o jornalista-escritor não achava digno de citação um só dos nomes dos modernistas; nem mesmo de Aquilino, Afonso Duarte, Mário Beirão.

Mas a verdade é que *Terra de Sol* também não referiu nunca os nomes de Pessoa, Sá-Carneiro, Almada, e seus companheiros. Nestas condições, talvez não seja para admirar que outras revistas brasileiras, e nomeadamente as modernistas, ignorassem a modernidade literária portuguesa, nem que Drummond imaginasse — exatamente em 1924 — que Portugal era um povo que gerara os *Lusíadas* e morrera.[6]

Com efeito, a ausência de colaboradores portugueses nas revistas modernistas brasileiras é quase total; e a ausência de referências a autores portugueses também não deixará de provocar alguma perplexidade. Só na *Klaxon* (nº 3, de 15 de julho de 1922) é publicada colaboração, de resto não inédita, de um português — Antônio Ferro. Inutilmente tentaremos descobrir outro nome nos três números de *Estética*, nos três números de *A Revista* (1925-1926), nos sete números de *Terra Roxa e Outras Terras* (1926), nos seis números de *Verde* (1927, 1929), nos dez números da *Revista de Antropofagia* (1ª dentição, 1928-1929), nos quatro-cinco números de *Arco & Flecha* (1928-1929) etc. O mais curioso é que há colaborações estrangeiras nalgumas destas revistas; e que muitas delas publicam notas críticas sobre livros de modernistas de países europeus ou americanos — mas não de Portugal.

Depois do *Orpheu*, as revistas modernistas portuguesas (*Exílio*, *Centauro*, *Portugal Futurista*, *Athena*, *Contemporânea* etc.) também ignoram os brasileiros. Lembre-se no entanto que Oswald de Andrade colabora por duas vezes na *Contemporânea*,[7] que na *Centauro* é prometida a publicação de colaboração de Eduardo Guimaraens,[8] e que na *Athena* há um poema-"bailado" de Carlos Lobo de Oliveira dedicado "a Ronald de Carvalho, Homero Prates, Agripino Grieco, Rui Coelho,

João do Amaral, José Osório de Oliveira, em lembrança de camaradagem no Brasil".[9]

Mas de 1927 para cá, nunca deixaria praticamente de haver em Portugal revistas abertas a colaboração literária brasileira, entre as quais deverão distinguir-se a *Presença* (1927-1940), *Descobrimento* (1931-1932), *Revista de Portugal* (1937-1940), *Atlântico* (1942-1950) e *Colóquio* (1959 até hoje).

Parte 2

Confluências, influências

O Futurismo em Portugal e no Brasil

Haverá uma relação entre o Futurismo português e o brasileiro? Ou haverá pelo menos alguma colaboração portuguesa na introdução do Futurismo no Brasil?

A resposta só pode ser dada pela investigação que recue até 1909; e poucos de entre os que têm falado de Futurismo português ou brasileiro fizeram essa investigação; e nenhum levantou essa hipótese.

Que todavia não é de todo inconsistente. Baste dizer o seguinte: a primeira pessoa que escreveu sobre o Futurismo em Portugal foi Xavier de Carvalho — que era correspondente de vários jornais brasileiros;[1] entre os primeiros tradutores para português do primeiro manifesto de Marinetti conta-se o brasileiro Almáquio Dinis — que desde o início da sua carreira literária estava atento a tudo o que se passava em Portugal, onde aliás viu vários dos seus livros publicados; um deles, *Zoilos e estetas*, foi publicado um ano antes do aparecimento do primeiro Manifesto Futurista.

Almáquio Dinis, precisamente, escreveria noutro livro, quase todo constituído por artigos publicados entre 1909 e 1912, e dedicados a "autores e livros de Portugal": "Por vezes, mais longe do que Portugal, está o foco das inspirações brasileiras. Mas, bem raro, essas inspirações não são trazidas mesmo assim, através de Portugal".[2]

Terá sido através de Portugal, ou de portugueses, que o Futurismo chegou ao Brasil?

Antes de respondermos a esta pergunta, não podemos deixar de lamentar que tanto em Portugal como no Brasil o Futurismo tenha sido tão desprezado pela crítica, que raramente ultrapassou a referência breve ou mais ou menos anedótica. O tradutor e introdutor da *Antologia do Futurismo italiano*, José Mendes Ferreira, assinalou oportunamente o fato de os manifestos de Marinetti, cuja tradução já em 1914 preocupava Santa Rita Pintor, só aparecerem em português "setenta anos depois do aparecimento do primeiro manifesto futurista".[3]

E se é verdade que este primeiro manifesto conheceu logo no ano em que saiu três traduções em língua portuguesa, também é verdade que até há pouco quase ninguém se dava conta disso, pelo que não é difícil encontrar em obras prestigiadas e/ou especializadas lapsos ou erros graves a respeito da introdução do Futurismo em Portugal e no Brasil.

Por exemplo: no *Dicionário da pintura universal*, José Augusto França, depois de aludir a uma entrevista (1916) em que Amadeo de Souza Cardoso transcrevia "longas passagens de manifestos futuristas", acrescentava que eles eram "assim pela primeira vez publicados em Portugal".[4] Em *O movimento futurista em Portugal*,[5] João Alves das Neves não inventaria nenhuma alusão ao Futurismo em Portugal anterior às cartas de Sá-Carneiro a Pessoa. E se a "cronologia" que acompanha a recente reedição do *Portugal Futurista*[6] alude à publicação nos Açores da tradução portuguesa do primeiro manifesto de Marinetti, já nos dois prefácios que se ocupam do Futurismo em Portugal, assinados por Nuno Júdice e Teolinda Gersão, essa publicação é esquecida ou ignorada, o mesmo acontecendo a outras referências ao Futurismo anteriores às dos homens do *Orpheu*.

No que respeita ao Brasil, várias histórias e dicionários de literatura, a começar pelo de Raimundo de Menezes e pelo de Massaud Moisés e José Paulo Paes, desconhecem por completo que já antes das primeiras escaramuças do pré-modernismo paulista, ou, na melhor das hipóteses, antes da viagem que Oswald de Andrade fez à Europa em 1912, havia no Brasil quem falasse do Futurismo e por ele se interessasse. Mário da Silva Brito sugere que o primeiro texto sobre o Futurismo publicado no Brasil apareceu n'*O Estado de S. Paulo* em 1914.[7] Alfredo Bosi, na primeira edição da sua *História concisa da literatura brasileira*, assinala apenas que "o termo Futurismo, com todas as conotações de 'extravagante', e 'desvario' e 'barbarismo', começa a circular nos jornais brasileiros a partir de 1911", limitando-se a notar em rodapé que teve conhecimento "da existência de um folheto publicado na Bahia, por volta de 1910, por Almáquio Dinis" que "transcreve o Manifesto de Marinetti e o traduz".[8] E Wilson Martins supõe que terá sido "talvez em 1913" que ocorreu "a primeira referência feita em nosso país ao chefe do Futurismo", como se lê na *História da inteligência brasileira* (1979, vol. V, p. 559). Mais recentemente, também Jorge Schwartz, ao inventariar "a bibliografia latino-americana na coleção Marinetti" da Biblioteca Beinecke (Universidade de Yale), afirmou que a primeira reflexão crítica sobre o Futurismo no Brasil foi a de José Veríssimo, em 1913.[9]

Pensando decerto nas artes plásticas, o crítico Nelson di Maggio dizia não há muito que "é alarmante a falta de qualquer dado sobre o Futurismo em Portugal".[10] O mesmo não se poderá dizer exatamente em relação às letras, até porque nos últimos anos se vêm multiplicando os estudos e as publicações relacionáveis com o Futurismo. Pensemos por exemplo, no que se refere às publicações, na *Antologia do Futurismo italiano*, na *Poesia futurista portuguesa (Faro 1916-1917)*, na reedição do *Portugal Futurista*, e, no que se refere aos estudos, lembremos apenas os de Pierre Rivas,[11] de José Mendes Ferreira,[12] de Nuno Júdice,[13] de Teolinda Gersão,[14] de Duarte Faria,[15] e de Pedro da Silveira.[16]

Não quer isto dizer que não haja ainda muito por estudar e editar. A falta de estudos sobre a possível relação do Futurismo português e brasileiro pode valer como um bom exemplo. Mas os estudos sobre o Futurismo no Brasil são ainda muito mais pobres e escassos do que os estudos sobre o Futurismo em Portugal. Para nos darmos conta disso, bastaria talvez ler o texto recente de Sílvio Castro, "Futurismo e Modernismo brasileiro — As relações e correlações entre as vanguardas italiana e brasileira nos diversos planos do visível e do provável",[17] em que, para lá de uma nota transcrita do livro de Gilberto Mendonça Teles *Vanguarda européia e Modernismo brasileiro* sobre a tradução de Almáquio Dinis, nada se refere sobre o Futurismo no Brasil antes de 1921.

Mas tentemos responder à questão ou às questões levantadas no início deste capítulo.

O primeiro manifesto de Marinetti apareceu no *Figaro* de 20 de fevereiro (na realidade 19) de 1909. No dia 26 saía no *Jornal de Notícias* do Porto uma "Carta de Paris" de Xavier de Carvalho, que se referia a "Uma nova escola poética — o Futurismo", que resumia esse manifesto, aludia às passagens sobre a glorificação da guerra e sobre a destruição dos museus e bibliotecas, falava nos seus "disparates" e acabava por o considerar como uma "*blague* carnavalesca" (até porque fora lançado "nas antevésperas de Domingo Gordo").

Menos de mês e meio depois, em 6 de abril, o mesmo Xavier de Carvalho fazia no mesmo jornal nova referência a Marinetti, desta vez a propósito da estréia da peça *Le roi bombance* numa sala de Paris. Embora insistisse nas reações negativas da platéia, que "assobiou e cobriu de insultos o autor", Xavier de Carvalho não se coibiu de dar também a sua opinião: "Há muitos anos que não assistíamos a uma tão extraordinária... chuchadeira!". Mas, a jeito de desculpa, lembrava que o autor era "um excêntrico moço ainda, *blagueur* e gostando de ser discutido", e concluía profeticamente: "Obteve um sucesso de escândalo. Agora pode à vontade anunciar as suas obras. Terá a curiosidade do público".[18]

A curiosidade e não só — como o provaria o mesmo Xavier de Carvalho quando três anos depois (e mais ou menos na altura em que Marinetti fez aparecer o Manifesto Técnico da Literatura Futurista, datado de 11 de maio de 1912) convidou o fundador do Futurismo para ser um dos "grandes nomes" do "Comité d'Honneur et de Patronage" da Homenagem a Camões que em Paris viria a celebrar-se no dia 13 de junho de 1912.

Marinetti, ao que parece, não pôde estar presente, talvez porque estava fora de Paris. Mas aceitou "com prazer" fazer parte daquele Comité numa declaração que vale decerto como a sua primeira aproximação pública da cultura portuguesa: "J'accepte avec plaisir de faire partie du Comité d'Honneur de Camoëns. Mes remerciements et mes hommages".[19]

Talvez perante esta resposta, Xavier de Carvalho levou mais longe o seu convite: pretendeu que Marinetti discursasse num dos atos, ou nos dois — inauguração de um monumento com estátua esculpida por Luigi Betti, e um banquete — que marcaram a homenagem a Camões. É o que se deduz de uma carta inédita de Jane Catulle-Mendès, que também dá conta ao seu amigo Xavier de Carvalho do ponto de vista de Marinetti:

> J'ai vu Marinetti qui a passé seulement quelques heures à Paris. Il vous remercie de votre aimable pensée. Mais il craint de ne pas pouvoir être à Paris le 16 Juin. Dans 3 ou 4 jours il sera de retour et vous donnera sa réponse. Il habite au Grand Hotel. De toutes façons il demande à ne pas parler devant la statue — ce qui est contraire à ses principes. Mais si vous le désirez, il peut prendre la parole au banquet.[20]

Se pelas 16 horas do dia 13 de junho de 1912 Marinetti não se deslocou ao cruzamento das avenidas parisienses Delessert e Camoëns, onde se inaugurou um monumento de 5 metros de altura, encimado por um busto de bronze,[21] ali estiveram vários brasileiros, entre os quais o então ministro do Brasil em Bruxelas, Oliveira Lima, que representava a Academia Brasileira de Letras, e que foi um dos oradores. Oliveira Lima também esteve presente no banquete que nessa noite se realizou no Hotel Continental, e em que, ao lado de escritores como Guillaume Apollinaire, René Ghil, Vielé-Griffin, Jules Romains, se via Graça Aranha, o futuro autor de *O espírito moderno*, que apadrinharia a Semana de Arte Moderna e preconizaria, na Academia Brasileira, a distanciação brasileira da cultura portuguesa.

É possível que Xavier de Carvalho tenha tido um papel preponderante na divulgação do nome e das teses do primeiro Marinetti em Portugal e no Brasil. Todavia, não podemos esquecer que Marinetti e os seus companheiros se preocuparam desde a primeira hora com a projeção internacional do seu movimento, que tinha um nome publicitariamente sedutor, e que ainda por cima não se contentavam com a produção e o lançamento de obras de criação ou de reflexão (em sentido restrito), antes se apoiavam num "manifesto" (tipo de texto programático, claro, rápido e sugestivo) que, estrategicamente publicado num grande jornal parisiense, visava sem dúvida um numeroso público internacional, até porque ao tempo a cultura produzida ou publicitada em França despertava em todo o mundo mais ecos do que desperta hoje em dia, quando Paris já não é a única grande capital cultural.[22] Eis por que não é para admirar que o primeiro manifesto de Marinetti tenha sido traduzido em português pouco tempo depois do seu aparecimento; Portugal e Brasil nem necessitaram de uma "proclama" como a que, através da revista *Prometeo*, de Gómez de la Serna, o próprio Marinetti fez aos "futuristas espanhóis" em 1910.[23]

Na verdade, logo em 17 de março de 1909 publicava o *Correio da Manhã* do Rio de Janeiro uma extensa crônica sobre "O Futurismo" que para lá mandara de Lisboa o luso-brasileiro Manuel de Sousa Pinto, crônica (irônica e zombeteira, mas que transcrevia largos passos do manifesto) pouco tempo depois publicada no livro *A hora do correio* (1911, pp. 154-60).

A primeira tradução do primeiro Manifesto Futurista apareceu no Brasil em 5 de junho de 1909 e, "por incrível que pareça" — como disse M. Rodrigues de Melo —, no jornal *A República* da cidade nordestina de Natal. Trata-se de uma tradução parcial, apenas com as 11 alíneas programáticas, devida possivelmente a Manuel Dantas, que já houve quem chamasse "o primeiro modernista do Brasil".[24]

Só exatamente dois meses depois, em 5 de agosto, apareceu no *Diário dos Açores* de Ponta Delgada a que Pedro da Silveira, geralmente muito bem informado, considerou primeira tradução em português do Manifesto.[25] Assinava-a Luís-Francisco Bicudo, que a fazia acompanhar da tradução de uma *interview* de Marinetti, e de algumas notícias e comentários pessoais, mas que desprezou ou dispensou a parte introdutória do Manifesto.

Poucos meses depois (e não "daí a um ano", como erradamente supôs Pedro da Silveira),[26] em 30 de dezembro, foi publicada na Bahia a terceira tradução, desta vez integral, da responsabilidade de Almáquio Dinis.

Veio no *Jornal de Notícias* — nome igual ao do jornal do Porto que publicou a primeira referência portuguesa ao Futurismo —, que a antecedia de uma nota em que, entre outras coisas, podia ler-se: "Cremos que somos o primeiro jornal brasileiro, que se ocupa deste assunto".

Não era, evidentemente. Mas conviria averiguar se alguma relação havia ou não entre os tradutores do primeiro Manifesto Futurista. Cotejando algumas passagens das três traduções, parece-nos claro que os três tradutores trabalharam independentemente.[27]

	Manuel Dantas	L.-F. Bicudo	Almáquio Dinis
1.	*Queremos decantar o amor dos perigos, o hábito da energia e da temeridade.*	*Queremos cantar o amor do perigo, o hábito da energia e da temeridade.*	*Queremos cantar o amor do perigo, o costume da energia e da temeridade.*
2.	*Os elementos essenciais da nossa poesia serão a coragem, a audácia e a revolta.*	*Os elementos essenciais da nossa poesia serão a coragem, a audácia e a revolta.*	*Os elementos essenciais da nossa poesia, serão a coragem, a audácia e a rebelião.*
3.	*A literatura, tendo até aqui magnificado a imobilidade pensativa, o êxtase e o sono, nós queremos exaltar o movimento agressivo, a insônia febril, o passo ginástico, o salto mortal, a bofetada e o soco.*	*A literatura tem engrandecido até hoje a imobilidade pensativa, o êxtase e o sono; nós exaltaremos o movimento agressivo, a insônia febril, o passo ginástico, o salto mortal, a bofetada e o murro.*	*A literatura, tendo endeusado até hoje a imobilidade pensante, o êxtase e o sono, chegou a vez de exaltarmos o movimento agressivo, a insônia febril, o passo ginástico, o salto perigoso, a bofetada e os golpes de espada.*
5.	*Queremos cantar o homem que dirige o volante, cuja haste ideal atravessa a Terra, lançada ela própria no círculo da sua órbita.*	*Queremos cantar o homem que maneja o volante, cuja haste ideal atravessa a Terra, que caminha também vertiginosamente no circuito da sua órbita.*	*Queremos cantar o homem que sustenta o volante, cujo eixo ideal atravessa a terra, lançado com entusiasmo pelos elementos primordiais.*
10.	*Queremos demolir os museus, as bibliotecas, combater o moralismo, o feminismo, e todas as covardias oportunistas e utilitárias.*	*Queremos arrasar os museus e as bibliotecas, e as academias de todos os gêneros; queremos combater o moralismo, o feminismo e todas as cobardias oportunistas e utilitárias.*	*Queremos demolir os museus, as bibliotecas, combater o moralismo, o feminismo e todas as covardias oportunistas e utilitárias.*

A comparação dos textos — que não só das passagens transcritas — diz-nos que as coincidências parecem dever-se às exigências da língua, e que as divergências não parecem dever-se a critérios de aperfeiçoamento e correção ou de disfarce. A proximidade maior entre Dantas e Bicudo deriva do fato de ambos terem usado o texto francês do Manifesto. Bicudo, que no ano de 1909 iniciou uma longa viagem pela Europa, di-lo claramente; Manuel Dantas (se foi ele o tradutor) não o diz, mas sabe-se que assinava jornais e revistas franceses, e a sua versão da alínea 3 bastaria para o denunciar: "La littérature ayant jusqu'ici magnifié l'immobilité pensive [...]", "A literatura, tendo até aqui magnificado a imobilidade pensativa [...]".[28] Quanto a Almáquio Dinis, que por ser brasileiro coincide nalguns casos com Dantas mais do que com Bicudo, vê-se claramente (mas ele também confessou) que usou o texto italiano publicado na revista *Poesia*,[29] que o fez incorrer num curioso "desvio": ele viu "golpes de espada" lá onde Dantas vira um "soco" e Bicudo um "murro". O *coup de poing* francês era sem dúvida menos ambíguo do que o *pugno* italiano.

Se Xavier de Carvalho considerou uma "blague" o primeiro Manifesto Futurista, e se Manuel Dantas não arriscou uma opinião mais do que a implícita na indicação "Damos aos nossos leitores, a título de curiosidade" ou nas qualificações "violento e incendiário", já Luís-Francisco Bicudo e Almáquio Dinis se debruçaram sobre ele com interesse e atenção, ainda que distanciando-se de algumas das suas propostas.

Mas a regra geral dos anos que se seguiram foi a da recepção idêntica à de Xavier de Carvalho, que por sinal era um homem aberto e que, em tempos recuados, quando era jovem, soubera compreender e aceitar as mais avançadas práticas e teorias simbolistas, inclusive as mallarmaicas.

Até 1916, o Futurismo conhece em Portugal e no Brasil algumas adesões entusiásticas e incondicionais, como as de Santa Rita Pintor,[30] de Francisco Levita,[31] de alguns dos homens do *Orpheu*, do *Heraldo* e do *Portugal Futurista*, ou, ao que parece, como a de Oswald de Andrade;[32] mas conhece muito mais risos, gozações e incompreensões — incompreensões que ainda duram em nossos dias, em parte por causa da relação que muitos estabelecem entre Futurismo e fascismo.[33]

São sintomáticas as reservas que Mário de Sá-Carneiro, para mais vivendo em Paris, parece fazer ao Futurismo ainda nos anos 1913 e 1914, e o misto de atração e repúdio que sente em relação a Santa Rita Pintor; como parecem sintomáticas as reações que em 1915 provocou o aparecimento do *Orpheu*, exemplificáveis por um soneto de Bramão de Almeida publicado no *Século Cômico* de 3 de junho de 1915 e intitulado "De fora / Futurismo" ("... Gosta o leitor do que lhe ponho à vista?/ Se não gosta, desculpe a minha telha! — São versos à maneira futurista"), ou por uma crônica de 6 de julho de 1915 na *Capital* sobre o "antipático futurismo";[34] e sintomáticas são ainda reações como as de Homem Cristo Filho, que passou facilmente do campo estético ou literário para o campo político, ético e social: "Novos arautos da anarquia, os senhores futuristas escouceiam a gramática, a geometria, a aritmética, a moral, a disciplina, os velhos princípios imortais que regem o mundo...".[35]

No Brasil, por onde andou Homem Cristo Filho em 1913, quando já era "amigo de Marinetti",[36] desde pelo menos esse ano de 1913 que, a par de notícias ou artigos com alguma seriedade, como os de Almáquio Dinis, se publicavam sobre o Futurismo ligeirezas mais ou menos idênticas às portuguesas, e mais ou menos humorísticas, de que ainda não foi feito o levantamento.

Assim, na *Careta* de 14 de junho de 1913, o famigerado D. Xiquote (quer dizer, Bastos Tigre) publicou o texto humorístico "A poesia futurista — A sua introdução e o seu progresso no Brasil (ensaio crítico)", em que se referia a um "futurista de futuro", o que faz recordar um soneto que anos mais tarde, em 1921, apareceu no *Jornal do Comércio*, edição de São Paulo, e que, em intenção de Mário de Andrade, dito "o meu poeta futurista" por Oswald de Andrade, continha esta ironia: "Embora seja um poeta futurista,/ Não é, por certo, um poeta futuroso".[37]

A mesma revista publicava em 24 de janeiro de 1914 outro texto sobre "Cubistas e Cubismo". Depois de notar que Marinetti declarara "guerra a tudo quanto se fez até hoje", o autor (Homero Prates?)

concluía: "Os criadores da nova escola já têm tido os seus mártires. Mártires do riso é verdade, mas nem por isso menos mártires".

Meses depois, em 16 de maio, uma notícia referia-se a um "prédio futurista" e dava conta de que a "escola futurista" estava "se alastrando pelas belas artes".

E em 1917 era ainda possivelmente Bastos Tigre ("X.") que assinava o soneto "Paisagem neofuturista", que em duas ou três passagens lembrava o soneto atrás referido de Bramão de Almeida a propósito do *Orpheu*, e que começava assim: "Há oiro dentro em mim a pontapé,/ Em barra, em pó, em jóias medievais". O de X., menos preocupado com a paródia de Sá-Carneiro, que — pasme-se — fora colaborador da *Careta*, na qual Ronald de Carvalho publicou um artigo em sua honra, terminava assim: "Há luz no adusto chão, no céu, por sobre as telhas,/ Enquanto Eros cochila ao sol, comendo um lápis". (Repare-se na curiosa coincidência: o penúltimo verso do soneto português também acaba com uma "telha" — metafórica.)

Outra revista, a *Fon-Fon!*, ao tempo muito lida, inclusive por jovens futuros modernistas como Carlos Drummond de Andrade, já em 1912 se referia ao pintor Carrà;[38] em 1913 à poetisa Valentine de Saint-Point;[39] em 1914 a uma *Antologia dos poetas futuristas*[40] — sem se preocupar com a "pilhéria" tão ao gosto de outras publicações.

Por sua vez, o amigo de Luís de Montalvor e de Sá-Carneiro, Carlos Maul, no livro *A morte da emoção* que em 1915 fez sair em Portugal pela Renascença Portuguesa, definia Futurismo como a "impotência de criar para o futuro destruindo os encantos do passado" e referia-se a uma "roda bulhenta de pintores guedelhudos que sabiam de cor o manifesto futurista de Marinetti e diziam com entusiasmo trechos do *Le roi bombance...*".[41]

Poderíamos prolongar as referências à presença do Futurismo no Portugal do pós-*Orpheu*, desde o escândalo do *Portugal Futurista* até às produções de Antônio Ferro que tiveram alguns ecos em produções de modernistas brasileiros e que em 1932 conseguiria trazer Marinetti a Portugal — sem conseguir evitar os justos ataques que o antigo "poeta d'*Orpheu*/ futurista/ e/ tudo" na ocasião lhe fez,[42] ou as justas ironias que o autor da *Ode triunfal* deixou no poema "Marinetti acadêmico",[43] ele que em certo momento declarou: "nunca aceitei o futurismo, nunca simpatizei com o futurismo, nunca — nem por blague — escrevi coisa que se parecesse com o futurismo".[44]

E poderíamos lembrar a fortuna ou desfortuna dos lexemas "Futurismo" e "futuristas" no Rio de Janeiro, quando por exemplo o jornal *A Noite* publicou a série de depoimentos "O mês modernista que ia ser futurista", ou em São Paulo, imediatamente antes, durante e depois da Semana de Arte Moderna, quando Oswald de Andrade chamou futurista a Mário de Andrade e este recusou tal epíteto, quando Menotti del Picchia falou na "bandeira futurista" que se deslocou ao Rio de Janeiro em outubro de 1921, e declarou que a etiqueta futurista não se ajustava à estética dos modernistas (que só a aceitaram como "cartel de desafio") e quando Marinetti deu como futuristas brasileiros "De Andrade" e "Almeida Prado"[45] e, de visita ao Brasil, sofreu, em 1926, vexames que não estava acostumado a sofrer.[46]

Isso, porém, é já sobejamente conhecido, o que não acontece com as vicissitudes por que passou o Futurismo brasileiro na década de 1910.

Referindo aqui algumas delas e confrontando-as com as que o Futurismo conheceu em Portugal, quisemos provar que o Futurismo esteve longe de ser, no Brasil, uma idéia agitada apenas às vésperas da Semana de Arte Moderna (ao contrário do que sugerem alguns críticos, que parecem apostados na enfatização do papel dos modernistas de São Paulo), e que o processo do Futurismo no Brasil revela curiosos paralelismos, e até mesmo algumas curiosas relações diretas, com o Futurismo em Portugal.

Mas, em Portugal e Brasil, impõe-se escrever a história que ainda não foi escrita do Futurismo local. Para a qual deixamos aqui mais uma pequena contribuição — a de uma carta inédita de Marinetti a Raul Leal, que em 1923 chegou a anunciar a publicação do livro *Futurisme astral — Vertige (outre-futurisme mystique): lettres à Marinetti, fondateur du Futurisme*,[47] e que é autor conhecido de uma longa carta a Marinetti que chegou a ser atribuída a Pessoa por Jacinto do Prado Coelho e George Rudolf Lind, os quais incluíram nas *Páginas de estética e de teoria e crítica literária*, juntamente com a sua versão inglesa que, essa sim, foi feita por Pessoa.[48]

A carta de Marinetti, escrita (manuscrita) em papel timbrado de *Il Futurismo — Revista Sintetica*, diz apenas:

> Mon cher Confrère,
>
> J'ai reçu votre petit volume, que je lirai avec le plus vif plaisir.
> Une chaleureuse poignée de main de votre ami
>
> F. T. Marinetti[49]

Luís de Montalvor no Brasil

Luís de Montalvor é uma das mais injustiçadas e esquecidas personalidades da cultura portuguesa do século XX. Por um lado, muito poucos conhecem a sua poesia, malgrado o esforço há anos desenvolvido por Petrus, que editou os seus *Poemas*;[1] por outro lado, estão praticamente por estudar a sua vida e obra, que não mereceram até hoje nenhum ensaio alentado (nem sequer o esboço de uma biografia) — pelo que pouco ou nada se sabe com exatidão sobre a sua estadia no Brasil, sobre a sua participação no projeto do *Orpheu*, sobre as suas atividades editoriais, sobre as circunstâncias que, para lá do acidente, envolveram a sua morte; por outro lado ainda, nunca ninguém se interessou em coligir os seus textos críticos dispersos; e, para cúmulo, até o seu espólio foi vendido sem critério, e até as pequenas notas críticas ou biográficas que lhe dedicam alguns dicionários, manuais ou jornais contêm erros ou imprecisões.[2]

O mal já vem de longe. Já em 1931 podia ler-se na revista *Descobrimento*, talvez pela pena de José Osório de Oliveira, que muito jovem se tornara amigo de Montalvor: "Entre parêntesis, digamos que na história do modernismo português se tem dado pouco ou nenhum relevo a Luís de Montalvor, que, além dum dos primeiros poetas a revelar, entre nós, a influência de Mallarmé, foi o fundador do *Orpheu* e tem sido um verdadeiro animador da poesia".[3]

Se não cabe aqui o esclarecimento das principais facetas da vida e da obra de Luís de Montalvor (ou Luís Ramos), impõe-se no entanto o esclarecimento da sua vida e das suas relações no Brasil.

Montalvor deve ter chegado ao Rio de Janeiro no início de dezembro de 1912. Sabemos que em outubro já pensaria partir, pois, na primeira carta que de Paris lhe escreveu, Mário de Sá-Carneiro — de quem tentara despedir-se na Estação do Rossio — perguntava-lhe: "Então sempre vais para o Brasil?".[4] Na segunda, datada de 5 de novembro de 1912, confessava: "Recebi ontem a tua carta com a alegria que calculas. No entanto lastimei que não fosses mais amplo em pormenores sobre a tua ida para o Brasil, os teus projetos etc.".[5] Mas a terceira, de 13 de dezembro, foi já enviada para o Brasil, e nela perguntava o autor de *Dispersão*: "Qual a vida que aí levas na grande capital da América do Sul? Sorri-te a existência? Tens trabalhado? Entrevês um futuro caricioso?".[6]

Uma notícia da revista *Fon-Fon!* confirma a chegada de Montalvor ao Rio: "Luís Ramos é um novo poeta português, desta nostálgica escola portuguesa de agora, tão cheia de sentimento e tão encantadoramente emotiva. Luís Ramos veio para o Brasil, não faz um mês ainda".[7]

Que razões terão determinado a ida de Montalvor para o Rio de Janeiro? Nenhum documento as refere autorizadamente. Consta no entanto que Montalvor foi para o Brasil para secretariar Bernardino Machado, que em 24 de junho de 1912 partira de Lisboa no navio Arlanza a fim de ocupar o posto de "Enviado Extraordinário e Ministro Plenipotenciário" de Portugal no Brasil, para o qual fora nomeado por decreto de 20 de janeiro desse ano, tendo entregue credenciais em 23 de julho.[8]

No entanto, nenhuma referência encontramos a Montalvor no Anuário Diplomático e Consular Português de 1910-1913 ou de 1913-1914. É possível que Bernardino Machado o tenha chamado apenas como secretário particular, desvinculado de formalidades ou obrigações oficiais. Mas também é possível que ele o não tivesse chamado, e que Montalvor, que era seu afilhado de casamento, e que lhe dedicou *A Revolução* ("A meu padrinho/ Dr. Bernardino Machado/ Espírito superior. Alma/ planetária de bondade e virtude/ Homenagem e amizade"[9]) tivesse apenas contado com o seu apoio para passar algum tempo no Brasil ou para efeitos de emprego ou de sobrevivência.

O fato de Montalvor ter ficado no Rio quando Bernardino Machado regressou a Portugal, em janeiro de 1914, ou o fato de ter pensado retornar a Portugal cerca de dois meses depois de chegar ao Rio[10] e o testemunho de Carlos Maul parecem indicar que, se Bernardino Machado o acolheu inicialmente bem, não tardaria a distanciar-se dele, por razões que, a acreditarmos no testemunho de Carlos Maul, se prenderiam com o seu gosto da ociosidade e o seu caráter algo irresponsável.

Com efeito, Bernardino Machado aparece nas primeiras conferências que Montalvor faz no Rio, mas terá censurado Maul por o ter acolhido em sua casa — o que estimularia "a sua vocação para a ociosidade" —, e "não queria nada com o afilhado a quem tentara amparar inutilmente".[11] Mas em princípio, no Rio, Montalvor não contaria apenas com a ajuda ou proteção do padrinho poderoso. Ali vivia um seu primo ilustre, o professor e acadêmico Silva Ramos, a que já nos referimos no capítulo dedicado à situação da literatura portuguesa no Brasil, ou no capítulo dedicado à questão lingüística, e a que mais nos referiremos no capítulo dedicado a Manuel Bandeira. Lembre-se a propósito que Montalvor se chamava realmente Luís Filipe de Saldanha da Gama da Silva Ramos.

De acordo com Carlos Maul, o professor Silva Ramos, por iniciativa própria ou a pedido de Bernardino Machado, teria inutilmente arranjado um emprego para o primo:

> A princípio o professor Silva Ramos dispôs-se a ajudar o parente a arrumar-se no Brasil. Ofereceu-lhe lugar num colégio de Niterói, para o casal, com ordenados de seiscentos e quatrocentos mil réis para um e outro dos consortes. Uma pequena fortuna, a tranqüilidade doméstica assegurada, numa época em que um fim de carreira burocrática se pagava regiamente com quinhentos mil réis... O poeta deu de ombros ao oferecimento magnífico e retrucou que não atravessara o Atlântico para tamanha insignificância... Preferiu a aventura de conferencista a tanto por bilhete de ingresso, e disso fez meio de vida durante mais de um ano.[12]

Carlos Maul lembrou também que Montalvor lhe foi apresentado por Araújo Cunha, que era "um gaúcho de talento, causídico formado em Coimbra, e que com ele travara relações em Portugal". Talvez tenha sido através deste gaúcho que Montalvor se relacionou intimamente com o grupo de escritores que, vindos quase todos do Rio Grande do Sul, pontificavam nas revistas *Careta* e *Fon-Fon!* e de que faziam parte, entre outros, Álvaro Moreyra e Eduardo Guimaraens, este por sinal chegado quase ao mesmo tempo que Montalvor ao Rio, de onde no entanto saiu bem antes do regresso do português a Lisboa.

Mas Montalvor contaria ainda no Rio com outra velha amizade, a de Milton de Aguiar. Este brasileiro de nascimento fora em Lisboa companheiro de liceu de Montalvor e de Mário de Sá-Carneiro, que com ele se correspondeu depois do seu regresso ao Brasil e a quem enviou prosas e poemas seus, e até, exatamente em 30 de março de 1912, um exemplar de *Amizade*.[13] Em cartas que escreve a Montalvor, Sá-Carneiro por duas vezes[14] lhe fala familiarmente de Milton de Aguiar, que, como prova a dedicatória de *Amizade*,[15] também era poeta, e que aliás entrava, ainda em Lisboa, em peças ou espetáculos em que também entravam aqueles seus colegas.[16]

Em todo o caso, ignoramos se Milton de Aguiar esteve entre os amigos que mais conviviam com Montalvor no Rio; o que sabemos é que passado cerca de um mês sobre a sua chegada ele já estava relacionado com vários escritores. A notícia que *A Tribuna* deu sobre a sua primeira conferência, realizada em 13 de janeiro de 1913, e subordinada ao título "O gênio da raça portuguesa", é elucidativa a esse respeito, pois diz-nos que na assistência estavam, além de Bernardino Machado e de Silva Ramos, Ernâni Rosas, Agripino Grieco, Álvaro Moreyra, Eduardo Guimaraens e Carlos Maul, entre outros.

O último, poeta e crítico muito ativo, que Montalvor já deveria conhecer de nome, tornar-se-ia certamente um dos mais íntimos companheiros do português, que chegaria a alojar em sua casa: "Em dado momento de agravação de aperturas faltou-lhe o crédito aberto por Ronald de Carvalho numa pensão onde se alojara. Deram-lhe ordem de mudança. Recebi-o então na minha casa de Copacabana. Cedi-lhe um aposento disponível, com saída independente para o jardim. Mais de um ano tive-o como hóspede...".[17]

Estas palavras escreveu-as Carlos Maul décadas depois dos acontecimentos a que se referem. Mas uma carta de Mário de Sá-Carneiro à tia de Montalvor, Cândida Ramos, transcreve, em 6 de novembro de 1913, esta passagem de outra carta que Carlos Maul endereçara ao autor da *Dispersão*: "O Ramos ainda cá está. Não se vai tão cedo. Escreva-lhe para a minha casa. Ele está morando aqui. Ele fez uma linda conferência em que o meu amigo era citado vantajosamente".[18]

A conferência em causa foi certamente a que Montalvor pronunciou em 9 de setembro no salão nobre do *Jornal do Comércio* — o que significa que a carta de Maul terá sido escrita entre essa data e os fins de outubro. Ora isso também significa que não foi Ronald de Carvalho que abriu o crédito em favor do poeta português na pensão em que se instalara. Até porque em 25 de setembro ainda Ronald escrevia de Paris à então sua noiva Leilah, que se encontrava com o pai em Roma, a falar-lhe nas passagens do navio para o regresso ao Brasil.[19]

De qualquer modo, não há dúvida de que Ronald se tornaria grande amigo de Montalvor quando voltou ao Rio — o que é patente nas cartas que lhe escreveria, malgrado o que nelas haja de literatice decadentista, ou de parnasiana artificialidade.[20]

Mas também não podemos duvidar das relações de amizade de Montalvor e Maul. O nome deste já deveria ser conhecido por aquele quando chegou ao Brasil, pois Maul era colaborador da *Águia*. Juntos, farão conferências e recitais, que pelo visto representariam para o português desempregado uma forma de sobrevivência, já que os ingressos eram pagos.

Pelo jornal lusitanizante *O País*, sabemos de algumas conferências pronunciadas por Montalvor em 1913:

- a primeira, intitulada "O gênio da raça portuguesa", foi pronunciada a 13 de janeiro na Associação de Empregados do Comércio, do Rio de Janeiro (Maul estava na assistência);[21]
- a segunda, intitulada "O mistério do silêncio", não sabemos se chegou a ser pronunciada, mas foi anunciado que se realizaria em março, em Petrópolis, no decurso de uma sessão em que também interviriam Carlos Maul e o pintor Gutman Bicho;[22]
- a terceira, intitulada "O Brasil de hoje na sua arte e na sua grandeza", foi pronunciada em 15 de junho no salão nobre do *Jornal do Comércio* (Maul estava na assistência);[23]
- a quarta, intitulada "Lusíadas: poema do mar, do amor e da saudade", foi pronunciada também no salão nobre do *Jornal do Comércio* em 9 de setembro — depois de ter sido adiada, por motivo de doença (esteve prevista para 22 e para 29 de agosto) — e teve a colaboração de Carlos Maul e dos atores Carlos Abreu e Romualdo de Figueiredo, que disseram "versos de alguns poetas novos de Portugal".[24]

Menos pelos títulos do que pelas referências que na imprensa lhes foram feitas, é de supor que a primeira e a quarta conferências se ocuparam largamente da poesia jovem de Portugal; em relação à primeira, a notícia da imprensa enumerava mesmo os nomes de Teixeira de Pascoaes, Mário Beirão, Afonso Duarte, Augusto Casimiro, Antônio Correia de Oliveira, Jaime Cortesão, "e outros".

Terá Montalvor feito alguma alusão a Pessoa que nessa altura andava mais preocupado com a prosa? Não é provável. Mas fê-la a Sá-Carneiro, como informa a já referida carta de Carlos Maul; aliás Montalvor iria ser em breve um excelente divulgador da obra do amigo, contando também aí com a ajuda de Maul. Com efeito, sabemos que terá distribuído por jornais e por amigos os livros que, decerto por solicitação sua, Sá-Carneiro lhe enviou[25] e, já antes disso, terá contribuído para a publicação na imprensa carioca de textos em prosa e em verso do autor de *Dispersão*.[26]

Um desses textos, "O homem dos sonhos", era dedicado a Fernando Pessoa, cujo nome assinava algumas traduções de uma obra que entretanto começara a circular no Brasil, a *Biblioteca Internacional de Obras Célebres*. Embora conhecesse Montalvor há menos tempo que Sá-Carneiro, Pessoa era também amigo dele, e estava em contato direto ou indireto com ele, como se deduz de uma carta a Álvaro Pinto (que lhe pedira para obter cartas de apresentação para dois artistas que iam para o Brasil): "e com certeza uma carta lhe consigo, que é minha e para um amigo meu, poeta e português, que está no Rio e se dá com literatos e artistas de lá".[27]

Montalvor também não descuraria a sua própria promoção, que não passava só pelas conferências. Menos de um mês após a sua chegada ao Rio, a *Fon-Fon!* publicava sobre ele uma nota, ilustrada com uma foto; depois de uma conferência de Carlos Maul, em que ele era citado, a declamadora Marieta Campelo disse o seu poema "A luz"[28] e a mesma *Fon-Fon!* publicava em 29 de março de 1913 o seguinte texto:

POETAS NOVOS

> Luís de Montalvor é um poeta que vem vindo com a nova geração portuguesa.
> Luís falou-nos, há dias, do livro que está preparando no Brasil.
> "*O Lusíada encantado* é um livro de adoração. A minha raça cantada e rezada a ritmos de desejo. É um livro que poderá ser um *tour de force* neste momento pleno da literatura portuguesa. Amo-o por o achar

muito meu. Vem de longe... É a saudade remota d'outras eras cantada em Versos de Névoa e Cisma. São palavras de quimera que a Alta Mágoa Portuguesa reza nas fontes, que são a voz de Portugal, amanhecendo na gente lusitana, ora em seus lábios moribundos e sonâmbulos, ora em seus olhares de crepúsculo e brumas.
O meu livro é um Outubro a recordar... Auroras e crepúsculos da Raça. É o livro do Além! Rezará o Mar, a Quimera divina dos barcos sonhadores, antigos Lusíadas perdidos d'Aventura!".
Parecia-nos já estar ouvindo o cântico das elegias, em dolências de canais, pelo fim de um dia de brumas e silêncio, vivido bem longe...
Luís dividiu o seu livro em doze partes, que serão: *Ode*, *O Além*, *Encantamento*, *Triste Lusíada*, *O Elogio das Cismas*, *A Reza das Quilhas*, *O Sonho das Gáveas*, *Sol-Posto*, *Outono*, *Elegia da Quimera*, *Crepúsculo* e *Ode ao Desejo*.
É alma de artista mais genuinamente portuguesa e para prova do que dizemos bastam esses títulos sugestivos.
Conseguimos que Luís nos mostrasse um excerto que fosse do seu livro, e foi da confusão de notas rabiscadas num caderno que extraímos alguns versos da *Elegia da Quimera*:
"*Sol-posto ungindo o mar. Incensos d'oiro*" [...].

Não foi este o único livro que Montalvor anunciou, sem o publicar. A nota da *Fon-Fon!* que assinalou a sua chegada ao Rio referia a sua plaquete *A caminho*, que dava como "extrato de um livro a publicar, com um título simples de *Interior*". E Fernando Pessoa, que programou a edição de um livro de Montalvor pela Olisipo,[29] escreveu em 1927 o breve texto "Luís de Montalvor" em que o anuncia como "autor de um livro de *POEMAS* a aparecer em breve".[30] Por outro lado, perguntando-lhe em 1935 um jornalista do *Diário de Lisboa* se pensava "publicar algum livro de poesias", Luís de Montalvor respondeu, sem falar no seu título: "Em verdade lhe digo que penso".[31]

E tudo leva a crer que foi ele mesmo que preparou ainda um livro que reunia os seus poemas dispersos (pelo que em boa parte coincidia com o livro de *Poemas* editado por Petrus) e a que terá dado o título *Para as salvações de poetas de hoje*, mas que ficou em provas.[32]

Montalvor também terá projetado poemas que não chegou a escrever ou a completar: "Tinha em mente realizar um poema intitulado 'Orfeu' de revivescência do mito helênico"— escreveu Carlos

Maul[33] que uma vez confessou a Casais Monteiro: "o *Orpheu*, antes de ser uma revista, foi o enredo de um longo poema que Luís ruminava mas não escrevia".[34]

O gosto de projetar e do adiamento da concretização dos projetos parecia marcar a personalidade de Montalvor, a quem Sá-Carneiro dizia com a franqueza que o caracterizava: "Os projetos literários que me expões na tua carta entusiasmaram-me. São grandes, maravilhosos, geniais! Mas executa-os. Tens esse dever".[35]

Em pouco tempo, Montalvor estabeleceu relações com boa parte dos jovens escritores do Rio de Janeiro, que não tardaram a integrá-lo na "família". E a prova é que ele seria o único estrangeiro, entre mais de uma centena de escritores, que participou na eleição do Príncipe dos Poetas Brasileiros. Tal eleição realizou-se em abril de 1913, e dela saiu vencedor Olavo Bilac, com 39 votos (entre outros, de João do Rio, Lima Barreto, Homero Prates, Manuel Bandeira), ficando em segundo lugar Alberto de Oliveira, com 34 votos (entre outros, de Elísio de Carvalho, Silva Ramos, José Veríssimo). Luís de Montalvor votou em Mário Pederneiras,[36] que ficou em terceiro lugar, com 13 votos (entre os quais se contavam também os de Eduardo Guimaraens, Olegário Mariano, Agripino Grieco e Vitório de Castro). Foram ainda dados votos a Emílio de Meneses (5), a Vicente de Carvalho (3) e a Hermes Fontes (2). A *Fon-Fon!* de 19 de abril, que publicou o "resultado final" (como em números anteriores publicitara o evento), informava também que Agripino Grieco tivera o voto de Carlos Maul, enquanto este tivera o de Ernâni Rosas.

É possível, porém, que, por razões de natureza diversa, Montalvor atravessasse no Brasil períodos delicadamente críticos, e de algum modo paralisantes. Como não sabemos exatamente o que é que o levou a atravessar o Atlântico, também não sabemos que razões o terão levado a pensar no regresso — provisório ou definitivo — quando ainda não teria passado mais de um mês no Brasil. Escrevendo-lhe em 12 de janeiro, o autor de *Céu em fogo* perguntava: "Ainda te apanharão no Rio estas pobres linhas?".[37] E dias mais tarde informava Pessoa: "O Ramos — ignoro se já lho disse — escreveu do Rio e vai voltar a Lisboa por fevereiro".[38] A partida é no entanto adiada; Sá-Carneiro conta que ele chegue a Lisboa a 27 de agosto,[39] e só deixará de contar que chegue nas semanas seguintes quando Carlos Maul o informa: "O Ramos ainda cá está. Não se vai tão cedo".[40]

Também é possível que o desejo de regresso, ou o da permanência no Brasil tivesse que ver com alguma razão familiar. Ema, a mulher de Montalvor, ficara inicialmente em Lisboa com o filhinho de ambos Augusto Dante, e ter-se-á envolvido nalguma aventura sentimental, apontada por Sá-Carneiro numa carta a Gilberto Rola: "Sabes: a mulher do Ramos quis raptar um caricaturista espanhol Castañé que não sei se conheces. A família (tristes) despachou-a para o Rio"...[41]

Entretanto, Montalvor passava por dificuldades relacionadas com a sua saúde física e psicológica. A conferência que deveria ter pronunciado no salão do *Jornal do Comércio* em 29 de agosto teve de ser adiada, porque, de acordo com *O País*, fora nessa manhã "ameaçado de uma congestão cerebral".[42]

A somar às dificuldades econômicas, e a tais complicações, viriam outras que não sabemos exatamente em que terão consistido; uma delas talvez seja insinuada nestas palavras de Sá-Carneiro, em carta a Pessoa: "Interessou-me muito a história verídica de M. de Montalvor em terras brasileiras";[43] outra talvez seja detectável na carta de Ronald de Carvalho ao próprio Montalvor, datada de abril de 1915: "Não quero mais ocultar, como julgara melhor a princípio, uma legenda que corre por aqui, vinda de Portugal, por instigações de rala e surrada sordidez muito nossas conhecidas... [...] Penso que saberás do que se disse e escreveu sobre a tua pessoa, em relação aos malditos bilhetes da Renascença".[44] Estas palavras tornam-se mais claras quando se tem em conta uma notícia que *O País* veiculou, e que foi transcrita na revista *A Vida Portuguesa* (nº 35, março de 1915) em que se falava num "cavalheiro de nome Luís de Montalvor ou Luís Ramos" que andara fazendo indevidamente em nome da Renascença Portuguesa "uns pedidos de assinatura" que reverteriam em proveito próprio.

Ignoramos quais terão sido as atividades de Montalvor nos últimos meses que passou no Brasil, e que razões concretas terão decidido o seu regresso a Portugal pelos fins de 1914 ou nos primeiros dias de janeiro de 1915; recorde-se que ele falou num "doce convívio de três anos seguidos" com Ronald de Carvalho,[45] quando Ronald só voltou ao Brasil nos fins de 1913; ou recorde-se que Pessoa alude ao regresso de Montalvor "em princípios de 1915" (acrescentando "se me não engano");[46] e recorde-se que Sá-Carneiro já se tinha encontrado em Lisboa com Montalvor no dia 16 de janeiro de 1915.[47]

Mas não podemos ignorar os benefícios que a passagem de Montalvor pelo Brasil lhe terá trazido a ele e às culturas portuguesa e brasileira — que mais não fosse pelo que fez pelo *Orpheu*. Alguns críticos como João Gaspar Simões sugerem a influência dos simbolistas brasileiros na poesia de Montalvor, e na poesia modernista portuguesa em geral, embora sem dela darem provas.[48]

Mas a sua literatura — em que o uso sistemático da arte ou da técnica mallarmaica do símbolo, os acentos decadentistas, a tentação *artiste*, e a música simbolista não sufocam as sugestões dramáticas modernas, e podem evidenciar por vezes um gosto e um saber que lembram Pessanha ou Pessoa — tem manifestas afinidades com a de Ronald de Carvalho, como já notou Andrade Muricy, embora também sem as explicitar.[49]

Muricy assinalou ainda as afinidades da poesia de Montalvor com a de Ernâni Rosas, que aliás lhe dedicou uma plaquete.[50] E poderia enumerar outros poetas brasileiros cujas vozes se cruzam por vezes com a do português, nomeadamente a dos poetas gaúchos que com ele conviveram no Rio; comparem-se, por exemplo, os poemas longos de Eduardo Guimaraens e de Montalvor que têm o mesmo título "Narciso", ou a "Elegia da bruma" de Álvaro Moreyra ("Réquiem do pôr-do-sol. A alma da tarde canta/ numa toada augural de cinza e de ouro vivo"; "E ascende, e afunda, e ecoa, e pelos longes erra") e o "Entardecer!" de Montalvor ("Sol-posto ungindo o mar: incensos de ouro") ou "Tarde" ("E galga , sobe, monta, e vive e exalta").

Curiosamente, o poema de Álvaro Moreyra pertence ao livro *Legenda da luz e da vida* (1911), de que o próprio autor distribuiu vários exemplares em Portugal, quando aqui esteve em 1912.[51] Terá Montalvor sido contemplado com algum, direta ou indiretamente? Ou será o seu poema anterior à leitura desse livro, que em todo o caso deverá ter lido, pelo menos no Brasil?

As afinidades de Montalvor e eventualmente de outros poetas portugueses do pré-modernismo com os brasileiros podem derivar do convívio ou da evolução paralela a partir de Antônio Nobre e de Eugênio de Castro (e de belgas e franceses); mas a pergunta de Gaspar Simões não deixa de ser pertinente: "teriam os poetas simbolistas brasileiros do Brasil, depois de influenciados por Eugênio de Castro e os discípulos nefelibatas do autor dos *Oaristos* — um Oliveira Soares, um Júlio Brandão, um D. João de Castro, um João Barreira — concorrido, por sua vez, para que a poesia portuguesa transitasse do simbolismo para o modernismo?".[52]

Antônio Ferro no Brasil

Antônio Ferro foi o editor da principal revista dos modernistas portugueses, o *Orpheu.* O seu nome figurava ao alto da página de abertura dos dois números, antes mesmo do nome dos diretores Luís de Montalvor e Ronald de Carvalho ou Fernando Pessoa e Mário de Sá-Carneiro.

Sabe-se porém que ele nada fez pela "edição" do *Orpheu,* ele que também não compareceu nessa revista como "colaborador". Num texto divulgado em 1968 por François Castex,[1] e transcrito com variantes e como inédito numa revista portuense de 1981,[2] Fernando Pessoa referiu e comentou um saboroso diálogo que teve com Mário de Sá-Carneiro quando este apareceu com a proposta do nome de Antônio Ferro para "editor" do *Orpheu*:

> [...] "olhe lá, que serviço é este de o Antônio Ferro figurar como editor. Ele não pode ser editor porque é menor". "Ah, não sabia, mas assim tem muito mais piada!". E o Sá-Carneiro ficou contentíssimo com a nova ilegalidade. "E o Ferro não se importa com isso?", perguntei. "O Ferro? Então v. julga que eu consultei o Ferro". Nessa altura desatei a rir. Mas de fato, informou-se o Ferro e ele não se importou com a sua editoria involuntária nem com a ilegalidade dela.

Mas se Antônio Ferro, que então contava 19 anos (menos cinco do que Sá-Carneiro, menos sete do que Fernando Pessoa) não interveio no *Orpheu* nem como "editor" nem como "colaborador", a sua personalidade, a sua irrequietude, o seu humor contribuíram, sem dúvida, para a definição do "espírito" do grupo de *Orpheu.* Aliás, desde muito cedo o vemos relacionado com as principais figuras desse grupo; desde, pelo menos, 1912, isto é, desde os seus 16 anos.

Esse relacionamento começou provavelmente por Sá-Carneiro. No entender de François Castex, Antônio Ferro "só se encontraria com Sá-Carneiro por volta de 1912";[3] mas é possível que eles se tenham visto bem antes, quando, em 15 de maio de 1907, se realizou no Teatro do Ginásio de Lisboa uma récita dos alunos do Liceu São Domingos em favor dos sinistrados de um grande incêndio na lisboeta Rua da Madalena. A família de Antônio Ferro fora uma das atingidas pela catástrofe: "não esqueci o grande incêndio da minha infância, o incêndio da Madalena, incêndio de literatura de cordel, onde as labaredas abriam alas para eu passar" — escreveria Ferro em 1922 no Prefácio a *Mar alto*;[4] e Mário de Sá-Carneiro foi um dos principais organizadores dessa récita, em que interveio como ator e para cujo programa escreveu um poema de circunstância.[5] Mas, dada a diferença de idades, que para eles seria relevante, dificilmente poderiam estabelecer, nessa altura, relações de amizade. Essas relações poderão ter começado antes ou pouco depois de 8 de janeiro de 1911 — depois do suicídio do grande amigo de Mário de Sá-Carneiro, Tomás Cabreira Júnior, nas escadas do Liceu Camões, que ambos então freqüentavam. Sá-Carneiro é que se encarregou de levar a notícia às várias salas de aula e numa delas, se não estava Antônio Ferro, estava Augusto Cunha, seu colega, seu íntimo amigo, seu vizinho (desde que a família de Ferro fora obrigada a trocar a Rua da Madalena pela Rua Palmira ou pela Rua dos Anjos) e futuro cunhado, que então se aproximou do poeta da *Dispersão* e que quatro anos depois seria o cronista humorado de "um serão paulista" (leia-se: paúlista).[6]

De qualquer modo, Antônio Ferro já era íntimo de Sá-Carneiro quando este partiu para Paris, em 13 de outubro de 1912. Porque foi decerto a Antônio Ferro que o jornal *O Mundo* de 14 de outubro se quis referir quando indicou o nome de "José Ferro" entre o dos vários amigos de Sá-Carneiro que foram despedir-se dele à Estação do Rossio. Depois disso o autor de *Princípio* não deixaria de lhe escrever,[7] e de pedir (e receber) notícias suas, em termos geralmente afetuosos que no entanto também podiam deixar transparecer a consciência de uma certa distância, etária e intelectual, ou um certo paternalismo. De tal modo que em cartas de 1914 a Alfredo Guisado e a Fernando Pessoa, Sá-Carneiro chega mesmo a falar no "menino Ferro" e no "menino idiota, A. Ferro" ou no "Estuporinho do Ferro".[8]

Pelo menos em 1913, Antônio Ferro já privava com quase todos os que viriam a ser associados ao grupo do *Orpheu*. Um deles, Alfredo Guisado, podia até incluir o nome de Antônio Ferro na dedicatória impressa de *Distância* (publicado no início de 1914) — ao lado justamente dos nomes de Fernando Pessoa, Mário de Sá-Carneiro, Augusto Cunha e Antônio Ponce de Leão. E quando Antônio Ferro não contava mais do que 17 anos, Fernando Pessoa era um dos seus companheiros assíduos, que chegou a deslocar-se a sua casa para lhe ouvir ler "peças" da sua autoria.[9]

Mas, malgrado a simpatia e a atenção que dedicava a Ferro, Pessoa não deixaria de sentir — com mais razão até do que Sá-Carneiro — a distância que o separava dele. E di-lo claramente a Armando Côrtes-Rodrigues, numa carta (de 4 de outubro de 1914) em que dá Antônio Ferro e Carvalho Mourão como "ainda muito crianças, social e paulicamente".[10]

Em todo o caso, tal distância não o impediu a ele nem a Mário de Sá-Carneiro de colaborar na primeira obra publicada pelos "bebés" (a designação era de Sá-Carneiro[11]) Antônio Ferro e Augusto Cunha: o *Missal de trovas*. A amizade e a cortesia para com dois jovens companheiros fizeram este prodígio: em 1914, exatamente no ano da explosão heteronímica e do grande salto para a aventura modernista, Fernando Pessoa e Mário de Sá-Carneiro dispuseram-se a discorrer sobre a quadra popular (o que aliás os levou a produzir dois belos textos breves, e, quem sabe, poderá ter contribuído para que Pessoa cultivasse abundantemente o gênero) e a aparecer ao lado de "inimigos" já claros e/ou declarados como Júlio Dantas, Afonso Lopes Vieira e João de Barros.

No entanto, não deixa de ser significativo que nem Antônio Ferro nem Augusto Cunha tenham sido convidados a colaborar em qualquer dos três números de *Orpheu*, eles que, dados ao humor e à pilhéria, estiveram entre as principais vítimas das mistificações que acompanharam a revelação heteronímica;[12] e já vimos as circunstâncias em que o nome de Ferro apareceu no *Orpheu*.

Só que esse aparecimento acabou por ter algumas conseqüências imprevistas. Antônio Ferro, que sempre reagiu bem às partidas que Pessoa e Sá-Carneiro lhe pregavam, não gostou da graça que Álvaro de Campos fez, a propósito de um acidente de Afonso Costa, numa carta endereçada à *Capital* — que em 5 de julho de 1915 atacara a "gente" do *Orpheu*; e se Mário de Sá-Carneiro e Almada Negreiros se dirigiram por carta ou pessoalmente ao jornal a explicar que Álvaro de Campos agira por conta "própria", não devendo ser responsabilizados os seus companheiros ou o *Orpheu* pela "repugnante alusão" a Afonso Costa, já Antônio Ferro, acompanhado de Alfredo Guisado, decidiu anunciar a sua ruptura com o *Orpheu*, e deixar de assumir qualquer responsabilidade como editor dessa revista, qualidade que sem dúvida lhe dera, artificialmente, um precioso prestígio.

Nessa altura é possível que as relações pessoais de Antônio Ferro com os dois principais representantes do Modernismo português tenham esfriado, tanto mais que um outro incidente veio somar-se ao anterior, incidente que só podemos adivinhar pela reação de Sá-Carneiro a alguma notícia que lhe deu Pessoa: "O assunto Ferro-Fernandes Carvalho é puramente deplorável. Esses meninos são insuportáveis. Ter o aplauso de lepidópteros e democráticos como esses é o pior que nos pode suceder. [...] Raios os partam — é pois unicamente o meu comentário, afirmando-lhe que, ao invés de você, nenhum escrúpulo tenho em escrever tudo isto e em os mandar para... a Estefânia, a namorar ao lusco-fusco...".[13]

Sá-Carneiro faleceria poucos meses depois: Antônio Ferro dedicaria à sua memória o soneto "A catedral" de *Árvore de Natal*,[14] um pensamento de *Teoria de indiferença*,[15] e o livro *A amadora dos fenômenos*;[16] mas Pessoa viveria o tempo suficiente para que ficasse claro que os caminhos estéticos de ambos divergiam, tal como o modo de estar na vida ou no mundo, mas que não havia ressentimento algum a pesar nas suas relações. Assim, Pessoa veio a ser um dos intelectuais que assinaram, em 1923, o protesto dirigido ao Presidente do Conselho e Ministro do Interior "contra a medida precipitada e injustificável que proibiu a representação do drama de Antônio Ferro, *Mar alto*".[17] E Antônio Ferro, que Maria José de Lancastre supôs erradamente ser o companheiro de Pessoa que aparece numa fotografia tirada, talvez já nos anos 1930, no Terreiro do Paço,[18] teve em 1934 um papel decisivo na apresentação da *Mensagem* ao Prêmio Antero de Quental do SPN, tal como na distinção que lhe foi dada em "segunda categoria";[19] e, um ano depois, seria um dos poucos que acompanhariam Fernando Pessoa até à última morada, no Cemitério dos Prazeres.

O convívio de Antônio Ferro com os modernistas portugueses não podia deixar de ter muita importância na sua orientação ou na sua vida cultural. Em todo o caso não é muito visível nas suas primeiras produções (poesia, prosa, teatro) a influência dos principais escritores do grupo de que ele era sem dúvida o benjamim. Isso dever-se-á, por um lado, ao fato de tal convívio não ter sido tão profundo e tão prolongado como seria de esperar depois da experiência dos anos 1913-1915; e dever-se-á por outro lado à personalidade de Antônio Ferro que, dizendo-se interessado na permanente "busca do inédito" e intransigente "com a vulgaridade mesmo quando essa vulgaridade" o esperasse,[20] no que se aproximaria dos melhores espíritos do *Orpheu*, sempre se mostrou seduzido, ao contrário destes, pelos efeitos mundanos que revelam as suas obras, não por acaso cheias de "frases", e pelos aspectos fúteis, provisórios e superficiais da modernidade artística e da vida, o que o aproximaria de alguns epígonos futuristas, ou de alguns decadentistas.

Acresce que, tendo interrompido os seus estudos de direito na Universidade de Lisboa, tendo partido para Angola, em 1918, como oficial miliciano, às ordens de um colaborador de Sidônio Pais, Filomeno da Câmara, que o nomeou secretário-geral da província, e tendo, no regresso, escolhido a profissão de jornalista (estreou-se com reportagens e entrevistas a Gabriele D'Annunzio em Fiume) e trabalhando sucessiva ou simultaneamente para *O Jornal*, *O Século*, *Diário de Lisboa*, *Ilustração Portuguesa*, Antônio Ferro, no dizer de seu filho Antônio Quadros, começou a afastar-se "do campo da literatura pura para o do jornalismo e depois para o da ação político-cultural".[21]

Quando em maio de 1922 Antônio Ferro desembarcou no Rio de Janeiro, podia já exibir, com a vitalidade dos seus 27 anos e a desenvoltura de um espírito desinibido, um *curriculum* cultural de exceção, em que sobressaíam a sua participação nas lutas modernistas portuguesas e, mais do que o prestígio, o "êxito rápido", como ele disse, de alguns livros que publicara.

Depois da estréia com o *Missal de trovas*, que tinha a apoiá-lo textos de nomes sonantes do passadismo ou do Modernismo, Antônio Ferro publicara:

1) *As grandes trágicas do silêncio*[22] (Francesca Bertini, Pina Menichelli e Lyda Borelli), texto da conferência que pronunciou no Salão Olímpia em 1º de junho de 1917 e que, dada como "a primeira conferência" sobre o animatógrafo em Portugal, contém não só uma das pri-

meiras defesas da arte cinematográfica mas também um dos primeiros ensaios portugueses de interpretação da linguagem fílmica, além de conter o elogio das "frases" e uma indicação da família estética (e filosófica) do autor ("Balzac, Wilde, Anatole, Huysmans, D'Annunzio");

2) *O ritmo da paisagem*[23] (1918), "palavras para um poema sinfônico" que no título lembra o livro de sonetos *Elogio da paisagem* (1915) do seu amigo Alfredo Guisado, tal como o lembra no gosto pós-simbolista das imagens e do cruzamento de sugestões musicais, religiosas, visuais, psicológicas, mas de que se afasta pela estrutura livre (verso, versículo, frase; prosa poética, poesia em prosa; três partes) bem como pela passagem do plano intimista para o telúrico e patriótico;

3) *Teoria da indiferença*[24] (1920), obra de pequeno formato contendo em cada página uma "frase", um paradoxo, ou uma observação paradoxal sobre a arte, a vida, e os homens, especialmente artistas e escritores, e que, nos seus melhores momentos, parece antecipar-se a reflexões de um Marshall McLuhan, ou de um Jorge Luís Borges;

4) *Árvore de Natal*[25] (1920), poemas distribuídos por cinco partes, e com exceção de um, em verso livre, estruturados em quadras ou, na sua maioria, sonetos, às vezes "sonetis", incidindo sobre as duplicidades da relação afetiva ou do comportamento individual, oscilando entre a notação concreta à Cesário (nomeado num verso) e a expressão enfeitada ou afetada à Júlio Dantas, recheados de alegorias (sobretudo do corpo feminino) e de imagens originais e sugestivas ("Os teus olhos são *Yachts* de recreio...";[26] "No teu sorriso há carnavais em Nice!";[27] "Mulher que me deténs como uma *affiche*..."[28]), a que falta não obstante a energia e a encenação moderna que seria de esperar de quem andou pelo *Orpheu*;

5) *Colette, Colette Willy, Colette*[29] (1921), outra conferência, pronunciada em 6 de novembro de 1920 (acrescida de mais um prefácio, de uma carta e de uma fotografia com dedicatória autografada), que vale não só como homenagem vibrante à escritora francesa ("saudando em Colette a minha própria mocidade"... "Colette é a bandeira da França"[30]) mas também como reflexão sobre a relação da mulher com a literatura, e sobre Portugal;

6) *Leviana*[31] (1921), "novela em fragmentos", de que noutro capítulo nos ocuparemos, e que por um lado desenha o perfil de uma

mulher mundana, urbana e moderna e, por outro, se vale de uma técnica narrativa sincopada, poética, telegráfica, como a que Mário Sá-Carneiro praticara nalgumas das suas novelas, sobretudo em "A grande sombra" e "Eu-próprio o outro";

7) *Nós*[32] (1921), manifesto que, informa Petrus, foi "impresso em papel levemente pardo, em duas laudas", e distribuído "à porta da Brasileira do Chiado, pelo seu próprio autor";[33] claramente inspirado por outros manifestos — de Marinetti, de Apollinaire ("A antitradição futurista") e de Álvaro de Campos ("Ultimatum") —, defendia que "o passado é mentira", e que o artista moderno devia ser um "Sud-express para o futuro" e fazer "a Grande Guerra na Arte", mas abonava-se confusamente de alguns nomes de artistas rejeitados nos manifestos de Apollinaire e de Álvaro de Campos, e não superava nem igualava o radicalismo e a agressividade das propostas destes manifestos;

8) *Gabriele d'Annunzio e Eu*[34] (1922), "crônicas" de Fiume, cidade a que o autor se deslocou expressamente para ouvir ou conviver com um prestigiado político e um prestigiado escritor, hábil, requintado, empenhado em pôr "Arte na Vida", que por isso não podia deixar de seduzir o autor de *Leviana* e o futuro colaborador de Salazar.

Eram estas as obras que Antônio Ferro podia exibir à sua chegada ao Brasil, onde algumas delas já circulavam. Lembre-se por um lado que o editor de *Leviana*, H. Antunes, atuava em Portugal e no Brasil, e que no Brasil apareceu a 2ª edição de *Teoria da indiferença*, um ano depois da edição portuguesa; e lembrem-se, por outro lado, os testemunhos de alguns escritores como Menotti del Picchia, Carlos Drummond e Carlos Malheiro Dias, que sugerem que Antônio Ferro já usufruía de algum prestígio no Brasil quando ali desembarcou. Menotti del Picchia, por exemplo, pôde mesmo dizer em 1922: "Antônio Ferro é sempre um paradoxo: antes de aqui vir, já aqui estava. Encontrou-se consigo mesmo nos seus versos, que sabíamos de cor, nas suas frases-lápides, que sabíamos de cor".[35] Mas ao longo dos meses que iria passar em terras brasileiras Antônio Ferro, nas suas próprias palavras, veria o seu nome afixado "em grandes letras, por todo o Brasil, nas discussões, nos jornais e nos livros...".[36] Ele que partira "sem credenciais, sem comendas e sem encomendas",[37] apenas com a sua arte, poderia, ao regressar à pátria, falar no "maior triunfo" da sua "vida literária".[38] E com razão, quando se observa o número de amigos que fez entre os novos e grandes escritores modernistas, o número de notícias e textos que lhe foram consagrados, o número de obras suas que viu editadas (isto para não referirmos episódios extraliterários como o do seu casamento com a poetisa portuguesa Fernanda de Castro), e quando se sabe que em teatros do Rio e de São Paulo foi estreada a sua peça *Mar alto*, que já levava pronta de Portugal.

Aliás, ao teatro se deveu, ao que parece, a viagem de Ferro ao Brasil. De acordo com uma informação de Fernanda de Castro,[39] foram Erico Braga e Lucília Simões que, às vésperas de uma *tournée* da sua companhia pelo Brasil, convidaram o então crítico teatral a acompanhá-los. Antônio Ferro não viajou portanto na "qualidade" de representante do Modernismo português, como faz crer João Alves das Neves;[40] e muito menos "tomou parte integrante" na Semana de Arte Moderna, como diz Amândio César.[41]

Na verdade, a Semana teve lugar em fevereiro de 1922, e Antônio Ferro só chegou ao Brasil — ao Rio — em meados de maio desse ano. Uma revista carioca, a *Revista da Semana*, anunciava a 6 de maio a próxima "visita" de "um mensageiro da intelectualidade portuguesa". Depois de uma introdução grandiloqüente sobre os "novos escritos portugueses" ("Às liras harmoniosas dos poetas volta o heróico ritmo camoniano", "Aos cálamos dos prosadores, molhados de erudição, regressa o valoroso acento dos cronistas antigos"), o anônimo jornalista, que citava Dantas, Lopes de Mendonça e João de Barros e cuja prosa era ilustrada com uma fotografia de Ferro, apresentava o autor de *Leviana* como "uma das figuras mais representativas da atual geração portuguesa". Dias depois, a 27 do mesmo mês, a mesma revista inseria a seguinte notícia:

> Está no Rio o ilustre diretor da *Ilustração Portuguesa*, o sr. Antônio Ferro. Ao homem de letras, poeta, novelista e cronista do mais original talento, fantasista rutilante, que tão notavelmente se destaca entre a geração nova de Portugal, a *Revista da Semana* apresenta as suas saudações cordialíssimas.
>
> Antônio Ferro vem encontrar nas artes brasileiras as primeiras manifestações precursoras de uma evolução que caminha ao encontro de no-

> vas concepções e novos processos, tanto nas letras como na pintura e na música, onde Villa-Lobos afirmou uma individualidade insurgida contra a rotina.
> Esperamos que Antônio Ferro não recusará à *Revista da Semana* o artigo que lhe pedimos sobre a sua geração e que nestas páginas fale aos novos do Brasil dos novos de Portugal, que estão alvoroçando de mocidade uma nação antiga.

O pretendido artigo não chegou a aparecer na *Revista da Semana*, que todavia pôde inserir, a 17 de junho, parte do texto da conferência que Antônio Ferro pronunciara no Gabinete Português de Leitura sobre Camões, em que dava o feito recente de Gago Coutinho e Sacadura Cabral como "uma estrofe inédita dos *Lusíadas*" e se apresentava como "aquele homem que jurou a si próprio, pela sua fé, dar vinte anos a Portugal, proclamar a mocidade na nossa terra velhinha...".

Uma outra revista carioca, a *Careta*, referia-se a Antônio Ferro como a "um demônio encantador", "um desses espíritos insubmissos criado na escola dannunziana da volúpia acima de todas as artes",[42] e transcrevia várias das "frases de *Leviana*" para "êxtase" das suas leitoras, vindo mais tarde a transcrever também frases ou paradoxos de *Teoria da indiferença*.[43]

Pouco depois, a 21 de junho, fazia Antônio Ferro, no Trianon carioca, a sua segunda conferência, sobre "A arte de bem morrer", que, de acordo com a *Revista da Semana*,[44] constituiu "o maior e mais justo dos triunfos". Esse triunfo terá começado logo pela apresentação, a cargo de Ronald de Carvalho, o diretor do *Orpheu*, que não receou declarar sobre o "editor" dessa revista: "Não conheço na literatura modernista do seu país, mais acual, mais perturbador, mais ágil artista que o autor da *Teoria da indiferença*".[45]

Antônio Ferro faria ainda mais duas conferências no Rio, a 17 e a 30 de julho. A primeira, "As mulheres e a literatura", pronunciou-a no Palácio-Teatro, onde contou com a colaboração dos atores Lucília Simões e Erico Braga, que interpretaram textos exemplificativos; a segunda, "A idade do *jazz-band*", pronunciou-a no Teatro Lírico, e foi precedida de uma apresentação de Carlos Malheiro Dias, que seria incorporada na edição do texto,[46] e publicada na revista *Contemporânea* (nº 8, 1923).

Das suas atividades no mês de agosto não temos notícia; mas sabemos que no dia 12 se dirigiu ao Consulado de Portugal no Rio para formalizar o seu casamento — por procuração — com a poetisa Fernanda de Castro. E enquanto em Lisboa era representado na cerimônia matrimonial por Augusto Cunha, no Rio servia-lhe de testemunha o almirante Gago Coutinho.

Fernanda de Castro partiu dois ou três dias depois para o Brasil. O navio em que seguiu, o "Curvello", fez escala no Recife, onde embarcaram dois jovens que logo estabeleceram relações de amizade com a jovem poetisa, que ao tempo já tinha dois livros publicados: *Antemanhã* (1919) e *Danças de roda* (1921). Um dos jovens era Raul Bopp, o futuro verde-amarelista e "antropófago", o grande poeta de *Cobra Norato* e o memorialista de *Movimentos modernistas no Brasil 1922-1928* (que por sinal também veio a ser diplomata em Lisboa); o outro era Joaquim Inojosa, que em breve se tornaria o grande apóstolo das idéias modernistas no Nordeste. Foi Inojosa que sugeriu a importância que para ele e para Raul Bopp teve a viagem em companhia de Fernanda de Castro:

> Nós a conhecemos a bordo do "Curvello", em que viajávamos (1922) com destino ao Rio, numa embaixada de estudantes de Direito às festas do Centenário. Raul Bopp, embora não integrasse a "embaixada", seguia no mesmo navio, despedindo-se de Recife, onde estudara.
> Ela nos pôs em contato mais direto com Antônio Ferro, emprestando-nos obras que o Raul Bopp devorava com a sua satisfação de boêmio intelectual e a sua cabeleira de filho legítimo das musas.
> Todas as noites realizávamos horas literárias. E ouvíamos a sua voz, no ritmo verde da poesia.[47]

Já acompanhado de sua mulher, Antônio Ferro partiu para São Paulo, onde os jovens modernistas logo o acolheram como a um dos seus. E na verdade ele colaborara já no número 3 de *Klaxon*, de 15 de julho de 1922, com o manifesto *Nós*; e no seu número 5, de 15 de setembro, a revista *Klaxon* inseria esta notícia:

> Está entre nós o escritor português Antônio Ferro. Ao autor dessa adorável *Leviana* ofereceram os Klaxistas um jantar. Houve alegria, amizades,

> discursos e trocadilhos. Num dos momentos um dos convivas escreveu no cardápio: "S. Paulo precisa importar ferro". Ao que o homenageado imediatamente respondeu: "porque Ferro se importa com S. Paulo". O céu escureceu. A Terra tremeu. E muitos mortos ressuscitaram.[48]

Dias antes, a 12 de setembro, o jovem casal português dera início a uma série de intervenções culturais em São Paulo e arredores. A estréia foi feita no Teatro Municipal, que meses antes servira de cenário à Semana de Arte Moderna: Fernanda de Castro disse poemas e Antônio Ferro pronunciou a conferência sobre "A idade do *jazz-band*" — depois de Guilherme de Almeida ter feito a sua apresentação: "Aqui estão pois, prontos para espalhar magicamente, magneticamente, sobre todos nós a sua Arte puríssima, a sua Arte que é o luar da sua lua de mel — a Senhora e o Senhor Antônio Ferro. Ferro? Não: ouro, ouro de lei, ouro de Portugal!".[49]

Cerca de um mês depois, a 9 de outubro, o casal repetiu a sessão no Teatro Guarany de Santos. O programa falava num "serão de arte portuguesa" dividido em três partes: na primeira, Fernanda de Castro disse versos seus e de Antônio Ferro; na segunda, Antônio Ferro pronunciou a sua conferência "A idade do *jazz-band*", "ilustrada pela gentil e talentosa bailarina Ivonne Daumerie e por um autêntico *jazz-band*"; e na terceira Fernanda de Castro disse poemas de Augusto de Santa-Rita, Virgínia Vitorino, Maria de Carvalho, Laura Chaves, Teresa Leitão de Barros, José Bruges de Oliveira, Américo Durão e Guilherme de Almeida.

A 4 de novembro o casal deslocou-se a Campinas, em cujo Clube Semanal de Cultura Artística, depois de apresentado por Álvaro Miller, Antônio Ferro pronunciou a conferência sobre "A arte de bem morrer", e Fernanda de Castro recitou "versos brasileiros e portugueses".

A 10 de novembro Antônio Ferro repetiu, no Automóvel Club de São Paulo, a conferência sobre "A idade do *jazz-band*".

A 18 do mesmo mês foi a sua estréia "como ator e como autor teatral": a Companhia Lucília Simões apresentou no Teatro Santana, de São Paulo, a peça *Mar alto,* com os papéis principais entregues a Antônio Ferro — que, segundo a imprensa, não se saiu mal —, a Lucília Simões e a Erico Braga. A publicidade a esse espetáculo dizia que ele não se repetiria "em vista da companhia retirar-se", e que, "por especial deferência com o festejado autor e ator", recitaria "várias poesias a encantadora poetisa Fernanda de Castro Ferro".

A 5 de dezembro o casal voltou ao Teatro Municipal para fazer a sua despedida artística de São Paulo. O programa oferecido era, dessa vez, o seguinte:

PROGRAMA

PRIMEIRA PARTE

PALAVRAS DO BRILHANTE ESCRITOR BRASILEIRO MENOTTI DEL PICCHIA SOBRE ANTÔNIO FERRO.

"A ARTE DE BEM MORRER"

CONFERÊNCIA POR ANTÔNIO FERRO.

SEGUNDA PARTE

1) SYLVIA (BAILADO) .... DELIBES
2) TANGO .... A. LEVY
3) DANÇA ESPANHOLA .... MOSKOWSKY
BAILADOS — IVONNE DAUMERIE

TERCEIRA PARTE

ÁGUA DA FONTE............... } FERNANDA DE CASTRO FERRO
CANTIGAS DO ARRAIAL ....
(QUADRAS AO SABOR POPULAR)

POEMA DUM INDOLENTE .... } ANTÔNIO FERRO
O MEU RETRATO...............

TRISTEZA .... } VIRGÍNIA VITORINO
DIFERENTES..................

PRETO — PAPUSSE — PAPÃO ...... AUGUSTO DE SANTA RITA
VELHINHO .... MARIA DE CARVALHO
SONETO .... GUILHERME DE ALMEIDA
JUCA MULATO .... MENOTTI DEL PICCHIA
CANÇÃO DO SONHO FAMILIAR ...... JOSÉ LANNES
ROMANCE .... RONALD DE CARVALHO
PÁTRIA BRASILEIRA .... ROSALINA COELHO LISBOA

RECITAL DE VERSOS
POR FERNANDA DE CASTRO FERRO

No dia seguinte, *O Estado de S. Paulo* que, como quase toda a imprensa paulista, anunciava ou comentava as sessões do casal português, falava numa "regular assistência" (a entrada era sempre paga), dizia que a bailarina "recebera calorosos aplausos" e que o orador fora "muito aplaudido".

Os dois escritores portugueses preparavam-se agora para seguir para Minas Gerais. Antes, porém, deslocaram-se ainda ao Rio, para assistirem em 16 de dezembro à estréia carioca de *Mar alto* no Teatro Lírico, com o ator Mário Santos a fazer o papel que antes representara Antônio Ferro, "preso por vários compromissos", e deslocaram-se a Ribeirão Preto, em cujo Teatro Carlos Gomes repetiram no dia 3 de janeiro de 1923 — sem a presença da bailarina — a sessão do Teatro Municipal, desta vez apresentada por Plínio dos Santos.

Um mês depois, em 6 de fevereiro, o casal apresentou-se no Teatro Municipal de Belo Horizonte, tendo Antônio Ferro falado sobre "A arte de bem morrer". Abgar Renault fez as apresentações. Na assistência encontravam-se vários modernistas mineiros, entre os quais Carlos Drummond (de Andrade), que dias antes conhecera Antônio Ferro na Livraria Morais e, fascinado pela sua pessoa e pela sua obra, lhe consagrou o artigo "A alma tumultuosa de Antônio Ferro",[50] que, por acaso ou não, apareceu exatamente no dia em que o casal português fazia também no Teatro Municipal a sua segunda e última sessão, cujo prato forte era a conferência "A idade do *jazz-band*".

Saindo de Belo Horizonte, o casal Ferro visitou algumas das cidades mineiras; e em 19 de fevereiro estava em Juiz de Fora, onde a 24 realizou mais uma das habituais sessões no salão nobre da Associação Comercial, tendo Antônio Ferro optado pelo texto "A arte de bem morrer".

Daí a dias, foi o regresso ao Rio, mas para uma curta permanência. No dia 13 de março, o escritor Lebre e Lima, que exercia funções diplomáticas no Brasil, ofereceu "à sociedade brasileira", no Metrópole-Hotel carioca, um chá de despedida em honra do casal Ferro, que no dia seguinte iniciou o regresso a Portugal, partindo a bordo do Navio Urânia para a Bahia.

No Gabinete Português de Leitura dessa cidade, nos dias 25 e 26, o casal Ferro realizou sessões no estilo das que vinha fazendo. E no início de abril estava no Recife, onde a 12 e 14 o autor de *Leviana* falou sobre "A arte de bem morrer" e "As mulheres e a literatura", tendo Fernanda de Castro dito, como de costume, os costumados "versos de poetas portugueses e brasileiros".

Como sucedera noutras cidades, a jovem *intelligentsia* pernambucana acolheu Antônio Ferro com euforia. No dia 2 de abril, José Lins do Rego publicava no *Jornal do Recife* um artigo sobre "O embaixador do paradoxo".[51] Joaquim Inojosa publicava em *A Rua*, de 11, outro artigo laudatório sobre "Antônio Ferro, a hora presente...".[52] Numa nota anônima de *D. Casmurro* de 9 de abril dizia-se: "Aqui em Pernambuco nossa platéia está virgem dos modernos. A não ser aquele ridículo que nos vem vindo de São Paulo nós ainda não tínhamos a alegria de escutar um escritor novíssimo. O sr. Antônio Ferro será o primeiro". E assinado pelo pseudônimo "Til", *A Rua* de 13 de abril inseria este poema:

Antônio Ferro fez uma conferência sobre "A arte de bem morrer"

Metendo o ferro na Morte,
Ferro estava a discorrer,
Com sua arte, finura e porte,
Sobre a arte de bem morrer!

E vendo o seu irado açoite,
Por Ferro despedaçado,
A Morte desde ontem à noite,
Ficou num ferro danado!...

Ao chegar a Portugal, em 25 de abril, Antônio Ferro podia gabar-se com razão de ter obtido no Brasil "o maior triunfo" da sua "vida literária";[53] na verdade, o seu nome andara pela imprensa de várias cidades, em notícias, crônicas, entrevistas e artigos assinados por alguns dos melhores escritores;[54] as suas conferências tinham atraído muito público e obtido sucesso; colaborara na prestigiada revista de vanguarda *Klaxon*; estreara-se, com êxito, como autor teatral e como ator; recebera homenagens e testemunhos de apreço por parte de algumas instituições ou homens públicos; convivera com alguns dos mais qualificados escritores e artistas modernistas (Fernanda de Castro chegou mesmo a ser retratada, em simultâneo, por Tarsila do Amaral e por Anita Malfatti); e vira editados ou reeditados alguns dos seus textos: no Brasil apareceu a primeira edição de *A idade do* jazz-band, por sinal devida a Monteiro Lobato, de *Batalha de flores* e de *A arte de bem morrer*, devidas a H. Antunes, que antes lançara em Portugal, mas visando também o Brasil, *Colette, Colette Willy, Colette* e *Leviana,* e apareceram reedições de *Teoria da indiferença*, de *Leviana* e de *As grandes trágicas do silêncio*, bem como do manifesto *Nós*, publicado na *Klaxon*.

Antônio Ferro também recebeu no Brasil algumas críticas negativas — que todavia se revelaram irrelevantes, e nalguns casos até poderiam valer como elogios involuntários. A *Folha da Noite* de São Paulo definiu *Mar alto* como "o mais inteiro e eloqüente atentado ao teatro, à moral e à sociedade";[55] o *Rio-Jornal* do Rio de Janeiro censurou a constante preocupação de Antônio Ferro com a originalidade: "Quer que seu nome venha a público, mesmo para ser apedrejado, mas que venha a público... É um caso patológico de cabotinismo agudo".[56] *A Notícia* do Recife publicou uma crônica irônica de Osório Borba parodisticamente intitulada "A arte de bem viver";[57] e O *Fiau*, também do Recife, em crônica, não assinada, com o título "Antônio Ferro, embaixador da palhaçada" — título claramente opositivo ao que José Lins do Rego dera a um seu artigo publicado cerca de um mês antes sobre A. Ferro, "O embaixador do paradoxo"[58] — fazia afirmações deste gênero:

> Vieram as conferências. Santo Deus!, o que vinha nos dizer da "arte de bem morrer" e do tal "jazz-band", era um amontoado de palavras desconexas, sem idéia, sem fundo, sem pensamento! Um amontoado de tolices, podíamos dizer de frases incompreensíveis e que foram, com muito espírito e benevolência, batizadas com o singular paradoxo: "paradoxos desconcertantes".[59]

Ainda no Brasil, Antônio Ferro confessou que pretendia publicar em Portugal um livro — destinado sobretudo aos portugueses — "de crítica impressionista sobre os novos escritores do Brasil".[60] E mal desembarcou em Portugal, declarou ao *Diário de Lisboa* que havia no Brasil, "principalmente em São Paulo, um núcleo admirável de escritores" e que ia "revelá-los ao público português".[61]

O livro não saiu, a revelação limitou-se, para lá de uma ou outra referência circunstancial, ao artigo publicado em lugar de honra do lisboeta *Diário de Notícias* de 31 de maio de 1924, com o título "A nova literatura brasileira" e os subtítulos: "Graça Aranha e os escritores novos do Brasil — Algumas figuras da nova geração — O morro do Castelo e a velha literatura brasileira".[62] Tratava-se de um "balanço", necessariamente incompleto e nalguns casos equivocado, dos "valores novos" afirmados na "hora de renovação" que vivia a literatura brasileira, tão pouco conhecida em Portugal, e tão necessitada de ações capazes de destruir o "morro do Castelo da Retórica".

O artigo fez alguma sensação no Brasil, onde foi logo transcrito, no todo ou em parte;[63] mas a verdade é que surgiu mais de um ano após a chegada do autor do Brasil, a que aliás voltaria pouco depois, em 1925, acompanhando como representante do *Diário de Notícias* a Tuna Acadêmica da Universidade de Coimbra, cujo percurso podemos seguir pelo livro do seu diretor artístico Manuel da Câmara Leite, *Estudantes de Coimbra no Brasil* (curiosamente, também em 1925, viajou pelo Brasil o Orfeão Acadêmico de Lisboa, cujo percurso podemos seguir pelo livro do seu "orador oficial" Paulo de Brito Aranha, *Portugal-Brasil, orações de fé*).[64] Antônio Ferro apressara-se a escrever para a *Contemporânea* um artigo sobre a sua experiência brasileira, mas apenas para fazer o seu auto-elogio, ou para referir o seu triunfo[65] um pouco à maneira do que faria no Prefácio de *Mar alto*, escrito certamente três ou quatro meses depois, e diferentemente do que faria no livro *Estados Unidos da Saudade,*[66] em que reuniu discursos pronunciados no Brasil ou sobre temas brasileiros na década de 1940.

A preocupação excessiva com a sua promoção ou com o seu "triunfo" pessoal — quando ainda não era diretor do SPN — impediram Antônio Ferro de desempenhar na relação dos modernismos português e brasileiro um papel bem mais relevante do que o que apesar de tudo desempenhou. Ele que não foi de modo nenhum "o pioneiro da aproximação cultural luso-brasileira" que o seu filho Antônio Quadros quis ver nele[67] (como esquecer homens como João de Barros, Nuno Simões, Alberto de Oliveira, entre outros?), não fez pela divulgação dos modernistas brasileiros o que viria a fazer José Osório de Oliveira (é certo que também com a ajuda do SPN...), e perdeu excelentes oportunidades de revelar publicamente no Brasil a literatura de Pessoa e seus companheiros modernistas portugueses — preferindo repetir por onde ia passando duas ou três conferências pouco mais do que divertidas ou habilidosas (em que nem a realidade portuguesa tinha privilégio), como Fernanda de Castro preferia dizer poemas de poetas menores e pouco ou nada modernistas.

Em todo o caso, é de crer que em conversas privadas Antônio Ferro não poderia deixar de falar nos seus amigos do *Orpheu* — embora certamente nada fizesse para destruir as ilusões daqueles que, como um jornalista de Juiz de Fora, o supunham "a figura mais representativa do Portugal de hoje", cujo nome "entre os novos do grande país irmão" era o que mais se tinha espalhado "com a sua arte vibrante, alegre, cheia de mocidade e de frescura".[68]

E Ferro também foi útil ao Modernismo brasileiro. Oswald de Andrade, que, como veremos, sofreu a sua influência, pôde dizer-lhe com razão que "a sua estadia entre nós deu apoio à atitude iniciada pelos modernistas de S. Paulo, perante os volúveis letrados da capital. Sem você, mesmo com todos os remorsos estéticos do inolvidável Graça Aranha, estaríamos mais atrasados".[69]

Fernando Pessoa: influências de (e sobre) brasileiros

O nome de Fernando Pessoa apareceu pela primeira vez na imprensa brasileira — na *Gazeta de Notícias*, do Rio — em 15 de junho de 1913, isto é, pouco mais de um ano depois de aparecer notoriamente na imprensa portuguesa; mas, ao contrário do que sucedera com *A Águia* de abril de 1912, a *Gazeta de Notícias* não publicava colaboração sua: o seu nome aparecia apenas na dedicatória do conto "O homem dos sonhos", de Mário de Sá-Carneiro.

Só que ainda em fins de 1912 ou no início de 1913 o nome de Pessoa já aparecia numa grande antologia da literatura universal, preparada e editada em Portugal a partir de um modelo inglês, mas destinada sobretudo ao Brasil, onde ajudaria a formar escritores como Drummond, que lhe dedicou um poema no livro *Menino antigo (Boitempo — II)*, e que, como outros, não reteve desde essa altura o nome do genial português. Trata-se da *Biblioteca Internacional de Obras Célebres*, obra em 24 grossos volumes, ao longo dos quais Pessoa deixou várias traduções assinadas, e outras anônimas, feitas do inglês e do castelhano.

Oralmente, também já em março de 1913 Carlos Maul havia referido o nome de Pessoa numa conferência — feita "num círculo de homens de letras" e repetida em 26 de agosto no Copacabana Club — que seria publicada em Lisboa no ano seguinte. E é curioso notar que, embora a conferência incidisse sobre "a concepção da alegria nalguns poetas contemporâneos", a referência a Pessoa, como a referência a Sá-Carneiro, era justificada pela sua prosa:

> Quanto encantamento nos poemas nebulosos de Mário Beirão, de Luís de Montalvor, de Afonso Duarte, nos versos viris e suaves de Jaime Cortesão, de Augusto Casimiro, de José Agostinho, na prosa misteriosa dos contos de Mário de Sá-Carneiro, de Veiga Simões, de Nuno Simões, de Vila-Moura, de Orlando Marçal, de Fernando Pessoa, e na doçura amena e simples dos versos de Correia de Oliveira...[1]

A frase de Carlos Maul era ambígua, mas visava certamente apenas "a prosa misteriosa", não "os contos", de Fernando Pessoa. Porque não é provável que nessa altura Carlos Maul conhecesse outra prosa de Pessoa além da ensaística, que ele terá lido em três números de *A Águia* (revista de que era colaborador): os textos, na verdade algo misteriosos, sobre a "nova poesia portuguesa", em que se anunciava a vinda do super-Camões. Recorde-se que só em agosto de 1913 Pessoa publicou um texto de ficção, "Na floresta do alheamento", que faz parte do *Livro do desassossego*, e que só em 1922 publicaria na *Contemporânea* o primeiro conto — "O banqueiro anarquista".

Teria Luís de Montalvor levado consigo para o Brasil ou recebido já ali alguns textos de Pessoa, que naturalmente mostraria ao seu amigo Maul? É uma hipótese embora pouco plausível, apesar da amizade que já então existia entre os dois escritores, como o testemunha uma já referida carta de Pessoa a Álvaro Pinto, datada de 10 de julho de 1913, em que alude a Montalvor, sem o nomear, como a "um amigo meu, poeta e português, que está no Rio e que se dá com literatos e artistas de lá".[2]

Menos plausível é a hipótese de outro que não Montalvor ter servido de intermediário entre Pessoa e Maul. João de Barros esteve no Brasil em finais de 1912, mas nessa altura como mais tarde deviam ser poucos ou nenhuns os seus contatos com Pessoa, que aliás o atacou cerca de um ano depois num artigo de *Teatro, jornal de arte*.[3]

Correia Dias, que sem dúvida se relacionou com Pessoa em 1913,[4] só chegou ao Brasil em 1914. E Ronald de Carvalho, que chegou ao Rio em fins de 1913, e que era amigo de Maul, só graças a Montalvor deve ter estabelecido contato com Pessoa que, na carta que lhe escreveu em 24 de fevereiro de 1915, diz expressamente que Ronald não o conhece.[5]

No mês anterior, Ronald pedira em carta a Montalvor para o lembrar a Pessoa[6] a quem já antes enviara — por intermédio do mesmo Montalvor — o seu livro *Luz gloriosa*.[7] É justamente esta oferta que motiva a carta de Pessoa, que sendo admiravelmente bem escrita, como são quase sempre as cartas do autor (com alguns ajustamentos, ela poderia constituir um fragmento do *Livro do desassossego*), nunca descai para a literatice de algumas cartas de Ronald a Montalvor. Trata-se da carta de um leitor inteligente e atento (o que até pode ser atestado pelos sublinhados que o exemplar lido guarda[8]), mas, mais do que isso, trata-se de uma carta cuidada, desde o pedido de desculpa inicial pelo atraso do agradecimento até à atenuação das restrições e dos elogios, passando também pela afirmação da autoridade pessoal (pessoana), que tanto se vê na alusão à exigência e severidade ("sou o mais severo dos críticos que tem havido") como na alusão à experiência e "velhice" ("Tenho vivido tantas filosofias e tantas poéticas que me sinto já velho").

Pessoa quis, sem dúvida, impressionar bem o brasileiro, e sinalizar, desde logo, perante o companheiro de *Orpheu*, a ascendência que os companheiros portugueses lhe não regateariam. Com efeito, em 24 de fevereiro o projeto de *Orpheu* tinha já arrancado decisivamente; lembre-se que cerca de oito dias antes o mesmo Pessoa se apressara a escrever a Côrtes-Rodrigues, a anunciar-lhe que ia "entrar imediatamente no prelo" a revista de que seriam diretores Montalvor e Ronald, que, acrescentava, era "um dos mais importantes e nossos dos poetas brasileiros".[9]

Poderemos duvidar se "nossos" referia-se a uma qualidade cultural (lusitanizante) ou a uma qualidade literária (modernista), ou às duas; mas não parece haver dúvidas de que foi o *Orpheu* que pôs fim ao adiamento da resposta de Pessoa à oferta de *Luz gloriosa*. Ao longo de 1915, os dois poetas estariam em contato; Ronald envia a Pessoa uma reprodução do retrato que dele fez, no Rio, Antônio Carneiro (a quem dedicou um estudo) com a seguinte dedicatória:

> Ao
> Fernando Pessoa,
> esquisito
> escultor de máscaras.
> Ronald de Carvalho
> Rio.— MCMXV[10]

E nas cartas que em 1915 envia a Montalvor, Ronald nunca se esquece de Pessoa e de Sá-Carneiro, aos quais, diz na carta de março, tem "escrito e respondido".[11]

Mas com a publicação do *Orpheu* 1 parecem ter cessado os contatos entre os dois escritores. Sabemos que até mesmo Montalvor deixou, praticamente, de se corresponder com o amigo, sobre o qual escreve em 1917, como escreverá depois de saber da sua morte. Ignoramos se a questão do *Orpheu*, que verdadeiramente os relacionara, esteve na origem da sua separação; nem a biblioteca (que se conhece) de Ronald guarda qualquer publicação de Pessoa, nem a de Pessoa guarda — além de *Luz gloriosa* — qualquer livro de Ronald. Este, que escreveu textos sobre vários autores portugueses, inclusive sobre Mário de Sá-Carneiro, nunca escreveu nada sobre Pessoa e nem sabemos se terá lido algum texto dele depois de 1915. Pessoa também nunca fez qualquer referência pública a Ronald, para lá daquela em que justificou o fato de ele e Eduardo Guimaraens não figurarem como colaboradores da revista *Sudoeste*, nº 3 (1935), dedicada aos de *Orpheu*: "Excluídos, por motivos de estreiteza de tempo e largueza de distância os dois colaboradores brasileiros"...[12]

As mesmas razões — não muito razoáveis, convenhamos — devem ter contribuído para a saída de Ronald da direção do *Orpheu* 2; e foi talvez por isso que o "serviço de redação" deste número se esqueceu de falar em Ronald — falando apenas em Montalvor, que teria saído por diferentes razões, de ordem administrativa e "outras", talvez até de ordem estética. Mas não pesariam também no caso de Ronald essas "outras" razões? Recorde-se, por exemplo, que Pessoa se referiu à má pontuação de um sonetilho de Ronald.[13] E como teria este reagido à notícia, ou ao fato consumado, da sua saída da direção do *Orpheu*, sem dúvida determinada por Pessoa e Sá-Carneiro?

Do que podemos estar certos é de que esse gesto não pretendia cortar as relações do *Orpheu* com a pátria brasileira, pois no mesmo *Orpheu* 2 colaborava Eduardo Guimaraens, e mantinha-se a indicação do preço de assinaturas para o Brasil, assim como se mantinha a edição da "Livraria Brasileira de Monteiro & Cia.". Ficamos, no entanto, sem saber se os textos de Pessoa e seus companheiros terão tido alguma divulgação no Brasil. Até hoje, só encontramos uma notícia brasileira referenciando a saída do *Orpheu* 1, e não temos conhecimento de qualquer referência brasileira à saída do nº 2.

Mas sabemos que em vida de Pessoa, e até nas décadas de 1910 ou 1920, outras publicações com colaboração pessoana — desde *A Idéia Nacional* à *Contemporânea*, *Presença*, *Descobrimento* — foram lidas no Brasil, ainda que nenhum documento distinga essa colaboração.[14]

E também sabemos que vários amigos de Pessoa andaram pelo Brasil; além de Montalvor e de Correia Dias, que ali se fixou, lembremos os nomes de Veiga Simões, que em 1915 foi nomeado cônsul em Manaus, onde permaneceu até 1919; Álvaro Pinto, que viveu no Brasil desde 1920 até 1937; Jaime Cortesão, que acompanhou a embaixada de Antônio José de Almeida em 1922; Carlos Lobo de Oliveira, que esteve no Brasil em 1922; Antônio Ferro, que por lá andou em 1922 e 1923; e José Osório de Oliveira, que lá esteve em 1923.

Não custa acreditar que, em conversa com camaradas brasileiros, estes escritores portugueses, amigos de Pessoa, o referissem como um dos melhores representantes da literatura que então se escrevia em Portugal; e só é estranho que alguns deles, como Álvaro Pinto e Antônio Ferro, que o liam — dispersamente, é verdade — desde 1912, pelo menos, nada tenham feito publicamente para o divulgar no Brasil.

Que saibamos, o primeiro brasileiro a falar da grandeza de Pessoa, logo em 1931, foi Ribeiro Couto, que talvez o tenha conhecido pessoalmente quando passou por Portugal em 1929; numa carta a Drummond que, autorizado por este, publiquei no *Diário de Notícias* lisboeta em 23 de março de 1967, escrevia o autor de *O jardim das confidências*: "um poeta como Fernando Pessoa ou o José Régio é de a gente tirar o chapéu até o chão".

Mas a divulgação pública de Pessoa no Brasil tardaria ainda alguns anos, embora não tantos como supúnhamos em 1966[15] ("nos anos 1940..."), e como supuseram mais recentemente João Alves das Neves[16] e Edson Nery da Fonseca.[17] Foi em 1938, no nº 7 de *Boletim de Ariel*, que surgiu o primeiro artigo publicado no Brasil sobre Fernando Pessoa. Intitulava-se "O exemplo de Fernando Pessoa" e era assinado por Adolfo Casais Monteiro — que o publicara originariamente no *Diário de Lisboa* de 9 de dezembro de 1937. O nº 11, de agosto, publicaria também uma nota que dava Pessoa como o "único poeta português igualável a Camões" e transcrevia poemas que em abril tinham aparecido na revista lisboeta *Mensagem*. E o nº 12, de setembro, voltava a incluir poemas pessoanos, desta vez transcritos da *Revista de Portugal*. Também a *Revista do Brasil* publicou em novembro de 1938 um artigo, "A apresentação de Fernando Pessoa", assinado por João Gaspar Simões.

Não se esqueça, porém, que Pessoa tinha morrido em 1935, e que a *Presença* — que chegava a vários escritores brasileiros — lhe havia dedicado um número especial, o nº 48, de julho de 1936. Assim, não admira que já em 4 de junho de 1939 Mário de Andrade pudesse escrever estas palavras:

> O caso de Fernando Pessoa, para esta crônica portuguesa, me parece característico do que afirmo. Os poucos brasileiros meus amigos, mais ou menos versados nessa notável inteligência portuguesa, se assombram um bocado com a genialidade que lhe atribuem certos grupos intelectuais de Portugal. Ora, nem portugueses nem brasileiros estaremos provavelmente errados nisto. É que Fernando Pessoa representa, em certos grupos portugueses, uma concretização de ideais múltiplos que nos escapa.[18]

Mário de Andrade fora um dos contemplados com a oferta da *Homenagem a Fernando Pessoa*, que Carlos Queirós publicara também em 1936.[19] Não consta, porém, que tivesse recebido ou lido a *Mensagem* nos tempos imediatos à sua publicação. Esse prazer talvez só tenha sido concedido a um escritor brasileiro: a Cecília Meireles, que aliás seria efetivamente o primeiro escritor brasileiro a escrever — e com admirável penetração — sobre o poeta português.[20]

Acontece que Cecília era casada com um amigo de Pessoa; e que, deslocando-se com ele a Portugal em 1934, teve, em Lisboa, um encontro marcado com o autor da *Mensagem*, mas não chega a conhecê-lo. De acordo com o que me disse em 1966 Heitor Grilo, o segundo marido de Cecília Meireles, Pessoa chegou a deslocar-se ao hotel em que Cecília e Correia Dias estavam hospedados. E Alexandrino Severino obteve da boca do mesmo Heitor Grilo estas informações que transmitiu a Francisco Cota Fagundes:

> Cecília foi a Portugal em 1934 e quis conhecer Pessoa. Telefonou-lhe e marcaram um encontro na Brasileira do Chiado. Pessoa não compareceu e deixou a Sra. a esperar num café — naquela época reduto exclusivo de homens — das doze às duas da tarde. Mais tarde passou pelo hotel de Cecília, deixou o livro *Mensagem* acabado de sair e a explicação que não havia comparecido porque o horóscopo que havia feito de manhã dizia que os dois não eram para se encontrar [!!!].[21]

No espólio de Pessoa encontrei um cartão de visita de Cecília e Correia Dias, e na biblioteca que foi de Cecília encontrei um exemplar da *Mensagem*, com uma dedicatória de "10-XII-1934" — data em que, efetivamente, Cecília e Correia Dias se encontravam em Portugal.[22]

Alguns, entre os quais Cota Fagundes, têm assinalado possíveis influências de Pessoa em Cecília[23] e outros têm assinalado as influências de Pessoa sobre muitos poetas brasileiros dos anos 1940 e seguintes, referindo, inclusivamente, o "Sonetilho do falso Fernando Pessoa", que Carlos Drummond de Andrade publicou em *Claro enigma*, de 1951.[24] Mas conviria perguntar se a influência de Pessoa em brasileiros não começara antes. Carlos Queirós sugeria que sim quando, na *Homenagem a Fernando Pessoa*, contava que um dia, em conversa com Pessoa, lhe mostrara "algumas poesias de um modernista brasileiro, nitidamente marcadas pelo conhecimento das produções do Álvaro de Campos".[25] Tempos depois dessa conversa, o próprio Álvaro de Campos escrevia no jornal *A Informação*[26] de 17 de setembro de 1926: "Ainda há pouco me trouxeram uma publicação brasileira que tem versos seminais nas minhas emoções. Até isso aceito. O Destino assim dá. Ao menos, não tardou".

Quem seria o poeta brasileiro em questão? Carlos Queirós não o disse, mas podia muito bem ser o Ronald de Carvalho de *Toda a América*, aparecido nesse mesmo ano de 1926, e marcado pela influência whitmaniana que também caracterizava a poesia de Álvaro de Campos, inclusivamente a que publicara em 1915 no *Orpheu*. Terá sido por Campos que Ronald chegou, tardiamente, a Whitman?

É possível; em todo o caso Whitman era já conhecido no Brasil, também pelo menos desde 1915, e por um amigo de Ronald — Carlos Maul (que possivelmente também leu o *Orpheu*...). No seu livro *A morte da emoção*, publicado pela Renascença Portuguesa no final de 1915, ele definia Walt Whitman como "profeta do futuro americano" (Pessoa defini-lo-ia, quase pela mesma altura, como "veículo dos Tempos Modernos"[27]) e acrescentava: "Whitman, pouco lido ainda entre nós, transporá a muralha da popularidade em pouco tempo".[28] E no livro *O poeta conversa com a musa*, de 1947, incluiu a tradução de "Alguns poemas de Walt Whitman", que datou de 1917.[29]

Em 1923, era Tasso da Silveira que escrevia numa publicação carioca:

> Ainda não tivemos o nosso Whitman, o que é motivo para o esperarmos como cada vez mais prestes a chegar. Digo o nosso Whitman e não simplesmente o nosso grande poeta: porque é por um Whitman que ansiamos, e não por um Victor Hugo ou um D'Annunzio. Por um Whitman, isto é, por um arrebatado cantor, em sinfonias gigantescas, do mundo novo que somos, da alvorada de raça que representamos, das grandezas que nos couberam no planeta, e do multiforme tumulto de desejo e sonho que a nossa complexidade étnica nos deu.[30]

Alguns meses depois, a *Terra de Sol* publicava "um poema de Walt Whitman", "Poetas que virão", que acompanhava de uma nota em que se lia: "A tradução que damos no presente número de um dos singulares poemas de Walt Whitman, o Poeta-profeta da grande raça yankee, é talvez uma das primeiras, senão a primeira, que aparecem em língua portuguesa. No entanto, fora desejável que toda a obra do cantor formidável já tivesse ressoado aos nossos ouvidos com os acentos mágicos do idioma que falamos".[31]

Manuel Bandeira parece ter estranhado que no livro *Luz gloriosa* Ronald não revelasse nenhum "contato com a estranha poesia de Mário de Sá-Carneiro e Fernando Pessoa".[32] Mas na altura em que esse livro foi escrito não se conhecia ainda a poesia dos dois portugueses. A influência que mais tarde estes tenham exercido sobre Ronald, que obviamente era menos moderno do que eles, parece discreta, até mesmo em *Toda a América*, embora possa trazer surpresas — como as que se terão quando se nota que o primeiro verso do conhecido poema "Brasil" ("Nesta hora de sol puro") ecoa uma passagem da apresentação que João de Barros fez da *Atlântida* ("nesta hora de sol pleno"), ou quando se nota que Ronald fala do riso modernista ("o claro riso dos modernos") variando o título do livro *O claro riso medieval*, publicado em 1916 no Porto, por João de Lebre e Lima, que por sinal foi na década de 1920 secretário da Embaixada de Portugal no Rio de Janeiro, para a qual foi nomeado em abril de 1919.[33]

As surpresas podem vir, por exemplo, da comparação da "Ode marítima", publicada em *Orpheu* 2, com "A oração ao passado", inédito que publicamos em *DI*, e que é certamente posterior a 1915. As diferenças entre os dois textos são claras; o de Ronald, que fala de um "cais da Bretanha" e se apresenta com "cortes" teatrais ou cinematográficos, não tem o fôlego, a vibração, a energia enunciativa nem a qualidade imagística ou estilística do texto de Pessoa, que implica um cais lisboeta e prefere a sucessividade de "andamentos" como que musicais; mas ambos figuram na viagem por mar a viagem interior do homem, ambos exploram as metáforas marítimas (cais, barcos, velas, mastros, marinheiros, náufragos etc.) para exprimir a dialética do movimento e da paragem, do pessoal e do coletivo, do presente e do passado, do permanente e do fugitivo, do dinâmico (viajar, fazer) e do estático (olhar, recordar, sonhar). Embora com algumas diferenças circunstanciais ou com algumas inversões, a construção dos poemas é semelhante (ambos começam e terminam pela alusão ao cais; ambos alternam a narração e a evocação, a exteriorização e a interiorização).

Mas talvez as surpresas não acabem aí. Se porventura Ronald de Carvalho recolheu no seu poema sugestões do poema de Pessoa, também é possível que este tenha recolhido na "Ode marítima" sugestões de outro poema de Ronald, um dos "sonetos íntimos" que publicou em *Luz gloriosa*, e que começa e termina assim:

> *...E o veleiro partiu... para os longes, no Poente,*
> ... ...
> *...E o cais, poeirento e bom, ficou triste e vazio...*

A este soneto — que Pessoa leu certamente pouco antes de compor a "Ode marítima" — referia-se, em termos que mais acentuam a hipótese da contaminação, a carta de agradecimento de *Luz gloriosa*: "Há em si o com que os grandes poetas se fazem. De vez em quando a mão do escultor de poemas faz falhar as curvas irreais de sua Matéria. E então é o seu poema sobre o Cais, a sua impressão do Outono, e este e aquele verso, tal poema ou tal outro, caído dos Deuses como o que é azul do céu nos intervalos da tormenta...".[34]

O mais curioso é que talvez os três poemas, o de Pessoa e os dois de Ronald, não existissem sem os "Versos ao cais" com que encerrava a *Vida extinta* de Filipe de Oliveira, livro que no início de 1913 o seu autor ofereceu a vários escritores portugueses.[35] Nesse poema, o enunciador dirige-se ao cais como a um velho amigo, com cujas "ânsias" e frustrações se identifica, pelo que o visita todas as manhãs, e, como ele, se entretém a ver quem chega e quem parte, o "burburinho" e o "alarme" da "partida e entrada dos vapores"; depois, regressa a casa, mas sonha ainda com ele no "abrigo" do seu "quarto":

Ficas imóvel, e eu, vencendo ondas e escolhos,
no bojo escuro de uma nave,
parto
demandando o sem-fim de algum exílio suave...

Numa saudade vaga, arremesso-te os olhos...
Vejo o teu vulto a se perder, a se apagar...
Vais diminuindo no horizonte imenso...
E sobre ti ninguém que eu deixe a me acenar
em despedida o adeus branco de um lenço...[36]

Por muito que o "tema" force as semelhanças — que também há entre a "Ode marítima" e um poema de Valéry Larbaud, apontado por David Mourão-Ferreira[37] — parece difícil deixar de ver no final do poema pessoano um eco do final do poema de Filipe de Oliveira, que curiosamente inverte o ponto de vista da "Ode marítima": no poema brasileiro, o enunciador parte, com a nave, e olha o cais que "vai diminuindo no horizonte imenso..."; no poema português, o enunciador fica no cais e olha o vapor que é um "ponto cada vez mais vago no horizonte...".

Mas há um poeta brasileiro que deixou na poesia de Pessoa marcas bem mais claras e numerosas do que as de Filipe de Oliveira ou Ronald de Carvalho. Esse poeta foi Olavo Bilac.

No seu estudo "Bilac e Fernando Pessoa — uma presença brasileira em *Mensagem*", publicado em 1966,[38] Ariano Suassuna fez uma minuciosa comparação entre as duas obras, e pôde concluir que a *Mensagem* "teve, entre outras, uma gênese brasileira, através do poema *Sagres*, de Olavo Bilac". Essa conclusão não se impunha por "nenhum dado de fato", mas apenas pelas afinidades textuais que, a ser negada a "influência direta", nos poriam "diante do maior caso de coincidência da literatura luso-brasileira".

Lembra Suassuna que o poemeto *Sagres* foi composto em 1898 e publicado em 1902 (na realidade, saiu em plaquete em 1898), enquanto a *Mensagem* — publicada em 1934 — contém poemas de vários tempos, em sua maioria de 1928-1934, mas sendo o mais antigo de 1913. Ora neste ano — e não só no anterior, como diz Suassuna — Bilac veio à Europa, esteve em Lisboa; aliás, ao contrário do que pensou Suassuna, não foi em 1912 que ele realizou "um dos sonhos da sua vida", o de vir a Portugal, pela simples razão de que já cá estivera se não em 1890-1891, quando se relacionou em Paris com Eça de Queirós, pelo menos em 1904;[39] e a Portugal voltaria em 1914 e em 1916.[40] A sua passagem, mesmo quando rápida, foi sempre assinalada pela imprensa portuguesa, que já desde 1887 publicava poemas seus, o primeiro no *Almanach das Senhoras para 1888*, outros no *Jornal de Notícias*[41] ao longo de 1888; nalguns casos a sua visita foi até celebrada com discursos, homenagens e leituras de poemas. A de 1916 levou o grupo da revista *Atlântida* a organizar um concorrido banquete em sua homenagem, e permitiu a Bilac fazer uma conferência, que foi apresentada por Guerra Junqueiro, o qual beijou na fronte o seu camarada,[42] "príncipe dos poetas brasileiros".

Tudo indica, portanto, que Pessoa foi estimulado para a leitura de Bilac, que de resto já em 1904 publicara no Porto o seu livro *Crítica e fantasia*. Mas os argumentos textuais com que Suassuna defende a sua tese parecem concludentes; segundo ele, em ambas as obras a idéia central "é a febre de Além, a visão, o Sonho, a loucura que impele os homens a enfrentar um Destino superior a suas forças"; em ambas aparece "a imagem do Herói forjando a Obra-Portugal com a espada"; em ambas "Portugal aparece como um começo, uma praia, na qual o herói, posto sobre um promontório e diante do Monstro — que é o mar — fita nele os olhos, de braços cruzados, sonhando com o dia em que há que rendê-lo e domá-lo"; em ambas o herói cumpre o seu dever "e a Tarefa continua"; em ambas é a ousadia que leva à decifração do segredo do mar etc.

Mais interessado nas coincidências de conteúdo, Suassuna não deixa no entanto de apontar algumas coincidências formais: o uso simbólico das maiúsculas, "um certo giro barroco do verso para conseguir uma espécie de dureza na expressão, um engaste de diamante em que o pensamento é, ao mesmo tempo, claro e duro" (melhor se diria, grave ou solene). E poderia apontar outras como: o verso breve ou, se não, sempre nítido, sonoro e pontuado; a elipse; a plasticidade; a acentuação épica etc.

E se há entre as duas poéticas diferenças importantes de que Suassuna se não ocupa (Pessoa é mais contido, mais profundo, mais complexo, mais inovador — na imagística e na morfossintaxe) não é difícil apontar passagens muito próximas (do ponto de vista semântico ou do ponto de vista formal), como estas: "Terras da Fantasia! Ilhas afortunadas!" (Bilac); "São ilhas afortunadas/são terras sem ter lugar" (Pessoa).

Não espantará, assim, que muitos versos de *Sagres* possam ser tomados, por quem os não conheça, como versos de Pessoa; Suassuna pôde até comprová-lo numa experiência que fez com alguns letrados.

As *Poesias* de Bilac não estão na biblioteca — ou no que dela resta — que pertenceu a Pessoa; e o mesmo acontece com a *Vida extinta* de Filipe de Oliveira. Dos poetas brasileiros só mesmo Ronald está representado nela — que todavia tem um número de *Terra de Sol*, de *Descobrimento*, várias obras de José Osório de Oliveira, entre as quais a *Literatura brasileira*, de 1926, assim como *Os sentidos e a emoção nalguns poetas portugueses e brasileiros*, que Bettencourt Rodrigues publicou em 1909 (e que por acaso transcreve a "obra-prima" de Bilac que é o soneto "Ouvir estrelas").

Mas isso não quer dizer que Pessoa não tivesse uma boa relação com o Brasil e com a poesia brasileira. Lembremos, por exemplo, que em 1901-1902 elaborou textos assinados com o heterônimo Carlos Lança, que disse ter nascido na Bahia; que foi para o Brasil que ele "exilou", em 1919, Ricardo Reis; que por mais de uma vez projetou editar em Portugal e até traduzir para o inglês poetas e escritores brasileiros. Entre os seus muitos projetos que aparecem em papéis do seu espólio há os da edição, conjunta ou não, de sonetos brasileiros e de textos de Tobias Barreto, Júlia (Lopes de Almeida ou Francisca Júlia?), Valentim Magalhães, Augusto de Lima, e, pasme-se, Catulo da Paixão Cearense, que chegou a citar num poema sobre São João. Lembremos aliás o que, surpreendentemente, Carlos Queirós contou em 1946:

> Recordo-me de que um dia (em 1932 ou 33) conversando com Fernando Pessoa acerca da possibilidade de o Prêmio Nobel da Literatura ser atribuído, nesse ano, a um poeta português, citando-lhe os nomes indigitados por um periódico de Lisboa que se ocupara do assunto, ele respondeu-me que o único poeta vivo da nossa língua cuja obra, com os seus evidentes defeitos, correspondia às condições fundamentais desse prêmio, era Catulo da Paixão Cearense.[43]

Lembremos ainda que para Pessoa casos havia em que Portugal "quer dizer o Brasil também", ou que o Brasil era "um grande país crescente".[44] E se o *Ultimatum* de Álvaro de Campos metia o Brasil no "desfile das nações" para o seu Desprezo ("E tu Brasil, 'república irmã', blague de Pedro Álvares Cabral, que nem te queria descobrir!"), Pessoa ele-mesmo deixou-nos, talvez em 1914, estas palavras eloqüentes: "Em nós, nenhuma tem sido a influência do Brasil. Urge, por isso, para que criemos uma cultura secundária idêntica à da Espanha, que criemos as condições que a criaram. Urge que estreitemos inteligências com o Brasil".[45]

Mário de Sá-Carneiro, mestre do Modernismo brasileiro

Em 15 de junho de 1913, a *Gazeta de Notícias* do Rio de Janeiro publicava o conto "O homem dos sonhos", de Mário de Sá-Carneiro, que o dedicava a Fernando Pessoa. Como é que esse conto chegara ao jornal carioca?

A resposta parece simples: o jornal transcreveu-o de *A Águia* que acabava de chegar do Porto.[1] Jornais e revistas do Brasil transcreviam então, com alguma freqüência, colaborações literárias de publicações portuguesas, e muito especialmente de *A Águia* — privilegiada, por exemplo, pela *Fon-Fon!*

E sabe-se como é que o conto chegara à revista portuense. Foi Fernando Pessoa — que por sinal fez não propriamente a sua estréia literária, mas o seu aparecimento "espetacular" nessa revista — que propôs a Álvaro Pinto a publicação do "maravilhoso conto"[2] do amigo, e que lho enviou em 3 de maio, devidamente autorizado por Mário de Sá-Carneiro, que o autorizou também a rever as provas. Pessoa perguntava a Álvaro Pinto se o conto ainda chegaria a tempo — o que significa que o número de *A Águia* no qual ele veio a ser publicado deveria estar em fase adiantada de composição. Não custa admitir, portanto, que em meados de junho a revista já circulasse no Brasil.

Em todo o caso, é possível que o texto de Sá-Carneiro tenha chegado ao jornal carioca por outra via — por intermédio de um amigo, que tudo leva a crer seria Luís de Montalvor. Por um lado, há diferenças, embora pouco significativas, entre o texto publicado em *A Águia* e na *Gazeta de Notícias*; por outro, não há dúvida que Sá-Carneiro tinha então no Rio alguns amigos, com os quais se correspondia, e aos quais enviava textos, que naturalmente gostaria de ver publicados no Brasil.

Um desses amigos era Milton de Aguiar, brasileiro de nascimento que veio para Portugal estudar, tendo freqüentado o Liceu do Carmo e o Liceu de São Domingos de Lisboa, onde foi colega de Luís de Montalvor, e de Sá-Carneiro, com quem participou nalgumas atividades culturais. Uma delas foi o grande sarau acadêmico que se realizou no Teatro do Ginásio lisboeta em 24 de abril de 1908.[3]

Em 9 de maio de 1909, Sá-Carneiro escrevia um curioso poema que lhe inspirara uma gripe de Milton de Aguiar (poema que este cedeu a Manuel Correia Marques, que o publicou no *Diário Popular* de 13 de fevereiro de 1958):

Curtes aí no leito a mais aborrecida
Doença que há na vida:
A "gripe" maçadora:
A penca a pingar, dorida, inflamada;
Rubra a garganta, a cabeça pesada,
Espilros e tosse esfaceladora.

Deves porém sofrer tudo isso alegremente,
Seres feliz na dor.
Porque tu, Milton, és incontestavelmente,
No meio do defluxo, a VÍTIMA DO AMOR!

Do amor da arte divina,
Da arte suprema e bela
Que nada pode igualar...
És a vítima da TINA,
Somente por causa dela
Estás aí a espilrar!...
[...][4]

Cerca de um ano depois, Milton de Aguiar regressaria ao Rio, mas pelo menos até 1914 não perdeu o contato com o amigo português, que o estimava muito, a avaliar pelas cartas que lhe escreveu e pela dedicatória do exemplar de *Amizade* que lhe enviou: "Ao grande e querido amigo Milton de Aguiar, ao requintado espírito de artista, ao poeta — com um grande abraço intercontinental do M. de Sá-Carneiro. Lisboa, 30 março 1912".[5]

Conhecem-se pelo menos duas cartas que Sá-Carneiro dirigiu a Milton de Aguiar, em 27 de abril de 1910[6] e em 20 de julho do mesmo ano.[7]

Por esta última sabemos que Sá-Carneiro enviara antes ao amigo um postal, que desconhecemos, como enviara um recorte de jornal com o texto "Em pleno Romantismo", que viria a fazer parte de *Princípio*. Mas conhecemos outros textos que o autor de *Dispersão* enviou para o amigo brasileiro:

- o já referido poema datilografado (e assinado) "Curtes aí no leito a mais aborrecida [...]", datado de 9 de maio de 1909 (que talvez tenha ainda sido entregue pessoalmente);
- o autógrafo "Salomé", soneto datado de 3 de novembro de 1913, que viria a fazer parte de *Indícios de ouro*;[8]
- o autógrafo "Certa voz na noite, ruivamente...", soneto datado de 31 de janeiro de 1914, que também faz parte de *Indícios de ouro*;[9]
- o autógrafo "O poste telegráfico", poema datado de "Lisboa julho 1910" e enviado com a carta de 20 de julho de 1910.[10]

Recorde-se ainda que o primeiro dos contos de *Princípio*, "Loucura...", apareceu dedicado a Milton de Aguiar;[11] e que, uma vez chegado ao Rio de Janeiro, Montalvor deve ter entrado em contato com o antigo colega; uma carta que Sá-Carneiro lhe escreveu em 29 de dezembro de 1913 pressupõe o contato entre eles: "Lembra-me ao Carlos Maul a quem escrevo um postal pelo mesmo correio. E também ao Milton".[12]

Milton de Aguiar, como se deduz da dedicatória manuscrita de *Amizade*, também era poeta, mas nunca vimos qualquer colaboração sua publicada.[13] Estaria ele em contato com algum redator da *Gazeta de Notícias*?

Montalvor, esse, sabemos que pouco depois da sua chegada ao Brasil já conhecia e era amigo de muitos jovens escritores ligados a jornais e revistas. Por sinal, na primeira e na segunda carta conhecidas que Sá-Carneiro lhe escreve para o Brasil fala-lhe em "O homem dos sonhos" — quando ainda o não terminara.[14] Ter-lhe-á enviado depois uma cópia? É bem possível: como é possível que o seu amigo Carlos Maul se tivesse encarregado de fazer sair o conto de Mário de Sá-Carneiro, ele, o futuro autor de *Grandezas e misérias da vida jornalística*, que era colaborador de várias publicações cariocas, que numa conferência realizada em março de 1913 já se referia à "prosa misteriosa dos contos de Mário de Sá-Carneiro",[15] e que já havia sido elogiado por João do Rio na mesma *Gazeta de Notícias*.

Maul tornar-se-ia em breve outro destinatário de cartas e livros de Sá-Carneiro, infelizmente perdidos. Numa carta que o autor de *Princípio* escreveu a Montalvor, em 23 de julho de 1913, pode ler-se: "Hoje mesmo envio ao Maul os *Princípios*".[16] Noutra, de 29 de dezembro de 1913, também pode ler-se: "Lembra-me ao Carlos Maul a quem escrevo um postal pelo mesmo correio".[17] E uma carta que Sá-Carneiro dirigiu em 6 de novembro de 1913 a Cândida Ramos, tia de Montalvor, transcrevia uma passagem de outra carta, também perdida, que Maul lhe enviara, e em que falava do amigo comum — que certamente contribuíra para pôr os dois em contato, talvez antes até de Mário de Sá-Carneiro aparecer n'*A Águia*, onde Maul já colaborava desde o ano anterior.

É por intermédio de Luís de Montalvor, também, que chegam às mãos de alguns jovens jornalistas e escritores brasileiros os livros que de Lisboa lhes remete Sá-Carneiro em 12 de dezembro de 1913: "Pelo mesmo correio, registadamente, seguem três Confissões de Lúcio e quatro Dispersões".[18]

Sá-Carneiro mostra-se empenhado em que falem dos seus livros no Brasil: outros exemplares devem ter seguido pelas vias comerciais. É o que se deduz da passagem de uma carta que escreveu em 27 de junho de 1914 a Fernando Pessoa, e em que lhe pede para ir ao livreiro Bordalo "liquidar a venda" dos seus livros "na província e Brasil".[19]

Aliás, outros textos seus viriam a ser publicados na imprensa carioca: ainda em 1913, a *Gazeta de Notícias* publicava outro "sonho" destinado ao livro que se intitularia *Além*, que Petrus tentou reconstituir;[20] a *Fon-Fon!* de 31 de janeiro de 1914 publicou o poema "Vontade de dormir"; a *Careta* de 20 de junho de 1914 publicou o poema "Escavação" que, como o anterior, faz parte de *Dispersão*.[21]

Mas o poema da *Careta* era acompanhado de um artigo, "Os raros da beleza", em que Ronald de Carvalho, na prosa *artiste* que então cultivava, sublinhava o que havia de "alucinação de coloridos e de sons, de evocação e de Memória..." no livro *Dispersão*, e definia Mário de Sá-Carneiro como "o elegante e bizarro prosador da nova geração d'além-mar, o grande artista da ânsia e do desejo", e como uma "grande alma dolorosa".[22]

Ronald de Carvalho regressara de Paris poucos meses antes; não consta nem é provável que se tenha encontrado ali com Sá-Carneiro. (Mas este encontraria em fins de 1915, na casa de Homem Cristo Filho, um escritor brasileiro — que podia muito bem ser Graça Aranha.) Pelo que é de presumir que foi ainda Montalvor que revelou Sá-Carneiro a Ronald, de quem se tornara amigo. Aliás, nalgumas das cartas que escreveria a Montalvor já nos tempos de *Orpheu*, Ronald não deixaria de enviar lembranças para Sá-Carneiro (e para Pessoa, que também não conhecia pessoalmente).[23] E Sá-Carneiro chegou a escrever-lhe (tal como Pessoa), o que se vê por outra carta a Montalvor: "Diz ao Mário que ele me esculpiu à sua semelhança e que a sua carta é um hinário, um jardim nostálgico de piscinas, com arcadas de Veneza a abrir, frisas de Pompéia a sangrar, torsos da Etrúria, pórfiros ardentes!" [...] "Mandei-lhe umas linhas, também, e uns versos que já terás lido, certamente".[24]

É possível que, em 1914, Sá-Carneiro pudesse contar com outro "amigo" no Rio: Correia Dias. Não temos notícia de qualquer documento que fale das relações entre ambos, mas parece-nos pouco provável que eles não se tivessem conhecido em Coimbra, onde ambos estiveram no ano escolar de 1911-1912, ou que não se tivessem encontrado nalgum café lisboeta; lembre-se que Fernando Pessoa já conhecia o capista de *A Águia* e de *A Rajada*, que encontrara na exposição de Almada em 1913.[25] De qualquer modo, Correia Dias pouco depois da sua chegada ao Rio teria em Ronald de Carvalho e em Carlos Maul dois bons amigos.

Em face de tudo o que dissemos, não admira que Mário de Sá-Carneiro fosse já em 1914 um escritor conhecido e lido no Brasil; nem admira que deixasse desde então algumas marcas em pré-modernistas ou em futuros modernistas brasileiros. Fausto Cunha chegou a relacionar a sua poesia com a dos Andrades paulistas, pelo que tinha de "demolidora e arlequinal";[26] e pela sua exuberância verbal, ou pela sua plasticidade, ou pelo seu sensorialismo, ou pela sua dramaticidade não podia deixar de pesar em poetas como Manuel Bandeira, Jorge de Lima, Raul Bopp, Cecília Meireles e o próprio Drummond, que o devem ter lido ainda jovens. Andrade Muricy notou a sua influência em Ronald de Carvalho e em Ernâni Rosas[27] — nomes a que poderia talvez ter acrescentado outros, como os de Carlos Maul e Eduardo Guimaraens. E Massaud Moisés afirmou, na esteira de Muricy, que o "contato de Rosas com alguns poetas portugueses, sobretudo Mário de Sá-Carneiro, fê-lo caminhar para soluções poéticas dum Simbolismo avançado, francamente prenunciadoras da poesia surrealista".[28]

Foi também Andrade Muricy que lembrou que Ernâni Rosas dedicara uma das suas plaquetes a Luís de Montalvor e a Mário de Sá-Carneiro.[29] Mas foi Cleonice Berardinelli que se encarregou de assinalar algumas das "numerosas consonâncias", ou flagrantes coincidências entre os dois poetas: a mesma "mentalização do concreto" das cores e dos aromas; a mesma "tônica e dominante do narcisismo e da passividade", malgrado "a diferença de timbre e de intensidade"; o mesmo pendor para as imprecisas preocupações metafísicas; a mesma prática de certos processos estilísticos: novas regências verbais, novos vocábulos "belos e expressivos", gosto de "compostos extremamente densos", "inusitado emprego" do advérbio "quase substantivado".[30]

Na verdade, nos sonetos ou nos poemas livres de Ernâni Rosas vislumbra-se a cada hora o mundo e a estética de Mário de Sá-Carneiro, mesmo quando revelam também o mundo e a estética simbolista: ora uma paisagem de jardins e de alamedas ou de castelos, ora um tempo noturno ou de sol-pôr, ora um personagem (Salomé, o-próprio-o-outro), ora uma imagem ("E a alma que anseia, se retarde,/ no olhar do Além em nostalgia..."; "minh'alma nostálgica de além..."), ora um substantivo (oiro), ora um adjetivo (ruivo), ora uma frase reticente, ora um sintagma ("horas de Sonho-Asa") etc.

Claro que a influência de Sá-Carneiro não deixa de ser trabalhada — compare-se por exemplo o soneto "Salomé" de *Indícios de oiro*, em que vêm os poemas que mais terão fascinado o brasileiro, e o soneto deste, "Não serás tu, a sombra...", de *Poema do ópio* (1918). E claro que, como lembrou Cleonice Berardinelli, "em Ernâni Rosas não há a tragicidade intrínseca nem a fatalidade irremediável" de Sá-Carneiro. Mas a ter-se verificado, como esteve para se verificar, a publicação de poemas seus no *Orpheu*, eles (ou os de outro simbolista brasileiro, Pedro Kilkerry) não pareceriam menos modernos do que os de Ronald de Carvalho.

O "JEITO DE PORTUGAL" DO POETA MANUEL BANDEIRA

> Estou criando um novo modo natural. Por enquanto se vê nisso muita afetação. Mas também não foi afetação que fez a gente policiar a sua escrita e pôr o pronome aqui porque Camões o botara aqui? Foi.
> Foi a afetação que fez você escrever policiadamente com o jeito de Portugal uma infinidade de escrituras suas.
>
> MÁRIO DE ANDRADE, *Cartas a Manuel Bandeira*, 1958*

A influência da poesia portuguesa sobre a poesia de Manuel Bandeira, especialmente a da fase inicial, é reconhecida pela maioria dos seus estudiosos. De acordo com o próprio Manuel Bandeira, terá sido Américo Facó o primeiro a assinalar, numa nota da revista *Fon-Fon!*[1] a propósito de *A cinza das horas*, "as raízes portuguesas" do seu "lirismo".[2] Quatro décadas depois, Henrique Galvão apontaria Manuel Bandeira como "o mais alto valor contemporâneo de uma poética luso-brasileira (muito portuguesa nas raízes, muito brasileira nos ramos)".[3]

Alguns críticos adiantam os nomes de poetas portugueses que mais marcas terão deixado na poesia de Bandeira. Antônio Nobre é uma referência quase obrigatória, e a vários títulos; e freqüente é também a alusão a Camões — o que não espanta quando se nota que, tal como Antônio Nobre, foi homenageado num soneto do início do seu livro de estréia, *A cinza das horas*. Já mais rara é a alusão a Cesário Verde, feita por exemplo por Tristão de Ataíde;[4] ou a alusão a Eugênio de Castro, feita por exemplo por Renard Perez.[5] E só dois ou três ensaístas[6] assinalam, mais do que o nome de portugueses privilegiados por Bandeira, a "fonte lusitana" do seu lirismo, a sua relação com a "poesia dos Cancioneiros" ou com as "formas portuguesas antigas, baladas e vilancetes".

Aliás, deve dizer-se também que a alusão às influências portuguesas na poesia de Manuel Bandeira se fica quase sempre pela simples

* P. 88 (carta de 1925).

indicação dos nomes ou pelas referências óbvias; mais sorte têm os influenciadores franceses, que não raro merecem as honras de citações e de análises comparativas, nomeadamente Verlaine e Mallarmé. Entre os portugueses só Camões parece ter merecido tal honra, em obras como *Camões e Manuel Bandeira*, de Jayro José Xavier,[7] e *Camões e a poesia brasileira*, de Gilberto Mendonça Teles.[8]

E deve dizer-se ainda que o próprio Manuel Bandeira se referiu às suas dívidas para com os poetas portugueses em diversos locais e oportunidades, mas sobretudo no livro de memórias *Itinerário de Pasárgada*, no qual se podem ler passagens tão significativas como estas:

> — o gosto que tomei a Camões, cujos principais episódios de *Os lusíadas* eu sabia de cor e declamava em casa para mim mesmo com grande ênfase.[9]
> — Antes dos parnasianos a cantata "Dido", de Garção (meu pai fez-me decorá-la), já me dera a emoção da forma pela forma.[10]
> — No tempo do Ginásio o único simbolismo acessível para nós era o de Antônio Nobre. Este sim, adorávamos, sabíamos de cor. Quanto a Eugênio de Castro, só depois de 1904 vim a conhecê-lo.[11]
> — Mas voltando ao soneto de Camões: outra coisa que aprendi nele e em outros, e ainda na obra de Alberto de Oliveira, Bilac, Raimundo Correia e Vicente de Carvalho, poetas que, com os portugueses Antônio Nobre, Cesário Verde e Eugênio de Castro, foram os que mais atentamente estudei nesses anos de formação, foi não desdenhar das chamadas rimas pobres.[12]

O primeiro soneto que Bandeira tentou publicar continha um verso "de um gongorismo imitado não do sublime cordovês mas do medíocre lusíada Filinto Elísio".[13] (Em *Andorinha, andorinha* a referência a esse soneto e a esse verso volta a conclamar a equívoca referência do gongorismo: "toda aquela quadra da adolescência em que andei me iniciando nos gongóricos portugueses".[14])

Camões e Antônio Nobre foram os primeiros nomes citados por Manuel Bandeira quando Paulo Mendes Campos lhe perguntou quais eram os seus poetas preferidos: e a Camões deu-o mesmo como "preferido de sempre e até hoje na língua portuguesa".[15] Não se estranhará assim que Camões seja o único poeta que comparece no conhecido poema "Portugal, meu avozinho", em que, a exemplo do que fez

Garrett (outro poeta português das preferências de Bandeira), o confunde de algum modo com Portugal, que "ensinou" ao Brasil o seu "carinho", e soube temperar o "gosto misturado" dos brasileiros.[16]

Em prosa, Bandeira revela admiração e simpatia por outros poetas portugueses, tais como: Antero de Quental, que lhe mereceu uma conferência,[17] uma crônica[18] e até a organização e introdução de um livro;[19] Fernando Pessoa, "esse grande amigo de nós todos"[20] a quem dedicou duas crônicas e a quem fez várias referências;[21] Antônio Botto;[22] Jorge de Sena;[23] Alberto de Lacerda[24] (que também homenageou em poesia, como homenageou Antônio Botto, Alberto de Serpa e Maria da Saudade Cortesão). Mas há um poema de *Mafuá de malungo* (1948), intitulado "Improviso", que nomeia, glorificando-os, catorze "poetas de Portugal":

Glória aos poetas de Portugal.
Glória a D. Dinis. Glória a Gil
Vicente. Glória a Camões. Glória
a Bocage, a Garrett, a João
de Deus (mas todos são de Deus,
e há um santo; Antero de Quental).
Glória a Junqueiro. Glória ao sempre
Verde Cesário. Glória a Antônio
Nobre. Glória a Eugênio de Castro.
A Pessoa e seus heterônimos.
A Camilo Pessanha. Glória
a tantos mais, a todos mais.
— Glória a Teixeira de Pascoais.

Claro que a homenagem de Bandeira a esses poetas não significa necessariamente que eles o tenham influenciado, a não ser que consideremos, como Pessoa, que tudo o que lemos nos influencia. Em todo o caso, a presença dos poetas portugueses na poesia de Bandeira está longe de se confinar aos três ou quatro nomes que costuma apontar a crítica, inclusive a mais recente. Veja-se por exemplo que até uma obra como a de Joaquim-Francisco Coelho, *Manuel Bandeira pré-modernista* (1982), que pretende reparar a geral desatenção ao Bandeira dos primeiros livros, só cita como influências portuguesas do poeta as de Camões, Antônio Nobre e Eugênio de Castro.[25]

Ora o próprio Manuel Bandeira pode ter sugerido outros nomes, inclusive de poetas menores. É o caso de João de Barros, a quem disse numa carta de 30 de outubro de 1944:

> Reli os seus poemas com o mesmo encantamento da primeira leitura. Alguns despertaram-me fundas saudades do passado. Assim a "Imagem", que tão forte impressão me produziu. Lembro-me de ter escrito então para um jornalzinho dos estudantes da Faculdade de Direito do Rio um artiguito no qual dava aos rapazes o conselho dos seus belos versos:
> *Quebrou as amarras.*
> *Navio triste, adormecido, junto ao cais!*
> *Vai para o mar!*
> Creio, mesmo, que foi influenciado pela música de "Imagem" que dei aos versos do meu poema "Murmúrio d'água" o mesmo ritmo. E um verso seu, que reporto dos mais belos da nossa língua, nunca mais me saiu da cabeça — e do coração —: "O gesto fluido para a sua indecisão". Vê o meu caro amigo que a minha admiração pela sua poesia é de velha data.[26]

Mas há outros poetas dos fins do século XIX ou início do século XX que estão bem mais presentes do que João de Barros na poesia de Bandeira, e que nem este nem os seus críticos referem. É o caso de Antônio Feijó e, sobretudo, de Gomes Leal.

Talvez muitas das afinidades que encontramos entre o primeiro Manuel Bandeira e o último Antônio Feijó, o de *Sol de inverno* — e convém não esquecer que Antônio Feijó faleceu no ano em que Bandeira fez a sua estréia em livro — se devam menos a uma relação direta do que a uma relação com a teoria e prática do Parnasianismo francês. Há, no entanto, nas suas obras muitas semelhanças de forma e de conteúdo que não parecem determinadas apenas por princípios de escola: o erotismo disfarçado em metáforas recatadas e mitigado pela melancolia e pela consciência do desejo insaciável; a obsessão da morte; o humor voltado para a cena cotidiana; a alegria fugaz ou fantasiada; o apelo da infância; o gosto da quadra, do decassílabo ou do alexandrino, das sonoridades claras, dos epítetos sensoriais, da frase curta e inenfática; o uso do rondó ou da *terza rima* etc.

De qualquer modo, parece também evidente a relação estreita entre poemas, versos ou idéias dos dois poetas. Vejam-se, por exemplo, os poemas "A cidade do sonho" e "Vou-me embora pra Pasárgada":

Sofres e choras? Vem comigo! Vou mostrar-te
O caminho que leva à Cidade do Sonho...
[...]
O mais estéril chão tapeta-se de alfombras.
Não há nuvens no céu, nunca se põe o sol.
Nela mora encantada a Ventura perfeita
Que no mundo jamais nos é dado sentir...
E a um beijo só colhido em seus lábios de Eleita,
A própria Dor começa a cantar e a sorrir!
ANTÔNIO FEIJÓ[27]

Vou-me embora pra Pasárgada
Lá sou amigo do rei
Lá tenho a mulher que eu quero
Na cama que escolherei
[...]
Em Pasárgada tem tudo
É outra civilização
MANUEL BANDEIRA[28]

Ou vejam-se os poemas "Homo sapiens" e "Rondó de Colombina":

De Colombina morta o coração franzino
[...]
Pobre Arlequim! Repara bem: olha o que resta
Desse sonho genial que lhe esvoaçou da testa
[...]
Infantil histrião [...]
ANTÔNIO FEIJÓ[29]

De Colombina o infantil borzeguim
[...]
O sonho passou.
[...]
Pobre Pierrot! Não lhe queiras assim.
MANUEL BANDEIRA[30]

O Manuel Bandeira da primeira fase poderia sem dúvida assinar alguns dos poemas curtos de Antônio Feijó; e o "tísico profissional" que ele era — e que por sinal viu desaparecer, no curto espaço de oito anos (entre 1916 e 1924) os pais e os dois irmãos — não poderia deixar de ser sensível aos versos em que Feijó fala de mortos ou da morte, como estes do "Hino à morte":

Sei que andas, como sombra, a seguir os meus passos,
Tão próxima de mim que te respiro o alento,
— Prestes como uma noiva a estreitar-me em teus braços,
E a arrastar-me contigo ao teu leito sangrento...[31]

Recorde-se que Antônio Feijó foi como "primeiro chefe de missão de segunda classe" ou como cônsul para o Brasil em 1886, ano do nascimento de Manuel Bandeira, fixando-se primeiro no Rio Grande do Sul e depois em Pernambuco, de onde partiu para a Suécia em 1891; e parece sintomático que uma telenovela de 1981, *Baila comigo*, de Manoel Carlos, o tenha dado, pela voz do personagem dr. Plínio, interpretado por Fernando Torres, como "um poeta brasileiro do século XIX", autor do justamente famoso soneto "Pálida e loira", de *Líricas e bucólicas* (1884).

Em todo o caso, mais acentuada do que a influência de Antônio Feijó parece ser na obra de Manuel Bandeira a influência de Gomes Leal, em quem, como em Antônio Nobre, os modernistas portugueses se reconheceram mais do que no autor das *Bailatas*. Bandeira parece ter bebido nele ou também por ele o gosto da expressão franca e vigorosa, o pessimismo existencial na linha do de Antero, que ambos admiravam, a sedução pelos temas do pecado e da inocência, a volúpia de cenas e cenários carnavalescos e noturnos, o pendor anti-romântico, a inquietação de tipo órfico, o sentimentalismo ou cinismo na visão de personagens (amantes, marginais, *clowns*, bêbados, viciados) ou de situações (orgias, crises místicas, exílios, morte).

Ainda que trabalhando-os ou adaptando-os com o seu talento pessoal, e decerto numa perspectiva mais moderna, Manuel Bandeira vale-se de muitos dos motivos ou núcleos imagísticos de Gomes Leal, sobretudo das *Claridades do Sul*. Vejam-se, por exemplo, poemas que falam da noite, do luar, do crepúsculo (e não é decerto por acaso que ao motivo do entardecer se associa a metáfora da rosa no poema de Bandeira "Enquanto morrem as rosas...",[32] claramente inspirado no soneto de Gomes Leal "Rosa mística").[33] Confrontem-se o poema de Gomes Leal "Noites de chuva"[34] ("E tanto apraz, sonhando, sobre o leito,/ Ouvir a longa chuva nas calçadas!...") e "Enquanto a chuva cai"[35] ("Volúpia dos abandonados.../ Dos sós... — ouvir a água escorrer"); "Carta ao mar"[36] ("Das bandas do poente lamentoso/ Quando o vermelho sol vai ter contigo [...] Nada é mais triste, trágico, profundo [...]") e "Oceano"[37] ("A treva é densa./ Ulula o mar, que não vejo,/ Naquela voz sem consolo,/ Naquela tristeza imensa"); "Os deuses mortos"[38] e "A morte de Pã";[39] "À memória de minha irmã"[40] e "A minha irmã".[41] Notem-se paralelismos na descrição de cenas: "Todos buscando o gozo e achando o abatimento [...] Tocava o termo a ceia [...] Todos riam sem causa [...] E eram já cor de vinho os risos e a toalha"[42] e "Chispa ardente lascívia em cada rosto glabro./ Luzem anéis. À luz crua do candelabro/ Finda a ceia. O perfume e os vinhos entontecem";[43] ou na narração de episódios (o narrador do soneto "O judeu errante":[44] "Que não sei onde pára a minha amada,/ — Nem também onde pára o meu baú", — e um personagem do soneto "Verdes mares",[45] em que a cena e o cenário, e até os versos sentimentais ou românticos são dessacralizados ou ironizados na referência material e banal: "perdi a mala!"); ou na identidade de personagens (a personagem feminina de "Tristíssima",[46] ou de "A dama branca"[47] — e a de "Baladilha arcaica");[48] ou no uso do mesmo símbolo, ainda que com alguma diferença de valores — que por exemplo podem ser a "idéia", a "sedutora", a "morte" (já dada como "señora tan blanca" no velho romance castelhano *El enamorado y la muerte*) nos poemas por sinal com o mesmo título "A dama branca";[49] ou no recurso ao mesmo epíteto ("corpo sem rival perfeito",[50] "Quebrar teu corpo perfeito",[51] e "Teu corpo claro e perfeito"[52]); ou na preocupação com o leitor ("Depõe o livro de lado:/ — Não leias estas quimeras!"[53] e "Fecha o meu livro, se por agora/ Não tens motivo nenhum de pranto"[54]); ou, finalmente, na referência avulsa a plantas como as araucárias (poemas "A casinha branca do vale"[55] e "À sombra das araucárias"[56]), ou a animais como as andorinhas (diversos poemas) e os sapos ("Caluniadores chatins, ó víboras daninhas,/

Sapos, escorpiões, chatas rãs, coaxai!...”[57] — e “Enfunando os papos,/ Saem da penumbra./ Aos pulos, os sapos”[58]).

As relações intertextuais são claras, e numerosas. Mas para as comprovar talvez bastasse a transcrição dos poemas “Canto chué” e “Bacanal”:

Canto chué
Ditirambo

Hip! Hip! Hurrah! Hurrah!
Hip! Hip! Hurrahl Hurrah!
HipI Hip! Hurrah! Hurrah!

Saudemos o deus Pan!
Gritemos: Evoé!
Evoé! Baco! Péan!

Ao nosso Avó Noé!
Ao grande Anacreonte!
Matemos o Ananké!

Aos pâmpanos do monte!
Às noites da Gandaia!
Enforque-se o Caronte!

À Vênus, mas sem saia!
Ao Champanhe Clicquot!
Ao Tonel sob a olaia!

Ao frascário Marlow!
Ao Bispo S. Martinho!
Aos espectros do Poe!

À eloqüência do Vinho!
Às canções do Catulo!
Às Vênus do caminho!

Ao lascivo Tibulo!
Às ceias sem manhã!
À pança de Luculo!

Saudemos o deus Pan!
Gritemos Evoé!
Evoé! Baco! Péan!

Hip! Hip! Hurrah! Hurrah!
Hip! Hip! Hurrah! Hurrah!
Hip! Hip! Hurrah! Hurrah![59]

Bacanal

Quero beber! cantar asneiras
No esto brutal das bebedeiras
Que tudo emborca e faz em caco...
Evoé Baco!

Lá se me parte a alma levada
No torvelim da mascarada.
A gargalhar em doudo assomo...
Evoé Momo!

Lacem-na toda, multicores,
As serpentinas dos amores,
Cobras de lívidos venenos...
Evoé Vênus!

Se perguntarem: Que mais queres,
Além de versos e mulheres?...
— Vinhos!... o vinho que é o meu fraco!...
Evoé Baco!

O alfange rútilo da lua,
Por degolar a nuca nua
Que me alucina e que eu não domo!...
Evoé Momo!

A Lira etérea, a grande Lira!...
Por que eu extático desfira
Em seu louvor versos obscenos.
Evoé Vênus![60]

Chegados a este ponto, perguntar-se-á: como e quando leu Manuel Bandeira os poetas portugueses Antônio Feijó e Gomes Leal — que nunca cita, mas que deixaram claras marcas na sua obra?

A resposta pode partir de algumas confissões do *Itinerário de Pasárgada* que se referem à formação literária de Manuel Bandeira. Nascido num tempo (dois anos antes da abolição da escravatura, três anos antes da proclamação da República) e numa região favorável à preservação ou ao respeito dos valores da cultura portuguesa, o poeta cedo foi despertado para o gosto da língua e da literatura popular, pela ação do seu pai, ou, como Garrett, de uma criada, a mulata Rosa, e de pessoas das suas relações, algumas das quais portuguesas.

Mas das quadras e trovas populares, dos contos de fadas, das cantigas de roda, ou dos simples ditos graciosos ou expressivos ("Jamais me esqueci das palavras com que certo caixeiro de venda português deu notícia de um companheiro"[61]), passaria sem dificuldade para a literatura culta. O pai, engenheiro Manuel Carneiro de Sousa Bandeira, que, poucos meses depois do nascimento do filho, passou uma larga temporada em Portugal e na Europa, e que "era um grande improvisador de *nonsense* líricos",[62] obrigou-o a decorar textos como a cantata "Dido" de Correia Garção.[63] Aluno de ginásio, Bandeira também "sabia de cor e declamava" os "principais episódios" de *Os lusíadas*[64] (o que lhe permitiria até brilhar numa conversa e num encontro fortuitos com Machado de Assis).[65]

Mas no ginásio carioca (o hoje prestigiado Pedro II) encontraria Manuel Bandeira colegas e professores que muito o estimulariam no estudo dos clássicos portugueses: João Ribeiro, Sousa da Silveira, Antenor Nascentes, e sobretudo, Silva Ramos, "o catedrático de português".

Silva Ramos, que o autor de *Carnaval* evocou em discurso na Academia Brasileira de Letras (em 1953) e numa das *Crônicas da província do Brasil*, teve uma influência decisiva na vocação literária de Manuel Bandeira, como a teve na vocação lingüística de Sousa da Silveira e de Antenor Nascentes: "em nove meses de aulas, Silva Ramos teve o talento, eu deveria dizer a alma, de pôr na cabeça de um menino até então inatento a qualquer espécie de beleza literária, o gosto, a verdadeira compreensão dos padrões mais nobres da nossa linguagem; no português que falo e escrevo hoje, mesmo quando me utilizo de formas brasileiras aparentemente mais rebeldes à tradição clássica, eu sinto as raízes profundas que vão mergulhar nos cancioneiros".[66]

Pois bem: para lá das suas qualidades humanas, para lá das suas capacidades pedagógicas, Silva Ramos era um apaixonado de Portugal e da literatura portuguesa, que ensinava também apaixonadamente aos seus alunos: "Toda a classe ficava fascinadamente presa à sua palavra, em que havia um leve sabor da fala portuguesa. Ainda hoje quando nos encontramos, os companheiros daquele tempo, gostamos de recordar a maravilhosa aula de dicção que foi certa vez a leitura da 'Última corrida de touros em Salvaterra'".[67]

Além do mais, Silva Ramos conhecia bem a literatura portuguesa, e não só a clássica. Pernambucano como Manuel Bandeira, era filho de mãe portuguesa, que perdeu ainda menino, o que determinou a sua partida para Portugal, onde foi educado com umas tias. Regressando adolescente ao Brasil, não tardaria a retornar a Portugal para estudar direito na Universidade de Coimbra, tendo-se licenciado em 1877 nessa mesma cidade em que, aliás, publicara em 1871 o livro de poemas *Adejos*. Só depois disso, e depois de uma estadia na Inglaterra, se fixou no Brasil, onde passou a exercer a profissão de jornalista e de professor e integrou o grupo de fundadores da Academia Brasileira de Letras, de que foi secretário e membro. Mas, de acordo com José de Alcântara Machado que veio a ocupar a sua vaga nessa Academia, nunca mais pôde esquecer Portugal: "Tudo tem nele o sotaque marcadamente lusitano: a prosódia, substância musical da língua, e a sintaxe, regimento interno do idioma; os hábitos e as inclinações; as tendências afetivas e intelectuais".[68]

Referiu Manuel Bandeira, também em discurso acadêmico, que Silva Ramos "conhecera Castilho, convivera com João de Deus, Guerra Junqueiro, Cesário Verde",[69] nomes a que Raimundo de Menezes acrescentou os de outros escritores portugueses "de nomeada", como o conde de Sabugosa, Gonçalves Crespo, Macedo Papança e João Penha.

Curiosamente, nem um nem outro citaram o nome de Antônio Feijó. Mas tudo leva a crer que ele esteve entre os "escritores de nomeada" portugueses com quem Silva Ramos ainda se relacionou. É verdade que Antônio Feijó chegou a Coimbra em 1877 para cursar direito exatamente no ano em que Silva Ramos ali concluía o mesmo curso; mas, já então amigo de João Penha, e sendo desde logo um dos mais notados membros do grupo de jovens literatos, evocado por Luís de Magalhães, que tinha por mestres e às vezes por convivas João de Deus, Antero, Junqueiro, Gomes Leal, João Penha, Gonçalves Crespo, não seria difícil ao calouro estabelecer relações com o veterano ou o recém-formado.[70]

De qualquer modo, a Silva Ramos dedicaria Antônio Feijó um dos poemas de *Sol de inverno*, "Beatitude amarga". E de qualquer modo o conhecimento de Antônio Feijó no Brasil não se justificava só pelo fato de lá ter vivido. Já em 1887, por exemplo, aparecia um poema seu ("Os cabelos brancos") no muito divulgado *Almanach das Senhoras Portuguesas e Brasileiras para 1888*, editado no Porto, em que também colaborava Gomes Leal. E mais tarde viria a ser eleito sócio da Academia Brasileira de Letras. Falecido no ano em que Bandeira fez a sua estréia em livro, a sua vaga nessa Academia seria ocupada por João de Barros.

À época em que Manuel Bandeira escrevia a maior parte dos poemas de *A cinza das horas* e de *Carnaval*, em que ecoam vozes de vários poetas portugueses, vivia no Rio de Janeiro o português Alberto de Oliveira, que fora grande amigo de Antônio Nobre e que, também poeta e diplomata, não deixaria de propagandear o nome de Antônio Feijó. Oito dias depois da morte do que foi um dos seus "mais fiéis amigos", fez na Academia Brasileira de Letras (28 de junho de 1917) uma comovida evocação "mais do seu amor que dos seus versos"; mas já em 1912 publicara no *Jornal do Comércio* carioca um artigo em que dizia "Antônio Feijó não precisa de ser recomendado ao público brasileiro, que o conhece e admira tanto pelo menos como o seu país natal".[71]

Andrade Muricy confirmou o parecer de Alberto de Oliveira quando escreveu: "Antônio Feijó, tão prezado pelos nossos simbolistas", enganando-se porém ao acrescentar que o foi "pelo seu *Sol de inverno*", só publicado em 1922, não pelas *Bailatas* ou pelo *Cancioneiro chinês*, ou pelas *Líricas e bucólicas*.[72]

Se portanto Manuel Bandeira tinha razões para conhecer e estimar Antônio Feijó, a ponto de acusar a sua influência em vários poemas, o mesmo deve dizer-se em relação a Gomes Leal. Lembre-se por exemplo que já o próprio Cruz e Sousa, que Bandeira tanto prezou, acusara a influência desse poeta que Vitorino Nemésio classificou como o "verdadeiro criador da poesia moderna em Portugal".[73] De acordo com o testemunho de Andrade Muricy, foi "Gomes Leal quem decisivamente impressionara, num impacto revelador, cheio de conseqüências, lá no seu longínquo Desterro (Florianópolis), ao moço João da Cruz e Sousa. *Claridades do Sul* (1875) passou de mão em mão, naqueles tempos precursores do nosso Simbolismo, credenciado pelo fervor de Cruz e Sousa".[74]

Mais tarde, Gomes Leal contaria com outros divulgadores entusiastas da sua obra no Brasil, como o próprio João de Barros que, segundo o testemunho de Agripino Grieco, dizia aos brasileiros com "entusiástico fervor" estrofes do "mestre idoso".[75] Mas Gomes Leal colaborou em várias publicações lidas no Brasil, tais como o já referido *Almanach* e as revistas *Brasil-Portugal* e *A Águia*.

Não admira, assim, que quando em 1913 Gomes Leal atravessou a primeira fase de grande miséria, o que motivou a abertura de uma subscrição pública a seu favor, vários órgãos da imprensa brasileira, como a *Fon-Fon!* e *O País*, tenham referido destacadamente esse fato. A *Fon-Fon!* falava no seu número de 14 de junho de "um grande poeta do século XX, perseguido e a morrer de fome"; e *O País* usava termos idênticos em crônicas dos dias 27 e 28 de abril. Recordemos, a propósito, que *O País* era um diário de orientação marcadamente lusíada, dirigido especialmente à colônia portuguesa e recordemos também que, como o próprio Manuel Bandeira informou, era esse o jornal que se lia em sua casa.

Sabe-se que o poeta de *Libertinagem* nos últimos anos da sua vida se lamentava de nunca ter podido vir a Portugal e sofreu com essa impossibilidade sobretudo quando a "aposentadoria" lhe permitiu fazer uma viagem à Europa; sabe-se que entre as tristezas que carregava se contava a de nunca ter podido amar uma portuguesa;[76] e sabe-se ainda da frustração que sentiu por não ver editado em Coimbra o seu primeiro livro de poemas, *Poemetos melancólicos*.

O próprio poeta confessou no *Itinerário de Pasárgada*:

> Foi em Clavadel que pela primeira vez pensei seriamente em publicar um livro de versos. As edições de França Amado me pareciam muito

bonitas, e o meu sonho era ver alguns poemas meus sob a mesma forma em que eu costumava ler os versos de Eugênio de Castro. Tendo escrito na Suíça um soneto a Camões, mandei-o com mais dois poemas ao próprio Eugênio de Castro, pedindo-lhe uma recomendação para o seu editor. Que ingenuidade a minha, e eu já tinha vinte e oito anos feitos! Não tive resposta.[77]

É de crer, porém, que Eugênio de Castro não tenha desprezado a carta, aliás pouco comprometedora e muito cordial e generosa, pois ia ao ponto de o definir como um "grande poeta" ou como um "lírico genial"; e Bandeira não o fez decerto só por interesse: recorde-se que Eugênio de Castro chegou a ter grande fama não apenas na França e Espanha mas também na América Latina; e recorde-se que o próprio Bandeira chamou a atenção para algumas dívidas suas ao autor de *Oaristos*, notando, por exemplo, num livro que ofereceu a Francisco de Assis Barbosa, como se lê na edição crítica de *Carnaval* (levada a cabo por Júlio Castañon Guimarães e Rachel Teixeira Valença), a "influência de Eugênio de Castro" no poema "Rimancete". A falta de resposta de Eugênio de Castro deveu-se possivelmente ao fato de não ter encontrado editor, já que o seu amigo França Amado, a quem de resto Bandeira se dirigira antes, se mostrara indisponível para editar o livro.

Que Bandeira falava verdade quando referiu a carta a Eugênio de Castro, e que este recebeu essa carta — é um fato: em *DI* publicamo-la pela primeira vez, pois se encontrava no espólio de Eugênio de Castro que guarda o seu neto.

Bandeira enganou-se porém quando referiu que enviou a Eugênio de Castro o poema "A Camões" — pois apenas lhe enviou "A morte de Pã", "Inscrição" e "Despertar de Pierrot", que também publicamos em *DI*.

Mas se Manuel Bandeira tinha razão para lamentar nunca ter vindo a Portugal ou o silêncio de Eugênio de Castro, também a teria para se orgulhar por conhecer bem a melhor poesia e literatura portuguesa, de que foi sempre excelente leitor, e por ser desde muito cedo, desde a década de 1920, um dos poetas brasileiros mais lidos e amados pelos portugueses — pelos poetas (de algum modo também a lírica portuguesa, como diria Murilo Mendes, se "manuelizou"), pelos ensaístas e pelos melhores leitores de Portugal e da África de língua portuguesa.

No dia em que for feito o inventário sistemático da sua influência ou da sua fortuna crítica por terras lusitanas verificar-se-á como o poeta que escrevia "ao jeito de Portugal" fez muito jeito à poesia de Portugal. Até lá, lembremos apenas alguns ensaios importantes que lhe dedicaram escritores como Vitorino Nemésio, José Osório de Oliveira, Adolfo Casais Monteiro, Gaspar Simões, Jorge de Sena e Ruy Belo — ou alguns poemas como os que lhe dedicaram Alberto de Serpa, Jorge de Sena, Sophia Andresen, Ruy Cinatti, Alexandre O'Neill e Cristovam Pavia.

"A cena do ódio" de Almada Negreiros e a "Ode ao burguês" de Mário de Andrade

A leitura de "A cena do ódio" de Almada Negreiros[1] e da "Ode ao burguês" de Mário de Andrade[2] não pode deixar de nos colocar perante alguns problemas de transtextualidade. À primeira vista, parece haver entre os dois poemas uma relação estreita, não simplesmente de confluência mas de influência; e neste caso não será difícil determinar qual deles será o hipertexto.

Decerto que também saltam à vista as diferenças entre ambos os poemas. Por exemplo, as quantitativas (com o que elas implicam a vários níveis lingüísticos e referenciais): enquanto o poema de Almada tem na sua primeira publicação parcial ("excertos de um poema") — em separata da *Contemporânea*, nº 7, janeiro de 1923 — 313 versos e na sua publicação integral 710 versos, o de Mário de Andrade tem apenas 44 versos. Ou as topológicas: embora nomeie vários lugares do planeta, e o mundo, Almada privilegia Portugal e Lisboa ("*matinée* da Boa-Hora", "carretas da Voz do Operário", "Arsenal-fadista", "ir ao Coliseu"), ao passo que Mário de Andrade privilegia o Brasil e São Paulo ("A digestão bem feita de São Paulo!"). Ou as da qualidade da linguagem depreciativa ou insultuosa: malgrado a sua violência, os termos usados pelo enunciador de Mário de Andrade parecem ainda bastante moderados quando comparados com os do enunciador de Almada Negreiros. Mário de Andrade: "o homem-curva! o homem-nádegas!"; Almada Negreiros: "a apalpar-lhes o rabo!/ esse tão cantado belo cu"; Mário de Andrade: "Fora! Fu! Fora o bom burguês!..."; Almada Negreiros: "Zute! besta! Zute! bácoro! Zute! merda!!!".

Mas as semelhanças entre os dois poemas são impressionantes, e podem medir-se logo a partir da comparação de alguns versos:

A cena do ódio	Ode ao burguês
Hei-de, entretanto, gastar a garganta a insultar-te, ó besta!	*Eu insulto o burguês! O burguês-níquel.*
Ai! lucro do fácil, cartilha-cabotina dos limitados, dos restringidos! [...] bitola dos chega, dos basta, dos não quero mais!	*Ódio à soma! Ódio aos secos e molhados! Ódio aos sem desfalecimentos nem [arrependimentos, sempiternamente as mesmices [convencionais!*
Ó alguidar de açorda fria	*Oh* purée *de batatas morais!*
Olha os grandes o que são [estragados por ti!	*Olha a vida dos nossos setembros!*
Spleen da Indigestão!	*O indigesto Feijão com toucinho, [dono das tradições!*
E tu, meu rotundo e pançudo- [sanguessuga, meu desacreditado burguês [apinocado	*Eu insulto o burguês! O burguês- [níquel o homem-curva! o homem-nádegas!*
tu, mesmo estrangeiro, és besta [bastante.	*O homem que sendo francês, [brasileiro, italiano, é sempre um cauteloso pouco-a-pouco!*
Queria-te antes antropófago [porque comias os teus	*Come! Come-te a ti mesmo [...]*
Larga a cidade e foge!	*Fora! Fu! Fora o bom burguês!...*

Não é difícil notar nos dois poemas a identidade de técnicas e de processos estilísticos. Assim, ambos se valem do verso e da estrofe livres; ambos preferem os enunciados breves, as frases exclamativas, as construções oralizantes (o vocativo percorre dezenas e dezenas de versos do poema de Almada, e encontramo-lo em meia dúzia de versos do poema de Mário de Andrade); ambos recorrem insistentemente à repetição, que neles comparece em quase todas as suas modalidades (epizêuxis, anáfora, epífora, anadiplose, epanalepse etc.); ambos cultivam a aliteração, a assonância, e, apesar da dominância do verso branco, a rima perfeita, sobretudo no interior do verso; ambos evidenciam o gosto da sintaxe inusitada, da metáfora, da metonímia, da justaposição, do neologismo, do "calão", da gíria, do bilingüismo, e até do arcaísmo (Almada: "sonora e dina"; Mário de Andrade: "burguês de giolhos").

Todos esses processos conjugados falam de uma enunciação enérgica, dinâmica; e alguns deles obrigarão logo a relacionar ambos os textos com os textos performativos, típicos de rituais mágicos ou religiosos, como as litanias, os exorcismos e os esconjuros. O que o seu conteúdo amplamente confirma.

Tanto no poema de Almada Negreiros como no de Mário de Andrade a enunciação é assumida totalmente por um eu que irrompe logo no início ("ergo-me"; "Eu insulto") e que emerge enfaticamente no interior; no de Almada proliferam as formas pronominais, para mais maiusculadas, "Eu", "Me" "Meu", "Mim", e há versos como este: "e odeio tudo o que não Me é por Me rirem o Eu!"; no de Mário também comparece um "eu" redundante (e anafórico), além de um "meu" e de um "nossos", e também podemos encontrar uma afirmação tão expressiva como esta: "Marco eu o compasso!".

O "eu" enunciador refere-se ou dirige-se violentamente a, contra, um oponente — umas vezes "ele", outras "eles"; nalguns casos "tu", noutros "vós". Mas na realidade trata-se sempre de um oponente mantido à distância, que nunca comparece em cena, pois a sua palavra é quando muito absorvida paródica ou ironicamente pelo mesmo "eu" que quer justamente afastá-lo do seu território ("Zute!"; "Fora!"), e que humilha, insulta, degrada para "besta" e para "coisa", ferindo-o moralmente, e chegando mesmo a conjecturar a sua agressão física e o seu aniquilamento (Almada: "Eu queria cuspir-te a cara e os bigodes; Hei-de morder-te a ponta do rabo; Hei-de rasgar-te as virilhas com forquilhas e croques [...] Hei-de corvo marinho beber-te os olhos vesgos!"; Mário de Andrade: "Morte e infâmia!").

Quixotescamente solitário, malgrado a solidariedade que, no poema de Almada, parece denunciar em relação aos do *Orpheu* (nome em cujo final se lê ou ouve a primeira pessoa, o que levou Murilo Mendes a um sutil jogo poético[3]), e, no poema de Mário de Andrade, parece denunciar em relação aos implicados nos "nossos setembros", o enunciador de cada um dos poemas, febril, frustrado, provocador, agressivo, sádico, se não mesmo histérico, paranóico e até possesso, investe contra indivíduos que explícita ou implicitamente qualifica como burgueses, ou contra o tipo social e a classe em que se integram.

O poema de Mário de Andrade é muito claro, pois indica logo no início o destinatário dos insultos ("Eu insulto o burguês! O burguês-níquel,/ o burguês-burguês!") e termina com o apelo à exclusão do mesmo burguês, estranhamente qualificado de "bom" — o que só pode valer como uma ironia e/ou como um superlativo.

Já o poema de Almada Negreiros é, a esse respeito, mais complexo. Decerto que as referências explícitas aos burgueses ou à burguesia aparecem ao longo de todo o poema: "e a burguesia será escravatura", "Ó burguesia! Ó ideal com i pequeno", "durante o meu avatar de burguês", "meu desacreditado burguês apinocado", "e das caganitas nasceu a Eva burguesa!", "Se te livras de burguês e sobes a talento, a gênio", "os burgueses da My Ireland", "Ó Horror! Os burgueses de Portugal! têm de pior que os outros/ o serem portugueses!", "solar de burgueses", "a ver desfilar burgueses". Mas não é só a burguesia ou não são só os indivíduos tradicionalmente integrados na classe burguesa que Almada Negreiros fustiga; o seu poema vai sucessivamente nomear: o "sangue azul antigo" (recorde-se que também Mário de Andrade fala logo na segunda estrofe nas "aristocracias cautelosas"); as "gentes de Pensamento", as "Personalidades", os "Artistas"; os "teóricos" (na primeira publicação do poema) ou, menos provavelmente, os "técnicos" (na versão das *Obras completas*, 1971), os plebeus (prostitutas, fadistas, marginais, pés-descalços, operários, mendigos, campinos, lavadeiras, varinas etc.); as "gentes" que têm "patrões" e até "toda a gente" ("que todos tendes patrões"); os "nojentos da Política"; os "pindéricos jornalistas"; os militares ("roberto fardado", na primeira publicação do poema — que, curiosamente, surge como "rebento fardado" na versão das *Obras completas*, 1971); e finalmente — e não decerto por acaso — o "desacreditado burguês apinocado".

Parece evidente que mais do que o "burguês-burguês", para usarmos a fórmula de Mário de Andrade, Almada Negreiros ataca as idéias, os hábitos e os comportamentos típicos do burguês que afetam todos os homens de todas as classes; como diria um admirador de Almada Negreiros (Mário Cesariny de Vasconcelos), "burgueses somos nós todos...".[4]

Todos não. Os enunciadores dos poemas de Almada Negreiros e de Mário de Andrade não julgam ter nada de parecido com o retrato-robô do burguês que compõem. Quando muito, já tiveram, num passado longínquo (Almada fala no seu "avatar de burguês"), ou poderão vir a ter, pois reagem como ameaçados à vizinhança do burguês, enfrentando freneticamente (porque solitariamente) a sua ameaça. E não podemos esquecer que ambos os poetas nasceram em 1893 e que os poemas surgem depois de terminada a *belle époque* ou depois de iniciada a Primeira Guerra Mundial e quando se assiste à ascensão do fascismo, e da moderna sociedade industrial.

Na "Ode ao burguês" o referido retrato-robô está claramente delineado. Fisicamente, o que caracteriza o burguês é a "gordura" ("curva", "nádegas"), pelo que se compreende a insistência no léxico da culinária ("digestão", "indigesto", "feijão com toucinho", "Padaria", "fome", "*purée* de batatas", "secos e molhados"). Mas da referência à gordura física o poeta passa rapidamente à referência à "gordura" psíquica — às "adiposidades cerebrais". A constituição física do burguês é uma metáfora (ou sinédoque, ou metonímia) da sua constituição psíquica, caracterizada pela sobrevalorização da matéria (dinheiro, bens), da comodidade (facilidade, rotina) e da aparência (ostentação, hipocrisia); o burguês é assim definido como um produto grotesco, teratológico, em que há desproporção entre uma forma volumosa e uma substância atrofiada: o vazio cultural e espiritual.

Não é outro o retrato do burguês que nos dá "A cena do ódio". Só que o poema de Almada vai mais longe do que o de Mário de Andrade não apenas pela infinidade de pormenores com que carrega esse retrato, a partir da observação de muitos indivíduos, mas também pelo fato de situar o retratado numa classe e num espaço limitado (Portugal, Lisboa) e fora dela e dele, no mundo, na Terra. Esta é mesmo definida como um "solar de burgueses", tal como o mundo povoado por burgueses é uma "retrete". Por onde se vê mais uma vez que Almada Negreiros faz coincidir a noção de "burguês" com a noção de "homem". Daí também que ele não se fique como Mário de Andrade na recusa do burguês, e proponha a recusa da "intrujice da Civilização e da Cultura" (especialmente a ocidental e a cristã, a que faz várias referências históricas e que possivelmente o levou, com intuitos mágico-míticos, a autonomear-se "Narciso do Egypto") em termos não menos radicais do que os do seu "contemporâneo" Alberto Caeiro:

Antes não ter ciências!
Antes não ter livros!
Antes não ter vida!
[...]
Ora bolas para os sábios e pensadores!
Ora bolas para todas as épocas e todas as idades!

Como Caeiro, Almada também aponta a única saída salvadora: a desaprendizagem ("Desilustra-te, descultiva-te, despole-te"), a descida a uma espécie de grau zero do humano ("Põe-te a nascer outra vez!"), e a entrega à Natureza, sem campo cultivado mas, sobretudo, sem cidade:

vê só o que os olhos virem,
cheira os cheiros da Terra,
come o que a Terra der,
bebe dos rios e dos mares,
— põe-te na Natureza!

No poema de Mário de Andrade não há tal apelo à natureza, nem o campo comparece, a não ser talvez na vaga implicação da referência "à chuva dos rosais"; o que não deixa de ser estranho num poema deste gênero e num poeta guia de uma geração preocupada com a "descoberta da terra" que, segundo Luís Costa Lima, "não teria sentido para as vanguardas européias".[5] Tinha, como se vê, só que não já numa perspectiva geográfica ou folclórica, mas numa perspectiva filosófica.

Todavia, o poema de Mário de Andrade exprime com veemência o sentimento de ódio à sociedade burguesa: "Ódio cíclico:/ Ódio fundamento, sem perdão!"; "Ódio e insulto! Ódio e raiva! Ódio e mais ódio!". É certamente a reiteração do sentimento ou do lexema "ódio" que justifica a presença no título do lexema "ode", paronomasticamente próximo daquele (e mais próximo ainda no Brasil do que em Portugal),[6] mas que define um tipo de poema de conteúdo diferente e até oposto (não de desprezo ou insulto, mas de louvor e exaltação), embora valendo-se de formas semelhantes (exclamação, sonoridades, ritmos, energia enunciativa etc.).

Claro que, lido o primeiro verso, o lexema "ode" também funciona ironicamente, equivalendo assim à primeira manifestação da distância e da agressividade do enunciador em relação ao burguês.

Mas talvez a presença de tal lexema no título do poema de Mário de Andrade pudesse ser ainda um eco discreto do título do poema de Almada Negreiros, poema que de resto exprime e qualifica um ódio muito potente e positivo ("uma raça sem ódios é uma raça desvirilizada", o ódio é "o mais humano dos sentimentos", é "um resultado da fé" — disse Almada num dos seus "textos de intervenção"), um ódio mais extenso e radical do que o do poeta brasileiro:

(O Meu Ódio tem tronos de Herodes,
histerismos de Cleópatra, perversões de Catarina!)
O Meu Ódio é Dilúvio Universal sem Arcas de Noé: só Dilúvio Universal!

Poderão as semelhanças que surpreendemos entre os dois poemas indicar-nos uma relação de hipotexto a hipertexto?

Tais semelhanças são evidentes e importantes, mas não bastam para nos levarem a uma resposta categórica. O que poderemos afirmar com segurança é que se houver uma influência ela será do poeta português sobre o brasileiro, não ao contrário.

Na verdade, "A cena do ódio" foi escrita por Almada Negreiros, autodenominado "poeta sensacionista e Narciso do Egypto", "durante os três dias e as três noites que durou a revolução de 14 de maio de 1915" — como se lê na nota-epígrafe que acompanhava a primeira publicação fragmentária do poema, em separata da *Contemporânea,* n°s 7-8-9, de janeiro-fevereiro-março de 1923.

No livro *Conversas com Sarah Affonso*, a viúva de Almada Negreiros, que possuía o manuscrito do poema, refere as circunstâncias em que este surgiu. No momento em que deflagrou a Revolução Constitucionalista que pôs termo à ditadura de Pimenta de Castro e levou à renúncia do presidente da República Manuel de Arriaga e à eleição de Bernardino Machado, Almada Negreiros (lembra Sarah Affonso) "vivia numa pensão na rua do Alecrim, num quartinho lá em cima, com uma vista linda. E como era revolução e ele não podia sair, estava fechado, comprou umas folhas de papel almaço com linhas numa tabacaria ao lado e foi escrevendo".[7]

Menos de dois meses antes, tinha saído o primeiro número de *Orpheu* com os "Frisos" de Almada, que então contava apenas 22 anos; menos de dois meses depois sairia o segundo número sem nenhuma colaboração sua. Mas Almada seria mais do que um simples colaborador do impublicado terceiro número, que ficou em provas tipográficas por não haver dinheiro para o pagar. Como lembra um apontamento de Fernando Pessoa,[8] na ausência de Sá-Carneiro foi Almada que, com o mesmo Pessoa, coordenou em 1915-1916 esse terceiro número, ao qual destinou exatamente "A cena do ódio", por sinal dedicada a Álvaro de Campos, a quem possivelmente inspirou o "Ultimatum" que foi publicado no *Portugal Futurista* (1917), tal como o "Ultimatum futurista às gerações portuguesas do século XX" do mesmo Almada. A separata da *Contemporânea* refere explicitamente, na primeira página, que se tratava de "colaboração inédita d'ORPHEU Nº 3".

Tudo indica que, uma vez composto, "A cena do ódio" foi logo revelado a alguns amigos de Almada, que o acolheram calorosamente. Almada aliás chegava a recitá-lo "em público",[9] e não desdenhava falar nele a amigos como a própria Sônia Delaunay.[10]

É bem significativo o fato de Mário de Sá-Carneiro, que partiu de Lisboa em 11 de julho de 1915, se ter recordado desse poema em Paris, de onde escreveu (em 10 de agosto) a Pessoa sugerindo-lhe que pedisse "aquela coisa soberba"[11] para ser publicada no *Orpheu*. O mesmo Sá-Carneiro parece ter pensado em responsabilizar-se pelas despesas da publicação do poema numa plaquete,[12] e voltava a exprimir o seu apreço pelo poema num postal dirigido a Pessoa em 7 de outubro de 1915:

> Delirei, positivamente delirei, do frontispício da "Cena do Ódio". Transmita ao Almada todo o meu entusiasmo! Urge que ele faça o impossível por publicar a plaquete. Não é assim tão caro. Decerto menos que 30.000 réis chegam. Faça você o possível por o entusiasmar. Eu vou-lhe escrever também breve, por minha parte.[13]

Pessoa não deveria ter dificuldades em aceitar as sugestões de Sá-Carneiro. Num texto em inglês, escrito em 1916 ou em 1917, fala de Almada Negreiros como de um "homem de gênio", e aproxima mais ou menos claramente "A cena do ódio" da "Ode triunfal", da "Ode marítima" e da "Saudação a Walt Whitman".[14] E em carta a Côrtes-Rodrigues de 4 de setembro de 1916, a propósito do número 3 de *Orpheu* que deveria sair "por fins" desse mês, referia a colaboração de Almada que, dizia, "está atualmente homem de gênio em absoluto, uma das grandes sensibilidades da literatura moderna".[15]

Em 1917, Pessoa voltava a referir-se a "A cena do ódio", desta vez em carta (de 11 de julho) a José Pacheco, em que dava conta da sua preocupação com uma "tiragem especial" daquele poema, num momento em que estaria a imprimir-se o *Orpheu* 3.[16]

Mas nem só Pessoa e Sá-Carneiro conheciam e apreciavam o poema de Almada já antes da sua impressão. Num poema datado de 15 de fevereiro de 1917 e intitulado "Horas de febre", Nesso (isto é, Carlos Porfírio), um dos responsáveis pelo Futurismo que em 1916 e 1917 passou pelo jornal algarvio *Heraldo*, de Faro, referia-se ao "único gênio do mundo, Almada Negreiros" e ao poema "A cena do ódio", que definia como "Beleza, Verdade/ Ânsia!".[17]

Malgrado a celebridade que "A cena do ódio" cedo conheceu, idêntica à do *Manifesto anti-Dantas* que Almada compôs poucos meses depois, aquele poema, impresso em folhas do *Orpheu* 3 certamente em 1916, e publicado em excertos em 1923, só viria a ser publicado na íntegra em 1958, na antologia *Líricas portuguesas* de Jorge de Sena, sendo também incluído na íntegra (e, diga-se de passagem, numa versão que varia em relação à de *Orpheu* 3 ou à de Sena e à da *Contemporânea*) no volume IV das *Obras completas* de Almada Negreiros, aparecido em 1971.

No entanto, fica provado que Mário de Andrade poderia ter conhecido no todo ou em parte o poema de Almada Negreiros quando escreveu o seu, que foi publicado pela primeira vez no livro *Paulicéia desvairada*. De acordo com João Pacheco, este livro apareceu em julho de 1922.[18] Mas é de crer que o poema date de dezembro de 1919[19] quando o poeta escreveu "todinha a primeira redação de Paulicéia" — como se lê na "Carta aberta a Alberto de Oliveira" datada de 20 de abril de 1925 e publicada na revista *Estética*.[20]

E é certo que, tal como aconteceu com o poema de Almada, o de Mário de Andrade também terá sido conhecido por alguns escritores antes da sua publicação. Foi-o pelo menos pelos escritores cariocas a quem Mário de Andrade leu a *Paulicéia desvairada*, em outubro de 1921, em casa de Ronald de Carvalho e de Olegário Mariano.[21]

Mas, ao contrário do que aconteceu com o poema de Almada, nenhum desses escritores terá escrito qualquer comentário sobre a "Ode ao burguês" antes da sua publicação. Pelo que a primeira referência ao poema é ainda a que o seu autor deixou no "Prefácio interessantíssimo" de *Paulicéia desvairada*: "Versos cantam-se, urram-se, choram-se. [...] Quem não souber urrar não leia 'Ode do burguês'".[22]

Dois anos depois, um poema de *Losango cáqui* referir-se-ia ao mesmo poema nestes termos: "Creio bem que amo os homens por amor dos homens!/ Não escreveria mais 'Ode ao burguês'".[23]

Mas, uma vez publicado o poema, não tardaria a surgir a primeira reação entusiástica. É a reação de Ribeiro Couto, que consta de uma carta inédita que ele endereçou a Mário de Andrade em 20 de setembro de 1922, e em que pode ler-se:

> E a *Ode ao burguês*? Ainda há dias o Manuel [Bandeira] me escrevia achando que a *Noite de S. João* é uma das coisas mais belas que ele conhece na poesia de língua portuguesa. Esse juízo eu faço da *Ode ao burguês*. É extraordinário. Que raivoso vigor, que pinceladas caricaturas que doem! [...] A expressão da *Ode ao burguês*! Diante daquilo, feito, realizado tão admiravelmente, não caem, como enfeites de uma sala no dia seguinte à festa, todas as teorias?[24]

A crítica moderna não tem regateado elogios aos dois poemas, que até já mereceram estudos alentados de Gregory McNab (o de Almada),[25] e de Adrien Roig (o de Mário de Andrade).[26] No entanto, nunca até hoje ninguém levantara o problema das afinidades entre eles.

Mas, há que repeti-lo, nada prova que Mário de Andrade tenha tido conhecimento do poema de Almada Negreiros antes de escrever o seu, que não contém citações ou referências diretas àquele. Aliás, se bem que Mário fosse dado a leituras de autores portugueses, não seria fácil averiguar como é que poderia ter tido acesso ao poema de Almada Negreiros antes de escrever o seu, antes de ele vir publicado na *Contemporânea*, cujo nº 1, de maio de 1922, fomos por sinal encontrar no que resta da sua biblioteca guardada no Instituto de Estudos Brasileiros da Universidade de São Paulo. Curiosamente, Almada colaborava nesse número com o texto "Histoire du Portugal par coeur". E curiosamente também, fomos encontrar na mesma biblioteca de Mário de Andrade um exemplar de *Pierrot e Arlequim*, que Almada publicou em 1924. Se este livro chegou no mesmo ano às mãos de Mário de Andrade, o que não passa de uma hipótese (pode ter chegado dez anos depois...), será que o escritor brasileiro já conhecia, havia anos, o escritor português? É muito possível que Antônio Ferro, pelo menos, tivesse falado de Almada Negreiros a Mário de Andrade; mas também neste caso o "conhecimento" teria sido posterior à produção da "Ode ao burguês". E ficaria em aberto a questão de se saber como teria Mário de Andrade lido o manuscrito de Almada, ou de um seu copista, ou as páginas de *Orpheu* 3.

Embora também demasiado tardia em relação aos textos de que falamos, não será desprezível a referência que Mário de Andrade faz a Almada numa carta, dirigida a José Osório de Oliveira e datada de 12 de agosto de 1934, que publicamos em *DI*:

> O Almada vejo que continua notabilíssimo, não tem nenhum livro ilustrado por ele aí? Mande me dizer: e se for edição de luxo, de pequena tiragem, mande com todas as indicações bibliográficas, pra que eu mande procurar por meu livreiro, o prestimosíssimo Benedito, da Universal (*DI*).

Bem mais simples do que o problema do início da relação entre Mário de Andrade e Almada Negreiros é o da descoberta dos textos que claramente serviram de suporte teórico aos dois poemas em causa.

Esses textos são os dos primeiros manifestos do Futurismo. No de 1909, por exemplo, poderia ler-se:

> – os elementos essenciais da nossa poesia serão a coragem, a audácia e a revolta;

> – nós queremos exaltar o movimento agressivo, a insônia febril, o passo ginástico, o salto mortal, a bofetada e o soco;
> – não há mais beleza senão na luta. Nada de obra-prima sem um caráter agressivo. A poesia deve ser um assalto violento contra as forças desconhecidas...[27]

A lição da agressividade e da revolta ou da audácia parece ter sido bem aprendida por ambos os poetas. Tal como a lição da analogia e da construção do poema, de que falava o manifesto de 1912:

> – Cada substantivo deve ter o seu duplo, isto é, o substantivo deve ser seguido, sem conjunção, do substantivo ao qual está ligado por analogia. Exemplo: "homem-torpedeiro, mulher-golfo"...
> – A analogia não é outra coisa que o amor profundo que liga as coisas distantes, aparentemente diversas e hostis. Só por meio das analogias vastíssimas um estilo orquestral, ao mesmo tempo polícromo, polifônico e polimorfo, pode abraçar a vida da matéria.[28]
> – Nós utilizamos, ao contrário, todos os sons brutais, todos os gritos expressivos da vida violenta que nos cerca. Façamos corajosamente o "feio" em literatura e matemos de qualquer maneira a solenidade.[29]

Mas é possível que a agressividade, as imprecações e as litanias do poema de Mário de Andrade (e do poema de Almada, que aliás — na opinião de Margarida Vieira Mendes — não poderia ter sido escrito sem o "Sentimento dum ocidental"[30]) devam alguma coisa a outro poeta português, que na década de 1910 e no início da década de 1920 era seguramente um dos poetas mais populares tanto em Portugal quanto no Brasil: Guerra Junqueiro.

No capítulo "Guerra Junqueiro e o Brasil" do seu livro *Sentido do Atlântico* (1921), João de Barros deixou-nos indicações claras quanto a essa popularidade: "tanto quanto eu sei e julgo, a admiração, a devoção é unânime"; "Em 1912, quando da minha passagem no Rio de Janeiro e em São Paulo, não conheci ninguém que não me perguntasse pelo Poeta e que por ele não exteriorizasse o mais ardente culto".[31] Curiosamente, Tasso da Silveira diria em 1928 na revista *Crítica* que Mário de Andrade andara "tangenciando" no seu *Clã do Jaboti* o Guerra Junqueira de *Os simples*.[32]

Um dos poemas de Junqueiro que mais sucesso alcançou no Brasil foi, por razões óbvias, "A fome no Ceará", que curiosamente foi reeditado no Rio de Janeiro em pleno momento modernista (Empresa Romântica, 1924). Mas não obteve menos sucesso a "Marcha do ódio", que ele escreveu em 1890, por ocasião do *Ultimatum* inglês e que, musicado por Miguel Ângelo, foi editado no Porto com ilustrações de Bordalo Pinheiro, e por sinal com a dedicatória: "À Colônia Portuguesa do Brasil".

A marca desse poema na "Ode" de Mário de Andrade é particularmente visível na seqüência das invectivas iniciadas com a palavra "ódio", que no poeta brasileiro conhece 13 ocorrências distribuídas por nove versos:

Ódio aos temperamentos regulares!
[...]
Ódio e insulto! Ódio e raiva! Ódio e mais ódio!
[...]
Ódio vermelho! Ódio fecundo! Ódio cíclico!
Ódio fundamento, sem perdão!

Nas 12 quintilhas de Guerra Junqueiro, a palavra "ódio" conhece 28 ocorrências (e todas as quintilhas começam invariavelmente por ela):

Ódio ao pirata, ódio ao bandido,
Ódio ao ladrão!
[...]
Ódio, explosão duma cratera,
Rubro e febril!
Ódio invencível como a era!
Ódio com dentes de pantera,
Ódio com babas de reptil.
[...]
Ódio sem termo, ódio sem jugo,
Ódio sem lei![33]

Se já Mário Pederneiras tinha atacado os burgueses,[34] também outro poeta brasileiro tinha antes de Mário de Andrade falado de "ódio" de modo aparentemente contrastante. Trata-se de Cruz e Sousa, que incluiu nos *Últimos sonetos* (1905) o soneto que intitulou "Ódio sagrado":

Ó meu ódio, meu ódio majestoso,
meu ódio santo e puro e benfazejo,
[...]
ódio são, ódio bom! sê meu escudo
contra os vilões do Amor, que infamam tudo,
[...][35]

Embora contido e defensivo, o "ódio" de Cruz e Sousa não parece escapar às sugestões do poema de Junqueiro, cujo "ódio" incontido e ofensivo marca aparentemente a "Ode" de Mário de Andrade e "A cena do ódio" de Almada Negreiros.

O encontro de *Leviana*, de Antônio Ferro, com *Serafim Ponte Grande*, de Oswald de Andrade

Não será fácil fazer o inventário das leituras de Oswald de Andrade nos tempos que antecederam ou sucederam imediatamente à Semana de Arte Moderna. Ao contrário de Mário de Andrade, que para lá de notas e ensaios, deixou uma abundante correspondência (em que falava amiudadas vezes de autores ou livros que ia lendo) e que cuidou da formação de uma boa biblioteca pessoal (que em boa parte ainda se conserva), Oswald não prezava muito o gênero epistolar e viu-se obrigado, por acidentes de percurso ou por mudanças várias de casa e de vida matrimonial, a desfazer e a refazer a sua biblioteca, que quando morreu andava pelos três mil volumes, e de que hoje restam escassos vestígios.[1]

Por outro lado, no volume de "memórias e confissões" que pretende cobrir os anos 1890-1912, *Um homem sem profissão/ Sob as ordens de mamãe*,[2] são raras e pouco significativas as alusões a autores e livros que marcaram a infância e juventude de Oswald de Andrade.

No geral, a crítica quase só tem visto na obra de Oswald a influência de autores de língua não portuguesa — especialmente franceses. Numa lista que Mário da Silva Brito elaborou de autores lembrados "destrambelhada e contraditoriamente" pela crítica a propósito de *Os condenados* só figurava o brasileiro Paulo Barreto e o português Abel Botelho — ao lado de Zola, Mirbeau, Dostoievski, Romain Rolland, Wilde, Poe, D'Annunzio, Charles Louis Philippe, Tolstói, Tchecov e Bounin.[3]

Em todo o caso, não parece demasiado arriscado afirmar que entre os autores que mais pesaram na formação artística de Oswald se encontravam vários portugueses. Como noutra oportunidade escreveu Mário da Silvo Brito, "é engano supor que os modernistas fossem alheios a Camilo e a outros portugueses genericamente rotulados de clássicos. Mesmo porque a formação básica daquela época, em termos literários, decorria de um ensino mais luso do que nacional. Aprendia-se a escrever à portuguesa e não à brasileira". E depois de referir que Mário de Andrade lia e anotava os clássicos portugueses, Mário da Silva Brito concluía: "Oswald, de sua parte, renovou, em artigos, panfletos e verrinas principalmente, a agressividade polêmica ostensiva na escritura do cego de S. Miguel de Seide".[4]

Antonio Candido que, tal como Benedito Nunes, parece sempre, no estudo da obra oswaldiana, mais sensível aos ecos franceses do que aos portugueses, não deixou no entanto de assinalar a dívida de Oswald para com Fialho de Almeida: "Certa vez Oswald me disse [...]/ que tinha sofrido grande influência dos Irmãos Goncourt. Penso que sofreu também a de Fialho de Almeida, não apenas na agressividade polémica, mas no toque impressionista do estilo; sobretudo certo ritmo de adjetivação".[5]

É possível que Antonio Candido tivesse chegado a tal observação, em 1970, a partir de outra que Oswald deixara, em 1954, no seu livro de "memórias e confissões": "Prefiro Fialho de Almeida ao límpido Eça de Queirós".[6] Mas seria interessante averiguar até onde vai a "sinceridade" ou a pertinência desta afirmação que parece ter o seu quê de típica *boutade* oswaldiana; ou conviria esclarecer se muito do que em Oswald parece herdado de Fialho o não foi de Eça de Queirós, ou também de Eça de Queirós, em especial no que se refere a algumas modalidades da ironia, da sátira, da paródia, à desenvoltura e ritmo da frase, e, justamente, à "aliança desusada" do adjetivo, ou ao "adjetivo adverbial impressionista" (Ernesto Guerra da Cal). Não devemos esquecer, aliás, uma outra passagem das "memórias e confissões" em que Oswald dá conta da leitura que, por volta dos 15 anos, fez de *A relíquia.*[7] Essa leitura terá provocado a sua "primeira crise religiosa"; e não terá tido conseqüências literárias? Um dia haverá que desenvolver a reflexão que Heitor Martins deixou numa página de *Oswald de Andrade e outros*:

> Há sugestões da presença de Eça de Queirós na obra de Oswald de Andrade, como o uso de certas personagens (o intelectual medíocre e ridículo, o Conselheiro Acácio), certa forma de ver a vida, a repetição de certos modismos (o título de livro "Recordação de um ósculo" é re-

minescente do livro do Dr. Gouveia Ledesma, "Devaneios de um sonhador", em *O crime do padre Amaro*, obra citada no *Serafim Ponte Grande*, p. 28).[8]

Ainda em *Um homem sem profissão* podem colher-se mais algumas informações que têm que ver com a literatura portuguesa. Uma delas diz-nos que "na mais afastada infância" Oswald leu "deslumbrado" a história popular de *Carlos Magno e os doze pares de França*,[9] outra diz-nos que quando começou a formar a sua biblioteca incluiu nela *Uma família inglesa*, mas nunca leu tal obra;[10] uma outra diz-nos que a primeira vez que ouviu "versos bons" foi quando lhe recitaram, num bar, o "Sagramor" de Eugênio de Castro;[11] e ainda uma outra diz-nos, enigmaticamente, ou talvez não, que, depois do enterro de sua mulher Deisi, atirou à rua "de dentro de um táxi, a *Via sinuosa* de Aquilino Ribeiro".[12]

Noutras obras de Oswald de Andrade não faltam indicações da sua relação com a literatura portuguesa. Em *Memórias sentimentais de João Miramar*, por exemplo, encontramos uma epígrafe da *Arte de furtar* e alusões, sérias ou irônicas, a Manuel Bernardes,[13] a Eça de Queirós, cujo *Primo Basílio* fez chorar a personagem Célia,[14] e a Júlio Dantas.[15]

A referência a este nome poderia levar-nos a perguntar se entre os autores portugueses que Oswald de Andrade terá lido antes de publicar as suas principais peças modernistas não se contaria o autor do *Manifesto anti-Dantas*. E se bem que seja difícil detectar o modo preciso do possível contato, não parece difícil surpreender as afinidades da visão do mundo de quem publicou *A invenção do dia claro* (1922) e de quem publicou o *Primeiro caderno do aluno de poesia Oswald de Andrade* (1927), ou as afinidades poéticas e literárias entre o autor de *Litoral* (escrito em 1916 e publicado em 1922) e o autor de *Pau Brasil* (1925). Talvez as afinidades encontrem, neste último caso, a mesma fonte de inspiração — o poeta francês Blaise Cendrars, que, amigo dos amigos de Almada, Sônia e Robert Delaunay, foi, como o mesmo Almada, colaborador do *Portugal Futurista*, e que anos depois se tornaria amigo de Oswald, que com ele conviveu a partir de 1923 (e sobretudo nos anos 1924-1926, no Brasil e em França) e que o citou no livro *Pau*

Brasil (dedicatória e "Versos de Dona Carne"), e no Prefácio de *Serafim Ponte Grande.*[16] Por sinal, é esta última obra de Oswald que acusa a influência de um modernista português, bem mais claramente, parece-nos, do que a influência de algum autor francês. Esse modernista é Antônio Ferro, o autor da "novela em fragmentos" *Leviana*, que, diferentemente do que aconteceu com Almada, pôde privar com Oswald a partir de 1922. Aliás, se Oswald leu Almada, é muito possível, e provável, que os seus textos lhe tenham chegado pela mão de Antônio Ferro.

Mário da Silva Brito referiu a influência de Camilo no *Serafim* cuja personagem Pinto Calçudo muito teria a ver com o Joaquim Pereira de *A viúva do enforcado.*[17] Haroldo de Campos também notou na "sexta unidade estrutural do romance" oswaldiano, "Cérebro, coração e pavio", uma "paráfrase picante do camiliano *Coração, cabeça e estômago*".[18] (Poderíamos lembrar o título da obra juvenil — 1922 — de Nicolás Guillén: *Cerebro y corazón.*)

No entanto, nem Mário da Silva Brito, nem Heitor Martins, nem Haroldo de Campos, que nomeou outras fontes portuguesas do romance oswaldiano, tais como a *Peregrinação* de Fernão Mendes Pinto e a *História trágico-marítima* (que forneceu uma epígrafe a *Serafim*), citaram o nome de Antônio Ferro. E o mesmo se passou com Antonio Candido que, intrigado com "alguma influência ponderável" para a diferença que na prosa de Oswald constitui *Serafim* e, embora menos, *João Miramar* — "o par ímpar" —, só invocou os nomes de Blaise Cendrars e de Apollinaire.[19]

Ora, essa "influência ponderável" na versão final do *João Miramar* (que começou a ser preparado em 1916[20] mas só foi publicado em 1924), e no *Serafim* (escrito entre 1924 e 1929, e publicado em 1933) parece ter sido justamente a de Antônio Ferro e da sua *Leviana*, escrita em 1918[21] ou 1919[22] datada de "28-12-920" e publicada em 1921, com bonita capa de Antônio Soares — tendo conhecido na mesma década quatro edições, o que diz bem do sucesso com que foi recebida, em Portugal e também no Brasil, onde foi certamente distribuída[23] e onde Antônio Ferro já tinha público[24] quando lá chegou em maio de 1922.

Foi o professor americano Kenneth D. Jackson que, por sugestão, ao que me disse, de Jorge de Sena, veio chamar a atenção para a importância "provável" que a *Leviana* teve no *Serafim*. Fê-lo na sua tese de doutoramento, orientada por aquele escritor e professor português, *Vanguardist prose in Oswald de Andrade*, que apresentou à Universidade de Wisconsin, e de que publicou "parte nuclear" no volume *A prosa vanguardista na literatura brasileira: Oswald de Andrade*.[25]

Aí, depois de lembrar que Antônio Ferro "tomou parte ativa no movimento modernista brasileiro", de admitir que *Leviana* foi "provavelmente escrito no Brasil" (hipótese a rejeitar, pois *Leviana* já estava escrita e publicada quando Ferro chegou ao Brasil), e de referir o calor com que os modernistas em geral e Oswald de Andrade em particular receberam Antônio Ferro ("É preciso chamar Antônio Ferro de gênio..."),[26] Kenneth D. Jackson estabeleceu algumas comparações entre *Leviana* e *Serafim Ponte Grande* que evidenciam a probabilidade da influência:

> Particularmente em suas descrições, Antônio Ferro faz o mesmo uso do símile que Oswald de Andrade em *Miramar e Serafim*: "O seu rosto era um ângulo agudo. Os seus olhos eram dois gatos castanhos...". O uso das cores pode ser comparado à descrição que Oswald faz de *Caridad-Claridad*:
>
> *Os seios da Leviana... eram duas dedadas sanguíneas no muro branco do seu peito* (Leviana).
> *Caridad acordou como um tomate nos lençóis* (Serafim).
>
> O romance de Oswald poderia ser considerado uma sátira do mau gosto e da sentimentalidade exagerada que há em *Leviana* de Antônio Ferro. Contudo, o uso de fragmentos variados pode ter influenciado Oswald. Por exemplo, "Trinta dias de prisão" em *Leviana* pode ser comparado ao "Folhinha conjugal" de *Serafim*:
>
> *Um de abril — Parece que é bom ter um diário. Dá a impressão que se pensa... Fazer frases é, afinal, fazer caracóis. A alma também se frisa.*
>
> A carta anônima de Antônio Ferro poderia ser o modelo tradicional para a "Réplica" de Dona Branca Clara em *Serafim*:

Exmo. Sujeito
Está tudo acabado entre nós. Mande-me as minhas cartas. Escusa de pedir as suas. Tenho-as utilizado nos meus cabelos, todas as manhãs, em papelotes.
Tua para sempre, perdão,
minha, por algum tempo,
Fulana.[27]

Kenneth D. Jackson é cauteloso nas suas afirmações ("provável origem", "poderia" etc.), como convém ser sempre que se trate do delicado problema das influências. Mas se levarmos mais longe a comparação das duas obras, *Serafim Ponte Grande* e *Leviana*, nenhuma dúvida teremos sobre o caráter hipertextual do primeiro e hipotextual do segundo. Isto não obstante as importantes diferenças semânticas e estilísticas, diegéticas e não diegéticas, que as separam. Apontemos apenas as principais.

Em primeiro lugar, a ação de *Leviana* passa-se em Lisboa e arredores — enquanto a de *Serafim* se passa em muitos lugares (São Paulo, Rio, Atlântico, vários países do Médio Oriente e da Europa — mas não, curiosamente, em Portugal).

Em segundo lugar, *Leviana* privilegia, logo a partir do título, uma heroína — enquanto *Serafim* privilegia, também logo a partir do título, um herói.

Em terceiro lugar, *Leviana*, que se dá explicitamente como uma "novela em fragmentos" (em subtítulo), funciona quase só à custa de dois personagens, o narrador apaixonado e *Leviana* — enquanto *Serafim*, que explicitamente se dá como "romance" (no final do capítulo "No elemento sedativo"), inclui, nas contas de Kenneth D. Jackson, "noventa e seis personagens", onze dos quais principais, ou "envolvidos na vida do protagonista".[28]

Em quarto lugar, há uma clara diferença entre valores que se jogam em *Leviana* e *Serafim*. *Leviana* é uma "figura incoerente e dispersa", dinâmica, divertida, mas superficialmente anticonvencional e demasiado preocupada com a *coquetterie,* e com o jogo ou a representação teatral dos sentimentos que tem ou não tem, sobretudo em relação ao seu apaixonado (o narrador) — que entra no seu jogo ou o aceita, passivo e submisso ("Eu era, nas suas mãos, um boneco de corda"). Antônio Ferro, como os seus contemporâneos Fernando Pessoa e Pirandello, gosta de envolver os seus personagens na dialética do fingido e do sentido, do verdadeiro e do falso, do real e do aparente, mas desconhece a profundidade dramática, quase os desgarra do quadro social, político e econômico em que se movem, e quase só os encara no plano de uma sexualidade ligeira, ou nas exterioridades do comportamento sexual e afetivo. Daí a insistência sobre vestidos, pinturas, *flirts*, beijos, jogos de mãos ou de palavras — o sexo propriamente dito nunca é nomeado, a "posse" sexual nunca se dá, porque só se dá, quando muito, a "pose" sexual; e daí também a ausência de qualquer indicação ou reflexão sobre as implicações profundas da *coquetterie* e da submissão a ela — em nenhum momento se fala de frigidez, impotência, sadomasoquismo, porque só se fala levianamente em leviandades.

Serafim, pelo contrário, é um personagem direto, violento, brutal, excêntrico, que em certo momento decidiu pôr termo aos convencionalismos e artifícios da sua vida, de modo radical e definitivo; e embora a sua violência e o seu radicalismo se afirmem predominantemente na esfera sexual ("aventuras" com sucessivas mulheres, "perversões", recusa do eufemismo erótico ou uso imoderado da gíria e do calão sexuais), nem por isso deixam de se fazer sentir noutras esferas: religiosa (referências irônicas, paródicas, sacrílegas a vários santos, a Cristo, aos lugares sagrados e à civilização cristã em geral; o próprio nome antifrástico do personagem Serafim); econômica (o assassinato do patrão Carlindoga; o "desvio" do dinheiro dos revolucionários; a sátira à classe burguesa; a vagabundagem); política (a revolução de São Paulo; as revoluções no Brasil; o "anarquismo enrugado" de Serafim; a proposta utópica); e social (a ruptura matrimonial, familiar e profissional; o ataque à polícia; a marginalização; a antropofagia; a libertação pela viagem).

Por sinal, os prefácios que os autores resolveram associar a cada uma das obras, e que escreveram poucos anos depois da conclusão delas — o de *Leviana* de novembro de 1926 a janeiro de 1927, o de *Serafim* em fevereiro de 1933 —, reafirmam a fidelidade aos mesmos valores, ainda quando se dizem distanciados deles, e prolongam, portanto, as semelhanças e diferenças entre os dois textos de ficção.

Antônio Ferro mostra-se ligeiramente arrependido por ter escrito a sua obra, que julga demasiado ousada: "Se a escrevesse com mais ponderação, com mais seriedade, com menos loucura. [...] Há mesmo capítulos que eu leio, hoje, com indignação, que repugnam à minha sensibilidade católica". Mas desculpa-se com o fato de a ter escrito "aos vinte anos", e considera que não tem "o direito de modificar esta novela atrevida".[29]

Oswald de Andrade, pelo contrário, distancia-se da sua obra por a julgar insuficientemente ousada: "ruiu quase toda a literatura brasileira 'de vanguarda', provinciana e suspeita quando não extremamente esgotada e reacionária. Ficou da minha este livro. Um documento. Um gráfico. [...] Necrológio da burguesia. Epitáfio do que fui".[30] Só por isso decide publicar o "texto integral" que terminara em 1928.

Malgrado as diferenças de atitude ou as diferenças ideológicas implícitas nos dois prefácios, parece-nos que Oswald dificilmente teria escrito o seu sem o exemplo da distanciação do de Antônio Ferro. E o que se passa com os prefácios é também o que de algum modo se passa com as obras: não é difícil notar as semelhanças que as unem mesmo lá onde deparamos com importantes diferenças.

Aliás, nos textos de *Leviana* e *Serafim*, as semelhanças são bem mais numerosas do que nos paratextos. E, mais óbvias ou menos óbvias, elas tanto se verificam no geral como no particular. É o que provaremos com alguns exemplos.

Os títulos de cada uma das obras coincidem com o nome de cada um dos protagonistas; e embora num caso se trate de um nome feminino e no outro masculino, e embora num caso se trate de um *prénom* simples e no outro de um *prénom* a que se junta um *nom* ou até um *surnom*, em ambos os casos estamos perante claros *prénoms* que, curiosamente, têm o mesmo número de grafemas e que podem e devem também ser lidos como nomes comuns, usados, pelo menos em parte, irônica ou simbolicamente.

A estrutura de superfície das duas obras obedece a uma divisão em capítulos (13 em *Leviana*, 11 em *Serafim*), com títulos freqüentemente metafóricos, com extensão desigual (por vezes anormalmente breves), e de natureza geralmente fragmentária, variando entre si ou dentro de si os tipos de enunciação, as técnicas ou as modalidades discursivas: o retrato, o relato, a anedota, a "frase", o diálogo, o diário, a carta, o telegrama ou o pneumático e, em *Serafim* (que leva sempre mais longe do que *Leviana* a prática da escrita carnavalesca, ou as ousadias da montagem e da linguagem), ainda a paródia, a receita, o dicionário, o ensaio, o poema, o romance de capa e espada etc.

Se o espaço da ação diverge nas duas obras, o mesmo não se passa com o tempo: há diversas indicações que permitem notar a contemporaneidade dos protagonistas, ou a coincidência dos tempos diegéticos que batem certo com as indicações paratextuais, e remetem para os anos próximos da publicação das duas obras — que, recorde-se, apareceram com o curto intervalo de uma dúzia de anos: Antônio Ferro recua até aos dezoito anos do seu protagonista masculino, e vai até meio ano após o casamento do seu protagonista feminino, enquanto Oswald parte logo da infância do seu herói, e cobre decerto um período bem mais amplo, que vai além da sua morte; os anacronismos de comportamento ou de linguagem que encontramos em *Serafim*, e não encontramos em *Leviana*, são usados em dissonâncias paródicas, pelo que só contribuem para sublinhar a modernidade da obra oswaldiana.[31]

Antônio Ferro faz do seu protagonista masculino o narrador (autodiegético) que só em diálogos, "frases" ou cartas delega a responsabilidade enunciativa à protagonista feminina; Oswald de Andrade vale-se da mesma técnica, mas difere de Antônio Ferro ao introduzir um narrador na terceira pessoa, que aliás em tudo se parece com o narrador na primeira pessoa, e ao dar a palavra, em diálogos, "frases", cartas, e num dicionário, a outros personagens, femininos ou não.

A diferença feminino/masculino dos personagens principais de *Leviana* e *Serafim* parece menos relevante quando Leviana diz de si mesma: "Não tenho jeito para mulher... O meu sexo está só nas saias... Quando me dispo, com as pernas desembaraçadas, sou um homem...",[32] ou quando Serafim confessa que sonhara que "tinha mudado de sexo e era noiva do Pinto Calçudo".[33] E embora alguém possa ver nos dois personagens representantes qualificados do feminismo e do machismo, a verdade é que a sua força simbólica deriva sobretudo da sua fuga maior (em *Serafim*) ou menor (em *Leviana*) ao preconceito, à convenção e à repressão sexual, e, por aí, a todo o preconceito, convenção e repressão social, religiosa, econômica e política. E se Leviana percorre um caminho inverso ao de Serafim, que passa de forçado cumpridor dos deveres conjugais a libertino, enquanto ela passa de solteira despreconceituada ou de incorrigível amadora de *flirts* a mulher inesperadamente casada com um homem que não tinha entrado na história, isso não significa a sua derrota ou a da causa que conscientemente servia: significa apenas que é outra a sua experiência, ou que lhe falta a radicalidade que Serafim assume. Porque de resto tudo indica que ela prosseguira nas suas "honestas" mentiras (que relativizam a verdade da sua história, impondo apenas e verdade das suas simulações), nos seus *flirts,* na sua *coquetterie* e talvez na recusa da "posse" do seu corpo — o que poderá levá-la, como a Serafim, à ruptura do casamento de que tão facilmente (ou tão intencionalmente) se esqueceu; e de algum modo é a instituição matrimonial que ela ironiza quando conta ao narrador as últimas novidades: "A Manuela fugiu ao marido..."; "O Noronha raptou a Beatriz...".

As semelhanças entre *Leviana* e *Serafim* são também patentes em passagens metaliterárias e metanarrativas, ou que se valem da metalepse. Notemos antes de mais que tanto o narrador de *Leviana* como o de *Serafim* se afirmam como escritores mais do que em ato. O primeiro é poeta, autor de pelo menos um "livro de versos", em que pretendeu retratar Leviana; o segundo também é poeta, há até poemas seus no *Serafim,* e como poeta se declara à amada Branca Clara; mas preocupa-se igualmente com o romance: "ando com vontade de escrever um romance naturalista que está muito em moda";[34] "volto de novo a preocupar-me com o romance que imaginei escrever".[35]

Tanto Antônio Ferro como Oswald de Andrade podem jogar na identificação entre a vida e o livresco: "a minha carne é um livro palpitante"[36] (*Leviana*); "minha vida está ficando um romance de Dostoievski"[37] (*Serafim*). Mas o contrário também pode ocorrer, gerandose uma situação paradoxal que supõe no personagem um suplemento inefável de "vida", ou uma existência dentro e fora do papel, o que é um modo original de afirmar a realidade da ficção — ou de sugerir a ficção da realidade. Leviana não pode caber por inteiro no "livro de versos" do amado, que se lamenta: "Inutilmente procuro um cenário para a Leviana, um enredo qualquer para este livro. Não o encontro. A Leviana fugiria de qualquer cenário para se ir esconder nos bastidores. Não a posso conceber numa novela, presa, espartilhada nas dimensões dum capítulo".[38]

Oswald de Andrade leva o fingimento ou a "transgressão" metaléptica até ao ponto de conceber um personagem (principal) a pôr outro personagem fora do romance em que comparecem:

> Diga-me uma coisa. Quem é neste livro o personagem principal? Eu ou você?
> Pinto Calçudo como única resposta solta com toda a força um traque, pelo que é imediatamente posto para fora do romance.[39]

Cremos ter dado provas suficientes da presença de *Leviana* em *Serafim Ponte Grande*; por isso, parece-nos desnecessário aduzir exemplos de processos ou traços estilísticos comuns às duas obras, até porque facilmente os encontraremos em quase todas as suas páginas: a montagem cubista da frase, e do fragmento (que Antônio Ferro elogiou, e, como o seu contemporâneo Bernardo Soares, considerou inevitável num moderno),[40] a técnica alusiva, a síntese de tipo impressionista, a frase nominal, breve e pontuada, as rimas, o trocadilho, o neologismo e o estrangeirismo (especialmente o galicismo), o humor ou a ironia.

Bastem-nos apenas alguns exemplos avulsos de evidentes paralelismos ou de ecos claros ou *possíveis* de uma obra na outra, na certeza de que em Oswald a imitação se dá quase sempre com a paródia ou a transformação[41] (indicaremos as páginas da 1ª edição de *Leviana* e da 3ª edição de *Serafim Ponte Grande*):

LEVIANA	SERAFIM
"O seu rosto era um ângulo agudo, com o ângulo indicado na boca" p. 11	"com a boca imobilizada num assento circunflexo" [sic] p. 225
"aeroplaniza-se pelo corredor" p. 64	"Bordeliza os automóveis!" p. 204
"wiedizo-me" p. 103	"Um gramofone sentimentaliza o planeta" p. 217
"Tinha sempre, cautelosamente, no seu *boudoir*, uma entrevista consigo" p. 12	"Sou o crítico teatral de minha própria tragédia!" p. 162
"Marco, todos os dias comigo, um rendez-vous ao espelho" p. 44	
"O beijo patético da Pathé" p. 79	"Diante de Malta, Pinto Calçudo arvorou a Cruz de Malthus" p. 264
"as meninas do coro — coradas" p. 113	"Vós me fazeis chorar! [...] Vós me fazeis corar!" pp. 215-16
"guiados pelo baedeker do teu livro" p. 88	"Autor deste modesto baedeker anésico" p. 183
"vestido teatral, retórico, modelo da Lanvin" p. 102	"Sobre as peles despidas por Poiret, Patou, Vionet, Lanvin" p. 220
"certa capa de Poiret" p. 110	
"um modelo de Poiret" p. 122	
("Baile de máscaras") "A sala desmancha-se, descompõe-se, desnuda-se..." p. 101	("Musicól") "Tudo se organiza, se junta coletivo, simultâneo e nuzinho" "Serafim, a vida é essa" p. 210
"— É isso..." p. 105	("Dancing métaphysique") "Meu caro amigo, o Brasil é isso" p. 220
"Mary Pickfford foxtrota aventuras no *écran*" p. 111	"uma radiola foquestrota para outros planetas" p. 209

A lista de exemplos poderia prosseguir. A relação de *Serafim* com *Leviana* é de tal ordem que permite adiantar uma explicação para o fato de Lisboa não ser um dos lugares da errância européia do herói oswaldiano. Parece na verdade estranho que isso aconteça quando se sabe que a viagem de Serafim à Europa e ao Médio Oriente serve os seus desejos de libertação e de conhecimento *in loco* de civilizações, especialmente a cristã, que do seu ponto de vista falharam no Brasil, onde é necessário regressar ao tempo antropofágico, mas, por outro lado, funciona, estruturalmente, em contraste com a viagem utópica de *El Durasno* — que aliás é posterior à morte do herói, frustrado Ulisses regressado à pátria onde porém nenhuma Penélope o espera e onde, agarrado a um canhão, se empenha na "luta seletiva" que o leva à morte.

Não terá sido o embaraço de um possível "encontro" com Leviana que levou Serafim diretamente a Marselha? Ou menos metaforicamente: não terá receado Oswald de Andrade um maior contágio entre a "novela" do português e o seu romance?

Em *Memórias sentimentais de João Miramar* ainda aparecia um personagem secundário, Pilatos, a visitar Lisboa — também celebrada num belo poema de *Pau Brasil* ("Tarde de partida"); em *Serafim Ponte Grande* nenhum personagem visita Portugal, país cujo nome só comparece na alusão a um "pai bigodudo de Portugal".

Mas Portugal, ou a literatura portuguesa, é, como já o sugerimos, uma presença constante em *Serafim Ponte Grande*. E não só por causa do texto de Antônio Ferro — também por causa de outros textos ou autores direta ou indiretamente citados: o *Amadis*, cuja Briolanja é lembrada no nome e na figura (paródica) de Dona Solanja; Bernardim Ribeiro ("morena, morena e moça", p. 225); Camões ("Como Camões fazia", p. 150; "um bardo deformava Camões", p. 263; "sopros clássicos [...] de dentro dos *Lusíadas*", p. 237); Pero Vaz de Caminha ("Na véspera da Pascoela", p. 181); *História trágico-marítima* (epígrafe, p. 195); Camilo Castelo Branco ("Cérebro, coração e pavio", p. 195); Eça de Queirós ("o tipo requintado de Fradique Mendes", p. 153; "o grande Eça de Queirós", p. 154).

Esta presença é decerto inesperada num romance escrito nos anos da luta mais aguerrida pela causa modernista brasileira, e nos anos do lançamento dos célebres manifestos de Oswald de Andrade, que contêm algumas tiradas antiportuguesas, como esta: "Antes dos portugueses descobrirem o Brasil, o Brasil tinha descoberto a felicidade".

Mas tal presença acaba por ser ou parecer natural num autor ou num homem que, descendente ao que parece de uma das famílias portuguesas a quem o rei dom José deu o Amazonas,[42] foi educado na leitura dos clássicos portugueses, cedo privou com portugueses, alguns deles autores e atores — de cujas passagens por São Paulo dava conta o *Diário Popular* de São Paulo (1909, 1910) e a sua revista *O Pirralho* (1911) —, que escolheu uma ama portuguesa para o seu primeiro filho, Nonê, que em 1923 colaborou na revista *Contemporânea* e deu uma entrevista ao *Diário de Lisboa*, e que, pelo menos em algumas das suas viagens à Europa,[43] esteve em Portugal, onde contou com amigos como Antônio Ferro, José Osório de Oliveira e Alves Redol.

A amizade com Antônio Ferro, que com ele conviveu no Brasil, em Portugal e na França, fica bem patenteada nas cartas que publicamos em *DI*, as quais também não deixam dúvidas quanto à alta conta literária em que Oswald tinha Antônio Ferro e, em especial, *Leviana*:

> Abraços a quem fez *Leviana*.

> A formosa reação que você produz, desarticulando a sua linguagem, dando-lhe molas imprevistas, fazendo-a agir como um acrobata cinemático, produzindo efeitos desconhecidos de simultaneísmo, de dinamismo.

> E *Leviana* traduzida? Pode mandar-me 2 volumes?

Leituras portuguesas do jovem Drummond

Os anos que correspondem aos do início da vida literária de Carlos Drummond de Andrade, isto é, os anos que decorrem entre a sua estréia, em 14 de abril de 1918 no jornalzinho *Aurora Colegial* (do Colégio Anchieta, de Nova Friburgo) e a publicação do seu primeiro livro, em 30 de abril de 1930, coincidiram com os anos em que alguns setores da *intelligentsia* brasileira mais se empenharam na diferenciação com a cultura portuguesa, e em que as comunicações entre Portugal e Brasil conheceram acrescidas dificuldades.

Escritores brasileiros houve que foram tão longe na teorização ou na prática da diferenciação (literária, lingüística, cultural) que, mais tarde, tiveram de se penitenciar e, nalguns casos, como o de Mário de Andrade, vieram a sentir a necessidade de fazer verdadeiras confissões de amor a Portugal.

Carlos Drummond de Andrade não teve necessidade de fazer tais declarações de amor, pela simples razão de que não se interessou pela polêmica da "língua brasileira" nem do abrasileiramento literário e cultural ou pelas querelas luso-brasileiras, lusas e brasileiras. Os inúmeros textos que deixou dispersos por jornais e revistas entre 1918 e 1930 — e que Fernando Py inventariou em *Bibliografia comentada de Carlos Drummond de Andrade*[1] — mostram que sob esse aspecto, como sob outros, o Andrade mineiro nunca alinhou com os dois Andrades paulistanos e muito menos com os lusófobos brasileiros.

Decerto que num texto de 1924 podemos surpreender declarações como estas: "dispomos de uma língua semimorta"; "dispomos ainda de cem anos de suposta independência política, e quatrocentos de mais crua servidão a um outro povo que gerou os 'Lusíadas' e morreu".[2] (Curiosa declaração esta, quando se pensa que foi produzida dez anos antes do aparecimento da *Mensagem* e quando o "Super-Camões", que o próprio Drummond viria a homenagear, estava vivo e bem ativo.)

Mas o mesmo texto em que se liam tais declarações mostrava como a posição de Drummond a respeito da língua e da cultura do Brasil e de Portugal era bem menos superficial ou "folclórica" do que a de muitos dos seus pares. Com uma maturidade admirável em quem ia fazer, daí a dias, 22 anos, ele defendia que a necessária renovação da língua só poderia conseguir-se "à custa de indisfarçáveis prodígios de adaptação e vivificação"; e que o desejo de ser brasileiro "dentro do Brasil, na língua como no sangue, e na literatura como na língua" nunca se cumpriria "com um manifesto ou uma conferência", mas necessitava do trabalho "nem sempre visível, muitas vezes irregular, e até mesmo inconsciente, de gerações sem conta".

Daí que Drummond não receasse publicar em 1923 e 1924 artigos sobre dois escritores portugueses, Antônio Ferro e João Barreira,[3] que aliás deixaram marcas em prosas (ou prosas poéticas) que então escreveu. E daí que não encontremos nele, na fase mais polêmica do Modernismo brasileiro, nada que se pareça com os "desvios" da "norma" lingüística portuguesa praticados por outros escritores.

A fidelidade do jovem Drummond à língua de Portugal chegou a irritar Mário de Andrade, que em carta de fevereiro de 1925 reagia ao verso "o poeta chega à estação" com estas palavras: "no Brasil o Sr. Carlos Drummond diz: 'cheguei em casa', 'fui na farmácia', 'vou no cinema' e quando escreve veste um fraque debruado de galego, telefona pra Lisboa e pergunta pro ilustre Figueiredo: — Como é que se está dizendo agora no Chiado: é 'chega na estação' ou 'chega à estação'? E escreve o que o Sr. Figueiredo manda".[4]

Drummond terá sido sensível a alguma doutrinação lingüística do seu amigo, ou de outros, mas chegou a arrepender-se de algumas (poucas) concessões que fez, e voltou a preferir a forma tradicional. Assim, a grafia "si" de *Alguma poesia* (1930) desapareceu na reedição integrada no volume *Poesias* (1942), em que o verso "ele veio na rede", se converteu em "ele veio para a rede", e o verso "tem dias que ando na rua de olhos baixos" passou a "há dias".

É claro que a fidelidade de Drummond à língua (e à cultura) portuguesa não derivava de simples capricho ou de uma decisão pessoal. Não foi impunemente que o poeta nasceu em Minas, região bem mais conservadora do que, por exemplo, São Paulo. E não foi impunemente que o poeta nasceu de famílias em que não havia sangue índio ou negro, quer dizer, de famílias portuguesas. É verdade que o mais antigo antepassado conhecido de Drummond foi um escocês, John Drummond. Mas também é verdade que este escocês, que na ilha da Madeira se fixou ainda jovem, aqui passou a ser nomeado João Escócio, e aqui deixou uma numerosa descendência de ligação com mulher portuguesa.

Quanto aos outros ramos genealógicos de Carlos Drummond de Andrade, quer os Andrades, quer os Chassim, e os Alvarenga eram bem portugueses, tendo alguns dos antepassados de Drummond emigrado para o Brasil já relativamente tarde, no século XVIII. Por outro lado, não parece desprezível o fato de ter nascido no Funchal o trisavô do poeta — João Antônio de Freitas Drummond — que o foi aliás pelo lado paterno e materno simultaneamente, já que eram primos direitos os seus pais, Carlos e Julieta. E também não foi impunemente que Drummond devorou em tenra idade (lá por 1913) os 24 volumes da edição feita em Portugal da *Biblioteca Internacional de Obras Célebres*, e que teve professores portugueses — um dos quais, por sinal, o professor de português que provocou a sua expulsão do Colégio Anchieta, em 1918, mas que era também o professor a quem Drummond deveu a publicação, nesse mesmo ano, dos seus primeiros textos, no já referido jornalzinho *Aurora Colegial*.

Tudo isso pode ajudar a compreender as desconhecidas influências de escritores portugueses na primeira fase do escritor Drummond. Uma delas foi a de Eça de Queirós. Em quase todos os textos dos seus 16/17 anos (1919) há referências evidentes a Eça. Na "História do pinto pelado"[5] aparece-nos a figura do "Sr. Conselheiro"; em "X é um rapaz"[6] alude-se a "X, o grande, o imortal e talentoso Pacheco"; em "Primavera"[7] fala-se de uma "reflexão acaciana"; e em "Calor, exames e o nariz de Cleópatra"[8] há outra alusão ao "Sr. Dr. Pacheco".

Muito mais significativa, no entanto, é a freqüência com que nesses textos de Drummond surgem certos traços estilísticos tipicamente (embora não exclusivamente) queirosianos. Enumeremos apenas estes: a adoção, discreta e elegante, de um tom galhofeiro, maroto, brincalhão, superficialmente brilhante ou brilhantemente superficial; o aproveitamento artístico das possibilidades sonoras de linguagem e de harmonia imitativa, sobretudo em frases descritivas ("Uma orquestra de pássaros enchia o espaço com o ruído musical de sonoridades sedutoras"); o consumo de certos adjetivos como "talentoso", "vasto", "imenso", ou a sua colocação anteposta ao substantivo como no caso de "talentoso Pacheco", "amável Othoniel", "imenso talento", "vasto cérebro"; o emprego de certos diminutivos, como "palmadinhas de vento"; o próprio uso do travessão numa frase como: "Aquilo, dito por um corvo [...], às treze horas da noite — era lúgubre"; e, sobretudo, o uso da hipálage — desde a intensiva (e recíproca) como em "voz nívea do seu caule puríssimo", à direta, como em "farfalhar contente das árvores".

Tal como Eça, Drummond tira todo o partido da distorção, do exagero, da caricatura, do cômico — seja de situações, seja de caracteres, seja de formas e movimentos, seja de palavras.

Outras influências portugueses, e estas de contemporâneos, recebeu-as Drummond de Antônio Ferro e de Albino Forjaz de Sampaio — como de resto podia deduzir-se da apresentação que em 1921 fez José Osvaldo de Araújo do novo colaborador do seu jornal *Diário de Minas*: "No seu equilíbrio sensato [seu = de Drummond], a convivência, em leitura, com Wilde, com Forjaz e com Antônio Ferro, coloca de quando em quando relâmpagos de irreverência e de audácia, que são um encanto".[9]

Antônio Ferro publicara justamente em 1921, além do manifesto *Nós*, pequenos volumes: uma conferência sobre a escritora francesa Colette (*Colette, Colette Willy, Colette*), e uma "novela em fragmentos" (*Leviana*). Mas no ano anterior publicara um "tratado" de moral ou de amoral (*Teoria da indiferença*) e o livro de poemas *Árvore de Natal*, assim como publicaria em 1922 as crônicas de *Gabriele d'Annunzio e eu*. É possível que Drummond tenha lido logo alguns desses livros, como se deduz do artigo que em 1923 escreveu sobre Antônio Ferro, "sem ter diante" de si nenhuma dessas obras. Mas terão elas deixado marcas na prosa de Drummond? Antônio Ferro era um cultor de *boutades* e paradoxos ("A Vida é um curso superior da Morte", "Só o Artifício é natural", "Proclamamos a mentira como a única verdade" etc.), tal como Drummond se mostra nas suas prosas pós-colegiais. Mas esse gosto do paradoxo talvez lhe tenha vindo também pela via de Álvaro Moreyra, de Oscar Wilde, de Nietzsche, de Anatole France ("Le mal est l'unique raison d'être du bien", "La vérité est que la vie est délicieuse, horrible, charmante, affreuse, douce, amère" etc.).

Em Antônio Ferro o escritor mineiro parece ter bebido muito do "elegante cinismo" que viu na *Teoria da indiferença*. Mas nisso ele teve outro modelo português — Albino Forjaz de Sampaio, que anda bem a precisar de um ensaio que o situe devidamente nos quadros da literatura portuguesa do século XX (tanto mais que ainda está em moda o escritor maldito).

Albino Forjaz era o autor de um livro justamente intitulado *Palavras cínicas* (1905), que alcançou grandes êxitos e despertou polêmicas tanto em Portugal como no Brasil, e que Drummond devorou — o que possivelmente terá levado o poeta a escrever num dos seus últimos livros de poemas, *O corpo* (1984): "Entre Schopenhauer e Albino Forjaz de Sampaio/ leituras ardiam na pele" (p. 100). Escrito em forma de cartas, *Palavras cínicas* era um verdadeiro manual do pessimismo em relação à humanidade ou aos homens — e, particularmente, às mulheres. Anatole ainda chegou a ser amável para com elas. Forjaz, pelo contrário, tratou-as como coisas desprezíveis ou aconselhava a tratá-las como tais, no que foi seguido, em boa parte, por Drummond ("A mulher ama. Quando? Quando já não tem mais nada a fazer..."; "Possuir uma mulher é quase sempre pagar o pecado de desejá-la..."; "O homem descobre sempre uma razão para cometer qualquer tolice. A mulher descobre duas").

Todo o cinismo pressupõe a capacidade de dizer verdades amargas no tom mais afável e delicado, e Albino Forjaz não só a possuía como também a aconselhava: "Sê polido, meu amigo. Encobre a raiva sob o riso, e o riso sob o pesar". Assim fez Drummond — de acordo, ainda, com a teoria anatoliana da ironia e da "piedade".

Mas em Forjaz, como em certo Drummond, a polidez nem sempre conseguiu evitar o sarcasmo, tal como o riso, expressão de juventude (que Forjaz celebrou num capítulo da sua *Prosa vil*), nem sempre conseguiu disfarçar o cansaço, expressão de senilidade. E é curioso verificar como Drummond, com 20, 21 anos, chega a dar a impressão de "já ter feito a volta à Vida e à alma humana" (Abgar Renault), impressão igual à que dá Forjaz na sua última carta das *Palavras cínicas*.

Talvez por isso, ele sente-se no papel de um moralista ("Faz", "É preciso", "Cala-te" etc.); mas logo desiste, porque "a vida corrige os moralistas", e de novo se refugia no amoralismo e na dúvida de tudo ("Prefiramos o balanço cômodo e rimado de uma rede: a dúvida"; "A dúvida faz o homem feliz").

Expulso de um colégio em que era um dos melhores e mais bem comportados alunos, revoltado contra os homens, inseguro na fé em que fora educado, e por temperamento e caráter jovem arredio e *gauche*, era natural que Drummond, por volta dos seus 18 anos, ou por volta dos anos 20, se reconhecesse um pouco na ironia, no ceticismo e no cinismo de Eça, de Antônio Ferro e de Forjaz de Sampaio, se sentisse arrastado ou seduzido por esses e outros escritores (Anatole France, Oscar Wilde, Machado de Assis) que, cada um a seu modo, lhe apontavam o mesmo caminho. Embora com matizes diversos, todos eles afirmavam o mesmo tipo de inteligência (crítica ou hipercrítica), a mesma atitude perante a vida e os homens (o ceticismo ou a dúvida), a mesma inclinação (para o pessimismo), a mesma expressão artística (a prosa elegante e clara) e, salvo no caso de Machado de Assis, a mesma fraqueza (uma certa frivolidade ou leviandade, um certo exibicionismo discreto), a mesma defesa contra o sentimentalismo exacerbado, a solidão e a angústia, e a mesma arma contra a mediocridade e a insegurança (a ironia).

Por razões óbvias, não cabe aqui referir outras fases e outros aspectos da obra de Drummond nos quais é possível ler as influências ou as marcas da cultura portuguesa — que nem sempre são fáceis de detectar num escritor complexo como ele é, e que nunca pareceu mais preocupado com os nacionalismos do que com os homens.[10] Lembremos ao menos que essas marcas não se lêem só na superfície da língua pura — felizmente nem sempre purista, nem puritana —, a língua cuja matriz atual foi e é forjada por portugueses, brasileiros e outros. Elas podem ler-se, por exemplo, até na alusão à "Morta Inês de antigos sonhos" e aos "brinquedos de minha filha" (parecidos com os das crianças portuguesas), ou ao canto das "Janeiras".

Podem ler-se no privilégio de certos nomes próprios, a começar no do heterônimo João Brandão e a acabar nos do poema "Quadrilha" — João, Teresa, Maria, Josefina, J. Pinto Fernandes e até o Raimundo que também aparece no "Poema das sete faces" e que desapareceu no "José" — ou de "Registro civil" — Dulce, Rosa, Beatriz — e ainda noutros, como Luísa Porto e José. Mas essas marcas podem avaliar-se também nas referências que Drummond faz a poetas portugueses como Alberto de Serpa, Maria da Saudade Cortesão e Alberto de Lacerda, ou como Gil Vicente, Antero de Quental, Cesário Verde, Antônio Nobre, Mário de Sá-Carneiro, Fernando Pessoa — um dos quatro poetas que ele gostaria de ler numa ilha deserta — e Camões, que foi o único poeta citado explicitamente no primeiro livro de Drummond ("Pobre Rei de Sião que Camões não cantou"), que foi discretamente citado em várias crônicas e em vários poemas como "Máquina do mundo" ou em versos como "o homem, bicho da terra tão pequeno", e que foi claramente homenageado num dos últimos livros do poeta, e logo em dois poemas, num dos quais afirma:

Este, de sua vida e sua cruz
Uma canção eterna solta aos ares.
Luís de ouro vazando intensa luz
Por sobre as ondas altas dos vocábulos.[11]

Drummond é dos que não precisam de falar de Portugal para falar Portugal. Aliás, mesmo que ele negasse ou renegasse a cultura portuguesa, esta já não poderia negá-lo ou renegá-lo a ele.

Citado em Portugal ainda antes da publicação de *Alguma poesia*, Drummond viu editadas em Lisboa duas amplas antologias da sua poesia e tem colaborado em revistas e jornais lusos. Um destes é o *Jornal do Fundão*, semanário da província da Beira Baixa, que durante anos publicou em cada número uma das suas crônicas que saíam também no *Jornal do Brasil.*

Por outro lado, já não é possível afastar o nome de Drummond da poesia portuguesa: ele está no "medo" de Alexandre O'Neill, no "boi da paciência" de Antônio Ramos Rosa, na "inquietação social" de Egito Gonçalves, no humor de Mário Cesariny, no confessionalismo e no pessimismo de Vasco Miranda — que, como Antônio Botto, Alberto de Serpa, Vitorino Nemésio, Carlos de Oliveira, Jorge de Sena, Melo e Castro e outros o homenagearam e citaram em poemas.

Veja-se, por exemplo, a fortuna portuguesa do poema "José". A pergunta sem resposta do quase refrão "E agora, José?" aparece freqüentemente em títulos de imprensa e até já deu título a um livro de José Cardoso Pires, em que o célebre poema drummondiano é glosado. E já pelo menos três poetas de três gerações produziram textos poéticos à custa do famoso poema: José Gomes Ferreira, no livro *Elétrico*; Jorge de Sena, no livro *Seqüências*; e Casimiro de Brito no livro *Jardins de guerra*.

Eis como graças a Drummond se reforçam os elos entre duas culturas que alguns pretenderam quebrar; e eis como desse reforço saem enriquecidas e dignificadas duas literaturas irmãs, ou sai beneficiada a gente brasileira, a portuguesa, e a que lê ou fala a língua portuguesa.

Conclusões

As páginas que aí ficam, assim como os documentos inéditos e dispersos que lhes juntamos, mostram suficientemente — parece-nos — a falta de fundamento das teses que garantiam que nas décadas de 1910 e 1920 foram interrompidos, ou quase, os contatos entre a literatura portuguesa e a literatura brasileira, ou se pôs termo à influência daquela sobre esta.

Na verdade, se nessas décadas foi escasso o número de contatos pessoais entre escritores (pré-modernistas e modernistas) de Portugal e do Brasil, já o mesmo não poderemos dizer do conjunto de contatos por carta, livro, revista ou jornal; e se houve um nítido recuo da influência literária portuguesa no Brasil, exemplos como os que referimos de Mário de Sá-Carneiro e de Antônio Ferro, para não falarmos noutros mais problemáticos como os de Fernando Pessoa e de Almada Negreiros, bastam para desmoralizar os que, como Antonio Candido e Tristão de Ataíde, supunham que ela terminara, provisória ou definitivamente.

Aliás, convém não esquecer que quase todos os modernistas brasileiros tiveram ainda por modelos escritores portugueses, como — para não falarmos em velhos clássicos — Cesário Verde, Antônio Nobre e Eugênio de Castro, que por sinal também foram mestres de quase todos os modernistas portugueses. E convém lembrar que o prolongamento da pesquisa de que nesta obra damos conta — o confronto de outros textos, ou a consulta de jornais, revistas, almanaques e espólios que não pudemos ver — trará por certo mais algumas surpresas, como as que traria o estudo comparativo das literaturas populares dos dois países, em especial a de cordel, durante o mesmo período.

Mas as páginas que aí deixamos também mostram suficientemente que nas décadas de 1910 e 1920 as relações literárias (e culturais) entre Portugal e Brasil atravessaram uma fase eminentemente crítica, como não tinham conhecido antes (no período da independência brasileira, por exemplo) nem conheceriam depois. É uma fase em que, malgrado a manifestação de alguns sinais de colaboração muito positivos (o projeto de revistas culturais luso-brasileiras; a assinatura de acordos culturais; o início oficial dos estudos brasileiros em Portugal etc.), portugueses e brasileiros agravam a sua ignorância mútua, acentuam as suas diferenças, multiplicam as suas suspeições, manifestam mutuamente as suas suscetibilidades.

A guerra de 1914 tem alguma influência nessa crise, sobretudo na medida em que dificulta as comunicações. Mas mais importante do que ela foi a outra guerra, a que se fazia a partir da teoria da língua ou da ortografia, a que derivava de ufanismos ou de nacionalismos exaltados, a que evidenciava complexos de ex-colonizador ou de ex-colonizado. Valha a verdade que é o ex-colonizado que mais parece empenhado em provocar a crise, de que quer tirar o máximo partido, e em que quer pôr à prova as suas capacidades, e medir a sua identidade. Em 1939, Mário de Andrade construía uma interessante teoria para justificar a diferença de atitudes dos intelectuais portugueses e brasileiros: enquanto aos portugueses a literatura brasileira não faria mal nenhum, a portuguesa poderia ser para os brasileiros, a caminho da sua "puberdade", "um perigoso descaminho", um dissolvente da sua realidade.[1]

Outros fatores favoreciam, na década de 1910, o recuo da literatura portuguesa no Brasil; entre eles, algumas querelas com os portugueses que viviam no Brasil, o aparecimento de emigrações competitivas com a portuguesa, o avanço da cultura francesa, a entrada da cultura americana, e a própria teoria e prática do Modernismo, que estimulava a busca do novo e o gosto da experimentação, e que tanto favorecia o "futurismo" e o cosmopolitismo como o primitivismo e o nacionalismo.

Antônio Arnoni Prado viu bem como, pelo lado brasileiro, se articulavam, no plano ideológico, o nacionalismo e o cosmopolitismo:

> pelo primeiro, legitimava-se o interesse das elites em anular os vários desequilíbrios regionais, para diluí-los no projeto ideológico de um novo tempo de unidade nacional, voltado para a homogeneidade da soberania; pelo segundo, retomava-se o cacoete europeizante da burguesia ilustrada em ascenso, para impor às reformas um modo de ruptura que não chegava ao antagonismo.[2]

Assim, talvez não seja de estranhar que, hostilizando a cultura européia (ou a portuguesa) em ensaios, manifestos e até poemas, os modernistas brasileiros, como disse algures Blaise Cendrars, não pudessem viver sem ela. Depondo para *O momento literário*, de João do Rio, dizia Olavo Bilac: "Nós nunca tivemos propriamente uma literatura. Temos imitações, cópias, reflexos. Onde o escritor que não recorde outro escritor estrangeiro, onde a escola que seja nossa?".[3] E, a propósito de João do Rio, Agripino Grieco garantia que "em literatura os brasileiros devem sempre qualquer coisa" a algum estrangeiro, "quando não devem muito ou devem tudo".[4] Alguns modernistas brasileiros faziam esforços gigantescos para que assim não fosse, sem se consolarem com o fato de nenhuma literatura moderna escapar às influências estrangeiras, de nenhum escritor moderno escapar a modelos antigos, e tentando assassinar ou esconder em ironias, distanciações e ataques, o pai cultural por quem se supunham estigmatizados.

O período modernista representa um novo período na cultura luso-brasileira, lusa e brasileira, que Thiers Martins Moreira definiu exatamente como "período de crise", o qual vinha na seqüência do período da "cultura comum" e do período que começara com a Independência do Brasil, quando "a influência portuguesa, direta e quase única, permanece em todos os assuntos do espírito." O que caracterizaria o terceiro período seria o desconhecimento brasileiro "das fontes portuguesas, raízes originárias" da cultura brasileira ou, "se impossível desconhecê-las, a negação de seus valores".[5]

Mas o que Thiers Martins Moreira apontou como característica do Modernismo brasileiro, por muito pertinente que pareça, só convém a algum Modernismo brasileiro. Tendo em conta a relação com a cultura portuguesa, mas não só, poderíamos defender que houve vários Modernismos brasileiros, até porque, ao contrário do que sucedeu em Portugal, onde o Modernismo foi um movimento lisboeta, comandado por uma equipe lisboeta (mesmo que formada com elementos oriundos de vários lugares e experiências), no Brasil ele contou com várias equipes trabalhando, às vezes com alguma independência, em diversas cidades. O do Rio não coincide com o de São Paulo, o de Minas não se confunde com o de Pernambuco. Neste último não há praticamente sinais de lusofobia, que também são escassos no de Minas. Esses sinais vêem-se com maior freqüência — *et pour cause...* — no Modernismo paulista e no carioca, mas só em parte deles; e mesmo nesses deparamos com algumas contradições ou desencontros entre teorias e práticas: o Mário de Andrade do "paisinho desimportante" e da "gramatiquinha" nunca se desinteressou dos livros e de tradições portuguesas; o Oswald das *boutades* antiportuguesas não se negou a visitar Portugal, a publicar ou a conferenciar em Portugal, a ler contemporâneos portugueses.

Se no período de militância modernista houve brasileiros sistematicamente hostis ou indiferentes à cultura e à literatura portuguesa, também os houve sistematicamente favoráveis; pensemos por exemplo em Ronald de Carvalho, em Manuel Bandeira, em Gilberto Freyre, para não falarmos em autores menos interventivos como Jorge de Lima ou Cecília Meireles. E houve também os que, como Graça Aranha, oscilaram ao sabor de ondas ou conveniências. João de Barros informou que Graça Aranha "não era, de início, muito simpático a Portugal";[6] pelo menos depois que o convidou para diretor na França da *Atlântida*, em 1919, tornou-se visível a sua simpatia, que em 1924 desaparecera de todo.

Em Portugal, fora dos quadros do jornalismo e da discussão lingüística, não houve manifestações culturais de brasilofobia. Nenhum modernista, que saibamos, repetiu ataques ao Brasil como os que fizeram Camilo ou Sampaio Bruno, cujo *Brasil mental* levou paradoxalmente Teixeira Gomes a desejar visitar o Brasil.[7] A única referência negativa ao Brasil de um modernista português é a de Álvaro de Campos no "Ultimatum", e não passa de uma blague inofensiva, que aliás contrasta com outras declarações do ortônimo Pessoa.

Mas não admira: os portugueses não tinham que lutar contra a tutela cultural brasileira, contra a qual já reagiria, alguns anos depois, um homem como José Régio; e não se debatiam com problemas de nacionalismo literário, que preocupavam muitos modernistas brasileiros — embora também houvesse os que, como Manuel Bandeira, poderiam declarar: "Aborreço os poetas que se lembram da nacionalidade quando fazem versos".[8] Nisso Bandeira estaria de acordo com Antônio Sérgio, que passou vários anos no Brasil e que em 1933, pensando exatamente nos modernistas brasileiros, escrevia estas palavras:

> Um espírito verdadeiramente forte e culto não se preocupa de ser nacional ou estrangeiro, de se parecer ou não se parecer com os outros: busca ser o mais profundo, e largo, e alto, e nobre, e sincero e humano que lhe for possível: se assim resultar parecer-se com qualquer outro, aceita o fato; se resultar não parecer-se, aceita também. Querer fabricar literatura nacional parece-me uma preocupação mesquinha, literata, e uma maneira de não fazer forte e profunda literatura. Estou com quem pensa que concorreu muito mais para a existência de uma literatura brasileira o Machado de Assis, que nunca se preocupou de criar literatura brasileira, que todos os que se propõem magicar brasilidade literária.[9]

Sérgio, quem sabe se por inesperada cedência ao sentimento nacionalista, ou por excesso idealista, enganava-se. A literatura (nacional) também se faz com textos programáticos e com teoria, embora esta não garanta a qualidade daquela, nem o valor ou a fecundidade da diferença (nacional, nacionalista). E talvez o exemplo de Machado pudesse enfraquecer a sua tese, já que a ele se deve precisamente um ensaio em que discorre sobre o "instinto de nacionalidade" na literatura brasileira.[10]

Foi sem dúvida graças a esforços teóricos e programáticos que os escritores brasileiros conseguiram não só transmitir nas suas obras visões originais de uma realidade original mas também passar a equiparar-se aos escritores de qualquer país culturalmente independente e pôr fim à "posição de inferioridade no diálogo secular com Portugal".[11] Com razão podia Tristão de Ataíde escrever para os portugueses, ainda antes da Semana de Arte Moderna, na transição de 1919 para 1920: "Portugal é um velho parente, a quem nos prendem — como aos parentes mais queridos — recordações gratas e dolorosas, e com quem sempre agrada tratar intimamente. Estamos hoje em face um do outro, como homem para homem, e não como filho para pai".[12]

A partir deste momento, pareceriam ilegítimas as censuras literárias e lingüísticas aos desvios praticados pelos escritores brasileiros; e estava aberto o caminho, que já se vinha desenhando desde os parnasianos e os simbolistas, para as influências brasileiras já não pontuais mas sistemáticas na literatura portuguesa; em breve assistiríamos não só à publicação em Portugal de obras marcadas pela influência de romancistas nordestinos (Jorge Amado, Graciliano Ramos etc.) e de Manuel Bandeira, Jorge de Lima e Carlos Drummond de Andrade como também a casos curiosos de intertextualidade: um autor português, como Fernando Pessoa, é influenciado por e influencia brasileiros; um autor brasileiro, como Manuel Bandeira, é influenciado por e influencia portugueses.

Dada a importância, a generalidade e a complexidade do fenômeno das influências literárias — que Pessoa assinalou devidamente, muito antes de o fazerem os modernos teóricos da literatura, ao dizer a Gaspar Simões que tudo tinha influência sobre ele, mas que era conveniente não ver influência de Camilo Pessanha nos seus versos que lembrassem Pessanha[13] — ninguém poderá lamentar que as influências literárias no mundo luso-brasileiro tenham deixado de ser unidirecionais, ou tenham passado a ser bidirecionais.

De lamentar é apenas o fato de não ter sido mais intenso o intercâmbio cultural luso-brasileiro no momento em que de um lado e outro do Atlântico se afirmavam gerações ou escritores dos mais altos de toda a história literária de língua portuguesa (nós podemos imaginar o que resultaria da intimidade entre essas gerações ou entre esses homens). De lamentar é que tenha sido mínima a colaboração de modernistas portugueses em publicações brasileiras, e de brasileiros em publicações portuguesas. De lamentar é que tenha havido desproporção, não equilíbrio, na circulação de bens culturais (e até materiais) nos espaços português e brasileiro: a literatura brasileira era, proporcionalmente, bem menos lida em Portugal do que a portuguesa no Brasil (em 1915, Alberto de Oliveira acusava com razão os portugueses de serem "distraídos estudantes do Brasil"[14]); por sua vez, os brasileiros tomaram, durante o período modernista, "as rédeas da política da língua".[15] De lamentar é que se verificassem em Portugal e no Brasil equívocos e desfasamentos culturais que levavam os portugueses a supor, no auge do Modernismo brasileiro, que a grande literatura brasileira era a de Bilac, de Coelho Neto ou de Catulo da Paixão Cearense, e os brasileiros a supor, no período áureo do Modernismo português, que "em matéria de poesia, romance ou história, não se dera um passo além de Guerra Junqueiro, Eça de Queirós ou Oliveira Martins",[16] ou que a boa literatura portuguesa era a de Júlio Dantas, não a de Pessoa, a de João de Barros, não a de Sá-Carneiro (ou de Pessanha), a de Antônio Ferro, não a de Almada Negreiros — ou, noutra esfera, a de Luís de Almeida Braga, não a de Antônio Sérgio.

A ignorância, que levou até um Carlos Drummond de Andrade a escrever que Portugal era um povo que gerara os *Lusíadas* e morrera[17] — quando Pessoa estava a construir a *Mensagem*, e não só —, foi, é e será sempre a grande inimiga do entendimento e da entreajuda cultural de portugueses e brasileiros. O período modernista deveria servir, em cada um dos lados do Atlântico, de exemplo ou prova dos malefícios da ignorância mútua. Por tudo o que já foi dito, e também pelo fato de o conhecimento ou o estudo do *outro* Modernismo iluminar necessariamente o próprio. O que confirmam, aliás, os poucos e esquemáticos estudos comparativos que há sobre eles. O mais recente, de Kumico Takeya, assinala para os dois movimentos a mesma "fonte irradiadora", Paris, e a importância da influência de Sá-Carneiro ou da relação de Montalvor e Ronald.[18] Outro estudo, de João Alves das Neves, assinala, ligeiramente, alguns paralelismos nos dois movimentos (relação com o Futurismo, presença de Blaise Cendrars) e algumas diferenças (o português teria começado mais cedo, e seria "excessivamente literário", enquanto o brasileiro seria marcado pela influência das artes plásticas).[19] Cassiano Ricardo também assinalou, em *Arte & Independência* (1973) alguns pontos óbvios de encontro entre "futuristas" de Portugal e do Brasil, ou entre paulistas e paúlistas (o trocadilho é dele).

Foi porém Casais Monteiro que mais longe chegou na análise das afinidades e das divergências dos dois modernismos. Depois de assinalar as dificuldades do seu estudo comparativo por falta de "pontos prévios de apoio", pelo fato de ter de se trabalhar com o vago conceito de "nacional", e pelas discussões abertas sobre o significado que o Modernismo emprestava a noções como a de cosmopolitismo e de tradição, Casais Monteiro defendeu que o Modernismo brasileiro teve um âmbito mais largo do que o português, até porque se tornou vitorioso, enquanto o segundo ficou "mergulhado num poço" individual, sem possibilidade de ação imediata sobre a consciência nacional; que o Modernismo brasileiro conheceu uma "vitalidade interna" (diversidade de manifestações, proliferação de tendências, penetração em espaços do interior ou da província) que o português não teve, até porque em boa parte não foi "público"; que o Modernismo brasileiro se interessou pelo regionalismo, ao contrário do português, que lutou "contra o saudosismo e o regionalismo literário"; que o Modernismo brasileiro foi menos profundo do que o português, preocupado com a visão ou invenção de um mundo interior à falta de um mundo exterior a descobrir. Não obstante, Casais assinala diversos pontos de encontro entre os dois modernismos para lá do do *Orpheu*, a que retira todo o significado, por não considerar modernistas os seus primeiros diretores: ambos os modernismos têm como objetivo libertar os códigos literários e denunciar os "mestres do passado"; ambos se identificam na tentativa de revitalizar a língua; ambos sofrem as mesmas influências estrangeiras.[20]

O estudo comparativo dos modernismos português e brasileiro ajuda-nos a perceber o alcance simultaneamente nacional e internacional de cada um deles, e a perceber o verdadeiro sentido (e semelhança) das suas diferenças. Na verdade, por muito que os modernistas brasileiros se dissessem distanciados da Europa, por muito que se julgassem vítimas da Europa (sem chegarem contudo a dizer *a sério*, nem Oswald, algo de parecido com o que Fidel Castro disse em julho de 1985: que o dia 12 de outubro de 1492 era uma data "infausta" e "nefasta"), eles não faziam mais do que prolongar, renovando-a ou revitalizando-a a seu modo, a cultura européia que também a seu modo renovavam e revitalizavam os modernistas portugueses. Daí que Almada Negreiros, falando exatamente nos modernistas, e no *Orpheu*, pudesse afirmar: "o que para o português representa o europeísmo, é evidentemente para o brasileiro o americanismo".[21]

Mas o estudo comparativo dos dois modernismos pode trazer ainda outros benefícios. Um deles é o de nos obrigar a sair dos conceitos ou dos preconceitos de escola, e a rever ou a desconfiar de certos arrumos da comum história literária. Pensando nalguns dos escritores (ou nalguns dos seus textos) do grupo *Fon-Fon!* do Rio, ou pensando em escritores como Camilo Pessanha e Raul Brandão poderemos perguntar-nos por que razão são eles excluídos do Modernismo. Do próprio Aquilino disse o próprio Oswald de Andrade que era "um modernista da melhor vanguarda", considerando-o um "caso oposto ao de Graça Aranha", que era "um tijolo acadêmico e mais nada".[22] Também em Portugal se incluem com freqüência entre os modernistas autores que nada tiveram de modernistas.

Um segundo benefício, relacionável com o anterior, é o de nos obrigar a repensar as datas da introdução do Modernismo no Brasil. Quer se considerem ou não apenas simbólicas as datações, ou porque o são sempre, impõe-se a relativização ou pelo menos um certo esvaziamento da data de 1922. Tal como em Portugal, é em 1912-1913, depois do segundo Manifesto Futurista, que começa a afirmar-se no Brasil a estética modernista. Em 1925, dizia Mário de Andrade a Manuel Bandeira, a propósito de um artigo "regionalista" de Tristão de Ataíde: "Essa gente do Rio nunca perdoará a São Paulo ter tocado o sino".[23] Sem negarmos a importância cultural que São Paulo assumiu no e com o Modernismo, há que reconhecer que quem tocou o sino modernista foi o grupo da *Fon-Fon!* — que por sinal viera quase todo do Rio Grande do Sul —, e foi Manuel Bandeira, que por sinal nascera no Nordeste, e que foi mais do que o "São João Batista" do Modernismo, porque foi modernista quando Mário de Andrade ainda o não era. E parece sintomático que em outubro de 1921, este e Oswald de Andrade se tenham visto na obrigação de ir ao Rio de Janeiro contatar com "brilhantes espíritos moços e renovadores", que já haviam iniciado "sua guerra às múmias".[24] Como parece sintomático que o autor destas palavras, Menotti del Picchia, dado como o "mais vistoso padrão"[25] da nova geração paulista, homenageado por ela no início de 1921, e seu persistente porta-voz nos anos de 1921-1922, fosse já em 1914 colaborador da *Careta*, na qual também colaboravam Ronald de Carvalho e Eduardo Guimaraens, e onde também em 1914 foi publicado o poema "Escavação" de Mário de Sá-Carneiro. E sintomático parece ainda que Mário de Andrade não tivesse lido antes de 1921 Ronald de Carvalho e Álvaro Moreyra,[26] que curiosamente vários intelectuais portugueses liam desde 1912. O desconhecimento do que se passava noutros espaços brasileiros levou alguns paulistas — e com eles alguns historiadores ou ensaístas — a supor que eram pioneiros onde nem sempre o eram. Por exemplo: a idéia da organização de um movimento, que eles apregoavam em 1921, já a tinha defendido a *Fon-Fon!* em 1913: "A atual geração literária precisa movimentar-se e dar à sua passagem pelas nossas letras um cunho de vitalidade e de competência. Todos estes belos espíritos que surgem [...] precisam iniciar um movimento em que o seu destaque seja decisivo e benéfico".[27]

Raul Bopp entendia que "no Rio, processava-se, normalmente, nas letras, uma evolução" e "em São Paulo, uma revolução".[28] Talvez. Mas convém não esquecer o que Octavio Paz defendeu em *Los hijos del limo*: que a própria modernidade literária se afirma como tradição, que o moderno é uma tradição.[29]

A comparação entre os modernismos português e brasileiro ajuda-nos a evitar o perigo de só ver o segundo à luz dos projetores de São Paulo ou do Rio. Há com efeito na origem dos modernismos de Pernambuco, Alagoas, Bahia, Minas Gerais (Belo Horizonte e Cataguazes), Rio Grande do Sul etc., fatores que contribuem para os diferenciar do paulista ou do carioca, mesmo quando conduziram a soluções idênticas. Falando de João Francisco Lisboa — que por sinal morreu na capital portuguesa em 1863 — disse Renato Mendonça que ele era "uma prova de como São Luís estava mais próxima de Lisboa do que do Rio".[30] E interrogado sobre o fato de seu pai ter tido acesso "numa cidadezinha do interior do Piauí" a livros de Baudelaire, Verlaine, Antônio Nobre e Cesário, Alberto da Costa e Silva deu esta resposta eloqüente:

> Amarante era e é uma cidade pequena, mas na segunda metade dos Novecentos foi um importante empório e porto fluvial. Dali iam para a Europa os produtos agrícolas e extrativos do interior do Piauí — a carnaúba, a maniçoba, o algodão. E lá devia haver um importador de livros, em cuja loja meu pai ia recolher as novidades da Europa. Que às vezes eram até mesmo raridades. As duas primeiras edições do *Livro* de Cesário Verde, por exemplo, foram de apenas 200 e 705 exemplares, mas um deles quase com certeza foi ter às mãos de Da Costa e Silva antes de 1908, provavelmente em Amarante, se não em Teresina ou no Recife, para onde o poeta se deslocou aos 21 anos, a fim de estudar Direito.[31]

Finalmente, o estudo comparativo dos modernismos português e brasileiro ajuda-nos a perceber a importância neles da tradição cultural e literária, seja nacional ou internacional. Regina Zilberman afirmou com razão que "a literatura portuguesa se confunde com um espelho no qual a literatura brasileira se mira";[32] portugueses e brasileiros mergulham necessariamente num fundo comum da história e em especial da história da língua. A "literatura portuguesa" e a "literatura brasileira", por mais autônomas ou diversas que sejam, constituem, e constituirão ainda por muitos anos, uma família de que também já fazem parte outras literaturas da África e da Ásia.

Aliás, a metáfora do espelho pode permitir a inversão: a literatura brasileira é o espelho onde a literatura portuguesa se mira. Naquela está também de algum modo o futuro desta; não pela razão — mais ou menos comercial, mais ou menos política, mais ou menos nacionalista, mais ou menos quantitativa — que levava Fran Paxeco a dizer exatamente: "No Brasil está o nosso futuro literário".[33] Antes pela razão qualitativa que decorre da verdade enunciada por Octavio Paz: "La literatura de Occidente es un todo en lucha consigo mismo, sin cesar separándose y uniéndose a si mismo, en una sucesión de negaciones y afirmaciones que son también reiteraciones y metamorfosis".[34]

Regina Zilberman acrescentava às palavras transcritas outras que diziam que a literatura brasileira se recusa a ver no espelho da portuguesa a sua imagem refletida, "porque esta é a condição de sua independência estética e intelectual". A grande recusa verificou-se com o Modernismo; daí a existência, aquém e além-mar, de algumas tensões e conflitos que hoje parecem superados, apesar de ainda se agitarem de vez em quando alguns fantasmas anacrônicos.

Para os brasileiros já deixou de se colocar a questão do direito à pluralidade e à diferença, que já praticam sem complexos; e os portugueses já há muito parecem ter assumido inteiramente as palavras que Adolfo Casais Monteiro escreveu em 1957:

> Não tínhamos medo de ficar desnacionalizados, acolhendo com entusiasmo o nascimento duma literatura brasileira com vida própria, que não pretendia ficar de cócoras perante a tradição portuguesa — essa mesma tradição que, pela nossa parte, também entendíamos não ter como obrigação seguir, pois pensávamos que só vale a tradição que se supera e renova, que se transforma e acrescenta de novas virtualidades.[35]

Por outro lado, portugueses e brasileiros já não tendem a sentir como ofensas patrióticas as censuras mútuas que possam merecer-lhes autores, obras, comportamentos; como também dizia Casais Monteiro, "uma inépcia brasileira é igual a uma inépcia portuguesa".[36] E portugueses e brasileiros começam a reconhecer sem dificuldade que, se no Brasil há um mundo que o português criou, também há nele um mundo que o português não criou; ou vice-versa.

Mas talvez por isso mesmo se justifique ainda mais a atenção e a colaboração entre a cultura portuguesa e a brasileira que, juntas, ou próximas, e sem abdicarem das suas diferenças, mais e melhor poderão servir o progresso do espírito ou da consciência nacional e internacional, que era aliás o objetivo principal dos modernistas de ambos os países.

Aqui e agora, só nos resta lembrar simbolicamente as palavras de dois desses modernistas, que sonharam encontros como os do *Orpheu* — as de Fernando Pessoa: "urge que estreitemos inteligências com o Brasil",[37] e as de Ronald de Carvalho: "Nem Portugal pode prescindir do Brasil, nem o Brasil, por mais jovem e vigoroso, pode substituir Portugal. Ambos se completam na comunidade da língua e na diversidade do gênio".[38]

NOTAS

Introdução

[1] *O Jornal*, Rio de Janeiro, 3 de outubro de 1920. Cf. *DD*, p. 522.

[2] *A lição do amigo. Cartas a Carlos Drummond de Andrade*, 1982, p. 22.

[3] *DI*, p. 389.

[4] *Estudos*, 2ª série, 1928, p. 124. Mas já em 1919 Tristão de Ataíde escrevia: "Intelectualmente estamos mais próximos de França que de Portugal. Nossas correntes literárias são muito outras do que em Portugal; nossa língua já é muito diferente do idioma que nos foi herdado, nossa alma já se transubstanciou em um novo corpo diverso daquele que outrora nos foi comum" (*Atlântida*, nº 41, p. 566). Não obstante, Tristão de Ataíde não ia tão longe como iria Renato Mendonça em 1936: "Portugal pode se convencer de que não exercerá mais nenhuma influência intelectual no Brasil..." (*O português do Brasil*, 1936, p. 310).

[5] "Poesia brasileira", *Diário de Minas*, 17 de outubro de 1924.

[6] *O espírito moderno*, 2ª ed., s.d., p. 58.

[7] *Pensadores brasileiros*, s.d., p. 42.

[8] *Contemporânea*, nº 9, Lisboa, março de 1923. Ver *DD*, p. 558.

[9] *História do Modernismo brasileiro: I — Antecedentes da Semana de Arte Moderna*, 2ª ed. rev., 1964, p. 39.

[10] *Lição inaugural do curso de Cultura Brasileira na Faculdade de Letras de Lisboa*, 1961, p. 10.

[11] *Literatura e sociedade*, 1965, pp. 140 e 134, respectivamente.

[12] *Vanguarda e cosmopolitismo na década de 20*, 1983, p. 46.

[13] Ver, adiante, capítulo sobre "O Futurismo em Portugal e no Brasil".

[14] Nuno Simões, *Atualidade e permanência do luso-brasilismo*, 1960, p. 30. Note-se que Bettencourt Rodrigues data tal lançamento do ano de 1908 (*Uma confederação luso-brasileira*, 1923, p. 81).

[15] *Boletim da Sociedade de Geografia de Lisboa*, janeiro de 1909, pp. 133-37.

[16] Resumimos o texto do Acordo tal como o reproduziu Moreira Teles in *Brasil e Portugal*, (1914), pp. 58-61.

[17] Lisboa, Escola Tipográfica de S. José, 1908.

[18] Pp. 9-84.

[19] "Identidade e diferença do modernismo em Portugal e no Brasil", in *Figuras e problemas da literatura brasileira*, 1972, pp. 25-46. Cf. também *Artigos de Adolfo Casais Monteiro* (publicados no Suplemento Literário de *O Estado de S. Paulo*), vol. II, 1983, pp. 503-22.

[20] "Modernismo em Portugal e no Brasil", in *Temas luso-brasileiros*, 1963, pp. 23-27; e "Sobre os movimentos modernistas em Portugal e no Brasil", in *O movimento futurista em Portugal*, 1966, pp. 163-80.

[21] *Literatura, literatura, literatura...*, 1964, p. 253. O mesmo texto foi recolhido em *Heteropsicografia de Fernando Pessoa*, 1973, pp. 219-22. V. ainda o artigo do autor publicado no *Diário de Notícias*, Lisboa, em 17 de maio de 1984.

[22] "Ernâni Rosas e Sá-Carneiro", in *Estudos de literatura portuguesa*, 1985, pp. 203-11, ou em *Colóquio — Artes e Letras*, nº 12, fevereiro de 1961, pp. 47-50.

[23] "Frontières et limites du Futurisme au Portugal et au Brésil", *Europe*, nº 551, março de 1975, pp. 126-44.

[24] *O eixo e a roda*, vol. I, nº 1, Belo Horizonte, junho de 1983, pp. 96-110.

[25] Maria Aparecida Santilli, *Entre linhas — Desvendando textos portugueses*, 1984, pp. 7-13.

[26] *Suplemento Literário* de Minas Gerais, 17 de agosto de 1985, pp. 4-5.

Parte 1 — Convergências, divergências

A literatura portuguesa no Brasil no início do século XX

[1] *Obras de Eça de Queirós*, vol. II. Porto: Lello & Irmão, s.d., p. 818.

[2] *A Província*. Porto, 4 de janeiro de 1887. Cf. Arnaldo Saraiva, "Incidências francesas no Modernismo português", in *Les rapports culturels et littéraires entre le Portugal et la France*. Paris: Fondation Calouste Gulbenkian, Centre Culturel Portugais, 1983, pp. 545-57 (N.B. Foi feita separata deste ensaio).

[3] Pp. 277-78.

[4] Pp. xviii-xix. Curiosamente, também João do Rio notou os inconvenientes de os portugueses viverem "voltados para Paris, fazendo a sua cultura através de Paris" (*Portugal d'agora*, 1911, p. 245).

[5] *O momento literário*, s.d., (1908), p. 204.

[6] Op. cit., p. 278.

[7] Brito Broca, *A vida literária no Brasil — 1900*, 1956, p. 248.

[8] Carlos Drummond de Andrade, "Explicação", in *Poesia e prosa*, 5ª ed., 1979, p. 98.

[9] Ambas de 1969, e ambas editadas pelo Instituto de Estudos Brasileiros da Universidade de São Paulo.

[10] Brito Broca, op. cit., p. 124.

[11] Cf. Othon Costa, *Camilo Castelo Branco e o Brasil*, 1956, p. 48, em que é citado Gondin da Fonseca, para quem Camilo foi o escritor "que mais influência exerceu nos prosadores brasileiros" até a sua geração.

[12] "A área mais extensa da influência do *Só* é certamente a brasileira. Pode-se mesmo dizer que, não obstante a superioridade indiscutível de Cruz e Sousa no simbolismo de língua portuguesa, foi Antônio Nobre que quase monopolizou essa influência" (Josué Montello, "Presença de Antônio Nobre", *Jornal do Brasil*, 7 de fevereiro de 1969).

[13] João de Barros, *Sentido do Atlântico*, 1921, p. 93: "no Brasil tanto quanto sei e julgo, a admiração e devoção [por Junqueiro] é unânime".

[14] Apud Tristão de Ataíde, *Estudos*, 2ª série, 1928, p. 124. Cf. *DD*, p. 592.

[15] *A poesia moderna riograndense*, 1943, p. 22.

[16] Andrade Muricy, *Panorama do movimento simbolista brasileiro*, 2ª ed., vol. II, 1973, p. 1.079.

[17] *O Símbolo, À sombra das araucárias*, 1976, p. 114.

[18] *O momento literário*, p. 187.

[19] "Batista Caetano", *Monitor Sul-Mineiro*, 20 de janeiro de 1881, apud *O português do Brasil, textos críticos e teóricos, I — 1820-1920*, seleção e apresentação de Edith Pimentel Pinto, 1978, p. 50.

[20] Brito Broca, op. cit., p. 213. Cf. Carlos Drummond de Andrade, entrevista ao *Diário de Notícias*, Lisboa, 7 de outubro de 1984, em especial o excerto que se publica em *DD*, pp. 616-18.

[21] *Atlântida*, nº 1, p. 8. Ver *DD*, p. 510.

[22] *Na outra banda de Portugal*, s.d., (1919), p. 91.

[23] *Arquipélago*, nº V, Ponta Delgada, janeiro de 1983, pp. 264 e 265 (carta de 5 de junho, publicada por Maria Margarida Maia Gouveia).

[24] *O Jornal*, Rio de Janeiro, 3 de outubro de 1920. Ver *DD*, p. 522.

[25] *Relações luso-brasileiras (1822-1953)*, 1966, p. 56.

[26] Exposição Internacional do Rio de Janeiro, seção Portuguesa, Catálogo Oficial, 1922.

[27] *Revista do Brasil*, nº 96, São Paulo, dezembro de 1923, apud *Brasil: 1º tempo modernista — 1917-1929, Documentação*, 1972, p. 213.

A literatura brasileira em Portugal no início do século XX

[1] *Obras de Almeida Garrett*, vol. 1, 1966, p. 503.

[2] *A tradição afortunada* (*O espírito de nacionalidade na crítica brasileira*), 1968, pp. 20-21.

[3] *Revista Universal Lisbonense*, tomo VII, 1847-1848, p. 5, apud Gonçalves Dias, *Poesia completa e prosa*, 1959, p. 97.

[4] *Noites de insônia*, nº 4, abril de 1874, p. 50.

[5] "O nosso cancioneiro", artigo publicado no jornal carioca *O Globo*, em 17 de dezembro de 1874, in *Obra completa*, vol. IV, 1960, p. 982.

[6] *Um século de relações luso-brasileiras (1825-1925)*, 1925, p. 24.

[7] 1981, p. 10. Pedro da Silveira distinguiu entre brasileiros que participaram *in loco* nos movimentos literários e brasileiros que se limitaram a enviar colaboração (como Ronald de Carvalho e Eduardo Guimaraens no *Orpheu*). Não obstante, parece pouco feliz a designação de "últimos luso-brasileiros" — como de resto já foi notado por Fernando Cristóvão (*Colóquio/Letras*, nº 73, maio de 1983, p. 93) — até porque há outro sentido mais comum (e mais genérico) de "luso-brasileiro".

[8] 1956, p. 143. Hallewell confirma-o em *O livro no Brasil*, 1985, pp. 189-90.

[9] *Memórias de Agripino Grieco, Vol. II — Rio de Janeiro — 1*, 1972, p. 96. Em 1909 foi também editado *À margem da história*, de Euclides da Cunha, pela Livraria Chardron, de Lello & Irmão. Nessa altura já este editor tinha lançado outros autores brasileiros, tais como Coelho Neto, Garcia Redondo, Sílvio Romero, João do Rio, Vicente de Carvalho, Pinto da Rocha, Sousa Bandeira, tendo no prelo outras obras de alguns desses autores e de Araripe Júnior, Luis Murat, Alcides Maia, Oscar Lopes, Carmen Dolores.

[10] Ver *DD*, pp. 488-94.

[11] *Brasil e Portugal*, (1914), p. 31.

[12] *Na outra banda de Portugal*, (1919), p. 92.

[13] Op. cit., p. 81.

[14] Op. cit., p. 93.

[15] Lisboa, 14 de abril de 1923, p. 21.

[16] Op. cit., p. 23.

[17] *Diário de Notícias*. Rio de Janeiro, 18 de agosto de 1840. Ver *DD*, p. 599.

O início oficial dos estudos de literatura brasileira em Portugal

[1] Alberto de Oliveira, *Na outra banda de Portugal*, (1919), pp. 83-84.

[2] Op. cit., pp. 96-97.

[3] Op. cit., p. 98.

[4] Op. cit., p. 103.

[5] Op. cit., p. 105.

[6] A designação de "professor ordinário" corresponde à designação atual de "professor catedrático" e "titular".

[7] Op. cit., pp. 109-10.

[8] Op. cit., p. 111. O *Diário de Lisboa* de 28 de novembro de 1923 parece atribuir a Fran Paxeco a afirmação segundo a qual Antônio José de Almeida, então chefe do governo, teria convidado em 1916 José Antônio de Freitas para reger a Cadeira.

[9] Op. cit., p. 112.

[10] *Sentido do Atlântico*, 1921, p. 227. Ver, nesta obra, o capítulo "Estudos brasileiros em Lisboa" (pp. 99-103), assim como, do mesmo autor, o capítulo "Uma cadeira de estudos brasileiros em Lisboa" de *Caminho da Atlântida*, (1918), pp. 83-86, e o capítulo "A criação da cadeira de Estudos Brasileiros" de *Presença do Brasil*, 1946, pp. 115-17. Nas "efemérides" que acompanham os textos de *Adeus ao Brasil*, também de J. de Barros, diz-se erradamente que ele lançou "o alvitre da criação" dessa cadeira quando foi recebido a "29 de maio" (outro erro), na Academia Brasileira de Letras (s.d., p. 295).

[11] Fidelino de Figueiredo escreveu num artigo que enviou para O *Jornal* carioca, e que incluiu no volume *Epicurismos*, 1924: "A inauguração [da cadeira de Estudos Brasileiros] por Oliveira Lima, ora entre nós, seria uma justiça devida ao antigo discípulo da Faculdade de Letras de Lisboa" (p. 149).

[12] *Relações luso-brasileiras (1822-1953)*, 1966, p. 112.

[13] *Revista Atlântico*, nº 4, 1943, p. 148: "o erudito Oliveira Lima julgo que não deu mais de que as duas lições que correm impressas".

[14] Hoje que a população do Brasil já ultrapassou em muito os 100 milhões, não deixará de ser curioso notar uma afirmação, que ao tempo deveria parecer ousada, de Manuel Múrias: "Virá porventura um dia em que cem milhões de homens, derivados ou transformados pela gente portuguesa, encherão o interior vastíssimo do Brasil, e os planaltos salubérrimos de Angola" e "falarão o português" (pp. 16-17).

A questão da língua

[1] Antônio Cândido, *Discurso proferido no Teatro de São João da cidade do Porto na noite de 19 de maio de 1900*, 1900, p. 33.

[2] *A língua nacional e outros estudos lingüísticos*, 1979, pp. 58-64.

[3] Baste-nos referir, entre os muitos estudiosos que analisaram as reflexões lingüísticas de José de Alencar, os nomes de Gladstone Chaves de Melo (*Alencar e a "língua brasileira"*, 3ª ed., 1972), Celso Cunha (*Língua portuguesa e realidade brasileira*, 1968) e Evanildo Bechara ("José de Alencar e a chamada língua brasileira", *Revista de Letras*, da Universidade Federal do Ceará, vol. I, nº 3, janeiro-junho de 1979, pp. 38-54).

[4] P. 221. O capítulo ocupa as pp. 212-24.

[5] *Questões do dia — Observações políticas e literárias escritas por vários e coordenadas por Lúcio Quinto Cincinato*, 2 tomos, Rio de Janeiro, (1871).

[6] "A literatura brasileira contemporânea", *Jornal do Comércio*, Lisboa, série de artigos publicada em maio e junho de 1870 (ver, especialmente, o recolhido no livro *Lucubrações*, 1874, pp. 214-16); e "Questão filológica", *O País*, Lisboa, 27 e 28 de maio de 1871. M. Cavalcanti Proença transcreveu três desses textos na "edição do centenário" de *Iracema*, José Olympio, 1965, pp. 208-9 e 210-17.

[7] "Pós-Escrito" à 2ª ed. de *Iracema* (1870). Ver edição citada na nota anterior, p. 169.

[8] *Língua portuguesa e realidade brasileira*, 1968, p. 43.

[9] *O português do Brasil*, I, 1978, pp. ix e 331.

[10] *O português do Brasil*, 1936, p. 110.

[11] José Veríssimo, *Estudos de literatura brasileira*, sexta série, 1907, p. 236.

[12] Cf. A. de Almeida Torres, *Comentários à polêmica entre Rui Barbosa e Carneiro Ribeiro*, 1959.

[13] Virgílio de Lemos, *A língua portuguesa no Brasil*, 1959, p. 10. A propósito, talvez devêssemos assinalar como até hoje têm sido poucas, e geralmente frouxas, as contribuições dos portugueses para o estudo do português do Brasil, ao passo que é notável na quantidade e na qualidade a contribuição dos brasileiros para o estudo do português de Portugal. Aliás, malgrado a polemicidade de algumas das suas teses, parece bem mais importante o livrinho *Em torno do problema da "língua brasileira"* (1937) de um "leigo" em lingüística como era Antônio Sérgio do que o de José Pedro Machado, *O português do Brasil* (1943). Também poderíamos assinalar a escassez de obras de didática da língua oriundas de Portugal — o que já no século passado motivara as ironias de Paranhos da Silva: "não recebemos de Portugal quase nenhuma obra didática" (*O idioma do hodierno Por-*

tugal comparado com o do Brasil, 1880, apud Edith Pimentel Pinto, *O português do Brasil, textos críticos e teóricos I — 1820-1920*, 1978, p. 214).

[14] Manuel Bandeira, "Evocação do Recife", in *Poesia e prosa*, vol. I, 1958, p. 200.

[15] *Revista do Brasil*, nº 64, abril de 1921, p. 63, apud Monteiro Lobato, *Críticas e outras notas*, 1965, p. 77.

[16] Apud Edith Pimentel Pinto, *O português do Brasil*, II, 1981, p. 55.

[17] "Língua brasileira", in *República dos Estados Unidos do Brasil*, 1928, pp. 26-27.

[18] Entre eles, Cassiano Ricardo, que justificaria o seu ponto de vista e o uso do sintagma "língua brasileira" pela necessidade de forçar o tratamento "científico" e não "emotivo" da questão, de valorizar a estilística em vez da gramática, e de "pacificar as divergências até então surgidas" entre os brasileiros e os "irmãos lusos": "Não me animava, portanto, nem me anima atualmente, diante dos fatos e argumentos, outro intuito senão o de quem ama Portugal, senão também, — é com justo orgulho que o digo, — por amor a mim próprio, como neto de português que sou, e de um português de Freixo de Espada à Cinta" (*Sabiá & sintaxe* (*e outros pequenos estudos sobre poesia*), 1974, pp. 119, 120 e 124).

[19] *Aspectos da literatura brasileira*, s.d., p. 244.

[20] "Poética", op. cit., p. 188.

[21] *Correio da Manhã*, Rio de Janeiro, 18 de março de 1924, apud Gilberto Mendonça Teles, *Vanguarda européia e Modernismo brasileiro*, 6ª ed., 1982, p. 327.

[22] Apud Edith Pimentel Pinto, *O português do Brasil*, II, 1981, p. 51.

[23] Apud Serafim da Silva Neto, *Introdução ao estudo da língua portuguesa no Brasil*, 1963, p. 243, e "Prefácio da edição brasileira" do livro de Agostinho de Campos, *Futuro da língua portuguesa no Brasil*, 1948, p. 12.

[24] Esses desvios já os assinalamos em Carlos Drummond de Andrade: do berço ao livro, tese de licenciatura apresentada (policopiada) à Faculdade de Letras da Universidade de Lisboa em 1968, pp. 262-64, e no texto impresso "A língua portuguesa e o Modernismo brasileiro (O exemplo de Carlos Drummond de Andrade)", in *Arquivos do Centro Cultural Português*, vol. II, 1970, pp. 623-31. Deste texto foi feita separata. Alguns dos desvios apontados são praticados oralmente em certas regiões de Portugal, sobretudo entre as camadas rurais e populares. Manuel de Paiva Boléo apresenta alguns exemplos na sua obra *Brasileirismos* (*Problemas de método*). Coimbra: Coimbra Editora, 1943, para provar que as diferenças lingüísticas entre Portugal e Brasil eram muito "menores do que se afirma". O ilustre professor de Coimbra cometeu, no entanto, um erro de método que ele próprio criticara, mas com intenção oposta; comparar "o português *popular* de Portugal com a linguagem *corrente* do Brasil" (p. 66). Considerando os desvios que apontamos como correntes no Brasil, mesmo na literatura, e analisando-os no seu conjunto, temos que concluir que as diferenças lingüísticas entre Portugal e o Brasil eram e são mais numerosas e maiores do que pensava o professor Paiva Boléo.

[25] Ver Sílvio Elia, *Ensaios de filologia*, 1963, pp. 87-146 (cap. "A contribuição lingüística do Modernismo"); Luís Carlos Lessa, *O Modernismo brasileiro e a língua portuguesa*, 1966; Barbosa Lima Sobrinho, *A língua portuguesa e a unidade do Brasil*, 1958, pp. 131-70; e Raimundo Barbadinho Neto, *Sob a rubrica do Modernismo* e *A lição do Modernismo brasileiro*, separatas da *Revista de Portugal*, vol. XXXIV, 1969, e *Sobre a norma literária do Modernismo*, 1977.

[26] *Sobre a norma literária do Modernismo*, 1977, p. 81.

A questão da ortografia

[1] João Ribeiro, *O fabordão*, 2ª ed., 1964, p. 103.

[2] Apud Cândido de Figueiredo, *A ortografia no Brasil*, 1908, p. 29.

[3] Cândido de Figueiredo, *A ortografia no Brasil*, 3ª ed., 1929, pp. 150-51.

[4] Op. cit., 1ª ed., p. 64.

[5] Op. cit., pp. 64-65.

[6] *O dicionário da Academia Brasileira*, 1929, p. 31.

[7] *Pontos de vista*, 1913, apud Edith Pimentel Pinto (sel. e apres.), *O português do Brasil*, I, 1978, p. 426, e também, com duas ou três ligeiras variantes, apud Cândido de Figueiredo, *A ortografia no Brasil*, 1908, p. 52.

[8] Op. cit., respectivamente pp. 425 e 51.

[9] *Revista da Academia Brasileira de Letras*, fasc. 32, agosto de 1924, pp. 272-73, apud Agostinho de Campos, *Futuro da língua portuguesa no Brasil*, 1948, pp. 113-14.

[10] Op. cit., p. 94. Claro que a reforma ortográfica de 1911 também teve em Portugal quem se indignasse contra ela. Lembremos por exemplo Alexandre Fontes, que em *Gralhos depenados* (1912) a atacou, chamando-a "tortográfica".

[11] Op. cit., 3ª ed., 151.

[12] Op. cit., p. 197.

[13] *O espírito moderno*, 1925, apud Gilberto Mendonça Teles, *Vanguarda européia e Modernismo brasileiro*, 6ª ed., 1982, p. 325.

[14] Vale a pena transcrever o resumo que fez da seqüência desse "folhetim" Edith Pimentel Pinto, in *O português do Brasil*, II, 1981. Depois de notar que o acordo de 1931 foi "repelido pela opinião pública, que ao mesmo tempo rejeitou também o *Formulário ortográfico*, de Laudelino Freire, saído no mesmo ano", escreve Edith Pimentel Pinto (pp. xxvi-xxvii): "No ano seguinte (1932), porém, o Acordo era corporificado no *Vocabulário ortográfico e ortoépico da língua portuguesa*, elaborado pela Academia Brasileira de Letras; e em 1933 o governo tornou obrigatório o seu uso. Obrigatoriedade transitória, porque, em 1934, a nova Constituição revogava tudo, para voltar à ortografia vigente 1891, isto é, nenhuma. Tal situação durou até 1937, quando o governo, sob pressão dos interessados, nomeou uma Comissão encarregada de elaborar nova proposta ortográfica. Quando, porém, esta foi entregue, arquivou-se, ao mesmo tempo em que se ratificava o Acordo de 1931, com ligeiras alterações (1938). Esta 'ortografia de 1938' vigorou até 43, quando, nomeada outra Comissão, nova ortografia, resultante de Acordo com Portugal, era elaborada e divulgada pelo *Pequeno vocabulário ortográfico da língua portuguesa*. Investidas destinadas a reimplantar a ortografia de 1931 foram descartadas com a intervenção pessoal do presidente da República. Estabilizava-se, assim, a ortografia brasileira. Até 1945. Nessa data, novo Acordo com Portugal, destinado a eliminar discrepâncias entre o *Pequeno vocabulário* brasileiro de 43 e o *Vocabulário ortográfico* português de 1940, resultou, de fato, em nova reforma; tão mal sucedida, que a própria Constituição de 1946, redigida conforme a ortografia de 43, ignorou-a. Estava, enfim, liquidado o assunto. Durante mais de trinta anos não se cuidou de ortografia, admitindo-se, apenas, em 71, pequena simplificação das regras de acentuação".

[15] *Revista de História*, Lisboa, vol. XI, nºs 41 a 44, 1922, p. 282. Cf. *DD*, p. 526.

[16] *A unidade da língua portuguesa* (1929), p. 16.

[17] Antônio Figueirinhas, *Impressões sobre a instrução no Rio de Janeiro e em S. Paulo*, 1929, pp. 153-54.

Acordos, desacordos

[1] João do Rio, *Portugal d'agora*, 1911, pp. 289 e 293.

[2] A. da Silva Rego, *Relações luso-brasileiras (1822-1953)*, 1966, p. 44.

[3] *Tratados e Atos Internacionais Brasil-Portugal*, 1962, p. 142.

[4] Op. cit., p. 146.

[5] Op. cit., p. 151.

[6] Luís Derouet, *Duas pátrias*, 1923, pp. 147 e 148.

[7] Op. cit., p. 146; *Tratados...*, op. cit., p. 153.

[8] Veja-se o que Álvaro Pinto escreveu em 1924 a propósito da referida convenção de 26 de setembro de 1922: "A Convenção vem auxiliar extraordinariamente o conhecimento mútuo das duas nacionalidades, trazendo desde já grandes benefícios para Portugal, e reparando agora a falta em que o Brasil estava há 23 anos não retribuindo o tratamento especial que lhe era concedido por dec. de 28-2-1901, expresso no artigo 510-A da Pauta aduaneira portuguesa. Como é, porém, que tal convenção só em 1922 se propôs e assinou? E por que demorou tanto tempo a aprovar? A habilidade diplomática não parece ser das maiores virtudes portuguesas. E o interesse por estas pequenas coisas de literatura e arte também não tira o sono dos políticos. E por isso, e só por isso, é que a Convenção veio tão tarde e tanto demorou a ratificar" (*Terra de Sol*, nº 1, janeiro de 1924, p. 67).

[9] *Cartas políticas a João de Barros*, seleção, prefácio e notas de Manuela de Azevedo, 1982, p. 93.

[10] Op. cit., pp. 94 e 226. Malheiro Dias discordava dos que acusavam Epitácio Pessoa de "lusófobo". Ver *Carta aos estudantes portugueses*, s.d., pp. 16-18.

Lusofobia, brasilofobia

[1] Cf. Paulo Cavalcanti, *Eça de Queirós, agitador no Brasil*, 1959.

[2] Cf. *Obras seletas de Carlos de Laet, II — Polêmicas*, 1984, pp. 41-68.

[3] *Os críticos do* Cancioneiro alegre, 1879, p. 47.

[4] Op. cit., p. vi. Em 1924, Constâncio Alves, por causa de frases como essa, opor-se-ia na Academia Brasileira de Letras à homenagem a Camilo que por ocasião da passagem do centenário do seu nascimento propunha Coelho Neto. Cf. Cassiano Ricardo, *Sabiá & sintaxe*, pp. 121-22.

[5] Cf. Fran Paxeco, *O sr. Sílvio Romero e a literatura portuguesa*, 1900, e *Teófilo Braga no Brasil*, 1917; e Sílvio Romero, *Uma esperteza*, 1887, e *Passe recibo*, 1904.

[6] Polêmica travada no *Diário Mercantil*, em 1888, a propósito do romance *A carne*. Cf. *Uma polêmica célebre*, compilação de Vitor Caruso, 1935.

[7] João Ribeiro, *A língua nacional e outros estudos lingüísticos*, 1979, pp. 242-70.

[8] Apud Barbosa Lima Sobrinho, *A língua portuguesa e a unidade do Brasil*, 1958, p. 132.

[9] Brito Broca, *A vida literária no Brasil — 1900*, 1956, p. 187.

[10] "Lusofobia no romance brasileiro", *Brotéria*, janeiro de 1978, pp. 65-83. (Texto incluído no livro *Brasil e Portugal — A imagem recíproca*. Lisboa: Instituto de Cultura e Língua Portuguesa, 1991, pp. 105 e segs.)

[11] Guilhermino César, *O "brasileiro" na ficção portuguesa*, 1969. Ver também Alexandre Cabral, "O 'brasileiro' na novelística camiliana — Delineamento para um estudo", in *Afeto às letras — Homenagem da literatura portuguesa contemporânea a Jacinto do Prado Coelho*, 1984, pp. 23-32.

[12] Op. cit., p. 47.

[13] Afrânio Peixoto, *Maias e estevas*, 1940, p. 170.

[14] "V. desbrasileirou o brasileiro", in carta-prefácio a *O brasileiro Soares* de Luís de Magalhães, 1886, p. xxi.

[15] *Brasil e Portugal*, s.d., pp. 89 e segs.

[16] *Cartas a João de Barros*, s.d., (1972), p. 301.

[17] *História do modernismo brasileiro: I — Antecedentes da Semana de Arte Moderna*, 3ª ed. rev., 1971, p. 139.

[18] Apud Wilson Martins, *História da inteligência brasileira*, vol. V, 1978, p. 558.

[19] Apud idem, *A crítica literária no Brasil*, 2ª ed., vol. I, 1983, p. 450.

[20] Vol. III, julho a outubro de 1924, pp. 515-20.

[21] Alberto de Oliveira, *Na outra banda de Portugal*, s.d., (1919), p. 61.

[22] *Carta aos estudantes portugueses*, s.d., pp. 4 e 5. Entre os portugueses visados por Malheiro Dias estavam Homem Cristo e Guedes de Oliveira.

[23] Op. cit., p. 12.

[24] *As razões da Inconfidência*, 3ª ed., 1925, pp. ix-x. João Dornas Filho justificou a "estranha ojeriza" de Torres aos portugueses pelo seu ódio ao lusófilo João do Rio e pelo fato de ser mulato e ter nascido em Diamantina, região "que mais sofreu em tirania e vexame com a ganância e a lubricidade lusitana" (Suplemento Literário de *Minas Gerais*, 26 de outubro de 1985).

[25] Op. cit., p. lxxi.

[26] Op. cit., p. 5.

[27] *Memórias de Agripino Grieco, 2 — Rio de Janeiro I*, 1972, p. 214.

[28] *Brasileiros e portugueses*, 1925, pp. 5-6.

[29] Agripino Grieco, op. cit., p. 214.

[30] Apud Gilberto Mendonça Teles, *Vanguarda européia e Modernismo brasileiro*, 6ª ed., 1982, p. 322.

[31] Op. cit., pp. 358 e 359-60.

[32] *Letras e Artes*, Rio de Janeiro, 24 de agosto de 1947.

[33] Paulo Duarte, *Mário de Andrade por ele mesmo*, 1971, p. 278 (carta de 5 de agosto de 1944).

[34] A *Revista da Semana* de 6 de agosto de 1921 (nº 32) transcrevia um excerto dessa conferência (que foi logo editada pela Academia de São Paulo), em que se liam palavras como estas, que permitiam ao jornalista falar na "irmandade de doutrina com o nacionalismo tradicionalista de Bilac" e que se diria terem sido copiadas por muitos modernistas, por muito que estes desprezassem a "tradição" que Luís de Almeida Braga exaltava, ou por muito que quisessem assumir, com o nacionalismo, o cosmopolitismo que o integralista condenava: "A arte é, e deve ser, nacional. Cada nação tem a sua arte. No dia em que aceita as influências artísticas de outro país, entrou no período da sua decadência. As obras de concepção estrangeira nos são fundamente perniciosas, porque exercem sobre nós a influência de inteligências contrárias à nossa inteligência".

[35] Essa entrevista saiu no *Correio Paulistano*, sob o título "Gente nova de Portugal", em 28 de junho e 12 de julho de 1921. Os "novos" de que falou Almeida Braga foram apenas, nominalmente, Correia de Oliveira e Afonso Lopes Vieira — além de alguns políticos mais ou menos insignificantes. Há todavia uma passagem da entrevista que seria interessante se ela se referisse ao grupo modernista (e não ao integralista). É aquela em que se lê: "Há cinco anos a esta parte que se está elaborando uma regeneração total das nossas faculdades criadoras. E esta magnífica renascença literária que se adivinha será, na história da literatura portuguesa, como a síntese de todas as conquistas do gênio lusitano, a mais alta flor da tradição nacional".

[36] Ver capítulo "O libelo nativista contra os portugueses", pp. 71-80.

Lusófilos, brasilófilos

[1] *Diário de Lisboa*, 28 de novembro de 1923.

[2] Será interessante confrontar a lista de lusófilos atribuída a Fran Paxeco com a que Emílio Gonçalves apresentou, dois anos depois, no seu livro *Portugal* (*À margem do jacobinismo e da lusofobia*), 1925, p. 229: "Paulo Barreto, Rui Barbosa, Coelho Neto, Olavo Bilac, Santos Dumont, Afrânio Peixoto, Elísio de Carvalho, Diniz Júnior, Ronald de Carvalho, Martins Fontes, Henrique de Macedo, Couto de Magalhães, Sílvio Romero, Amadeu Amaral, José Veríssimo, Joaquim Nabuco, Rocha Pombo, Hamilton Barata, Paulo de Magalhães, Victrúvio [Vitório?] de Castro etc. etc.".

[3] Ver a obra dirigida por Antônio Rodrigues Tavares e coordenada por Pedro Ferreira da Silva, *Fundamentos e atualidade do Real Gabinete Português de Leitura*, 1977.

[4] Os dados sobre as associações portuguesas do Brasil podem obter-se nas seguintes obras: Simão Laboreiro, *A obra associativa dos portugueses do Brasil*, 1939; do mesmo autor, *Os portugueses no Brasil de 1500 a 1943*, (1943); Mendes Correia, "Portugueses no Brasil", in *Cariocas e paulistas*, 1935, pp. 243-70; e Bento Carqueja, "A obra dos portugueses", in *O Brasil amado*, 1928, pp. 101-39.

[5] Tanto nas "Efemérides" de *Adeus ao Brasil* (p. 293) como na Introdução das *Cartas a João de Barros* (p. 5) e das *Cartas políticas a João de Barros* (p. 11), Manuela de Azevedo dá 1880

como ano de nascimento de João de Barros — diferentemente do que dizem alguns dicionários, e do que disse o próprio filho do escritor, Henrique de Barros, num "testemunho" que escreveu sobre o pai no *Jornal de Letras, Artes e Idéias*, nº 25, de 2 a 15 de fevereiro de 1982.

6 *Do fim-de-século ao tempo de Orfeu*, 1979, p. 111.

7 *Cartas a João de Barros*, (1972), pp. 314-15 e 332.

8 José Paulo Paes, no *Pequeno dicionário de literatura brasileira*, que organizou com Massaud Moisés, diz que João do Rio nasceu em 1880, mas as biografias do escritor, inclusive a que Homero Sena elaborou para o *Catálogo da exposição do centenário do seu nascimento* (Rio de Janeiro, 1981, p. 9), dizem que ele nasceu em 1881.

9 *Sentimento lusitano*, 1961, p. 120; ou Prefácio a *Presença do Brasil*, 1946, p. xxxii.

10 Citado por João de Barros, *Hoje ontem amanhã...*, 1950, p. 195.

11 *Portugal d'agora*, 1911, p. vii.

12 Op. cit., p. xv.

13 Com razão escreveu Ribeiro Couto (op. cit., p. 118) que era o "nacionalismo brasileiro" de João do Rio que "lhe impunha o culto de Portugal".

14 Os discursos pronunciados no banquete de homenagem foram publicados no pequeno volume (32 pp.) *Portugal-Brasil*.

15 *Adeus ao Brasil*, s.d., (1962), p. 187.

16 Joaquim Paço d'Arcos, *Carlos Malheiro Dias escritor luso-brasileiro*, separata de *Ocidente*, vol. LX, 1961, p. 42.

17 Ver carta de João do Rio in *Cartas a João de Barros*, p. 304, e Raimundo de Menezes, *Dicionário literário brasileiro*, 2ª ed., p. 234.

18 Num dos raros estudos que foram dedicados a Correia Dias (*História da caricatura no Brasil*, vol. IV, 1963, pp. 1.372-83), diz Herman Lima que ele nasceu em 1896 quando nasceu em 1892, que nasceu em "Pantoja, concelho de Limeira", quando nasceu em Penajóia, concelho de Lamego, e que morreu com 49 anos, quando morreu com 43 anos.

19 Carta, inédita, a seu filho Cláudio, de 23 de junho de 1914.

20 Informação que me foi dada pela cunhada de Ronald de Carvalho, dona Thaïs.

21 *Pensadores brasileiros*, s.d., p. 47. Lembre-se, a propósito, que este livro é dedicado "à memória de Ronald de Carvalho".

22 Ibidem.

23 2ª ed., 1955, p. 44.

24 Gilberto Freyre, *Tempo morto e outros tempos*, 1975, p. 125.

As revistas luso-brasileiras

A Águia

1 Várias publicações brasileiras acusavam a recepção de *A Águia*, de que por vezes transcreviam frases, artigos e poemas. Por exemplo: *O País* de 5 de abril de 1913 publicava o su-

mário do nº 15 da "magnífica revista". *A Careta* de 13 de junho de 1914 noticiava que recebera "uma linda coleção" da revista, que considerava "digna de ser lida pelos brasileiros". E uma nota de *Fon-Fon!*, em 15 de novembro de 1914, dizia o seguinte: "Recebemos o relatório da obra da Renascença Portuguesa, associação de literatura, arte, ciência, filosofia e crítica social, com sede na cidade do Porto. A 'Renascença Portuguesa' é a editora da revista *Águia*, admirável revista, conhecidíssima no Brasil". Poderia ainda lembrar-se o que o próprio Teixeira de Pascoaes dizia a Unamuno em fevereiro de 1914: "A Renascença progride, sobretudo no Brasil". (Ángel Marcos de Dios, *Epistolário português de Unamuno*, 1978, p. 290.) Ou o que na própria *Águia* se lia, em 1920 (nºs 101-102, p. 188): "Desde os seus princípios a *Águia* e 'Renascença Portuguesa' têm sido nobremente acarinhadas pelo Brasil".

2 Informação contida numa carta de Álvaro Pinto a Jaime Cortesão, publicada pela primeira vez na obra, coordenada por Óscar Lopes, *Jaime Cortesão*, coleção A Obra e o Homem, s.d., p. 79.

3 Veja-se, a título de curiosidade, quais eram, em julho de 1922, as "últimas edições" anunciadas pela Renascença Portuguesa (Porto) conjuntamente com o *Anuário do Brasil* (Rio de Janeiro): *Adoração*, de Leonardo Coimbra; *A paixão do maestro*, de Pina de Morais; *Entre giestas* (2ª ed.), de Carlos Selvagem; *Arte de ser português*, de Teixeira de Pascoaes; *Fédon*, de Platão (trad. de Ângelo Ribeiro); *Humus* (2ª ed.), de Raul Brandão; *Remembranças*, de Alfredo Varela; *Frei Luís de Sousa*, de Garrett; *O mercador de Veneza*, de Shakespeare; *A imitação de Cristo* (trad. de P. Valério A. Cordeiro); *Os reis da Bélgica*; *A volta do imperador*, de Carlos Magalhães de Azeredo; *O soldado Saudade*, de Pina de Morais; *Contos de Shakespeare* (trad. de Januário Leite); *Nova Safo*, do visconde de Vila-Moura.

Orpheu

1 *Europe*, nº 551, março, 1975, p. 127.

2 Nº 1, agosto de 1901, p. 2.

3 18 de dezembro de 1915.

4 Nº 1, 15 de novembro de 1915. Cf. *DD*, p. 510.

5 "[...] meus projetos patrióticos [...] fundar um periódico, uma revista científica." Fernando Pessoa, *Páginas íntimas e de auto-interpretação*, 1966, p. 8.

6 Carta a Álvaro Pinto, de 28 de janeiro de 1913, *Ocidente*, vol. XXIV, nº 80, dezembro, 1944, pp. 301-17.

7 Fernando Pessoa, op. cit., p. 35.

8 Depoimento de Fernando Pessoa publicado por François Castex em *Colóquio — Artes e Letras*, nº 48, abril, 1968, e republicado com variantes em *Nova Renascença*, vol. I, nº 2, inverno de 1981. Ver a propósito o comentário "Inéditos de Pessoa que já não eram inéditos", que publiquei em *Persona*, nº 5, abril, 1981. Pessoa refere também os nomes das revistas em carta de 4 de março de 1915 a Armando Côrtes-Rodrigues: *Cartas a Armando Côrtes-Rodrigues*, 2ª ed., s.d., (1959), p. 99.

9 Veja-se o que, por exemplo, Pessoa diz a Côrtes-Rodrigues em 19 de janeiro de 1915: "não penso em fazer arte que não medite fazê-lo para erguer alto o nome português através do que eu consiga realizar"; "tenho o dever de me fechar em casa no meu espírito e traba-

lhar, quanto possa, para o progresso da civilização e o alargamento da consciência da humanidade" (op. cit., respectivamente pp. 74 e 75).

[10] Mário de Sá-Carneiro, *Cartas a Fernando Pessoa*, 1959, vol. I, pp. 154, 167 e 185; *Correspondência inédita de Mário de Sá-Carneiro a Fernando Pessoa*, 1980, p. 55.

[11] Op. cit., p. 60.

[12] Op. cit., p. 73.

[13] Op. cit., p. 96.

[14] Ver nota 8.

[15] *Careta*, nº 285, 15 de novembro, 1913.

[16] Menotti publica em *Careta* (nº 300, 28 de fevereiro, 1913) o poema "Olhos azuis", no qual curiosamente aparece a palavra "pauis", palavra a que o poema "Impressões do crepúsculo", de Pessoa, escrito um mês depois (em 29 de março), daria grande fortuna.

[17] No seu número 313, de 20 de junho de 1914, inseria um artigo de Ronald de Carvalho sobre Sá-Carneiro ("Os raros da beleza") e inseria, deste, o poema "Escavação". Cf. *DD*, pp. 502-3.

[18] Carta que se encontra no espólio de Ronald de Carvalho guardado em casa do seu filho Artur.

[19] *Panorama do movimento simbolista brasileiro*, vol. II, 2ª ed., 1973, p. 1.212.

[20] *Teoria e política do Modernismo brasileiro*, 1979, p. 44.

[21] *Realidade e idealidade na lírica de Sá-Carneiro*, 1968, p. 40.

[22] Ver Ronald de Carvalho, *Poesia e prosa,* 1960, p. 4, e idem, *O espelho de Ariel/Poemas escolhidos*, 1976, p. 17.

[23] *Poesia e prosa*, vol. II, 1958, p. 1.097.

[24] João Gaspar Simões, *Vida e obra de Fernando Pessoa*, 3ª ed. novamente revista, 1973, p. 241.

[25] Ver nota 8.

[26] "Um poeta que morre/ Ronald de Carvalho/ Os elementos estéticos da sua obra", *Diário de Lisboa*, 22 de fevereiro, 1935; transcrito por Petrus, na edição dos *Poemas* de Luís de Montalvor, s.d., pp. 75-77. Cf. *DD*, pp. 593-95.

[27] No texto referido na nota anterior dizia Montalvor que teve com Ronald um "doce convívio de três anos", o que não é exato se for exato o que diz no mesmo artigo: que conheceu Ronald quando ele regressou da Europa. Porque Ronald regressou ao Brasil em fins de 1913, e do Brasil saíra em fins de 1912, que foi quando Montalvor chegou ao Rio de Janeiro — onde esteve até fins de 1914. Só pode ter convivido com Ronald, portanto, cerca de um ano. Mas é possível que Montalvor tenha implicado, ambiguamente, o "convívio" epistolar posterior.

[28] Fernando Pessoa, op. cit., pp. 96 e 97.

[29] *Cartas de Mário de Sá-Carneiro a Luís de Montalvor/ Cândida Ramos/ Alfredo Guisado/ José Pacheco*, 1977, pp. 57-58.

[30] *Epistolário português de Unamuno*, 1978, p. 303.

[31] *Cartas de Mário de Sá-Carneiro a Luís de Montalvor...*, op. cit., pp. 58-59.

[32] *Cartas a Fernando Pessoa*, vol. II, 1959, pp. 25-26.

[33] Op. cit., p. 103.

[34] Fernando Pessoa, *Cartas a Armando Côrtes-Rodrigues*, 2ª ed., p. 96.

[35] Op. cit., pp. 232-33.

[36] No artigo referido na nota 26.

[37] 1958, p. 38.

[38] 1954, p. 137. Ver também *O Rio da Bela Época*, 1967, pp. 165-66.

[39] *Cartas a Armando Côrtes-Rodrigues*, p. 60.

[40] Op. cit., pp. 99-101.

[41] Alfredo Guisado, "O *Orpheu* e o público", *O Primeiro de Janeiro*, 1º de dezembro, 1981; Fernando Pessoa, *Cartas a Armando Côrtes-Rodrigues*, p. 106.

[42] Op. cit., p. 104.

[43] O recorte que vimos dessa publicação não tem data, nem se sabe quem o terá enviado a Sá-Carneiro, que o colocou no álbum em que juntou inúmeras referências ao *Orpheu*. (Ver *DD*, p. 512.)

[44] *Cartas a Armando Côrtes-Rodrigues*, op. cit., p. 99.

[45] Op. cit., p. 105.

[46] *Páginas íntimas e de auto-interpretação*, op. cit., p. 124.

[47] *Revista Portuguesa*, 13 de outubro, 1923, p. 728.

[48] *Diário de Lisboa*, 8 de março, 1935. Artigo recolhido em *Obras completas/Ensaios* 1, 1971, pp. 23-28.

[49] *Cartas de Mário de Sá-Carneiro a Luís de Montalvor...*, op. cit., pp. 54-55.

[50] O original datilografado que contém tal proclamação não está datado, mas supõe-se que é de 1914, até porque parece ter sido escrito a propósito do "Inquérito literário" de Boavida Portugal, e fala da Renascença Portuguesa. Ver *Obras em prosa*, 1974, p. 423.

[51] *Cartas a Armando Côrtes-Rodrigues*, op. cit., p. 96.

[52] Rio de Janeiro, 1943, p. 22.

[53] "Memórias", ver nota 38.

[54] "Memórias/Folhas esparsas", *Revista da Academia Fluminense de Letras*, Rio de Janeiro, vol. IV, 1951, p. 172.

Atlântida

[1] João do Rio, *O momento literário*, (1908), p. 15.

[2] *Os últimos luso-brasileiros*, (1908), p. 38.

[3] Carta de 17 de novembro de 1908, *O Primeiro de Janeiro*, 2 de março, 1983.

[4] *Cartas a João de Barros*, seleção, prefácio e notas de Manuela de Azevedo, (1972), p. 299.

[5] Op. cit., pp. 180-81.

[6] "Vinte cartas de Fernando Pessoa" (carta de 7 de março de 1913), *Ocidente*, vol. XXIV, nº 80, dezembro, 1944, p. 309.

[7] *Cartas a Fernando Pessoa*, vol. II, 1959, p. 139. Ver também vol. I, p. 185.

[8] Carta a Luís de Montalvor, *DI*, p. 337. Ver também pp. 330-31 e 335.

[9] A desproporção das presenças de portugueses e brasileiros e a sua geral qualidade não-modernista poderão ser facilmente avaliadas pelas listas de nomes de colaboradores publicadas no nº 37, de 1919, pp. 4-5.

[10] *Cartas a João de Barros*, cit. na nota 4, p. 303.

[11] Op. cit., pp. 66-67.

[12] Op. cit., p. 290 (carta de Graça Aranha a João de Barros de 8 de outubro de 1919).

[13] Ibidem (nota de Manuela de Azevedo citando uma carta não transcrita).

[14] Expressa na carta referida na nota 12.

[15] Era o que se lia na própria revista, no seu nº 13, de novembro de 1916.

[16] *Cartas a João de Barros*, op. cit., p. 29.

[17] P. 845.

[18] "Tem a *Atlântida* sido acusada de exercer uma influência desnacionalizadora em Portugal" — lia-se numa nota introdutória do nº 44-45, (1919), p. 4.

[19] "Será possível uma nova e grande Lusitânia?" — era o subtítulo de uma entrevista que o próprio João de Barros fez a Bettencourt Rodrigues, a propósito da sua idéia de uma Confederação Luso-Brasileira, e que veio publicada no nº 20, de 15 de junho de 1917, pp. 659-73.

[20] Nº 41, (1919), p. 567.

[21] Nº 37, 1919, p. 10.

A Rajada *e* Terra de Sol

[1] De 28 de outubro de 1919 in *Cartas a João de Barros*, s.d., pp. 289-91. (Cf. *DD*, pp. 519-20.) Também uma carta de M. Teixeira Gomes a João de Barros, de 31 de maio de 1919, revela as dificuldades por que estaria a passar a *Atlântida* (op. cit., pp. 66-67).

[2] Nº 1, janeiro de 1924, p. 8.

[3] Op. cit., p. 96.

[4] Op. cit., p. 59.

[5] Nº 4, abril de 1924, p. 60.

[6] "Poesia brasileira", *Diário de Minas*, 17 de outubro de 1924.

[7] "O barracão dos romeiros", *Contemporânea*, nº 9, março de 1923, e "Carta aberta de Oswald de Andrade a Antônio Ferro sobre a arte e a literatura novas no Brasil", *Contemporânea*, 1º suplemento, nº 1, março de 1925. (Ver *DI*, pp. 369-72.)

[8] Nota do verso da folha de rosto, *Centauro*, (número único), outubro-novembro-dezembro, 1916.

[9] Vol. I, nº 4, janeiro de 1925, pp. 125-34. O texto é datado: "Natal do Rio de Janeiro, no ano da graça de 1922".

O Futurismo em Portugal e no Brasil

[1] *O País*, Rio de Janeiro; *Diário Popular*, São Paulo; *A Folha do Norte*, Pará.

[2] *A perpétua metrópole*, s.d., (1922), p. 292.

[3] 1979, p. 7.

[4] Vol. III, "Pintura portuguesa", 1973, p. 31.

[5] Porto: Livraria Divulgação, 1966.

[6] *Portugal Futurista*, edição fac-similada, 1981.

[7] O texto em questão seria o de Ernesto Bertarelli, "As lições do Futurismo", aparecido a 12 de julho de 1914. Cf. Mário da Silva Brito, *História do Modernismo brasileiro*: I — *Antecedentes da Semana de Arte Moderna*, 1958, pp. 36 e 39.

[8] 1972, p. 374.

[9] *Boletim Bibliográfico — Biblioteca Mário de Andrade*, vol. 44, nº 1-4, janeiro a dezembro, 1983, p. 133.

[10] *O Jornal*, 10 de outubro, 1980.

[11] "Idéologies réactionnaires et séductions fascistes dans le futurisme portugais", in *Marinetti et le Futurisme. Etudes, documents, iconographie réunis et présentés par Giovanni Lista*, 1977, pp. 181-90. Recorde-se que P. Rivas já era autor do importante estudo "Frontières et limites des Futurismes au Portugal et au Brésil", *Europe*, nº 551, março, 1975, pp. 126-44.

[12] "Introdução" à *Antologia do Futurismo italiano*, 1979, pp. 15-42.

[13] "A plêiade futurista", prefácio a *Poesia futurista portuguesa*, 1981, pp. 5-11, e "O Futurismo em Portugal", prefácio da reedição de *Portugal Futurista*, 1981, pp. vii-xiii.

[14] "Para o estudo do Futurismo literário em Portugal", prefácio da reedição do *Portugal Futurista*, pp. xxi-xl.

[15] "Futurismo: modo de tempo e lugar", *Diário de Lisboa*, 2 de janeiro de 1980. Embora não se refira ao Futurismo português, não deixa de ter que ver com ele.

[16] "O que soubemos logo em 1909 do Futurismo", *Revista da Biblioteca Nacional*, vol. I, nº 1, janeiro-junho, 1981, pp. 90-93.

[17] *Teoria e política do Modernismo brasileiro*, 1979, pp. 33-44.

[18] Na *Revista da Biblioteca Nacional* já citada, Pedro da Silveira transcreveu os dois textos de Xavier de Carvalho (pp. 94 e 95).

[19] *Camoëns à Paris*, Paris, julho, 1912, p. 6.

[20] Carta inédita, não datada, em meu poder. Jane Catulle-Mendès deve ter-se equivocado em relação à data, 13 (não 16) de junho.

[21] Esse busto veio a ser retirado pouco depois, no decurso de um processo movido por munícipes (e que teve eco no Conselho Municipal) que consideravam "deslocado" e inestético o monumento e, ao que parece, a imagem camoniana, por ser cega de um olho (!). Xavier de Carvalho, na circunstância, achou por bem oferecer o busto à Biblioteca Ma-

zarine, que em 1968 o ofereceu ao Centro Cultural Português, onde ainda se encontra. Entretanto, depois de várias peripécias, prevê-se para breve a inauguração em Paris de um novo monumento a Camões, obra de Clara Meneres.

[22] No meu ensaio "Incidências francesas no Modernismo português" (*Les rapports culturels et littéraires entre le Portugal et la France*, 1983, pp. 545-57, e *Persona*, nº 8, março, 1983) defini o quadro da presença cultural francesa em Portugal nos fins do século XIX e início do século XX, e mostrei como até um autor como Fernando Pessoa, evidentemente mais comprometido com a cultura inglesa, foi marcado por ela. O que se passava no Brasil não diferia muito do que se passava em Portugal. Quando se analisa, por exemplo, o que resta da biblioteca de Ronald de Carvalho, ou as obras dos simbolistas brasileiros, ou, já mesmo depois da Primeira Guerra Mundial, as "leituras em francês" de Mário de Andrade (para usarmos a expressão de Nites Therezinha Feres), temos talvez de concluir com Adolfo Casais Monteiro: "a influência francesa, nessa época, é talvez maior no Brasil do que em Portugal" (*Estudos sobre a poesia de Fernando Pessoa*. Rio de Janeiro: Agir, 1958, p. 55).

[23] *Prometeo*, nº 20, Madri, 1910, pp. 519-31.

[24] M. Rodrigues de Melo, *A República*, Natal, 30 de janeiro, 1977. A tradução do Manifesto era antecedida de breves palavras, que o davam como "entusiástico e revolucionário", e seguida de outras, também breves, que o davam como "violento e incendiário".

[25] *Revista da Biblioteca Nacional*, op. cit., p. 92.

[26] Ibidem.

[27] Seguimos as versões reproduzidas em *A República* (Natal), de 5 de junho de 1909; na *Revista da Biblioteca Nacional*, op. cit., p. 96; e na obra de Almáquio Dinis, *F. T. Marinetti — Sua escola, sua vida, sua obra em literatura comparada*. Rio de Janeiro: Edições Lux, 1926, pp. 22-23. Mas, tal como para Luís-Francisco Bicudo fizera Pedro da Silveira, atualizamos a ortografia de Manuel Dantas e Almáquio Dinis.

[28] O texto italiano dizia: "La letteratura esaltó fino ad oggi l'immobilità pensosa [...]". Note-se no entanto que as breves palavras que introduziam a tradução referiam a "nova escola literária fundada pela revista internacional *Poesia*, de Milão".

[29] Ano 5, nº 1-2, 1909. Lembre-se que Almáquio se refere a Marinetti e ao seu Manifesto logo nas suas obras *Sociologia e crítica* (Porto, 1910, p. 17) e *Moral e crítica* (Porto, 1912, p. 205).

[30] Santa Rita Pintor, vê-se até pelas cartas de Mário de Sá-Carneiro, não só desenvolveu um "esforço constante e consciente", "honesto e probo" em prol do Futurismo como podia dizer no dia 29 de abril de 1916 (curiosamente, três dias depois da morte de Mário de Sá-Carneiro), em carta a Homem Cristo Filho: "Futurista declarado, em Portugal, há só um, que sou eu" (*A Idéia Nacional*, nº 23, 4 de maio, 1916). A transcrição de Cecília Barreira em *Nacionalismo e Modernismo — De Homem Cristo Filho a Almada Negreiros* (Lisboa: Assírio & Alvim, 1981, pp. 130-31) não coincide exatamente com a de João Gaspar Simões (*Vida e obra de Fernando Pessoa*, pp. 422-23), nem com a de João Alves das Neves (*O movimento futurista em Portugal*, pp. 158-59), que dá a carta como datada de 26 de abril.

[31] Petrus, *Os modernistas portugueses*, I, s.d., p. 89.

[32] Mário da Silva Brito, *A literatura no Brasil*, dir. de Afrânio Coutinho, V, 1970, p. 1.

[33] Alberto Pimenta rebelou-se contra esta "estafada associação": "por que é que se cita sempre o Manifesto Futurista de 1909 e se omite sistematicamente o *Manifesto del partito futurista*

de 1918, no qual, entre outras coisas, se exigem: a instrução elementar obrigatória, o divórcio, a expropriação de terras e o direito à greve?" (*Colóquio-Letras*, nº 71, janeiro, 1983, pp. 102-3). As relações entre o Futurismo e o fascismo ou entre o Futurismo e a política foram estudadas por diversos autores (Eurico Crispolti, Laura Malvano, Mano Verdone, Pierre Gaudibert, Gian Battista Nazzaro etc.) na obra *Marinetti et le Futurisme*, op. cit. Do último autor, retenhamos esta conclusão: a inquietude pequeno-burguesa dos futuristas "peut se transformer en geste révolutionnaire quand le terrain devient très favorable, mais aussi en réaction très agressive en présence de certaines carences structurelles"; o que, acrescenta o mesmo autor, "place le mouvement créé par Marinetti en friction permanente avec le régime fasciste, bien qu'il ait contribué à sa formation d'abord et à sa définitive ascension ensuite" (p. 128).

34 Mário de Sá-Carneiro, *Cartas a Fernando Pessoa*, II, pp. 198-99 e 206.

35 *A Idéia Nacional*, nº 22, 27 de abril, 1916. Transcrito por Cecília Barreira, op. cit., p. 129.

36 Carta de Santa Rita Pintor a Homem Cristo Filho de 29 de abril de 1916 (transcrita por Cecília Barreira, op. cit., pp. 130-31). Homem Cristo Filho fez, em 13 de agosto de 1913, uma conferência no salão do *Jornal do Comércio* do Rio de Janeiro.

37 "Futuro condicional", *Jornal do Comércio*, 26 de junho, 1921.

38 18 de maio de 1912.

39 8 de novembro de 1913.

40 18 de abril de 1914.

41 Pp. 52 e 101.

42 *Diário de Lisboa*, 25 e 29 de novembro, 1932. Incluídos em *Obras completas* de Almada Negreiros, vol. VI, *Textos de intervenção*, 1972, pp. 135-40.

43 *Obra poética* de Fernando Pessoa, 1965, p. 415.

44 Texto publicado por François Castex, *Colóquio — Artes e Letras*, nº 48, abril, 1968.

45 Ver "Le Futurisme", *Revue Synthétique Illustrée*, nº 9, 11 de janeiro, 1924.

46 Não obstante, pôde escrever a amigos que tinha feito uma viagem "triunfal" à América Latina (*Marinetti et le Futurisme*, op. cit., p. 69). A verdade é que o seu sucesso em Buenos Aires parece ter sido bem maior do que em São Paulo e no Rio. Mas também é verdade que foi em 1926 que Almáquio Dinis publicou *F. T. Marinetti — Sua escola, sua vida, sua obra em literatura comparada*, e que, graças a Graça Aranha, que o prefaciou, apareceu também no Rio o volume *Futurismo*, com os manifestos futuristas. Em 1983, Aurora Fornoni Bernardini fez nova edição com esses e outros manifestos: *O Futurismo italiano* (São Paulo: Perspectiva).

47 Obra dada como "em preparação" na penúltima página de *Sodoma divinizada* (1923).

48 S.d., (1966), pp. 164-74.

49 Carta não datada e endereçada para "Raoul Leal, 99, Rua do Século/ Lisbonne/ (Portugal)", para onde o mesmo Marinetti enviou em 1923 um postal de publicidade da revista *Noi*. Carta e postal são hoje propriedade do dr. Antônio Miranda. Pinharanda Gomes publicou em *Pensamento português I* (Braga: Pax, 1969) outra carta de Marinetti a Raul Leal.

Luís de Montalvor no Brasil

[1] Porto: Parnaso, Jardim de Poesia, s.d.

[2] Dois ou três exemplos, apenas: no *Pequeno dicionário de literatura portuguesa*, organizado e dirigido por Massaud Moisés, Maria Teresa de Crescenzo Marino refere um volume inédito de *Poesias* — título que nunca foi previsto por Montalvor — e fala confusamente numa "novidade trazida ao *Orpheu* quando da permanência no Brasil" (1981, p. 230); no livro *Quem é quem na literatura portuguesa*, Álvaro Manuel Machado dá Barcelos como o lugar da edição dos *Poemas* — quando na capa e na folha de rosto vem o nome do Porto (1979, p. 189); Raul Rego escreveu no *Diário de Notícias* (22 de janeiro de 1984) que Montalvor viveu "muitos anos no Brasil"; João Gaspar Simões supôs que ao tempo do seu regresso do Brasil Montalvor era uma "personagem inteiramente desconhecida" (*Vida e obra de Fernando Pessoa*, 3ª ed., 1973, p. 229); e não falemos nos muitos erros que correm a respeito da relação de Montalvor com o *Orpheu*...

[3] *Descobrimento*, Lisboa, nº de outono, 1931.

[4] *Cartas de Mário de Sá-Carneiro a Luís de Montalvor/ Cândida Ramos/ Alfredo Giusado/ José Pacheco*, leitura, introdução e notas de Arnaldo Saraiva, 1977, p. 46. Cf. *DD*, p. 483.

[5] Ibidem.

[6] Idem, op. cit., p. 48.

[7] *Fon-Fon!*, 28 de dezembro de 1912. Cf. *DD*, p. 483.

[8] Ver Anuário Diplomático e Consular Português 1910-1913, Lisboa, 1913, p. 129, ver também A. H. de Oliveira Marques e Fernando Marques da Costa, *Bernardino Machado*, 1978, p. li.

[9] *Poemas*, op. cit., p. 14.

[10] Mário de Sá-Carneiro escrevia a Pessoa em 21 de janeiro de 1913 (*Cartas a Fernando Pessoa*, vol. 1, 1958, p. 51): "O Ramos [...] escreveu-me do Rio e vai voltar a Lisboa por fevereiro".

[11] Carlos Maul, "O misterioso destino de Luís de Montalvor", in *O Rio da Bela Época*, 1967, pp. 165-67. Cf. *DD*, pp. 604-7.

[12] Ibidem.

[13] Conhecem-se duas cartas de Mário de Sá-Carneiro a Milton de Aguiar, publicadas por Manuel Correia Marques: uma de 27 de abril de 1910, publicada no *Diário Popular* de 20 de fevereiro de 1958; outra de 20 de julho de 1910, publicada na *Nova Renascença*, nº 7, primavera de 1982, pp. 243-45.

[14] Cartas de 13 de dezembro de 1912 e de 29 de dezembro de 1913; ver op. cit. na nota 4, respectivamente pp. 49 e 55.

[15] Reproduzida por Manuel Correia Marques na revista *Panorama*, 3ª série, nº 16, dezembro, 1959.

[16] François Castex, *Mário de Sá-Carneiro e a gênese de* Amizade, 1971, pp. 79 e 299-300.

[17] Op. cit. na nota 11, p. 166. Cf. *DD*, p. 605.

[18] Op. cit. na nota 4, p. 65.

[19] Carta, inédita, que se encontra no espólio de Ronald de Carvalho guardado em casa de um dos seus filhos, onde aliás há outras cartas à mesma destinatária escritas antes ou imediatamente depois do dia 25 de setembro.

[20] Publicamos essas cartas em *DI*, pp. 325-41. Aparentemente as três primeiras foram escritas quando Montalvor ainda estava no Rio.

[21] *O País*, 12 de janeiro de 1913 e 5-6 de fevereiro de 1913; *A Tribuna*, 14 de janeiro de 1913. Cf. *DD*, pp. 484-85.

[22] *O País*, 18 de fevereiro de 1913 (e também 5-6 de fevereiro de 1913).

[23] *O País*, 14 de junho de 1913 e 17 de junho de 1913. Nesta data, dizia o seguinte: "O poeta português Luís de Montalvor realizou anteontem, às 8 1/2 horas da noite, no salão do *Jornal do Comércio*, a sua conferência sobre 'O Brasil de hoje na sua arte e na sua grandeza'. A conferência foi uma linda página de arte pura. Entre muitas pessoas que lá estiveram a ouvir a palavra do talentoso conferente, notamos: Dr. Bernardino Machado e filhas, Mme. Antônio Azeredo, Carlos Maul e senhora, Ernâni Rosas, Dr. Ferreira de Almeida, 1º secretário da Embaixada de Portugal, J. B. Vieira da Cunha e M. Queirós".

[24] *O País*, 22 e 30 de agosto de 1913 e 9 de setembro de 1913.

[25] Ver op. cit. na nota 4, pp. 54-55 (carta de 29 de dezembro de 1913). (Cf. *DD*, p. 486.)

[26] Idem, op. cit., pp. 118-19 (nota 46).

[27] Carta de 10 de julho de 1913, *Ocidente*, vol. XXIV, nº 80, dezembro, 1944, p. 313.

[28] *O País*, 26 de agosto de 1913.

[29] João Rui de Sousa, *Fernando Pessoa empregado de escritório*, 1985, p. 69.

[30] *O Imparcial*, 15 de junho, 1927. Texto transcrito in *Fernando Pessoa, páginas de doutrina estética*, seleção, prefácio e notas de Jorge de Sena, 1946, p. 173.

[31] *Diário de Lisboa*, 15 de março, 1935. Entrevista transcrita por Petrus em *Poemas*, pp. 83-84.

[32] Essas provas estão nas mãos de um colecionador portuense, que me permitiu a sua consulta. Lembre-se, a propósito, o que João Gaspar Simões escreveu em *Perspectiva histórica da poesia portuguesa*: "Não chegou Luís de Montalvor a dar à estampa a coleção dos seus versos, embora o manuscrito estivesse pronto à data da sua trágica morte" (1976, p. 245). (N.B. Reunimos os poemas que constam das provas e outros no volume *O livro de poemas de Luís de Montalvor*. Porto: Campo das Letras, 1999.)

[33] Op. cit. na nota 11, p. 165. Cf. *DD*, p. 604.

[34] Adolfo Casais Monteiro, *Estudos sobre a poesia de Fernando Pessoa*, 1958, p. 38; ou *A poesia de Fernando Pessoa*, 2ª ed., 1985, p. 34.

[35] Op. cit. na nota 4, p. 55 (carta de 29 de dezembro de 1913).

[36] *Fon-Fon!*, 12 e 19 de abril de 1913.

[37] Op. cit. na nota 4, p. 52.

[38] *Cartas a Fernando Pessoa*, vol. I, 1958, p. 51.

[39] Op. cit. na nota 4, p. 53.

[40] Op. cit. na nota 4, p. 65.

[41] Carta de 5 de julho de 1913, em *Vértice*, nº 268, janeiro, 1966, publicada, com mais duas, por François Castex; dessa publicação foi feita separata: *Três cartas inéditas de Mário de Sá-Carneiro* (ver p. 8).

[42] *O País*, 30 de agosto, 1913.

[43] *Cartas a Fernando Pessoa*, vol. II, 1959, p. 96 (carta de 2 de outubro de 1915).

[44] Carta inédita que publicamos em *DI*, p. 338.

[45] "Um poeta que morre — Ronald de Carvalho — Os elementos estéticos da sua obra", *Diário de Lisboa*, 22 de fevereiro, 1935.

[46] Depoimento publicado por François Castex em *Colóquio — Artes e Letras*, nº 48, abril, 1968. Curiosamente, este depoimento foi encontrado por João de Castro Osório no espólio de Luís de Montalvor.

[47] Postal escrito nesse dia a marcar novo encontro. A data "1914" que aparece no volume *Cartas de Mário de Sá-Carneiro a Luís de Montalvor/ Cândida Ramos/ Alfredo Guisado/ José Pacheco* (pp. 56 e 118) deve ser corrigida para "1915", embora o autógrafo diga mesmo "1914".

[48] João Gaspar Simões, *Heteropsicografia de Fernando Pessoa*, 1973, pp. 219-22. Ver também a crítica de Gaspar Simões "*Orpheu* 3 e a literatura 'fin-de-siècle'" no *Diário de Notícias* de 17 de maio de 1984. Outros autores parecem assumir o ponto de vista de Gaspar Simões, como será o caso de Fernando Guimarães em *Simbolismo, Modernismo e vanguardas*, 1982, p. 18.

[49] Andrade Muricy, *Panorama do movimento simbolista brasileiro*, 2ª ed., vol. I, 1973, p. 101, e vol. II, p. 893.

[50] *O poema do ópio* (1918), de Ernâni Salomão Rosas, é dedicado a Antônio Austregésilo e "aos irmãos de Salomé: L. de Montalvor, R. de Carvalho e M. de Sá-Carneiro".

[51] Cf. *DI*, p. 309.

[52] Op. cit. nota 48, p. 222.

Antônio Ferro no Brasil

[1] *Colóquio — Artes e Letras*, nº 48, abril, 1968.

[2] *Nova Renascença*, nº 2, inverno de 1981.

[3] *Mário de Sá-Carneiro e a gênese de* Amizade, 1971, p. 277, nota 2.

[4] 1924, p. 19.

[5] François Castex, op. cit., pp. 74-76 e 277-83.

[6] Augusto Cunha, *Contos escolhidos*, s.d., pp. 31-50. Antônio Quadros, que se valeu de conversas com o pai, garante que a amizade entre Ferro e Sá-Carneiro nasceu no tempo do Liceu Camões. Ver prefácio a *Saudades de mim*, de Antônio Ferro. Lisboa: Bertrand, s.d., pp. 13 e 18.

[7] Sabe-se da existência de seis cartas de Mário de Sá-Carneiro para Antônio Ferro. Antônio Quadros publicou duas delas no *Diário Popular*, 24 de janeiro, 1974.

[8] *Cartas a Fernando Pessoa*, 1959, vol. II, pp. 25-26; *Cartas de Mário de Sá-Carneiro a Luís de Montalvor/ Cândida Ramos/ Alfredo Guisado/ José Pacheco*, 1977, p. 73.

[9] Fernando Pessoa, *Páginas íntimas e de auto-interpretação*, 1966, pp. 40, 50, 55. Ver também carta de Sá-Carneiro a Ferro, de 5 de maio de 1913, publicada no *Diário Popular* de 24 de janeiro de 1974.

[10] *Cartas a Armando Côrtes-Rodrigues*, 2ª ed., s.d., (1959), p. 61.

[11] *Cartas a Fernando Pessoa*, vol. I, p. 185.

[12] Ver texto de Pessoa referido na nota 1 e carta a Côrtes-Rodrigues de 4 de outubro de 1914, op. cit., pp. 59-60. Note-se no entanto que Antônio Quadros, no prefácio referido na

nota 6, defende que só por ser ainda muito jovem Antônio Ferro não colaborou na revista — de que seria certamente um colaborador caso ela tivesse durado mais do que durou.

[13] Op. cit., vol. II, pp. 83-84.

[14] 1920, pp. 49-50.

[15] 1920, início do f. 5: "Mário de Sá-Carneiro foi o último suicida da sua obra. A vida foi o cavalo de pau que o artista, infantilmente, quis ver como era por dentro".

[16] 1925.

[17] Entre os que assinaram, estavam alguns colaboradores do *Orpheu* — Pessoa, Montalvor, José Pacheco —, mas não Almada Negreiros, que em 1923 fez uma capa para *A arte de bem morrer*, nem Alfredo Guisado, "seu grande amigo", como se lê numa dedicatória que lhe fez num exemplar da edição brasileira de *A idade do* jazz-band (que adquiri num alfarrabista).

[18] Maria José de Lancastre, *Fernando Pessoa/ Uma fotobiografia*, 1981, pp. 234-35. Foi Antônio Quadros que me chamou a atenção para esse equívoco; o fotografado ao lado de Pessoa é João de Castro Osório.

[19] Ver Antônio Quadros, *Fernando Pessoa, I, Vida, personalidade e gênio*, 1981, pp. 58-59; e João Gaspar Simões, *Vida e obra de Fernando Pessoa*, 3ª ed. novamente revista, 1973, pp. 636-37.

[20] *Mar alto*, pp. 11 e 12.

[21] Op. cit., p. 90.

[22] Lisboa: Monteiro & Cia. A propósito, assinale-se a importância do ano de 1917 na história do cinema português, e também por esta conferência. Ver Luís de Pina, *Panorama do cinema português*, 1978, p. 9.

[23] Lisboa, edição do autor.

[24] Lisboa: Portugália. O primeiro texto do livro ("Não sou um discípulo de Oscar Wilde. Quando o li, pela primeira vez, tive a impressão que tinha sido plagiado.") dir-se-ia ser uma antecipação da literatura de Borges, de que pelo menos podia ser uma adequada epígrafe. O mais curioso é que Ferro teve quase de certeza a oportunidade de oferecer o seu livro ao grande escritor argentino, pois com ele se encontrou em Lisboa em 1923, como lembrou há anos Joaquim de Montezuma de Carvalho. Não se esqueça, aliás, que, tal como Borges, Ferro foi grande amigo de Ramón Gómez de la Serna, que cita no manifesto *Nós* e cujas "greguerías" deveriam fasciná-lo.

[25] Lisboa: Portugália.

[26] Op. cit., p. 103.

[27] Op. cit., p. 115.

[28] Op. cit., p. 116.

[29] Lisboa, Rio de Janeiro: H. Antunes.

[30] Op. cit., p. 55.

[31] Lisboa, Rio de Janeiro: H. Antunes.

[32] Fora do mercado e com a indicação "2", por ter sido precedido por outro manifesto, de Augusto Esaguy.

[33] Petrus, *Os modernistas portugueses*. Porto: Textos Universais, C.E.P., s.d., vol. I, p. 98.

[34] Lisboa: Portugália.

[35] *A arte de bem morrer*, pp. 9-10.

[36] *Contemporânea*, nº 9, março, 1923, p. 151. Cf. *DD*, p. 558.

[37] Idem, op. cit., p. 152. Cf. *DD*, p. 560.

[38] *Mar alto*, op. cit., p. 40.

[39] Informação que oralmente me deu em 24 de fevereiro de 1973.

[40] *O movimento futurista em Portugal*, 1966, p. 147.

[41] *Sobre Fernando Pessoa poeta da* Mensagem, separata da revista *Gil Vicente*, Guimarães, 1968, p. 9. Este erro aparece com alguma freqüência, e até Menotti del Picchia o cometeu (cf. *DI*, p. 470). Mas o mais espantoso é que também o encontramos em Fernanda de Castro, nomeadamente em *Ao fim da memória* (Lisboa: Verbo, 1986, p. 184).

[42] 17 de junho de 1922.

[43] 30 de setembro de 1922.

[44] 15 de julho de 1922.

[45] *A idade do* jazz-band, 2ª ed., 1924, p. 34. Ver *DD*, p. 536. Curiosamente, o texto de Ronald de Carvalho não foi publicado na edição de *A arte de bem morrer* mas na de *A idade do* jazz-band. Antônio Ferro solicitou o texto a Ronald, que lho enviou com uma carta de setembro de 1922, que publicamos em *DI*, p. 344.

[46] *A idade do* jazz-band. São Paulo: Monteiro Lobato e Cia., 1923, pp. 7-12; 2ª ed., Lisboa: Portugália, 1924, pp. 7-14.

[47] *A Rua*, Recife, de 11 de abril de 1923. Transcrito por Joaquim Inojosa em *O movimento modernista em Pernambuco*, vol. II, s.d., p. 28.

[48] P. 14. Na p. 16 aparece outra referência a Antônio Ferro, que "representa o Portugal culto e é klaxista".

[49] *A idade do* jazz-band, 1923, p. 22.

[50] Publicado no *Diário de Minas*, de 8 de fevereiro de 1923. Ver *DD*, p. 551-53.

[51] Ver *DD*, pp. 554-57.

[52] Transcrito por Joaquim Inojosa em *O movimento modernista em Pernambuco*, vol. II, s.d., pp. 25-28.

[53] Estas palavras são as que figuram no prefácio de *Mar alto*, 1924, p. 40. O prefácio aparece datado de "22/9/22", mas só pode ser de 1923.

[54] Além dos nomes já referidos, poderíamos citar outros como o de Oswald de Andrade, "De Flaubert a Antônio Ferro" (*Jornal do Comércio,* São Paulo, 27 de setembro, 1922); em 21 de novembro de 1922 Oswald enviou a Joaquim Inojosa uma carta (op. cit., vol. II, p. 346), com esse (ou outro?) artigo, de que Inojosa fez algumas transcrições (idem, op. cit., pp. 25 e 27). Menotti del Picchia (Helios) publicou várias crônicas sobre Ferro ou sua esposa no *Correio Paulistano*: "O autor de Leviana" (18 de agosto de 1922); "Uma festa de arte portuguesa" (8 de setembro); "Náufragos" (27 de setembro); "A arte de bem morrer" (26 de novembro); e "A festa de hoje no Municipal" (5 de dezembro).

[55] *Mar alto*, 1924, p. 70.

[56] Op. cit., p. 78.

[57] De 18 de abril de 1923. Transcrito por Joaquim Inojosa em *O movimento modernista em Pernambuco*, vol. III, s.d., pp. 178-81. Inojosa associa o antifuturismo ou o antimodernismo de Osório Borba ao de José Lins do Rego (p. 178); no entanto, este publicara

dias antes, em 2 de abril, no *Jornal do Recife*, o artigo "O embaixador do paradoxo", que nada tinha de antimodernista, bem pelo contrário, e que fazia o elogio de Antônio Ferro. Ver *DD*, pp. 554-57.

[58] *Jornal do Recife*, 2 de abril, 1923. Ver *DD*, pp. 554-57.

[59] Datado de 7 de maio de 1923. Transcrito por Neroaldo Pontes de Azevedo em *Modernismo e regionalismo — Os anos 20 em Pernambuco*, 1984, pp. 197-98.

[60] Assim dizia a nota "Antônio Ferro" publicada na *Notícia* de Recife, em 6 de abril de 1923.

[61] *Diário de Lisboa*, 25 de abril, 1923.

[62] Ver *DD*, pp. 567-70.

[63] Por exemplo, no *Correio do Povo*, de Porto Alegre, de 26 de junho de 1924, e na "carta literária" de Joaquim Inojosa, *A arte moderna*, 1924, pp. 11-12.

[64] Respectivamente, Coimbra: Coimbra Editora, 1926 (ver pp. 42, 43 e 51), e Rio de Janeiro, edição do autor, 1925.

[65] "Carta aberta ao Portugal de hoje ao Portugal de vinte e tantos anos", *Contemporânea*, nº 9, março, 1923 (mas seguramente publicado alguns meses mais tarde). Cf. *DD*, pp. 558-62.

[66] Lisboa, 1949.

[67] *Saudades de mim*, s.d., p. 32.

[68] *Correio de Minas*, 22 de fevereiro, 1923.

[69] "Carta aberta...", *Contemporânea*, 1º suplemento, março, 1925. Cf. *DI*, p. 371.

Fernando Pessoa: influências de (e sobre) brasileiros

[1] Carlos Maul, *A concepção da alegria nalguns poetas contemporâneos*, 1914, pp. 20-21. Cf. *DD*, p. 490.

[2] *Ocidente*, vol. XXIV, nº 80, dezembro, 1944, p. 313.

[3] Nº 2, 29 de novembro, 1913.

[4] "Vindo pela Brasileira, fui apresentado pelo Lúcio de Araújo, que ali estava, ao Albino de Meneses e ao Correia Dias, que estavam na exposição do Almada" — escreveu Pessoa num seu diário, em 2 de abril de 1913. Ver *Páginas íntimas e de auto-interpretação*, 1966, pp. 56-57.

[5] *Tribuna da Imprensa*, Rio de Janeiro, 12-13 de fevereiro, 1955. Cf. *DD*, p. 504. Peregrino Júnior afirmou em *Ronald de Carvalho — Poesia e prosa* (1960, p. 4) que Ronald conheceu Pessoa em 1914 e manteve com ele "importante correspondência literária". Diga-se, a propósito, que Almada Negreiros também não conheceu Ronald, como ele próprio mo confirmou (*Encontros des encontros*, 1973, p. 36).

[6] Cf. *DI*, p. 330.

[7] Em *DI*, (p. 343) transcrevemos a dedicatória deste livro, que está datada de "Rio. MCMXIV".

[8] Por exemplo, em versos como este: "minha vida interior corre longe da vida...", ou como estes: "No amor que floresceu... no olhar de quem caminha", "há folhas outonais e horizontes de poeira...". Há vários sublinhados nos poemas "Legenda", "Sonata sem ritmo",

"Versos sem rumo", "Lenda triste", "A vida" e na parte "Só" ou no poema V das "Canções do sol-posto".

[9] *Cartas a Armando Côrtes-Rodrigues*, 1ª ed., s.d., p. 62.

[10] Esta dedicatória vem reproduzida, com o retrato, em *Orpheu*, vol. 1. Lisboa: Ática, 1959, entre as pp. xxiv e xxv. Sabe-se que, de acordo com o que prometera a Montalvor, em carta de janeiro-fevereiro de 1915 ("Breve terão Vocês o meu retrato. É uma sanguina do Carneiro" — cf. *DI*, p. 335), Ronald enviou cópias do mesmo retrato a outros colaboradores do *Orpheu*. A cópia que enviou a Guisado está hoje em poder do arquiteto Fernando Távora.

[11] *DI*, p. 338.

[12] *Sudoeste*, nº 3, novembro, 1935, p. 3.

[13] François Castex, "Um inédito de Fernando Pessoa", *Colóquio — Artes e Letras*, nº 48, abril, 1968, pp. 59 e segs. Ver também "Dois textos inéditos", *Nova Renascença*, inverno de 1981, p. 121, e "'Inéditos' de Pessoa que já não eram inéditos", *Persona*, nº 5, abril, 1981, pp. 88-89.

[14] Mário de Andrade, por exemplo, tinha a *Contemporânea*, nº 1, de maio de 1922, em que foi publicado "O banqueiro anarquista". Lembre-se, a título de curiosidade, que Pessoa também tinha a *Terra de Sol*, nº 1, de janeiro de 1924.

[15] "Carta do Brasil — Fernando Pessoa e o Brasil", *Jornal de Letras e Artes*, Lisboa, outubro, 1960. Transcrito no *Jornal do Brasil*, 20 de dezembro, 1969.

[16] João Alves das Neves, "Estudos pessoanos no Brasil", *Nova Renascença*, nº 7, primavera de 1983, p. 287: "Uma pesquisa nos arquivos dos jornais brasileiros oferece-nos recortes sobre Fernando Pessoa desde os primeiros anos da década de 40". Republicando este texto no livro *Fernando Pessoa — O poeta singular e plural* (São Paulo, 1985), o autor corrigiu a citada passagem para: "Uma pesquisa no arquivo do jornal *O Estado de S. Paulo* oferece-nos" etc. (p. 220).

[17] Edson Nery da Fonseca, "Três poetas brasileiros apaixonados por Fernando Pessoa", *Colóquio* (Letras), nº 88, novembro de 1985, p. 102: "os três primeiros textos sobre Fernando Pessoa publicados no Brasil, de autoria de Cecília Meireles, Murilo Mendes e Lúcio Cardoso".

[18] "Uma suave rudeza", in *O empalhador de passarinho*, 1972, p. 64.

[19] O exemplar encontra-se, como outros livros que pertenceram a Mário de Andrade, na Biblioteca do Instituto de Estudos Brasileiros da Universidade de São Paulo, e tem a seguinte dedicatória:

"A Mário de Andrade
com a profunda admiração
e a estima sincera
do
Carlos Queirós
7-1-937"

[20] No prefácio a *Poetas novos de Portugal*, 1944, pp. 38-46, Cecília Meireles diz textualmente: "Fernando Pessoa é o caso mais extraordinário das letras portuguesas".

[21] *Persona*, nº 5, abril, 1981, p. 21.

[22] Em *DI*, p. 469, transcrevemos essa dedicatória. O cartão de visita não tem data e diz apenas: "cumprimenta e agradece". O agradecimento tem que ver certamente com a oferta da *Mensagem*.

[23] "Fernando Pessoa e Cecília Meireles: a poetização da infância", *Persona*, nº 5, abril, 1981, pp. 15-22.

[24] Carlos Drummond de Andrade, *Poesia e prosa*, 5ª ed., 1979, p. 265.

[25] Carlos Queirós, *Homenagem a Fernando Pessoa*, 1936, p. 26.

[26] *A Informação*, Lisboa, 17 de setembro, 1926.

[27] *Obra em prosa*, 1974, p. 506. Texto manuscrito possivelmente em 1917.

[28] Pp. 19-20.

[29] Pp. 79-90.

[30] *O Mundo Literário*, nº 20, 5 de dezembro, 1923. Citado por José Osório de Oliveira em *Literatura brasileira*, 1926, p. 63, e em *Geografia literária*, 1931, p. 71.

[31] *Terra de Sol*, nº 4, abril, 1924, pp. 35 e 141.

[32] Manuel Bandeira, *Poesia e prosa*, vol. II, 1958, p. 1.097.

[33] *Diplomatas escritores 1852-1983*, catálogo de uma exposição no Palácio das Necessidades, 1983, p. 23.

[34] *DD*, pp. 504-5.

[35] Cf. *DI*, p. 310.

[36] Filipe de Oliveira, *Vida extinta*, 1911 (páginas não numeradas).

[37] "Larbaud, Pessoa, Antero: note sur une 'rencontre'", *Ariane*, nº 1, 1982, pp. 204-5.

[38] *Revista de Estudos Universitários*, Universidade Federal de Pernambuco, nº 2, abr.-jun., 1966, pp. 77-98.

[39] Mário Monteiro, *Bilac e Portugal*, 1936, p. 54.

[40] Idem, op. cit., pp. 56 e 59.

[41] Pedro da Silveira, *Os últimos luso-brasileiros*, 1981, p. 10.

[42] Manuel Monteiro, op. cit., pp. 60-61, e *Atlântida*, ano 1, nº 6, pp. 569-603.

[43] "Catulo da Paixão Cearense e a poesia popular", *Atlântico*, nova série, nº 2, 1946, p. 33.

[44] *Pessoa inédito*, coord. Teresa Rita Lopes, Lisboa, 1993, pp. 233-34.

[45] *Obras em prosa*, 1974, p. 423.

Mário de Sá-Carneiro, mestre do Modernismo brasileiro

[1] Vol. III, fasc. 17, maio, 1913, pp. 150-56. De acordo com Carlos Maul, em 1914 o correio entre Portugal e o Brasil demorava cerca de 16 dias.

[2] Carta de 22 de março de 1913, *Ocidente*, vol. XXIV, nº 80, dezembro, 1944, p. 311.

[3] François Castex, *Mário de Sá-Carneiro e a gênese de* Amizade, 1971, pp. 59, 79 e 299-300.

[4] Reproduzido em fac-símile em *Panorama*, III série, nº 16, dezembro, 1959, ilustrando o artigo de Manuel Correia Marques, "Novos aspectos de Mário de Sá-Carneiro".

[5] Op. cit.

[6] Publicada por Manuel Correia Marques no *Diário Popular* de 20 de fevereiro de 1958 e parcialmente reproduzida em fac-símile em *Panorama*, op. cit. (ver nota 4).

[7] Reproduzida em fac-símile e transcrita em *Nova Renascença*, nº 7, primavera, 1982, pp. 241-42.

[8] Reproduzido em fac-símile em *Panorama* (ver nota 4).

[9] Referido por Manuel Correia Marques em *Panorama* (ver nota 4).

[10] Reproduzido em fac-símile e transcrito em *Nova Renascença* (ver nota 7), pp. 241 e 244-45.

[11] Lamentavelmente, essa dedicatória, e não só, desapareceu da edição de *Princípio* feita pela Editora Orfeu, Porto, 1985.

[12] *Cartas de Mário de Sá-Carneiro a Luís de Montalvor/ Cândida Ramos/ Alfredo Guisado/ José Pacheco*. Leitura, intr. e notas de Arnaldo Saraiva, 1977, p. 55.

[13] Manuel Correia Marques, que conheceu Milton de Aguiar numa viagem que este fez a Lisboa por volta de 1957, e que em 1979 contatou com a sua família no Rio, informou-nos que lera um poema dele, sem qualidade.

[14] Ver carta de 13 de dezembro de 1912 e de 12 de janeiro de 1913, in *Cartas...*, op. cit. (ver nota 12).

[15] *A concepção da alegria nalguns poetas contemporâneos*, 1914, p. 21. Cf. *DD*, p. 490. Foi certamente a esta conferência que Mário de Sá-Carneiro se referiu quando em carta a Pessoa de 8 de fevereiro de 1914 falou numa "conferência maúlica" (a edição dessa conferência apareceu no início de 1914). Ver *Correspondência inédita de Mário de Sá-Carneiro a Fernando Pessoa*. Leitura, intr. e notas de Arnaldo Saraiva, 1980, p. 44.

[16] *Cartas...*, op. cit. (ver nota 12), p. 53.

[17] Op. cit., p. 55. Cf. *DD*, p. 486.

[18] Op. cit., p. 54. Cf. *DD*, p. 486.

[19] *Cartas a Fernando Pessoa*, I, p. 164.

[20] Mário de Sá-Carneiro, *Além, sonhos*. Porto: Arte e Cultura, s.d. O texto em causa era "O fixador de instantes", que apareceu na *Gazeta de Notícias* de 7 de dezembro de 1913, e que saíra n'*A Águia*, vol. IV, nº 20, 2ª série, agosto, 1913. Valemo-nos da informação incompleta de Lygia Nazareth Fernandes, *Leitura*. Rio de Janeiro, janeiro, 1960, p. 34 ("Um conto de Mário de Sá-Carneiro publicado no Brasil").

[21] Lygia Nazareth Fernandes (ver nota anterior) trocou os nomes das revistas *Careta* e *Fon-Fon!*, pelo que nos induziu a erro in *Cartas...*, op. cit. (ver nota 12) (nota 46, pp. 118-19), assim como induziu a erro a *Colóquio* (Letras, nº 28, novembro, 1975, p. 100).

[22] Cf. *DD*, pp. 502-3.

[23] Cf. *DD*, pp. 504, 510, 512, 514.

[24] Cf. *DI*, p. 334.

[25] *Páginas íntimas e de auto-interpretação*, 1966, p. 57.

[26] Fausto Cunha, *A leitura aberta*, 1978, p. 141.

[27] Andrade Muricy, *Panorama do movimento simbolista brasileiro*, 2ª ed., vol. I, 1973, p. 101.

[28] Massaud Moisés e José Paulo Paes (orgs.), *Pequeno dicionário de literatura brasileira*, 2ª ed., 1980, p. 374.

[29] Op. cit. na nota 27, vol. II, p. 893. Conhecem-se três plaquetes de E. Rosas: *Certa lenda numa tarde* (1917), *Poema do ópio* (1918) e *Silêncios* (s.d.). A dedicatória vem na segunda (ver p. 184, nota 50).

[30] Cleonice Berardinelli, *Estudos de literatura portuguesa*, 1985, pp. 203-11 (texto publicado inicialmente em *Colóquio — Artes e Letras*, nº 12, fevereiro, 1961).

O "jeito de Portugal" do poeta Manuel Bandeira

[1] 28 de abril de 1917.

[2] Manuel Bandeira, *Poesia e prosa*, vol. II, 1958, p. 45.

[3] *Obras poéticas de Manuel Bandeira*, 1956, p. 1.

[4] Em *O Jornal*, Rio de Janeiro, 7 de junho, 1920, sob o título "Um precursor"; transcrito em *Primeiros estudos*, I, 1948, pp. 193-95.

[5] *Escritores brasileiros contemporâneos*, (1ª série), 1960, p. 264.

[6] Por exemplo, Manuel Anselmo (*Família literária luso-brasileira*, 1943) e Tristão de Ataíde (*Homenagem a Manuel Bandeira*, 1936).

[7] 1973. Ver especialmente as pp. 37-47.

[8] 3ª ed. rev., 1979, em especial as pp. 214-18. Deveríamos talvez acrescentar, aos dois nomes citados, o de Maria da Conceição Vilhena, autora do ensaio *As duas cantigas medievais de Manuel Bandeira* (separata da *Revista do Instituto de Estudos Brasileiros*, nº 17, São Paulo, 1975), que se ocupa das relações do poeta com a poesia medieval portuguesa.

[9] *Poesia e prosa*, vol. II, 1958, p. 16.

[10] Ibidem.

[11] Op. cit., p. 18.

[12] Op. cit., pp. 29-30.

[13] Op. cit., p. 20.

[14] 1966, p. 42.

[15] *Poesia e prosa*, vol. I, p. 1.160.

[16] Op. cit., p. 550.

[17] Pronunciada em 18 de abril de 1952; *Poesia e prosa*, vol. II, pp. 1.233-37.

[18] Publicada em 7 de maio de 1958 e recolhida em *Andorinha, andorinha*, 1966, pp. 251-52.

[19] *Sonetos completos e poemas escolhidos*, 1942. A introdução pode ler-se também em *Poesia e prosa*, vol. II, pp. 1.237-53.

[20] Op. cit., p. 1.327.

[21] Por exemplo, em op. cit., pp. 541-42; e em *Andorinha, andorinha*, p. 337.

[22] *Poesia e prosa*, vol. II, p. 566; *Andorinha, andorinha*, pp. 337-38.

[23] *Poesia e prosa*, vol. II, pp. 578-79.

[24] Op. cit., pp. 574-75.

[25] P. 49 (e também pp. 15 e 17).

[26] *Cartas a João de Barros*. Seleção, prefácio e notas de Manuela de Azevedo, s.d., pp. 314-15.

[27] *Sol de inverno, últimos versos (1915)*, 1922, pp. 27-28. Diga-se a propósito que a edição recente desta obra (*Sol de inverno seguido de vinte poesias inéditas*. Lisboa: Imprensa Na-

cional — Casa da Moeda, 1981), da responsabilidade de Álvaro Manuel Machado, contém vários erros de transcrição, que vão da maiusculização indevida até a troca do penúltimo verso de um poema com o do primeiro de outro poema (pp. 114-15). E contém ainda erros mais graves como o de dar como inéditos poemas que o não eram, como demonstraram Pedro da Silveira, Antônio Manuel Couto Viana e José Viale Moutinho, e de considerar que era uma "poesia incompleta" (p. 132) um canônico "rondó", para já não falarmos noutras deficiências que lhe apontou José Carlos Seabra Pereira (*Colóquio — Letras*, nº 70, novembro, 1982, p. 85).

[28] *Poesia e prosa*, vol. I, p. 221.

[29] *Sol de inverno seguido de vinte poesias inéditas*, 1981, p. 147.

[30] *Poesia e prosa*, vol. I, p. 110.

[31] *Sol de inverno, últimos versos*, (1915), p. 143.

[32] *Poesia e prosa*, vol. I, p. 56.

[33] *Claridades do Sul*, 2ª ed., 1901, p. 222.

[34] *Poesias escolhidas* (por Vitorino Nemésio), s.d., pp. 25-26.

[35] *Poesia e prosa*, vol. I, pp. 50-60.

[36] *Claridades do Sul*, p. 159.

[37] *Poesia e prosa*, vol. I, p. 54.

[38] *Claridades do Sul*, p. 196.

[39] *Poesia e prosa*, vol. I, p. 116.

[40] *Poesias escolhidas*, pp. 151-52.

[41] *Poesia e prosa*, vol. I, p. 51.

[42] "Aquela orgia", in *Claridades do Sul*, pp. 129-31.

[43] "A ceia", in *Poesia e prosa*, vol. I, p. 114.

[44] *Poesias escolhidas*, p. 130.

[45] *Poesia e prosa*, vol. I, p. 94.

[46] *Poesias escolhidas*, pp. 32-33.

[47] Op. cit., pp. 134-36.

[48] *Poesia e prosa*, vol. I, p. 117.

[49] Ver nota 47, e *Poesia e prosa*, vol. I, pp. 112-13. Diga-se de passagem que, curiosamente, Vitorino Nemésio viu no poema de Gomes Leal "ecos nítidos do romantismo mórbido, nosso e brasileiro (Castro Alves e Casimiro de Abreu, os 'malogrados'), embora já com toques de modernidade e um movimento largo e harmônico" (*Poesias escolhidas*, p. lxxxvii). Refira-se também que Gomes Leal celebrou a "dama branca" noutros poemas e publicou em *A Águia*, 2ª série, nº 39, de março de 1915, outro poema com o mesmo título "A dama branca".

[50] *Claridades do Sul*, p. 158.

[51] *Poesias escolhidas*, p. 20.

[52] *Poesia e prosa*, vol. I, p. 44.

[53] *Claridades do Sul*, p. 115.

[54] *Poesia e prosa*, vol. I, p. 10.

[55] *Poesias escolhidas*, pp. 37-39.

[56] *Poesia e prosa*, vol. I, p. 29.

[57] "Toast à idéia", in *Poesias escolhidas*, p. 87.

[58] "Os sapos", in *Poesia e prosa*, vol. I, pp. 86-88.

[59] *Poesias escolhidas*, pp. 67-68.

[60] *Poesia e prosa*, vol. I, pp. 84-85.

[61] *Poesia e prosa*, vol. II, p. 16.

[62] Op. cit., p. 12.

[63] Op. cit., p. 16.

[64] Ibidem.

[65] *Poesia e prosa*, vol. I, p. cii.

[66] *Poesia e prosa*, vol. II, p. 175.

[67] Op. cit., p. 174.

[68] Citado por Raimundo de Menezes, *Dicionário literário brasileiro*, 2ª ed., 1978, p. 562.

[69] *Poesia e prosa*, vol. II, p. 1.168.

[70] Cf. Alberto de Oliveira, prefácio a *Sol de inverno, últimos versos (1915)*, pp. ix-xvi. No livro *Bilac e Portugal*, 1936, pp. 273-75, transcreve Manuel Monteiro uma carta de Silva Ramos em que se lê que ele concluiu o 1º ano em 1878. Deve tratar-se de gralha por "1873".

[71] Artigo recolhido em *Pombos-Correios*, 1913, p. 251.

[72] *Panorama do movimento simbolista brasileiro*, 2ª ed., vol. I, 1973, p. 95.

[73] Prefácio a *Poesias escolhidas*, p. xcvii.

[74] *Panorama do movimento simbolista brasileiro*, vol. I, pp. 97-98. Mais adiante (p. 101) Muricy informa que "o primeiro livro simbolista lido no Brasil, e por Cruz e Sousa, foi *Claridades do Sul*, de Gomes Leal".

[75] "João de Barros visto por um brasileiro", *Boletim Bibliográfico de Livros do Brasil*, nº 8-9, mar.-abr.-maio-jun., 1962, p. 2.

[76] Confissão feita a Carlos Drummond de Andrade, que a divulgou no *Jornal do Brasil* de 14 de outubro de 1969, e que foi transcrita por Joaquim-Francisco Coelho em *Biopoética de Manuel Bandeira*, 1981, p. 51.

[77] *Poesia e prosa*, vol. II, p. 43.

"A cena do ódio" de Almada Negreiros e a "Ode ao burguês" de Mário de Andrade

[1] *Obras completas*, vol. IV (Poesia), 1971, pp. 20-40; e *Obras completas*, vol. I (Poesia), 1985, pp. 47-66. As versões aqui apresentadas têm erros evidentes, pelo que se impõe o seu confronto — enquanto não há uma edição crítica — com a versão de *Orpheu* 3, de que há hoje duas edições: Porto: Nova Renascença, 1984 (fac-similada; pp. 195-210); e Lisboa: Ática, 1984 (pp. 49-73).

[2] Mário de Andrade, *Poesias completas*, 1966, pp. 37-39.

[3] "Orfeu Orftu Orfele/ Orfnós Orfvós Orfeles", poema "Exergo" de *Convergência*, 1970 (primeiro texto).

[4] "Raio de luz", in *Poesia* (1944-1955), s.d., p. 52.

[5] *Lira e antilira* (Mário, Drummond, Cabral), 1968.

[6] Um poeta brasileiro, Ricardo G. Ramos, nascido em 1942, iniciou a sua "Ode ao motorista" exatamente pelas palavras "Ode é ódio". Cf. Heloísa Buarque de Holanda, *26 poetas hoje*, 1976, p. 151.

[7] Maria José Almada Negreiros, *Conversas com Sarah Affonso*, 1982, p. 36.

[8] *Obras em prosa*, 1974, p. 407.

[9] Ver Nuno Júdice, "O Futurismo em Portugal", in *Portugal futurista*, ed. fac-similada, 1981, p. xi.

[10] Paulo Ferreira, *Correspondance de quatre artistes portugais*, 1972, p. 108.

[11] *Cartas a Fernando Pessoa*, II, pp. 54-55.

[12] Op. cit., p. 101. Ver *Conversas com Sarah Affonso*, p. 134.

[13] Op. cit., p. 98.

[14] *Tricórnio*, 15 de novembro, 1952.

[15] *Cartas a Armando Côrtes-Rodrigues*, 2ª ed., (1959), p. 115.

[16] Carta publicada em *Colóquio-Artes*, 2ª série, nº 35, dezembro, 1977.

[17] *Poesia futurista portuguesa (Faro 1916-1917)*. Sel. e pref. de Nuno Júdice, 1981, pp. 103 e 105.

[18] *Poesia e prosa de Mário de Andrade*, 1970, p. 17.

[19] João Pacheco, baseado "em confidência" de Mário de Andrade a Fernando Góis, indica o mês de dezembro de 1920 como o do nascimento de *Paulicéia desvairada*. Ibidem.

[20] Nº 3, abril-junho, 1925, p. 337.

[21] Mário da Silva Brito, *História do Modernismo brasileiro: I — Antecedentes...*, 3ª ed., 1971, pp. 317-18.

[22] *Poesias completas*, 1966, p. 31.

[23] Op. cit., p. 85.

[24] Inédito pertencente ao Arquivo de Mário de Andrade guardado no Instituto de Estudos Brasileiros da Universidade de São Paulo.

[25] "The poet strikes back: Almada Negreiros in the 'Cena do ódio'", *Luso-Brazilian Review*, vol. 16, nº 1, verão, 1979, pp. 41-52.

[26] "Essai d'interprétation de *Paulicéia desvairada*" (tiré à part), Poitiers, Publ. do Centre de Recherches Latino-Américaines, Univ. de Poitiers, 1975.

[27] Valemo-nos da tradução de Gilberto Mendonça Teles, in *Vanguarda européia e Modernismo brasileiro*, 6ª ed., 1982, pp. 91-92. De acordo com Eduardo Lourenço, o manifesto de Almada "em dom textual, deve mais à proclamação marinettista de 1909, *Tuons le clair de lune*, que ao Manifesto propriamente dito". "Almada ou do modernismo como provocação", in *Almada Negreiros*, catálogo da exposição organizada pela Fundação C. Gulbenkian, 1984.

[28] Op. cit., pp. 91-92.

[29] Op. cit., pp. 97-99.

[30] *Poesias de Cesário Verde*, 2ª ed., 1982, p. 27, col. Textos literários.

[31] P. 93.

[32] Nº 2, setembro, 1928, p. 46.

[33] *Horas de luta*, s.d., pp. 81-82.

[34] *Mário Pederneiras*, pp. 55-57, col. Nossos Clássicos (Agir), 1958, ("Caminho errado").

[35] Cruz e Sousa, *Obra completa*, 1961, p. 205.

O encontro de Leviana, *de Antônio Ferro, com* Serafim Ponte Grande, *de Oswald de Andrade*

[1] A informação foi-nos dada em 1981 pelo filho Rudá e por Julieta Bárbara, que foi casada com Oswald. Marília de Andrade também se referiu à biblioteca de Oswald numa evocação publicada em *Remate de Males*, nº 6, 1986, pp. 73-74.

[2] 3ª ed., 1976.

[3] *As metamorfoses de Oswald de Andrade*, 1972, p. 43.

[4] Suplemento Literário, *O Estado de S. Paulo*, 22 jul., 1973.

[5] *Vários Escritos*, 1970, p. 80.

[6] Op. cit., p. 47.

[7] Op. cit., p. 44.

[8] 1973, p. 51.

[9] Op. cit., p. 28.

[10] Op. cit., p. 44.

[11] Op. cit., p. 46.

[12] Op. cit., p. 138. O gesto, aparentemente de desprezo, pode equivaler ainda a um elogio. Sabe-se aliás que Oswald considerava Aquilino "um modernista da melhor vanguarda". Ver *DI*, pp. 371 e 372.

[13] *Memórias sentimentais de João Miramar*, 4ª ed., vol. II das *Obras completas*, 1972, p. 93.

[14] Op. cit., p. 60.

[15] Op. cit., p. 68.

[16] A influência de Cendrars é um dado há muito adquirido, e já em 1924 sugerido por Manuel Bandeira, que claramente o referiria noutras ocasiões. Ver Alexandre Eulálio, *A aventura brasileira de Blaise Cendrars*, 1978; e Aracy Amaral, *Blaise Cendrars no Brasil e os modernistas*, 1970.

[17] Ver nota 4.

[18] *Obras completas*, II, p. 114. O texto diz: "*Cabeça, coração e estômago*".

[19] *Vários escritos*, p. 87.

[20] Antonio Candido, op. cit., p. 79.

[21] *Leviana*, 4ª ed., 1929, p. 27.

[22] Op. cit., p. 25.

[23] Há que notar que a 1ª ed. de *Leviana* foi lançada em 1921, por "H. Antunes — Editor/ Lisboa/Rio de Janeiro" — o mesmo editor (& Cia.) que lançou em 1923 no Rio de Janeiro

A arte de bem morrer. A "edição definitiva" (a 4ª), de 1929, deveu-se, também significativamente, à Empresa Literária Fluminense.

24 A este título são suficientemente esclarecedoras as palavras de Menotti del Picchia, no prefácio a *A arte de bem morrer* (pp. 9-10): "Mas Antônio Ferro é sempre um paradoxo: antes de aqui vir, já aqui estava. Encontrou-se consigo mesmo nos seus versos, que sabíamos de cor, nas suas frases-lápides, que sabíamos de cor".

25 1978.

26 Op. cit., p. 74. A afirmação de Oswald colheu-a K. David Jackson no texto Informe sobre o modernismo, manuscrito inédito (op. cit., pp. 12, 16 e 74). O professor americano transcreve a frase de Oswald por duas vezes, mas com uma ligeira diferença: "Foi preciso" (p. 74) e "É preciso" (p. 16). Já agora refira-se que nesta mesma p. 16 deparamos com outras ligeiras incorreções: o manifesto *Nós* não apareceu na revista *Festa*, mas na *Klaxon*; *Leviana* não é "romance", mas "novela" (como vem na p. 74, em que por sinal também figura a má tradução "romance curto"); e Almada Negreiros, ao contrário de Sá-Carneiro, não publicou nenhuma "prosa vanguardista" em 1912.

27 Kenneth D. Jackson, op. cit., pp. 74-75. Na nossa transcrição corrigimos as evidentes gralhas da transcrição de K. D. Jackson: "caracóis" e não "coracóis", "escusa", e não "escusas"; "manhãs", e não "manhã"; introdução de uma pausa gráfica entre "tempo" e (outra linha) "Fulana".

28 Op. cit., p. 87.

29 *Leviana*, 4ª ed., p. 28.

30 Oswald de Andrade, op. cit., p. 133.

31 Não iria até ao ponto, porém, de considerar *Serafim* "uma sátira do mau gosto e da sentimentalidade exagerada que há em *Leviana*" (K. D. Jackson, op. cit., p. 75).

32 *Leviana*, 1ª ed., 1921, p. 93.

33 *Serafim*, 3ª ed., 1972, p. 163.

34 Op. cit., p. 149.

35 Op. cit., p. 152.

36 *Leviana*, 1ª ed., p. 71.

37 *Serafim*, 3ª ed., p. 162.

38 *Leviana*, 1ª ed., p. 18.

39 *Serafim*, 3ª ed., p. 193.

40 Prefácio a *Leviana*, 4ª ed., pp. 25-26.

41 Cf. Gérard Genette, *Palimpsestes*, 1982, p. 439.

42 *Um homem sem profissão*, op. cit., p. 21.

43 De acordo com Alexandre Eulálio (op. cit., p. 70) só "entre dezembro de 1924 e janeiro de 1926" Oswald de Andrade, premido pelos negócios, realizou "nada menos do que quatro viagens de ida e volta entre São Paulo e Paris". Até hoje, porém, ainda não foi possível determinar quantas vezes parou Oswald em Portugal, e por quanto tempo. Ignora-se mesmo se na sua primeira viagem à Europa, em 1912, desembarcou, por algumas horas, ou dias, em Lisboa. O mesmo pode dizer-se em relação à segunda viagem, em 1922. Mas sabe-se que no decurso da terceira, em janeiro de 1923, ele esteve em Portugal com Tarsila (Adrien Roig, "Tarsila do Amaral et Blaise Cendrars ou la rencontre de la peinture et de

la poésie", *Bulletin des Etudes Portugaises et Brésiliennes*, nº 41, Institut Français de Lisbonne, 1980, p. 172). Em *DI* (p. 363) publicamos o texto de um postal que Oswald enviou de Lisboa a Mário de Andrade. Foi isso em 15 de fevereiro de 1923. No final desse ano ele estaria de novo em Lisboa (ver *DD*, pp. 365-66). Julieta Bárbara informou-nos que em 1939, de regresso ao Brasil, vindos de Paris já ameaçada pela guerra, ela e Oswald estiveram alguns dias em Portugal (Lisboa, Vila Franca de Xira, Coimbra e outros lugares).

Leituras portuguesas do jovem Drummond

1 1980, pp. 11-133. Um primeiro inventário fora feito por Arnaldo Saraiva na tese de licenciatura apresentada à Faculdade de Letras da Universidade de Lisboa, Carlos Drummond de Andrade: do berço ao livro, 1968, vol. II, pp. 4-17, em que também foram reunidos alguns desses textos dispersos.

2 "Poesia brasileira", *Diário de Minas,* Belo Horizonte, 17 de outubro, 1924.

3 Esses dois artigos transcrevemo-los em *DD*, pp. 551-53 e pp. 573-75, respectivamente.

4 *A lição do amigo. Cartas de Mário de Andrade a Carlos Drummond de Andrade*, 1982, p. 23.

5 *Aurora Colegial*, Nova Friburgo, ano XV, nº 195, 25 de maio, 1919. Esta crônica e as que são referidas nas notas 6, 7 e 8 foram transcritas na tese citada na nota 1.

6 *Aurora Colegial*, nº 201, 31 de agosto, 1919.

7 *Aurora Colegial*, nº 202, 18 de setembro, 1919.

8 *Aurora Colegial*, nº 203, 30 de setembro, 1919.

9 *Diário de Minas*, 19 de março, 1921. A apresentação foi feita na rubrica "Crônica social" assinalada por "X".

10 O próprio Drummond deu algumas pistas para detectar outras influências literárias portuguesas da sua juventude (de Camilo, Fialho de Almeida, Rebelo da Silva, Antônio Nobre, visconde de Santo Tirso...) na entrevista que concedeu a Leonor Xavier para o *Diário de Notícias* de Lisboa, de 7 de outubro de 1984, e da qual transcrevemos em *DD* (pp. 616-18) a parte que nos interessa.

11 "O poeta", in *A Paixão medida*, nova ed. aumentada, 1980, p. 92.

Conclusões

1 Mário de Andrade, *O empalhador de passarinho*, 3ª ed., 1972, pp. 68-69.

2 Antônio Arnoni Prado, *1922 — Itinerário de uma falsa vanguarda*, 1983, p. 9.

3 João do Rio, *O momento literário*, s.d., (1908), p. 6.

4 *Memórias de Agripino Grieco, vol. II, Rio de Janeiro 1*, 1972, p. 48.

5 Thiers Martins Moreira, *Lição inaugural do curso de Cultura Brasileira na Faculdade de Letras de Lisboa*, 1961, pp. 6-9.

6 *Adeus ao Brasil*, s.d., p. 238.

[7] *Cartas a João de Barros.* Seleção, prefácio e notas de Manuela de Azevedo, s.d., (1972), p. 68.

[8] *Andorinha, andorinha,* 1966, p. 247.

[9] Carta a José Osório de Oliveira, de 24 de abril de 1933, *Colóquio — Letras,* nº 59, janeiro, 1981, pp. 42-43.

[10] Machado de Assis, "Notícia da atual literatura brasileira — O instinto de nacionalidade", *Obras completas,* 1973, vol. III, pp. 801-9.

[11] Antonio Candido, *Literatura e sociedade,* 1965, p. 141.

[12] "Crônica literária do Brasil", *Atlântida,* ano IV, nº 41, p. 567.

[13] *Cartas de Fernando Pessoa a João Gaspar Simões,* 1957, p. 104.

[14] *Na outra banda de Portugal,* s.d., (1915), p. 93.

[15] Ver Edith Pimentel Pinto, *O português no Brasil,* I, 1978, p. lviii.

[16] Thiers Martins Moreira, op. cit., p. 10.

[17] "Poesia brasileira", *Diário de Minas,* 17, outubro de 1924.

[18] "As relações entre o Modernismo português e o brasileiro", *Gaidai Biblioteca,* nº 78, Kyoto University of Foreign Studies, 1º de novembro, 1985, pp. 22-23.

[19] João Alves das Neves, "Modernismo em Portugal e no Brasil", in *Temas luso-brasileiros,* 1963, pp. 23-27. Ver também "Sobre os movimentos modernistas em Portugal e no Brasil", in *O movimento futurista em Portugal,* 1960, pp. 163-80.

[20] Adolfo Casais Monteiro, "Identidade e diferença do Modernismo português e brasileiro", in *Figuras e problemas da literatura brasileira contemporânea,* 1972, pp. 25-46. Neste capítulo foram retomados o texto da comunicação apresentada ao IV Colóquio Internacional de Estudos Luso-Brasileiros, realizado na Bahia em agosto de 1959, e os artigos publicados no Suplemento Literário de *O Estado de S. Paulo* em 23 e 30 de abril, e em 7 de maio e 11 de junho de 1960, hoje também recolhidos no volume *Artigos de Adolfo Casais Monteiro* (publicados no Suplemento Literário de *O Estado de S. Paulo*), Araraquara, 1983, vol. II, pp. 503-22.

[21] José de Almada Negreiros, "Um aniversário — *Orpheu*", artigo publicado no *Diário de Lisboa* em 8 de março de 1935 e recolhido em *Obras completas — Ensaios* I, 1971, pp. 23-28.

[22] *Contemporânea,* 1º suplemento, março, 1925. Cf. *DI,* p. 371.

[23] Mário de Andrade, *Cartas a Manuel Bandeira,* 1958, p. 72.

[24] Helios (Menotti del Picchia), "A bandeira futurista", *Correio Paulistano,* 22 de outubro, 1921.

[25] Cf. Mário da Silva Brito, *História do Modernismo brasileiro,* I, 3ª ed. rev., 1971, p. 180.

[26] Mário de Andrade, *Cartas a Manuel Bandeira,* 1958, p. 104.

[27] *Fon-Fon!,* 26 de abril, 1913.

[28] *Movimentos modernistas no Brasil 1922-1928,* 1966, p. 36.

[29] 1974, pp. 15-60.

[30] Renato Mendonça, *O português do Brasil,* 1936, p. 302.

[31] Entrevista concedida ao *Jornal do Brasil,* 2 de dezembro, 1985.

[32] *Estudos Portugueses e Africanos,* nº 2. Campinas, nov., 1983, pp. 21-22.

[33] Carta de Fran Paxeco a Teófilo Braga, de 5 de junho de 1900, publicada por Maria Margarida Maia Gouveia, *Arquipélago*, nº V, Universidade dos Açores, janeiro, 1983, p. 266.

[34] Octavio Paz, in *Mediaciones*, 1979, p. 39.

[35] *Artigos de Adolfo Casais Monteiro*, I, 1983, p. 197.

[36] Op. cit., p. 198.

[37] Fernando Pessoa, *Obras em prosa*, 1974, p. 423.

[38] "Intercâmbio luso-brasileiro", *O Jornal*, Rio de Janeiro, 3 de outubro, 1920. Cf. *DD*, p. 521.

II

Documentos inéditos

NOTA INTRODUTÓRIA

Coligidos, por vezes penosamente, ao longo de vários anos, os inéditos que a seguir publicamos oferecem, no seu conjunto, uma perspectiva surpreendente (quase diríamos: sensacional) sobre as relações do Pré-Modernismo e do Modernismo português com o brasileiro, ou vice-versa.

Surpreendente: e não tanto pela sua quantidade como pela sua qualidade, por vezes simultaneamente histórica e estética, ou pela eloqüência com que traduzem e falam dessas relações.

Decerto que é desigual o interesse dos textos aqui reunidos — obviamente menor no caso de algumas dedicatórias, obviamente maior no caso dos textos de Manuel Bandeira, Ronald de Carvalho, Mário de Andrade, Oswald de Andrade, Carlos Drummond de Andrade e Fernando Pessoa, entre outros.

Decerto que o número de inéditos de autores brasileiros ultrapassa em muito o dos autores portugueses — o que, sendo um fato independente da nossa vontade, acaba por ser também muito significativo, sobretudo quando se pensa que foram os modernistas brasileiros que teorizaram ou imaginaram a ruptura de alguns laços culturais com Portugal.

E decerto que nem todos os textos implicam as relações literárias luso-brasileiras; entendemos no entanto que, propondo-nos contribuir para o conhecimento dos modernismos português e brasileiro, não devíamos escamotear ou adiar a revelação desses textos de pré-modernistas e modernistas.

Aliás, é bem possível que alguns impliquem tais relações mais do que parece à primeira vista. Pensemos, por exemplo, na referência a Orfeu no "Soneto" (escrito em 1913) de Ernâni Rosas — que, amigo de Ronald de Carvalho e de Luís de Montalvor, terá chegado a enviar colaboração para o Orpheu*; pensemos nalguns pontos de encontro entre "A oração do passado" de Ronald de Carvalho e a "Ode marítima" de Fernando Pessoa; e pensemos na entrada de Cabral, Pombal e Carmona no terrível "dicionário" de Oswald de Andrade, que não podemos publicar na íntegra.*

Quis algum acaso que iniciássemos a publicação destes inéditos com textos de 1913, ano que já tem sido dado como o mais importante do Modernismo, e com textos que revelam a presença em Portugal de Álvaro Moreyra e Filipe de Oliveira — que tanto influenciaram os modernistas brasileiros —, ou que revelam o interesse de Manuel Bandeira, o "são João Batista" do Modernismo brasileiro, em ser editado em Portugal.

Todavia, achamos por bem incluir alguns textos (de José Osório de Oliveira, de Fernando Pessoa, de Mário de Andrade, de Menotti del Picchia) que, ultrapassando a data de 1930 — à volta do qual se encerra, em Portugal como no Brasil, o ciclo do primeiro ou principal Modernismo —, nem por isso deixam de ter importância para o estudo desse Modernismo e, especialmente, de alguns aspectos do seu luso-brasilismo. Por razões óbvias, também achamos por bem incluir junto das cartas inéditas de Mário de Andrade e de Oswald de Andrade as poucas cartas aos mesmos destinatários que já estavam publicadas, em lugares e tempos que indicamos.

Resta-nos acrescentar que na medida do possível ordenamos cronologicamente os textos, associando contudo — salvo se pertenciam ao álbum de Correia Dias — todos os textos de um mesmo autor (também por ordem cronológica, deixando para o fim os não datados ou não datáveis); que transcrevemos escrupulosamente os textos, atualizando a ortografia, desenvolvendo algumas abreviaturas, e uniformizando alguns processos de reprodução (por exemplo: as distâncias das assinaturas, o uso do itálico nos poemas, as referências a títulos), mas respeitando algumas peculiaridades gráficas ou ortográficas, sobretudo nos textos de Mário de Andrade; que assinalamos com notas os casos que nos mereciam dúvidas ou esclarecimentos textuais (sem todavia procedermos a anotações "culturais" minuciosas que se imporão na edição separada de alguns textos, ou conjuntos de textos, que pensamos fazer); que colocamos entre colchetes os títulos ou elementos que são da nossa responsabilidade; e que numeramos as cartas e dedicatórias de um mesmo autor a um mesmo destinatário.

Restar-nos-ia também agradecer a todos quantos nos ajudaram a recolher estes inéditos — se não fossem muitos. Gostaríamos no entanto de lembrar a gentileza e a generosidade com que nos distinguiram os saudosos Manuel Bandeira e Raquel Bastos, e de deixar uma palavra especial de agradecimento a Fernando Távora, a Viale Moutinho, a Menotti del

Picchia, a Carlos Drummond de Andrade, a Telê P. Ancona Lopez, a Nádia B. Gotlib, e às famílias de Ronald de Carvalho, Cecília Meireles, Carlos Maul, Nuno Simões, Antônio Carneiro, Fernando Pessoa e Antônio Ferro. E temos pena de não poder associar os herdeiros de Álvaro Pinto.

Álvaro Moreyra

[Dedicatória a Correia Dias]

Ao Correia Dias,
muito afetuosamente,

Álvaro Moreyra

Lisboa

26. Fev. MCMXIII

Transcrição do autógrafo de Álvaro Moreyra num exemplar do livro *Legenda da luz e da vida* (1911) existente na biblioteca que foi de Cecília Meireles e que hoje pertence a suas filhas. O *Diário de Notícias* de Lisboa (31 maio, 1916) e *A Águia* (vol. IX, janeiro-julho, 1916) publicaram elogios a *Um sorriso para tudo*.

[Dedicatória a Correia Dias]

Para o Correia Dias,
com muita estima

Filipe de Oliveira
Lisboa, 27-II-913

Transcrição do autógrafo de Filipe de Oliveira num exemplar do livro *Vida extinta* (1911) existente na biblioteca que foi de Cecília Meireles e que hoje pertence a suas filhas. Será curioso assinalar que adquiri num alfarrabista português um exemplar de *Vida extinta* com a seguinte dedicatória:

"A Mota Guedes,
afetuosamente,

Filipe de Oliveira
Lisboa, 27-II-913"

Manuel Bandeira

[Carta a Eugênio de Castro, acompanhada de três poemas]

Caro e ilustre poeta

Sou brasileiro e vim há dois meses para a Suíça tratar-me de uma tuberculose que me abateu vai para nove anos. Durante esse tempo — o terço de minha vida — compus muitos versos dos quais destaquei 34 poemetos que desejo imprimir em livro sob o título de *Poemetos melancólicos*. Gostaria de dá-los a um editor em Portugal onde a mão-de-obra é tão bem acabada. Mas... não conheço ninguém. No meu país mesmo, sou inteiramente desconhecido. Perdoe-me, pois, a ousadia de um apelo: quererá o Sr. dar-me uma carta de apresentação a alguma casa editora? Ao França Amado já escrevi e ele não pode neste momento ocupar-se de tais trabalhos.

Envio-lhe três poesias pelas quais o Sr. poderá ajuizar se desmereço sobremaneira da alta honra e serviço que lhe peço, caso em que rogo encarecidamente não se embarace com escrúpulo nenhum de cortesia: eu mesmo não sei que valor dar aos meus poemetos. Outrossim, se qualquer outro motivo o impedir de responder favoravelmente, faça-mo sentir francamente.

Já é para mim talvez honra excessiva dirigir estas linhas ao grande poeta do *Sagramor*, ao lírico genial a quem devo tantas e tão nobres emoções de arte.

Queira aceitar, caro e ilustre Mestre, o testemunho de minha comovida admiração.

Manuel Bandeira
Sanatorium Clavadel*

---

* Carta escrita em papel timbrado com as seguintes indicações:

"Clavadel, Grisons–Suisse
1685 m au-dessus de la mer
Télégrammes: Clavadel Suisse"

Eugênio de Castro escreveu a lápis nesta carta a data de "11 de agosto de 1913".

A Morte de Pã

Quando o divino Mestre após a angústia do Horto,
Desfaleceu na cruz, conta a lenda que no ar
Gemeu com grande pranto e feio soluçar
Uma voz que dizia: "O grande Pã é morto!...

"Aquele deleitoso, almo viver absorto
"No amor da natureza augusta e familiar,
"O ledo culto antigo — outrem veio mudar*
"Em doutrina de rudo e amargo desconforto.

"Faunos, morrei! Morrei, dríades e napéias
"Oréades gentis que a flauta do egipã
"Enlaçava na relva em rondas e coréias,

"Morrei!... Que os vossos pés sutis não deixem laivos!
"Prados, entristecei! Bosques, desencantai-vos!
*Águas vivas, chorai! que é morto o grande Pã...***

Inscrição

Aqui, sob esta pedra onde o orvalho roreja,
Repousa, embalsamado em óleos vegetais,
O alvo corpo de quem, como uma ave que adeja,
Dançava descuidosa e hoje não dança mais...

Quem não a viu, é bem provável que não veja
Outro conjunto igual de partes naturais.
Os véus tinham-lhe ciúme... Outras, tinham-lhe inveja.
E ao fitá-la, os varões tinham pasmos sensuais...

A morte a surpreendeu um dia que sonhava...
Ao pôr do sol, desceu entre sombras fiéis,
À terra, sobre a qual tão de leve pesava!

---

* Por baixo de "ledo", está, riscado: "nobre".
** Publicado, com variantes, no livro *Carnaval.*

Eram as suas mãos mais belas sem anéis...
Tinha os olhos azuis. Era loura e dançava...
*Seu destino foi curto e bom: não a choreis!**

Despertar de Pierrot

De Colombina o infantil borzeguim
Pierrot aperta a chorar de saudade...
O sonho passou! Traz magoado o rim,
Magoada a cabeça, exposta à umidade.

Lavou o orvalho a alvaiade e o carmim.
A alva desponta. Dói-lhe a claridade
Nos olhos tristes. Que é d'Ela? Arlequim
Levou-a! e dobra o desejo à maldade
de Colombina...

O seu desencanto não tem um fim.
Pobre Pierrot! Não lhe queiras assim...
Que serão teus amores?... Ingenuidade
E o gosto de buscar a própria dor...
Ela é de dois?...Pois aceita a metade!
Que essa metade é quiçá todo o amor
*de Colombina!***

Manuel Bandeira

Transcrição de autógrafos de Manuel Bandeira que estão na posse dos herdeiros de Eugênio de Castro. Certamente por lapso, Manuel Bandeira disse em *Itinerário de Pasárgada* que enviara a Eugênio de Castro o soneto "A Camões" (*Poesia e prosa*, vol. II. Rio de Janeiro: José Aguilar, 1958, p. 43).

* Publicado, com ligeiras variantes, no livro *A cinza das horas*.
** Publicado, com ligeiras variantes, no livro *Carnaval* (com o título "Rondó de Colombina").

SONETO

Trago de Hamlet a dúvida sombria,
de Orfeu o canto e a lira melodiosa,
que animavam e tocavam a pedra fria
duma sensibilidade misteriosa.

Na minha dor sonâmbula, morosa,
como funda e longínqua sinfonia:
vagueei, como uma sombra vaporosa,
para não ver-lhe a face à luz do dia!

E discreto passei anos e anos,
sem que essa força estranha me exaltasse...
e fosse todo o mal dos meus enganos!

Mas um dia encarei sua aspereza;
deixei que seu humor me despertasse,
e vim na dor cantando a Natureza!

16-12-913

Manuscrito (alógrafo) existente no Arquivo-Museu de Literatura da Fundação Casa de Rui Barbosa, no Rio de Janeiro, e que foi doado por Andrade Muricy com outros poemas de Ernâni Rosas transcritos ou não pelo doador (um deles tem a indicação: "ditado pelo autor"). Nas *Poesias* de Ernâni Rosas o poema aparece com ligeiras variantes.

[Textos de um álbum de Correia Dias]

Alberto Monsaraz

....

Se a dor humana, a Dor, de quando em quando
Turva seu humaníssimo sentir,
Vai, entre gargalhadas, soluçando,
Pois que chorar, também se chora a rir!

Alberto Monsaraz

Antônio Cobeira

CARICATURA

A Correia Dias

— Sonho. Ironia. Desdém —
Foi a Tinta, em sol, acesa,
Com que o Destino esboçou
Seu negro olhar de tristeza.

Antônio Cobeira

18-III-914

Afonso Duarte

Trabalhando a caricatura, a que por vezes visiona fundos espectrais que dir-se-ia terem-nos composto as mãos da morte, — tal o além de alma que os interioriza e a estranheza das suas tintas escaveirando, — já levando o detalhe a extremos de sensibilidade nas Iluminuras em que é mestre, — quer compondo o barro, — ou dando em paisagem toda a interioridade mística dum Poeta, Correia Dias, duma singular compleição artística, só comparável aos da Renascença clássica, é, a esta hora já, um dos mais nobres criadores de Beleza da sua e minha geração.

Afonso Duarte

Ronald de Carvalho

MEMÓRIA

Ronald de Carvalho.
Rio. ——— MCMXIV

Messire Correia Dias tem a alma de Salomé no pincel fugitivo e suave. Transcendeu a sua visão a dor e a alegria, em colorido e ritmo de linhas, em perfume e distância, em movimento e volume de luz. Da agulha das linhas retas cai a sombra das lanças em tardes medievais; na música das curvas recortadas por ângulos fuselados de hastes brancas, estremecem todos os lábios e um lírio irreal desabotoa sobre ânforas bárbaras e estranhas. No fundo lilás dos noturnos as silhuetas nimbam-se de um prestígio lunar e as figuras tocam a sombra que se perturba como um jardim adormecendo em aparição...

E Salomé que ele não realizou, quebra o cristal sonoro dos modelos, inquieta o olhar sonâmbulo das criaturas fixadas e surge, a cada hora dolente, refletida na pedraria das suas asas únicas...

Correia Dias! perpetua, em claridade rara, o óleo da lâmpada que Salomé pôs no teu interior...

E todas as rosas desabrocharão no teu sangue de artista...

Eugênio de Castro

Pluma e lança, este pincel,
Segundo o fogo que o anima,
É carinhoso e cruel,
Fere e briga, rasga e anima.

Mostra-vos ele, ó vaidosas,
Como sois, nos seus caprichos:
Hoje, açafates de rosas,
Amanhã, sacos de bichos.

18.II.1914

Eugênio de Castro

Visconde de Vila-Moura

A CORREIA DIAS

A Caricatura é a dor laivada a alegria, grafada a sarcasmo. Vale o instantâneo, a própria alma do Defeito, onde transcende a vida sombria e palhaça da suprema tragédia — a *Tragédia do Riso.*

Visconde de Vila-Moura

Fernando Pessoa

Cada um de nós, na sua vida realizada e humana, não é senão a caricatura da sua própria alma. Somos sempre menos do que somos. Somos sempre a tradução para grotesco daquilo que quisemos ser, e que, por isso, intimamente e verdadeiramente somos. A nossa vida é a nossa deselegância, o Bobo eterno que acompanha, e por vezes diverte, a nossa íntima e divina Realeza.

Cada face, cada atitude, reparando bem nela, é uma caricatura — a caricatura daquilo mesmo que exprime. Saber forçar cada rosto ou cada gesto a trair o seu íntimo caráter de caricatural — eis o dever litúrgico de quem faz da sua observação cinzel para, no barro sangrento do que é, esculpir o que nunca foi.

Dizer que às vezes Correia Dias faz isto, é dar-lhe uma migalha do maior elogio que se pode fazer a um caricaturista. E quantas migalhas merecerão os maiores?... Porque caricatura perfeita há só uma — o Universo, autocaricatura de Deus...

Fernando Pessoa

Lisboa, 21 de Março de 1914.

Mário Beirão

A CORREIA DIAS

Quando o teu lápis sublime
Chora a nossa imperfeição,
Eis que Satã se redime,
Seu riso no Inferno imprime
Divina constelação.

Mário Beirão

Manuel da Silva Gaio

A CORREIA DIAS

Puseste em frente da Vida
O teu espelho de bruxo
Para a colher invertida
E rir, a cada debuxo,

Da imagem nele surgida.
Por ti se vinga, contudo,
De ti próprio a Natureza,
Pois nesse espelho de entrudo
Vem sempre — através de tudo —
Trair-se em pura Beleza.

Coimbra
19 — Fevereiro — 1914

Manuel da Silva Gaio

Antônio Carneiro

Saúdo em Correia Dias o caminheiro absorvido de Ideal que — rara felicidade — há pouco encetada a sua marcha, parece ter deparado logo com a Direta Via por onde vai seguindo, num anseio em que se não notam hesitações ou desfalecimentos.

Admira, e crê.

Assim, o triunfo está-lhe absolutamente assegurado.

16 — III — 914

Antônio Carneiro

Garcia Pulido

A Arte de Correia Dias é todo o fundo doloroso da vida. No olhar das suas figuras, entre fulgurações de tortura, sob uma névoa baça de sonho, adejam poemas de incompreendida mágoa. Através do riso que estiliza, com toda a originalidade de artista raro, passa todo um cortejo de almas, aflorando em beijos de amor magoado — sonâmbulos errando pelos indecisos da agonia, doirados por um luar de mistério. Essa estranha romaria de Ofélias, guardando no íntimo, dolorosamente, toda a alucinação de Hamlets vagabundos, tem a grandeza trágica dos supremos mágicos.

Garcia Pulido

Coimbra 22 — Fevereiro — 1914

Manuel de Sousa Pinto

Correia Dias enfileira manifestamente entre os mais entusiásticos cultores da moderna caricatura decorativa. Muito novo, e dominado por uma excessiva preocupação de efeitos originais, não revela ainda bem qual virá a ser a feição preponderante de um talento que seria, aliás, injustiça negar-lhe, apesar de ele nem sempre o deixar luzir através das rebuscadas minúcias da sua técnica, influenciada, aqui e além, por sugestões estranhas.

Lisboa 1914. Março 21

Manuel de Sousa Pinto

Leopoldo Battistini

Moço ainda, parece um artista já velho; como tal se apresenta na sua exposição de caricaturas na "Ilustração Portuguesa".

No trabalho deste artista há sentimento e ironia, traço vigoroso e simples, elegância e cor, largueza nas tintas e harmonia.

Poucos ou nenhuns, se apresentaram tão novos, com tantos conhecimentos de arte e com um cunho tão pessoal como Correia Dias, que mostra claramente que a sua preocupação é elevar a caricatura a uma grande arte cheia de encantos, quebrando com todas as velharias de um tempo que lá vai.

Só o futuro poderia pô-lo no alto grau dos caricaturistas, que ele desde já merece.

Lisboa. 9.III.14

Leopoldo Battistini

Sousa Costa

Um álbum de impressões é quase sempre, quanto a mim, uma espécie de cinzeiro onde raro entreluz uma ponta de cigarro acesa e fumegando. Neste caso, ou neste álbum, a exceção canta vitória — tal o poder do seu lápis, ativo e lúcido, que quase não sabe rir, mas que sorri como um heleno, que sonha como um latino; tal o poder do seu lápis colorido, meu amigo, e tão colorido que, como os poentes, ilumina e enche de cor os olhos ou a pessoa que rocem a linha ágil do seu traço.

Lisboa. 18-Março 1914

Sousa Costa

João de Barros

O que sobretudo admiro em Correia Dias é a sua grande emoção. Através duma preocupação de técnica que — parece-me — chega por vezes a ser excessiva, ela surge a cada passo, ergue-se a cada instante, dominadoramente. Correia Dias é um Poeta — e como tal o saúdo!

1914.III.21.

João de Barros

Rodrigo Octávio Filho

(Na cidade de S. Sebastião
do Rio de Janeiro, no ano de 1915)

A alma de Correia Dias, descende das almas medievais... Ele maneja o pincel e o lápis com a elegância e a bravura, com que os cavaleiros daquele tempo usavam as lanças e os punhos e, com a mesma ânsia espiritual, com que os velhos sonhadores erguiam suas torres e compunham seus vitrais... A aristocracia do seu traço e a visão diferente com que envolve a Beleza da Vida, formam o raro sangue azul da sua sensibilidade... A alma de Correia Dias descende das almas medievais...

Rodrigo Octávio Filho

Carlos Malheiro Dias

Um caricaturista, como lhe ouço chamar? Não. Um analista sutil, sagaz, que vai a caminho de realizar este prodígio bem moderno: de desenhar, pintar e esculpir obras que nos dão a impressão de que as estamos lendo e não de que simplesmente as estamos contemplando...

C. Malheiro Dias

Rio 6 Maio
1914

Augusto de Santa Rita

A impressão que me causa a exposição de caricaturas do sr. Correia Dias a mesma é que receberia o meu espírito se pudesse reverse à distância que vai de mim aos seus desenhos.

Há em toda a criatura um quixotesco e trágico poema de que temos mais ou menos consciência. E é esse belíssimo poema que nos seus desenhos Correia Dias conscientemente nos revela.

Nisto consiste a meu ver o seu grande merecimento.

Augusto de Santa Rita*

VIEIRA DA CUNHA

Correia Dias é uma dessas almas que o destino, ao arremessá-la à vida, teve um desses momentos felizes, porque não há outra que, com tanta propriedade, tenha caído sobre a terra. Parece que, ao abrir os olhos, ergueu-os para o azul, pressentiu a estrela lendária e, como os reis magos, seguiu-a, insensivelmente.

Assim saiu ele para a vida, no halo luminoso do sonho e, como o moço da lenda de Daudet, começou a esparzir, desperdiçadamente, o ouro da cabeça misteriosa. Abraçado à arte, segue, vivendo dela e para ela, numa comunhão tão íntima, que dificilmente se distingue um do outro. Ele se espelha nela a todo o instante e ela brota dele serena, pura e impetuosa, como a água jorra dos mananciais. Por isso a sua obra é espontânea e sentida, em todas as manifestações de sua modalidade.

Na iluminura as linhas tomam proporções de uma delicadeza infinita, fulgindo, em rendilhados microscópicos, em finuras quase imperceptíveis: é ramo e é flor, árvores e montanhas, mar e céu, estrela e espuma, castelos e solares, cavaleiros e menestréis, campos e anfiteatros, catedrais e cordilheiras, galeras e arautos, esplendendo, num conjunto maravilhoso de minúcias características, envoltas no perfume de suas épocas.

Na pintura tem a vastidão e a largueza que os assuntos lhe proporcionam. O barro, ao impulso de seus dedos, vibra e toma plasticidades estranhas.

---

* Texto escrito não diretamente sobre a folha do álbum, mas num cartão que foi colado nessa folha.

Dentro desses limites, ainda no alvorecer da vida, já é um artista completo e definitivo.

Vieira da Cunha

A. Gonçalves

Na fase que a Arte atravessa de renovação profunda, nada mais comovente do que esta agitação maravilhosa, em que as energias criadoras e insaciáveis por toda a parte ensaiam fórmulas expressivas duma Estética Nova e tentam descobrir desconhecidos horizontes de luz e de ideal, inteiramente libertadas das velhas teorias e dos dogmas da tradição!

............A obra de Correia Dias — (chamem-lhe *caricatura*, ou como queiram) — mesmo para os que não comungam da compreensão, um pouco nebulosa, dos fundamentos nacionais desta ansiada e misteriosa transfiguração, — é duma tão imaginosa fantasia, de sugestões tão sutis e intensas, de efeitos tão exuberantes e imprevistos, que, em matéria de Arte, o talento triunfa sempre, qualquer que seja a significação material dos elementos que aproveite, e qualquer que seja a corrente mental que fecunde e faça vibrar a alma do Artista!

Coimbra, 22 Fevereiro 1914

A. Gonçalves

Transcrição dos textos que figuram, todos manuscritos, num álbum de Correia Dias. Publicamo-los pela ordem em que aparecem, embora ela misture tempos de Coimbra, Lisboa e Rio de Janeiro e escritores de Portugal e do Brasil, o que se explica decerto pelo fato de cada autor ter escolhido a sua página do álbum, que aliás conservou algumas folhas em branco (as primeiras três, e outras três entre os textos de Augusto de Santa Rita e de Vieira da Cunha). O álbum pertence a uma das filhas de Correia Dias e Cecília Meireles.

Ronald de Carvalho

[Cartas a Luís de Montalvor]

1

Luís

Quarta-Feira. Setembro
MCMXIV

Le sabot blanc
bat les rues...
c'est la pluie
et le vent...

Os dias chegam com um aroma selvagem de terra úmida; dos alpendres silenciosos voam, de vez em quando, grandes pombos de asas cinzentas. As gárgulas têm uma respiração asmática de velho guerreiro e as flechas iluminam-se de mercúrio às faíscas rápidas do alto. É a legenda nevoenta de um velho muro com glicínias e tuberosas refletindo-se, em trêmulos de iluminura, na água que se afunda em taças e cava piscinas abaixo dos gramados que orlam as banquetas.

É o canto das rodas apertando nos eixos encharcados um desejo de ir mais além; é o grito das codornas subindo, com as plumas arrepiadas para os longes adormecidos.

A chuva é uma convalescença para os que caminham entre os espelhos das salas abandonadas. As lâmpadas abrem sobre os tapetes de altos pêlos, grossas ogivas de ouro, como se a alma gótica, subitamente, acordasse nos missais, nas escarcelas, nos lutrinos e nos órgãos que a memória da gente semeia pelos quartos vazios.

Idade Média com asas de quimera e corpo esguio de Walkíria, com pedrarias de Lohengrin, metais das filhas do Reno, corcéis de Rolando e Ollivier, espada luminosa de Sigfried, trompas de Kobolds, maldições de gnomos, pés de lutrinos e alma de Santa Teresa de Jesus; Idade Média com olhos de vitral e coração de rosácea, por tuas catedrais, por tuas absides e teus escudos eu me fiz cavaleiro insone de saudade a vagar sobre a terra!

E tu, meu doce irmão de Memória, caminha ainda que a minha sombra te acompanhará pelo Mundo.

teu
Ronald*

2

Quarta-Feira
Setembro

Luís

O ouro da Tarde anda nas minhas mãos adormecido e a tua coroa de Quimeras ficou suspensa à minha porta, como um violino sem alma. Sofro esses dias um desalento de Sol convalescente, morrendo em silhuetas de asas louras, de asas que se despedaçam alvoroçadas de encontro às grades românticas da minha Memória.

A Noite anda viúva à tua espera; com as mãos sobre o cais deserto os gajeiros (aqueles gajeiros) olham as velas que desaparecem e o longe que se encurva sobre o mar.

Que oração estranha e impossível rezam os barcos na distância silenciosa! Lenços pálidos, aquarelas, manhãs de Turner, noites flamengas, Van Ostade, Carrière, até as minhas lâmpadas (as que eu desejo) andam a fechar os cílios.

Ontem, sonolento e bem trajado, encontrei o Outono à beira de um jardim... — Que fazes, meu amigo? — Ah! pois não sabes; — não quis ouvir mais! O Outono empregado público, caricaturista, civilizado, o Outono lia o Fon-Fon e os últimos versos dos poetas nacionais...

Tudo é assim, meu Luís, até o pobre Outono, o nosso lindo Outono...

Ah! ça sent la m... et le lilas!

---

* Carta escrita — como as duas seguintes — em papel timbrado do Gabinete do Subsecretário de Estado das Relações Exteriores.

Vem que estou só. Pelos meus catorze versos, únicos e pobres amigos de ultimamente, e pelo meu Desejo vem.

Não te falo da Vida porque tenho vergonha e não é próprio...

Vivo, outra vez, com Messire Rodenbach e Verlaine. Bruges e Paris.

Que Saudade!

teu
Ronald

3

Sexta-Feira
Setembro.

Meu Luís

Vago em saudade sobre as coisas; tenho por minha mesa a ameaça de um tinteiro banal, com o bojo entroncado numa rede circular de metal envelhecido, a falar todas as línguas vivas, refletindo no cristal manchado, a raiva de todos os burocratas contra os vadios de ideal. Meu amigo, não lhe queiras mal, é um pobre tinteiro de Ministério cuja tinta tem ferocidades de protocolo e etiquetas de preconceito. Estou a vê-lo... olha, parece indignamente com o Cunha, aquele das Cartas...

Que perfume terá esse ambiente para os teus sentidos?

Ah! o Progresso é um senhor doloroso, sobretudo quando nos admiram! As perucas de fios de roca, os pêlos afogando as espáduas em sombra como um recorte de paisagem lunar, os sapatos em bicos recurvos de altas fivelas de ouro, a dormência de um brocado, por onde aparece, abrindo em rosácea a ponta litúrgica dum seio sonâmbulo de vigília, a meia de filamentos invisíveis magoando a carne numa curva morna, as mãos inquietas e voluptuosas pingando o pólen das gemas sobre a pedraria e a plumagem dos velhos leques, Pompadour, Parc-aux-Cerfs, Mantainon, o arrepio dos repuxos de Versailles no ouvido lírico de Gilles... ah! meu Luís tudo isto passa numa piada de caricatura pelos nossos olhos ofendidos. Temos de suportar todas as cólicas de S. João Batista e os resguardos íntimos das Salomés de feira.

As eternas crianças que nós somos; perdemos a chave maravilhosa na goela dos cronistas. Ça mord, par exemple!

teu

Ronald

Amanhã espero a carta do Senador Gordo para o Rubião, visto o Pinheiro negar-se...

Perdão, meu Luís... é o Progresso...

4

Rio — Janeiro — MCMXV

Meu Luís

Ponho-me a recordar...

Que linda paisagem me sugere a hora que vivo! Nem asas tremem cativas no seu vôo, nem a vida se ergue para nos interrogar. Asa e aparição sonham veladamente por nossos olhos, mas não levantam a triste poeira dessa terra luminosa e ficam suspensas entre o desejo e a eternidade, entre o que se quer e o que se não atinge...

Mãos para cingi-las, mãos para contê-las, braços por abraçá-las, aves e sombras!

Envolver e tocar, saber posar... Que sentido maior poderia ter nossa alma ingênua e comovida?

Encher-se de sombra divina e adormecer nas próprias asas sonhadoras!

E eu não conheço mais a dolência dos espelhos pela sombra nem a serenidade doce das mãos postas... Colho no meu jardim a rosa tonta e, mal a sinto, ela se faz perfume penetrante e se ilumina de um reflexo metálico de lâminas.

Ah! eu não saber tocar!...

Se deixo cair meus olhos sobre a água, ela toda se perturba e é sorvedouro, e rama inquieta que se entrecruza e desmancha em silhuetas de ouro e bistre a minha face.

Meu olhar não sabe ver.

Tua ausência me faz uma dura impressão de hora fanada.

O Outono, o pobre e caluniado Outono, também te levou e os espelhos agora, só me perseguem, não têm mais o velho gesto de abençoar; pintam-se a retoques bárbaros! imagina Salomé travestida em crítico de arte, Herodíade a se amar pelos lagos que a fascinam, num fraque esguio de funcionário histérico.

Ah! porque não nasci pássaro livre, onda sem ritmo, para ressuscitar em canto e movimento, a cada instante...

O contrário vive em mim como uma doença.

Não sei quando poderei fugir là-bas, fugir! Ainda me pesam muito as botas. Se eu pudesse arredá-las em que relâmpago renovaria a legenda do Petit-Poucet. E então, ao Sol que te coroa, eu animaria essas paisagens rudes com a força nova e alucinante do meu sangue.

Que músicas estranhas eu diria! E os pastores do além-Tejo acordariam pelas queimadas rubras a seguir-me. E eu, Salomé reincarnada, pediria às fontes silenciosas tua cabeça de Narciso triste.

Mas não, fiquei, fiquei...

Sou como o grito de um poema doloroso. Não sei viver a minha própria vida que é parecida com a de todo o mundo.

Ah! não te perdôo, não! Que amarga carta compuseste! Messire Villon, malgré tout, será Messire Villon!

Muito brava gente não me poupará também; a vida é geralmente um vício que aparece quando, justamente, não devia. É uma virtude humorística para os gordos e um vício terrível para nós...

Para que perdoar se não podemos? Que culpa tenho eu do momento que me atrai e me desvia?

Devolvo-te essas coisas que me tombaram da memória em estranhas; abandono essa caricatura que não existe em mim, mas que demora na alma aristocrática de quase todos os senhores ilustres e eruditos. Não pretendo contar a tua história com esses requinte[s], sou mais amigo daquilo que os outros não podem avistar dentro de ti.

O resto não me interessa porque é humano e sofre de anedota. Vê bem, meu Luís; lembra-te que eu sei esquecer, que eu posso, de vez em vez, vestir-me de semideus, subir um pouco além da boca dos mais e não sentir o estômago, sobretudo, não sentir o estômago...

Não tenho o direito de te perdoar porque a criatura que representas não se quebrou, e é só ela que eu procuro e não a elegância e os volteios de algumas artérias afamadas que são o orgulho dos ministros e dos patos.

Certo poeta, um dia, falou-me vibrando, em calcários, magnésias e peptonas, se ele recebesse tua carta pensasse, talvez, em te julgar.* Eu não sou poeta coroado, sou príncipe de mim mesmo e, na minha linhagem tu tens a estela mais alta.

Sê piedoso!

Quando me *fuzilaste* com aquela dolorosa e comovida carta pensaste mais no funcionário...

Lembra-te do poeta, do fou de Pampelune que à sombra do cais deserto murmurava, sereno, com a distância. Eu não tenho culpa, nós não temos culpa. É a Vida, são os outros, oh! como são, simplesmente, os outros...

Escrevi ao Nuno Simões, por pedido do Correia Dias, sobre uma revista de novos daqui e daí. Falei no teu nome. Procura estar com ele, pois, serás um dos redatores em Portugal.

Mais tarde direi melhor de tudo isso.

Responde-me quando puderes. Saudades a D. Ema e ao Dantinho. Lembra-me ao Pessoa e ao Sá-Carneiro.

Um beijo
do teu
Ronald

* Sic.

P.S. Não enviei os exemplares da *Luz gloriosa* porque estou esperando um portador amigo.

Tenho grandes projetos... Mando-te alguns versos, hoje. As "Legendas do meu jardim", as "Sombras em cinza e ouro" e uma plaquette sobre o *Antônio Carneiro e a psicologia do irreal* penso publicar por todo este ano em Portugal.

Adeus

Rua Humaitá, 104 — Botafogo — Rio.

5

"Se merecer a atenção que espero da tua alma tenho a certeza que imediatamente responderás..."

Janeiro — MCMXV — Fevereiro

Meu Luís

Naquela frase que, entre a penumbra grisalha da invernia, ao luar das lâmpadas, tombou atônita das tuas mãos, turbilhona um sangue de alma que eu tenho medo de tocar. De cada ritmo nasce uma estátua dolorosa a me varar com os olhos saltados e um grito sobre-humano se estrangula na voz que não rompeu...

Mas na minha máscara um anjo empalideceu e a memória de velhas horas que incarnamos, aparece para chorar sobre a tua ausência a maldição e a cinza que, sem razão e sem piedade, puseste no meu sonho.

Mais do que nunca, ó meu espetro familiar, querido momento que eu perpetuo, mais do que nunca estás comigo; a tua figura esquisita foi perdendo o contorno tangível, estilizou-se num grande lírio e anda a falar em perfume pela boca de um vaso solitário, prolongou-se numa sombra trêmula e é um choupo a me chamar; ergue-se, agora e é uma lança de conquista, some-se e é um violino que acordou, ondeia e é incenso, depois é órgão e palavra divina de suave regressão...

Ó naves para rezar sob a fuga branca das colunas, ó abside, ó memória como foste ferida. E o sangue que escorre dos vitrais não foi o poente que alumiou, foi o martírio; todas as criaturas que lá estão, paradas e monótonas, sofrem, expiam um crime pelo qual já morreram. Não as faças mais dolentes. Por quê?

Vê, Luís, o tremor daquelas pálpebras, o soluço que encurva como um caule fecundado a linha daquelas magoadas fisionomias.

Quantas horas partiste sem o saber! e das melhores. Ah! as horas serem mudas. Porquê? Mais uma vez os teus punhos, insensivelmente, baixaram sobre a minha fronte e o aço de um punhal brilhou no fundo das minhas retinas inocentes! Mais uma vez!

Tu me recriaste na forma de uma escultura ilusória, guardaste com ciúme a minha presença interior, o que eu era e o que eu sou, depois o silêncio deu-te pincéis estranhos para me pintares, um colorido diverso esboçou-se, desceu em claro-escuro por a minha imagem, fixou-a, prendeu-a e tu, que te dizes condenado, fizeste como deus e, para me julgares, sopraste uma alma nova dentro do meu corpo...

Por um punhado reles de areia a vida não me transformaria; e o que vale a Vida diante do destino que a envolve, joga-a para o ar, fascina-a com a plasticidade de uma ironia ou de um florete feudal? A vida é um pouco de céu sobre um conto mal feito e que termina com uma piada humorística do destino. É um espasmo doloroso e nós que, nalguns minutos, representamos o destino, acabamos a rir desesperadamente.

Que valem todas as coisas diante do nosso riso. Bater os ombros para a Vida é ainda a melhor maneira de vivê-la.

Pois não é?

E tu que bem me conheces porque teimaste em me vestir de outro modo?

Se neste momento eu coroasse a minha Górgona, não de mirtos mas de alecrim, não sei o que ela poderia pensar de mim e o bronze talvez renovasse, nas órbitas, a proeza mitológica de me devorar como aos golfinhos do Egeu, com as pupilas em labareda.

"Ah! fermez la fenêtre ouverte sur la Vie..."

Nunca mais. Senão faço de corvo...

*   *
*

Faz agora uma tarde sem literatura; tão banal e tão irmã da gente que as minhas águas-fortes e os meus espelhos não sabem refletir.

As águas-fortes e os espelhos! Le poison de la littérature.

Quantos moços de boa e fina fidalguia se têm envenenado na curva de um *glacis* ou nas molduras reais de um espelho.

São como as quilhas, afundam-se e, quando ao Sol, mostram as formas lisas, polidas, ingênuas (sobretudo ingênuas...) E o que eles não guardam quilhas e espelhos!

A tarde continua mansa e os terraços amornados em luz enchem-se de pombos. Só o mar se move.

O Sol queimou defronte um resto de folhagem, o ar cheira a plumagens e a cigarras.

Leio com alvoroço o que me escreveste. O Mário de Sá-Carneiro enviou-me uma carta bizarra e linda. Os versos que a acompanham têm uma expressão que transcende a língua, não se os lê, entra-se neles como numa feeria, como Paris devia entrar no atelier de Gustave Moreau. Breve os transcreverei na *Careta* (!!) Que fazer?

A mesma inconsciência de sempre anda a pesar sobre a gente, aqui.

Este país só me interessa pela paisagem...

Assim, quando uma voz inédita surge, ao fundo das urnas desoladas, é um consolo e o melhor regalo para essa estação entediante que os meus nervos aborrecem, porque tem a monótona eurritmia de um alfabeto latino. Tu a conheces profundamente.

Hoje são as vogais, amanhã as consoantes e tudo num traçado sem harmonia, sem higiene, o aspecto de uma pêndula a rodar, desnuda e triste, fora da sua marqueterie preciosa.

A hora não floresce... põe ovos e planta nabos em surdina... Apenas.

E nem a brasa do meu cachimbo normando está inquieta; antes de queimar já é poeira.

Palavra que invejo as cozinheiras, os padeiros, os jornalistas e os outros seres que escarolam, panificam e ruminam.

Meu bom Nietzsche tinhas uma razão muito observada quando puseste a boca de uma tua imagem que para se viver bem era preciso ser vaca. Oh! a doçura de se ruminar à vontade, no parlamento, na bodega, no emprego e, essencialmente, no cérebro.

Que felicidade! Ruminar é a palavra mágica dos homens.

* *
*

Diz ao Mário que ele me esculpiu à sua semelhança e que a sua carta é um hinário, um jardim nostálgico de piscinas, com arcadas de Veneza a abrir, frisas de Pompéia a sangrar, torsos da Etrúria, pórfiros ardentes! E vasos, muitos vasos, fuselados, canelados, esguios como espátulas [,] redondos como turíbulos da Renascença! Diz-lhe que, no meu exílio, chorei como um herói ferido, debruçado sobre uma pátria que podia ser minha... tão linda, tão cheia de torres e tão longe! Mandei-lhe umas linhas, também, e uns versos que já terás lido, certamente.

Em Janeiro fiz algumas páginas e copiei sonetos (ah! copiar sonetos não imaginas que volúpia e que raiva!...) Lá devem estar contigo. Foi em resposta a................ de Pernambuco.

* *
*

Muito me agrada a proposta do Sr. José Pacheco; espero os detalhes para ajudá-lo em tudo que quiser.

Vou enviar uma porção da *Luz gloriosa* para intoxicar os Jaimes Victor que por aí hão de mariscar sobre os nossos costados.

Mon pauvre bougre de poème. É um velho décor. Amo-o porque ele é um motivo de retorno, sem atitude.

Tenho como todo o mundo o meu passado para morar.

Voilà.

Os livros seguem em teu nome. Penso que o suave Antônio Carneiro os acompanhará sem constrangimento.* Ele parte no dia 13 de fevereiro.

---

* "Constrangimento" foi escrito sobre o italianismo, bem legível, "noia".

Breve terão Vocês o meu retrato. É uma sanguina do Carneiro. Maravilhosa expressão que eu não tinha e ele criou!

Um ar de Beethoven nos olhos de Rimbaud e, depois, naturalmente, Messire le fou de Pampelune...

É um dos trabalhos mais intensos do Mestre.

Verão.

Minha *plaquette* sobre a sua Arte está quase pronta e chama-se: *Antônio Carneiro* (A paisagem e a figura). Nela eu estudo a ânsia pelo irreal na arte plástica, dos primitivos aos futuristas.

A Renascença Portuguesa vai editá-la assim como as "Sombras em cinza e ouro".

Há mais alguns momentos nas "Legendas do meu jardim". Elas não se esqueceram de ti. Proximamente terás os originais na tua mesa.

* *
*

Sobre a revista de que já falei na outra carta nada me respondeu o Nuno Simões; por isso nenhuma informação posso confiar-te.

Em verdade trabalharia melhor com vocês. Não sei quando me vou. Estou fanando dentro de uma campânula como um *fétiche.* Se não fosse a Divina de pés alígeros, nem me figuro de que forma estaria!

Prossigo empregado público...

Quero versos teus.

As dedicatórias irão de acordo com o que me pediste. O que eu publicar de vocês e de meu remeterei.

Dá um aperto de mãos ao Sá-Carneiro e ao Pessoa.

Recomenda-me aos teus.

De coração

Ronald de Carvalho

Escreve-me para Rua Humaitá, 104.
Botafogo.
Rio.

6

Rio — Março
MCMXV

Meu Luís

Há um noturno pelo ar e uma lâmpada sobre a minha mesa. Chopin e Rodenbach, Carrilhões de Malines e canais de Bruges. O alvoroço da tua Carta ainda vive comigo um resto de hora amarga e suave. Teu dolente príncipe "é como a sombra de uma rosa branca num espelho de prata..." Tão pálido de saudade anda ele, tão pálido e longínquo. Que presentes de mago me trouxeste!

A tua memória e o encantamento do Orfeu. Como sinto estranhamente todas essas coisas sob o azul da noite silenciosa, junto das árvores adormecidas em luar e estrelas. Se hei-de trabalhar por ele! Decerto, meu Luís, decerto, com "todos os meus nervos" como diz o Sá-Carneiro. Sabes que esse é o meu, antes, o nosso Orfeu, cuja primeira semente floriu ao pé das ondas de Copacabana, perto dos barcos, dos poveiros e das redes de corda envelhecidas.

Daí para cá foi só guardá-lo dentro da alma, como um segredo, em ciúme de primeiro amor boêmio e profundo.

Quantas vezes olhando a aquarela de Moreau não veio às minhas pálpebras um desejo de acordá-lo, de ressuscitá-lo da lira de ouro que Eurídice traz às mãos de sacrifício!

Já comecei a trabalhar por ele. Assinaturas [,] publicações e outras burguesas coisas estão em caminho, bravamente. Colaboração é mais difícil, bem imaginas! Entretanto, também me vou interessando. Escreverei ao Eduardo para satisfazer o que me pedes. Mandarei versos do Álvaro, do Homero, do Ernâni, prosa do Alcides Maia e, talvez, do Graça Aranha. O Didi tem uns poemas apreciáveis para Vocês. Se for possível arranjarei poesia inédita do livro do nosso querido Mário Pederneiras, que já morreu, infelizmente.

Precisamos, absolutamente, dumas páginas de crítica (de beleza já se entende). Creio que esqueceste. Da minha *plaquette* sobre o Antônio Carneiro farei publicar um estudo qualquer. Por exemplo "a

Idéia da Arte" ou "O gesto nas figuras de Giotto". Por esta semana vindoura iniciarei a propaganda pelos jornais. Valente propaganda prometeu-me o Félix Pacheco, que é bom elemento.

O Ernâni tem estado bem doente, por isso o assunto roda morosamente, malgrado a minha agitação. Já existem uns vinte contribuintes, no momento.

* *
*

O José Pacheco ainda não escreveu. Logo que o faça procurarei servi-lo.

Sabes, o Nuno Simões fez-me uma longa missiva abundante de encômios. O Diabo da nossa revista veio em má ocasião, vou dizer-lhe. Com o *Orfeu* e a *Contemporânea* há muito o que fazer. Eu não me chegaria para tanto. Voilà.

Quando a tua carta chegou, alguns dias atrás tinha escrito para o Álvaro Pinto, da *Águia* propondo a impressão de dois livros meus por instantes pedidos do Costa Macedo.

Se com a nossa prata pudermos levar a termo a edição de um deles, o de poemas, "Sombras em cinza e ouro", prefiro a Sociedade Editora do Orfeu, ficando o de prosa para a Renascença.

Esse poema, quase que o não conheces, tão cheio de novas coisas está. Tem uma parte de canções em teu nome e no do Sá-Carneiro e Eugênio de Castro. Canções da hora, bizarras, fatais e angustiosas!

Escreve-me a esse respeito. Se for possível faremos uma edição igual à do livro do Mallarmé *Poésies* da Nouvelle Revue Française, que tu sabes. A vendagem será em benefício do Orfeu e, com a entrevista que o *Jornal do Comércio* fez comigo sobre os meus trabalhos inéditos, creio, conseguiremos bastante. Enfim, só depois da tua resposta.

* *
*

O Castilhos, o Alves e o Briguieto se encarregarão da venda avulsa do Orfeu, já lhes falei para isso.

Brevemente mandarei os exemplares de *Luz gloriosa* para Portugal. Os que me pediste para alguns amigos, deves ter recebido.

* *
*

Obrigado por tuas palavras, meu Luís e por as notas tão misteriosas de além sobre a "Dança". Ao Sá-Carneiro e Fernando Pessoa aos quais tenho escrito e respondido, saudades.

Um beijo do teu
Ronald de Carvalho

P.S. Rec. à tua Senhora e aos teus. Essas coisas são fatais...

7

Rio de Janeiro
Abril
MCMXV

Meu saudoso Luís

Há muitas coisas que vão inquietar-te dentro desta minha carta. Não quero mais ocultar, como julgara melhor a princípio, uma legenda que corre por aqui, vinda de Portugal, por instigações de rala e surrada sordidez muito nossas conhecidas... Os que não sabem como reprimir um gesto diante da sombra que deixamos, são os melhores filósofos dessa vida, meu amigo...

Foi assim que fizeram contigo, mal lhes viraste as costas e o teu espectro emudeceu no reflexo que ficou.

Penso que saberás do que se disse e escreveu sobre a tua pessoa, em relação aos malditos bilhetes da Renascença.

Só mais tarde conheci o que os símios nacionais fizeram de intrigas com a *Águia;* vieram de Portugal as más notícias... e eu fiquei de mãos atadas porque o destino fechou-me a porta dolorosamente.

Deves saber que os assuntos mais duradouros para os outros são os que nascem daquela terceira alma que os gregos puseram na barriga dos homens. Vai assim, os homens acreditaram. Os documentos manhosos apareceram e os comentários fizeram um incêndio na tua linda saudade alontanada.

Quebra-lhes a máscara, meu Luís!

Ela é mais cínica e menos resistente que a desse fauno de argila bronzeada que me abre uma careta, no silêncio da sua parede envelhecida. É necessário que o faças, pois a tua vida interior precisa escorrer à feição de um canal. És maior do que eles todos e a tua defesa depende só de um gesto decisivo. Lembra-te, ao menos, do nosso *Orpheu* e da silhueta de sonho que ele poderá derramar, longos anos, sobre a nossa emoção. O que fizeres aí manda-me que eu publicarei, ainda com sacrifício, apesar dos embaraços que os *fantasmas literários* costumam pôr a uma bela idéia generosa.

Nessa capital de funcionários e repórteres já se murmura e se o refrão é moderado, somente por minha causa o é. Há um respeito que eu sinto forte ainda, em torno de mim; a tua semelhança fraternal comigo é um receio que eles não conseguiram desmontar. Julguei-os mais sinceros, os nossos amigos do Porto e, sobretudo, acreditava que as ruas ensaboadas pela matilha não os seduziriam.

Vou escrever ao nosso bom e grande Antônio Carneiro que te guardou a imagem com um carinho dolente e impressionante. Estou certo que ele nos ajudará, procurando equilibrar o teu nome e alçá-lo até onde ele deve estar.

Mas para isso é urgente que a tua resposta apareça, cabal e sem vacilações. Demais, creio que a estas horas já o teu céu estará mais limpo.

Reflete, meu Luís, sobre todas essas coisas, penosas coisas que eu repito, magoado e triste. Escreve-me logo, não demora! o teu punhal de quimera é mais belo que um cetro! Rasga, esquadraça, com a ponta de ouro e pedraria, as mãos que te causaram tanto mal.

Teu irmão, que sofre,

Ronald de Carvalho

Abraça o Mário e o Fernando Pessoa*

* Estas palavras foram escritas ao alto (canto esquerdo) da primeira página desta carta.

Recebi os talões e as circulares. As assinaturas surgem de todos os cantos. É quase a Vitória.*

8

Rio — Fevereiro — MCMXVII

Meu caro Luís

Depois de um tão grande silêncio, não motivado por mim, tenho a mais viva satisfação em te escrever. Embora sem notícias diretas, soube por outros que estavas colocado na vida e ao amparo de certas ondas amargas que o mundo sacode sobre nós. Fiquei tranqüilo, porquanto o teu destino me interessa profundamente e aquela indecisão em que andavas me doía sobremodo.

A tua sombra querida sempre que atravessava a minha memória punha uma nota dolorosa de saudade e inquietação no meu pensamento. Que mares te levavam? Que árvores te ensombravam? Que fontes de águas claras te adormeciam? Desde que subitamente calaste, nunca mais sosseguei à espera de novas tuas.

Há algum tempo o Ernâni mostrou-me uma carta que lhe enviaste, mas tanta injustiça havia nas tuas insinuações que, embora sofrendo, deixei a ferida aberta para não magoar mais...

Agora, de surpresa, vejo uma página tua na *Atlântida* seguida de alguns versos meus. A página tocou-me fundo. Pensei em não te dizer nada, para que não julgasses que só me fazia lembrado por um interesse literário. Depois, meditando longamente, recordando sobretudo, a bela porção de horas que vivemos juntos, a felicidade sutil e deliciosa das nossas tardes e das nossas noites nas alamedas e nas praias, ao clarão das lâmpadas fugaces; recordando aquele pequeno mundo que criáramos para a doçura e encanto das nossas almas, resolvi agra-

* Estas palavras foram escritas ao alto (canto direito) da primeira página desta carta.

decer-te aquilo que a tua perfeita amizade pretendeu descobrir na minha arte obscura e discreta. Não é preciso louvar o que fazes. Fazes o que queres, e sempre com um toque de maravilha e de equilíbrio surpreendentes.

Beijo-te as mãos por tudo isso.

Escreve-me. Ando na mais dolorosa de todas as crises; sinto que um deus morreu dentro de mim. Rio para a vida coroado de rosas e tonto de todos os vinhos interiores. Rio-me para esquecer, dentro do tumulto das paixões, dos ódios e dos clamores a tristeza que a vaga humana agita sobre a minha cabeça.

Adeus, meu velho e querido Luís

teu

Ronald

Abraços para os teus.

9

Rio — 6-Julho-917

Meu Caro Luís,

Aproveitando a fineza do meu amigo Vieira, chanceler do nosso Consulado em Lisboa, para o qual peço a tua boa camaradagem, mando-te um grande abraço esperando, em breve, mandar-te outras coisas que melhor te saberão. Tenho já alguns livros prontos. Adeus. Lembranças à tua mulher.

Ronald

Transcrição dos autógrafos de Ronald de Carvalho que pertenceram ao destinatário das nove cartas e, depois da sua morte, a João de Castro Osório. Hoje pertencem ao arquiteto Fernando Távora.

[Texto (humorístico ou irônico) sobre Luís de Montalvor]

Bandido, Louco Divino,

Salomé bêbeda a se morder de cio,
Porta de Marfim da Cidade
Eterna, Torre de ouro com sinos
Alados, Boca de Herodíade, Maldita
e Irreal, Luís de Montalvor
Arrière Satã!

Príncipe dos Óleos-Sagrados

Transcrição do autógrafo de Ronald de Carvalho, provavelmente enviado ou entregue a Luís de Montalvor, e hoje na posse de Fernando Távora.

[Dedicatória a Fernando Pessoa]

Para
as
mãos
de
Fernando Pessoa,
fraternal —

Ronald de Carvalho

Rio. MCMXIV

Transcrição do autógrafo de Ronald de Carvalho num exemplar do livro *Luz gloriosa* (1913) existente na biblioteca que foi de Fernando Pessoa e que hoje pertence a sua irmã, d. Henriqueta Rosa Dias.

[Carta a Antônio Ferro]

Rio. Setembro 922

Meu caro Antônio Ferro

Muito obrigado por suas generosas palavras de saudade. Realmente, Você deixou a melhor impressão no meu espírito apesar da rapidez com que sempre nos cruzamos. Tenho prolongado, porém, o prazer da intimidade com a sua Inteligência, na companhia dos seus admiráveis livros. Quando não há ouro, serve a prata de casa. Você está sempre longínquo!

Folgo em saber que os nossos amigos de São Paulo acolheram as suas conferências com entusiasmo e sinceridade. Quando aparecerá o seu livro editado no Lobato? Que venha prontamente. Mando-lhe, com muita satisfação, as palavras que escrevi para a festa do Trianon, e agradeço-lhe a carinhosa idéia que V. teve de ajuntá-las à sua nova e maravilhosa estética.

Brevemente lhe remeterei o exemplar dos *Epigramas*, há muito tempo reservado para Você.

Creia no seu dedicado

Ronald de Carvalho

Transcrição do autógrafo de Ronald de Carvalho que está na posse da família de Antônio Ferro. Esta carta foi enviada para São Paulo.

[Dedicatórias a Mário de Andrade]

1

A Mário de Andrade — com a
viva admiração e a sincera estima
de
Ronald de Carvalho
Rio. Agosto. 922

2

Ao meu querido Mário de Andrade,
grande Poeta e Homem raro,
este livro, que é uma lembrança de adolescência
Ronald

Rio. Fevereiro[?].7.923

3

Ao querido Mário
— no tempo e no espaço —
Ronald

924.Rio

4

A Mário de Andrade
ao seu profundo espírito criador
com a velha amizade
do

Ronald de Carvalho

Rio. 926. Janeiro

5

Ao querido Mário
— até à vista em Paris —
do velho e dedicado

Ronald

Rio, Maio. 931

Transcrição dos autógrafos de Ronald de Carvalho em exemplares dos livros, respectivamente, *Epigramas irônicos e sentimentais* (1922), *Luz gloriosa* (1913), *Estudos brasileiros* (1ª série, 1924), *Toda a América* (1926) e *Estudos brasileiros* (2ª série, 1931), que pertenceram à Biblioteca de Mário de Andrade e hoje integram a Biblioteca do Instituto de Estudos Brasileiros da Universidade de São Paulo.

Soneto

Hora irmã do meu violino,
taciturna, indiferente,
quer esteja o Sol a pino
ou de mãos postas ao poente.

Dá-me o longe, peregrino,
que aumenta na tua frente,
vou modelar meu destino
em cinza do ar, transparente,

Em cinza do ar que a hora prenda
com as patas de aranha lassa
na teia de alguma renda,

Para me ver, como ausente,
sob a máscara que passa
docemente, suavemente...

Ronald de Carvalho

Transcrição do autógrafo de Ronald de Carvalho, que terá pertencido a Luís de Montalvor e hoje está na posse do arquiteto Fernando Távora. Além deste poema, e dos poemas que saíram no *Orpheu* 1, Ronald de Carvalho enviou ou cedeu a Luís de Montalvor outros poemas — hoje propriedade do mesmo colecionador — como o soneto "Vitral cinzento" e "Canção do último adeus". Estes dois poemas foram publicados por Montalvor no *Diário de Lisboa* de 22 de fevereiro de 1935, acompanhando o artigo que o poeta português dedicou ao brasileiro pouco depois da morte deste. "Vitral cinzento" fora já publicado, mas com muitas e importantes variantes, e com o título "Exílio amargo", nos *Poemas e sonetos* (Rio: Leite Ribeiro & Maurillo, 1919, pp. 180-81).

Soneto

Ó tardes da memória silenciosas
a rezar em perfume ungidas de ânsia,
num alvoroço de asas e de rosas,
olhando pelos longes a distância.

Tardes que dão desejos d'além-mar
ou vigílias no cais por entre velas,
tardes d'Aparição, quando, a chorar,
os bergantins vão comungando estrelas...

Tardes adormecidas em violinos,
com torres medievais no azul, paradas,
como sineiros tristes junto aos sinos,

Tardes em rondas pálidas do norte,
inquietas de um rumor de aços e espadas
quando a hora se embebeda para a morte.

Ronald de Carvalho

Transcrição do autógrafo de Ronald de Carvalho, hoje na posse de Arnaldo Saraiva.

Nós só valemos pela sombra que deixamos,
a sombra é um modo de alma esquisito, bizarro.
Os ramos crescem mais quando espectros de ramos.
Ama a filosofia que há no teu cigarro*
cuja razão da vida é ser fumo e ser sombra...

Transcrição do autógrafo de Ronald de Carvalho, hoje na posse de Arnaldo Saraiva.

* Sobre o "m" de um "meu" original, Ronald de Carvalho escreveu um "t".

A ORAÇÃO DO PASSADO.

Ao longo da amurada deserta a bujarrona de alguns saveiros avança, esguia, na sombra, e as cordas volteando em nós sobem, cruzam-se, ondeiam colhendo o pano enrizado nas vergas da mastreação.
As algas acendem, por entre a espuma, uma luz pálida de nódoas patinadas a verde. A chama trêmula de uma lanterna alumia, dentro de uma rude armação de cobre, um trecho de cais solitário.
Um gajeiro perdido murmura...

O Cais

Velho cais da Bretanha,
todo em pedras partidas e manchadas
que o meu olhar cismático acompanha
numa paisagem triste de memória.

Velho cais de onde, as velas enfunadas,
desamarravam os barcos para a glória!

Pela sombra da noite as minhas mãos dolentes
oram no teu altar
e a lâmpada que oscila em minhas mãos dolentes
é o turíbulo irreal com que as proas incenso,
é o lenço
que estremece no olhar das noivas para o mar...

Eu sou o pescador das ânforas sem nome
que o tempo esculpe nos escolhos de ouro,
e de onde escorre para o mar que o renova e consome,
um vinho de conquista imorredouro
que, numa alegoria de asa louca,
ascende como uma aparição
do gesto para a boca,
e que reflui da boca para o coração.

Ah! palavras que eu sonho e que não sei dizer,
que já nascem cansadas e sem lume
como rosas fanadas que o caule enclausura, A expressão
rosas que desabrocham a morrer, dolorosa.
que são palavras sem perfume,
vãs palavras que eu sonho e que não sei dizer...

E os rochedos nos longes são fantasmas
a recordar,
esculturas satânicas, magoadas
por feridas eternas a sangrar...

Naves solenes dentro do ar paradas, Evocação
em guirlandas de púrpuras e flamas,
com as velas pelos topes incendiadas
e os cascos luminosos como escamas.

Oh, paisagem polar
que os meus olhos tateiam na memória,
manhãs da minha glória
a despertar...

Quando ao Sol como grandes aves tontas
as caravelas que o meu canto alava,
mergulhavam titânicas as quilhas
*carregadas de mirra e pedraria[,]**
e quando entre ondas rumorosas, tontas,
a goleta dos nossos atracava
nos bancos de coral de ignotas ilhas
que eu, gajeiro, dos cimos descobria!

Terras estranhas como pratos de ouro
com glaucas esmeraldas exsurgindo...
Castelos a coroar de torres o horizonte,
e o veleiro mais lindo
a fugir lentamente de uma ponte
num vago encantamento em âmbar louro.

---

* No original vem um ponto em vez de uma vírgula.

E a taça de topázios que o Crepúsculo
dava a beber às gentes embriagadas,
taça que derramava pela altura
tulipas à feição de áureas rosáceas góticas,
enquanto as horas suaves e caladas
marcavam mais um dia de aventura!...

Depois as vozes na penumbra...
Eram todos os náufragos rezando
o gemido que andava nas carenas
e que repercutia na penumbra.

O sonho das quilhas

Noivos num gesto de quem vai beijar,
pescadores com as redes sobre a face
os argênteos cabelos espalhados
como a folhagem de um salgueiro ao luar.

E os tesouros abrindo olhos metalizados
nos dentes de marfim de algum monstro rapace...

O que as quilhas não viam meu senhor!

Reis exilados, príncipes de sangue
e vassalos, com o mesmo aspecto exangue
dos bronzes e dos mármores perdidos
entre cometas e tambores mudos.

Salamina! Trafalgar!
quando as quilhas rangiam sobre escudos
e canhões... (Meu senhor, o que não tem o mar)
o que as quilhas não viam meu senhor...

E as velas!
Oh, lunáticas aves silenciosas
com o coração da vida livre a arfar
no côncavo das gáveas alterosas
que são urnas de prata onde florescem astros.

O que dizem as velas

Noites imemoriais,
quando a lança dos mastros
ergue a ponta fatal para um broquel de estrelas
e cai partido pelos vendavais...
Velas em rondas,
remos do ar.
Cantam gaivotas sobre as ondas
e o céu nasce do mar...

Oh! nave, Herodíade a amar a própria imagem
no capitoso vinho que a fascina.
(Dança, afoga mais as tuas mãos real imagem
nesse sangue espelhante e voluptuoso
que no teu corpo salta e se ilumina!)

O sentido das naves

O ritmo das forças novas

Amanhecem as montanhas e as suas linhas tremem pesadas, por entre a silhueta de algumas árvores esgalgas, na água inquieta.
Sobe um vapor ligeiro de brumas.
Os lampiões no cais novo cessaram de alumiar.
Só a lanterna rústica crepita na sua armação de cobre, sobre um canto do velho cais.

Meu velho cais que amaste os barcos da outra idade
tuas pedras não sabem mais falar,
mas o antigo esplendor quedou eternidade
na espuma que te inunda o quebra-mar...

Todas as ânsias novas rolam do alto
em fumos pardos de carvão e enxofre,
os mastros não. Têm mais, na distância em cobalto,
o arremesso de sede superior
que dentre as vergas altas levantava,
um desejo a arder, um desejo maior
pelo espaço a subir como uma clava...

Nem rezam mais na noite silenciosa
os marinheiros ébrios de aventura,
o luar morreu na alma da última galera...
e a canção dolorosa
perdeu os ritmos de amargura
e as lágrimas redondas que a vestiam.

Oh! Primavera,
Primavera de incenso em tardes de novenas
quando sonâmbulas fugiam
águias e naus, velas e penas...

Marinheiro quebrou-se o teu destino!

Flandres sonhadora

Nos desertos canais Bruges sonha com o luxo
das goletas imperiais e dos veleiros mouros
que vinham recortar o seu reflexo na água,
e as gárgulas que o poente anima de ouros
dentre as asas de pedra, olham com mágoa,
num jardim que adormece o perfil de um repuxo...

Velho cais da Bretanha...

E um sino inquieta o ar.

Depois, longa e estridente, corta o
silêncio a voz soturna de uma sirene.
Do cais novo sobe o rumor de hélices,
a água espadana em torno e vem, batendo
em largos círculos, mover a quilha dos
barcos no ancoradouro antigo...

Ronald de Carvalho

Na sala triste que uma rosa incensa
erra um perfume irreal de mãos beijadas,*
e peles mornas de convalescença
são penumbras de formas apagadas.

Dentro da sombra veludosa e densa,
no metal dos punhais e das espadas
*anda** uma bruma de dolora e doença*
e as horas tombam suaves e fanadas...

Entra pelos vitrais uma agonia
de luar, de cisnes e de colos brancos
e ao fundo claro das ogivas frias,

Passam escudos, plumas, capacetes,
ginetes brunos de sangrentos flancos,
*trompas de prata e ferros de floretes.****

Ronald

Transcrição de originais (juntos) datilografados — exceto na assinatura do primeiro texto e em duas emendas do segundo —, pertencentes ao espólio de Ronald de Carvalho que se conserva em casa do seu filho Artur.

* "Erra" é uma palavra manuscrita sobre a palavra "anda" datilografada.

** "Anda" é uma palavra manuscrita sobre a palavra "sobe" datilografada.

*** No original: "foretes".

O QUE DIZ A SOMBRA

Do fundo obscuro de uma alfombra
de ritmos vagos, de abandono,
por aquela noite de outono,
falou-me a Sombra.

Como a lâmpada bruxuleasse,
morrendo, pálida, por fim,
foi como alguém que murmurasse
junto de mim.

Era a Sombra. Era a Sombra triste,
de olhos de estátua e estranho porte,
tão bela e triste
como a Morte.

Lançou as mãos sobre os meus ombros,
mãos de silêncio interlunar
sobre os meus ombros —:
pôs-se a falar.

Pálido, ouvi a sua voz:
e o que ela disse lentamente,
é o que eu, agora, lentamente
repito, a vós:

"Tu me conheces, poeta:
fui-te Beatriz, certa vez:
da minha imagem a forma inquieta
já perseguiste muita vez.

Pelo mistério
das noites lentas,
tu procuraste o olhar funéreo
das minhas pálpebras sonolentas.

E, debruçada
junto de ti, da tua mesa,
fui como um bálsamo à tristeza
de muita angústia hoje olvidada!

Eu sou a Sombra do ar parado.
Tu sabes bem do meu langor,
quando os amantes do passado
falam de amor!

Não sabes, porém, de onde venho
nem dos lugares por onde passo:
não me abandones: tenho
um tão longo cansaço!

Deixa morta a lâmpada: vê!,
foi o destino que a apagou:
— uma lâmpada perdeu Psyché,
outra, Pierrot! —.

Ah! se soubesses como trabalho,
mal desce a noite!,
quanto cadáver amortalho,
mal desce a noite!

Subo às montanhas imensas: nelas
a tarde cai, e é tudo azul,
ou acompanho então as velas
que fogem, brancas, para o sul...

Nem imagina a tua sorte
como sou triste, sobre o mar:
que o diga o poeta do Mar do Norte,
ou os vencidos de Trafalgar!

Tenho a tristeza religiosa
de um gesto trágico e pressago,
quando aveludo a dolorosa
face de um lago,

de um velho lago, em cujo fundo
dormita, à espera,
Luís II,
da Baviera:

ou, sobre as árvores sem vida
da imensa calma vegetal
e monacal
de uma floresta adormecida.

E há quinze séculos, ou mais,
que, à hora dos últimos clarões,
tapando a boca aos carrilhões*
faço dormir as catedrais.

Depois, das torres de legenda,
descendo ao vale, à solidão,
para a escalada de uma vivenda
protejo a sorte do ladrão.

Triste, fantástica, penetro
pelas necrópoles, cenotáfios,
onde, à feição de um velho espectro
passo, apagando os epitáfios.

Levo comigo
um longo e trágico cortejo
em que o mais pálido mendigo
tem um magnífico desejo

---

* No original: "à".

que o atormenta e que o consome:
dormir sobre o meu seio lasso
— quando, porém, o satisfaço,
mudo de nome... —.

Depois, a uns ritmos que se esfumam
mesclada, e haloada de ametistas
ponho-me ao lado dos pianistas
que tocam Schumann.

Procuro as mesas, onde a Orgia
ruge o seu cântico de fúria,
pelas cem bocas da luxúria
sombria.

Tremo entre os cílios dos convivas
de rostos lívidos e glabros:
depois... apago os candelabros
e torno as frontes pensativas.

E só desapareço, quando
morta a tristeza do prazer,
ouço a música, preludiando,
do amanhecer.

Deixo-me então ir arrastada
pelas asas de ouro e ilusão,
que tudo levam, de revoada,
para a Recordação

de um velho espelho que, sem brilho,
reflete um rosto soluçante
de Mãe que chora por um filho
distante:

distante e pálido, que, a esta hora
de um desejo infeliz,
ouve a tristeza sem aurora
do que a Sombra lhe diz.

(Brasil) Eduardo Guimarãens

Transcrição de um poema que ocupa cinco linguados, manuscrito pelo autor. Entre o título e a primeira quadra vem a indicação "Poemas de/Eduardo Guimaraes" que é duvidoso que seja autógrafa, tal como, aliás, a assinatura final, que até ostenta um til no último "a" do sobrenome ("Guimarãens"). Ao cimo do primeiro linguado, no canto direito, também foi escrito com uma letra inteiramente diferente: "Era para incluir no Orfeu". O autógrafo está hoje nas mãos do arquiteto Fernando Távora, e tudo indica que pertenceu ao espólio de Luís de Montalvor.

[Dedicatória a Correia Dias]

Ao
Correia Dias,
com a minha grande
admiração e
a minha amizade
gratíssima.
Eduardo.

Rio. 1916

Transcrição do autógrafo de Eduardo Guimaraens num exemplar do livro *A divina quimera* (1916) existente na biblioteca que foi de Cecília Meireles, e que hoje pertence a suas filhas. A capa desse livro foi feita por Correia Dias.

[Dedicatória a José Osório de Oliveira]

A José Osório de Castro,
com a mais que provável
aprovação do Ronald,
oferece com muita estima e
consideração espiritual,

Luís de Montalvor

Lisboa 29-4-917

Transcrição do autógrafo de Luís de Montalvor num exemplar do livro *Luz gloriosa* (1913) de Ronald de Carvalho, livro que, com outros da Biblioteca de José Osório de Oliveira, foi adquirido pela Faculdade de Letras da Universidade de Lisboa, integrando hoje a Biblioteca do seu Instituto de Cultura Brasileira. O exemplar tem também, manuscrito: "José Osório 1917".

Renato Almeida

[Dedicatória a Correia Dias]

Ao belo artista Correia Dias
que emprestou ao meu livro o
encanto de sua emoção
cordialmente

Transcrição do autógrafo de Renato Almeida num exemplar do livro *Em relevo* (1917) existente na biblioteca que foi de Cecília Meireles.

[Bilhetes postais a Mário de Andrade]

1

Da África — berço obscuro da humanidade — um abraço obscuro do

Oswald*

2

7-1-23
Mário

Bananas! Concorrência ao Brasil! Querem ver que também há modernidade ocidental em Las Palmas — Abraços do

Oswald**

* Postal enviado do Senegal e ilustrado com uma fotografia em preto-e-branco, com a legenda: "Afriquet Occidentale Chef Onolof et son Griot". Provavelmente escrito nos primeiros dias de 1923.

** Postal enviado de Las Palmas e ilustrado com uma foto colorida de "Las Palmas — Gran Canaria Cosecha de Bananas".

3

[15 de fevereiro de 1923]

Enfarado do Faro caí de novo no Terreiro do Paço e no Chiado. Achei meu filhinho afinal. Abraço-te

Oswald

Panelinha futurista*

4

[30 de dezembro de 1924]

Canto suíço de boas-festas feito durante as boas-festas dum cantão suíço[.] A hupa-hupa é mais gostosa que os regimes do Dr. Guelpa! Hipa-lá (sur un air cochon et connu)

Juão Meramal

Vou pr'alemania**

Transcrição de autógrafos de Oswald de Andrade existentes no Arquivo Mário de Andrade (correspondência passiva não-lacrada), do Instituto de Estudos Brasileiros da Universidade de São Paulo.

* Postal enviado de Lisboa e ilustrado com uma fotografia colorida representando uma jaula de hiena e ursos (dada como "panelinha futurista"). Publicado (sem a "panelinha futurista") por Nádia Batella Gotlib em *Tarsila do Amaral*. São Paulo: Brasiliense, 1983, p. 31. A data é a do carimbo dos correios.

** Postal enviado de Villars sur Ollan e ilustrado com uma fotografia em preto-e-branco representando uma paisagem de inverno perto de Bretaye. A data é a do carimbo dos correios.

[Carta a Antônio Ferro e a José Pacheco]

Paris — Junho
2 — 1923

José Pacheco

O seu projeto de vir a Paris é o melhor do momento. Portugal deve entrar em contato pessoal com a modernidade autêntica. Apresentá-lo-ei a Picasso, com quem estive ainda esta manhã, ao grande Cendrars, a Cocteau, a Romains, a Larbaud — todos excelentes amigos.

Se Antônio Ferro viesse até cá seria excelente. Precisamos trabalhar unidos na latinidade nova rica.

Aceita a idéia de 200 escudos. Firme.

Como o meu português é particularmente errado, peço-lhe que me mande provas do que vai sair em *Contemporânea.* Em uma semana tê-las-á aí, de volta. É de toda conveniência.

Antônio Ferro

Uma saudade robusta. Quase um ímpeto de ir a Lisboa, para vê-lo.

Sabe que também vou ao Brasil, breve? Quer combinar viagem na mesma caravela? Iremos pelo econômico e lento Lloyd Brasileiro, avistando portos. Você virá embarcar em França. Privará com os mais imprevistos espíritos desta Paris de apogeu. Freqüentará as puras elites. O seu manifesto, em Klaxon, causou aqui bela impressão.

Ou resolveremos partir de Lisboa.

Responda-me.

Saudações a Fernanda de Castro Ferro.

Oswald de Andrade

6, Rue Le Chapelais (17) Paris

1

6, Rue Le Chapelais
(17)

28-6-23

Paris

Meu caro amigo Antônio Ferro

Recebi sua amável e linda carta. Talvez possa ir a Lisboa, antes de minha projetada viagem à Itália, onde pretendo embarcar. Se assim for, estarei aí dentro de oito dias, E se não me faltasse tempo faria, de boa vontade, duas conferências "Espírito e forma de Paris»" e "Portugal e as forças de renovação".

Saudações a M.me Fernanda de Castro Ferro e um abraço do Oswald de Andrade.

2

Paris 3 de Julho — 1923

Meu prezado Antônio Ferro

Decidira quase a minha viagem para aí quando tomei a deliberação de esperar resposta sua antes de partir.

Até que dia e mês está V. em Lisboa? Quando pretende embarcar?

Farei tudo para irmos juntos, e se isso não for possível irei provavelmente uma ou duas semanas antes de sua partida, avisando-o a fim de que prepare o ambiente, para a minha conferência ser digna de *Contemporânea*.

Responda-me urgentemente. Falarei sobre "Espírito e forma de Paris".

Devotado
Oswald de Andrade

6, Rue Le Chapelais

Tenho um negócio
e o interesse no
Brasil no caso
de irmos juntos,
[?]
É mesmo um
bem.*

P.S. de 4/7/23

Meu caro amigo

Notícias que recebi esta manhã fazem-me prever somente para setembro a minha viagem a Portugal, no momento em que eu embarcar aí para o Brasil. Será possível que V. ainda esteja em Lisboa?

Se a sua viagem para o Brasil for anterior a essa época, deixaremos a minha conferência para o ano próximo, quando voltarmos. Serve?

Quanto ao negócio de que lhe falo na outra página é o do Monumento dos "Conquistadores" ou da "Raça" ou dos "Bandeirantes" que os portugueses daí e *principalmente do Brasil* pretendiam oferecer ao meu país nas festas do Centenário. Essa idéia ficou adiada em grande parte devido à coincidência dela com a nossa (paulista) que deu origem ao projeto do "Monumento das Bandeiras" — do meu amigo Brecheret — que se acha na Pinacoteca de São Paulo. Nenhuma das duas teve realização.

Brecheret — o melhor escultor brasileiro — que aqui em Paris tem obtido sérios triunfos, terminou uma maquette impressionante

* Porque se rasgou (e separou) o canto da folha em que foi escrito este P.S., não é possível transcrevê-lo na íntegra.

"Os portugueses na América", desejando obter para ele o monumento que conciliará as duas tentativas falhadas. Ofereci-lhe o nosso concurso (meu e seu). Se V. aceitar, será bom que inicie o seu trabalho de propaganda aí até setembro, quando lhe levarei todos os detalhes. Quando vier a sua resposta, mandar-lhe-ei as fotografias da "maquette" e chegando aí, trocaremos [?] idéias sobre a propaganda no Brasil. O monumento deve orçar em 1.000 contos brasileiros.

Oswald

3

Romã,* 21 de Agosto 1923

Meu prezado Antônio Ferro.

Adiamento da partida para o Brasil. Sigo em novembro. Será nos primeiros dias desse mês minha chegada a Lisboa. Se quiser, farei uma conferência — Espírito e forma de Paris.

Orientação pró-Brecheret: Todas as correntes são poucas para tal empreendimento. Juntar no mesmo jacá emotivo todos, todinhos, com lástima pela prematura morte do Guerra Junqueiro a quem se pediriam versos.

Abraços a quem fez *Leviana* e saudações a M.me Fernanda de Castro Ferro

do

Oswald de Andrade

Adresse — 6 Rue Le Chapelais — Paris**

---

* Oswald riscou o impresso "Rome" e escreveu: "Romã".

** Carta escrita em papel timbrado com as seguintes indicações:

HOTEL WINDSOR

ROME (25) Via Vittorio Veneto, 54

— TELEFONO: 374 —

Late HEADQUARTERS of the AMERICAN EXPEDITIONARY

FORCES in ITALY

4

Paris, fim do ano de 1924

Meu amigo:

Depois de dar balanço às idéias e expressões de Paris, quer Você fazer-me a distinção de perguntar também qualquer coisa sobre o desconhecido Brasil cheio de flores.

Que Brasil?

O Brasil em Paris? Respondo-lhe já. Temos meia dúzia de artistas aqui, todos correspondendo às classificações naturalmente feitas em sua *enquête*.

A pintora Tarsila do Amaral — vanguarda independente — ligando-se aos primeiros cubistas e ao inesquecível e imenso Amadeo de Souza Cardoso, que vocês tiveram. Nacionalista como ele. Será sempre discutida. Orientará a minoria.

O escultor Victor Brecheret — admirável de graves qualidades — força — ciclopismo. Tendência Salon d'Automne — Será o artista oficial, cumulado de honras.

A pintora Anita Malfatti — a sensibilidade — a poesia *fauve*. Nossa Marie Laurencin. Possível. Com outras cores.

O pintor Rego Monteiro — a deformação indígena — a palidez decorativa. Fujita.

A pintora Angelina Agostini — fortes recursos técnicos — obstinada contra os processos modernistas. Salon des Artistes Français.

Quem mais? Três ou quatro idiotas pensionados pelo governo para borrar telas de azul e amarelo e mastigar gesso em Montparnasse.

Alguns intérpretes de real mérito — Sousa Lima, Magda Tagliaferro, Vera Janacopulos.

Essa gente toda — boa e má — amparada pela correção e pela bonomia de Sousa Dantas, nosso ativo embaixador, cujo tino diplomático nunca pôs de lado preocupações intelectuais.

E o Brasil no Brasil? Vejo escuro. Efeitos do *fog** deste Inverno. Palavra que custo a distinguir. Se vejo pouco, ouço, porém, muito.

* Oswald escreveu: "*fogg*".

Ouço, por exemplo, a voz estrídula, abelhuda, mexeriqueira do popular acadêmico futurista Graça Aranha, que tem procurado desgraçar a Academia, essa respeitável instituição tropical que funciona até hoje, no Rio de Janeiro, com o mecanismo do parlamento de D. Pedro 2º.

Graça Aranha não se cala, enquanto não for esquartejado. Deve-se isso à sua incansável mocidade de propagandista republicano. Fogoso, irrequieto, impaciente. Uma locomotiva em manobras. Se amanhã as suas fórmulas futuristas fossem adotadas por troianos e gregos, faleceria de lânguido desespero. É o nosso Marinetti, não há dúvida alguma. O nosso Felippo Taddeo.

Mas quase nada tenho a articular contra essa prodigiosa vocação tribunícia. De um ano para cá, Graça Aranha segue os meus gestos com uma passividade heróica. Tendo eu pregado o cubismo, a fim de levar um pouco de emoção à gelatina dos oficiais no Brasil, ele tornou-se cubista a sério e fez aquele discurso da Coroa, que por pouco punha metralhadores no revoltado areópago sul-americano. Depois, como eu criasse a minha poesia "Pau Brasil", revertendo em favor da nacionalidade nascente os benefícios da renovação mundial das letras e das artes, ei-lo enveredado no terreno jacobino das reivindicações brasileiras. Aí, fingindo ignorar o meu manifesto, amplamente divulgado em março, pelo *Correio da Manhã*, ampliou-o e comentou-o.

Esqueceu-se nessas brilhantes ocasiões de que podia dizer algum bem de Portugal.

Ninguém trabalha mais francamente do que eu pela libertação nacionalista da língua brasileira e da arte brasileira. Nas minhas campanhas, não me tenho privado de afirmar, mesmo em Lisboa, quanto nos tem sido nefasta, a prisão do falar brasileiro nos moldes lusitanos. Referi-me em entrevista dada ao *Diário de Lisboa* em 1923, ao atraso ocasionado à evolução de nossa língua própria pelo inútil purismo do Conselheiro Rui Barbosa. Nossa língua está tomando caráter tão particular e independente, quanto o inglês falado na América, já o disse Paulo Prado. Os nossos escritores têm um dever — fixar essa evolução no sentido da sua pura liberdade.

Isso não me impede de ver e admirar os bons exemplos que nos fornece Portugal.

Duas grandes gerações sucessivas já tiveram representantes portugueses à altura das mais altas responsabilidades criadas — refiro-me ao movimento simbolista e ao movimento atual. Eugênio de Castro combateu lado a lado com Moréas e Régnier, Antônio Nobre e outros seguiram-no, enquanto, no Brasil, a coudelaria parnasiana afinava a lira manca pela barulhada espectral dos poetas de 30 anos atrás. Isso constitui apenas uma vergonha para a nossa história literária. Vergonha que melhor realça o valor da pesquisa portuguesa.

Atualmente, se Portugal nos atulha ainda de dicionários caducos e regras inviáveis de sintaxe e prosódia, manda-nos também a jovialidade combativa de você, meu valente Antônio Ferro. Porque, creiame, a sua conferência — "A idade do jazz-band", realizada nas principais cidades do Brasil, abriu lá um respiradouro por onde entraram os barulhos desarticulados da nova Europa, tão necessários à alma dos nossos dias desportivos e — oh ironia! tão americanos.

A sua estadia entre nós deu apoio à atitude iniciada pelos modernistas de São Paulo, perante os volúveis letrados da capital. Sem você, mesmo com todos os remorsos estéticos do inolvidável Graça Aranha, estaríamos mais atrasados.

Outra lição contemporânea que Portugal nos indica (sem contar a de Amadeo de Souza Cardoso na pintura) é a que eu chamarei de "o fenômeno Aquilino". De fato, reparou V. como Aquilino Ribeiro, sem desconfiar de nada, é um modernista da melhor vanguarda? Eis um caso oposto ao de Graça Aranha (este nome, cantando espalharei por toda a parte). Enquanto Graça é um tijolo acadêmico e mais nada, querendo à viva força figurar numa exposição de motores, Aquilino é um motor que se esconde entre pedras, as pedras da sua serra.

Uma das bases da renovação atualista é, sem dúvida, o trabalho sobre o material — esquecido pela importância anedótica dos assuntos — a volta ao ofício, traído pela parlapatice estética. Ora, pouca gente na literatura atual, tem mais pujante e vivo o prazer de trabalhar sobre o material — que para o escritor é a língua — do que o autor saboroso e novo de *Terras do demo* e *Via sinuosa.*

A formosa reação que você produz, desarticulando a sua linguagem, dando-lhe molas imprevistas, fazendo-a agir como um acrobata cinemático, produzindo efeitos desconhecidos de simultaneísmo, de dinamismo — ele a completa no duro labor de bater, plasmar e deformar encantadoramente a sua expressão milionária.

Portugal deve-lhes muito e o Brasil seguramente mais que a Graça Aranha.

Resumo para terminar:

— Qual a mentalidade mais forte de seu país?

— Paulo Prado.

— Qual a corrente aí vitoriosa nas artes e nas letras?

— A minha.

— Os melhores talentos...

— Os meus amigos.

— Os homens horríveis do seu país?

— Os meus inimigos, com o Sr. Coelho Neto à frente.

— O pior crítico do mundo?

— Chama-se Osório Duque Estrada. Felizmente ninguém o conhece.

— Vem V. a Lisboa fazer uma conferência?

— Irei fazer uma conferência ou duas.

— Sobre?

— A bancarrota intelectual no Brasil.

Disponha do

Oswald de Andrade*

* Publicado, com o título "Carta aberta de Oswald de Andrade sobre a arte e a literatura novas no Brasil", e com variantes pequenas — salvo na falta da data inicial e na resposta final ("Espírito e forma de Paris", em vez de "A bancarrota intelectual no Brasil") — na revista *Contemporânea*, 1º suplemento, março, 1925.

5

28/12/24

Ferro

De novo na Suíça, com as montanhas cobertinhas de neve pelo governo.

Pensando bem (principalmente depois de certa carta recebida agora do Brasil) suprimia aquela "bancarrota intelectual" — o que não me impedirá de dizer aí proximamente sobre os meus amigos Monteiro Lobato e Graça.

Deixei Paris mesquinho, lamacento e azul.

Reli com prazer os versos de Fernanda de Castro deixados no álbum. Temos que discutir. Admiro-a muito.

E sou seu

Oswald

Mande-me os jornais com as entrevistas todas (escreva) para o endereço fixo; de onde me serão remetidos.

Paris — 25, Rue Louis le Grand
Americana

Peço-lhe o endereço de Aquilino Ribeiro*

* Carta escrita em papel timbrado do Villars Palace — Villars Sur Bex.

6

Em 26-1-25

Antônio Ferro

Regresso ao Brasil pelo "Massilia", a 22 de agosto. Queria vê-los desta vez. Por isso, peço-lhe que me escreva, dizendo como encontrá-los. La Serna no Estoril? Impossível estar com ele?

E *Leviana* traduzida? Pode mandar-me 2 volumes?

A *Amadora* tem faíscas únicas. Parabéns.

Seu sempre

Oswald de Andrade

C. C. Americana — 25
Rue Louis le Grand
Paris

Recebeu as "Memórias"? Deu aos amigos?*

* Carta escrita em papel timbrado do Royal Deauville.

7

São Paulo, 27-3-25

Meu prezado Ferro

Não o vi mais. Encontro próximo em Lisboa, em Paris, em Nova Iorque.

Aceitaria você para o seu Teatro Novo, um ato meu, bem luso-brasileiro? Chamar-se-ia por exemplo "As duas irmãs gloriosas" ou coisa assim. Personagens: Sacadura, Gago, Santos Dumont, Cabral, Bartolomeu de Gusmão e os presidentes das 2 repúblicas. Bem popular. Expressão do todo dia oficial, enraizado, com música se possível, dos dois hinos e das canções mais banais?

Responda-me para o Esplanada.

Mandarei o Pau Brasil do seu amigo, amanhã.

Recomende-me

à Poesia e ao Toné

de
Oswald

Os manequins de meu "ato de bravura" serão desenhados por Tarsila.

Se de acordo, pode noticiar:

As 2 irmãs gloriosas
Ato de Bravura
de
Oswald de Andrade
com música luso-brasileira
e
manequins
de
Tarsila*

---

* Carta escrita em papel timbrado do Esplanada Hotel de São Paulo.

8

São Paulo, 10 de Setembro, 1925

Meu prezado Ferro

Poderá V. fazer-me um obséquio?

Escute. Acabo de ler nos jornais que o Dr. Paulo Menano é parte nas manifestações portuguesas que tão justamente se fazem por ocasião de sua passagem por Santos. Deve ser seu amigo. Sei que o Dr. Menano é uma autoridade em matéria jurídica e que a sua intelectualidade não pode ser posta em dúvida. Entanto, o contato que tenho tido com ele, por motivo de uma divisão de terrenos com o seu sogro, o capitalista Antunes, vai-me sendo quase penoso pelo ar de desinteresse que ele assume. Ninguém melhor que ele poderá discutir e elucidar a questão (questão rudimentar em que a simples determinação de uma linha divisória trará vantagens a todos), sem que se gaste tempo e dinheiro em juízo.

Haverá da parte do dr. Menano um absoluto desconhecimento de quem eu sou? Poderá V. informá-lo a esse respeito? É o que lhe peço, beijando as mãos de M.me Fernanda de Castro Ferro, a quem peço transmita as minhas saudações.

Muito seu

Oswald de Andrade*

* Carta escrita em papel timbrado do Esplanada Hotel, de São Paulo.

9

Paris 16-7-28

Meu caro Ferro

Seguimos pelo "Astúrias" quinta-feira próxima. Devemos passar por Lisboa no domingo.

Não poderei visitar as livrarias. Se você tiver à mão alguma coisa que se refira *à natureza dos crimes que determinavam o degredo para o Brasil*, isso me interessa.

Até domingo

Oswald de Andrade

Transcrição de autógrafos de Oswald de Andrade que estão na posse da família de Antônio Ferro.

[De um "dicionário" de pessoas célebres]

Job — Judeu sem dinheiro
S. José — Pai putativo de Cristo
Virgem Maria — Miss Nazaré
Cristo — Pequeno comunista crucificado em Jerusalém pelas classes ricas e pelos padres, sob o olho imperialista de Roma [...]
Judas — Intelectual pequeno burguês oscilante numa figueira da Judéia
Marco Polo — Marco dos pólos do mundo medieval
Tomás de Aquino — Missa cantada por alma de Aristóteles
Lutero — Papão dos papas
Colombo — Vendedor de ovos em pé que não fez América
Cabral — O culpado de tudo
Loyola — Má companhia de Jesus
Pombal — Terremoto de Lisboa na Companhia de Jesus
Marx — Esquina da história
Chopin — Amante de George Sand
George Sand — Amante de Alfred de Musset
Hitler — Bigodinhos de aço
Mussolini — Macarronada em sangue
Freud — Diretor espiritual da burguesia
Carmona — Ditador em vernáculo
Cardeal D. Sebastião — Leme sem navio*
Tristão de Ataíde — Cachorro policial premiado em diversas exposições de doutrina

* Riscado: "Paninho de N. S. Jesus Cristo".

Mário de Andrade — Macunaíma traduzido
Autor de uma canção para fazer o seringueiro dormir em vez de se revoltar. De outra, para quando encontrar o capitão Prestes engambelá-lo com nomes de peixes e atrapalhar assim a revolução social.*

Transcrição de parte de um original datilografado do espólio de Oswald de Andrade que se guardava no Instituto de Estudos Brasileiros da Universidade de São Paulo e recentemente passou para a Universidade de Campinas.

* Riscado: "Muito parecido pelas costas com Oscar Wilde".

Jorge de Lima

[Dedicatória a Correia Dias e a Cecília Meireles]

Para Correia Dias e
Cecília Meireles,

— com muito apreço —

Jorge de Lima
4.2.923

Transcrição do autógrafo de Jorge de Lima num exemplar do livro *A comédia dos erros* (1923) existente na biblioteca que foi de Cecília Meireles.

Di Cavalcanti

[Dedicatória a Correia Dias e a Cecília Meireles]

Ao Correia artista!
e a Cecília artista!

O Di

6-VII-923

Transcrição do autógrafo de Di Cavalcanti num exemplar do livro *Fantoches da meia noite* (1923) existente na biblioteca que foi de Cecília Meireles.

[Dedicatórias e cartas-dedicatórias a José Osório de Oliveira]

1

A
José Osório de Oliveira
com
imensa simpatia
Mário de Andrade
21/VIII/23

2

A
Osório de Oliveira
muito cordialmente
Mário de Andrade
S. Paulo 15
XI
32

3

A
Osório de Oliveira
com a
admiração
de
Mário de Andrade
S. Paulo 15
XI
32

4

Ao
Osório de Oliveira
com a
gratidão
do
Mário de Andrade
S. Paulo 15
XI
32

5

A
Osório de Oliveira
homenagem
de
Mário de Andrade
1932
S.P.

6

Ao
Osório de Oliveira,
com a admiração
do
Mário de Andrade
S. Paulo 1
9
3
3

7

Ao
Osório de Oliveira
recordação da sua visita a
S. Paulo em 1933
Mário de Andrade

8

Ao
Osório de Oliveira
com a amizade
do Mário de Andrade
S. Paulo 1
9
3
3

9

Ao Osório de Oliveira
carinhosamente o
Mário de Andrade
S. Paulo 1
9
3
5

10

A Osório de Oliveira
com Raquel Bastos
afetuosamente
Mário de Andrade
S. Paulo, 1943

Transcrição dos autógrafos de Mário de Andrade em exemplares de (1) *Paulicéia desvairada*, 1922, (2) *Amar, verbo intransitivo*, 1927, (3) *Macunaíma*, 1928, (4) *Remate de males*, 1930, (5) *Ensaio sobre a música brasileira*, 1928, (6) *Losango cáqui*, 1926, (7) *Clã de jaboti*, 1927, (8) *Primeiro andar*, 2ª ed., (9) *O Aleijadinho e Álvares de Azevedo*, 1935, e (10) *Aspectos da literatura brasileira*, 1943. Estes exemplares encontram-se hoje na Biblioteca do Instituto de Cultura Brasileira da Faculdade de Letras da Universidade de Lisboa, faculdade que, por intermédio de Jacinto do Prado Coelho, os comprara, com outros livros, à viúva de José Osório de Oliveira.

11

Osório de Oliveira

Estava pra lhe mandar estes dois livros e lhe escrever umas linhas quando sua carta e *Presença* chegaram. Hoje. Também aqui fiquei com minhas saudades de você e Raquel Bastos. Mas em mim me ficaram também as amarguras, o que tornará sem dúvida, não direi mais felizes, mas certamente mais calmas as suas saudades. É certo que nós do Brasil não fizemos por vocês tudo o que vocês mereciam. Mas... para quando as artes? Você viu, pôde perceber claro, não se busca mais aqui ver nas artes o senso da vida, da terra ou da raça, nem mesmo se procura mais nas artes pelo menos um reflexo da vida. O brasileiro está criando mitos. Ditaduras, nordestinismo, verdadeiro Brasil, separatismo. E desses mitos detestáveis e inecessários, não é, como dos mitos antigos, que as artes vão se alimentar. Se alimentarão quando muito os artífices. Não estou me referindo a ninguém pessoalmente, você me compreende; estou apenas agravado por esta amargura de você não ter realizado aqui tudo o que pretendia. Mas para quando as artes?...

Este livro lhe mando só por causa do artigo sobre o Fado. Não leia o mais, não vale a pena. É coisa realmente impressa em livro pra que eu possa presentear alunos, a quem a paisagem deste briguento e sonoro idealista possa de alguma forma ensinar. Bibliografia pequena e fraca sobre o Fado, você dirá com razão. Mas não se esqueça que a culpa não é minha. Outra bibliografia não era conseguível aqui, nem mesmo mandando buscar, *como mandei*. Você viu e ouviu: não me descuido um instante de aumentar minha bibliografia portuguesa, mas é mais fácil obter manuscritos copiados na Holanda ou no Japão, que algum livro menos comum, impresso em Portugal. As livrarias se recusam a procurar. Vocês portugueses, e nós de herança, queremos ganhar muito dinheiro num gesto só, mas o ajuntado de hora em hora, não. Não sei de onde que maluco foi dizer em língua nossa que "vintém poupado, vintém ganho". Isso não será pra nós, donos de outras e mais rápidas filosofias.

E agora ajunte calma pra me escrever mais longamente, mate saudades, como se diz. Mate as minhas, que na sua letra escuto sua voz e a voz, doce murmúrio, de Raquel Bastos ao lado, comentando. Se faz completa a intimidade assim e me abranda os cansaços deste ano de trabalho formidável.

Com a amizade verdadeira

do

Mário de Andrade

S. Paulo, 12/III/34

Transcrição do autógrafo de Mário de Andrade num exemplar de *Música, doce música* (1933-1934 — datas da capa e da folha de rosto) já publicado e introduzido por Arnaldo Saraiva in *Colóquio — Letras*, nº 33, setembro, 1976, pp. 64-65. O exemplar com o autógrafo está hoje na posse de Nelly Novaes Coelho.

12

[...] tento pela terceira vez lhes enviar meu livro. Estou desesperado. Recebi os livros de vocês, recebo cartas de Portugal, mas ninguém me responde, se queixam de mim, vejo que não recebem o que mando, fico numa angústia irritada, parece que falta parte de minha boca, do meu respiro, vocês. Por favor, me contem que receberam este livro [...] Não posso falar, o tempo não dá, o registro fecha logo! Mas lhes marco o meu encontro pra depois da guerra, uma carta longa em que lhes direi tudo o que senti, tudo o que me iluminou, dado por vocês dois [...]

Transcrição da parte da carta-dedicatória de *Poesias*, 1941, publicada por José Osório de Oliveira na revista *Atlântico*, nº 6, 1945, p. 186, e no livro *O sonho inútil* (Lisboa: Portugália, 1957, pp. 32-33). Desconhecemos quem seja o atual proprietário do exemplar autografado, que não se encontra no Instituto de Cultura Brasileira da Faculdade de Letras da Universidade de Lisboa. Neste Instituto existem outras obras de Mário de Andrade, sem dedicatórias, mas assinadas por José Osório de Oliveira:

– *Os filhos da Candinha* — assinado e datado: "S. Paulo, VII. 945".

– *O empalhador de passarinho* — assinado e datado: "Lisboa, 1947".

– *Os contos de Belazarte* — assinado e datado: "Rio, X, 947".

– *Contos novos* — assinado e datado: "Rio, 1947".

– *Os contos de Belazarte* (edição Piratininga) — assinado, sem data.

– *Lira paulistana seguida de O carro da miséria* — assinado e datado: "Rio, X-947".

– *O baile das quatro artes* — assinado e datado: "São Paulo, VII-945".

Há ainda um exemplar de *Música do Brasil*, 1941, com o seguinte autógrafo:

> "Para o José Osório de
> Oliveira, meu amigo
> em Mário de Andrade
> Manoelito de Ornellas"

[Cartas a José Osório de Oliveira]

1

S. Paulo, 29-VI-32

Sr. Osório de Oliveira,

Não creio que tome por excesso de ousadia o pedido que venho lhe fazer e o trabalho que possivelmente vou lhe dar. Mas o Sr. é homem útil, trabalhando com inteligência e amor pela terra em que nasceu e vive, compreenderá que o meu pedido se justifica por esses valores seus.

Trata-se do seguinte: Vou publicar agora a segunda edição do meu *Compêndio de história da música*, e resolvi incluir nele, uma discoteca bastante desenvolvida. Ora me faltam completamente indicações sobre discos registrando obras de compositores portugueses eruditos. Considero isso uma falha viva no meu livro. A falha é minha, mas o maior prejuízo (o meu livro é adotado em vários conservatórios brasileiros, entre os quais o de S. Paulo com seus mil e quinhentos alunos), o prejuízo prático será português. Isso é que me leva a lhe pedir, se possível, algumas indicações de discos de música erudita portuguesa. Está claro que não lhe peço a trabalheira vasta de organizar toda uma lista completa, basta que me envie o que puder dos autores que julgar mais significativos da música portuguesa de caráter nacional. Nome de autor, da peça, da marca de fábrica, e número do disco. E por essa fadiga eu lhe ficaria imensamente grato.

Lhe envio pelo correio um dos meus livros musicais. Tenho a esperança com ele de lhe provar que sempre valho alguma coisa em música, e o seu trabalho não será jogado na completa solidão. Já uma vez aliás imaginei lhe mandar algum livro meu de ficção, mas desisti. A procura sistemática de feições abrasileiradas na minha linguagem, desgostam,* quando não irritam, aos portugueses que estimo. E, pois que os estimo, me amarga desgostá-los, praquê? No geral tomam isso

* Sic.

como reação contra Portugal, o que me parece uma tolice primária. A verdade é que nas minhas tentativas de dar a minha contribuição pessoal à realidade brasileira, me esqueço propositadamente de Portugal, e reconheço muito menos ligação contemporânea da expressão intelectual brasileira com a portuguesa, que com a francesa e a inglesa. E a espanhola, da América. Nossa língua está se enriquecendo extraordinariamente em sintaxe, modismos, palavras que nos vêm dessas línguas. E pró meu internacionalismo irredutível lhe confesso que isso não causa nenhum pesar. Mas isso não significa que me esqueço totalmente de Portugal, não apenas porque não recuso as minhas tradições e sei me vestir com elas, como porque Portugal é uma expressão humana. E me consideraria desprezível se recusasse qualquer expressão humana. De resto desejava que o Sr. um dia me visitasse nesta casa sua, pra examinar o que possuo de música e livros contemporâneos de Portugal.

Caso o Sr. se resolva a me enviar quaisquer dados portugueses para a minha discoteca, ousava ainda lhe pedir que isso fosse com certa urgência, pois o livro entra em impressão nos fins de julho, o mais tardar.

Muito grata e cordialmente,

Mário de Andrade

Mário de Andrade
Rua Lopes Chaves, 108
S. Paulo — Brasil.*

2

S. Paulo, 15-XI-32

Osório de Oliveira

Recebi sua carta e suas indicações de discos, muito obrigado por tudo. Suas palavras, mais talvez ainda que a gratidão, me encora-

* Carta publicada por Arnaldo Saraiva na revista *Colóquio — Letras*, nº 15, setembro, 1973, pp. 45-46. Datilografada, com uma linha e o endereço (além da assinatura) manuscritos.

jam a lhe mandar alguns livros meus. Vão os que me parecem mais representativos de mim. Pelo menos daquele que se esforçou em trabalho e muitos sacrifícios pra ser brasileiro em tradição, unidade e experiência nova. De resto, o mesmo ser que se julga e sente, apesar de tudo isso, perfeitamente internacional, tanto pela curiosidade como pela concepção política.

Mas estou um bocado inquieto por lhe mandar três livros meus. Não imagine que quero lhe impor tanto escrito e tanta frase em língua inexperiente. Lhe peço ler apenas o *Macunaíma* que me parece o mais completo dos meus livros. Vá depois diretamente aos "Poemas da amiga" do *Remate de males*, onde creio ter atingido maior liberdade lírica. Deixe o resto para os olhos do silêncio, que tudo observam com inalterável piedade.

Muito embora não tomasse nenhuma parte na administração da *Revista Nova*, inteiramente entregue ao Antônio de Alcântara Machado, posso lhe garantir que a revista lhe foi enviada. Por minha parte só uma vez recebi *Descobrimento*. Você a mandava para o *Diário Nacional*, não sei em que esquecimento do que são redações de jornais diários. Os noticiaristas de todo dia, repórteres e diretores "abafam" tudo o que o correio deixa na redação. E se* recebi um número de *Descobrimento*, foi pelo interesse de maior favor, que um repórter esperava de mim.

Mas de tudo isso e coisas mais felizes falaremos quando estiverem aqui, você e sua mulher. Serão recebidos por mim, nesta sua casa, com as demonstrações de carinho possíveis a um paulista. As expansões não serão grandes nem brilhantes talvez, mas a fineza do seu espírito saberá perceber que derivadas dum fundo enormemente amigo e sinceríssimo.

Com a gratidão de

Mário de Andrade**

---

* Como noutras cartas (e noutros textos) Mário de Andrade escreveu: "si".

** Carta datilografada, exceto na assinatura e em três ou quatro emendas de letras.

3

S. Paulo, 10-III-33

Meu caro Osório de Oliveira.

Enfim parece que vou lhe escrever! Me dispunha a isso quando arrebentou a revolução do ano passado... Não farei comentários sobre ela... Inda me sobra um bocado de pudor nacional, ou paulista, não sei ao certo, que me impede de comentar esses fatos amargos. Mas as conseqüências da guerra civil foram desastrosas pra mim e me transformaram muito. Não sei se profundamente, porquanto os crimes, as infâmias, os desacertos continuam abundantes pra que eu possa julgar de mim nalguma espécie de existência normal e mais continuada. Porém, se não posso garantir profunda a mudança, ela foi intensa. Um poder de sentimentos velhos que julgava mortos me voltaram, um poder de cóleras raciais me descaminham; sinto inimizades, impiedades, repulsas, adversões, vinganças me empobrecendo... E é dolorosíssimo tudo isso pra mim, que me vejo privado de supetão daquele internacionalismo conquistado fácil, dentro do qual me movia nacionalmente com franqueza desenvolta — o que me fazia passar aos olhos dos vesgos por nacionalista e patriota!... Eu era um ser perfeitamente sem pátria, e eis que me vejo possuído por uma pátria, e por uma pátria restrita, a de S. Paulo! Nasceu um amor da terra que eu desconhecia e imaginava não possuir, porque jamais as circunstâncias políticas tinham sido tão luminosas a ponto de me deixarem visível a mim. E se é certo que continuo amando todos os povos da Terra naquela indiferença larga que aceita quaisquer índices psicológicos raciais: sem desamar propriamente os brasileiros e o Brasil, sinto uma ausência quase trágica deles agora no meu sentimento. A bem dizer deixaram de existir em mim. E esse vácuo me desarvora, me debato com falta de ar. Eu amo esse amor humano que me põe negaceando os povos, à espera que apareçam dentro de mim para que lhes queira bem. É o mesmo amor de família, no qual a gente ama por esquecimento, esquecido de amar, até o instante em que um dos entes sofre de qualquer dor. Então todos os outros agarram amando-o com paixão. Assim eu, que amava apaixonadamente ora mexicanos, ora russos, ora portugueses, ora os alemães, ora os chinas, à medida que uma guerra, uma crise particular, um terramoto, os punha na visibilidade do amor. Ora o trágico é que, por exemplo, apaixonado agora pelos alemães, pelos chineses, pelos paraguaios, a seca do Nordeste brasileiro me deixa em branco, desprovido de transporte de amor, sem desejar aos nordestinos nem sofrimento nem paz... Mas creio que tais sintomas passarão, e espero que sejam apenas sintomas de quem vive demasiado pelo coração.

Desculpe este esquecimento de conveniências que me vai escapando aos olhos de você em paisagens só interessantes pra mim, mas a própria violência do sucedido porém é que me deixou assim, cobrando algum prazer só em me contar.

Passada a guerra civil, pensei logo em lhe escrever. Só que o meu *Compêndio* estava já pra entrar no prelo e imaginei mandar a carta com ele. É o que estou fazendo, nem bem o livro saiu. Verá nele que, graças à sua ajuda, Portugal teve o seu lugar.

E muito obrigado pelo seu artigo sobre o *Ensaio* e pelas suas considerações sobre o *Macunaíma*. Tive um prazer imenso, acredite, em vê-los compreendidos tão bem por você. Os dois capítulos saídos no último *Descobrimento* são duma lucidez realmente extraordinária. Acho que o seu livro será admirável, por essa amostra, e o espero com sofreguidão. Um curioso argumento a seu favor, a respeito da vitalidade da língua portuguesa entre nós e ida extrema restrição regional dos brasileirismos, é que o *Macunaíma*, reunindo brasileirismos de qualquer Brasil, sofreu a queixa geral de falta de vocabulário. Os amazonenses entendiam o que era amazônico no livro, os nordestinos o que era nordestino, os gaúchos o que era gaúcho, e a todos o livro estava repleto de enigmas. Só mesmo os homens dotados de... grande inocência, um Manuel Bandeira, um Augusto Meyer, um você, não se amolavam com a compreensão dicionarista das vozes, nem etnográfica das lendas, se satisfazendo com o sentido que a frase dava às palavras e a poesia dava aos sons. A queixa foi geral.

Antes da publicação do livro, já convidado por alguns que se queixavam, andei me preocupando com o vocabulário e principalmente bibliografia. O livro é uma verdadeira rapsódia, como você terá percebido. Não tem quase fato, costume, frase falada, que não pertençam ao povo do Brasil. Na própria sátira da "Carta prás Icamiabas" tem frases inteiras copiadas de escritores pedantes e cronistas brasílicos. Mas inda mais pedante ficava num poema, numa obra de literatura livre, confirmar o escrito com uma bibliografia que, vi logo de início, pra ser apenas bibliografia citada ou justificadora, registraria talvez umas quinhentas obras. Seria ridículo e desisti de tudo.

Quanto à *Revista Nova*, insisti da maneira mais acalorada com o Alcântara Machado, pra que lhe mandasse a coleção completa da revista. Dei a ele a sua residência particular. Você me comunicará a recepção dos volumes, pois caso eles ainda não cheguem desta vez, lhe mandarei eu, pessoalmente, uma das duas coleções que possuo.

Você verá, pelo último número, que antes dele (aliás desde junho do ano passado) eu saí da direção da revista. Isso não derivou de nenhuma desarmonia entre mim e os outros diretores, veio de fatos particulares que fizeram eu me desinteressar pela orientação da revista. E também não sei que destino ela vai ter. Parece que também os outros diretores se desinteressarão dela, e passará prás mãos de alguma ignóbil casa editora. Caso não morra duma vez...

E basta de carta comprida!

Com a afeição mais grata do

Mário de Andrade*

4

S. Paulo, 17-VI-33

Meu caro Osório de Oliveira,

Recebi sua carta e o *Espelho do Brasil*. Desculpe responder a tudo tão tarde, mas uma rebordosa nova me acaba de atrapalhar a existência. Foi o caso que umas dores, sem insistência, de rins, que eu vinha sofrendo desde fins de ano passado, se converteram de repente numa nefrite positiva, perfeitamente leal enfim. Fui obrigado a abandonar tudo, em pleno tempo escolar e partir pra uma fazenda amiga, obri-

* Carta datilografada, com exceção da assinatura, de um par de aspas, do "m" de "fizeram" e do "o" de "destino".

gado a dieta intensa e repouso absoluto. Faz pouco que voltei de lá, parece que bom. Não chego a saber inteiramente se bom, porquê, se no princípio da doença fazia exames de laboratório semanais, à medida que melhorava* fui tomado de ridícula** covardia, com medo que os exames tornassem a indicar males que já tinham partido, fui espaçando os exames, e agora, depois de chegado outra vez a S. Paulo não fiz mais nenhum. Completamente acovardado. Mas um feiticeiro, de pêndulo em punho, me agradou com a garantia de perfeita saúde atual. E fui ficando no feiticeiro.

Aqui estou com o seu livro lido e admirado com franqueza. Não se trata apenas dum esforço de compreensão, mas duma visão que só não é completamente verdadeira e síntese perfeita porque o amor moveu todos os sóis possíveis e os colocou, não como holofotes iluminando a nossa verdade completa, mas como adornos dentro do nosso próprio corpo. Será talvez lastimável, porém há muito de exato na síntese negríssima de Vitorino Nemésio; e, se as causas são muito discutíveis, os efeitos são reais no livro do Paulo Prado. Afora pois, o sempre lindo amor amante com que você nos embalou, o seu livro tem afirmações exatas, uma penetração muito profunda, e uma escolha de elementos, pra síntese, que me parece clarividente. Ando atribulado com o excesso de trabalhos agrupados num mês de repouso absoluto, num ano em que me dei tarefa, mas como arranjei de novo um jornal pra facilitar meus luxos de homem que pra não arrebentar de dor ante os sucessos, veste a seda que acarinha: na primeira esteada de assuntos de urgência, escreverei alguma nota sobre o *Espelho do Brasil*. E é certo que se permanecer no jornal, poderei facilitar do meu canto os recitais de sua mulher, a quem saúdo desde já com a mais carinhosa efusão de músico. O que puder fazer, farei, mas acredite que é pouco. Mas não me temo deste pouco, porque vocês perceberão com certeza no que eu fizer, não apenas uma carícia hospitaleira, mas um cantar de mano.

Muito cordialmente o

Mário de Andrade***

---

* No original: "milhorava" (como, noutras cartas, "milhor").

** No original: "redícula".

*** Carta datilografada, exceto na assinatura e em duas emendas ligeiras.

5

S. Paulo, 9-VI-34

Osório

Não lhe escrevo, não tenho tempo. Mas o que mais lhe quero escrever aí vai em jornal. Adorei seu livro que é uma delícia. Alcântara sempre no Rio e invisível. Imagine que nunca me escreveu nem cartão! Me aproveitei de tamanha ingratidão pra ler você no exemplar dele, porque* eu como bom bibliófilo quis guardar o meu "exemplaire dedicacé et non coupé", e o livro ainda não apareceu por estas plagas. Só em julho entregarei o livro do Alcântara porque vou pró Rio fazer uma conferência sobre Os Gongos. Como sairá numa revista de Montevidéu, pretendo lhe mandar, porque me parece que tem coisas curiosas. Ciao. Me recomende muito a Raquel, que saudade da voz dela... E guarde este abraço do sempre

Mário**

6

S. Paulo, 1-VIII-34

Osório de Oliveira.

Vejo que fazem justo dois meses que você me escreveu. Recebi a carta faz muito, mas já o meu artigo sobre você estava de viagem para Portugal, e por si ele era quase uma resposta à parte mais essencial da sua carta, a que falava nessa divisão sentimental de você entre duas terras. Acredite que esta coincidência de verificação me orgulhou extraordinariamente, porque chega a ser espantoso como pude compreender bem o seu caso e dá-lo quase com as mesmas palavras da sua carta. Ninguém deixará de ser vaidoso, e verificar que acertei tamanhamente me dá um gozo de perfeita volúpia intelectual.

---

* Aqui, como noutras cartas, o autor grafou: "porquê".

** Carta manuscrita.

Esperei pois que recebesse aí minha crônica e parti para 18 dias de Rio. Eu não me sinto turista no Rio, como você diz se sentir. Há no meu ser uma feminilidade essencial que me dá um poder extraordinário de adaptação. Será mesmo feminilidade, passividade, ou antes volúpia incessante, quase monstruosa?... Manuel Bandeira uma feita, diante da minha maneira de ser que analisava, se viu atrapalhado pra caracterizar essa parte de mim, e acabou dizendo que diante da multifariedade dos meus gozos, eu não tinha um amor mais distinto por isto ou por aquilo, mas tinha "amor do todo" como foi a expressão dele. Me descobri violentamente nessa frase do Manuel e reconheço que ela foi um dos agentes mais eficazes na criação da minha felicidade. Não sei se tenho o direito de lhe confessar que sou um indivíduo extraordinariamente feliz. A minha ingenuidade chega a esse ponto, meu caro. Não vou lhe dizer tudo quanto fez eu me tornar assim prodigiosamente feliz, porque isso me desviava do assunto em que vou. Mas esse amor do todo, que é verdadeiro, que é incontestável, deve ser mais do que propriamente feminilidade, o que me dá meu poder de adaptação. Antes que adaptação, se trata em verdade daquele mimetismo sublime com que a gente, em busca de mais um amigo, em busca de mais um amor, só guarda aparentemente de si mesmo aquilo em que a gente coincide com o que ama, e desenvolve essa parte, e a materializa em procedimentos variadíssimos. "Você não parece paulista" é a frase que me tem perseguido em todas as partes do Brasil. Não senhor! sou paulistíssimo até, e é incontestável que depois de certas representações, de certas incarnações teatrais de indivíduos de outras geografias que dou nas minhas viagens, eu me sinto meio fatigado, e volto pra minha casa com a mesma volúpia com que parti. Parti... prós meus espetáculos! Mas seria infame, eu sinto, infame me acusar de qualquer insinceridade. É volúpia, é amor, é este inatraiçoável prazer de ser com mais alguém, ou mesmo com mais alguma coisa, que me faz cabeça-chata no Nordeste, caipira na barranca do Mogi, e tão miraculosamente tupi no Amazonas. Osório, eu queria lhe contar como, ausente de vida humana, na minha viagem pela Amazônia, eu fiz amizade com o rio, com a paisagem, com o calor e com os tapuios da terceira classe, isto é, com tudo o que não era propriamente humanidade. A "humanidade" que viajava conosco era perfeitamente insignificante, civis despaisados, semicultos dotados da única coisa que odeio inenarravelmente e não posso perdoar, burrice. Só escapavam disso dona Olívia e as duas moças que iam comigo. Mas estes* me punham em pé-de-viagem, me punham viajante de terras ignoradas e chefe macho dum grupo de paulistas em turismo sentimental, me despaisavam terrivelmente. Fiquei amigo e amante de coisas. Era um verdadeiro amplexo sexual o que eu ficava, sozinho, no deque mais alto, todas as madrugadas, gozando a madrugada nascer. Era uma verdadeira sensação de rendez-vous, o carinho meticuloso com que eu esperava todas as noitinhas o urro dos guaribas no mato. E aquelas conversas de terceira classe com seres duma rudimentaridade espantosa, seres por isso mesmo perfeitamente gratuitos, naquele cheiro veemente, contagioso, de lenha umedecida, bois e corpos seminus, você não imagina, Osório, eu era aquilo, meio vegetal, meio água parada, não sei. Descobri o valor da preguiça, descobri principalmente o valor da gratuidade psicológica. Nesta terra de críticos de merda ninguém até agora percebeu o que no entanto me parece mais original, mais contribuição minha dos meus personagens, a gratuidade psicológica, moral, o "sem nenhum caráter", que mais essencialmente que no próprio Macunaíma herói, está em Nízia Figueira, no Elis, em todas as figuras quase do *Belazarte.* De resto isso era já anteriormente uma tendência minha, que se poderá descobrir no próprio Carlos do *Amar, verbo intransitivo*... Mas, percebido na viagem, hoje é uma verdadeira obsessão minha. A Amazônia marcou indelevelmente, não apenas minha obra, o que é de pouca importância, mas o meu ser. E, sem querer, sem pôr reparo, redescobri lá a vida dos índios. Só depois, rememorando o meu dormir a qualquer hora, os meus discursos interiores na hora da noite, qualquer, em que eu me erguia, me vestia e andava pelo navio, o meu comer a qualquer hora, jantando às vezes nada porque um quarto de hora antes, sem razão, sem critério, mas consciente da hora, eu comera uma quantidade enorme de castanhas, ou alguma chapa de chocolate: tudo isso fora sem querer, sem lembrança erudita, adaptação ao meio, não do navio que não me interessava, mas ao meio ambiente amazônico, antes selvagem. E eu recriara, sem notar que estava fazendo isso, apenas usos e costumes tradicionais da nossa indiada. Não é mesmo um caso curioso?

---

* Sic.

Bem, fui pró Rio e virei carioca. Poucas vezes tenho gozado tanto o Rio como desta vez. Mas também saí de lá num estado curioso de satisfação. O Brasil está progredindo muito, rapidissimamente este tempo. Mas não se trata de progresso material, se trata de progresso psicológico. As coisas que vi ouvi vivi, são dessas de deixar qualquer indivíduo menos internacionalizado e voluptuoso que eu *à jamais* separatista. Eu não sou, não posso ser. Não, isso, não sinto o separatismo. Pouco estou me amolando com imperialismo sul-americano, pátria enorme futura, riqueza econômica futura ou unidade passada. A verdade é que não sinto em mim o separatismo. E as argumentações de qualquer ordem, econômicas, filosóficas, etnológicas, não me convencem de nada, porque todas elas me tornam cada vez mais universal. Por isso gozei o Rio como nunca, e gozei voltar pra São Paulo também como nunca. Ah, meu caro amigo, em que mundos opostos de psicologia estamos nós, você subdividido entre duas entidades patrícias e eu unido por essa mesma diversidade!... Se pudesse lhe mandava nesta carta um bocado do meu, não é otimismo não, sou orgulhosamente pessimista. Mas pessimista do mundo, que vai de mal a pior, muito embora vá de mal a pior desde as portas do Paraíso Terrestre pra cá. Não lhe quero mandar otimismo, mas talvez um bocado desta minha glória de ser, aquilo em que o indivíduo sem ignomínia nem ignorância dos males da humanidade coletiva, é um ser sozinho, com que a humanidade nada tem que ver, e nem poderá adiantar nada à humanidade. É desta parte do homem, naquilo em que ele é indivíduo, que eu tiro esta minha curiosa glória de ser em que "a própria dor é uma felicidade". Desculpe eu estar me citando. Sou discreto e não faço isso em companhia de mais de dois. Mas nós aqui estamos num recanto de lar, somos em dois. Ou somos mesmo em um por esta deliciosa força de amizade em que nos compreendemos e estimamos bem. E na amizade eu me desleixo. Abro a válvula das censuras e me recreio na confissão. É humanamente lindo. E individualmente é esplêndido. Ciao. Lembrança pra Raquel Bastos e abrace o sempre,

Mário de Andrade*

* Carta publicada pelo destinatário na revista *Atlântico*, nova série, nº 2, 1946, pp. 2-4, com algumas, ligeiras, incorreções e a supressão, assinalada por [...], da palavra "merda". Datilografada, exceto na assinatura e em meia dúzia de breves emendas.

7

S. Paulo, 12-VIII-34

Osório de Oliveira,

está nascendo um dia feio, desses em que o Inverno parece ter paciência de sua invernia e se imita a si mesmo. Se percebe que o Sol lá por trás está com um desejo danado de fazer-sol, mas ainda é Inverno e o tempo está querendo ser frio e se cobre de nuvens frias. O resultado é uma tepidez desgraciosa, emburrada, bem paulista, sem aquela gostosura clara das tardes de Inverno do Rio pró norte. Mas é incontestavelmente cheia de paciência, o que dá um certo sossego na gente. Parece que vai chover mas na certa que não choverá, questão sempre de paciência. Eu pretendia sair, que é domingo, aproveitar a manhã fora, lendo Anchieta, com quem estou às voltas, nalgum jardim. Não saio e vou aproveitar a mudança de tempo pra lhe escrever, responder sua carta que recebi pelo Paulo Prado.

Li, reli a carta que aliás está linda de sinceridade e sua presença. Compreendi seu estado, mas... como que não compartilho das suas inquietações sofridas. Sim, está claro que lhe dou todo aquele querer bem de amigo que deseja que você não se amargue com as suas amarguras, mas e verdade perfeita que não tenho mais forças, não tenho mais experiências pra ressentir, pra com-sentir em mim as amarguras, as inquietações que você está curtindo diante dos caminhos novos que a humanidade vai tomando.

Antes de mais nada: não haverá talvez em você um pouco de falta de sabedoria?... Falo sabedoria naquele sentido em que nada existe de vaidoso e consiste numa experiência digerida da existência histórica do mundo, das finalidades do homem e da experiência bem assimilada de sua existência pessoal, que dá muitas vezes prematuramente ao indivíduo, essa coisa que é a velhice intelectual. Meu caro, carece a gente ser velho em si mesmo, velho pra si mesmo, atingir aquele estádio de velhice em que tudo é objeto de contemplatividade. Note que isso falta enormemente pra você. Você reage. E o que é pior, reage com dor. Não reage ainda em função da contemplatividade, em que a experiência revelha do mundo permite à gente, em sua velhice contemplativa, auxiliar as formas do mundo a se realizarem, a se apressarem, a se completarem.

A maior argumentação contra essa velhice que eu desejaria em você, e eu tenho, é que ela, por experiente e contemplativa, exclui por isso mesmo, a paixão, o amor. Platão compreendeu isso e sem querer já argumentou assim, naquele passo que sei de-cor porque foi uma das bases propulsoras da minha constituição intelectual e moral, em que diz que a sabedoria nos liberta das tristezas e alegrias do mundo. E o Dante impulsivíssimo consentiu como que saudosamente em reconhecer que o limbo, onde ele botou os gênios que mais amou e se botou junto, era nem triste nem alegre... Pode ser... Talvez eu não tenha atingido já essa sabedoria, como reconheci naquele soneto de pândega sobre Platão que botei no *Losango cáqui*, e é certo que às vezes desejo secretamente essa espécie iluminada de indiferença. Mas o que não posso me negar é que sinto, ajo, vivo em função dessa sabedoria, sem que por isso deixe de me apaixonar, de amar, e consofrer.

Você reage contra as novas formas de governo e as novas formas do mundo. Eu as aceito e procuro na medida do meu possível ajudar elas em sua conformação e afirmação. E apesar disso sou eu que tenho o descoco de acusar você de conformismo. Você é conformista, Osório de Oliveira, você é conformista! Sinto que prá admirável elegância de seu espírito e da sua orientação espiritual, este meu dito vai queimar como uma ofensa. Mas estou longe de ofender você, nem poderia desejar isso. Certamente que você não é o conformista que subrepticiamente ou deslavadamente faz coincidir suas idéias com aquilo que lhe possa trazer os regalos da vida, dinheiro, amores fáceis, banquetes, elogios. Está claro que não é nessa feição ignóbil que você é conformista. Se trata dum conformismo muito mais sutil, e significativo. Você é conformista naquilo em que seu espírito é especificamente burguês e anterior à guerra. O que quer dizer sempre que é romântico e séc. XIX. Você chega em sua carta a suspirar por aquele "liberalismo" antigo, que o tempo nosso já não permite mais! Mas Osório de Oliveira não é de você que eu quero escutar essa palavra "liberalismo" em relação ao tempo antigo burguês, porque era um liberalismo falso, um verdadeiro caso de semântica abortiva, com que a burguesia, incapaz de proporcionar uma qualquer mas legítima liberdade, apelidou de liberalismo aquilo que não passa duma simples condescendência.

Serei comunista? Não. Certamente que não sou, não posso ser comunista, naquilo em que o comunismo tem abandonado o terreno da pura idealização pra se mostrar, nas formas práticas que aparentemente tem tomado. De resto, o problema não é comunismo, que não passa duma forma transitória pra atingir o socialismo. Serei então fascista, nazista, ou qualquer desses ismos com que a sociedade está macaqueando aquele delírio de classificação que tomou as artes* revoltas nos vintes anos, de 1909 pra cá. Certamente que não. Não sou nada disso. Não me conformo também com todos esses horrores ditatoriais que desprezam o indivíduo. Mas reconheço eles, como horrores transitórios. E aqui é que o meu individualismo se separa do de você. É que a contemplatividade a que já atingi, não me dá hesitação nenhuma nem saudade de mim, se eu me sacrificar. E eu me sacrifico. Toda a minha vida do mundo, desde início, desde o meu primeiro livro de 1917, tem sido assim um contínuo sacrifício de ordem pragmática. Meu desejo, minha paixão é ser sempre de alguma forma útil. Pacifista, quando ainda o pacifismo não incluía a falsa noção de conformismo que agora inclui: desvairista de *Paulicéia* (que eu fizera sem a mais mínima intenção de publicar, por experiência. E publiquei diante do escândalo do livro ainda inédito, raciocinadamente, pelo benefício que vi na publicação do livro e de eu servir de bode expiatório); nacionalista (até disso me chamaram!), abandonando uma língua que eu sabia escrever bem, pra tropeçar, posso dizer que cruentamente numa língua sem formação nenhuma, naquilo em que ela representava de necessidade essencial pra minha gente; teorista de poesia; escrevendo uma História da Música (como se a gente pudesse escrever isso no Brasil, sem bibliotecas, sem documentação) só porque o país não tinha uma História da Música; estudando etnografia exclusivamente só porque pra conhecer a psicologia do brasileiro e auxiliá-la o meio essencial era mesmo a etnografia e a História; procurando fixar os elementos racionais duma possível escola nacional de composição; cerceando a minha crítica por diversos lados, falsificando muitas verdades, mesmo na minha aparente independência crítica, sempre no

* No original: "as arte".

sentido de ser útil... Meu amigo, muito eu tenho me sacrificado. Ou melhor: eu sacrifiquei minha obra inteira! De vez em quando (e é por isso que eu reflito muito pouco de mim pra comigo sobre minha obra) de vez em quando um resto de individualismo gratuito, me faz chegar aos olhos a minha obra e se horroriza. Porque na verdade é possível dizer que a minha obra não é a que está aí, objetiva e visível, mas seria totalmente outra se eu fosse o que sou e não o que eu quis ser. Mas essa visão triste, esse horror não dura dois segundos. A minha obra é bem a que está aí, obra parcial, voluntária, exigida, deformada, mas que representa a essência mais íntima, mais sincera da minha maneira de contemplar a vida e de aceitar a humanidade. E é principalmente por isso que, além de me fazer feliz, eu me sinto realmente feliz. Manuel Bandeira, faz pouco mais de ano, mudando de casa e pondo em ordem seus guardados, quis ordenar minha correspondência e acabou, divertido, relendo ela todinha. E me escreveu, surpreendido pela lógica extraordinária com que eu tenho feito a minha vida, sem me deixar fazer por ela. (Se você não se cansar, leia a "Louvação da manhã" e a "Louvação da tarde", que estão no *Remate de males*. Lá eu estou). E então, o Manuel me perguntava que fim tinha levado o Seqüestro da Dona Ausente que eu anunciara pra ele fazia uns cinco anos, e nunca mais falara de. Eu me limitei a mandar pra ele um recorte de jornal carioca que justamente anunciava que eu iria no Rio proximamente fazer uma conferência sobre... o Seqüestro da Dona Ausente. Faz 15 anos que minhas cartas prós amigos respiram sempre esse ideal que estou mesmo realizando: ser útil, e eu posso orgulhosamente dizer que jamais saiu uma palavra pública de mim, meramente jogada pelo prazer inefável de pensar. Esse individualismo eu escorracei completamente de mim. Minha obra é tão pragmática como a dum nazista ou comunista. Se o pragmatismo é mais sutil, mais disfarçado — o que é incontestável — por outro lado eu responderei que é mais humano.

Eis porque, o meu não-conformismo consiste em auxiliar de qualquer forma* o avanço das formas do nosso tempo, sem que no entanto as possa pessoalmente praticar. Me lembro duma feita em que lendo pela primeira vez o "Noturno de Belo Horizonte" pra um grupo

---

* No original: "forme".

de amigo* eles investiram comigo, e o Rubens de Morais, cheio do tal liberalismo oitocentista, me gritou: — Você acaba escrevendo letra pró Hino Nacional! Respondi num meio riso, seguro, embora tingido de alguma melancolia: — Se for preciso, escrevo.

Mas não é preciso mais, graças a Deus. Lhe mando junto umas idéias que dei numa entrevista do Rio. Talvez lhe auxiliem a compreender meu estado-de-espírito. Acho importante ao menos isso de verificar que não são as novas formas de governo que são ditatoriais, mas sim que elas são apenas uma obediência prática duma causa mais profunda: o estado de espírito contemporâneo é que é ditatorial. Todos os falsos liberalismos da sociedade pseudo-cristianizada faliram. Há um reasselvajamento natural da humanidade, um retorno a princípios que fizeram a grandeza das sociedades antigas e das chamadas sociedades selvagens. Deus foi expulso de novo dos seus céus inatingíveis, mas a noção de Deus, a presença de Deus permanece nos mussolinis e stálines de vária espécie, que nada mais fazem que reproduzir aquele conceito dos reis-deuses das sociedades primitivas. Bem, vou acabar esta carta. Seria ridículo negar que a civilização cristã também teve maravilhosas grandezas. Isso eu não faço. Farão os espíritos mais ditatoriais... O meu não é. Mas me opor às formas novas que se delineiam, sofrer por causa da existência delas, contradizê-las, jamais o meu espírito se *conformaria* com isso, porque eu sei, pelas experiências múltiplas e repetidas da História, que a** civilização cristã, não faliu, mas está acabada, e que o mundo está iniciando uma civilização nova. Qual? Comunismo, Fascismo? Nenhuma delas. Meu puro modo de sentir é que será uma civilização mais aproximada do Comunismo, que do Fascismo ou qualquer outra forma ditatorial de espírito (não apenas de governo...) porque realmente o Comunismo, com a sua desinência pró Socialismo, é que traz alguma coisa de realmente novo. E a história se repete, mas sempre acrescentativamente, por idealidades novas. Além disso, dentro da materialização cada vez mais violentamente prática do ser humano como coletividade (note a evolução da própria filosofia humana que das formas religiosas asiáticas passou pró realismo filo-

* Sic.

** No original: "o".

sófico grego e cristão, pra estar se tornando cada vez mais filosofia psicológica...) dentro dessa materialização prática, o ser humano cada vez mais se afina em sua espiritualidade. Ora eu vejo um espiritualismo fabuloso, um acrescentamento espiritual admirável da humanidade, do indivíduo, no comunismo, que destruiu, na maneira do possível, a prática da propriedade individual. Recusando pois a própria forma da vida, que nos dá a boca que come, o nariz que respira, e sobretudo a mão, esta terrível mão apreensora.

Ah, Osório, Osório de Oliveira, não haverá mesmo um conformismo sutil se infiltrando na maneira em que você está recusando o mundo, em nome de formas ou de estabilidades passadas?... Vamos amar as formas novas, amar primeiro que é o melhor jeito de as compreender depois. Aceitar, fazer-se delas? Felizes os que o possam fazer. Ou melhor, não mais felizes, mas na certa mais moldáveis porém... Não se trata, pra um espírito como o seu que é o dum clerc, de aceitar e de ser dessas formas novas. Se trata apenas de não constituir, de qualquer forma, nem no foro íntimo, um impedimento a elas. Se trata de pactuar, na medida do possível, com aquilo que será diferente de nós, mas é a realidade real, não propriamente presente, mas correspondente ao presente, à atualidade, e de fixação e normalidade futura. E quando vier essa normalidade, então os que, intelectuais como nós, estiverem nela, terão de realizar o seu não-conformismo em relação ao seu presente deles. Eles que serão contra o que for a normalidade de então, pra que surjam com eles idéias novas, ideais novos (renovados!), eles é que terão a delícia de redescobrir a civilização cristã e comprazer-se no que ela teve de admirável, e no que foi grandiosa.

E repare: em todos os pragmatismos que apontei na vida minha, em todo o meu utilitarismo, assim como no remodelar-se pelas formas novas que ainda não se fixaram e muito menos se normalizaram, não existe a mais mínima adaptação à vida prática. Não ganhei mais dinheiro por isso. Pelo contrário perdi, tenho perdido e vou perdendo. Não adquiri mais nenhuma facilidade. Pelo contrário, é justo com tudo isso que o caminho tem sido mais dificultoso e mais ladeira. Nem sequer* dá popularidade!... E por isso nem mesmo demagogia poderá se chamar...

* No original: "siquer".

E basta. Acho lindo o "Império Português". As palavras se gastam, e quando retomadas, depois dum abandono, surgem valiosas, cheias de membruda sexualidade. As palavras "Império Português", poderão na realidade não significar nada, e o nível de vida português não se elevar por isso, mas você mesmo constata que o português se levanta de ânimo falando no "Império Português". A coletividade se ilustra e encontra gosto no sacrifício. E cada indivíduo por si, numa visagem falaz mas compensadora, se sente feliz. O que mais você quer, intelectual! Não é justo isso, nessa ilusão, que os portugueses resguardam pra si, aquela indisfarçável parte de "intelectual" que existe em cada um?...

Engraçado: eu pretendia insistir, na primeira carta minha, em que Raquel Bastos continuasse a desenhar. Me lembrei disso porque colocando uns desenhos novos na minha coleção, me caiu gratamente no olhar, a portuguesinha que ela fez pra mim. E você vem me contando que ela retomou com entusiasmo o desenho. Bravos da Raquel Bastos! como diria o cantador nordestino.

Ainda não estive com o Paulo Prado. Por outras vias já mandei insistir junto de pessoas importantes sobre o seu caso. Eu valho é nada, você sabe que politicamente estou só. Mas o que puder fazer pela sua vinda farei. É pouco, mas é meu. O programa das festas de Lisboa é delicioso e está enfeitando aqui esta sua sala-de-estudo. O Almada vejo que continua notabilíssimo, não tem nenhum livro ilustrado por ele aí? Mande me dizer; e se for edição de luxo, de pequena tiragem, mande com todas as indicações bibliográficas, pra que eu mande procurar por meu livreiro, o prestimosíssimo Benedito, da Universal. E ciao. Estou fatigadíssimo e depauperado com tanto lhe dar de meu... otimismo.

Mário de Andrade

Lembrança pra Raquel Bastos. Se ela não for muito... sovina, que me envie mais um desenho. Agora vou almoçar e depois: futebol! Torcer prá Portuguesa que joga contra o Palestra. É que se a Portuguesa ganhar, coloca o São Paulo, meu clube. Naturalmente...*

---

* Carta datilografada, exceto na assinatura, no último parágrafo e nalgumas emendas de palavras, letras e sinais.

8

S. Paulo, 10-XI-34

Meu caro Osório de Oliveira,

detestei sua última carta. Porque era pequena. Não dizia nada. Não continuava aquele ritmo de pensamentos sofridos, quero dizer, vividos com aquele amor tão intenso que faz dor, em que você mesmo... metronomizara as nossas últimas cartas. Fiquei danado, como se entrevisse apenas você numa rua populosa, em hora impossível de parar. Foi uma presença insatisfatória, nem bem saudade mais, e ainda não presença propriamente, e fiquei danado. Não faça mais assim. Escreva de longe em longe, mas só quando puder dizer de você ou de nós aquilo que seja nosso. Nós já atingimos aquele estado de intimidade intelectual que não permite mais uma vida em protocolos. Me mande plantar batatas, se quiser, mas mande em carta onde você apareça inteiro e fique perto da gente.

Recebi sim os envios pelo Paulo Prado e mais a bonita leitura pró rádio. Talvez em breve tenha o que lhe mandar de retribuição e que seja mais suculento que apenas esta nota que aí vai, tirada duma conferência que aqui fiz sobre a feitiçaria brasileira. Não se assuste de me ver escrevendo em publicações médicas. É questão de strugle for life. Ponho em inglês porque a coisa fica mais suavizada que em nossa língua. É sim, só as revistas de propaganda e de anúncios é que pagam bem os literatos, e esta nota que custou apenas os 15 minutos de cópia me rendeu 150 bagarotes, ou, em língua mais de branco, milréis. Agora parece que serei convidado pra colaborar numa revista de companhia de seguros que paga 200 paus, ou também, milréis. Estou só à espera que o famoso remédio brasileiro, tão lindamente chamado *Saúde da Mulher*, faça revista e me peça colaboração, pra lhe escrever, em troco de alguns 300 bicos, ou também milréis, um vasto estudo etnográfico sobre o fluxo catamenial, que aliás terá o lindo nome de "A mulher vermelha". A minha situação econômica está como a do Brasil, insolúvel, com mentira e tudo. E desconfio que se me pedirem que escreva sobre altas Matemáticas nalguma revista de engenharia, ainda arranjarei jeito na minha sabença episódica de encontrar o que dentro dela coincida com as elevadíssimas Matemáticas que o Diabo leve. Não repare, pois, nem me chame de leviano, é questão de economia, e tudo agora se explica pelas marxistas razões econômicas. Outro dia ainda achei engraçadíssimo, uma das minhas alunas de História da Música, na sua tese de curso, dizer que se o Brasil não fizera ainda música nacional no séc. XIX isso foi porque, apesar de 1822, ele continuara colonial, em dependência "econômica" (sic) dos países europeus. Que tal? Os tempos mudam me'rmão, e até que outras razões se descubram pró homem sossegar de suas inenarráveis burrices, estaremos exclusivamente presos às razões econômicas.

Não lhe contarei o que está se passando aqui. Não creio que isso possa ter importância pra você, pois que nem a mim consegue me apaixonar. Porque de fato tem muito pouco interesse o que não passa duma repetição nacional da estupidez universal dos países ainda em regime democrático-liberal. É só política e politicalha com as eleições. P.C. contra P.R.P.: dois partidos sem ideologia nenhuma se combatendo ferozmente. A Leiteria* Paulista, em que nos encontrávamos ficou inabitável, com os amigos divididos e em discussões de matar a inteligência mais resistente. Deixei de ir lá e vivo escoteiro na existência, desprovido de companhias, no "antes só do que mal acompanhado" da sabedoria popular. Apenas comunistas e integralistas me interessam, e parecem ser as únicas forças realmente vivas, ou pelo menos, realmente conscientes. Mas ainda são uma minoria mínima e impopular. Aliás já está correndo sangue, assim mesmo. A dissolução do cortejo integralista pelos comunistas, foi uma das coisas mais nobres, mais devotadas, mais incríveis (pelas circunstâncias), que já se deram aqui.

Ciao, por hoje. Lembrança pra Raquel Bastos e abrace o sempre,

Mário**

---

* Sic.

** Carta datilografada, exceto na assinatura e em poucas e breves emendas (a lápis).

9

S. Paulo, 3-IV-35

Meu caro Osório de Oliveira,

Você não acreditará? Estou-lhe escrevendo durante uma aula, em plena aula, o que sem dúvida é mais sintoma de excesso de ocupação e prodígio de habilidade que escrever três cartas ao mesmo tempo. Mas nesta mesma sala-de-estudos ou estúdio se você quiser, seu português, onde principiamos mais exatamente nossa vida de amigos, me rodeiam neste momento cinco alunos. Um colhendo dados pra um livro sobre a Arte Musical nos Sovietes, outro sobre a evolução da cultura musical no Brasil, outro sobre a música japonesa, outra ainda sobre a vida musical no Romantismo, e enfim outra sobre a música alemã do séc. XVIII. Todos estudam, escrevem, me perguntam coisas, oriento, explico e... lhe escrevo esta carta.

Já antes do Carnaval estivera uma vez com o Hourcade, mas tão rápido que deixei pra lhe escrever depois de conhecimentos mais completos. Agora somos muito bons camaradas, nem era possível outra coisa, você estando de permeio. Gostei muito dele, já esteve aqui em casa uma noite, já nos encontramos num concerto, onde aliás demos um encontrão de opiniões, ele, julgando livremente, como um legítimo clerq (não me lembro como se escreve...) e eu com o meu eterninho julgamento pragmático. E o que eu gostara, ele achara ruim, les yeux tournés vers la France, possivelmente, eternelle. Mas eu, hélas, não acredito nos olhos tournés, e gostara. Qualquer dia destes, assim que tiver uma noite mais livre, darei a ele um concerto de folclore brasileiro, via vitrola. É de resto um espírito bastante aberto, franco, um bocado universitário talvez pra meu gosto, e, como você, muito aferrado à já agora impossível atitude livre e individualista de julgamento. Mas inteligentíssimo, muito culto, e muito simpático. Seremos certamente ótimos camaradas, embora eu o escandalize um bocado com as minhas atitudes pragmáticas, em completo aparentemente desacordo com a minha liberdade intelectual. Outro dia já vi que uma afirmativa minha deixou ele bastante desnorteado. Mas isso é de passagem. Estou ótimo do camarada que você me deu.

Recebi por ele a sua "excelente carta" ou missiva, e o desenho adorável da Raquel Bastos bem como a deliciosa página sobre o crítico severo. Severo... Sim, este meu pensamento melancólico não vem de Raquel Bastos ter acreditado no que foi fácil a ela vencer, mas a melancolia me vem sempre por estes mesmos brasileiros que me dizem severo, quando tenho sido pra eles duma bondade pragmática excessiva. Isso é cômico, mas não deixa de ser bastante melancólico. É sempre a mesma coisa imutável. A infinita maioria não quer saber a verdade, nem pretende melhorar, porque já se acredita completamente sábia e a melhor!...

Acabo de receber hoje a revista *Modas* que Raquel Bastos me mandou. Mas que felicidade boa, acarinhante esta em que me sinto de ver que vocês dois, que eu desejei meus amigos assim que os vi e os compreendi, são de fato meus amigos, e se lembram sempre de mim. O que posso lhes dizer é que não me esqueço nunca de vocês, frases, idéias, gestos, que repito ou conto aos outros. E é uma festa nesta casa cada vez que me chega uma linha de vocês. Também deve ser influência de você: alguns poetas portugueses têm me mandado livros ultimamente. Estou assim mais em contato com o lirismo de Portugal, e reaprendendo a amar esse lirismo. É verdade que os movimentos da minha abrasileiração, me levando pra estudos exclusivistas de etnografia, folclore etc. se me pusera* mais intimamente em contato com a alma lírica do povo popular português, me** afastara posso dizer que completamente da alma lírica do povo culto português. Eu ficara em Teixeira de Pascoaes, Augusto Gil, e outros poucos, João de Barros. Estes livros chegados, que se eu visse nos livreiros, confesso nem por sombra me lembraria sequer de manusear (porque as minhas preocupações do momento são exclusivamente outras...) me fazem um bem extraordinário. Os leio, mas os leio na melhor atitude de espectador de artes, gozando de antemão, apaixonadamente desejoso de gostar, sem a mais mínima indiferença, sensualíssimo, buscando tudo o que

* Sic.

** No original: "de".

os autores podem dar pra mim. Descubro o mais que posso, e mais ou menos na certeza de que minhas descobertas nunca serão das que já fizeram chamar* de Índios aos Brasis, ou de "rio de janeiro" à baía de Guanabara. Tenho a impressão de que acerto. E gosto mesmo. Um individualismo mais livre, bem mais contemplador dos movimentos do ser, e por isso mais agudo que o da infinita maioria dos poetas brasileiros, que a precisão de especificar a coisa brasileira deixou por demais objetivos. E isto em poesia pra mim é defeito. Mas se me puser a pensar assim e a lhe escrever sem tirar nem pôr, a carta não se acaba. E não pode ser.

Tenho uns pedidos a lhe fazer: Queria que você se informasse com gente entendida no assunto, se existem em Portugal (e possivelmente desde mais ou menos quando) estes dois costumes:

1 — Os cantadores populares portugueses, bem como os personagens que representam os autos populares, as reisadas etc. usam entregar um lenço à gente graduada que assiste ao espetáculo, pra que esta o devolva com dinheiro dentro?

2 — Nos ranchos dos autos, das reisadas, das janeiras etc. o chefe dos cantadores ou dos bailadores ("Mestre" o chamam aqui, "Apontador" em Portugal) usa trazer consigo um apito com o qual dá o sinal de início e fim de cada cantoria ou dança?

Sei que lhe será caceteação andar indagando isto por aí, mas são coisas que não acho absolutamente nos livros portugueses que possuo, e tenho que tirar a limpo isso. Se alguma das pessoas indagadas souber alguma coisa sobre os bailados espanhóis também, não esqueça de estender a pergunta (principalmente a do apito) à Espanha também. Esse caso do apito iniciando e encerrando danças cantadas dos bailados populares, prática generalizada no Brasil, está me pondo com a pulga atrás da orelha.

---

* No original: "jamar".

E agora páro porque a Climene precisa que eu vá lhe fornecer uma documentação que está lá no primeiro andar. Ciao. Parece que não falei tudo nesta carta, mas não sei o que falta. Decerto não falta nada, e é apenas a sensação ficada de quem se pudesse ficaria falando, falando, falando sem parada, só pelo prazer imenso de se deixar confiar. Vou lhe mandar por estes dias o último número do boletim Filipe de Oliveira, onde dei uma síntese meio por alto do que será o meu estudo sobre o bailado dos Congos. Ciao, mais uma vez. Uma gratidão carinhosíssima a Raquel Bastos, e a você o mais perfeito abraço do amigo,

Mário*

10

S. Paulo, 7-VII-35

Meu caro Osório de Oliveira,

enfim vou ver se lhe escrevo uma carta longa, contando tudo, tudo o que modificou completamente tudo, convulsionou minha vida, me pôs noutra vida. De resto precisarei ter paciência, porque as únicas três vezes em que me libertei do trabalho novo, foi pra escrever aos amigos e lhes contar a mesmíssima coisa. Estou imaginando que é uma verdadeira participação de mudança, e que devia ter mandado imprimir uma carta circular pra todos...

Pois é, tudo se modificou de supetão, e eis que me vi guindado a uma posição bem inesperada. Imagine que me vieram convidar, a este seu amigo que não pleiteava coisíssima nenhuma, para ser nada menos que diretor do Departamento de Cultura e Recreação, que a municipalidade de S. Paulo estava pra criar. O mais espantoso talvez seja contar que aceitei. Este caso de eu ter aceitado o cargo é de bastante complicação. Em sincera e individualista análise devia ter recusado. Mas devia mesmo?... Assim que, completamente admirado de

* Carta datilografada, exceto na assinatura, em poucas e breves emendas, e na repetição de uma meia linha.

perceber que ofereciam um cargo a quem jamais pedira coisíssima nenhuma, me convidaram, manda a mais pura das sinceridades que eu confesse ter imediatamente aceitado dentro comigo. Mas, como devia, pedi uma semana pra refletir. Pesei bem os prós e contras, mas sempre é incontestável, já tinha aceitado o cargo. Acabei, não creio que safadamente, reconhecendo por maior número de razões que devia aceitar mesmo, e aceitei publicamente. Ora a razão verdadeira que me dispunha e mesmo me obrigava a aceitar, creio que não pensei nela, e só depois, depois de iniciados os meus trabalhos é que percebi. Na verdade, meu caro amigo, eu estava num enorme *impasse* intelectual, num beco sem saída que me obrigava desde uns dois anos pra cá a um marcar de passo no mesmo lugar, que me deixava odientamente insatisfeito de mim, ou melhor, incompletado. Era sempre a mesma questão: comunismo, ditatorialismo, liberalismo democrático. Estando com o primeiro, nem teoricamente podia permanecer dentro dele, havia incompetências irremovíveis, principalmente minha crença em Deus. Os fascismos me horrorizam como uma transitoriedade falsificadora de tudo. Estava de não poder mais escrever. E me via necessariamente imposto a um liberalismo democrático, que eu conceptivamente já recuso, mas em que necessariamente consentia, pela incapacidade de tomar partido. Estava ficando um ser bastante incolor, essa descoloração se refletia mesmo no meu ser visível, e os amigos me principiaram achando com um "ar vago". É que toda a minha existência real, isto é dos 25 anos em diante, eu me dera uma finalidade bem definida sempre, modernismo, trabalho pela espécie brasileira, folclorismo, que sempre me enchera. Mas realizado o que tinha de realizar nesse sentido, se viera naturalmente sobrepor ou contrariar a definição pacífica, outra mais imperiosa, mais imediatamente do tempo, a definição política. Por mais que eu covardemente me escondesse no escaninho do folclorismo, adquirira umas enormíssimas orelhas de burro infecundo, que me denunciavam na minha incivilidade a toda a gente. E a mim mesmo também... Acabei por não me ignorar mais, e embora seqüestrasse o sentimento a ponto de não ter nunca posto reparo nela, secretamente eu estava me detestando. Eu me repugnava a mim mesmo. E eis que uma salvadora lembrança do Prefeito vinha me dar novo rumo, e me encher o ser vagante! Hoje, totalmente cheio, vivo, ardentíssimo, apaixonado mesmo, muito embora, dentro comigo continue na mesma espécie de indefinição, isto é um comunista que não consegue atingir o Comunismo, e que se vê pra todos os efeitos difinido politicamente dentro da democracia liberal com que não se sente com cinismo bastante pra pactuar, embora continue nessa indefinição, hoje me sinto completamente cheio outra vez, obrigado, pragmatizado, bem completo, e... proximamente feliz. Este domingo, por exemplo, tendo conseguido por uma habilíssima manobra que obrigou a promulgação imediata, que a verba do Departamento, dos 700 contos que queriam me dar, subisse a mil seiscentos e trinta contos, estou absurdamente enorme, violentamente, sexualmente feliz, venci o Chaco e desvirginei três mouras encantadas. É como se o tesouro fosse meu. E com que displiscência eu leria isso, dois meses atrás, inteiramente desiludido das tentativas oficiais. Desiludido, não desconfiado...

Mas deixe eu lhe contar o que é o meu Departamento de Cultura e Recreação. A Prefeitura* está se dividindo agora, como se fosse uma nação, em vários ministérios, chamados "departamento". Eu sou o que se diria ministro das Belas Artes e Divertimentos Públicos Culturais. O departamento se divide em quatro grandes Divisões: 1º a Divisão de Expansão Cultural (este é o meu cargo legítimo, o de que tenho o título pra efeitos de funcionalismo, pois o de "diretor" como o de qualquer ministro, é cargo de confiança) dividida por agora em duas secções: a de Teatros (municipais) e cinemas, e a da Rádio-Escola (que só principiará o ano que vem); 2º a Divisão das Bibliotecas, que comporta a Biblioteca Pública Municipal (já existente) e bibliotecas** proletárias bem como uma biblioteca infantil (ainda por serem criadas);*** 3º a Divisão de Cultura e Recreação, que comporta três secções: a dos Parques Infantis (três já criados), a dos Esportes (estádio municipal, cujo contrato de construção será assinado por estes dias; praças proletárias grátis pra esportes terrestres e piscinas públicas), e os Divertimen-

* No original: "Prafeitura".

** No original: "biliotes".

*** Sem este parêntesis, no original.

tos Públicos, taxação, alvarás sobre divertimentos em geral, revigoração das tradições festivas perdidas, Carnaval, S. João etc., decoração da cidade etc.; 4ª Divisão de Documentação Histórica e Social, que tem à sua guarda, restaura, traduz e publica toda a documentação histórica do senado da câmara do município; publica uma revista de estudos científicos concernentes ao Departamento, *a Revista do Arquivo*, e faz pesquisas, estabelece estatísticas etc., sobre os elementos, classes, doenças, tendências estéticas etc. etc. de S. Paulo, de forma a oferecer elementos seguros pra que possa com leis e outros dispositivos, elevar o nível da vida paulistana. É uma coisa lindíssima, como você vê. Se houver dinheiro, faremos maravilhas, espero, pois que todos no Departamento somos relativamente moços, eu o mais velho de todos, e todos sonham trabalhar, pouco se amolando em ganhar dinheiro ou deixar passar a vida até que a morte venha. Mais velho que eu só tem o Eurico de Goes, chefe da divisão das Bibliotecas, e realmente doutro mundo, doutro universo de idéias e de felicidade. É a pedra no caminho, do que lhe peço reserva. O Sérgio Milliet dirige a divisão de Documentação Histórica e Social, e um rapaz que você creio não conhece, Nicanor Miranda, a Divisão de Cultura e Recreação. E a mim me coube o esforço ingentíssimo e esperemos que a glória, de organizar tudo isso, e pôr tudo entrosado, regulamentado, se movendo e sendo útil. É lindo, mas vendi a vida. Há momentos de lucidez em que não consigo ver nem num futuro bastante remoto, qualquer possibilidade de eu voltar ao que fui, escritor e livre ser de si mesmo. Mas me sinto outra vez completamente definido e pragmatizado.

O trabalho me espera. Queria ver se não trabalhava este domingo, mas me veio uma idéia sobre regulamentação de anúncios, que quero hoje mesmo botar no papel. Meu mano, chegado do Rio, me disse que não é possível o que eu pretendo, que é contra o Direito, mas não quero perder a idéia, na esperança de que com o Direito haja... acomodações. Você agora está bem inteirado de tudo, e compreendendo enfim o meu silêncio, não era possível, não é possível escrever. Minha sala de estudos está um terremoto. E sujíssima porque a criada está proibida de penetrar nela pra que não se perca um papel. O estudo que eu estava fazendo quando aconteceu o Departamento, ficou exatamente no mesmo lugar e posição em que ainda está. Nunca mais abri um livro, que não fosse de pesquisa pra dar pareceres sobre processos concernentes com os assuntos do meu Departamento. Esses* pareceres são agora a minha exclusiva literatura, hélas!... Faz quase dois meses que não vejo os amigos da Leiteria Paulista, nunca mais voltei lá. Abandonei jornal, abandonei a crítica, abandonei os biscates de artigos pra revistas, abandonei todos os meus alunos particulares. Agora é férias mas estou vendo que terei de abandonar também, pelo menos meus cursos de História da Música, no Conservatório. O curso de piano, nem que chore pitanga não abandonarei. Não só pelos compromissos com os alunos que pego no quarto, quinto ano e levo até à formatura, como porque não sei ainda se ficarei definitivamente no Departamento. Porque se vir que política, burocracia e falta de dinheiro me impedem de ser profundamente útil, deixarei o Departamento e voltarei pró meu cantinho, mesmo que seja pra ir pró diabo que me carregue da indecisão incolor. Vou ser aquele inútil "caçador de pacas perante o Eterno" de que fala Machado de Assis.

Meu** Deus, só me resta um pedacinho de papel! Tive uma felicidade louca recebendo o livro tão delicadamente comovido de Raquel Bastos, o desenho é simplesmente magnífico. E isso de ficar com um exemplar especial, só vendo como me deixou, está aqui, na cômoda das grandes preciosidades. E muitíssimo obrigado pelas indicações folclóricas sobre apito e o Apontador, me livraram de dar uma rata bem grande.***

E agora só te abraço forte, deponho um beijo carinhosíssimo de gratidão nas mãos de Raquel Bastos e vou me atirar aos anúncios. Me escreva contando o que sentiu desta minha mudança completa. Do sempre,

Mário****

---

* No original: "Esse".

** No original: "Meus".

*** No original lê-se também "forte", que foi emendado a tinta para "grande".

**** Carta datilografada, exceto na assinatura e em três ou quatro breves emendas.

11

S. Paulo 11-XI-35

Meu querido Osório

Tenho absoluta certeza de que lhe enviei o *Aleijadinho*, se extraviou. Aqui já está outro sobre a secretária que seguirá junto com o livro do Gollet que amanhã sem falta vou procurar.

Você chegou da África e eu estou chegando de mais perto, de Campos, no Estado do Rio, onde fui mandado pelo Governo em busca duma preciosíssima biblioteca especializada em livros sobre o Brasil e Portugal. Do Alberto Lamego, o historiador da *Terra Goitacá*. Venho esbarrondado de tanto pegar em grandezas bibliográficas e bibliófilas, maravilha. E também alquebrado de tantas inquietações. Trazer essas coisas, com responsabilidade da gente, nunca mais! Arre, que passei umas cinco noites só dormindo pela metade, com a vida num segundo andar, bem vivinha e sem sono, tecendo inquietação. Agora já sosseguei, mas vim encontrar um mundo de trabalho, que vida, seu Osório, que vida estou levando. Dei pra operário, pra nem sei o que diga, burro, burríssimo e ignorantão. Leitura é coisa de que ouvi falar. Não leio mais. Minha esperança é que o lastro guardado sirva pró gasto até que as coisas se normalizem.

Não seja tão incrivelmente egoísta e me conte o resultado sentimental e intelectual da sua viagem. Exijo carta longa desta vez, carta pra mim.

Lembrança afetuosíssima para Raquel Bastos e abrace o sempre

Mário*

12

S. Paulo 3-III-36

Osório

Gaste-me o último cartucho que me parece viável. Escreva ao dr. Júlio de Mesquita Filho, diretor do Estado de S. Paulo, rua da Boa-

* Carta manuscrita.

Vista, uma carta pedindo emprego aqui. Conte-lhe a situação em que você está e não se esqueça de contar que o querem mandar pró fundo sertão de Moçambique. O pormenor é importantíssimo. O caso é que foi convidado para reger a cadeira de Literatura Portuguesa aqui na Universidade o Fidelino de Figueiredo e parece mais provável que recusará. Assim sua carta chegará no momento em que se estará provavelmente na indecisão e à procura de alguém. Acabo de saber, hoje, que o Júlio de Mesquita Filho tem simpatia por você e admira você. *Porém o pedido terá de partir de você*, e se possível, que venha de avião. Seria conveniente você pedir "qualquer coisa", um lugar no Estado, uma cadeira de professor, coisa assim. Tudo isto está meio enigmático, eu sei, mas nada posso lhe explicar e urge que esta carta voe. Recebi o *Garrett* que ainda não li porque não corto exemplares com dedicatórias estimadas. Mas já encomendei meu exemplar na Universal. E ciao por hoje. Não sei quando poderei lhe escrever, você não imagina a minha vida. Ciao. Lembranças a Raquel Bastos.

Mário*

13

S. Paulo, 24-8-36

Meu querido Osório,

faz já uns vinte dias que acabei de ler o *Roteiro*. Acabei é história. Foi** num domingo*** de frio, me deitei porque não havia meios da gente esquentar, deitei de luvas, bem coberto, veio vindo um calorzinho quase africano afinal, abri o livro e três horas depois o roteiro estava feito a seu lado, com as suas reflexões principalmente, e a sua língua que é do melhor estilo, puxa como você escreve bem! Está cada

* Carta manuscrita.

** No original: "Fou".

*** No original: "domindo".

vez melhor, não sei, considero você um estilista admirável, dum estilo desaparecido, discreto, sem "estilizações" está claro, duma perfeição, duma pureza essencial. No livro, vi pouco da África e muito de você, você olha pra dentro. Li também muito do que você não escreveu e senti não poder ler tudo o que você não pôde escrever... É uma* pena este mundo. Mas seu livro me causou deliciosa impressão, acredite. E você já conhece a aspereza agreste de minha sinceridade.

Como vão vocês dois e como vai Portugal. Não sei se já lhe confessei um dia que Portugal é realmente a única terra do mundo que eu desejava viajar. Viajar um pouco à minha maneira, meio incógnito, fazendo minhas etnografiazinhas de emprestado, e vivendo. Sobretudo isto: é o único povo que, sem o natural amor do humano que é sempre uma espécie de saber, eu desejava viver. Está claro que de vez em quando aparecer prós amigos, sobretudo você e Raquel. Mas desaparecer de novo logo em seguida, puxando conversa com** o primeiro Português que passasse, entrando em confidências, pedindo conselhos, amando, falando também um bocado de safadezinhas, que também aspiro à gratuidade de Macunaíma. Pois me deixe fazer esta confissão pra você, porque sei que ela lhe agradará. Queria viver Portugal, desoficialmente, como um anônimo, gozando por gozar.

Foi por isso que me saiu aquela frase meio estúpida de juntar Portugal a vocês dois, na pergunta de como vão. De repente me surgiu um Portugal secretamente aspirado em amizade, e que não tem nada com o Portugal da Geografia — da mesma forma que nada tem que ver com o Rio de Janeiro conhecido, o que fiz, faz pouco mais de mês.*** Passei lá três dias sem que nenhum conhecido soubesse disso. Não vi ninguém, nem o amigo mais íntimo. Desapareci. A vida me engoliu, e vivi com uma acuidade prodigiosa o "vou-me embora" da nossa tradição poética. Alma de nômade neste sedentaríssimo amigo de você.

Minha vida, um verdadeiro prodígio de malabarismo pra vencer a trabalheira. Não venço. Fica muito trabalho por fazer, o tempo

* No original: "um".

** No original: "co com".

*** No original: "mês,".

não dá e a luta é enorme contra burocracia, contra o excesso do que está sobre os meus ombros, e contra também a falta de especialização de alguns. Dentro dum mês mais ou menos sairá em separata a lei reformando os serviços da Municipalidade e lhe mandarei uma pra você ver exatamente a constituição do meu Departamento. Coisa espantosa é que em França acaba de se fundar um Sub-Secretariado, absolutamente igual ao Departamento de Cultura daqui. Chega mesmo a causar assombro a identidade absoluta, só faltando lá as documentações históricas sociais e estatísticas, já existentes, e acrescentando as manifestações de escoteirismo oficial, já aqui existentes e adstritas ao Estado. Ontem estivemos rindo duma revista francesa, o *Lu,* que deu um número especial sobre o Sub-Secretariado novo, elogiando a Frente Popular pela criação de bibliotecas populares, infantis, circulantes, "como existe na América do Norte". Tudo isto já existe aqui no Departamento, e também cursos de biblioteconomia preparando bibliotecários. Está claro que a modéstia e a pressão da tradicional grandeza européia não nos permite a vaidade de acreditar o novo departamento francês feito à imagem e semelhança do nosso, mas é certo que já um dos professores franceses daqui tinha escrito e publicado em França uma notícia sobre o nosso Departamento e a constituição dele. Mas o simples fato de ter havido coincidência nascida de necessidades específicas, já nos deixa vaidosíssimos. Também no Brasil o Departamento vai criando filhotes. Acabo de receber de Curitiba, um ofício da Municipalidade, pedindo organização, regulamentos e tudo. Vou mandar com comentários, pra facilitar. E no meio de tudo isto, o escritor em mim, o escritor gratuito desapareceu. Que pelo menos ponham algum dia, se alguma vez escreverem uma bibliografia minha, o Departamento de Cultura. Não tenho a vaidade de sequer imaginar que ele é obra minha. Mas que cinqüenta por cento dele é obra minha, pra você posso falar.

E basta, que tenho de me arranjar. Hoje é segunda e estou com a perspectiva duma semana meio atrapalhada, menos trabalhosa que útil. Terei de bancar cicerone pra visitantes de passagem, e um maestro novo (que é paulista já idoso) que mandei buscar no Rio pra dirigir um dos nossos concertos públicos que será no sábado. Jantares, delicadezas, inutilidades, rapapés, etc. Em todo caso, vou ver se termino a descrição e exposição documental duma Congada, que colhi em Mogi das Cruzes a 30 de Maio passado. Até agora não pude coordenar as notas tomadas, imagine!

Aliás, desde o dia 30 de maio *do ano passado*, sei exatamente o dia por causa de ter sido o dia da minha nomeação pra diretor do Departamento de Cultura, estou pra reler e mandar uma cópia pra você, do estudo histórico-etnográfico que acabara nesse dia de manhã, sobre o texto da Nau Catarineta. Precisaria que algum etnógrafo português que tenha lidado com o romanceiro daí, lesse isso. Como não posso conhecer toda a bibliografia portuga sobre o assunto, tenho medo de abrir alguma porta aberta. Mas desconfio que os textos portugueses mais antigos que se conhece da Nau Catarineta são os colhidos por Garrett, ou melhor, as referências diretas mais antigas. Ora encontrei uma referência e descrição em prosa muito mais antigas, num capuchinho italiano. Delirei. Depois tive o desgosto de ver que o Afonso de Taunay já lera o capuchinho e já num livro dele se referira de passagem sobre essa referência à Nau Catarineta (bailado). Escritores portugueses garantem que a Nau Catarineta é do século XVI ou pouco anterior, do tempo em que se popularizou e fixou o romanceiro luso. Mas não dão prova nenhuma, pelo menos os que pude ler. De maneira que fiquei muito assanhado com essa minha (Taunay antes) descoberta de texto quase da época, descrevendo o caso e a representação.

Mas estou parolando por demais. Adeus, Osório. Ainda não recebi o Romance de Garrett... Por estes dias lhe mandarei uma bomba que escrevi como paraninfo dos diplomandos do Conservatório. Ciao. Me recomende afetuosamente à Raquel Bastos, e abrace com toda a amizade-mor este seu de sempre

Mário

não releio*

* "não releio" foi escrito ao alto da primeira página — a lápis, como a assinatura. No resto a carta foi datilografada, notando-se várias falhas e trocas de letras.

14

S. Paulo, 23-II-37

José Osório,

peço a você ver se descobre a direção do Luís Moita e lhe entregar a carta que vai junto. Leia primeiro, que é a expressão dum espírito meio desiludido. É que acabo de receber um golpinho bem duro esta tarde e estou assim. Amanhã passa. O golpe foi apenas destes músicos crianças afinal, que tirei dos apertos financeiros danados em que se debatiam, que empurrei pra diante fazendo-os compor, executando as obras deles, sugerindo criações, e dando-lhe* lugar fixo nos agrupamentos musicais do Departamento. Isso faz um ano e um mês. Andam fartinhos agora, já sabem rir prá vida, bem vestidos e de barriga cheia. Pois hoje me entregaram um relatório ou coisa que o valha, exigindo uma porção de coisas, se não abandonam o trabalho em meio e me deixam no apuro de buscar gente e de novo perder tempo, e perder mais tempo até que possa de novo apresentar trios e quartetos bem timbrados e harmônicos como conjunto de artistas. Mas estou me queixando.

Faz bem tempo que não nos escrevemos. Neste espaço achei jeito de ficar doente outra vez. Me aproximei violentamente da morte, dizem que foi medonho porque não me lembro de nada. Cinco médicos fizeram conferência pra saber se eu morria e acabaram dizendo que era melhor esperar pra ver se eu morria ou não. Foi que veio uma gripe em novembro e eu estava fisicamente desamparado por excesso de trabalho, má alimentação e não sei que mais. No fim duma semana era a própria figura do martírio, pan-sinusite, otite aguda nos dois ouvidos, bronquite e mais inflamações e pus. Meu organismo se diluía, sem nenhuma faculdade de reação enquanto as dores me diminuíram a altura de meio metro. Foi nesse ponto que os sinos principiaram dobrando. Vieram as manifestações de meningite, como se o resto não bastasse e ninguém deu mais nada por mim. Pois resisti, companheiro. Injeções, injeções, injeções, vitaminação forçada, tratamentos ferozes, até que dei de novo acordo de mim e pude um dia me

* Sic.

contemplar na minha doença. Contei nove dores diferentes e simultâneas e cinco barulhões incendiários nos ouvidos. Quando relatei pró médico as minhas contas e pude descrever as dores, ele reconheceu todas elas e meio que se atrapalhou na explicação dos barulhos. Era barulho por demais duma vez só, e o médico ficou aturdido. Do que se passou nesses vinte dias não sei. Mas ficaram os cadernos de conversação, que eu falava muito mas estava completamente surdo, e me respondiam por escrito. É uma coisa interessante de se ler. Na crise maior, dava ordens pró Departamento, mandava fazer coisas, decidia de outras, como se estivesse no uso do meu poder. Em dezembro renasci, em janeiro convalesci no Rio e em fevereiro reassumi meu cargo.

Sinto agora meio que uma precisão de reatar os fios duma existência que quase foi-se embora. Faz muitos dias que estou pra escrever a você, quando me chegou o livro do Luís Moita, que eu já lera, pelo interesse do assunto apenas e que me entusiasmou pelo valor do escrito. Hoje, escrevendo pra ele e sem saber pra onde mandar a carta, logo me tornou a saltar na lembrança você que eu desejo prender de novo em minha vida. O que você está fazendo? Como vai sua mulher? tem cantado muito? por que não me manda alguma vez programas que realize ou em que tome parte? De você tive apenas um cartãozinho, com essa sua detestável mania de escrever cartões postais, quando eu quero saber, saber muito.

Tem recebido a revista do Departamento? Breve lhe mandarei o relatório do Prefeito à câmara, em que provavelmente sairá na íntegra o relatório que mandei a ele dos trabalhos do Departamento em 1936. Pra você que conhece bem o ramerrão desta vida de província, deve soar bem o aceso dos nossos trabalhos. Este ano realizo um Congresso da Língua Nacional Cantada, cujos convites e prospectos estão se imprimindo e você receberá. Procuro fixar as bases da dicção do canto brasileiro. O Departamento fará o anteprojeto que será discutido e aprovado pelo Congresso entre filólogos e profissionais de canto. Creio que a coisa vai se tornar bem interessante e que sairemos do Congresso mais ou menos fixados de como deva ser a pronúncia das palavras da língua, quando transportadas pró canto. Não é interessante a tentativa? Ninguém sabe pronunciar no canto em pronúncia brasileira. Um diz "pêquênina" outro "pêquinina" e outro finalmente "piquinina", no maior dos desleixos. Vamos a ver se se bota uma norma nisso, ou se os cantores vão se tornar mais cuidadosos. Saíram os primeiros discos corais gravados pelo Departamento. Tenho interesse em mandar essas obras a você, contanto que você me escreva alguma coisa sobre elas. Pois não tenho direito de dar discos, a não ser pra efeitos de propaganda. Estou também meio com medo deles se quebrarem no transporte, mas vou ver se arranjo um jeito de irem sem perigo de vida. Já gravei também o quinteto de cordas, de Carlos Gomes, obra estranhíssima, tentativa única de quem escreveu só óperas. Pois é de muito valor, e prova definitivamente que Carlos Gomes tinha mesmo uma genialidade que a gente facilmente se dispõe a negar, contemplando as óperas... Enfim, atividade plena, embora um pouco melancolizada pelos restos da doença que ainda não me abandonaram. Principalmente os ouvidos ainda não se normalizaram, embora a audição já esteja perfeita no direito e quase isso no esquerdo. E agora basta de conversa fiada. Lembrança a Raquel Bastos e abrace o sempre

Mário*

15

S. Paulo 15-XI-37

Meu querido Osório de Oliveira

Nesta manhã calmosa em que no mais morno e indigesto silêncio humano se comemora o aniversário desta República, respondo finalmente à sua carta de março deste ano. Sim, estou calmo. Estou mesmo numa enorme calmaria, dessas que obrigavam o veleiro a esperar longo tempo reclinado na mesma onda, até qualquer ventinho chegar. Você já terá algum conhecimento dos casos políticos desta terra de cá e que estamos no regime (?) da ditadura. Por enquanto civil. Creio que não tarda a militar. Meu mano preso no Rio, mas é provável que sem perigo. Uma prisão amável, bem brasileira, podendo receber

* Carta datilografada, exceto na assinatura e em poucas e breves emendas.

visitas, telefonando diariamente prá família. O Armando de Sales Oliveira preso e virado ex-candidato, da mesma forma que o José Américo. Mais uma vez a ditadura visa muito particularmente S. Paulo, mas, sob todas as aparências, visando salvaguardar S. Paulo de intervenção interrogativa, estranhos militares de voz reta aqui mandando, o governador do Estado aceitou o fato consumado, se conservando no posto. Mas o Getúlio deu 30 dias pra confirmar o governador no posto — o que quer dizer 30 dias de calmaria e suspensão angustiosa. O prefeito se conservou também no posto. Mas estes dois, e só eles, tomando o propósito de ficar, dividiram extremamente a família democrática do Estado. Por enquanto na ordem dos serviços públicos tudo vai seguindo o caminho regular, mas por dentro de todos se convulsiona a maior bagunça sentimental de que já tive conhecimento. Eu mesmo, que nestes momentos gosto de conservar meu espírito muito isento, julgando, julgando, observando, colhendo coisas, eu mesmo estou bastante vazio não sabendo o que pensar. Não tem dúvida nenhuma que governador e prefeito, ficando, praticaram uma traição pra com o homem Armando-candidato mas será que essa traição se estende à ideologia do partido Armando-candidato? Socialmente falando esta traição seria bem mais grave — o que talvez levou um dos espíritos acomodatícios daqui a falar que o governador praticara "apenas uma pequena traição". Acho isto anedota do melhor quilate. Tanto mais que todos viraram por aqui aqueles filosofetes de salão, bastante renascentes, discutindo coisas assim como a aplicação do sistema métrico à traição. Por mim faço esforços honestos pra não cair nesse minuete, mas o resultado é não ter o que pensar e não saber julgar, vazio. O vazio mais inenarravelmente cor-de-cinza, a que só mesmo os acontecimentos que vierem poderão dar cor menos neutra. Na verdade só o que sei mesmo é que se o governador conseguir se conservar no posto, o que parece impossível, ele terá grande mérito. O caso dele me parece bem parecido com o dos grandes ladrões. Se ficar será grande homem, se cair será o mais cachorro dos traidores.

Quanto a no que fica o Brasil não é possível saber ao certo. Uma constituição nova de espírito aristocrático que se esforça por se tingir de democrático e tem uns laivos fascistizantes. Não se sabe o que é. Por outro lado uma centralização sufocante que parece impraticável.

Exigiria um forte pulso e um grande e arregimentado exército de soldados-esbirros. Os partidos contemplados com este ou aquele artigo constitucional ou pasta ministerial, estão sorrindo amarelo, bastante desiludidos. Mas no estupor destes primeiros dias cada qual vai primeiro tomando posse daquilo que lhe coube na Terceira República.

E quanto a mim?... Fiquei do lado da "pequena traição", mas no íntimo com um desejo enorme de ir pró lado de lá. O meu caso por enquanto só me parece divertido, porque na realidade não fiquei nem dum lado nem do outro. O meu cargo é meramente administrativo, sou apenas um chefe de repartição, chefe de confiança é verdade, porém sem o menor laivo de política. O meu caso apenas tem graça porque se tornou um "caso". Ninguém se lembrou de discutir se o diretor do Departamento do Expediente (cargo político ou pelo menos politiqueiro) ou do Departamento da Fazenda ficariam ou não. Mas já no dia da destruição das câmaras no Rio, se brigava pelo meu caso aqui. Aliás havia mais interrogação que o problema "se eu devia ficar ou não". Discutia-se se eu ficava. Gente muita vindo saber, dois repórteres buscando entrevista, diz-que um jornal chegou a noticiar que eu saía, não vi. Nos meios socialísticos ou socializantes houve, e com razão, bastante desaponto por eu ter ficado firme (na verdade não fiquei firme, como explicarei adiante), porque de fato o que há de mais claro na constituição nova é que, apesar do medievalismo corporativo, se abandonaram várias conquistas socialistas de 34. Mas esse desaponto eu é que sinto. Não chegou até agora a se corporificar em qualquer frase de censura falada ou escrita. Mesmo porque quando peço a algum íntimo um juízo, ele sente a precisão dum bom-senso crítico e acaba afirmando que agi bem. O mais admirável é que mesmo no vulcão armandista que é o *Estado de S. Paulo*, fui posto no banco dos réus e, pelo que vieram me dizer, foi juízo unânime e simpático que as coisas não me atingiam e eu devia ficar. O filho do Armando mesmo me procurou pra me dar ciência desse julgamento do Estado e me dizer que eu devia ficar.

No fundo, Osório dear, acho tudo isso muito irritantemente engraçado porque se vou ficando é por razões, razões não, por causas muito outras e muito mais cívicas. Vou ficando mas moralmente há um desejo enorme de partir em mim, mas com que roupa? Talvez aliás tudo se resolva amanhã mesmo, pois o prefeito, que está aliás sofrendo de enorme inquietação interior, foi aproveitar (?) três dias na fazenda pra resolver se fica ou não. Amanhã cedo se decide. Ora se ele não ficar eu não fico, é lógico. Baixo de posto sossegadamente pra apenas chefe duma das divisões do Departamento, e aí, de unhas e dentes buscarei me equilibrar. Me equilibrarei? Se a ditadura se conservar no que promete e em sua constituição: me equilibrarei. Se partir pra melhores avanços socialistas: brilharei. Se chafurdar em desmandos fascistas: sairei. Sairei naturalmente trocando o posto por qualquer prisão ou coisa pior. Não, não imagino coisa pior porque o Brasil é amável, os Brasileiros gostam regularmente de mim, e os próprios fascistas têm um indiscreto xodó por mim, porque minhas pesquisas brasileiras, meu "nacionalismo" é facilmente confundível com o lá deles, paciência!... Mas no caso confesso que é preciso ter muita paciência...*

Sua carta admirável merece vários reparos. Pelo menos é preciso uma mise-au-point de certas coisas. Você acha possível um indivíduo distinguir em si vários seres, até às vezes com bastante nitidez de limites entre um e outro, e deixá-los cada qual ser e agir diferentemente?... Creio que você dificilmente aceitará isso, não porque lhe falte inteligência, mas porque você é europeu, quero dizer, tem uma inteligência lógica. Meu Deus, como os europeus são pobremente, restritamente lógicos! Ao que, autorizo você a exclamar "Meu Deus como os americanos são primária, descivilizadamente contraditórios!". Olha Osório: um dia, bem moço ainda, achei que tinha direito à felicidade. Conceituei com algum estudo e a experiência bastante turbulenta que tinha do sofrimento, conceituei a felicidade. Errado ou não, adquiri um conceito firme da felicidade e procurei aplicá-lo com uma violenta força-de-vontade e conquistei essa felicidade. Felicidade é fenômeno puramente individual, de foro interior ("a própria dor é uma felicidade"). Não pode haver felicidade coletiva. Felicidade coletiva tem outros nomes: bem-estar, bem-estar, bem-estar. Felicidade é pois isentar o ser individual de qualquer irracionalidade coletiva. Felicidade

* A primeira parte desta carta — até aqui — foi publicada por Arnaldo Saraiva, na revista *Colóquio — Letras*, nº 15, setembro, 1973, pp. 46-48. A continuação da carta foi publicada pelo destinatário — com duas ou três ligeiras incorreções — na revista *Atlântico*, nº 2, Lisboa, nova série, 1946, pp. 4-7.

é, mais, realizar o seu próprio destino, em todas as tendências do ser, físicas, psicológicas. E basta. Sei bem os horrores que se pode falar desta filosofia simplista. Achar que cada um tem sua moral própria, será um horror para todos os filósofos do mundo talvez. Isentar assim o ser, da coletividade, é um individualismo desbragado, que arrepiará mesmo as próprias cobras. Sim, os répteis... Mas é que não estou fazendo filosofia, estou apenas me conquistando pra mim, porque sinto que tenho direito à felicidade. Pessoal. Pois creia, amigo, essa felicidade pessoal eu conquistei e é toda uma longa norma de viver. E se sou o que sou é porque todas as minhas tendências eu realizei e me levavam ao que sou. Se me levassem a ladrão ou mendigo: eu seria um admirável mendigo ou admirável ladrão.

Mas, você me dirá, se afinal um dia se resolver como o Manuel Bandeira a reconhecer depois de quinze anos de recusa, minha felicidade, mas, e o mundo? e a humanidade?...

A humanidade como coletividade é a coisa mais irracional, mais besta, mais pútrida, mais frágil, mais incapaz, mais sórdida que se pode imaginar. Mais dolorosa, também? Ponhamos: mais dolorosa também. E eu sou humanidade. Compartilho dessa irracionalidade, dessa podridão, dessa incapacidade, dessa estupidez, dessa sordidez, dessa dolorosa miséria. Não tenho a menor esperança de que a humanidade melhore. Não há socialismo, não há comunismo, não há fascismo que faça a humanidade melhorar. Não consigo em meu foro interior reconhecer progresso na libertação dos escravos, no socialismo, nem em nada. Aliás lhe confesso intimamente que sempre desejei e desejo ter uns quatro ou cinco escravos debaixo de mim, seriam felizes... Mas sou humanidade e como tal ajo, penso, sofro *pra com a humanidade*. Aceito e pratico em mim coisas que repudio socialmente e condeno publicamente. Minto.

De todas as más qualidades cínicas do indivíduo só uma não tenho: não sei desprezar. Amo, amo apaixonadamente os outros seres humanos, tenho dó, sofro com eles e por eles e... e! sacrificaria sorrindo não apenas a minha própria felicidade pessoal, mas meu ser que goza tanto a vida, em proveito dum maior bem-estar humano. Será isto uma das minhas muitas contradições... Mas é que não faço também o menor esforço pra ser intimamente lógico. O ser lógico é duma pobreza pessoal assombrosa, a meu ver. Vocês, os Europeus. Não acredito absolutamente em superstições, e pratico todas as que conheço. Mandei mesmo buscar na África um pedaço duma famosa pedra que em se desejando convictamente qualquer coisa com essa pedra fechada na mão, a coisa se realiza. A primeira vez deu tão assombrosamente certo que fiquei com medo da pedra. Às vezes não tem dado certo, a maioria das vezes, mas de vez em quando, se me lembro, uso a pedra, me dá um conforto... Mas rio dela que você não imagina. Ah, mistério, mistério, mistério rondando, forças invisíveis, telefones ligando, amores e bons vinhos, um vento que trouxe idéias, cavalos admiráveis de beleza muito mais belos que o ser humano, pragmáticas, tradições, livros, cânticos, esperanças, dores, dores e dores, é o diabo! Palavra-de-honra que é o diabo. Sou o diabo. Sou o iluminado diabo Platariviux que atualmente ama com delírio a princesa Ilrybritlinitzy, minha sobrinhinha de oito meses, mais graciosa que recém-nascidos macaquinhos. Tenho um bruto dum orgulho de mim mesmo. E essa é a principal razão por que não tenho a menor vaidade.

Não sei, meu amadíssimo Osório, se você continuará me aceitando assim tão negro, tão moralmente podre. Salva-se apenas que esta podridão eu guardo pra mim. Guardarei mesmo? Ultimamente principia me inquietando um problema moral curioso: tenho a impressão de que tudo quanto escrevo é muito deletério e que a minha própria convivência é deletéria. E isso me está amargando muito. Em torno de mim sobe a sombra dum suicídio de moço,

Vai-te embora! vai-te embora, rapaz morto!
Oh, vai-te embora que não te conheço mais!
Não volta de noite circular no meu destino
A luz da tua presença e o teu desejo de pensar!
Não volta oferecer-me a tua esperança corajosa
Nem me pedir para os teus sonhos a conformação da Terra!...

sobe a sombra dum rapaz que se suicidou e de cujo suicídio jamais me inquietou o mínimo remorso, a menor consciência de culpa. E como poderia ter culpa a respeito dum... "anormal" (como dizem os outros), com quatro ou cinco suicídios na família, que se suicidou por causa duma mulher e dos pais lhe terem cortado a mesada. Que se suicidou *porque não me encontrou* nessa noite, pois já o tirara umas quatro ou cinco vezes de dentro do suicídio. Mas hoje esta razão dele não ter me encontrado nessa noite em que me procurou desesperadamente, até meia-noite, e várias vezes, em todos os lugares onde eu poderia estar, essa razão de não ter me encontrado me parece a única razão. Sempre foi aliás a única razão, só eu sabia curá-lo. Mas agora me parece a razão... moral! É porque a junto a outros casos de rapazes, uns comunistas, outros fascistas que me buscam, outros *sempre* apenas ditatoriais (que é o espírito do tempo), e, não sei, boto tanto cuidado em confirmá-los em sua ditatorialidade (por ser a Verdade *atual* e eu renego), tanto cuidado em não discutir e muito menos destruir a verdade comunista ou fascista lá deles, minto tanto no que sou, ajo com tão cuidadosa hipocrisia, mas eles... serei eu que os vou deixando assim aos poucos tão livres, tão soltos de tudo, tão aceitadores de mim quando sou o primeiro a lhes dizer que não me aceito, me renego, sou séc. XIX, sou podre, estou errado? Decerto das minhas obras, pois que por elas me procuram, sai um miasma deletério que não desejei pôr nelas, que pretendi não pôr nelas, e é o caso medonho de eu ser pessoalmente feliz. Isso que os atrai?... por isso me procuram?... Osório, não sei, minha felicidade principia se tornando um fardo, uma pedra que está me fatigando carregar, me tolhe os movimentos... E não tenho mais coragem nem convicção pra aconselhar minha felicidade a ninguém!

Desculpe estas lastimáveis confissões de amigo. Talvez agora você compreenda mais profundamente minhas idiossincrasias. A vida tem sido amável pra mim. Aparentemente. Mas nem mesmo aparentemente a vida tem sido amável pra mim, pela simples razão que me queria sem pão, miserável, sem família, sem amigos, sem admiradores, sem inimigos nem amores, e a vida continuaria sempre amável pra mim, porque não é ela que é amável, a felicidade é que é minha, esta enorme, desilusória desligação. Ou incapacidade de ligação.

Você compreende agora por que às vezes a queixa alheia me irrita? Você compreende agora toda a violenta ânsia com que me agarro a um qualquer sentido humano e coletivo da vida, nas minhas obras e em meu rito, não hesitando em praticar o pragmatismo e a mesma demagogia? Vem do orgulho. Vem da insatisfação. Vem da identidade de quem sente no queixume alheio, o seu próprio queixume que renegou.

Vem do desprezo. E vem, meu Deus! vem também e talvez principalmente dum desapoderado amor.

Mas dentro de mim corrói tudo, íntimo, nascido comigo, imponderável, irreprimível um safado, um cínico conformismo, que é gota pingando minuto por minuto e tem mil séculos de experiência desesperançada. Mas eu renego isso que não posso atalhar, juro que renego. Não tenho a culpa de. Ao passo que tudo o que há de melhor no meu ser se revolta, não se conforma. O meu espírito, tudo o que eu sei, me leva a desprezar, me leva ao conformismo. É a paixão, é o amor quase carne, espontâneo e melhor, muito melhor que o espírito que é não-conformista em mim. Esse amor é que, sinto, me levou ao que já tenho escrito. É o que me leva à minha força de ação nos meus domínios de ação.

Queria lhe contar ainda tudo quanto tenho feito e vivido nestes meses muito fecundos em que silenciei entre nós. Mas agora não posso mais, esta carta incrível e tão longa me esfalfou moralmente. Sinto uma vasta melancolia. São doze horas, vieram me chamar pró almoço, não tinha fome. Vou me vestir, cuidadosamente bem, pra que a roupa não demonstre como estou por dentro. Depois, não sei bem, é certo que vou sair, mas ainda não sei onde vou. Provavelmente preferirei vaguear sozinho, vendo gente. Pouca gente neste dia de festa sem nenhuma festa. Mas já sei que não me será possível ver ninguém.

O melhor abraço do

Mário*

16

Rio, 4-XII-38

Meu querido Osório,

aqui estou com uma carta de você pra responder faz pouco menos de mês. Me deu uma grande alegria, mas a ausência não me fazia

* Carta manuscrita.

imaginar fosse mágoa de você, mas apenas ausência, trabalhos, a vida. Se soubesse da mágoa, teria entrado com o meu joguinho de carícias, e seria tão sincero como a verdade, você havia de se render. Mas eu também, meu amigo, curtia mágoas que, no caso, ouso dizer bem mais intensas e variadas. Estou passando um dos anos de maior sofrimento e inquietação de minha vida, embora talvez isso pouco transpareça na minha atitude de ser. Uma transformação brusca e já então inesperada de governo, depôs S. Paulo de novo nas mãos do Perrepê. Do Perrepê e de uns ex-separatistas que parece eram apenas aproveitadores da idéia para subir. Hoje só falam no meu amigo Getúlio e em fidelidade, não à nação, está claro, mas ao Getúlio. Confesso a você que apesar disso e do que se diz estarem fazendo em S. Paulo, não acho meio de os odiar. Compreendo demais pra odiar. E parece que levianamente a Alzirinha Vargas, filha escorreita do chefe da nação, deixou escapar a uns três possíveis amigos, numa estação de águas, que a mudança do governo paulista fazia parte do grande plano de estragar definitivamente S. Paulo, empobrecê-lo, de forma a dar maior unidade entre os estados do país... Mas nem isto, confesso a você, se for verdade, consigo achar um mal! Estou horrorosamente incapaz de me decidir* entre uma e outra verdade, em coisas de política. E não sei amar suficientemente terras e torrões natais, pra tomar partido por S. Paulo, estranha incapacidade política, estranha incapacidade também de amar as coisas que só me pertencem idealmente, esta minha... Fico triste às vezes de ser assim, mas sou. Deve estar guardado comigo algum egoísmo monstruoso de que não dou conta bem, porque a sensualidade de viver gostando de tudo e de todos, faz de mim um generoso em perpétuas dávidas.

Você me felicita pela possibilidade de agora dar continuação à minha vida literária, duvido que volte mais a ela. Pelo menos por enquanto desisti disso. Me interessaria primeiramente dar andamento ao Pancada do Ganzá livro de técnica. Mas isso é impossível aqui no Rio, nesta sempre sua casa ou quarto da Rua Santo Amaro, 5, apart. 46, longe dos meus fichários e meus livros. Só trouxe para cá uns mil volumes,

---

* No original há um "e" antes de "entre" (fim de linha).

apenas os que diretamente tratavam de História das Artes Plásticas e de Filosofia da Arte, as duas cadeiras de que sou agora catedrático na Universidade do Distrito Federal. Ambiente modernista, de bastante caráter universitário, em que, com a nomeação de catedrático, fui simultaneamente guindado à posição de diretor do Instituto de Artes, uma das cinco faculdades que perfazem a nossa universidade. Mas, se é certo que de supetão, pude arrebanhar em minha própria biblioteca de S. Paulo uns mil volumes das disciplinas que tinha agora que lecionar, não é menos certo que jamais estudara estes assuntos com aquela sistematização necessária pra um professor honesto. O resultado é que sou obrigado a estudos intensíssimos, que me tomam dia e noite, pra fazer coincidir a cátedra com o meu instinto de honestidade. Basta lhe dizer que tenho aqui no Rio uns quatro ou cinco amigos dos melhores, e que ainda não vi! Passo o dia em casa, estudando e preparando as minhas aulas. É sempre uma deliciosíssima vida, pois faziam positivamente três anos que só com extrema raridade lia um livro de cabo a rabo, e que não me entregava a esta volúpia incomparável de estudar, de pensar especulativamente, na pura e azulíssima gratuidade de pensar.

Mas tudo isto é no vago e no vácuo, companheiro, meu cargo é, como o de todos os professores da universidade, em comissão apenas, e a própria Universidade, muito combatida pelo seu aspecto francamente moderno, e por outro lado muito invejada.* O próprio ministro da Educação, esse espécie de meu amigo que é o Capanema tem inveja dela e quer destruí-la, por meio de encampação da Faculdade de Filosofia e Letras, e fechamento do resto... Não está nada agradável por isso, a inquietação domina o meu espírito, não arranjo outras coisas que me dêem suficientemente pra me sustentar aqui no Rio, não me arrisco a trazer todas as minhas coisas de S. Paulo, livros, obras de arte, coleções de imagens e de gravuras antigas (enormemente aumentadas) móveis etc. as despesas com viagem e instalação superficial me fizeram ficar devendo aí para uma dezena de contos que estou pagando com dificuldade, vivo em regime de economia, economia do que ganho, coisa que jamais fiz em minha vida, faltam-me tapetes no chão,

* No original, vem uma vírgula (seguida de maiúscula).

pratos pra mais um apenas poder almoçar comigo, e sobretudo me inquieta essa assombração doloríssima de ter que voltar pra S. Paulo algum dia. Isto então, me horroriza.

A minha saída do D. de Cultura foi das mais ferintes. Fui substituído acintosamente no mesmo dia em que pedi a* demissão, poucas horas depois, nesse mesmo dia o novo diretor já me aparecia no Departamento, pra espiar as coisas como estavam, no dia seguinte, na primeira hora de trabalho tomava posse, e três dias depois surgiam no Departamento, em todas as suas repartições três sujeitos, dois do Departamento da Fazenda e um, estranho à Prefeitura (!) mas da confiança do prefeito novo, e com ordem do novo Diretor pra receberem todos os livros, cadernos de cheques, dinheiros em caixa que tivéssemos pra uma verificação que tinha de alcançar os nossos três anos de existência, fiquei gelado. Eu, sim, eu, eu sabia que não roubara, e o mesmo garantia de alguns dos meus funcionários superiores; mas, a verdade nua e crua, é que, na ânsia de fazer coisas, eu jamais cogitara de tomar muita atenção ao movimento dos dinheiros pra ter certeza de que não teriam roubado alguma coisa! Minha doutrina, sempre proclamada e posta em prática, era animar a produção, fazer, mesmo se alguém roubasse ou se aproveitasse no entremeio. Prefiro francamente, cinicamente isso, a não fazer, ou fazer pouco, preocupado em desconfiar de todo mundo, contar níqueis um por um, pra que nada seja levianamente gasto. Imagine pois que semana eu passei, enquanto aqueles três danados, esmiuçavam contas e mais contas, livros e mais livros, mesmo as prestações de contas aprovadas pela Câmara Municipal, quando em exercício! Foi uma devassa em regra, mas no fim dela, com imenso espanto de um milhão de Paulistanos, espanto até meu [...], os três sujeitos afirmavam em voz alta e bastante assombrada, sem ocultar o assombro em que estavam, afirmavam que tudo estava certo, ninguém não roubara nada, e o D. de Cultura não era o antro escuso em que se praticavam todas as falcatruas da antiga prefeitura. Tinham que ir procurar antro menos limpo. A situação mudava, a severidade solene com que o novo diretor nos tratava já tinha seus sorrisos, e o prefeito

* No original: "pedia".

que é um bobo e um unha de fome, mas não é um burro nem um desonesto, já se debatia com o palácio, se opondo às aspirações deste, que eram de nos eliminar a uns quatro ou cinco sumariamente pela demissão que um artigo na nova constituição permitia. Mas o lugar e S. Paulo tinham se tornado não sei se pra sempre odiosos pra mim. Escrevi ao Augusto Meyer aqui no Rio, dizendo que se estivesse vago, aceitava o lugar que ele me oferecera quinze dias antes, ao saber da minha saída de diretor. E, pra encurtar história, depois de várias démarches, não o lugar proposto mas este em que estou, me era oferecido, eu vinha pra cá e aqui estou.

Quiseram então destruir o D. de Cultura, não foi possível. Cada serviço que pretendiam suspender, revista, corais, concertos públicos, discoteca, missão folclórica, Sociedade de Etnografia* e Folclore, um simples relatório nosso provava o interesse, não paulista nem brasileiro, mas universal que a coisa já tinha, e, mais que isso, se abria um clamor na cidade, de que participavam os próprios perrepistas esclarecidos. Se limitaram a cortar as verbas, dificultar até quase a impossibilidade o gasto das verbas conservadas, botar nas asas do Departamento mil quilos de burocracia e papelórios, tudo agora dependendo de despacho do prefeito, o diretor sendo agora apenas um Pilatos em credo. Cada vez que vou em S. Paulo há um choro soluçado de náufragos ajoelhado em torno de mim, é horrível. Da última vez, fui incógnito, só ver minha mãe. Aqui no Rio o papelório abunda formidolosamente sempre e tudo se torna dificílimo ou impossível de fazer. A verba consignada o ano passado pra conserto de prédios escolares, só agora, em fins de novembro, foi posta à disposição da repartição competente, basta este exemplo. Não estou feliz nada, amigo, mas me sinto contente em abraçar você, e mandar carinhos pra Raquel Bastos.

Mário de Andrade**

---

* No original: "Etnigrafia".

** Carta datilografada, exceto na assinatura e em breves emendas.

17

Rio, dia do centenário de Machado de Assis

Meu querido José Osório

Acabo de receber sua carta e o artigo. Talvez por estes dias você receba, se já não recebeu, um artigo meu que lhe mandei, em que havia também uma referência muito sincera a você. Mas, você é perseguidoramente implacável e ainda nesta carta me lembra mais uma vez que não gostei do seu romance. Nisto eu sou mais bondosamente... português que você. Nunca lhe relembrei a sua incompreensão do meu *Belazarte*, que a inteligência deste lado, principalmente a nova, tem pelo meu melhor livro, depois do *Macunaíma*. Eu sinto um malestar danado com estas recordações de não gostar de livros de amigos. Meu impulso, minha ânsia é gostar, e veio disto, aliás, a minha insolúvel briga com Ribeiro Couto, o Espertinho. Não vê que um dia recebo um livro que ele me enviava, creio que o *Baianinha* e logo peguei da pena e lhe respondi com todos os feriados, domingos e aleluias do meu amante coração de amigo. Ora se deu que pouco depois tive que estudar o mesmo livro em público. Estudei-o com amor, mas a atitude era necessariamente outra, nem me lembrei de diferenças de atitude nem nada. Fiz a crítica, com os elogios que o livro excelente merecia de mim, mas fiz também as restrições que implicavam problemas gerais que estavam me preocupando no momento. Ou sempre. Como o caso da "escritura-artista", a que o R. Couto me parecia fugir. E o homenzinho zangou e rompeu relações comigo! Não (isto dizia ele...) por causa das restrições, mas por causa da minha amante carta feliz, que ele acusava de insincera! Eu não sabia de nada e continuava a escrever ao homem sem resposta nenhuma, até que um dia o Manuel Bandeira teve a bondade de me esclarecer que o Couto rompera relações comigo e os porquês do rompimento. Ah fiquei danado. Raiva em que havia, é certo, um detestável despeito (ainda há) de estar perdendo amores com quem já me cortara de sua vida. Isto é que nunca pude perdoar. Ele fez, quando a humanidade lhe voltou, vários ensaios de reatar relações. Fui, sou e serei inflexível. Ele me diminuiu no único direito, na única liberdade que jamais poderei ceder a nenhuma injunção vital: o direito de poder amar sem exigência de troca mas também sem troca por desprezo. Vai nisto o que mais sou em mim: um coração ardidamente apaixonado mas aristocraticamente orgulhosíssimo.

Ora você me vem lembrar em carta, em cada carta, um estado que me foi penoso, deixe disso, m'ermão. O tropeço passou, gosto imenso de você crítico e ensaísta, gosto menos mas ainda gosto do você do *Garrett*, e bem menos, isto é que me dói, do... tabu, o nome não se diz, recalquei-o decerto, não me lembro dele... do livro que não gostei. Passemos pra diante, vamos ouvir Raquel Bastos cantar, leio tudo quanto vejo dela nas revistas portuguesas e ainda sou profundamente feliz com a lembrança inalterável, gostosa, sadia de vocês dois.

Um grande abraço

Mário

O melhor quando você me escrever é mandar sempre as cartas pró meu velho endereço paulista: rua Lopes Chaves, *546* (a casa mudou de número). Estou pra mudar.*

18

S. Paulo, 28-XII-39

José Osório, meu amigo,

diminuí o espaço da máquina de escrever porque estou com a intenção de... me deixar escrever, sem depois reler nem corrigir os erros, me deixar escrever me recostando** em você, amigo português, amigo

* Carta manuscrita. No canto superior esquerdo da primeira página desta carta escreveu José Osório de Oliveira: "Refere-se à *Aventura*, sobre a qual me escreveu uma carta que inutilizei, para que não ficasse essa sombra entre nós".

** No original: "reconstando".

de terra estranha, por isso* capaz, sem que eu me envergonhe, de engolir minhas provas de fraqueza. De covardia?... Hoje é o primeiro dia de umas férias que agora tomei, em estado de desespero, tomei por mim, com risco de perder o emprego, de me ver reduzido em breve a recomeçar a vida com quinhentos milréis por mês! Pois assim mesmo tomei as férias, descansarei por dois meses, suceda o que suceder. Desde 1935 não sei o que são férias, estou exausto. E principalmente estou machucadíssimo. Pois, em grande parte forçado pelas exigências da vida, aceitei fazer crítica profissional de literatura brasileira. Ah, o que isto tem me custado, o que tenho agüentado, o que estou sofrendo!... Desde aliás os meus cursos na Universidade do Distrito Federal que se impusera ao meu espírito a necessidade de, sem evidentemente esquecer os valores espirituais das artes, combater em favor do desenvolvimento da técnica e mesmo até do artesanato. Num país novo, de civilização feita às pressas, campo aberto a todos os cabotinismos, o que eu via, em todas as artes, com exceção dos veteranos e de alguns raros novos, o que eu via era essa safada desfaçatez de vencer a golpes de talento ou de macaqueação do talento. O que esta gente invocava, do nosso Modernismo, era essa terrível falsificação da "liberdade". Sincera ou insinceramente, o que essa gente via em nós, nós que tínhamos agüentado o tranco e não desaparecido com a passagem do movimento modernista, o que essa gente via num Manuel Bandeira, em mim, era um uso total e absoluto de liberdade! Não percebiam que justamente o que nos fizera agüentar o tranco da enchente nova, era justamente a disciplina da liberdade, a consciência técnica, bons e trabalhadores artesãos. Pois resolvi insistir sobre a necessidade de técnica, sobre o valor de objetividade da beleza, etc. E foi talvez o incêndio mais tremendo que jamais tenho agüentado em minha vida. É possível que nos tempos do Modernismo em começo, os insultos e as incompreensões tenham sido mais numerosos e piores. Mas eu é que mudei: hoje sou menos amoroso de mim, menos gozador da sandice ou da infâmia alheia, mais amoroso do mundo e dos homens. Você não pode imaginar o que tenho agüentado. Minhas idéias são deformadas, são torcidas propositalmente, são cortadas pelo meio pra permitir conclusões absurdas sobre

* No original: "porisso".

o meu pensamento; incapazes de uma polêmica, fizeram da causa pessoal deles uma causa de ideologia social, de maneira que toda uma parte mais rubra da imprensa ficou contra mim; e mentiras, calúnias, insultos de uma tal violência às vezes que chegam mesmo a incomodar outras pessoas! Havia um jeito muito simples de acabar com tudo isto: era eu parar, em pura desistência. Nunca fui propriamente messiânico, mas cada vez tenho maior consciência de que não devo parar. A própria reação, o estado de inquietação ou de cólera em que ficaram os "talentosos" de várias gerações diante da minha atitude crítica, me provam que estou acertado, que estou ferindo firme, que o meu gênero de policiamento chegou em tempo. Sem a menor megalomania percebo a repercussão que têm as minhas crônicas de crítica, são cartas, são reproduções, são comentários, são discussões, são brigas. E além dos veteranos que me apóiam e me compreendem bem, como o Manuel Bandeira e tantos outros, há principalmente os novos que agora se aproximam de mim. E são numerosos, felizmente, todo um grupo em Minas, outro em S. Paulo, e repercussões na Bahia, no Ceará, no Recife, no Rio Grande do Sul. É impossível parar. Mas me sinto machucado, os insultos agora me ferem muito pela indignidade, as traições ao meu pensamento me deixam desesperado. Esperemos que estas férias me tragam forças novas, mas lhe confesso, meu amigo, que, no momento, me sinto espiritualmente malferido, numa enorme desolação, numa desértica tristeza. É engraçada esta insaciável ambição: os que se aproximam de mim, os que me aplaudem não me interessam, a bem dizer, não os amo; amo os que são meus inimigos, os que me insultam, os que me combatem, estes é que eu desejava ter mais próximos de mim, conversar com eles, discutir pessoalmente com eles, mostrar-lhe* que não têm razão, que estão errados... Basta.

Recebi seu ótimo livro sobre a nossa literatura. Não lhe mandei a crônica que escrevi sobre, porque o Amorim mandou. Ainda numa crônica pra S. Paulo dei notícia do livro, mas puramente de passagem, estava enumerando acontecimentos artísticos, como faço todos os meses, e dei um período ao seu livro. Mas não pode lhe interessar, são apenas elogios sem crítica, chamando a atenção dos paulistas para o livro.

* Sic.

E agora vou parar que estou muito cansado. Tive que escrever várias cartas oficiais sobre minha fuga do Rio, donde saí sem licença do Ministro! Estou vendo se arranjo as coisas pra conservar o meu emprego. Lembranças afetuosas pra Raquel Bastos. Bom ano novo pra vocês dois, com este abraço muito fiel do

Mário*

19

São Paulo, 7-III-41

Meu querido Osório de Oliveira

Tenho aqui uma carta sua, de outubro, para responder! Não repare. Talvez agora possa me cartear mais nutridamente com os amigos, usando o refúgio das cartas para os últimos restos de liberdade sensível. Mas talvez breve nem as cartas íntimas sejam permitidas mais. Os napolinis do tempo hão-de por certo refletir: Cartas! cartas íntimas que não tratem dos interesses vitais da NOSSA (deles...) coletividade! isso não pode ser! — E lá virá mais algum decreto-lei proibindo a literatura epistolar e a confraternização das almas não econômico - nacional - socialístico - proletárico - fascístico - racístico - cooperativista - tecnocrático. Bolas!

Aproveitemos o tempo. Esta carta em principal quer lhe comunicar a minha volta definitiva pra S. Paulo, onde continuo morando na rua Lopes Chaves, 546, mesma casa sua conhecida mas com numeração nova. Foi aliás esse problema de voltar pra S. Paulo que causou a demora desta resposta. Uma crise terrível, crise moral danada de que ainda estou cultivando os derradeiros efeitos: uma intoxicação que me encheu o corpo de vermelhidões humilhantes. Mas foi de fato terrível, meu amigo. Quase que ignorei o que era dia por uns quatro meses, em pleno estado de desesperação, em plena consciência de que não dava

* Carta datilografada, exceto na assinatura.

mais nada e estava nu desmoralizado, pelos bares, em bebedeiras terríveis que principiavam no nascer da noite pra acabar no nascer da aurora. Principiei perdendo consciência de mim, coisa que jamais me sucedera, agia agia sem saber que agia, falava sem saber o que falava, em angústias prodigiosas de escapar de mim mesmo. Fiquei meio célebre de ruim celebridade, me telefonavam contando as maravilhas que eu fizera na noite anterior — uma alegria estrondante que tomava conta dos bares, confraternizava toda a gente e nada mais era que o disfarce exterior de uma infelicidade falsa mas formidável. A cura no entanto era tão simples. Na noite em que de repente me falei comigo: "Vou-me embora pra São Paulo", tudo se acalmou de supetão, virei eu. E enfim depois das dificuldades todas ocasionadas pela resolução, estou aqui, aplainadas as dificuldades mais facilmente do que imaginava. Ainda não sei quanto vou ganhar como agregado ao Serviço do Patrimônio Histórico e Artístico na região daqui, não pode ser muito. Mas sempre será muito mais pra quem vinha pra sua casa de volta na perspectiva preliminar de nenhum ganho e na esperança de biscates de jornal.

Agora falo de você. Ou melhor: falo dos brasileiros. Se eu lhe disser agora que da primeira vez que nos relacionamos por causa da sua parte brasileira de realização intelectual, eu tive o pressentimento de que a coisa acabaria por uma espécie de cisão, você acreditará? Não por sua causa, mas por causa dos brasileiros. Ou melhor, pela diferença entre você e os brasileiros. Meu Deus! até que ponto você compreende os brasileiros!... não sei! É possível que você nos compreenda mais do que transparece dos escritos e principalmente de suas cartas, e que não tenha querido nos dizer certos defeitos, ou modalidades de ser defeituosas em face da modalidade de ser da Europa cristiânica, por uma natural delicadeza de espírito, instintiva na elegância intelectual e na cultura elevada. Mas o pior é que os seus próprios atos, as suas esperanças a nosso respeito e as suas queixas de agora parecem mesmo provar fortemente que você nos desconhece no que mais intimamente somos. É estranho: mas você que passou por tantos fracassos nas suas relações brasileiras, até agora parece não ter percebido o único, íntimo defeito, ou modalidade de ser ou fatalidade climática e política e social principalmente que temos e é nossa base de ação e até de sentir:

desorganização moral. Você eu sei que gosta e é realmente dos que mais intimamente compreenderam o *Macunaíma* livro que eu sofri, mas lhe rejeitou, como todos, a lição.

E eis que você não quer que vivamos do "brilho inútil das estrelinhas do céu"!

Contemplemos a coisa com superioridade: Eu sofri meu *Macunaíma* não tem dúvida, mas a nossa desorganização moral será que é tamanho defeito assim? É, por enquanto é, porque importamos uma civilização européia, por cujo único e especial modelo eu posso concluir que a nossa organização moral é desorganização moral. Você tem dois povos quase puros europeus vivendo nas Américas, os argentinos e os ianques, você tem dois povos quase puros ameríndios, os peruanos e os mexicanos, estes dois em climas tropicais, os europeus em climas perfeitamente europeus. Pois os observe em relação a todos os outros, em que estamos também nós. São quatro povos de grande caracterização em qualquer sentido, desde o biotipológico até o econômico-social. Se argentinos e ianques é fácil reconhecer que têm grande organização moral à européia, não é dificílimo, mesmo a um europeu, reconhecer que tanto mexicanos como peruanos são povos moralmente fortemente organizados, ainda que esta organização já não se paute pela europeio-cristã.

Os levianos desta como de outras terras salientam que o Brasil é a única "civilização" tropical — e aqui se orgulham disso! Haverá maior absurdo nem maior leviandade! Civilização é o Japão importando toda a técnica européia e se conservando exclusivamente nipônico. Você tem que compreender os brasileiros. Uma mestiçagem terrível feita de ondas de variadíssima coloração, um critério moral cristão que não se adapta ao clima, às nossas bases alimentares, aos nossos apelos psicológicos, a imensidão desequilibrada, uma história e tradição feitas de histórias regionais às vezes diferentíssimas e tradições frágeis demais que nada coliga nem riqueza idêntica, nem geografia idêntica, nem interesses idênticos, nem quase nada!

O brasileiro é um* moralmente desleixado, isso em principal. Você me dá os exemplos das suas queixas. Se eu lhe desse os meus seria não acabar esta carta que virava livro de contos. É Ascenso Ferreira,

* Sic.

na luta contra o Oswald e a Antropofagia, me escrevendo cartas amantíssimas censurando os contrários, e a eles escrevendo cartas amantíssimas, simplesmente apavorado, não o fossem atacar também. E só em última instância, quando os contrários publicaram uma carta dele, caindo em desespero, me pedindo perdão, enfim sendo o que desejava ser: meu amigo. É Oswald se servindo de mim, ausente, pra vencer uma discussão bastante pública e muito grave, e me deixando a mim em deplorável situação moral diante de todos. E quando fui tomar satisfações dele, me dizendo simplesmente: "Eu menti", que eu pus no *Macunaíma*. E é o Jorge de Lima e o Cascudinho com que também tenho casos. E são esses assombros que são o Menotti e o Cassiano. E é, já agora um homem de forte e nobre organização moral, o Manuel Bandeira, recusando preliminarmente a minha oferta de amizade, porque na elevação em que eu concebia o Amigo, ele não estava em condições de assumir tais compromissos, trairia. (É escusado dizer que nunca traiu). É o Gilberto Freyre rompendo relações comigo e me detestando por muitos anos, só porque numa carta ao Prudente de Morais, neto, eu censurava este por ter atacado um livrinho que historiava os inícios do modernismo paulista escrito por um do Recife, eu justificando as infidelidades do livro pelo fato do hominho estar longe, e com dificuldade de pesquisa! É um não acabar. Agora ainda nos últimos dias de Rio tive três casos dolorosos da desorganização moral do brasileiro. E eu vou brigar com todos eles! Não me será melhor compreendêlos e reconhecer que não são eles que estão errados, mas a civilização, a organização moral por onde, preliminarmente, esquecido do resto (que é tudo!) exijo que eles se pautem?...

O Brasil não é mestiço de raças, esse não é o seu mal — mas é o seu mal, talvez seu maior mal ser um mestiço de civilização. Um mestiço de cultura. Você me dirá que todas as culturas são mestiças. Não tem dúvida, justo naquele ponto admirável em que elas são culturas e civilizações: aproveitam do alheio apenas o progresso, apenas aquilo em que elas podem progredir em sua especificidade própria e particular. Veja Atenas, veja a Roma antes da decadência, veja o Japão justamente, veja os Estados Unidos. Mas o Brasil é mestiço não por ter adotado a escala de dó maior, a literatura de Camões e a vacina. O que ele não soube foi acomodar a moral cristã, como os Estados Unidos fizeram. O que ele não soube foi repudiar a filosofia tomística como o Japão fez. O que ele não soube foi reagir em sua natureza tropical, como os peruanos e os mexicanos. Daí uma mestiçagem que não nos traz nenhum progredir em nós mesmos, antes nos impede completamente de adquirir nosso caráter, de fazer caráter e organização moral. Você respeita, aceita e compreende a mentira sutil de um japonês porque o estima naquilo em que ele é o Japão; você respeita, aceita e compreende o messalinismo do divórcio norte-americano porque é um fenômeno específico da americanidade. E você censura um Lins do Rego, um Julinho Mesquita (aliás, sei que este procurou seriamente arranjar você aqui), porque não nos pode compreender por nos comparar com a sua organização moral de cristão europeu. Você não nos toma em absoluto, mas como fenômeno de relação. Que os outros, que europeus como norte-americanos e argentinos façam isso inda vá: é um fenômeno econômico-político natural. O Brasil ainda não se impôs na memória subconsciente dos homens como potência, daí não haver como nos julgarem como independência. Mas você viveu aqui, você nos leu, você nos sofreu e buscou nos sentir, e por muitas partes nos sente. E no entanto não há simpatia, não há lusismo em você, não há sequer suas forças pessoais de indivíduo que lhe permitam não sei se nos compreender, mas, o que é pior, nos aceitar em nosso desleixo desmanchado. Você não nos julga, pré-julga naquilo em que o julgamento se estabelece em função de um modelo preliminar.

Bom, meu caro amigo, paro aqui, já falei muito. Talvez tenha falado demais. Veja se me responde logo. Estou com um livrinho no prelo e um livrão de crítica literária que deve sair ainda este ano. Lhe mandarei tudo. Por hoje vai esta conferência ruim, simples conferência encomendada que, por paga, tiveram o direito de publicar e de que nem provas revi, tanto me desinteressei dela. Uma afetuosíssima recordação de Raquel Bastos e este seu abraço leal do sempre

Mário*

* Carta manuscrita.

20

São Paulo, 19-XI-41*

José Osório, me 'rmão,

estou pra lhe escrever faz tanto... Recebo agora sua nova carta, pensei, li coisas guardadas, quatro dias e estou desesperado. Realmente no momento não tenho nada que seja digno de publicação na editora luso-brasileira que você me propõe. Andei, você bem sabe, por Ceca-e-Meca de todos os desequilíbrios possíveis, morais, intelectuais, três anos e muito. Não fiz nada esse tempo todo que não fosse lateralidade em minha vida, crítica literária, crônicas jornalísticas, tudo fraco, insustentável. Um romance poderia ter escrito nesse Rio que me devorou todas as constâncias, mas isso mesmo deixei, enojado, quando foi dos primeiros desastres da guerra.

Você lembra o estudo sobre os Gongos, a Dona Ausente... Meu Deus! eu poderia lembrar outros que estão no mesmo estádio de factura, o Feitiçaria de Catimbó, o sobre Danças Dramáticas do Brasil... Mas, meu amigo, tudo isso está reduzido a pó de traque, tal como você conhece os dois primeiros. São estudos alongados e grandes que, por necessidade de fazer conferência um dia, reduzi a conferências de sabor literário. Queria só que você visse, aqui, a documentação que tenho, só colhida, e ainda não trabalhada, para a Dona Ausente... Por certo pra mais de um milheiro de fichas ainda virgens. Os Gongos, que é o que eu poderia preparar com mais rapidez (uns dois meses) pra lhe dar, o que você conhece é apenas a introdução reduzida a conferência. Depois vem a documentação completa do bailado, documentação colhida por mim, texto e música, umas sessenta peças. E a isso seguem as notas e comentários sobre essa documentação, terminando a obra. Mas lembre bem que música (e não poderia ser clichê dos meus manuscritos, mas legítima impressão musical, pra ficar bem legível, como no *Ensaio*) fica muito caro na impressão. Dar os quatro trabalhos tal

* Nota de José Osório ao alto da 1ª página, a tinta: "(Recebida em Lisboa no dia 25 de Maio de 1943)".

como estão, em estado de conferência, seria jogar fora tudo mais, a documentação colhida, as observações ajuntadas e não tenho coragem pra me reduzir a esse mínimo aguoso.

A parte comercial não me interessa e não é por ela, garanto, que lhe oponho estas dificuldades. Aceitaria qualquer proposta apenas honrosa para a minha dignidade (será que ainda existe isso!) de escritor, pois jamais me preocupei de ganhar dinheiro com meus livros. Aceitaria as mesmas condições que você aceitou pra publicar o seu, por exemplo.

Por tudo isso resolva você o que quer que eu faça. Posso perfeitamente desistir da vaidade (e palavra que me custa...) de iniciar a colaboração brasileira da série. Você convidaria em primeiro lugar o G. F., eu ficaria para depois, sempre gratíssimo a você por ter me escolhido para primeiro; e mudo, sem contar o convite a ninguém e não ferir nenhuma vaidade. E pra depois, mande logo me dizer o que escolhe e prefere. Se os Gongos que iriam mais rapidamente, se a Dona Ausente que me tomaria talvez uns cinco ou seis meses de trabalho. Eu, por mim, preferia esta, não só por interessar diretamente a Portugal também, como por ser um achado mais original, de bonita importância para a nossa história em comum. Fico à espera de sua resposta.

Como vão vocês com os milhares de refugiados? Se alimentam ainda com liberdade? Por aqui e por enquanto a desordem é apenas moral. Mas esta vai devastadora e os melhores espíritos (quase 80%) se vendem por quaisquer lentilhas. Eu, parece que ainda não me vendi...

Tenho trabalhado bastante mas noutras vias. Preparo um estudo sobre um pintor sacro paulista dos fins do séc. XVIII, obrigação do meu emprego e justificativa do que eu ganho. Tudo isto não impedindo que esteja verdadeiramente apaixonado pelo caso e ache sinceramente que o homem vale a pena. Nestes oito meses de vida nova paulista já trabalhei o que não fiz em vários anos cariocas. É natural e não culpo o Rio por... mim. Mas aqui tenho família que me fecha do excesso de visitas amigas e dispersivas; tenho minha biblioteca que me obriga a estudar; tenho este clima europeu que me liberta das noites perdidas no chope dos bares. Trabalhei prodigiosamente estes meses embora esse trabalho não apareça muito. É que tive coisas como reorganizar toda a parte destinada a trabalhos especiais, nos meus fichários e notas, ou preparar a reedição da minha *História da Música*, preparar um livro de Crítica Literária que um editor me pediu e depois gorou, preparar uma edição de "Poesias" escolhidas, com duas partes inéditas, que sairá até o fim deste mês e você receberá como presente meu de Natal. E ainda preparo um "caderno" de crônicas leves, com que a Livraria Martins, aqui, pretende iniciar uma coleção, que os cadernos estão na moda. Não lhe mandarei minha *História da Música*, talvez. Só se conseguir interessar o editor. Sai bonita com perto de 50 gravuras escolhidas a dedo, pouco didáticas talvez, mas quase todas de muito interesse. O texto, fora esclarecimentos de redação, foi só refeito integralmente no primeiro capítulo, Música dos Primitivos, porque... porque tenho hoje outras opiniões. Se não lhe mando o livro, está claro, é porque terei apenas vinte exemplares de autor e sacrificarei os amigos pra enviá-los a vários indesejáveis da banda da música, que poderão fazer propaganda do livro. E esse livro, esse apenas, virou comércio.

Estou louco pra namorar com vocês de Portugal: a noiva norte-americana anda cacete por insistente e indiscreta. Provavelmente este casamento próximo dará em colonização do noivo ou coisa parecida. A madama louvadeus depois de se sentir fecundada, comerá o marido, pobres de nós!

Bem, ciao, amigo certo. Um beijo para as mãos de Raquel Bastos e este seu abraço garantidíssimo do

Mário de Andrade*

21

S. Paulo, 12-III-42

Meu querido Osório

antes de mais nada beije por mim as mãos de Raquel Bastos pela novela absolutamente admirável que ela compôs. Que pureza! que

* Carta manuscrita.

delicadeza de toque! que sutileza profunda de psicologia! Fiquei entusiasmado.

Não sei se depois de você me ter repetido o convite para editar ensaios na sua próxima coleção, você não terá recebido a primeira resposta que lhe enviei. Nesta, creio, eu acabava recusando e expunha as razões da recusa ou propunha uma espera longa. Francamente, meu amigo, não sei o que faça e isto ainda me penaliza mais. Positivamente: lhe dar um livro qualquer de ensaios que interesse aos dois países, isso dentro mesmo que seja de três ou quatro meses, é impossível. Não tenho nada pronto. A Dona Ausente, que você ouviu em conferência, seria o ideal para o caso, pois se refere tanto a Portugal como ao Brasil, e na verdade é a exposição e a explicação de um complexo marítimo inicialmente português. Mas eu ficaria infeliz em dar a conferência tal como está, pois o trabalho imaginado é um livro inteiro de 300 páginas. Você não imagina o tamanho da documentação ajuntada. Mas não posso trabalhar nisso agora. Os Congos, piorou, pois são a redução, a conferência, de uma *parte* do meu estudo sobre esse bailado, que é parte de um volume sobre as danças dramáticas brasileiras. E assim estou!

Será preferível creio você iniciar a colaboração brasileira com qualquer outro dos nomes que você imagina. Será um golpe duro na minha vaidade, está claro, mas o caso não é pra vaidade, é de orgulho. E o que eu tenho no momento, pronto pra edição, um volume de crônicas puramente literárias, e um volume grosso de crítica literária só de escritores brasileiros, se me são necessários e me completam no Brasil, não teriam sentido publicados em Portugal.

Mas se você iniciar por outro e me permitir trabalho sossegado, talvez possa lhe mandar alguma coisa mais legítima, a "Dona Ausente" quem sabe, dentro de um ano. E digo "talvez" porque ninguém sabe mais do mundo nem eu sei da minha vida, com esta guerra. Faço esforços verdadeiramente incríveis para me utilizar no trabalho e não me chafurdar no desespero humano. Que estou sendo honesto, sei que sou. Mas fraquejo a cada passo, as memórias me perseguem e a dor humana me estraçalha. Não sei se me agüento, sofro pavorosamente, a todo instante me desespero enxergando as minhas forças vencidas, derrotadas pelos meus fantasmas. É por demais cruel viver neste instante do mundo, pra um frágil que nem eu.

Vou ver se seguem, com esta, as minhas *Poesias* pra você, depende da mala oficial. Os volumes prós outros amigos portugueses já estão dedicados, seguirão quando!...

Ao menos nos abracemos em nossa amizade, como um refrigério de minuto,

Mário*

22

S. Paulo, 8-III-43

Meu querido Osório

Aqui lhe mando pela quarta ou quinta vez as minhas Poesias. Mas agora acrescidas de mais dois impressos, graças à bondade do sr. Sousa Pinto, de Livros de Portugal. Desta vez é quase garantida a esperança de que meus livros lhe cheguem às mãos, a única possibilidade contra serão os azares do mar.

Mais uma vez quero lhe dizer o quanto me comoveu a dedicatória do seu livro. Não poderá ter aumentado a amizade, que esta é inalterável, mas raramente senti apertar a saudade em minha vida, como senti desta vez. Um desejo quase doloroso de ver você, de o abraçar forte, e de ficarmos conversando. Mas quando nos veremos!... Esta carta não pode ser alegre. Ando bastante doente, Osório, atravessado pelas sombras da morte. Serão pressentimentos falsos mas não posso acabar com eles e me desossam a atividade. Este ano, a bem dizer, ainda não fiz nada, com umas dores de cabeça misteriosas que ninguém não inventa do que derivam.

Seu livro é admirável. Só não escrevi sobre ele porque abandonei por completo o jornalismo desde Maio passado, por motivos de angústia espiritual. E o livro de Raquel Bastos é um encanto também, que estranho poder de "envoûtement" tem qualquer escrito dela, você não reparou?

---

* Carta manuscrita.

Preciso parar. Desde o início da carta aliás estou com vontade de parar... Agora não é mais como no tempo de dantes em que eu me abandonava nas cartas que lhe escrevia e era tão bom. Bateu um tempo novo, amigo, que não é mais nós. Não é a velhice que nos pesa: mas nós somos pré-históricos. E talvez até o abraço que lhe mando, o mais íntimo e profundo, seja arqueologia. Arqueologia pura.

Mário

Ao Sr. Osório de Oliveira
Largo do Contador-Mor, 1-A — 2º Dto.
Lisboa
Portugal*

Transcrição de originais de Mário de Andrade que pertenceram ao espólio de José Osório de Oliveira e hoje estão na posse de Arnaldo Saraiva.

---

* Carta manuscrita. José Osório publicou frases desta carta no "epitáfio" de Mário de Andrade que publicou em *Atlântico*, nº 6, 1945, p. 186, e que recolheu no livro *O sonho inútil*. Lisboa: Portugália, 1957, p. 32.

[Cartas a Raquel Bastos]

1

Dona Raquel Bastos,

Imagine que os alunos do Conservatório se lembraram de me dar estas flores! naturalmente houve engano de direção, as flores só podem pertencer a quem as merece. Quem? Só Raquel Bastos.

Mário de Andrade*

2

São Paulo — Reis de 1938

Raquel Bastos

minha curiosidade amiga era desta vez muito maior a seu favor. Recebi os livros ontem de tarde e passei esta manhã de uns Reis nublados a ler silenciosamente o *Fio de Música.*

Sim, é mais um som de flauta delicada, duma tenuidade infinita, mais que um som de voz, mais frauta mesmo, mais avena, mais o que diríamos aqui uma gaita feita de bambu, meu Deus, que delicadeza! E que ternura com, sempre, um não-sei-quê de agreste... Que fortifica a ternura, mesmo em sua extrema tenuidade...

Raquel você vem duma grande linhagem ibérica. Não só portuguesa não, apesar do sensível lusismo da sua maneira de ser. É curioso... dentro do silêncio, do comedimento, da discrição pensativa do equilíbrio das suas páginas, sinto a linhagem das grandes exaltadas ibéricas, místicas espanholas e amorosas portuguesas. É admirável! Como foi possível a você dentro de tão pensativa suavidade, me dar assim a percepção viva do ser que transborda a todo instante, do ser que explode e vive em explosões sublimes! é admirável!

---

* Carta (ou bilhete) sem data, mas certamente de 1933.

E ao mesmo tempo tão contemporânea. A riqueza, a profundeza de detalhes psicológicos mínimos, que enchem uma página pela acuidade de percepção...

Raquel Bastos, acredite em mim. Havia sem dúvida um fervor de grande amigo ao ler seu livro. Mas havia, porque não confessar, a grande desconfiança, amorosa sempre e por isso mesmo mais infeliz, de ver você aparecendo noutro palco. Mas fui logo ficando todo rosado feito uma aurora nova. O fiozinho de música tinha vastas sinfonias, tímbales, trompas, violoncelos e até um órgão por detrás. Não quero dizer com isso que seu livro é uma promessa não. É livro. É inteiro. Vive por si. É uma frauta sincera e completa. Mas estou pensando no contado nos livros, de Sacadas de Argos que apenas com seu aulos curto descreveu as lutas de Apolo com o Pitão. Assim suas páginas, Raquel Bastos. Dentro da suavidade delicada do seu dizer você descreve fortes exaltações, percebe-se, mais (e melhor) que um corpo, uma alma voluptuosa, voluptuosa até de sofrer.

Seu livro é lindo, a sua figura está muito alta em mim, fiquei tão feliz, e a manhã de Reis está se desnublando pra nós. Mando-lhe toda a luz deste sol do Brasil.

Mário de Andrade

Transcrição dos autógrafos de Mário de Andrade que a destinatária cedeu a Arnaldo Saraiva.

[Dedicatória a Raquel Bastos]

A
Raquel Bastos
com a admiração
de
Mário de Andrade

1
9
3
3
S. Paulo

Transcrição do autógrafo de Mário de Andrade num exemplar de *Modinhas imperiais*, 1930, que hoje se encontra na Biblioteca do Instituto de Cultura Brasileira da Faculdade de Letras da Universidade de Lisboa.

Notas sobre A. Herculano

[illegible] – monte alcantilado e ingreme

Entressachar – misturar, por uma coisa no meio de outras

Enfarar – ter enfado de..., tomar repugnância por...

Voluptuariamente belíssimo termo; por voluptuosamente

Azeirado – acerado. Feridade por ferocidade.

Castelo roqueiro – castelo elevado sobre rochas

Gatear – prender com grampos ou gatos de ferro

Silharia – de silhar – pedra lavrada em quadrado para o revestimento de uma parede.

Arraiar – A lua arraiava...

Creança de pequenina – por creança desde pequenina

Tornadiço – apostata, renegado

Murganho rato – fig. creança enfezadinha

Palimpsesto vide O Bobo pag [illegible]

Balsão estandarte antigo, bandeira insignia

Escandida medida, compassada

Frondente por frondoso.

Feros – fanfarronada. Tripudiar – saltar, dançar.

Bulhão – punhal. Albergo – [illegible]

Alcaiote – alcoviteiro, mexeriqueiro, intermediário em relações amorosas, caftem de prostitutas.

Ruído mesmo que som, rumor, barulho

Leta lista, faixa, mancha

Epitogio tabardo capote antigo com capuz e mangas.

Convivio repasto, banquete

Adito – entrada, acesso, aproximação, parte

Anafado – gordo, nédio

Almadraque – enxerga

Chança troça, dito zombeteiro [illegible]

Nefário o mesmo que nefando, malvado em extremo

Nitrir rinchar. Quícios – gonzos

Cânave cânhamo. Manimelo – bobo-truão

Rasgal – molho de fios para fazer cordas.

Contoada – pancada dada com o conto, parte inferior de bastão ou lança.

Nebri falcão adestrado para a caça

[illegible] [illegible] muito [illegible]

Cartulário registo de títulos e antiguidades dum convento ou comunidade.

[illegible]

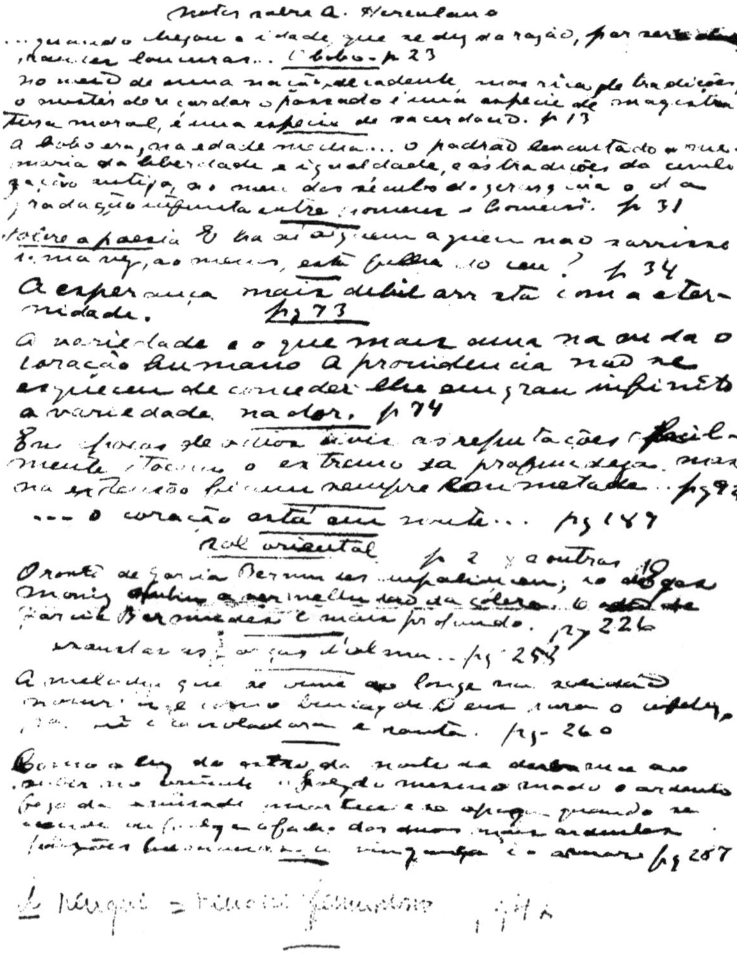

Reprodução de um autógrafo de Mário de Andrade com "Notas sobre Alexandre Herculano" — ou, mais precisamente, com significados, e citações tiradas de *O bobo*, cuja 8ª edição (da Livraria Aillaud e Bertrand/Francisco Alves) figura na Biblioteca de Mário de Andrade que integra a do Instituto de Estudos Brasileiros da Universidade de São Paulo. O autógrafo é hoje propriedade de Arnaldo Saraiva.

José Osório de Oliveira

[Dedicatórias e cartas-dedicatórias a Mário de Andrade]

1

A Mário de Andrade
espírito luminoso,
oferece

José Osório de Oliveira

2

A Mário de Andrade
este livro que eu tenho tido
medo de lhe oferecer.

Osório de Oliveira

São Paulo
Novembro de 933

3

A Mário de Andrade,
ao seu grande talento:

Osório de Oliveira

4

Ao Mário de Andrade
este *Cancioneiro**
de há anos, como presente deste Natal

Osório de Oliveira

24/12/934

* *Cancioneiro* é o título impresso.

5

Ao Mário de Andrade,
com a efusão portuguesa
do

José Osório de Oliveira

29.1.936

6

A Mário de Andrade,
com toda a admiração que
nestas páginas se manifesta
e com a grande e invariável
amizade do:

José Osório

29/9/939

7

Querido Mário:
Este livro, como vê, não está
ainda brochado e ainda não
tem capa. Mas queria que você
o recebesse logo porque ele
é, em mais de um ponto,
um espelho da nossa amizade —
um dos laços mais fortes que
me ligam ao Brasil. Só
lamento que o II volume desta
coleção não seja seu

José Osório de Oliveira

8/7/942

8

Ao Mário,
este livro que é espelho da
minha amizade e da minha admiração
por si

José Osório

Lisboa, X/942

9

Ao Mário de Andrade,
com tudo quanto digo aqui e
muito mais.

José Osório de Oliveira

XI/942

10

Ao Mário de Andrade:

Sei que recebeu o *Enquanto é possível* (por quanto tempo será ainda possível?), mas ignoro se lhe chegou às mãos *A poesia moderna do Brasil.*

Recebi três (!) exemplares das suas *Poesias*, mas nenhum se perdeu, pois cedi dois a jovens poetas que ansiavam por conhecê-lo. A elas me referi nas "Notícias da poesia, de duas maneiras", que publiquei no 2º nº da *Atlântico*. No 1º nº transcrevi parte de um ensaio sobre o *Aleijadinho* e no 3º publiquei "A Dona Ausente", enviada pelo D.I.P. Só se fosse de todo impossível, não daria, nessa revista luso-brasileira, todo o lugar a Mário de Andrade.

Recebi também, com que prazer!, os *Aspectos da literatura brasileira.* Numa relação de *Contos brasileiros* com que inauguro a Coleção "Brasil", por mim dirigido, lá terá o seu lugar como contista.

Que mais preciso dizer para que verifique que nem a guerra me faz esquecer o convívio com o seu espírito? Esta conferência creio que o prova bem.

Vai com ela a saudade minha, e a da Raquel, pelo amigo, pela sua causa* da Rua Lopes Chaves por São Paulo e pelo Brasil inteiro.

José Osório de Oliveira

Lisboa, X-943

Transcrição dos autógrafos de José Osório de Oliveira em exemplares da Biblioteca de Mário de Andrade que se guarda na do Instituto de Estudos Brasileiros da Universidade de São Paulo: (1) *Oliveira Martins e Eça de Queirós*, 1922, (2) *Diário romântico*, 1932, (3) *Espelho do Brasil*, 1933, (4) *Cancioneiro*, 1930, (5) *O romance de Garrett*, 1936, (6) *História breve da literatura brasileira*, 1939, (7) e (8) *Enquanto é possível*, 1942, (9) *A poesia moderna do Brasil*, 1942, e (10) *Aspectos do romance brasileiro*, 1943.

* Sic.

[Bilhetes-postais a Mário de Andrade]

1

Um grande abraço de admiração, estima e reconhecimento do:

José Osório de Oliveira

A morada de Ferro é:
Calçada dos Caetanos, 6, 1º Lisboa*

2

2/7/34

Grande e querido amigo:

Recebi ontem a sua carta e o seu artigo sobre mim. Só numa longa epístola poderei dizer quanto gostei e quanto me comoveu. Aqui não cabem todas as efusões do meu coração agradecido nem as reflexões concordantes do meu espírito. Mas como a epístola pode demorar apresso-me a enviar um caloroso "muito obrigado". Se pudesse cortava um pedacinho do meu coração e mandava-lho. A cirurgia não o permite, mas o sentimento tem outros recursos. Assim você pode dispor de um pedaço do meu coração, embora ele fique inteiro. Escrevi-lhe há pouco tempo uma grande carta. Suponho que ainda não a recebeu. Deus permita que ela lhe chegue às mãos. Não a mandei registada e receio pelo seu destino. Mandei também umas revistas. Gostaria de saber se recebeu umas e outras. Lembranças de minha mulher.

Um grande abraço do seu ex-corde

Osório**

---

* Postal enviado do Rio de Janeiro em 27 de agosto (de 1933?) e ilustrado com uma fotografia em preto-e-branco de "Manneken Pis", Avenida do Rio Branco.

** Postal enviado de Lisboa e ilustrado com uma fotografia sépia de "Alfama — Calçadinha de tijolo".

3

Caro Amigo:

Mandei-lhe um pacote com um jornal e impressos das "festas da cidade" para você, mais um livro para Sérgio Milliet de quem não sei a morada. Com medo da despesa não mandei registado, e agora estou com receio que se perca. Sobretudo me importava que você não recebesse o jornal que lhe mandei antes com um artigo sobre o Antônio de Alcântara Machado. Diga-me logo se recebeu.

Creia na sempre viva lembrança do

Osório

22/6/35*

4

Caríssimo:

Cá vou sobre as águas do mar da Guiné para o Príncipe e São Tomé, de aí para Cabinda e Angola, depois de ter visitado as minhas ilhas de Cabo Verde. É esta a sina dos portugueses e a minha sina! De volta a Portugal poderei ir ao Brasil? Para o musicógrafo vão estes músicos da Guiné. Para o amigo um grande abraço.

Osório de Oliveira
A bordo do "Moçambique"

21/8/935**

---

* Postal enviado de Lisboa e ilustrado com uma fotografia sépia: "Vista de Cacilhas".

** Postal enviado, como diz, do navio *Moçambique* e ilustrado com uma fotografia em preto-e-branco de "Músicos da Guiné".

5

Boas Festas, Feliz ano novo*
do amigo ex-corde:

Osório**

Transcrição dos autógrafos de José Osório de Oliveira que se encontram no Arquivo Mário de Andrade (correspondência passiva não lacrada) do Instituto de Estudos Brasileiros da Universidade de São Paulo.

---

* Impresso.

** Postal enviado de Lisboa em 4 de janeiro de 1937, e ilustrado com uma fotografia sépia de um "Presépio Português do séc. XVIII".

Antônio Ferro

[Cartão a Mário de Andrade]

Meu bom amigo

Quis ir a sua casa dar-lhe um grande abraço de despedida e afirmar-lhe, mais uma vez, a minha alta admiração pela sua Irreverência (?), bem da minha, e pelo seu talento criador.

Até sempre

Amigo sincero
Antônio Ferro

Transcrição do autógrafo de Antônio Ferro num cartão de visita (com o seu nome impresso) que se encontra no Arquivo Mário de Andrade (correspondência passiva não lacrada). Escrito, provavelmente, no início de 1923.

[Dedicatória a Mário de Andrade]

Ao Mário de
Andrade
— ao camarada
querido, ao
admirável
Revelador
oferece,
com a maior
admiração
o
Antônio Ferro

25 — 8 — 925

Transcrição do autógrafo de Antônio Ferro num exemplar do livro *A amadora dos fenômenos* (1925) existente na Biblioteca de Mário de Andrade que está integrada na do Instituto de Estudos Brasileiros da Universidade de São Paulo, onde existe também o livro de Antônio Ferro *Árvore de Natal* (Lisboa: Portugália, 1920), mas sem dedicatória, tal como os exemplares de *Leviana* (1921) e de *Teoria da indiferença* (2ª ed., 1921).

Antônio Ferro e Fernanda de Castro

[Bilhete a Mário de Andrade]

Recife 13 de Abril

De partida para Lisboa vimos apresentar-lhe as nossas despedidas e os nossos agradecimentos por todas as gentilezas que lhe ficamos devendo. De Lisboa escreveremos mais longamente. Até Portugal se Deus quiser! Creia nos amigos gratíssimos e dedicados.

M. Fernanda e
Antônio Ferro

R. do Registo Civil, 26-2º
Lisboa

Transcrição do autógrafo de Antônio Ferro num postal (sem selo nem carimbo) ilustrado — com uma fotografia da Penitenciária do Recife — que se encontra no Arquivo Mário de Andrade (correspondência passiva não lacrada). O bilhete foi escrito, tudo leva a crer, em 1923.

[Dedicatória a Ronald de Carvalho]

16 de Maio de 1928.

A América gerou a poesia moderna.
Edgar Poe gerou Baudelaire,
Walt Whitman gerou Rimbaud,
Baudelaire gerou Verlaine e Mallarmé,
Verlaine gerou Laforgue,
Mallarmé gerou Paul Valéry,
Rimbaud gerou Claudel, Valéry Larbaud
e Apollinaire,
Apollinaire gerou Cendrars, Cocteau,
Reverdy, Aragon.
A poesia moderna volta à América,
Frost, Masters, Lindsay, Sandburg,
Oliverio Girondo e
Ronald de Carvalho
Glória a "Toda América"

Graça Aranha

Transcrição do autógrafo de Graça Aranha num exemplar do livro *Poésies complètes* de Rimbaud, que em 1925 foi editado em Paris, por G. Grès & Cie., a mesma editora que publicou *Luz gloriosa* em 1913. Exemplar existente na Biblioteca de Ronald de Carvalho que se conserva na Biblioteca do Itamarati, em Brasília.

Fernanda de Castro

[Dedicatória a Mário de Andrade]

Ao belo talento
    de
Mário de Andrade
    oferece
este livro infantil,

Fernanda de Castro

6, Calçada dos Caetanos
Lisboa

Transcrição do autógrafo de Fernanda de Castro num exemplar do livro *As aventuras de Mariazinha* (1929) existente na Biblioteca de Mário de Andrade que está integrada na do Instituto de Estudos Brasileiros da Universidade de São Paulo.

CARLOS DRUMMOND DE ANDRADE

[Carta a Manuel Bandeira]

Belo Horizonte, Junho 7, 1930

Manuel

Seu artigo sobre meu livro, no *Diário Nacional*, é uma coisa positivamente notável. Antes de envaidecer-me, ele me comoveu profundamente. V. pôs nele uma penetração e uma simpatia que não estou acostumado a encontrar em artigos de jornal. A impressão aqui não foi outra: todos os nossos amigos acharam ótimo o artigo. Ótimo, ainda, o artigo na *Província*, que me mandou o Ascenso Ferreira. Positivamente, V. me pôs nocaute com essas duas demonstrações espontâneas e generosas de um juízo que me orgulha como nenhum outro. Porque embora isso possa irritá-lo em carta e em *tête-à-tête*, a verdade é que nós todos reconhecemos em V. o maior, o mais doloroso, intenso e humano poeta do Brasil, e o mais raro também. Daí, para mim, a qualidade e o valor essenciais do seu julgamento.

Eu estou satisfeito com o meu livro, porque ele mereceu de Você aquelas palavras e, mais ainda, porque nos aproximou de novo, pois há anos eu não recebia uma linha sua!

Durante todo esse tempo de silêncio eu continuei sendo aquele sujeito goche que V. tão bem compreendeu nos dois artigos. E continuarei irremediavelmente goche, com a vida desorganizada e cotidiana doendo e me aporrinhando. Há quase dois anos que eu não tenho um dia feliz, inteiramente feliz, ou pelo menos sossegado. Um dia eu lhe contarei a história do anjo bom que matou o anjo mau, e contarei também a ressurreição do anjo mau... até quando?

O melhor abraço e a saudade do seu velho e agradecido

Carlos

Rua Silva Jardim, 117

Transcrição do autógrafo de Carlos Drummond de Andrade, autógrafo que está hoje na posse de Arnaldo Saraiva, a quem Manuel Bandeira o ofereceu. A carta foi parcialmente transcrita na tese de licenciatura (policopiada) Carlos Drummond de Andrade: do berço ao livro, de Arnaldo Saraiva, Lisboa, 1968, pp. 240-41.

[Dedicatória a Cecília Meireles e a Correia Dias]

A Cecília Meireles, alto
poeta, e a Correia
Dias, artista, velho
amigo, e até
cúmplice (vide "Águia",
etc....),
 na invocação de
 Apolo e de Atena,

Fernando Pessoa
10 —XII — 1934.

Transcrição do autógrafo de Fernando Pessoa num exemplar do livro *Mensagem* (1934) existente na biblioteca que era de Cecília Meireles e hoje é propriedade das suas filhas.

A Semana de Arte Moderna e Portugal

A gentileza dos nossos irmãos portugueses convocando-nos para um rencontro* em Portugal no justo instante em que o Brasil celebra o 50º aniversário da "Semana de Arte Moderna" da qual, mercê de Deus, sou um dos últimos líderes que pisaram o palco do Municipal de São Paulo nas históricas e tumultuosas noitadas de Fevereiro de 1922, propicia-me a oportunidade de revocar,* entre outros, um fato relevante a atestar que, portugueses e brasileiros, estivemos juntos naquela alvorada na qual, o inconformismo e a revolta de uma mocidade lúcida e brilhante, deu às nossas duas pátrias hoje espiritualmente fundidas numa pátria só — a libertação de um passado morto e o advento da nova quadra cultural e política denominada "modernismo". Testemunha e ator no acontecimento, dele vos darei notícia no decorrer destas palavras cujo objetivo maior é agradecer a fraterna e bem portuguesa generosidade da nossa acolhida.

— o —

Voltando-me para mim mesmo, meditando sobre minha obra literária e política, descubro uma fatalizada destinação de fidelidade às minhas raízes culturais que são nitidamente lusitanas. Isso porque, latino de origem e brasileiro de berço, nascido no quase nascente São Paulo de 1892, a língua me envolveu desde o meu despertar no clima da nossa cultura comum. A língua é uma segunda alma. Ela contém, imanente, toda a vida histórica de um povo. Tudo o que houve — fastos, nefastos, provações e vitórias — foi expresso por ela, memorizado por cada um de nós, formando esse patrimônio mnemônico nossa personalidade. Nós somos produtos da língua. Elo de comunicação, nos foi revelando nosso mundo e integrando-o em nós, guardando de cada emoção a repercussão indelével e, de cada objeto, uma

* Sic.

imagem concreta. Sobre todas as coisas, amamos a nossa língua. Os artistas a transformam em instrumento pessoal da sua sublimação. Um povo, através de um poema, ela o eterniza numa realização transcendente. A *Ilíada* e a *Odisséia* são a Grécia perene. A *Divina comédia*, a Itália intemporal abrangendo, talvez, todo o drama do mundo e *Os lusíadas* são Portugal intangível na geografia ideal das suas dissipadas conquistas mas vivo dentro da epopéia imortal da sua gente territorial e marinha.

— o —

O Brasil é Portugal continuando numa constante ramificação moça das suas virtualidades. Seu passado junta sua grandeza histórica nas façanhas dos seus filhos largados nos mundos virgens que foi descobrindo e civilizando. Na nossa gloriosa bandeira há uma imanência de Portugal flutuando sobre nossas cabeças. Se falarmos na epopéia das descobertas que levaram a audácia lusa ao Brasil e a Cipango, falaremos mais da "pátria" portuguesa que propriamente de Portugal, uma vez que todo esse heroísmo, como um valor ideal, ficou incorporado indissoluvelmente ao patrimônio nacional da gente lusitana, embora o vasto império se dissolvesse nas valorosas mãos dos seus criadores. Pátria é, pois, continuidade ideal de todo o esforço de criação de um povo.

Portugal, nesse conceito de "pátria", continua íntegro na sua projeção espectral, vivo virtualmente nas suas partes políticas mortas, presente na língua, na índole ancestral do seu povo tornando herdeira do seu patrimônio histórico a gente das terras que foi povoando.

A linguagem instintiva e ecumênica do homem se articula na impressiva sugestão dos símbolos. O mito e o símbolo cristalizam as forças fundamentais da sociedade porque adensam, na síntese das imagens gráficas ou mentais, complexos do grupo, convecções, nódulos sentimentais de memórias. Toda a heráldica é um idioma simbólico que fala pelas cores e pelos desenhos dos brasões com palavras de escudetes, de quinas, de besantes, de castelos, de leopardos e de estrelas. A historiografia se faz grafismo:

...pinta no branco escudo ufano
que agora esta vitória certifica
cinco escudos azuis esclarecidos
em sinal destes cinco reis vencidos.
(Camões)

A bandeira é, pois, a síntese simbólica da pátria na convenção cromática das suas cores e na linguagem alegórica dos seus símbolos. Seu pano é a verônica de um povo.

Nossa bandeira, única no mundo na sua forma, com seu losango amarelo em campo verde, é bem um retrato da terra e da gente brasileiras. Nascendo com a independência, por obra do Rei Cavaleiro, em 1822, já trazia nas suas cores o verde que tipificava os estandartes dos hirsutos lanceiros do Condado Portucalense, remontando, talvez, às hostes de Viriato, para lançar seu grito verde no pendão de Nun'Álvares, no dia milagroso de Aljubarrota. Esse verde deveria ainda flutuar, entre o verde das ramagens do sertão bruto, no pano da bandeira da tropa de Fernão Dias Paes Leme, o Governador das Esmeraldas, o fatalizado caçador das pedras verdes. Verdes haviam sido as ondas que embalaram a caravela cabralina na ensolarada manhã da descoberta e verde era toda a nação nessa madrugada feita de verdes florestas ainda intangidas, dando a impressão, esse verde, de que toda a terra se vestisse de esperança.

— o —

O Brasil amanheceu Portugal na América. Se a raça lusa, após o périplo marítimo, achando talvez que seus navios eram pequenos para o tamanho das suas façanhas, ao abrasileirar-se na selva, com o Ciclo das Bandeiras, transformou-se, como observou Saint-Hilaire, numa Raça de Gigantes. Somente gigantes poderiam calçar botas que, com cada passo, transpunham léguas. Criando Brasil numa atmosfera de lenda não precisaram, como os gregos, criar uma teogonia política quando realizavam seus prodígios dentro de uma realidade mágica. Tudo era humano nessa desumana gesta. Um Raposo soma um Jasão e um Proteu com suas caminhadas em busca do Tosão de Ouro e com sua ubiqüidade nos quadrantes do vasto continente. Anhanguera, repetindo os artifícios de Ulisses, incendiando as águas, reproduz o fabuloso Notan riscando, com sua lança, o círculo de fogo que velou o sono de Walkyria. Feliz pátria que, pelos seus descobrimentos, não precisou engendrar um Olimpo para explicar seus prodígios.

A Raça de Heróis, que se transformou em Raça de Gigantes, transmuda-se agora em Raça Cósmica. Pela confraternização de todas as criaturas para ali acorridas de todas as esquinas do universo, amalgamadas na área cultural da mesma língua, imantada pela mesma história, faz surgir o Homem Ecumênico, o Homem Futuro. Filho de Portugal e do Brasil nasce nesta parte da América o novo cidadão do Mundo.

— o —

Foram, contudo, a bravura da Raça e, sobretudo, o milagre da sua fala que, riscando os heróis materiais, com os pés, as fronteiras do país, firmaram nelas sua posse com a chancela da língua. Varrida do litoral, pela bravura lusa, a incursão dos flibusteiros de Villegaignon num exíguo chão onde não medrou a fala gaulesa e, expulsos os invasores batavos no Nordeste pelo heroísmo de Vidal de Negreiros (português), Poti (índio), Camarão (negro) — trindade do nosso embasamento racial — a renacionalização da área conspurcada pela audácia forasteira operou-se com a volta da língua. Ela tornou a ser a atalaia oral defendendo nosso território. Foi o milagre da língua e não a religião — então repartida entre cristãos, ateus, judeus, huguenotes, protestantes holandeses, diversidade religiosa que subsistiu por tempo imemorial até dentro da nova nação, quando já independente — que garantiu nossa integridade territorial. A doutrinação dos padres geniais e santos — Anchieta, Nóbrega, Vieira — mais criou pátria pela imposição da língua, que cristianizou gentios com sua pregação messiânica. Misturando a sacralidade dos Evangelhos e da liturgia no animismo selvagem da pajelança e na noite africana da macumba e da umbanda, a força mística dessa religião, indefinida e confusa, somente ganhava sentido nacionalizante quando vinha expressa nas ladainhas e nos cânticos avozeados da nossa língua. Foi esta — prodigioso milagre! — a defesa das nossas fronteiras, pois, onde ela era falada, morria a pressão do cerco castelhano como se os tesouros que nos legaram Camões e Gonçalves Dias fossem uma intransponível barreira velando pela integridade territorial e cultural de uma pátria.

Foi a língua que nos legou uma palavra mágica que não encontra tradução nem registo em forasteiros dicionários:

SAUDADE

É o escrínio verbal de um sentimento que somente podem nele penetrar portugueses e brasileiros. É o traço de união de uma raça com idêntica história cindida por um ato político que fez de uma, duas pátrias. É portanto a pulsação de um anseio constante de reintegração todo feito de memórias, emoções, nostalgia. Poesia dolorosa da ausência evocando com a imaginação os paraísos perdidos.

Defini-a num poema:

Saudade cheia de graça
alegria em dor difusa
doença da minha raça
pranto que a guitarra lusa
em seu exílio verteu.

Ah! quem sentir-te não há-de
se foi dentro da saudade
que a minha pátria nasceu.

— o —

É por isso que venero nossa língua. Toda minha obra — literária e política — vem imantada do seu espírito. Após a criação do meu *Juca Mulato*, que foi tão amado pelo nosso amado Júlio Dantas, poema historicamente colocado pelo nosso maior crítico Tristão de Ataíde como um marco de brasilidade mudando o rumo da literatura nacional no século XX, inicialmente com meus gloriosos companheiros Oswald de Andrade, Mário de Andrade e Guilherme de Almeida, resolvemos lutar pela reintegração do pensamento e da arte do Brasil na tradição das suas raízes culturais.

No fim da guerra de 18 atraiu-nos o esforço renovador com que se procurava reconstruir a Europa devastada. Sobre tantos escombros e mortos soprava um milagroso vento de ressurreição. Freud, Bergson, Einstein reformulavam os valores filosóficos e científicos. Spengler proclamava o cíclico ocaso das civilizações enquanto, para recomposição do mundo, Keyserling anunciava o "mundo que nasce", o mundo da comunicação e da técnica, o mundo que Ortega y Gasset já via agitado pela "rebelião das massas" que tomavam consciência do seu destino.

Respirando esse clima cósmico, nós, os moços, voltávamos os olhos para o nosso país. Resíduos de feudalismo agrário insulavam o campo da cidade. Uma dicotomia cultural traçada como que por um meridiano, entregava o litoral ensolarado ao culto do fulgor da Europa, notadamente da França. No interior, bárbaro e escuro, largávamos o homem entregue à superstição, à miséria e à ignorância. Erravam nossa selva saídos dos dois libelos geniais, *Os sertões*, de Euclides e *Urupês*, de Lobato, o brasileiro transformado nesses espectros culturais, os jagunços de Antônio Conselheiro, e esse monstrengo humano, o Jeca Tatu de Monteiro Lobato.

Por esse tempo operava-se no mundo uma radical mutação na paisagem cultural e social anunciando o advento de uma nova etapa histórica com novos valores criados pela ciência e pela técnica. Em Portugal e no Brasil um processo de revisão vinha sendo imposto pelo desafio dos jovens iluminados por novas idéias dispostos a remover do seu caminho a tranqueira de arcaísmos — conceitos, usos, estilos, convenções. Já nesse dealbar da reforma, em São Paulo, Oswald de Andrade, Mário de Andrade e eu começávamos a dar corpo à nossa conjura. Ela explodiria em 1922 com a participação de espíritos libertos já consagrados nas letras e nas artes.

Foi quando, em 1920,* aportou na Paulicéia Antônio Ferro. Jornalista dinâmico, escritor original, lúcido espírito revolucionário. Era a contribuição que Portugal irmão, por uma fatalidade histórica

* Gralha ou, mais provavelmente, lapso (em face do que mais adiante se diz) por "1922".

nos enviava para que a aurora da revolução modernista também raiasse ao mesmo tempo nas duas pátrias.

Antônio Ferro chegou ao Brasil quando eu já era um dos diretores do *Correio Paulistano*, órgão do poderoso Partido Republicano Paulista e ditador discricionário de toda política brasileira. Vinha ele do seu país com uma iniciação revolucionária pois fora editor da famosa revista *Orpheu*, templo vanguardista no qual oficiavam o gênio de Fernando Pessoa e Sá-Carneiro. Já o conhecia e era amigo do então jovem Luís Borges — hoje a maior figura literária contemporânea — argentino descendente de portugueses que ainda tanto se orgulha do seu lusitano bisavô marinheiro, Borges Ramalho. Integrando-se Antônio Ferro no nosso grupo (Oswald, Mário e eu) faria com que, espiritualmente irmanados, argentinos, portugueses e brasileiros se juntassem para fazer eclodir a revolução cultural modernista concomitantemente nos três países.

Desde sua chegada a S. Paulo, Antônio Ferro e eu ficamos amigos. Unia-nos a mesma curiosidade intelectual, a mesma vocação libertária, o irrequieto anseio de desafio à superada ordem reinante. Coube-me, pelo jornal, apresentar aos brasileiros o autor do *Novo Mundo, Mundo Novo* e, à mais culta platéia paulistana — Teatro Municipal — o admirável conferencista, cuja oração magistral desde logo o impôs à admiração dos paulistas. Essa conferência publicou-a em volume tendo como prefácio as palavras que então proferi apresentando o jornalista e escritor português à nossa gente. Por tal forma Antônio Ferro vinculou-se ao nosso grupo que, por um ato que lhe conferiria espiritualmente cidadania bandeirante, quis realizar suas núpcias com a noiva amada que deixara em Portugal. Linda, culta, artista, aqui chegou para casar-se numa ruidosa festividade apadrinhada pelo nosso grupo rebelde, festa solene e jovial que tomou o caráter de uma comovida confraternização luso-brasileira.

Historiador desses acontecimentos é o escritor Joaquim Montezuma de Carvalho que os narrou no Suplemento Literário de *O Estado de São Paulo* no seu número de 4 de abril de 1971: Ali conta — e me pediu que, por minha vez, contasse aos portugueses o que faço agora, qual a contribuição de Antônio Ferro para a eclosão da revolução modernista brasileira, quando na madrugada do nosso levante com Mário de Andrade, Oswald de Andrade e eu começamos a preparar o programa da Semana de Arte Moderna.* Em compensação, em Portugal, nosso companheiro na ribalta do Teatro Municipal de São Paulo, nas famosas noitadas de 22, o glorioso Ronald de Carvalho juntara-se aos modernistas portugueses para ajudá-los a atear a luminosa fogueira de rebelião cultural na terra lusíada, como a pagar, com antecedência, a contribuição que nos viria dar Antônio Ferro.

* * * *

Sempre o Brasil e Portugal juntos. Nas letras, nas artes, nos conceitos sociais e políticos a Semana foi o grito de Independência cultural reintegrando o Brasil no ritmo de sua brasilidade e reimergindo-o no espírito de sua tradição e originalidade. Determinando a revisão de todos valores, atualizando técnicas, professando pesquisas, desbordou para o campo social e político inspirando a revolução de 1930, marco divisor de águas anunciando o advento de um novo Brasil.

Se Joaquim Montezuma de Carvalho acaso já não deu aos irmãos portugueses a notícia da honrosa participação de Portugal no nosso movimento, cabe-me fazê-lo agora e o faço a mando do culto e dinâmico Governo de meu Estado, Governador Laudo Natel. Proporcionando-me a alegria de proclamar na sua própria terra a admiração e a gratidão brasileiras por esse espírito de escol, grande escritor e revolucionário político, meu inesquecível amigo Antônio Ferro, glória de Portugal.

> Transcrição do original datilografado que, a convite da Embaixada do Brasil em Lisboa, o autor deveria ter lido nesta cidade em 1972, para celebrar os 50 anos da Semana de Arte Moderna. A doença de outro convidado, Cassiano Ricardo, impediu a realização da projetada sessão e a viagem de Menotti, que em 1981 me assegurou o ineditismo deste texto. Recorde-se que Cassiano publicou em 1973 o volumezinho *Arte & independência*, com o subtítulo: "apontamentos para uma palestra que seria pronunciada em Lisboa, numa comemoração ao Cinqüentenário da Semana de Arte Moderna, de 22, em S. Paulo".

* Lapso de Menotti del Picchia. Antônio Ferro chegou ao Brasil em meados de maio de 1922 (e a São Paulo cerca de três meses depois). A Semana durou de 13 a 18 de fevereiro de 1922.

III

Documentos dispersos

Nota introdutória

Os textos dispersos que a seguir se transcrevem foram selecionados para documentar aspectos gerais ou particulares do luso-brasilismo literário em tempos pré-modernistas e modernistas, a partir da chegada ao Rio de Janeiro de Luís de Montalvor.

Trata-se portanto de textos de incidência crítica publicados ao longo das décadas de 1910 e 1920, com exceção de uma meia dúzia, que em todo o caso se reporta a esse período. Trata-se de textos de portugueses relacionados com a literatura brasileira contemporânea, ou de textos de brasileiros relacionados com a literatura portuguesa contemporânea, e, em poucos casos, de textos de portugueses ou de brasileiros que se ocupam das suas respectivas literaturas mas visando a sua divulgação no país irmão, ou a sua relação com a do país irmão. E trata-se de textos que, além de terem servido a causa do Modernismo, serviram também, polemicamente ou não, a causa das relações literárias entre Portugal e o Brasil numa fase histórica difícil — e tanto que alguns até supõem ou supuseram que elas foram então interrompidas.

Na sua diversidade, ou na diversidade das suas modalidades — notícia, carta, ensaio, memória, apresentação ou prefácio, entrevista, manifesto, depoimento etc. —, esses textos traduzem ou apontam também a diversidade dos problemas que envolveram as comunicações literárias luso-brasileiras no referido período: problemas de informação, de divulgação, de colaboração, de intercâmbio, de influência, de paralelismo, de polemização etc.

Não se pense, porém, que os textos reunidos constituem um inventário — porque constituem apenas uma antologia. Antologia que privilegiou naturalmente os textos publicados em jornais, revistas e folhetos ou livros raros, onde jaziam mais ou menos ignorados, mais ou menos esquecidos.

E antologia que só considerou autores obviamente representativos, e que privilegiou alguns deles: os portugueses Luís de Montalvor e Antônio Ferro, os brasileiros Carlos Maul e Ronald de Carvalho. Mas tal privilégio é exigido pela história — isto é, pelo papel que esses autores desempenharam —, não foi propriamente determinado pelo responsável por esta antologia. O mesmo se diria em relação à presença dos brasileiros, em maior número do que a dos portugueses. Pelo visto a desatenção destes em relação aos seus camaradas brasileiros ou ao Brasil não é menos notória do que a dos brasileiros em relação a eles ou a Portugal.

Estranhar-se-á, talvez, a inclusão de algum autor, ou a sua inclusão entre pré-modernistas e modernistas; e a estranheza atingirá antes de mais Júlio Dantas.

Mas Júlio Dantas comparece aqui como exemplo excepcionalmente interessante: atacado pelos modernistas portugueses, que atacou, ele (que se diria toda a vida um amigo do Brasil) veio a louvar e influenciar alguns modernistas brasileiros, de Menotti del Picchia a Cassiano Ricardo, a Guilherme de Almeida (e a Vinícius de Morais). Aliás, não escapou a ambigüidades típicas de escritores portugueses e brasileiros que viveram no primeiro quartel do século XX, e que parecem hesitar por vezes na escolha de caminhos parnasianos, simbolistas, decadentistas e modernos ou modernistas. Foi isso que não compreendeu o anônimo colaborador da revista Festa *que, no seu nº 5 (segunda fase), de dezembro de 1934, se espantava com o fato de Dantas, um acadêmico, ter defendido a abolição da rima. Curiosamente, nesse mesmo ano, e mês, escrevia Dantas a Pessoa uma carta a agradecer o "belo livro"* Mensagem *que este, não menos curiosamente, lhe enviara.*

Os textos são ordenados sem distinção da nacionalidade dos seus autores, e de acordo com a cronologia da sua publicação original, salvo no caso das cartas e dos discursos de apresentação ou conferências em que foram tidas em conta as datas indicadas nos respectivos textos.

Atualizamos, como regra, a ortografia; corrigimos as gralhas evidentes; usamos um critério tanto quanto possível uniforme na indicação de nomes próprios, de títulos de obras, nas citações etc.; assinalamos com colchetes os títulos ou acrescentamentos da nossa responsabilidade; e apusemos algumas (poucas) notas a textos em que as julgamos necessárias.

ANÔNIMO

[Luís de Montalvor no Rio de Janeiro]

Rio em flagrante

Luís Ramos é um novo poeta português, desta nostálgica escola portuguesa de agora, tão cheia de sentimento e tão encantadoramente emotiva.

Luís Ramos veio para o Brasil, não faz um mês ainda. Deu-nos o prazer da sua visita e alto regalo de nos oferecer uma plaquete sua: *A caminho*, extrato de um livro a publicar, com um título simples de *Interior*.

Por essa plaquete sente-se logo o poeta simples, espontâneo e meigo que é Luís Ramos.

Brevemente o jovem poeta português se apresentará ao público carioca em uma conferência, que vai realizar no salão da Associação dos Empregados do Comércio.

Fon-Fon!, nº 52, Rio de Janeiro, 28 de dezembro, 1912.

Anônimo

[Uma conferência de Luís de Montalvor]

Luís Ramos

Ontem, às 9 horas da noite, no salão nobre da Associação dos Empregados de Comércio, o poeta português Luís Ramos fez a sua anunciada conferência sobre "O gênio da raça portuguesa".

O talentoso poeta do *Interior* e do *A caminho* falou longa e brilhantemente de coisas da grande terra lusa.

Falou das suas paisagens, das suas marinhas, das suas gentes do campo e da cidade, analisando-lhes as origens, estudando-lhes os hábitos influentes na formação da raça e características do seu gênio.

Discorreu sobre a existência tempestuosa dos seus patrícios, do seu temperamento aventureiro, audaz, ávido de conquistas magníficas.

Entrou depois na parte que dizia respeito diretamente ao tema escolhido. Falou da Quimera como típica da raça que tem vindo através dos séculos atrás de um sonho miraculoso, procurando realizá-lo de um modo admirável.

Nessa parte entraram os poetas novos, os apóstolos da "Renascença" que dão na sua obra já considerável uma idéia nítida do gênio da raça lusa.

E Luís Ramos entremeou os seus períodos de prosa cantante e nova de versos da "Elegia" de Teixeira de Pascoaes, da "Coimbra" de Mário Beirão, sonetos de Afonso Duarte, e outros e outros trechos emocionais dos poetas Augusto Casimiro, Antônio Correia de Oliveira e outros.

Leu depois o magnífico poema "Sinfonia da tarde" de Jaime Cortesão, o autor de *Esta história é para os anjos.*

Com uma linda evocação do sonho do rei moço, o alucinado de Alcácer-Quibir, que diz bem do gênio aventuroso e sonhador da heróica raça lusitana, Luís Ramos terminou a sua conferência, obtendo calorosos aplausos do seleto e culto auditório.

Apesar da chuva torrencial que caía o nosso mundo intelectual e social lá esteve representado por pessoas de evidente destaque.

Entre muitas pessoas, cujos nomes nos escaparam, notamos:

Dr. Bernardino Machado, ministro plenipotenciário de Portugal, acompanhado de sua exma. família: dr. Silva Ramos e senhora, Filipe de Oliveira, Themudo Lessa, Júlio Oliveira, F. Viana, capitão A. Leitão, Ernâni Rosas, C. de Faria, Agripino Grieco, Gutman Bicho, J. Oliveira, Álvaro Moreyra, Eduardo Guimaraens, caricaturista Antonius, Carlos Maul, Edgar Parreiras, Modestino Couto, Eduardo Teles etc.

A Tribuna, Rio de Janeiro, 14 de janeiro, 1913. Seguimos a transcrição que desta notícia foi feita pelo quinzenário *A Vida Portuguesa*, nº 17, Porto, 1º de setembro, 1913. Petrus faz crer que reproduz essa transcrição (in Luís de Montalvor, *Poemas*. Porto: Parnaso, Jardim de Poesia, s.d., pp. 81-82), mas o texto que apresenta contém vários desvios.

[Carta a Luís de Montalvor, enviada
para o Rio de Janeiro]

Lisboa — Dezembro de 1913
Dia 29

Meu querido Luís,

Recebi a tua carta e por tudo quanto nela me dizes, de joelhos, obrigado!...

Pelo mesmo correio, registradamente, seguem 3 Confissões de Lúcio e 4 Dispersões. Rogo-te que ofereças os exemplares aos jornais que te pareça conveniente.

Peço-te muito que faças o possível por que a imprensa daí diga qualquer coisa a meu respeito. Isso era-me em todo o sentido muito vantajoso. E outro enorme favor te rogava, te suplicava: era ver se te concentravas um pouco e me enviavas as *coupures* do que aí saísse a meu respeito. Gostava tanto de ver a *Dispersão* que dizes ir sair na *Ilustração Brasileira*!... Vamos, vê se me fazes este favor. Dás-me um grande, grande desgosto recusando-mo — ouviste? E perdoa todas as maçadas.

Os projetos literários que me expões na tua carta entusiasmaram-me. São grandes, maravilhosos, geniais! Mas executa-os. Tens esse dever.

Escreve-me como me prometes, sim? Envio-te só 4 Dispersões porque a tiragem foi limitada a 250 exemplares e de pouquíssimos posso dispor. Retratos não tos envio porque os não tenho. Mas isso [*não tem*] importância alguma. O que eu quero é que falem dos meus livros. Que me publiquem o focinho é o menos!

Envio-te junto um soneto que fiz há tempos sobre a Salomé. É muito estranho. Diz-me o que pensas dele.

Então, recapitulando: não te esqueças de pedir para que falem aí sobre os meus livros e de me enviar o que tu ou outros escreveres!! Vamos, sê ao menos uma vez "lembrado". Escreve!

"Dispersões" — não tinha enviado para jornal algum. Só que mandei foi Confissões de Lúcio.

Lembra-me ao Carlos Maul a quem escrevo um postal pelo mesmo correio. E também ao Milton.

Escreve! Escreve! Escreve! Não te esqueças do que te suplico ajoelhado!

Escusas de mandar cartas registradas — elas chegam sempre mesmo que o não sejam.

Apresenta os meus cumprimentos a tua Esposa.

Adeus! Próspero 1914!...

Grande abraço

o

Sá-Carneiro

Cartas de Mário de Sá-Carneiro a Luís de Montalvor/ Cândida Ramos/ Alfredo Guisado/ José Pacheco. Leitura, seleção e notas de Arnaldo Saraiva. Porto: Limiar, 1977, pp. 54-56.

[A concepção da alegria em poetas portugueses e brasileiros contemporâneos]

[...] Portugal tem no momento atual o seu grande poeta da alegria, o discípulo amado de Verhaeren, o solitário "patriarca da alegria" que forja os seus poemas com o ouro da luz, do sol e das estrelas, e veste-os com as roupagens riquíssimas do azul dos céus intérminos e do verde dos campos florentes e aromados.

Esse poeta é João de Barros, que é no país extraordinário em que a Saudade é um rito solene e triunfal, o apologista da Esperança, o Invocador do Futuro.

A sua poesia é feita de ritmos bizarros, e tem os olhos fulgurantes voltados para o Amanhã que através de uma toalha de brumas diáfanas, nos deixa ver o vago reflexo de uma luz nova.

Diz toda a sua maneira de ver e amar o mundo este soneto que é o pórtico de colunatas gigantes que dá entrada ao templo em que Anteu, o filho heróico de Netuno e da Terra, pontifica:

Foge o presente, foge às mãos sequiosas
De cingi-lo, apertá-lo ao coração,
E as horas correm tão vertiginosas
Que mal as vemos no seu turbilhão.
Umas dão sonho. Noutras nascem rosas.
Sonhos e rosas por que nascerão?
Como a volúpia incerta que tu gozas,
Deixam saudades só, meu coração.
E é sempre esta saudade, esta agonia,
De não prender a vida fugidia,
De ver fugir desejo, amor, verdade.
Mas o Futuro vela, e fielmente
Colhe as horas mais belas do Presente
E delas tece a nossa eternidade!

Apesar da superabundância de poetas que se deixaram definhar nas lamúrias, nas magoadas lirices de amores infelizes e fictícios, desses que encontraram na tristeza insincera a sua maneira de poetar e fizeram disso moda, apesar da onda de amargura que encheu mais de dois séculos de poesia nacional, a nova corrente poética, atualmente a vencedora no nosso país, é plena das alegrias da nossa raça, plena dos entusiasmos despertados por tudo o que nos rodeia, onde o verde palpita como um canto à Esperança, onde tudo nos faz cantar as delícias da vida e as vitórias do homem.

Eu não compreendo os poetas brasileiros que, com este sol radioso e este azul divino cor de pervinca, passam a vida a destilar pieguices, realejando doloridamente misérias que nunca sofreram...

No Brasil ultimamente, um grupo de indivíduos eunucos mentais, tem procurado imitar a feição poética de Antônio Nobre. O resultado dessa imitação é o hediondo resultado que se deve esperar de toda a caricatura.

Que os Portugueses sejam elegíacos compreende-se. Portugal é um país saudoso como com muita justeza frisou Miguel de Unamuno.

Há na Saudade lusitana uma grandeza de arte pura, uma sublime concepção de Beleza.

Os lusos podem voltar os olhos para trás com saudade das alegrias e das audácias dos seus homens mortos. Eles têm em cada recanto do seu país uma saudade vivente, uma sombra a subir dos esboroados torreões dos seus castelos, uma lenda a envolver as figuras esguias e lamentosas dos choupos, uma visão distante a recordar-lhes as suas conquistas, e do horizonte dos seus mares, na hora do crepúsculo, parece erguer-se, como a alma de Camões que fala no murmúrio das ondas, a imagem brumal das caravelas que partiram, como aquelas dos argonautas, ávidas de tesouros, e se perderam, e nunca mais voltaram...

Há na alma melancólica dos lusitanos, na umidade do seu olhar, uma esperança no regresso das caravelas.

E por que não dizer que essa saudade interminável, guarda no fundo uma esperança que é uma manifestação potente de alegria?

Nós ainda não podemos olhar para trás porque os nossos ancestrais não cuidaram da heróica edificação do nosso passado, e as figuras dos nossos grandes ainda estão muito perto de nós, ainda não tiveram o tempo para a purificação absoluta, ainda não tiveram a distância que cria as divindades.

Cercados por uma natureza de um aparato selvagem que enrija as almas, dando-lhes uma seiva vivaz e impelindo-as para as grandes conquistas, como podemos ficar estafermados na inutilidade de uma poética insegura e torturada, onde as lágrimas borbulham e os soluços explodem como vivas notas de covardia e desânimo?

Nós devemos repetir com o novo poeta helênico, o luminoso Kostis Palamás: "O que importa no mundo, é a Beleza, a perfeição, a harmonia".

E os novos cantores lusos estão em harmonia com as elegíacas paisagens coroadas de bruma que os circundam.

Os castelos arruinados em que a hera faz acrobacias desenhando pelas muralhas carcomidas figurilhas de monstros como um estranho e arabescado pano chinês, são a lembrança dolorosa e vivaz de mil heroísmos medievos, são uma recordação dos troveiros que nos seus cantos e nas sonoridades dos seus alaúdes traziam bálsamos para as almas feridas e aplacavam as iras dos senhores irritados.

Quanta grandeza de arte sublimada existe na poesia de Teixeira de Pascoaes! Há nos seus poemas a saudade extraordinária das alegrias e dos heroísmos que passaram, envolvendo uma enternecida esperança pela volta dessas venturas que se foram.

Quanto encantamento nos poemas nebulosos de Mário Beirão, de Luís de Montalvor, de Afonso Duarte, nos versos viris e suaves de Jaime Cortesão, de Augusto Casimiro, de José Agostinho, na prosa misteriosa dos contos de Mário de Sá-Carneiro, de Veiga Simões, de Nuno Simões, de Vila-Moura, de Orlando Marçal, de Fernando Pessoa, e na doçura amena e simples dos versos de Correia de Oliveira, cuja obra me recorda o ressurgimento de Pã o velho deus que morrera com a entrada da Grécia na penumbra!

Teixeira de Pascoaes criou o "saudosismo", a religião da Saudade, e em torno da bíblia desse rito novo os mais diversos grandes poetas foram depositar as suas oferendas sagradas e desalterar os seus sedentos espíritos.

Há nesse movimento uma ressurreição, um canto vigoroso, uma evocação das façanhas dos lusos sonhadores de outras eras.

Em tudo isso, triste ou alegre, há sonho e há esperança, há felicidade e há desejo inesgotável, porque "ser feliz é desejar eternamente".

E a Alegria é sonho e é esperança de felicidade que nunca se atinge e cujo gozo procuramos saborear sempre que mais próximos dela nos julgamos.

*

Procuremos a harmonia do ambiente que nos cerca, desvendemos os múltiplos mistérios da vida vivendo por nós e para nós, aprendendo a contemplar com serenidade.

Sejamos os cantores dos nossos estados de alma que assim seremos dignos do nosso meio e do nosso tempo.

Nós temos uma poesia toda de criação semeadora de grandezas inéditas, porque em toda ela freme, violenta e selvagem, a alma tempestuosa e irrefreável, luxuriante e musical, da nossa natureza plena de mistérios que só os cantos dos grandes poetas podem revelar.

Nós temos a poesia gloriosa e fecunda, porque nela palpitam as energias fragorosas da nossa raça e da nossa gente.

Todas as poesias de hoje em outros países são evocações de esplendores antigos, recordações, lendas doiradas em torno de heróis mortos e heroísmos passados.

Todas as poesias de outras raças ainda em equilíbrio têm um ceticismo amargo, cheio de fel, descrente de tudo, pretendendo ferir sorrindo, deixando nesse riso nadar uma sombra mal oculta de tristeza...

Em todas elas vive a saudade, a triste e magoada lembrança de glórias fanadas, de perfumes que se foram, de hinos triunfais cujos ecos se perderam, de magnificências que apenas aparecem num esfumado claro-escuro, numa sombra indecisa, a se apagar como um último lampejo de tarde a mergulhar na noite.

Nós viemos ao mundo para cantar a energia, a límpida e maravilhosa energia que há-de fazer de nós heróis violentos e indomados como os antigos pagãos que retornavam das pugnas, e eram coroados de rosas e de mirtos, triunfalmente, e eram feitos semideuses para a adoração dos homens prosternados.

Antes de nos matarmos numa melancolia insincera, de nos macerarmos numa torturante contemplação interior de mágoas que nunca sentimos, devemos fazer os nossos heróis, criar as nossas legendas, as nossas glórias e cantá-las em áureos poemas de fogo e volúpia, vivê-los nós mesmos, ensinando aos que nos rodeiam os gozos sem par da vida magnífica...

Agora ouçamos reverentes, com a alma de joelhos, beatífica, o canto dos nossos novos poetas, os portadores, os anunciadores da Alegria.

Cantemos com Agripino Grieco, um dos nossos melhores porta-liras, um amante da natureza e de todas as belas coisas criadas, em cujas rimas vibram o amor e a força, a bondade simples e a graça soberana:

Com os gritos festivais enchendo os ares,
De chavelhos retorsos, por amenas
Várzeas, ao lábio as pastoris avenas,
Vão-se os faunos e os sátiros hilares.
Solto o torçal das tranças, as sirenas
Casam seu canto à grande voz dos mares.
Fogem, talvez para Cythera, aos pares,
As pombas. Perto bailam fontigenas.
Em grupos, no cristal das puras linfas
Banham a carne apetecida as ninfas.
Febo chove diamantes sobre a relva.
Só Pã, a tudo alheio, lembra a cauta
Syrinxe, aos guais da soluçosa flauta,
Erra entre as lianas da profunda selva.

Pinheiro Viegas nos seus versos é o que ele diz de todo o poeta:

Rasga nesgas de azul nas ermas selvas grandes;
Enche com a voz do oceano o silêncio das landes;
Faz o pássaro cantar; dá murmúrios à aragem;
Faz a alvorada e o luar para toda a paisagem!...

Álvaro Moreyra encontrou a "Legenda da luz e da vida" e celebrou-a nos seus trenos assim:

Madrugada... Asas em bando...
Cantos... Sol... Acorda o dia.
E o seu fadário iniciando,
O homem diz e põe-se andando:
— A luz é a irmã da Alegria!

A alegria de Homero Prates vem de uma suavidade evolada do âmago das paisagens, de um encantamento diante da alma das coisas.

Entusiasta da vida ele entoa um hino às rosas que são as flores da Alegria e da Vida.

E o seu poema desenvolve-se e vai cantando assim:

Há uma poeira de azul, leve, ondulante, irreal,
Em cada flor que lembra a asa de uma quimera,
E o céu profundo evoca um jardim oriental,
Onde esplende, na luz, o cortejo nupcial
Da Alegria e do Sol da nova Primavera...

Amaral Ornelas detém-se a contemplar um trigal e pensa:

Estende-se o trigal no monte de uma aldeia.
Em cada pé se ostenta o floco de áurea pluma;
Ao favônio que sopra, ora se verga e apruma,
Agita-se, flutua, oscila, bamboleia
Mas ao rígido vento em vagas se avoluma;
Quando esta vai crescendo, a outra, enfunada, cheia,
Quebra o aurífero dorso e se desencadeia
Aos ares sacudindo uma dourada espuma.
Vai rolando, rolando, e todo o monte invade;
Tomba na verde praia: — o matagal da herdade
Como a onda que na areia estende alvo lençol.
O pobre olha e sorri, vendo-lhe os áureos brilhos,
E ele, que há-de matar a fome de seus filhos
Ondeia como o oceano e é louro como o sol...

Filipe de Oliveira, que na *Vida extinta*, interpretando a frase do divino Leonardo "e se tu sarai solo tu sarai tutto tuo", faz a exaltação da solitude como único meio de conquistar a alegria suprema, canta:

Eu tive a iniciação para a alegria
Num templo primitivo de paisagem,
Em que, num fundo aberto de baía,
Da argila das montanhas, emergia
A forma azul de um ídolo selvagem...

Eis-me chegado ao fim da minha peregrinagem pelos caminhos de ouro e areias flamejantes que conduzem ao templo de Santa-Madre-Beleza, onde todos os poetas vão, na hora da grande luz, no momento da glória do sol, fazer a sua oração silenciosa diante do altar da Deusa-Alegria.

Eis-me chegado ao fim. Eis-me diante da Alegria.

Permiti que eu lhe envie, diante de vós, a minha exortação aos homens fortes:

Canta a Alegria!... Canta a Alegria,
Homem capaz de eternizar a mocidade,
Sabendo perpetuar no gozo de um só dia
Toda a existência da felicidade.

[...]

Carlos Maul, *A concepção da alegria nalguns poetas contemporâneos*. Lisboa: Guimarães & Cia., 1914, pp. 17-25. Uma nota dessa edição informa que se trata do texto de uma conferência lida num círculo de homens de letras em março de 1913 e, mais tarde, em 26 de agosto, no Copacabana Club do Rio de Janeiro.

[Nota sobre *A confissão de Lúcio*]

A nota de hoje:

O momento em Portugal é de abundante produção literária. De lá nos chegam livros a toda a hora, livros de versos, livros de contos, novelas...

E essa superprodução é dos novos, quase na sua totalidade.

Os velhos, os consagrados, têm-se recolhido sabiamente fazendo assim jus à admiração dos que chegam, pela sua atitude de franca simpatia e de incitamento.

Acabo de receber um livro de um novo de muito talento, porque tem originalidade, porque tem estilo, e as suas idéias conseguem ferir a nossa emoção pela altura em que pairam.

A *Confissão de Lúcio* é o livro. É uma novela vibrante e nevrosada. Mário de Sá-Carneiro é o seu autor. É moço. Tem pouco mais de vinte anos. É prosador. É poeta. É dramaturgo. Os seus poemas são estranhos, têm uma forma nova, cantam estados da alma pouco vulgares.

Daí a admiração que alguns lhe têm. Daí o ódio de outros. Ódio de eunucos, de impotentes cerebrais, que têm ódio porque não podem amar, que se enfurecem contra aquilo que não podem construir.

Confissão de Lúcio é uma novela bárbara, de crueldade e bondade, de ternura e perfídia, de sangue e de morte.

É a novela de um criminoso de um crime que não cometeu. Estranho paradoxo. É, sobretudo, uma novela admirável na intensidade da ação, na policromia da descritiva, na música mórbida e entontecedora do estilo.

Carlos Maul

A Gazeta da Tarde, Rio de Janeiro, 16 de dezembro, 1913. Mário de Sá-Carneiro guardou este texto, e o seguinte, num álbum de recortes que confiou a Fernando Pessoa.

[Nota sobre *Dispersão*]

A nota de hoje:

O ano começa bem em matéria literária. O primeiro livro que me cai diante dos olhos é belo. Vem de Portugal. É de Mário de Sá-Carneiro. Há poucos dias, falei de um romance desse mesmo autor. Agora, um mês ainda não passou e já ele me envia um volume de versos, bizarros e luminosos, como a sua prosa de imprevistos.

Dispersão é o título do livro. É a história ritmada das ansiedades do poeta, atrás de um grande ideal inatingido.

Sá-Carneiro não é um poeta na exteriorização das suas idéias, o é, porém, na emocionalidade, na força com que transmite às suas palavras os seus frêmitos interiores.

A sua preocupação não é a forma, idéia fixa dos parnasianos palavrosos. Ele pensa, e os seus pensamentos fazem-se melodias admiráveis dentro da alma dos seus versos.

Ele canta nesse novo livro a sua ânsia diante da sua própria alma, que ele interroga e que não lhe responde nunca. Deixa-o sempre dentro de uma grande interrogação silenciosa e profunda.

E ele percorre, avidamente, toda a escala das emoções, vê a inutilidade da vida e da natureza para o seu eu de emotivo-criador de sensações, e responde a uma pergunta feita a sua alma:

...A vida, a natureza,
Que são para o artista?... Coisa alguma.
O que devemos é saltar na bruma,
*Correr no azul à busca da beleza.**

Carlos Maul

A Gazeta da Tarde, Rio de Janeiro, 7 de janeiro, 1914.

* Do poema inicial de *Dispersão*, "Partida".

João de Barros

[A literatura brasileira contemporânea]

[...] Por mais superficialmente que se considere e se estude o movimento literário do Brasil durante os últimos vinte anos, temos imediatamente a noção desse turbilhão, dessa febre de viver. Depois dum período de *romantismo* que só serviu para tornar mais forte e mais consistente a consciência nacional, pelo estudo e pela evocação das velhas tradições dos índios primitivos, tomadas quase como verdadeiras tradições patrióticas; depois duma época de *naturalismo* que — com os nomes de Aluísio de Azevedo, prosador admirável, autor pelo menos duma autêntica obra prima *O homem*; de Machado de Assis, o mestre indiscutido, escritor de raça, psicólogo sutil, que se pode comparar, talvez, a um Anatole France, excessivamente sensível; de Joaquim Nabuco, filósofo de alto valor; do grande, do extraordinário Euclides da Cunha; e de outros ainda — deu à alma das cidades e dos campos brasileiros intérpretes e críticos que lhe permitiu a si próprio criticar e aperfeiçoar-se; depois dum *parnasianismo*, a que o temperamento brasileiro logo insuflou um lirismo exaltado, e cujos principais corifeus ainda estão vivos e em plena glória, como Olavo Bilac, Alberto de Oliveira, o delicioso Mário de Alencar, Augusto Lima, Filinto de Almeida, Emílio de Meneses, sem esquecer Múcio Teixeira, Vicente de Carvalho, Luís Murat, o encantador Raimundo Correia, mortos já, e Machado de Assis, que foi, além de prosador, um poeta interessantíssimo; depois desta natural evolução das letras brasileiras, em que as aspirações nacionais a cada passo se intensificavam e esclareciam, eis que todos os pequenos movimentos literários da Europa, melhor direi, da França — pois que é através da França, como tão justamente o fez notar Medeiros e Albuquerque, que o Brasil comunica com a Europa intelectual — se refletem e propagam na grande nação transatlântica. O simbolismo, o naturismo, o paroxismo, o unanimismo — são discutidos, seguidos, criticados. Um inquérito, realizado há alguns anos por João do Rio (Paulo Barreto), que depois se tornou um dos mais queridos escritores da sua geração, demonstra a verdade desta afirmativa. Todas as idéias, todas as ambições e, mesmo, todos os preconceitos literários dessa época se podem encontrar nesse volume de trezentas páginas, em que o promotor do inquérito colecionou quarenta respostas dos principais escritores do Brasil. Mas essa variedade de opiniões, quase todas elas cheias de entusiasmo e de fé, não dá nunca a idéia do desvario, da falta de equilíbrio.

Sem que tenham, talvez, consciência de tal fato, esses poetas, esses romancistas, esses críticos, nunca deixam enredar a sua sensibilidade e a sua inteligência na complicação de certas idéias, que defendem — ou julgam defender. O seu sentimento natural, o seu sentimento espontâneo, vivo e sincero, de povo novo e enérgico, permite-lhes ir além da estreiteza das concepções e das teorias, e encontrar, para se exprimir, novas fórmulas, novas modalidades de pensamento, inteiramente suas. O sentimento de independência dos brasileiros é muito vivo; e as suas ambições patrióticas podem resumir-se nesta frase lapidar do eminente Sílvio Romero, que foi, e é ainda pela influência decisiva que soube impor, uma das forças diretoras da mentalidade brasileira de hoje: *"Independência literária, independência científica, independência política — eis o sonho da minha vida! Tal deve ser a tríplice aspiração do Porvir!"*.

De resto, basta ler os livros brasileiros mais *representativos* para verificar esta verdade. O caso de Bilac, de que há pouco falei, é típico. O seu livro de poemas abre com uma respeitosa e fria, ainda que bela, invocação à forma, ao estilo. É quase Gautier, pela correção impecável; quase Banville, pela inspiração excessivamente parnasiana. Mas logo na página seguinte encontramos versos de amor violento e sensual, versos cheios da mais profunda emoção lírica, versos que hão-de existir eternamente na língua portuguesa como uma das suas mais belas expressões da volúpia e do desejo. Como acontece com a literatura portuguesa — cuja originalidade essencial em face das outras literaturas da Europa é assegurada por um caráter permanente e geral: o *lirismo* — também uma só e igual característica torna originais e *nacionais* todos os escritores brasileiros de valor: — e é ela igualmente o *lirismo*, mas um *lirismo* sensual; e, ainda, mais de ação, de esforço e de realização do que o lirismo português. Muitas vezes, mesmo, filosófico e social. O que facilmente se compreende: — o Brasil vive em plena efervescência criadora e a sua literatura não pode senão contribuir, exaltando-o e intensificando-o, para esse movimento de civilização e de progresso. A fábula de Tirteu é, e será sempre, uma grande verdade social...

No entanto, houve e há ainda no Brasil muitos poetas tristes e elegíacos. Alguns, como Cruz e Sousa, já morto, encontraram no simbolismo a sua fórmula de arte: — mas o seu simbolismo é sobretudo romântico, luxuriante de emoção, pesado de sentimento. Veja-se, por exemplo, a obra tão interessante de Félix Pacheco, que se diz simbolista — os seus dois livros de poemas *Mors-amor e Luar de amor*, são, afinal, elegias admiráveis, cuja profunda ternura e serena melancolia triunfam sempre das teorias que o seu autor quis realizar ou das bizarrias de forma com que pretendeu *deslumbrar o burguês*. Outros, como Mário Pederneiras, recentemente morto e tão querido da mocidade brasileira, nem procuram esconder a sua sensibilidade impetuosa: — a poesia de Mário Pederneiras é uma fonte de cristalina sensibilidade, carinhosa e doce. Mas em todos esses poetas, e em tantos outros de que seria impossível falar sem tornar este artigo excessivamente longo, encontramos a mesma força de lirismo — dum lirismo que não é senão frenesi, exasperação de sentir e de viver.

Lirismo que vamos também verificar na obra dos prosadores. Leia-se o *Canaã*, de Graça Aranha. Será um romance social, como dizem? Sem dúvida, porque o autor nele estudou um dos aspectos do grave problema das raças emigrantes no Brasil. Mas que ternura ardente, que emoção, corre dessas páginas admiráveis, em que vibra e canta a alma do Futuro! A fertilidade dos campos brasileiros, a energia dos estrangeiros que ali vão tentar fortuna, a audácia tranqüila da gente da terra, a sua inteligência, talvez rudimentar, mas completamente adaptada às exigências da vida ambiente, tudo isso não vem aí descrito — no sentido vulgar da palavra: — tudo nos é sugerido em diálogos líricos, em notações poéticas, em sínteses rápidas e poderosas, sem nunca excluir, no entanto, uma amplitude de pensamento que tornam o *Canaã* um dos mais belos romances da moderna literatura brasileira.

Mais fecundo, mais pletórico de estilo, mais pródigo de imagens, Coelho Neto — outro grande romancista — não renega as tradições literárias do seu país. Pelo contrário. Os seus livros, — mais de sessenta! — escritos maravilhosamente, com um poder verbal e uma imaginação verdadeiramente prodigiosos, dão-nos a idéia de grandes pinturas murais, de vastos poemas da natureza e da vida. Não quer isto dizer que lhes faltem qualidades de observação: — as personagens e o meio em que evoluem são estudados carinhosamente; e a análise dos caracteres é muito exata. Mas no conjunto da sua obra há um aspecto que sobretudo nos impressiona: — um aspecto de majestade e de vastidão, como aquele que nós recolhemos ao contemplar as florestas imensas do Brasil. Do *Sertão* ao *Rei Negro*, da *Treva* a *Banzo* — que extraordinária epopéia! Todo o esplêndido vigor da selva brasílica se expande nas páginas ardentes destes volumes, que parecem viver da existência profunda e misteriosa das seivas e das florações.

Com menos ímpeto, sem dúvida, mas com uma sensibilidade mais sutil, mais aguda, numa palavra: — mais feminina, a senhora D. Júlia Lopes de Almeida escolhe de preferência os assuntos familiares e simples, procura e decifra o segredo das almas honestas e puras. O seu belo romance *A intrusa* — entre tantos outros de raro merecimento — é uma obra-prima de análise psicológica e de estilo singelo e sugestivo. D. Júlia Lopes de Almeida começou a sua carreira literária pela poesia: — e isso vê-se bem, pelo seu idealismo cândido e pela sua visão matizada e discreta da vida.

Mais moços, ainda que muito conhecidos já, Afrânio Peixoto e Alcides Maia representam talvez duas das correntes mais acentuadas da moderna literatura de além-Atlântico. O primeiro, com o seu romance *A esfinge*, em que estuda um caso de amor muito delicado — a história dum artista fraco de caráter que se apaixona por uma rapariga da alta sociedade e que abandona a sua arte por este amor sem grandeza — descreve a vida cosmopolita do Rio de Janeiro, as suas elegâncias, o seu mundanismo, a psicologia da sua civilização recente e que não sabe ainda disfarçar a violência do seu ímpeto de progresso sob o ceticismo e a ironia das velhas civilizações. Afrânio Peixoto escreveu na *Esfinge* o romance da cidade ou, para melhor dizer, da alta sociedade do Rio de Janeiro: — e assim afirma-se, já não direi como alguém que despreza a natureza e a sua inspiração, mas pelo menos como uma mentalidade que não quer ver no Brasil senão a sua civilização. De resto, são numerosíssimos os escritores que possuem ou adotaram essa modalidade mental. Na atitude contrária se encontra Alcides Maia: — é um tradicionalista, e quer critique Machado de Assis, ou escreva as páginas evocadoras da *Tapera*, ama e celebra o seu país nas suas forças de tradição e de beleza permanente. É, na verdade, um prosador de grande merecimento — que há-de sempre saber fazer amar, como o seu direto e próximo ascendente espiritual: Coelho Neto, a vasta beleza das paisagens brasileiras...

Muitos outros escritores podiam e deviam ser citados aqui. Mas não é possível fazer deste rápido esboço um volume de crítica literária, ou um simples catálogo de nomes. Toda uma mocidade enérgica e altiva, cheia de talento, sequiosa de originalidade, mas seguindo sempre as tradições brilhantíssimas dos seus antecessores, triunfa atualmente no Brasil. Poetas e prosadores — Goulart de Andrade, Álvaro Moreyra, Martins Fontes, Carlos Maul, Homero Prates, Olegário Mariano, Sebastião Sampaio, João do Norte etc., todos tão inteligentes e tão sensíveis — procuram exprimir a beleza da terra em que nasceram, ou a complexidade quase assustadora dessa vida vertiginosa que é a vida no Brasil, e que Paulo Barreto soube adivinhar e narrar com um maravilhoso sentido da realidade e um grande e carinhoso amor do seu país. [...]

João de Barros, "A mentalidade brasileira contemporânea", ensaio publicado na revista parisiense *La Revue* de 15 de fevereiro de 1914, e incluído, com uma ou duas breves alterações, no livro *Caminho da Atlântida*. Lisboa: Atlântida, s.d. (1918), pp. 113-43, e também no livro — de onde retiramos o fragmento — *Presença do Brasil*. Lisboa, Rio de Janeiro: Edições Dois Mundos (Livros do Brasil/Livros de Portugal), 1946, pp. 48-54.

OS RAROS DA BELEZA

Mário de Sá-Carneiro, o elegante e bizarro prosador da nova geração d'além-mar, o artista da ânsia e do desejo, em cujas retinas bóia a nostalgia de um país remoto onde os minaretes são dedos de ouro a colher estrelas e as cúpulas de bronze seios ignotos para a asa irreal da Noite, dá-nos agora um poema, uma alucinação de coloridos e de sons, de evocação e de Memória...

Dispersão é a legenda emotiva dos sentidos dentro da penumbra sonâmbula de uma paisagem flamenga; tem as tintas de um interior de Van Eyck a perder-se por entre vitrais num fundo morno de aguarela.

É a dor de partir, a alegria de ficar, a emoção de se abandonar, de perceber, olhos fechados e mãos queimando a um Sol-Pôr estranho, figuras sangrentas de Beardsley, cabeças sobre-humanas de Racham, torres de gárgulas macabras, castelos morrendo em sombras na água bruna das lagunas, vôos brancos de galeras rasgando a Distância com as heráldicas proas grafiladas.

Sua imobilidade é um lenço branco a chamar por si mesma; é um adeus e um incitamento, um retrocesso de ânsias dentro da alma...

Afronta-me um desejo de fugir
Ao mistério que é meu e me seduz.
Mas logo me triunfo.

É suscitar cores endoidecidas,
Ser garra imperial enclavinhada,
E numa extrema-unção d'alma ampliada,
*Viajar outros sentidos, outras vidas.**

Volúpia de fugir do temperamento, doce volúpia de vivê-lo, de multiplicá-lo em outros; ser, num ambiente de velhas essências e águas

* Do poema inicial de *Dispersão*, "Partida". No jornal, a citação destes versos (e os da página seguinte) apareceu com incorreções de grafia e de pontuação.

fortes de Rops a estesia de Baudelaire; num jardim com piscinas e repuxos um noturno de Stuart Merril, no olhar recurvo de um espelho de Salomé... volúpia de viver fora de si, de se completar, de se apagar como um soluço de violino sob o veludo suave de velhas tapeçarias...

Volúpia de murchar como uma rosa dentro de um cofre gótico ou entre as iluminuras de um missal antigo... volúpia de sonhar numa estufa entre crisântemos e jasmins; ser pétala, asa, sino, longe, saudade... doce volúpia de sofrer sonhando...

Mário de Sá-Carneiro é uma alma dolorosa.

As almas dolorosas são as que se refugiam na Memória; as outras refletem recortes, linhas, vozes e coloridos: são espelhos onde os contornos se ficam e desaparecem.

Nestas, a sombra é o aniquilamento, a lassidão, o sono dos sentidos; naquelas é alucinação, evocação, a alma diluindo-se como um perfume sobre formas, é o sonho dos sentidos.

As almas que refletem vivem com a vida circunstante e apagam-se dentro dela; as almas que sofrem criam, em símbolos, seu ambiente excepcional.

Umas aceitam e são normais; outras renunciam e são dolorosas porque são raras.

Aquelas são as almas dos sábios, dos literatos e dos homens; estas as dos filósofos e artistas...

Perdi-me dentro de mim
Porque eu era labirinto.
E hoje, quando me sinto,
*É com saudades de mim...**

Grande alma dolorosa, irmã do desejo, da ânsia de si mesma...

Careta, Rio de Janeiro, 20 de junho, 1914.
Mário de Sá-Carneiro guardou este texto — que era seguido pelo seu poema "Escavação" — no álbum de recortes que confiou a Fernando Pessoa.

* Início do poema "Dispersão", de *Dispersão*.

[Carta a Ronald de Carvalho]

Lisboa, 24 de fevereiro de 1915

Meu querido Poeta,

Escrevo-lhe a desoras da delicadeza. Há meses já que o Luís de Montalvor me fez chegar aos olhos o seu Livro. Embora o lesse sem tardança, tenho demorado o agradecimento para além dos limites do próprio abuso. A licença poética, mesmo, não admite tanto. Eu tenho excedido o direito concedido aos camaradas de responderem longe de propósito. Começo a minha carta por lhe pedir as desculpas a que este adiamento obriga.

Não sei que lhe diga de seu livro, que seja bem um ajuste entre a minha sensibilidade e a minha inteligência. Ele é deveras a obra de um Poeta, mas não ainda de um poeta que se encontrasse, se é que um poeta não é, fundamentalmente, alguém que nunca se encontra. Há imperfeições e inacabamentos em seus versos. Vêem-se ainda entre as flores as marcas das suas passadas. Não se deveriam ver. Do Poeta deve ser o ter passado sem outro vestígio que permanecerem as rosas. Para quê os ramos quebrados,* ainda, e partida a hasta das violetas?

Eu não lhe devia dizer isto, talvez, sem prefaciar que sou o mais severo dos críticos que tem havido. Exijo a todos mais que eles podem dar. Para que lhes havia eu de exigir o que cabe na competência das suas forças? O Poeta é o que sempre excede aquilo que pode fazer.

O seu Livro é dos mais belos que recentemente tenho lido. Digo-lhe isto, para que, pois que me não conhece, me não julgue posto a severidade sem atenção às belezas do seu Livro. Há em si o com que os grandes poetas se fazem. De vez em quando a mão do escultor de poemas faz falhar as curvas irreais de sua Matéria. E então é o seu poema sobre o Cais, a sua impressão do Outono, e este e aquele verso,

* No texto (do jornal) vem: "quebrava". O fato de não se saber onde pára o original da carta impede a correção de outras gralhas menos evidentes.

tal poema ou tal outro, caído dos Deuses como o que é azul do céu nos intervalos da tormenta... Exija de si o que sabe que não poderia fazer. Não é outro o caminho da Beleza.

Tenho vivido tantas filosofias e tantas poéticas que me sinto já velho, e isto faz com que me dê o direito de o aconselhar, como Keats a Shelley, que esteja de vez em quando com as asas fechadas. Há um prazer estético, às vezes, em deixar passar sem a exprimir uma emoção cuja passagem nos exige palavras. Dos nossos jardins interiores só devemos colher as rosas mais inevitáveis e as mais verdes horas, e fixar só aquelas ocasiões do crepúsculo quando dói demasiado sentirmo-nos. O resto é só a brisa que passa e não tem outro aroma senão o momento que rouba a imortalidade dos jardins.

Escrevo e paro... Pergunto a mim próprio se poderá julgar tudo isto, porque não é transbordante de elogios, uma crítica adversa. Não o conheço e não sei. Mas repare que só a quem muito aprecio eu escrevo destas coisas. De certo me faz a justiça de adivinhar que a quem não tem valor nenhum eu não ouso senão dizer que tem muito. Só vale a pena notar os erros daqueles que são na verdade Poetas, daqueles em quem os erros são erros. Para que notar os erros daqueles que não têm em si senão o jeito de errar?

Com tudo isto, que parece hesitante no elogio, repito-lhe que o seu livro é dos mais belos que tenho lido ultimamente. A sua imaginação, doentia e delicada, é uma princesa que olha das janelas o luxo longínquo dos tanques. Vejo que sente os reflexos. Eles são, com efeito, as melhores horas da água: e de certo que as mais belas são aquelas — em jardins ainda do século dezoito — onde a tristeza de uma civilização morta bruxuleia ainda, como um gesto na sombra, na sombra rápida de água que se dissipa.

Ah, mas tudo isto é impessoal... Tenho outras e mais próximas coisas a dizer-lhe se reparo que sou eu que leio os seus Versos, que a Nau perdida das suas emoções passou, um momento de velas, no horizonte das minhas costas.

A má sensibilidade dói-me. Por certo que outrora nos encontramos e entre sombras de alamedas dissemos um ao outro o nosso comum horror à Realidade. Lembra-se? Nós éramos crianças.

Tinham-nos tirado os brinquedos, porque nós teimávamos que os soldados de chumbo e os barcos de latão tinham uma realidade mais precisa e esplêndida que os soldados-gente e os pobres barcos que são úteis no mundo. Nós andamos animados longas horas pela quinta. Como nos tinham tirado as coisas onde púnhamos os nossos sonhos, pusemo-nos a falar delas para as ficarmos tendo outra vez. E assim tornaram a nós, em sua plena e esplêndida realidade — que paga de seda para os nossos sacrifícios! — os soldados de chumbo e os barcos de latão, e através das nossas almas continuaram sendo, para que nós brincássemos com a idéia deles. A hora (não se recorda?) não era demasiado certa e humana. As flores tinham a sua aí* e o seu perfume de soslaio para a nossa atenção. O espaço todo estava levemente inclinado, como se Deus, por astúcia de brincadeira, o tivesse levantado do lado das almas; e nós sofríamos a instabilidade do jogo divino como crianças que riem das partidas que lhes fazem, porque sejam mostras de adulta afeição.

Foram belas essas horas tristes que vivemos juntos. Nunca tornaremos a ver essas horas, nem esse jardim, nem os nossos soldados e os nossos barcos. Ficou tudo embrulhado no papel de seda da nossa recordação de tudo aquilo. Os soldados — os pobres deles — furam quase o papel com as espingardas eternamente ao ombro. As proas das barcas estão sempre para romper o invólucro. E sem dúvida que todo o sentido do nosso Exílio é este — o terem-nos embrulhado os brinquedos de antes da vida, terem-nos posto na prateleira que está exatamente fora do nosso gesto e do nosso jeito. Haverá uma justiça para as crianças que nós somos? Ser-nos-ão restituídos, por mais que cheguem aonde não chegamos, os nossos companheiros de sonho, os soldados e os barcos?... sim, e mesmo porque nós não éramos isto que somos?... Éramos de uma artificialidade mais divina... Parecíamos estar destinados a coisas menos tristes do que a alma.

Escrevo e divago, e tudo isto parece-me que foi uma realidade. Tenho a sensibilidade tão à flor da imaginação que quase choro com isto, e sou outra vez a criança feliz que nunca fui, e as alamedas e os brinquedos... e apenas, no fim de tudo, a supérflua realidade da vida.

---

* Sic. "Aí" está talvez no lugar — ou depois — da elidida "cor".

Perdoe-me que lhe escreva assim... A vida, afinal, vale a pena que se lhe diga isto... Deus escuta-me talvez, mas "de si ouve" como se diz daqueles que escutam... A tragédia foi esta, mas não houve dramaturgo que a escrevesse... Para que lhe estou eu dizendo isto?

Reparo de repente que a minha imaginação, à expensa de minha inteligência, fez uma crítica ao seu Livro. Fê-la amavelmente, como não podia deixar de ser, e porque assim o exigia o nosso convívio, esse no jardim antiquíssimo, quando o Mundo não tinha criado ainda a necessidade de ter sido criado por Deus. Foram deveras de um ateísmo espiritual aquelas horas que perdemos nos jardins. Existíamos aí nós, porque o jardim éramos nós também. Depois os séquitos foram-se.

Os sons de sua ida prolixa demoraram-se na aragem... Ficou-nos a alma, como um exílio inevitável e nós escrevemos versos para nos lembrarmos de que fomos...

Abraça-o

Fernando Pessoa

Tribuna da Imprensa, Rio de Janeiro, 12-13 de fevereiro, 1955 (com o título "Carta inédita de Fernando Pessoa a Ronald de Carvalho").

N.B. Na *Correspondência 1905-1922* de Fernando Pessoa editada por Manuela Parreira da Silva (Lisboa: Assírio & Alvim, 1999, pp. 149-53), esta carta aparece com muitas variantes, que decerto não têm que ver com o original, mas com um rascunho (não se indica de onde a carta foi copiada, embora se indique a sua primeira publicação).

JOÃO DE BARROS

[Apresentação e justificação da revista *Atlântida*]

"Atlântida"

Estas primeiras palavras para *Atlântida*, escrevo-as em face do Mar — do Mar carinhoso e terno do meu país, do Mar altaneiro e forte, por onde os navios velozes demandam a larga hospitalidade das praias brasileiras.

Foi um meio-dia assim, com sol contente brilhando na proa envernizada do *Amazon* que eu, há três anos, parti para o Rio de Janeiro. As gaivotas voavam, brancas, sobre o Tejo claro. Ao longe, a linha do horizonte era curva como um abraço lento. A aragem salgada ciciava como um longo beijo. Os amigos, de terra, acenavam-me o seu último adeus. E eu sentia, inefavelmente, de mistura com a saudade das pessoas queridas que deixava, o contentamento supremo de quem vai realizar uma ambição há muito sonhada, um sonho há muito acariciado no mais íntimo do coração...

Ia ver o Brasil, enfim! Ia ver essa terra, que eu sempre considerara irmã da nossa, — e tentaria auscultar a sua palpitação profunda, a sua existência íntima e verdadeira, a febre de trabalho e de progresso que daqui pressentira. E, sem outra idéia que não fosse o contribuir para a aproximação estreita dos dois povos, ia levar uma mensagem de lirismo aos escritores que também sabem, além-Atlântico, propagar, embelezar e engrandecer a língua e — porque não dizê-lo? — a alma e a vida espiritual portuguesas. Uma esperança ilimitada fazia-me pulsar o sangue com mais força. O entusiasmo exaltava-me os nervos. E a certeza duma nobre, duma grave missão a cumprir preocupava-me a tal ponto, que durante toda a viagem — do Tejo ao cais Pharoux — passei alheado de tudo e de todos, ora seguro do êxito que desejava, ora receoso da minha mais que reconhecida incompetência para alcançá-lo.

Talvez que essa certeza, que esse entusiasmo, que essa esperança pareçam exageradas para quem meça bem o pouco valor de quem as possuía, e a situação respectiva do Brasil e de Portugal. Certamente o eram. Mas eu via isto: — um enorme país único, separado pelo oceano, um só país imenso, que na Europa tivesse as raízes indispensáveis duma tradição, e na América a energia, a fé, o amor, ainda mais indispensáveis, da juventude permanente e criadora! Esquecia as histórias rabugentas, que às vezes me contavam, de desinteligências entre portugueses e brasileiros. Esquecia a distância. Esquecia a má vontade que certos elementos estrangeiros têm procurado despertar entre as duas nações. Esquecia a inércia estúpida de certos governos nossos. Só me lembrava de que, nas antologias portuguesas que desconhecessem fronteiras, o nome de Bilac devia enfileirar ao lado do de Junqueiro, os nomes de Machado de Assis e de Coelho Neto tinham de aparecer juntamente com o de Eça de Queirós. E mais pensava, também, que toda a sorte de interesses, dos morais aos econômicos, dos espirituais aos práticos, faziam de Portugal e do Brasil uma comunidade perfeita, com o mesmo ideal latino, com a mesma força de inteligência e de alma, com a mesma perfeita sensibilidade social.

De resto, um entusiasmo tão grande como aquele que me animava, tinha-o eu verificado nas minhas longas palestras com um grande e ilustre camarada brasileiro: — com Paulo Barreto, quando da sua estada em Lisboa, em 1909. Paulo Barreto é, com efeito, um velho e constante amigo de Portugal — sendo, simultaneamente, um patriota sincero em tudo e por tudo que diz respeito à sua terra. A idéia da publicação da *Atlântida* a ele se deve, fundamentalmente. Ela nos ligou logo do princípio; e desde essa época longínqua nunca mais nos abandonou. E, se chegamos um dia quase a desanimar de pô-la em prática, não foi nunca por culpa nossa... Simplesmente, as dificuldades pareciam insuperáveis. Todos mo afirmavam, todos — até ao momento em que eu, chegado ao Rio de Janeiro, pude reconhecer, palpar, apreender que todas as iniciativas que visassem a um estreitamento de relações entre os dois países, seriam recebidas de braços abertos. Teriam o aplauso tanto dos escritores e artistas como dos políticos, tanto dos homens de ciência como dos industriais e comerciantes.

Uma impressão exata e dominante, eu trouxe, com efeito, do Brasil, eu adquiri, pelo menos, na minha viagem rápida: a impressão de que Portugal não se fazia conhecer como devia; e de que o Brasil se magoava por não encontrar em Portugal aquele conhecimento e apreço que merece o seu admirável surto de progresso, o seu prodigioso desenvolvimento material e intelectual. Mágoa justa — e justificadíssima, aliás! Falar a mesma língua, representar a mesma raça, ter uma fórmula comum de civilização — e viverem tão separados um do outro como até há bem pouco tempo viviam os dois povos, eis um fato estranho, que não me pertence explicar, mas que era altamente prejudicial, tanto para portugueses como para brasileiros e, sobretudo, creio — para o papel que qualquer das duas Repúblicas têm de desempenhar na vida internacional do globo. E Portugal tem de ser para o Brasil, — tudo o indica! — o seu porto de ligação com a Europa.

Esta situação, evidentemente desagradável, tem melhorado e melhora dia a dia — pela boa vontade, pertinaz e lucidíssima, dos governos dos dois países e dos seus respectivos representantes. Quer isto dizer que seja ótima? De modo nenhum. Quer apenas dizer que é necessário acordar uma idêntica boa vontade em todas as classes sociais, aqui e além-Atlântico. Quer apenas dizer que, sendo a ação dos governos pautada, como é, pelas aspirações inconscientes dos dois povos — se torna indispensável dar consciência a essas aspirações, mostrar a razão profunda da solidariedade que as une, e, se me permitem a expressão, desvendar, uma perante outra, a alma portuguesa. Pretende-se que entre elas exista um afeto que não seja só afeto — mas aproximação total de espíritos, de desejos e de almas.

Não se julgue uma pomposa frase de retórica, esta minha. Pois se nem literariamente os intelectuais portugueses conhecem bem o Brasil! E, no entanto, o amor fervoroso que os escritores brasileiros têm pela nossa literatura, não significa somente uma preferência literária, e nem podia significá-lo: — é a manifestação superior duma tendência geral de afetividade, sem dúvida mal reconhecida.

Para que nem esse desconhecimento literário, nem o desconhecimento de qualquer outro fator de progresso e de melhoria intelectual ou social, continue a existir, e a envergonhar-nos — é que nos abalançamos a publicar a *Atlântida*. Acima de tudo — pretende criar-se um órgão de aproximação recíproca, em que se traduzam e expressem as energias, as ambições, os ideais dos dois povos. Decerto que, para justificar o aparecimento desta revista, se poderiam invocar mil motivos de ordem imediatamente prática para um ou para ambos os países. A verdade, porém, é que só um motivo nos guiou — a Paulo Barreto e a mim — e um motivo de ordem moral: — erguer até ao conhecimento perfeito e amorável das suas tendências e dos seus esforços as duas nacionalidades. Mais nada. É pouco? É muito? O Futuro o dirá. Mas as intenções são tão levantadas e tão grandes, que não será orgulho excessivo proclamá-las assim. Nem confiança absurda esperar que elas se realizem, com a cooperação de todos aqueles que hoje constituem, pelas suas obras e pelo seu talento, as maiores razões de existir para o Brasil e para Portugal.

Não nos será negada também a colaboração de gente moça. A mocidade sabe palavras novas, que é preciso dizer, e traz ambições maiores, que é belo realizar. A nossa empresa é, talvez, grande demais para as nossas forças. Mas as nossas forças são inquietas demais para a não tentarem... Deste modo, a *Atlântida* surge com um pouco de espírito aventureiro dos velhos navegadores portugueses e com muito da energia ardente e moça que deu ao Brasil o seu esplendor de civilização. E em frente do Mar — que, nesta hora de sol pleno, é todo uma fulguração de luz triunfante — não duvido já dos destinos da *Atlântida*: — ela será como uma grande voz, de múltiplos ecos, a vibrar na mesma palavra de amor sobre as duas margens distantes do vasto Oceano, que a leva cantando, e cantando a faz voar de onda em onda.

S. Martinho do Porto, 5 de outubro de 1915.

João de Barros

Atlântida, nº 1, Lisboa, 15 de novembro, 1915, pp. 5-9.

ANÔNIMO

[Notícia brasileira sobre *Orpheu* 1]

Publicações

ORPHEU — Recebemos de seus diretores em Portugal e no Brasil, srs. Luís de Montalvor e Ronald de Carvalho, o 1º número da revista trimestral de literatura *Orpheu*. É uma publicação que honra sobremaneira os centros intelectuais portugueses e brasileiros, por isso que lhe desejamos o mais brilhante futuro.

Orpheu consta de 84 páginas e tem uma bizarra capa desenhada por José Pacheco. O papel em que se imprime seu texto é de superior qualidade.

A *plaquette* enfim nada deixa a desejar materialmente, podendo mesmo sofrer o confronto com a *Mercure de France* e *Vers et Prose*, de Paris.

O sumário de *Orpheu*, 1º número, é escolhido; assinam-no nomes de responsabilidade nas belas letras da língua que falamos. Eis o sumário: [Segue-se a transcrição do sumário]

Não conseguimos ainda identificar a publicação, decerto carioca, nem estabelecer a data em que saiu (certamente em 1915) esta notícia — que por sinal é a única notícia brasileira referente ao aparecimento do *Orpheu* que encontramos. Copiamo-la de um recorte guardado por Mário de Sá-Carneiro num dos dois álbuns em que ele juntou as várias referências ao *Orpheu* 1 e 2. No verso da notícia faz-se alusão a uma festa de caridade a realizar-se "no próximo dia 11" no salão do *Jornal do Comércio*.

Ronald de Carvalho

Le silence, seul luxe après les rimes, seria como dístico o melhor que descrevesse ou sugerisse a sensibilidade scheherazesca desse poeta de essência superior que é Ronald de Carvalho.

A incoerência que existe como um paradoxo entre o dístico que preludia estas palavras e a nossa intenção é aquilo que exatamente caracteriza em todos nós o contraste, um dos aspectos elementares da nossa alma.

Todo o indivíduo é logicamente ilógico. O silêncio é o melhor ornamento de todo o puro pensamento, como toda a existência literária é uma solidão e a circunstância de falar só é bela porque revela...

Contudo quais as pessoas de Ideal capazes de conter um silêncio que, muitas vezes, pode traduzir o erro das nossas intenções? Quais serão os olhos capazes de descer as pálpebras em frente do amanhecer do seu próprio entusiasmo, até ir ao ponto de não celebrarem, liturgicamente, o ofício da arte que é o mistério nas letras?

Ronald descreve com o seu espírito a trajetória de um meteoro fugaz, cuja cauda luminosa sulca em pleno céu um caminho de estrelas.

O seu talento de emigrado, de um século assombrado em demência, eleva-se até ao exílio da sua própria arte, de forma que os seus olhos tristíssimos de sonho não reparam nos contornos banais da perspectiva humana.

A sua consciência como o seu sonho elevam-se para além dos limitados horizontes da vida.

O sentido que ele tem do *heróico* é a manifestação exata da sua arquitetura espiritual.

A argila da sua alma sofre e delira Deus. Toda a beleza é um fenômeno explicado por si, e por isso, a sua obra é ele com todos os seus sentimentos, fenômeno esclarecido de sonho, de dor e de ideal. O misticismo heróico ergue-se nas asas da aventura, e ei-lo, transtornado de noite e de estrelas, absorto em Deus, erguendo-se aos cumes do Himalaia dos seus sonhos.

Não será o fundo de toda a moral mística *tocar ou comunicar de certa maneira com o infinito*, desde que, — *só e em si*, — cada ser ou coisa se transforme em mônada religiosa do pensamento de Deus?

Toda a sua obra, pois, se alimenta desse grande sentimento universal, que nele é ponto mais elevado da sua arte, porque é o vago a idéia que o poeta faz do desconhecido, no qual flutuam os seres e as coisas que ele evoca como no fundo de toda a pura espiritualidade: êxtase, espasmo, mobilismo ideal!

Para ele o vago é a arquitetura abstrata de toda a contemplação...

E são exatamente o vago, o irreal, o artifício, os três elementos principais da sua obra. O vago e o irreal são o fundo de toda a sua poesia.

Toda a obra de arte é para ele a fatalidade do subconsciente; a realização, a transplantação do divino para o real, a imagem perdendo a sua íntima presença, o poder das analogias contrastando: a vida seguindo o gesto, o rio seguindo o sonho, uma vaga sombra projetando o mundo de uma Asa, o rumor sugerindo *não sei que ritmos* da profunda orquestra da nossa alma!

O outro elemento, o artifício, serve-lhe para a Beleza como auréola!

— Que é o seu simbolismo senão a evocação do mistério pelo símbolo, a comunicação de uma sensação pelo ritmo?

— Que é aquele torpor de ritmos abandonados, aquela obsessão de esplendor, aquele instinto fulgural de *décor*, senão o ouro estranho do seu espírito, as pedrarias literárias da sua imaginação feérica?

O gênio evocador, o poder artístico e espiritual que o tornam no Zodíaco de todas as gerações modernas em signo quimérico de um mistério alado...

Toda a sua obra, de um esplendor lânguido e triste, tem um sentido oculto que o seu espírito aracnídeo e maravilhoso revela e a sua imaginação vincula.

Tudo na sua vida fala a sortilégio.

E por isso mesmo, o seu virtuosismo em arte, aproxima a sua espontaneidade da orquestra!...

Luís de Montalvor

Atlântida, nº 14, Lisboa, 15 de dezembro, 1916, pp. 119-21.

Júlio Dantas

[Crônica sobre] *Juca Mulato*

Quando, há pouco, concedi a mim próprio alguns dias de isolamento e de repouso no Monte Estoril, fiz-me acompanhar dos últimos livros de versos que tive a honra de receber dos meus ilustres camaradas do Rio e de São Paulo. Não podia desejar melhor companhia. Em frente do mar, nessa pequena Nice dourada onde encontro sempre, além doutras muitas, a suprema beleza do silêncio, foi-me dado o prazer de admirar alguns poetas brasileiros dum parnasianismo ardente e paradoxal — mármore e sangue, bronze e nervos — e, entre eles, um que, não se limitando a encantar o meu espírito, abalou a minha sensibilidade e comoveu profundamente o meu coração. Quero referir-me a Menotti del Picchia, forte, saboroso e original poeta paulistano, cujo nome eu não conhecia ainda, que é decerto muito novo, e cuja obra, *Juca Mulato*, poema de quarenta páginas apenas, acaba de revelar-me um artista de raça, eloqüente, sóbrio, às vezes lapidar nos conceitos, pintando com uma largueza e uma justeza de valores surpreendente, e possuindo tão excepcionais dotes de comunicativa emoção, que eu próprio, endurecido no ofício de escrever, senti, ao ler os seus versos, que os olhos se me enevoavam e umedeciam de lágrimas.

Conseguirei eu, em dois traços rápidos, dar-lhes a impressão do poema de Menotti del Picchia?

Juca Mulato é um caboclo, "forte como a peroba e livre como o vento", torso trigueiro, narina aflante, a agilidade dum poldro, a robustez dum touro, espécie de Hércules do mato, que passa, entre cafezais verdoengos e açucenais em flor, a cavalo no seu pigarço como uma figura de bronze, o chapeirão na cabeça, a garrucha à cinta, um cigarro de palha a arder-lhe na boca. O seu corpo rítmico e forte tem "audácias de coluna e elegâncias de barco" quando, do alto da montada, ataca a restinga às foiçadas, ou quando, de pé em pleno cafezal, a enxada a lampejar-lhe nas mãos, sustém, sob o ouro oleoso do sol, entre enxames de moscões silvestres, a invasão mordente da aninga. Ri, em todo ele, a alegria bárbara da força. Resplandece-lhe nos olhos a alma sagrada das florestas. Todo ele esplende, todo ele canta, titã negro e pacífico, ouvindo coaxar os sapos, escachoar nos açudes o rebojo das águas, mugir ao longe as manadas ruivas e processionais dos bois. Vive no êxtase da natureza. Juca Mulato é feliz. Um dia, porém, a filha da patroa, cujas ancas musicais lembram o vôo das garças, olha-o, por acaso, num olhar mais demorado e mais quente. O pobre caboclo, natureza selvagem e virginal, que vivera dormindo, acorda, de repente, para a ofuscante, para a dolorosa revelação do amor. Todo o mistério do seu instinto desperta. Todo o seu corpo estremece, na carícia do sol, como um tronco rebentando em flores. A filha da patroa! "Vamos, Juca Mulato, estás doido?" E Juca, deslumbrado, aterrado, espantado de si próprio, olhando ao longe o capinzal em chamas, ouvindo o grito trágico do curiango, torcendo nas mãos convulsas o relho áspero de couro, chora, treme, soluça, canta, — vê em tudo, adivinha em tudo, no céu e na terra, na floresta e nas águas, no ar morno que o envolve, no aroma suave que o perturba, no arrepio quase humano dos bambuais dourados ondulando ao vento, o mesmo olhar, o mesmo sorriso, o mesmo perfume, a mesma mulher, expressão inatingível da volúpia eterna, da graça dominadora, do amor imortal. Toda a écloga do sertão se enche da dor do mísero caboclo. A mata sombria chora, por ele, as lágrimas das folhas. As rochas formidáveis abrem, em pranto, os seus olhos de água cristalina. É o gênio triste da raça que soluça na ingênua paixão de Juca Mulato. É a dolorosa, a ardente ternura brasileira que canta na sua voz. O caboclo quer ser ave, e fonte, e rocha, e floresta, e tempestade. A viola geme-lhe nas mãos. Abraça-se ao cavalo, ao seu pigarço de orelhas fitas e de pálpebras vermelhas, seu único, seu fiel amigo, e conversa com ele, e chora com ele, e afaga-o, e conta-lhe — em que maravilhosos versos! — a dor cruciante, a dor sagrada que se sofre amando:

Pigarço, a dor me aquebranta...
Quando lembro o olhar que adoro
E que nunca esquecerei,
Ai, sinto um nó na garganta,
E choro, pigarço, choro!
Eu, que até chorar não sei...

Quando a trote ela nos via,
Debruçada na janela,
Nós levávamos, após,
Com o pó que do chão se erguia
O nosso olhar cheio dela,
E o dela cheio de nós...

Então, pouco me importava
Que seu olhar nos seguisse...
Galopava-se a valer...
Quando esse olhar eu olhava,
Era como se o não visse,
Tanto o olhava sem o ver!

Hoje pago essa ousadia...
Ela os olhos de mim tolhe.
Queixar-me disso, porquê?
Antes, era eu que a não via,
Agora, por mais que me olhe,
É ela quem não me vê...

Sou um caboclo do mato
Que ronda a luz de uma estrela...
Já viste uma coisa assim?
E o pobre Juca Mulato
Morrerá por causa dela,
E tu, por causa de mim...

Mas na obstinação desse amor inconsciente, desse lampejo divino, dessa vertigem de infinito, dessa fascinação, dessa volúpia que ele próprio sente "que vem da Vida e que vai para a Morte", — Juca Mulato, o egipã mestiço da floresta, vislumbra um rasto de mandinga, uma centelha de inferno. Ata à cintura a garrucha, deita mão do relho estralejante, derruba o chapeirão sobre os olhos, monta a cavalo, ele aí vai, numa sexta-feira, à hora em que o poente é uma crosta de ouro em brasa, pedir ao bruxo Roque, negro e sinistro, o remédio para o seu mal. O feiticeiro olha-o com as pupilas garças e imóveis como charcos de água imunda, ouve-o, perscruta-o, adivinha-o, compreende-o e — ai do pobre caboclo do mato! — diz-lhe que sabe arrancar a lepra do corpo, mas que nunca achou remédio para o mal de amor; que cura a peçonha da cobra, mas que nada pode contra o veneno sutil dum olhar de mulher. "Juca Mulato, esquece!" Mas Juca só poderá esquecer, fugindo. Abraça-se aos troncos hirsutos que o viram nascer, beija o ventre da terra que o gerou, pensa na fuga ou na morte. É então que a alma das coisas, que o gênio da floresta, que a voz profética do silêncio fala a esse Peer Gynt caboclo: "Tu queres-nos deixar, filho desnaturado!" Um cedro soluça, olhando para ele: — "Foi dum galho meu que fizeram teu berço!" A torrente diz-lhe jorrando: — "Fui eu, Juca, que dei a água do teu batismo!" A floresta inteira prende-o, enleia-o, reclama-o, ergue-o na exaltação da força e da vida: — "Nós somos a lenha que te aquece! Somos nós o cabo da tua enxada, o arco do teu bodoque, a grade da tua arapuca, o varejão do teu barco! Juca, nós somos a tua alma, e na terra natal a própria dor dói menos!" Juca Mulato, do alto da montanha, ereto no cavalo como um deus de bronze, olha o cafezal verde, as plantas alinhadas, sente o bafo morno e dionisíaco da terra, vê todo o labor da empreitada, as enxadas faiscando ao sol, o céu em chamas, a vida em germinação, e pouco a pouco, resignado, tranqüilo, — volta, ressurge, vive, esquece.

Eis o admirável pequeno poema de Menotti del Picchia. Fixem este nome. Ou me engano, ou há-de ser, amanhã, o de um dos maiores poetas brasileiros.

O Primeiro de Janeiro, Porto, 4 de abril, 1918. Transcrito, como regra incorretamente, em várias edições da obra a que se refere (por exemplo: *Juca Mulato/Máscaras/Angústia de d. João/O amor de Dulcinéia*. São Paulo: Livraria Martins Ed., 1965, pp. 13-19, e *Juca Mulato*, 41ª ed. Rio de Janeiro: Edições de Ouro, s.d., pp. 81-85, em que erradamente se indica Lisboa como lugar da publicação de *O Primeiro de Janeiro*).

Graça Aranha

[Carta a João de Barros sobre *Atlântida*]

8 de outubro de 1919
194, Rue de Rivoli

Meu caro João de Barros.

Estamos fartamente em Outubro e até agora não me consta ter aparecido o número de Julho da nossa *Atlântida*. Seria de muito mau gosto pretender eu explicar-lhe o desconceito que nos trazem esses absurdos atrasos de uma revista que não é uma publicação morta e que aspira conduzir a vida intelectual de uma grande nacionalidade. Sei que há explicações para tudo, mas o público dirá que se não estávamos aparelhados e organizados para a bela empresa que prometemos, não devíamos ter aparecido.

Aceitei entrar na direção da *Atlântida* para corresponder ao seu generoso apelo e pelo grande prazer de ser seu companheiro. V. sabe o entusiasmo com que me dediquei à nossa revista, mas na situação em que ela se acha a minha fé esmoreceu e perdi o mais precioso dos meus bens, que é aquele mesmo entusiasmo com que me prometi fazer com vocês da *Atlântida* o grande órgão do pensamento latino no mundo luso-brasileiro.

Não tenho mais ânimo para angariar novos colaboradores, e não sei o que responder aos que iniciaram os seus trabalhos e que me perguntam se os devem continuar. Não penso me comprometer a pedir a prorrogação da subvenção oficial do Governo Francês, nem obter outras de particulares e nem mesmo dar impulso à publicidade paga. Tudo me parece incerto e vacilante. Se a *Atlântida* não pode aparecer regularmente, se não pode remunerar dignamente a sua colaboração estrangeira, se ela desiste de ser um órgão de vastas aspirações para se limitar a ser uma revista pequena, de horizonte restrito e puramente lusitano, como me pareceu entrever no número de Junho, eu pergunto a mim mesmo se a minha tentativa não está terminada, e se a minha pseudo-direção pode subsistir.

Nas suas últimas cartas percebo que V. não se demorará por muito tempo na *Atlântida*. Tendo eu entrado por Você, devo sair com Você. Espero, portanto, que Você não me deixe só. Creio que também esse será o movimento do nosso Paulo Barreto.

Se, porém, temos de continuar, permita, meu querido Amigo, que para o bem da *Atlântida* eu lhe peça o seguinte: — que a revista seja posta em dia — sem demora,

— que os artigos dos nossos colaboradores estrangeiros sejam publicados incontinenti e bem apresentados,

— que eu seja autorizado a pagar aqui, de acordo com a administração, a colaboração por mim conseguida. O pagamento será feito com o dinheiro das subvenções ou da publicidade obtidas aqui. Isto evitará demoras, diferenças de câmbio. O saldo será remetido semestralmente à administração em Lisboa.

Preciso de saber se posso contratar novos colaboradores, o que só farei quando tiver a certeza de que a *Atlântida* aparecerá regularmente todos os meses. Essa condição é essencial para o escritor europeu, que trabalha com muita ordem.

E foi pelo vexame em que estou com o "desaparecimento" da *Atlântida* que não lhe mandei o prometido artigo do Viviani e nem insisti pelo trabalho de Barrès. E não lhe falo do nosso crítico musical, do artigo sobre Rodin com gravuras e de outros males... E como estou envergonhado com o Ferrero!... Enfim!...

Desculpe, meu caro João de Barros, esse *ultimatum,* que lhe faço com a mais sincera afeição e maior admiração pelo seu grande e generoso espírito.

Um saudoso abraço do seu do coração

Graça Aranha

Para começar a pôr em prática uma dessas regras resolvi pagar hoje ao Faure-Piquet o preço das quatro crônicas que ele enviou à *Atlântida*. Mandarei o recibo de quatrocentos francos.

Cartas a João de Barros. Seleção, prefácio e notas de Manuela de Azevedo. Lisboa: Livros do Brasil, s.d., pp. 289-91.

Ronald de Carvalho

Intercâmbio luso-brasileiro

A oração do sr. Fidelino de Figueiredo, pronunciada ultimamente no Instituto Histórico, merece, pelas idéias que contém acerca das relações intelectuais entre Brasil e Portugal, ampla divulgação pelo nosso país. Habituados, como estamos, a ver confundidos no mesmo plano de propaganda, feita por alguns letrados de ambas as nações, os problemas mentais e os econômicos, as obras de arte e as pipas de vinho, os livros e as sacas de café, nada mais útil que meditarmos um pouco sobre as discretas e ponderadas palavras do eminente historiador português, ora entre nós. Reagindo contra semelhante sistema, que mal encobre, por vezes, o interesse pessoal, e nunca será capaz de produzir frutos valiosos e oportunos, o sr. Fidelino de Figueiredo mostra compreender com lucidez admirável a missão que compete aos homens de pensamento no intercâmbio literário entre as duas pátrias.

Não é com discursos desmedidos, nem com hipérboles inócuas que chegaremos a nos entender e estimar. Essa improvisação contínua de propósitos e objetivos miríficos em que vivemos, para um estreitamento de relações intelectuais, só tem despertado, pelo menos aqui, zelos descabidos, ciúmes pequeninos e revoltas sem mira.

Não é pretendendo conquistar mercados vantajosos, não é correndo atrás dos aplausos de encomenda que os escritores portugueses serão lidos no Brasil e os brasileiros em Portugal. Entre uns e outros, está o público, entidade bastante caprichosa para não levar em conta senão os seus próprios pendores, as suas verdadeiras preferências, o seu gosto e os seus impulsos naturais. Enquanto esse público se não interessar perfeitamente por uma idéia ou por um homem, será inútil qualquer propaganda literária. O trabalho das elites deve ser justamente de aproximar esse público, por meio de uma difusão de cultura sistemática e inteligente, das grandes obras e dos grandes escritores universais. Ora, escrever artigos apologéticos em jornais, estampar fotografias acompanhadas de legendas mirabolantes em revistas ilustradas, fazer conferências oferecidas aos "irmãos do ultramar", não é difundir cultura de espécie alguma, não é estabelecer vínculos fortes e duradouros entre países que desejam conhecer-se sinceramente. Para tanto é mister que haja, de parte a parte, um grau de adiantamento mútuo, um desenvolvimento paralelo, uma índole e um índice de civilização semelhantes.

Esforços isolados, mesmo quando honestos e bem intencionados, não logram conseqüências satisfatórias.

Ninguém, por exemplo, se propôs fazer aqui a propaganda da literatura francesa ou da inglesa. De lá não vieram conferencistas, professores ou sábios, especialmente destinados a mostrar o valor e a utilidade da sua ciência ou das suas letras.

Nós é que, por necessidade da nossa cultura, fomos buscar os seus livros e as suas idéias. A propaganda fomos nós mesmos quem a fizemos, foi o desenvolvimento e o progresso da nossa inteligência quem a ditou.

Eis por que, o sr. Fidelino de Figueiredo, apoiando-se na opinião de Benedetto Croce, asseverou na sua conferência notável:

"Pensar exclusivamente na arte e na ciência, e não já na difusão da arte e da ciência é o único caminho que pode conduzir àquela difusão, visto que as criações vivas e fortes se abrem, cedo ou tarde, o seu caminho no mundo. E se se disser que às vezes idéias bastante vigorosas, produzidas por um povo, permanecem longo tempo estranhas a um outro, deve-se reconhecer que esse mal se não remedeia por meios artificiais e que há que aguardar o desenvolvimento gradual da cultura do país refratário e que as experiências históricas, que ele for fazendo e ainda lhe faltam, o ponham em condições de acolher e apropriar-se daqueles produtos mentais". A literatura portuguesa, apesar da comunidade da língua, desperta menos interesse no Brasil, sobretudo nas classes cultas, que a francesa, a italiana, a alemã ou a inglesa. Pondo de lado alguns escritores de maior renome, ignoramos tudo quanto se passa no mundo das letras em Portugal. Assimilamos e acompanhamos o movimento das idéias universais através a obra dos escritores de língua estranha à nossa. Essa nossa "infatigável curiosidade", a que se refere o ilustre historiógrafo lusitano, raramente se estende às coisas de Portugal. Vivemos mais separados pelo pensamento que alongados pelas águas atlânticas que nos banham os litorais. Só nos lembramos dos mestres da literatura portuguesa, à exceção de um ou outro, para resolvermos questiúnculas de gramática ou problemas de estilo. O que procuramos nos clássicos, nos Vieira, nos Bernardes, nos Fr. Luís de Sousa, nos Dom Francisco Manuel é mais a beleza e a linguagem que a profundeza dos conceitos. A companhia deles nos deleita mas não nos instrui. Quando queremos aprender alguma coisa, deixamo-los dormir na paz dos velhos pergaminhos, e vamos folhear as edições do "Hachette" do "Plon", do "Dent", de preço mais reduzido e de maior cabedal. A razão disso está em que os portugueses, como nós, se educam também nas literaturas estrangeiras, malgrado possuírem uma longa e ilustre tradição intelectual. Ora, pois, assim sendo, não admira que andemos tão afastados no que se refere propriamente ao pensamento puro. Precisamos, portanto, ao invés de pormos em comum os nossos destinos tão diversos, como querem certos sonhadores ingênuos, lançar mão de um método mais eficaz e produtivo. Esse método está delineado na formosa oração do sr. Fidelino de Figueiredo. Brasil e Portugal, cada um seguindo os seus pendores característicos, hão de encontrar-se, sem dúvida, no concerto da civilização universal, e hão de estimar-se como duas forças vivas da humanidade. Nem Portugal pode prescindir do Brasil, nem o Brasil, por mais jovem e vigoroso, pode substituir Portugal. Ambos se completam na comunidade da língua e na diversidade do gênio.

Ronald de Carvalho

O Jornal, Rio de Janeiro, 3 de outubro, 1920.

Andrade Muricy

[Carta-depoimento a Fidelino de Figueiredo sobre a literatura brasileira contemporânea]

Literatura brasileira contemporânea

Meu caro Fidelino de Figueiredo,

Seria necessário todo um grande volume para responder convenientemente ao vosso interessante questionário sobre a literatura contemporânea.* Todavia, para corresponder à vossa insistente e gentil solicitação, aqui passo a traçar, em largas linhas, o quadro dessa literatura. Procederei, para ser breve, quase esquematicamente.

1º — Quais as correntes estéticas, filosóficas, influências pessoais e circunstâncias sociais que V. julga que mais poderosamente contribuíram para determinar o estado atual da mentalidade brasileira?

A psicologia brasileira é, parece-me, a expressão do choque produzido entre os elementos emocionais nativos, produto da nossa formação étnica complexa, e a influência das correntes estéticas e filosóficas estrangeiras que vão orientando nossa mentalidade para a cultura européia, e mais especialmente para a cultura latina. A reação da nossa peculiar emotividade, nossa carência duma longa tradição, o fato de vivermos mais com a preocupação do futuro do que com o amor e no cultivo do passado, a exuberância natural em habitantes dum imenso e livre continente, tudo isso nos impede de podermos desde já nos manter dentro de linhas estritamente clássicas e puras. Somos um tanto

* Fidelino de Figueiredo fez anteceder a publicação desta carta-depoimento da seguinte nota: "Quando estivemos no Brasil, diligenciamos conhecer a cultura literária desse país e, entre os métodos empregados, usamos o de recolher depoimentos de escritores com que aferíssemos os nossos juízos, que necessariamente enfermariam do desconhecimento da situação e relevo das várias personalidades de maior aceitação literária. O depoimento, que se nos afigurou mais ordenado e mais amplamente informador, foi o do sr. Andrade Muricy, crítico arguto da mais recente geração literária do Brasil. Aqui o transcrevemos, por isso, com a devida vênia. Para não alterarmos o seu texto, não suprimimos sequer as expressões de generosidade referentes ao destinatário desse carta. — F. F.".

bárbaros e excessivos, e não constitui prova em contrário o caso de Machado de Assis, o eminente contista, que foi um isolado em nosso meio (isolado, não pela sua sensibilidade muito brasileira, porém pelo seu fundamental pessimismo) e o da geração chamada parnasiana, que nunca conseguiu fazer-se amar pelo nosso povo tanto quanto o nosso romantismo. Bilac, p. ex., foi estimado, simpatizado como nós dizemos; Castro Alves até hoje apaixona os brasileiros até no mais longínquo sertão, Fagundes Varela enternece-os profundamente; e no entanto eram esses românticos incorretos, e aquele parnasiano correto quanto possível. A nomeada dos parnasianos foi sobretudo um fenômeno exterior, o que parece demonstrar que nossa sensibilidade é, por enquanto, naturalmente romântica. Estilo nenhum tem mais sabor brasileiro do que o de José de Alencar, o grande prosador do romantismo e nosso maior romancista, até agora (lede *Sonhos de ouro*, *O garatuja*, *Diva*, *Iracema* etc.). E no entanto é fácil observar as graves deficiências da cultura desse escritor e o seu delicioso desalinho. A sensibilidade romântica está mais acorde com a nossa índole do que o classicismo importado pelo parnasianismo, e que já era, por sua vez, um falso classicismo, como em modesta obra tentarei demonstrar. Todavia a geração parnasiana, pelo seu brilho, até então sem precedentes, teve larga influência, que se mantém ainda, e vai cessando apenas junto da mais recente geração, a que estréia, na qual se faz sentir o influxo progressivo, sério e profundo, de Cruz e Sousa, o Poeta Negro. Muitos dos novos poetas de mais reconhecido valor estão impregnados do seu lirismo estranho. Sua influência na técnica poética foi considerável, sobretudo pelos ritmos novos e sugestivos que criou. — O naturalismo produziu aqui algumas boas obras, porém não influiu profundamente. Nosso romance apresenta, hoje, uma feição francamente neo-romântica, temperada de naturalismo e dum certo misticismo que encontrareis na essência da nossa organização psíquica, como Nestor Vítor demonstrou magistralmente no capítulo III do ensaio *Farias Brito*. A nossa novela é também místico-naturalista, apresentando um caráter regionalista acentuado, e tornando-se impressionista, mística, maculada de preocupações dum naturalismo obsceno, com esse singular Adelino Magalhães. — O teatro (por enquanto desprezadas as produções de puro diletantismo), está tomado de obsessão regionalista e nacionalista. Só estamos produzindo, com certo relevo, comédias de costumes. — A crítica afirma-se sobretudo no sentido do estudo da obra como produto da alma e da vida do autor, isto é, tem a nota psicológica modificando a fórmula de Taine. A tendência é no sentido de tornar a crítica instrumento eficiente de ação social e moral (na acepção mais larga dessa última expressão). A influência de Nestor Vítor foi decisiva nesse sentido. — A filosofia não tem sido preocupação muito sensível e necessária nos nossos intelectuais. Todavia a literatura naturalista, o parnasianismo e toda a mentalidade brasileira destes últimos 50 anos estão imbuídos dum certo spencerismo, de positivismo (mais raramente) e em geral do fenomenismo moderno. A superstição cientificista muito prejudicou nossa evolução mental, determinando a formação do ambiente de hostilidade em que viveu e trabalhou Farias Brito, cuja filosofia eminentemente espiritualista vai ganhando terreno dia a dia na nova geração. — A História com o seu máximo representante, Rocha Pombo, sofre sobretudo a influência de Buckle e de Taine, até certo ponto; é erudita exclusivamente, sem idéias gerais, com Capistrano de Abreu; e de orientação germânica com João Ribeiro. — A filologia ainda é clássica em linhas gerais. Há entretanto uma grande e poderosa corrente americanista, que cultiva o estudo do chamado "dialeto brasileiro", e procura determinar sua progressiva diferenciação da língua portuguesa tal qual é falada em Portugal, baseando-se na prosódia e na grafia, e até na sintaxe, isto é, na própria lógica da linguagem. A ortografia oficial portuguesa veio, efetivamente, tornar os livros recentemente editados em Portugal de leitura irritante e difícil (um exemplo, entre mil: lá se está escrevendo *deceção*, e nós dizemos, clara e acentuadamente *decepção*). A República influiu depressivamente sobre nossa mentalidade, pela ânsia de enriquecimento rápido, pelo industrialismo, pela politicagem desencadeada e agravada, que seu advento suscitou. Mais modernamente, a preocupação exclusiva da mocidade com os *sports* tem sido perniciosíssima para a formação da nova mentalidade brasileira. Todavia a atividade mental é muito grande, o trabalho de cultura progressivo, o ímpeto do pensamento (sobretudo social) considerável, e a fé nos destinos do Brasil profunda e construtora. O terem podido aparecer nestes últimos 20 anos Alberto Torres, Euclides da Cunha, Farias Brito, Graça Aranha, Nestor

Vítor, é uma demonstração irrecusável do que afirmo, pela íntima energia, fé e coesão profunda de suas obras e de sua ação pessoal.

2º — Os principais representantes dos gêneros e formas de atividade intelectual brasileira são, segundo estimativa corrente:

Poesia: — De entre os "velhos": Alberto de Oliveira, o glorioso remanescente do Parnasianismo e um dos maiores poetas que o Brasil tem produzido: Augusto de Lima; D. Francisca Júlia; Emiliano Perneta; Luís Murat; Silveira Neto; Vicente de Carvalho. De entre os novos poetas de maior relevo e cujas obras maior sucesso alcançaram: Pereira da Silva; Da Costa e Silva; D. Gilka da Costa Melo Machado; Humberto de Campos e Raul Leoni. De entre os estreantes, estimo sobretudo: Murilo Araújo, Tasso da Silveira e D. Laura da Fonseca e Silva. Seria preferível dizer desses últimos que são "novíssimos", antes do que estreantes, visto como já são conhecidos em todo o Brasil.

Romance: — Graça Aranha, Xavier Marques, Rodolfo Teófilo, Pápi Júnior, Afrânio Peixoto, D. Júlia Lopes de Almeida. Na nova geração: Lima Barreto e Veiga Miranda.

Novela e conto: — Alberto Rangel, Coelho Neto, Mário de Alencar, João do Rio. Entre os "novos": Monteiro Lobato, Gustavo Barroso, Carvalho Ramos e Ranulfo Prata.

Teatro: — Cláudio de Sousa, Viriato Correia, Abbadie Faria Rosa.

História: — Rocha Pombo, Capistrano de Abreu, Oliveira Lima e João Ribeiro.

Crítica literária: — Nestor Vítor e João Ribeiro. De entre os "novos": Ronald de Carvalho, Tasso da Silveira, Jackson de Figueiredo, Alceu Amoroso Lima e João Pinto da Silva.

Crítica de arte: — (Gonzaga Duque, já falecido, foi nosso único crítico de arte até há bem pouco). Nogueira da Silva e Ronald de Carvalho, dois "novos". Colatino Barroso, brilhante estilista, é sobretudo um esteta que se preocupa com artes plásticas, e Mário de Andrade.

Filosofia: — Teixeira Mendes, o venerável chefe do Positivismo; Jackson de Figueiredo e Renato Almeida.

Literatura de viagens: — Nestor Vítor e Oliveira Lima. Na nova geração: José Vieira.

Filologia: — João Ribeiro, Rui Barbosa, Carneiro Ribeiro, Ramiz Galvão, Carlos Eduardo Pereira, Alberto Faria, Maximino Maciel.

Oratória: — Rui Barbosa, Barbosa Lima, Herculano de Freitas.

Questões sociais: — João Perneta, Jackson de Figueiredo, José Augusto, Andrade Bezerra, Galdino de Siqueira, Pontes de Miranda, Clóvis Beviláqua, José Oiticica, Maurício de Lacerda, todos "novos", com exceção de Clóvis Beviláqua e João Perneta.

Jornalismo: — Eduardo Salmonde, Constâncio Alves, Carlos de Laet, Paulo Barreto, Medeiros e Albuquerque, Vitor Viana, Azevedo Amaral, Leão Veloso, Amadeu Amaral, Monteiro Lobato, Assis Chateaubriand, José Vieira, Bueno Monteiro, Antônio Torres.

Esse quadro, assim perfunctório, deficiente, vale principalmente como depoimento pessoal. Dei, porém, entrada nele, à opinião mais geralmente assente. E como assim o desejais, aqui vo-lo entrego como uma demonstração da atenção e sincera estima em que tenho o ilustre crítico e historiador lusitano, cujo conhecimento pessoal tanto me alegrou e tão completamente veio confirmar em mim a admiração intelectual em que já o tinha.

Rio de Janeiro, 26/10/1920.

De V. att.º am. ad.or — Andrade Muricy

Revista de História, vol. XI, nos 41 a 44, Lisboa, 1922, pp. 281-82.

Júlio Dantas

Júlio Dantas, o requintado artista de *Ceia dos cardeais*, um dos maiores e mais suaves líricos da língua portuguesa, acaba de ser escolhido para ministro da Instrução Pública de Portugal.

Há pouco tempo, na Itália, Benedetto Croce, o literato e o filósofo, ascendia, triunfalmente, ao alto cargo de ministro.

Ao que parece, os que ontem se apagavam no ostracismo das letras e das ciências, os aristocratas do pensamento — única aristocracia lícita dentro do espírito democrático atual — são agora chamados para cooperar diretamente na difícil e complexa arte de governar os povos.

Ainda bem. O idealismo excessivo dos sonhadores, temperado pela energia e senso prático dos homens positivos, dá ao governo essa justa medida e equilíbrio perfeito, capaz de fazer a felicidade dos governados.

Eu nunca achei deslocada e óbvia a cooperação direta dos idealistas nas organizações governamentais. Achei-a sempre necessária.

"Não só de pão vive o homem..." diz a sabedoria eterna da Escritura. A felicidade das multidões não reside somente na segurança material e jurídica das suas condições econômicas: está também no arejamento da sua ambiência moral e mental. E, sendo mais lógicos, não pode existir equilíbrio econômico sem existir perfeito equilíbrio intelectual nas nacionalidades.

Júlio Dantas, o maravilhoso estilista das crônicas fidalgas, o mágico joalheiro das rimas sonoras — ânforas de ouro a conter perfumes e óleos de pensamentos suaves — será um ótimo ministro. É que ele trará para esse cargo a força dinâmica da sua idealidade, o carinho extremado pela cultura do seu povo, e a colaboração extraordinária do seu enorme talento. Essas qualidades, convém confessá-lo, hão de valer mais que as grandes e inertes boas intenções de algum político de Trás-os-Montes, chefe do prestígio provinciano, mas, às vezes, de intelecto obtuso e tardonho...

O fato de Júlio Dantas ser poeta só pode enaltecer o seu cargo. Trará para ele, além do seu prestígio de homem, a sua glória de artista. Nessas condições, não será o Ministério que irá honrar Júlio Dantas, mas o autor da *Severa* que honrará o Ministério.

Tanto isso é certo, que se perguntar eu ao leitor amigo quem foi o Ministro da Instrução Pública de Portugal, em 1902, talvez o leitor se embasbaque. E se lhe perguntar que fez nesse tempo Júlio Dantas, responder-me-á com unção e respeito:

— Nesse ano, o atual ministro imortalizou-se, escrevendo *A ceia dos cardeais.*

Helios

Correio Paulistano, São Paulo, 26 de outubro, 1920.

Almáquio Dinis

[Capítulo final de *A perpétua metrópole*]

Ao fechar do livro

Um grande número destes estudos, publicados em jornais e revistas da Bahia, durante os anos de 1909 a 1912, não são novos, mas têm o sabor de inéditos, porque, retocados como agora aparecem, e sistematizados como se estão mostrando, visam a um fim muito atual, que, entretanto, nunca deixou de interessar-me, mesmo quando a outros muitos não interessava.

O estreito relacionamento entre as duas literaturas — a portuguesa e a brasileira — não as identifica em absoluto. Ao contrário, desse mesmo fato é que ressalta, por entre semelhanças características, a sua diferenciação normal. Bettencourt Rodrigues já teve a feliz idéia de comparar essa aproximação, que tanto mais psicologicamente se evidencia quanto menor a querem evidenciada errôneos princípios de nacionalismo absurdo, a união de duas sonoras vogais em uma mesma eufônica sílaba. O evolucionismo dos dois povos, que hão de sempre encontrar-se em uma descendência comum, há de porém abrir, com os tempos, a sonância do expressivo ditongo, obedecendo, assim, ao preceito fundamental da própria evolução, que é a passagem, superiormente serena, sem nenhum catastrofismo, do indistinto confuso para o distinto difuso.

A individualização literária do Brasil, através dos tempos, é um fenômeno social de insofismável realidade. A separação crescente, que se nota, justifica-se, precisamente, pela comunhão de origens, de tradições, de sentimentos étnicos, e, sobretudo, de língua. Escrevendo num mesmo idioma, os dois povos permutam influências e isolam-se em corporaturas diferenciadas, que, afinal, se vão mostrar unidas na inicial, grandiosa cultura lusitana. Esta é a determinante da perpétua situação de metrópole que cabe a Portugal em relação ao Brasil. A leitura do excelente livro — *O sentido do Atlântico* — de João de Barros, longe de retirar-me do bom senso de orgulhecer-me com os benéficos influxos da literatura portuguesa na formação da minha individualidade literária, afirma-me o dever de proclamar esse mesmo orgulho, filiando as nossas principais manifestações estéticas em semelhantes manifestações portuguesas.

Por vezes, mais longe do que Portugal, está o foco das inspirações brasileiras. Mas, bem raro, essas inspirações não são trazidas, mesmo assim, através de Portugal. Este assinala um traço de união entre os nossos fatos literários e a sua causação universal. Não se precisa de grande esforço para se concluírem as vantagens da divulgação que as livrarias de lá fazem, por meio de traduções, ordinariamente feitas pelos nomes de maior evidência nas suas boas letras, das obras mais brilhantes das literaturas latinas, não só, mas também de todas as mais. Por melhor que se versem as línguas originais, por mais amplo que seja o seu conhecimento nas classes mais cultas, é sempre uma necessidade legítima a trasladação dos bons autores para o nosso idioma. É Portugal quem tem realizado esse inestimável serviço. A ele, e à sua grande bibliografia, devemos que em nossas estantes apareçam garantidas traduções, desde as obras de Goethe, por Castilho, de Shakespeare, por Domingos Ramos, de Flaubert, por João Barreira, até às de Faguet, por Chagas Franco, de Baudelaire, por Delfim Guimarães e muitas outras. E o lucro é todo dos que não sabendo versar estranhas línguas, encontram na sua própria as mais exaltadas criações do gênio humano. Assim nos vêm, através de Portugal, as influenciações mais fortes da literatura universal.

Como, pois, negar a esta raça de que descendemos, a este povo a que paralelamente evoluímos, a esta literatura em cujos pró-homens abeberamos os nossos espíritos, a supremacia que lhe é devida de verdadeira metrópole das letras brasileiras? a ascendência que lhe é reconhecida de foco das nossas melhores informações? a determinante que lhe é peculiar de fonte das nossas mais calmas inspirações? Se o desejo de uma fusão dos dois povos é uma quimera que se não realizará jamais, o que se não pode negar é que há homens, há nomes, há obras em que se confundem as duas literaturas, no passado e no presente, e em que se hão de assemelhar, elas mesmas, por todo o futuro humano, em qualquer grau da civilização, como se hão de parecer sempre, embora vermelhas umas e brancas outras, as papoulas do mesmo pedúnculo, as rosas do mesmo ramo, os cravos da mesma haste. E, neste momento de comemoração próxima da primeira centena de anos sobre a data em que a independência política dos dois povos se proclamou, não fui desarrazoado com o estudo feito para demonstrar que, intelectivamente, nas suas belas letras, pela influência dos seus pró-homens, Portugal há de ser a perpétua metrópole do meu grandioso Brasil!

Almáquio Dinis, *A perpétua metrópole*. Lisboa: Portugal-Brasil, s.d. [1922], pp. 291-94.

[Apresentação de Antônio Ferro]

No seu admirável ensaio sobre Winckelmann, escreveu Walter Pater, o mais ilustre dos discípulos de Ruskin, estas palavras profundas: "Compreendemos, sob o nome de poesia, qualquer produção literária que tenha o poder de transmitir, independentemente do assunto, e só por sua forma, uma sensação de prazer. O que a arte moderna deve fazer, em benefício da cultura, é refletir a vida moderna... E de que necessita o espírito para traduzir a vida moderna? Da clara noção da sua liberdade".

O crítico inglês, ao traçar estes comentários, seguiu naturalmente a lição dos mestres da antigüidade, especialmente a de Aristóteles e Plotino, e, entre os modernos, a de Rousseau e Goethe. Quais são, porém, os limites dessa *liberdade criadora*, quais as características, qual a sua razão de ser?

Não basta afirmar apenas que o artista é o homem livre por excelência; faz-se mister, por igual, fundamentar esse juízo.

O problema da *liberdade criadora* envolve, desde logo, uma questão básica: a da tradição. Devemos, antes do mais, apurar até onde vai, na obra de arte, a influência do passado, o que representa esse valor no esforço da criação. Mostra-nos a história do pensamento humano que a tradição, longe de ser um elemento fixo e invariável, é um instrumento auxiliar do espírito, um ponto de referência de que este se serve para verificar as novas experiências a que vai procedendo através das idades. A tradição, pois, não é uma regra de conduta, um dogma fechado, um imperativo categórico inevitável.

A condição do homem é a própria variedade. O grego rude e pesado de Homero não é o mesmo ateniense avisado e causídico de Sócrates. No espaço de cinco séculos, a soma das experimentações realizadas pelos helenos, deu aos contemporâneos de Péricles um polimento que faltava aos hoplitas de Agamênon.

O estilo sóbrio do *Banquete de Agatão*, assim como os risos dos tímpanos de Fídias em nada recordam a nebulosidade da escola jônica ou o tumulto arquitetônico das muralhas ciclópicas da velha Grécia.

Nem por isso, todavia, perderam os helenos a fisionomia moral e intelectual. Observou-se no caso o que se observa em todas as grandes civilizações: um simples fenômeno de caldeamento nascido das condições naturais da existência, das expansões guerreiras ou pacíficas, do trato de homens e coisas de encontrada procedência.

O que determina a tradição é o culto dos deuses e dos heróis, mas, se esse culto é eterno, variam no correr do tempo os objetos dele. A arte medieval, por exemplo, é filha da Igreja Católica. O gótico é o poema de pedra que a Idade Média lavrou em honra ao Senhor. Cumprindo os ensinamentos de humildade e modéstia dos Evangelhos, o obreiro da Ilha-de-França ou da Toscana desaparecia nos lavores da obra.

As catedrais majestosas não lembram um nome, um indivíduo predestinado, mas os anseios coletivos da multidão. Em cada lintel, em cada agulha, em cada bocarra de gárgula, em cada torre maciça, em cada sombria nave trabalharam dezenas de mãos, desde aquela do rústico pedreiro que arrancou o bloco virgem da montanha até a do entalhador que o cinzelou. Já não vemos aqui o individualismo soberano de Palas Athena inspirando ao escultor o orgulho da glória e o desejo da fortuna. Ao revés do helenismo aristocrático, o austero gótico é de essência democrática. Palpitam nele, obscuramente, as torturas, as esperanças, os temores e as beatitudes da alma plebéia, da que sofreu, nos circos imperiais e nas catacumbas silenciosas, todos os suplícios por amor de Jesus.

Vede, agora, essa mesma tradição no Renascimento — conseqüência lenta mas segura do despertar da consciência nacional nos vários países europeus durante a Idade Média. A modéstia foi substituída pela vaidade, a fé "senza la qual ben far non basta", pelo exibicionismo, a prática fervorosa e recolhida pelo ritual pomposo e luzido. As linhas severas da catedral primitiva cedem o passo aos contornos sensuais, às caprichosas curvas da basílica romana. Cobrem-se os templos de alfaias e tapizes, revestem-se as colunas de florões decorativos, e a pedra nua se transforma no mosaico refulgente. O ingênuo desenho dos imaginários de Paris, tão louvados na *Divina comédia*, com aqueles dourados e carmezins violentos, é facilmente sobrepujado pelo inquieto epicurismo de Leonardo. O realismo canhestro dos antigos apaga-se ante o naturalismo desabusado de Miguel Ângelo.

É que, só na aparência, eram os mesmos os deuses e os heróis. O verdadeiro artista ama a tradição mas abomina o tradicionalismo, admira aqueles que elevaram o gênio criador da humanidade, porém detesta os fariseus, os que, não tendo energias para realizar obra própria, lastram à feição de parasitas sobre a alheia. *Tradicionalismo*, em arte, quer dizer mimetismo frio, impassível, monstruoso. Imaginai Racine escrevendo a Fedra na língua do *Grand Testament*, e tereis o tradicionalismo. Figurai Bilac imprimindo ao "Caçador de esmeraldas" os acentos da musa de Santa Rita Durão ou de Bruno Seabra, e podereis aquilatar dos benefícios desse passadismo terrível.

Antônio Ferro, cuja palavra de flama ides ouvir dentro em pouco, é um homem que não acredita no passado. Não conheço na literatura modernista do seu país, mais atual, mais perturbador, mais ágil artista que o autor da *Teoria da indiferença*. Sua arte repele as regras e os preconceitos, é um sutil instrumento por onde passa a corrente da vida. É um tumulto de sensações, de impressões, de contradições, de figuras marcadas, que relampagueiam, vibram, desaparecem, como pedaços de paisagens que um comboio vai recortando em planos móveis, rápidos, súbitos. A razão da sua arte está no movimento, nas surpresas das linhas que se deslocam, que se transformam em cores, em sons, em perfumes. As criaturas que ele modela, que ele veste de sedas, de ouros, púrpuras, pedrarias e veludos são instantes dos seus sentidos, vivem da vertigem dos seus desejos. Ele procura as correspondências, os tons, os entretons mais penetrantes dos nossos sentimentos. É que ele considera a arte, como a realidade, um vir-a-ser contínuo. Fixá-la num ponto, ou melhor, prendê-la a uma determinada tradição, seria contrariar a própria natureza das coisas.

Antônio Ferro possui o dom de humanizar todas as imagens que o mundo lhe sugere. Está na raiz de todas as suas criações. Há na liberdade do seu espírito múltiplo, estranho, ondulante, um delírio de criação perene. Mostra-se ele, a um tempo, arquiteto e pintor, ourives e entalhador, escultor e músico, porque antes de tudo, é o Poeta, o homem que reduz o universo a um jogo de formas, a um ritmo de alegria e de entusiasmo.

Antônio Ferro poderia dizer que a Arte não está na beleza, nem na verdade, nem na pura contemplação do espetáculo universal. A arte está em nós, é o artifício com que inventamos uma realidade diferente daquela que nos depara a natureza. Ele mesmo nos previne que "a Arte é a mentira da Vida".

Que exprime tal conceito?

Que a lógica do artista não cabe nas fronteiras de um teorema, que a lógica do artista é um problema cujos dados mudam e cuja solução varia, de momento a momento.

À semelhança de Fausto, cada um de nós explica o mundo pelo seu demônio. Esse demônio é a mentira da vida. Antônio Ferro sabe praticar essa mentira e escutar esse demônio maravilhosamente.

Vereis como é estonteante, vibrátil, única, a tapeçaria de símbolos, idéias e imagens que ele vai desenrolar diante dos vossos olhos. Atendei, entretanto. As suas estátuas, os seus frisos, as suas formas não são de metal nem de pedra, mas de carne, de carne palpitante, de sangue vivo, generoso, que jorra, que embriaga, que alucina como um vinho esquisito e sensual, — vinho que sabe a carmim, a bocas voluptuosas, a beijos perturbadores.

Discurso pronunciado no Trianon do Rio de Janeiro em 21 de junho de 1922, e publicado como prefácio a *A idade do* jazz-band. São Paulo: Monteiro Lobato & C., 1923, pp. 25-31; 2ª ed., Lisboa: Portugália, 1924, pp. 29-37.

[Manifesto]

Nós

Eu

Somos os religiosos da Hora. Cada verso — uma cruz, cada palavra — uma gota de sangue. Sud-express para o futuro — a nossa alma rápida. Um comboio que passa é um século que avança. Os comboios andam mais depressa do que os homens. Sejamos comboios, portanto!

Ser de hoje, Ser hoje!!!... *Não trazer relógio, nem perguntar que horas são...* Somos a Hora! *Não há que trazer relógios no pulso, nós próprios somos relógios que pulsam...*

A Multidão

Não se ouve nada, não se ouve nada...

Eu

Oxigenemos, com eletricidade, os cabelos da Época... Que a vida seja um teatro a branco e oiro... Não olhemos para trás. Os nossos olhos são pregos no nosso rosto. Não se dobram, não se torcem, não se voltam... O passado é mentira, o passado não existe, é uma calúnia...

A Multidão

Não percebemos, não percebemos... Endoideceram? Falem mais alto...

Eu

Cheira a defuntos, cheira a defuntos... Não andamos, não andamos, trasladamo-nos... É preciso gerar, criar... Os livros são cemitérios de palavras. As letras negras são vermes. As telas dos pintores são pântanos de tinta. O nosso teatro é um Museu Grévin. Não há escultores, há ortopédicos!...

Que os nossos braços, como espanadores, sacudam a poeira desta sala de visitas que é a nossa Arte. Que as bocas dos Poetas sejam ventres dos seus versos!... Que os dedos dos pintores sejam sexos na tela!...

A Multidão

Mais alto, mais alto ainda... Não se ouve bem...

Eu

A vida é a digestão da humanidade; deixemos a vida em paz. Isolemo-nos, exilemo-nos... É criar universos, para uso próprio, como teatros de papel talhados à tesoura... Sejamos rebeldes, revolucionários... Proclamemos, a valer, os direitos do homem! Em cada um de nós existe o mundo todo! Façamos a volta ao nosso mundo... Agitemos os braços como bandeiras!... Que os nossos gritos sejam aeroplanos no espaço...

A Multidão

Mas que desejam? Falem mais claro...

Eu

A Grande Guerra, a Grande Guerra na Arte!

Dum lado estaremos nós, com a alma ao léu e o coração em berloque, homens livres, homens — livros, homens de ontem, de hoje e de amanhã, carregadores do Infinito... Gabriel d'Annunzio — o Souteneur da Glória — abraçado a Fiume — cidade virgem num espasmo... Estão os bailes Europeus — russos de alcunha — bailes em que cada corpo é um ballet, com um braço que é Nijinsky e uma perna — Karsavina... Está Marinetti — esse boxeur de idéias; Picasso — uma régua com bocas; Cocteau — o contorcionista do Potomak; Blaise Cendrars — Torre Eiffel de asas e de versos; Picabia — Cristo novo, novíssimo, escanhoado; Stravinsky — máquina de escrever música: Baskt — em cujos dedos há marionetes que pintam; Bernardo Shaw — dramaturgo dos bastidores; Colette — o carmim da França, e vá lá, estás mesmo tu, Anatole — Homem de todas as idades... Está Ramón Gómez de la Serna, palhaço, saltimbanco, cujos dedos são acrobatas na barra da sua pena, estou EU — afixador de cartazes nas paredes da Hora!

A MULTIDÃO

Doidos varridos, doidos varridos...

EU

Do outro lado estão eles — ninguém a cobiçar a Terra de ninguém — embalsamados, balsemões, retardatários, tatibitates, monóculos, lunetas, lorgnons, cegos em terra de reis... Está Paulo Bourget — médico de aldeia com consultório de psicologia em Paris; Richepin, pauvre pin, sem folhas, mil folhas, nenhumas... Gyp, Gypesinha, japona; Delille, Greville, Ardel... il... elle... o velho tema; Marcel Prévost — buraco da fechadura de todos os "boudoirs"; Lavedan — "charmeur" profissional a tantos por volume; Géraldy — papel de carta das almas, das alminhas; Croisset, Croissant, pão de ló; Capus — capindó, gabão de Aveiro... Estás tu Jacinto Benavente, ali ao pé de Salvaterra de Magos; Linares Rivas —amanuense do teatro espanhol; Hoyos que não é de hoy quanto mais de Hoyos... Está o Dantas, coiffeur das almas medíocres — e o Carlos Reis, rainha, foi ao mar buscar sardinha... Está o Lopes de Mendonça — barrete Frígio às três pancadas, matrona que já foi patrono dos cavadores da Ressurreição, está o Costa Mota que além de Costa é Mota... Estás mesmo tu, leitor, orgulhoso da tua mediocridade, rindo, às escâncaras, sobre esta folha de papel que irás ler à família, à sobremesa, na atmosfera — menina Alice — dos quadros a missanga e dos sorrisos pirogravados das manas, tias e primas...

A MULTIDÃO

Insolente! Insolente! Vamos bater-lhe...

EU

Morram, morram vocês, ó etceteras da Vida!... Viva eu, viva EU, *viva a Hora que passa... Nós somos a Hora oficial do Universo: meio-dia em ponto com o sol a prumo!*

EU *Antônio Ferro*

Klaxon, nº 3, São Paulo, 15 de julho, 1922, pp. 1-2.
O texto apresenta variantes em relação ao do manifesto original (1921) e ao apresentado por Petrus em *Os modernistas portugueses*, vol. I. Porto: C.E.P., s.d., pp. 93-97.

[Apresentação de Antônio Ferro]

"— O grande poeta e escritor português Antônio Ferro...

"— A sociedade paulistana...

E ao fazer esta apresentação mundaníssima, eu já estou vendo desfilar com cerimônia, iguais e infalíveis como casacas, todas as outras frases inevitáveis, que se dizem de estilo porque não têm estilo:

— Muito prazer...

— Muita honra...

— Já o conhecia muito de nome...

— Era um dos seus maiores admiradores...

...E outras coisas indispensáveis como todas as inutilidades. Ora eu não conheço nada mais inútil do que apresentar Antônio Ferro a pessoas cultas: portanto esta apresentação torna-se absolutamente indispensável.

O bebê sensitivo que pendurou pedacinhos vivos de coração na sua *Árvore de Natal*; o *chauffeur* assustador que atropelou fraques e guarda-chuvas quando passou buzinando com displicência a *Teoria da indiferença*; o porta-estandarte que içou na ponta dum escândalo a bandeira tricolor da França — *Colette, Colette Willy, Colette*; o "*tailleur et coiffeur* pour dames", que vestiu, isto é, despiu e oxigenou o manequim seguidíssimo e imitadíssimo da *Leviana*; o poeta que foi o cartão de visitas que Portugal mandou a Deus e que trouxe da sua entrevista esse relatório esplêndido que é o *Gabriele d'Annunzio e eu*; o novo pêndulo regulador que, colocado nesse nobre e velho relógio de família que é Portugal, palpita agora cantando o *Elogio das horas* — Antônio Ferro, este criador constante de belezas inverossímeis, vai falar sobre a "Idade do jazz-band".

Isto quer dizer que ele vai falar de si próprio — de si e da sua Arte. Porque ele é a sua Arte mesma — e a sua Arte é um *jazz-band* autêntico, um *jazz-band* do Hawai; mas um *jazz-band* civilizado, modernizado, estilizado, filtrado pela Broadway, um *jazz-band* bem Tio Sam, bem *grill-room*, com saiotes de palha, espeloteamentos e sapateados de Jig.

A *Árvore de Natal* é o cavaquinho; o cavaquinho rápido, o cavaquinho mexicano, que ele dedilha com remeximentos, com vertigens, com histerismos, metido em bombachas de couro, esporões de prata e largo sombrero asteca franjado de guizos chocalhantes, tilintantes, irritantes, gritantes, num adro jesuítico claro, calmo, branco todo no luar alvo, cheio do perfume pesado das baunilhas!... E o cavaquinho movediço, esganiçado, pequenino, elétrico, nervoso, tagarela, soluça um pouco para gritar melhor, chora um pouco para rir melhor. E vai cantando, cantando assim...

CABINDA*

O céu é uma praia
Onde o Sol aportou,
Desembarcou...

O Sol — um soba de oiro
Que tem na sua luz uma azagaia...

Marimbas, saltos e gritos...
Uma orquestra de mosquitos
E cigarras...

As mulheres são como jarras
Em seus vestidos de flores
Onde as cores
Soltam longas gargalhadas.
Prolongadas...

Os corpos negros na luz
Ficam crucificados,
Pregados
Como Cristo sobre a cruz...

---

* Do livro de Antônio Ferro *Árvore de Natal*.

Recolhe o Sol à sanzala
Do Poente...
Vai sem fala,
Vai doente...

Abrem os olhos os pretos,
Os olhos vivos inquietos,
Que são caixões de veludo
Onde sepultam o Dia...

Um véu de melancolia
Esconde tudo...

Mas um grito gutural, rascante, rouco, louco regouga e rola no *hall*, onde o *jazz* se desarticula, se desconjunta, se desengonça: é a *Teoria da indiferença*, a buzina do automóvel, o klaxon atropelador que abre alas na turba.

"Tenho bailes russos na alma!" — ruge a corneta americana. Ruge e fonfonando escândalos roda o torpedo, roda atemorizador, respeitável, brilhante e rico de metais e vernizes. Porque a prosa de Antônio Ferro "é um automóvel de *carrosserie* vermelha que passa a buzinar, atropelando tudo, senhores de calva e pança, míopes, óculos, lunetas, monóculos, jornalistas de artigos de fundo, mais propriamente jornaleiros de fundilhos..."

Agora o bombo, o gongo, o tan-tan: *Colette, Colette Willy, Colette*. Antônio Ferro sai do gabinete do *Matin* onde deixou a *fauve* de Paris "São seis horas da Tarde... O boulevard acrobatiza as primeiras luzes... Há *clowns* nos cartazes..."

E o conferencista português vai escandalizar Portugal com um troféu: o "drapeau de France", desfraldado, drapejante, tatalando aos quatro ventos. De cocarde tricolor e chapéu tricórnio ele é Fan-Fan la Tulipe, garboso e fanfarrão, batendo o tan-tan, o gongo, o bombo redondo e tonto que estronda num zabumba retumbante...

E vem a *Leviana* que é o chocalho espalhafatoso do *jazz-band*. Antônio Ferro agarra a sua "gaveta de recordações" e vascolheja-a com força: "o fragmento duma carta, um gancho de cabelo, a caixa de pó de arroz, certa madeixa, um dito, uma anedota..."

E "tumultuoso como essa gaveta, a gaveta da saudade", o prestidigitador da *Leviana*, paciente armador desse *puzzle* feminino, chocalha a caixa que coaxa como um caracaxá...

O trombone de varas é o *Gabriele d'Annunzio e eu*. O embaixador da cultura portuguesa está nessa "jangada latina que é Fiume", e vai jantar ao palácio de d'Annunzio. O soldado-poeta, o anjo da guarda da latinidade saúda, taça em punho, Portugal. Explode o Eia! Eia! Eia! Alalá! Antônio Ferro é, naquele instante, Portugal mesmo que vai responder.

Ergue-se, começa em francês:

— "Mes amis..."

Gabriele e a sala protestam:

— "Em português! Em português!"

Ferro exclama:

"— Irmãos: Fitai-me bem. Eu trago no meu rosto os olhos da minha pátria. Quero levar-vos na retina, bem gravados, impressos no coração — a retina da alma..."

Triunfo.

O relatório dessa visão beatífica é o trombone de varas do *jazz-band* estonteador. Clangorou, clarinou, alto e claro, pela garganta metálica, o seu canto branco de beleza, na pequenina imensidão de Portugal.

... ...

Aí está o *jazz-band* de Antônio Ferro.

Ele tem andado, em *tournée*, pelas civilizações, falando sem pose, sem pretensão, sem sobrecasaca, sem patriotada oficial, fazendo o reclame — o melhor — da civilização da sua terra porque a sua alma "é um cartaz espantando a multidão".

Arrepiada de recos-recos e matracas, espevitada de apitos límpidos e assobios atrevidos, riscada em zig-zag de guizos frios, finos, estrídulos e sibilantes — a orquestra rebelde e ruidosa chegou, enfim, ao Brasil, regida agora oficialmente por quem tem sido a sua regente invisível — Fada Viviana de varinha de condão — que lhe veio marcando o compasso pelo bater do próprio coração: Fernanda de Castro, Senhora de Antônio Ferro, a poetisa interessante, forte, original, nova, legitimamente portuguesa, Ciranda, Cirandinha, Senhora D. Sancha das "Danças de Roda".

Aqui estão pois, prontos para espalhar magicamente, magneticamente, sobre todos nós a sua Arte puríssima, a sua Arte que é o luar da sua lua de mel — A Senhora e o Senhor Antônio Ferro. Ferro? Não: ouro, ouro de lei, ouro de Portugal!

Discurso pronunciado no Teatro Municipal de São Paulo em 12 de setembro de 1922, e publicado como prefácio a *A idade do* jazz-band. São Paulo: Monteiro Lobato & Cia., 1923, pp. 15-22; 2ª ed., Lisboa: Portugália, 1924, pp. 17-25.

Menotti del Picchia

[Apresentação de Antônio Ferro]

Fiel aos seus paradoxos, Antônio Ferro reservou-me uma alegria triste. Escalou-me para dizer-vos: "Esta é a festa da despedida".

A noitada de hoje tem, pois, o alacre e aflitivo aspecto da ceia de Petrônio quando, pulsos em sangue, belo como um gladiador, bêbado como Anacreonte, viveu o mais soberbo epigrama do seu *Satyricon*. Até nisto sabe *bem morrer* para a vista da gente de S. Paulo — que na admiração e na saudade não morre sequer a morte transitória da ausência — este lusbélico "jongleur" das coisas do espírito.

Mas Antônio Ferro é sempre um paradoxo: antes de aqui vir, já aqui estava. Encontrou-se consigo mesmo nos seus versos, que sabíamos de cor, nas suas frases-lápides, que sabíamos de cor. Viu-se traído pela sua *Leviana* — a trêfega boneca articulada pelos seus nervos — que, nas noites estivais, quando a lua é um sequim de prata ao peito de uma cigana indolente, andava enroscada ao nosso braço a ronronar coisas absurdas, trotando nos seus tacões altos pelos asfaltos urbanos, impondo a ironia do seu nariz arrebitado de garota na nossa alma teatral de sentimentalistas...

Paradoxal ainda, Antônio Ferro vai, mas fica. É que — assim como sua boneca de "boudoir" se desdobrava nas sósias vivas das suas "toilettes" — o prosador sarcástico da *Teoria da indiferença* realiza o milagre da ubiqüidade com seus livros. Cada obra de Antônio Ferro é Antônio Ferro. Onde está um escrito seu, está sua presença. Jamais um autor foi mais sua obra que este "blagueur" profundo, que vive a turrar — que a arte é um artifício...

Quando se lê o que o diabólico fascinador escreve, tem-se a impressão de que se está conversando com ele. Seu divertimento predileto — prodígio de inteligência! — é contrariar-nos, convencendo-nos. Irrita-nos. Mente, sorrindo, num desafio galante, como um jogador de florete simula um golpe a fundo. Quando menos se espera, a verdade, como a lâmina do esgrimista, trespassa-nos descobertos, entontecidos pelo floretear da arma elástica e esguia.

É que — Exm.as Sr.as — nas aparentes mentiras do artista, há verdades eternas! A Verdade... Mas para Antônio Ferro, a Verdade é uma coisa banal que precisa de mudar de roupa, para ser interessante, como a mulher de "toilette", para ser linda... Vai daí vestir ele todas as suas verdades com a seda e a gaze da mentira. Tecido filigranado e ondulante, urdido com fios de sol nos bilros de vidro das estrelas, trapeja sobre a carne maciça da Vulgaridade, espiritualizando-a. O açougueiro Zola — porque no fundo de todos nós há um Zola e um Bourget — aparece, pela magia da sua arte, vestido à Marivaux. Os ádipes bambos de Rubens, a pigmentação sanguínea de Van Dick, afidalga-se na graça de La Tour e de Fragonard.

Dessa maneira de mascarar a Verdade-megera que tirita enroscada nos trapos de Dostoievski, e que torce suas mãos purulentas de Job nos uivos de Gorki — cifrou-se o libelo que invectiva Antônio Ferro, arrastado, como o fino e lunar André Chenier, ao tribunal da crítica exercida pelos hodiernos Marats veristas. Ignoram, porém, esses grotescos "sans-culottes", que, sob o pó de arroz madrigalesco com que maquilha suas figuras, sob o cindre de golpe de "bâton", ritmando seu passo pela cadência do "jazz", a eterna Verdade sangra, humanamente, como Maria Antonieta decapitada, tropeça no caminho do seu Calvário como uma Verônica aflita! *Leviana*, a garota, também tem um coração sob o decote trescalando a saúde de carne núbil e a fragância de "L'heure bleue". Há uma alma vertiginosa e em lágrimas sob seu riso canalha de hetaira lisboeta!

*

Antônio Ferro, com sua prosa "boîte-à-surprise", vai falar-vos da *Arte de bem morrer*. Schariar sem Scherazade, afia o alfange das imagens para a ceifa das sultanas. Sob o gume do seu estilo, que parece a guilhotina do crescente, vão tombar cabeças, como rosas. O Minotauro esgoela as fauces para deglutir o holocausto branco das virgens atenienses, coroadas de mirtos.

Antônio Ferro vai matar! Nunca vi assassinos mais ferozes do que os artistas. Caim, o "recordman" do crime, não tinha mais estilo, nem Calígula, o monstro, mais cinismo. Com uma só penada degolam um pescoço, friamente, premeditadamente, como quem corta uma estria de presunto para a sandwich ordinária... Seus crimes se agravam com requintes sádicos: dentes aguçados desfibrando carótidas fumegantes entre os músculos convulsos de um pescoço esquartejado; navalha revolvendo vísceras quentes: bocas chupando o jorro de sangue, que esguicha da ferida aberta com a ponta da faca... Eu mesmo — Ex.^{mas} Sras — carrego na consciência, placidamente, o romorso de alguns assassinatos. O que mais me pesa na alma é um uxoricídio. Matei, a tiros, uma de vós, no lance de uma violenta tragédia doméstica, dentro das páginas da *Flama e argila.*

Antônio Ferro vai matar. Vai matar para ensinar-vos a Arte de Bem Morrer. Apesar de paradoxal, não ousou ensinar-vos a arte de bem viver... É prático: detesta utopias. A arte de bem viver não a conheceu Sardanapalo — o que morreu na fogueira; nem Alcibíades — apedrejado pelo ostracismo — nem Petrônio — cuja agonia foi um bocejo; nem Brummel — acuado pelos credores como um javardo pelos cães em caça. Não a conhece Antônio Ferro, nem vós, meus senhores, nem vós, Ex.^{mas} Sras... A arte de bem viver se cifraria na arte de não viver, o que nos relega à arte preparatória de bem morrer.

Caminhando por esse atalho — a que sedutores ilogismos nos conduz Antônio Ferro! — concluiremos que a graça e o esplendor da vida se resumem em preparar a suprema volúpia da morte... E a ascética renúncia de Buda, o carpir lírico de Tomás Kempis, o crocitar amargo de Schopenhauer metamorfoseiam-se, pela alquimia paradoxal de uma transmutação de valores, num egoísmo capaz de fazer corar Lúculo, o glutão; Heliogábalo, o lascivo; Nero, o esteta do hediondo. A Morte! Sultana vestida de noite, vem, para a alcova do túmulo, com sua taça báquica cheia do mosto do esquecimento para a orgia macabra do Nada. Não é mais o mapa anatômico de ossos que castanholam as falanges, tutucando a matraca das tíbias, no desengonço dos seus passos grotescos. A morte é a hetaira amorosa e macia, cujo beijo tem um gosto anestesiante de papoulas, cujo abraço nos imerge na vertigem voluptuosa de um sono sem madrugadas... Nela a vida se integra numa vida que abstrai o tempo e o espaço, ergástulos onde o destino humano encarcera sua angústia, proporcionando-nos uma evasão para o mistério da treva, da inconsciência, do nada...

*

E agora, ponto final. Propus-me enquadrar, na moldura desta prosa escura, o painel claro do estilo de Antônio Ferro. Acostumados ao vigor do seu colorido, à estrutura sólida das linhas das suas idéias, à audácia das suas pinceladas verbais, quis proporcionar-vos o contraste, para que mais esplenda sua glória, no quadro luminoso que tracejará daqui a instantes. Como artista brasileiro, devia esta homenagem ao soberbo artista de Portugal. E que a magnífica prosa do fúlgido autor de *Leviana* vos dê a alegria de sentirdes toda a delícia da vida, ouvindo-o falar da suprema volúpia da morte!

Disse.

Menotti del Picchia.

S. Paulo, novembro, 1922.

Discurso pronunciado no Teatro Municipal de São Paulo em 5 de dezembro de 1922, e publicado como prefácio a *A arte de bem morrer*. Rio de Janeiro: H. Antunes & Cia., 1923, pp. 9-15.

A alma tumultuosa de Antônio Ferro

Na avenida Afonso Pena, às dezesseis horas, uma chuva dramática descabelava as árvores. E havia nas árvores a saudade lírica e infinita do sol. Os bondes guinchavam, repletos. Guarda-chuvas esparsos punham círculos pretos no dorso cinzento da rua. E foi quando eu entrei na livraria Morais, onde se achava um cavalheiro gordo, esparramado sobre uma cadeira. Esse cavalheiro gordo era um homem absolutamente sensacional: Antônio Ferro.

Há, quase sempre, um grande desencanto no conhecimento das pessoas notáveis. O rosto que nos mostram não vale a obra que nos apresentam. Há detestáveis sujeitos com a autoria de livros fascinadores. E é comum ouvir-se alguém murmurar: "O X escreveu um lindo romance, mas que grandíssimo patife!" Eu estava, pois, diante de um perigoso acontecimento. Ia conhecer o autor da *Teoria da indiferença,* — e esse homem desconhecido podia ser tudo, até vulgar, o que é o pior dos crimes, no dizer de Wilde...

Felizmente o céu, que está cheio de deuses amáveis e benfazejos, operou um prodígio risonho. O cavalheiro gordo levantou-se, e logo cresceu diante de mim o amigo de D'Annunzio, o homem que sofrera o prestígio mágico do poeta soldado, numa noite de Fiume, "noite fria e cortante, em que havia espadas no luar".

— Poeta!

Porque em Antônio Ferro o que há, acima de tudo, e tudo absorvendo, é o poeta, um poeta irritantemente moderno, barulhento e *blagueur*, perverso e amoral. Um poeta que se envenenou com todos os tóxicos maravilhosos do século, que tem uma desesperada visão da beleza, e que tudo sacrifica à sua arte de incêndio. Esse escritor de livros rápidos e violentos veio ao mundo para gritar espantos e deslumbramentos íntimos. Não acredita nem no que lhe dizem os sentidos atentos e ágeis: constrói dentro da alma um universo à parte, onde imperam as irremediáveis volúpias do amor, da tragédia e da morte. Só acredita no que lhe dizem os sentidos ágeis e atentos: passeia pela terra inteira a sua alegria selvagem de criança, e os seus arrepios de homem-instinto. O mais contraditório dos demônios, e o mais delicioso de todos...

Meus lábios pronunciam, ainda uma vez, a palavra sagrada:

— Poeta!

Eu quisera fazer coluna e meia de calmos pensamentos e sábias reflexões. Não posso, não poderei com certeza praticar semelhante prodígio. Tenho que extravasar assim mesmo a desordenada multidão de coisas que me sugeriu a figura gritante de Antônio Ferro.

Em torno dessa palavra — Poeta — quantas outras giram em sarabanda, e ameaçam inundar-me o artigo, santo Deus! Antônio Ferro, escandalosamente moderno, só pode ser sentido e apreciado aos ímpetos, na vertigem de um *Handley Page*, à máxima velocidade, sobre a miséria das turbas banais. Perdão, disse mal! Não pode ser apreciado, mas apenas sentido, e é esse o seu maior elogio.

Estou a escrever sobre o dissecador da *Leviana* sem ter diante de mim nenhum dos seus livros. E abençôo esta casualidade. Falo do artista sem recorrer a nenhuma impressão imediata e provavelmente falsa, colhida numa leitura intencional, de lápis em punho. De Antônio Ferro, o que me ficou, vibrante, incisivo, foi a emoção da primeira leitura, feita pela volúpia única de ler, sem preocupações de crítica e análise.

Ele há-de ser sempre, para mim, o poeta da *Árvore de Natal,* que animou paisagens épicas no *Gabriele d'Annunzio e eu,* fez a psicologia epidérmica de uma encantadora mulher na *Leviana,* e traçou postulados de elegante cinismo, na *Teoria da indiferença.* O poeta, sempre o poeta-*clown*, desdenhoso da natureza e apaixonado da arte, transformando a verdade na última das mentiras, e reintegrando a mentira no glorioso lugar que os mestres lhe concederam. Antônio Ferro, esse risonho artista, é uma inteligência alarmante. Aliás não há nada mais alarmante que uma inteligência...

*

Na noite de terça-feira, qualquer coisa de grave me conduziu ao Municipal. É que eu* ia ouvir novamente esse escritor perigoso, que traz sempre ao colete o punhal avisado de um paradoxo. Devia estar espavorida a nossa polícia literária...

O velário subiu, desnudando o palco. Precedendo a conferência do homem tumultuoso, falou o poeta Abgar Renault, uma das criaturas

* No original impresso: "É eu que".

mais finas do nosso meio. E o que ele disse, gracioso e justo, revelou a mobilidade de um espírito, romântico por feição original, que sabe compreender outros absolutamente diversos. Logo depois Antônio Ferro e a sua conferência. Antônio Ferro e a "Arte de bem morrer", arte irônica e sutil, que perturba o auditório, e que o fascina...

A vida e a morte são simples brinquedos para esse caçador de emoções. A vida não é mais que um minuto artificial, o pretexto para um pouco de ilusão e mistério, a taça frágil que deverá conter o vinho da morte. A morte, um pano de boca, uma frase de efeito, e mais nada... Dita a frase, cai o pano, e o público fica proibido de pedir *bis.*

O artista correndo ao longo das idades, vai exumando figuras que lindamente morreram, e que, por isso mesmo, fazem jus à nossa veneração... A morte de Cristo, o rosário de mortes na guilhotina, sob o Terror, a de D. Sebastião, e outras, e outras...

Chegamos à Casa de Assassinatos, montada pela engenhosa eficiência de Landru, que Antônio Ferro qualifica de "proprietário de casa de móveis"...

— As mulheres são móveis. E há mulheres-estantes, mulheres-secretárias, divãs, *abat-jours*, etc....

*

Em suma: Antônio Ferro, que tem um *jazz-band* na alma, deixa fugir dos lábios o eco da sua desvairada música interior. Eu não posso imaginar o que vai dentro desse cavalheiro gordo, que vive em 1923 como no ano 2.000. Provavelmente haverá, além do *jazz-band*, e deliciando-se com ele, um arlequim, um fauno, uma criança, um *yankee* de Los Angeles, um bolchevista e um demônio. E que ruidosa festa realiza essa chusma de almas vertiginosas, dançando e sorrindo! Talvez que a arte de Antônio Ferro seja apenas um longínquo e pálido reflexo do seu espírito perenemente agitado. Mas é uma arte franca, feliz, bem vestida e bem rápida. Antônio Ferro escreve dentro de um automóvel delirante, entre milhares de automóveis alucinados...

Carlos Drummond

Diário de Minas, Belo Horizonte, 8 de fevereiro, 1923.

O embaixador do paradoxo

Antônio Ferro é um paradoxo do tudo, vivendo, falando e escrevendo.

Mas um paradoxo realizador, de coragem, de ação, de forma que nos deixa na primeira frase diante de um original, pelo menos de uma novidade de estilo e sensibilidade.

Foi isto que eu senti e todo o mundo sente ao ler uma sua página.

As opiniões divergem quanto à origem dessa originalidade; uns o vêem como um cabotino diplomado em Paris, outros o vêem gozando um temperamento vigoroso que plasma a sua arte unida à sua vida. Pôs ele no mesmo bloco uma nesga de sol e um desejo ardentemente seu.

E construiu assim a sua obra, ou melhor vai vivendo os seus sentimentos, deixando-os para trás, em forma de relevos e na frase mais atrevida da língua.

Eu penso que a arte abandonou a corte azul dos sonhos irrealizados pela terra de exaltação e dores dos verdadeiros homens. Não é mais o "dorme e sonha que a vida é beleza" de Kant, já é a grande vida que exige os olhos e os sentidos abertos, bem abertos, para as paisagens variadíssimas da psicologia humana.

O artista é hoje um empolgado da realidade que o cerca. Diz todo o mundo que só o viver ensina a distinguir o bom do mau, assim também em beleza o bom gosto se exercita com a experiência do sentir o mais intensamente possível. Antônio Ferro realizou isto somente.

Deixou-se vibrar pelo seu século, pela sua terra nova, pela estesia, nova, pela mulher atual, e com toda essa novidade desgarrou-se de seus compatriotas tristes de Portugal com maneiras de escândalo.

Aquela geração de humoristas e pensadores que mantinha relações diretas e lícitas com o diabo verde e escocês de Dickens, a de Eça de Queirós, a de Ramalho e Antero finara-se sem sucessores brilhantes.

Tanto é assim que quando morreu Santo Tirso, Maria Amália Vaz de Carvalho chorou pelo último humorismo de Portugal.

Enxergou pouco os olhos cansados da sexagenária moralista; outro grupo de rebeliados contra o fado e a dolência faz novo humorismo para a raça.

Eu já vi no cinema americano um professor de gargalhada curando uma porção de homens doentes.

O que Portugal precisa é de boas gargalhadas.

Isto de ficar-se a ouvir guitarras, beber vinhos, relembrar os Gamas, torna ridículos esses meridionais de talento bastante para criar, como já o fez criar civilizações.

E para isto é preciso estar com o século que é de ruído e jovialidade.

Não digo que se matem os fantasmas e as glórias do passado; não, devem ficar para as sestas e as vaidades de família.

Ninguém mais ama história que os ingleses; e povo no mundo tem levado a vida a rir quanto eles. E o seu humorismo é talvez mais eficaz para os seus destinos que as suas severíssimas leis.

Um herói de Swift ensina mais fleugma e serenidade que os desumanos de Carlyle; aquele vive a repetir-se por toda a parte, nos bondes, nas igrejas, nos campos de desportos e estes saíram da cabeça quente do pensador para as cogitações dos poetas.

Não quero tirar da arte a sua fonte mais fecunda, não pretendo arrancar os nervos dos homens, apenas concordo que nem tudo é dor sobre a terra. É verdade que os maiores motivos de arte nasceram dos embriagados de sofrimentos; é preciso, porém, suavizar um bocado estes motivos. Quero dizer, não devia haver pátria de poetas tristes, e sim pátria de artistas sem conveniências estéticas. Antônio Ferro é o mais novo humorismo português. Se não me engano Taine encontrava nos humoristas muito espírito de demolição. Para se reconstruir uma literatura é urgente uma porção de impiedade, impiedade contra os figurões que se fazem símbolos à custa do apego às velharias, à traça e à poeira dos imensos volumes dorminhocos.

E conseguiu dar novidade à prosa e à poesia de sua terra. É um Antônio Nobre com saúde e músculos fortes; deste possui o talento do descritivo fiel e o poder ilusionista de fazer da frase muita coisa, isto é, dar-lhe as curvas e as linhas que aos nossos olhos parecem grandes idéias. Portugal cansou-se de ter tantas saudades, e as suas ruínas, a sua lua, o Mondego dos menestréis se desmoralizaram em vista de tantos versos medíocres. Antônio Ferro veio-lhe a propósito, para rir-se de sua clássica anemia, de seu lirismo caduco, e dar-lhe 20 anos com velhacarias de Mefistófeles, arrojo nos sentimentos, endemoniar tudo com a sua "alegria cigana" e os estouvamentos e as dissonâncias da prosa mais pessoal que até hoje li.

A gente lendo-o sente-se com ele, achando-o pensador, como ninguém.

Eu pelo menos encontro nele o sociólogo disparando frases com arte e a compreender com repentes de fé a atualidade de sua pátria.

Ei-lo a falar:

"A arte portuguesa viveu até hoje de saudade, vive agora do Desejo de novas formas, de corpos diferentes e vidas diversas".

De fato nenhum povo se fanatizou pelo passado como Portugal.

Não é preguiça, é ignorância, é o medo infantil do bulir nas coisas feitas, a educação patriarcal do filho que faz do pai um monstro de ordens e intolerâncias. E daí os seus escritores modernos sofrerem a guerra do público, que somente acha capaz de falar bem a Vieira, de escrever a Bernardes. Eça é mais conhecido no Brasil que lá, e os seus dedos que bruniram os bronzes formosos de *A cidade e as serras* não resistiram à fúria da beataria.

A República nada fez a não ser revoluções e ministérios relâmpagos.

O próprio Júlio Dantas, este esteta que faz o passado encher-se de mocidade com o elixir misterioso do seu teatro abandonou a psicologia por uma cadeira elétrica de ministro.

Parece que a mocidade vai ensinar os velhos de Portugal a dar boas gargalhadas do alto de seus tamancos. O vôo de Sacadura e Gago apesar de provocar a oratória feroz e o jornalismo monótono, rejuvenesceu a raça.

Antônio Ferro trouxe-nos, agora, a embaixada do paradoxo. Ele veio dizer, principalmente ao nacionalismo epiléptico do presidente Epitácio, com o seu temperamento de contrastes, com as suas belezas e loucuras, que o velho da Península, o desanimado e enfermo trovador está como ele, com 20 anos, constantes em todos os seus versos, em todas as suas frases, em toda a sua arte "buena-dicha".

Lins do Rego

Jornal do Recife, 2 de abril, 1923.
O exemplar de que tiramos este texto encontrava-se bastante deteriorado, o que torna problemáticas — talvez — algumas passagens da transcrição.

ANTÔNIO FERRO

[Carta aberta sobre a sua estada no Brasil]

Carta aberta ao Portugal de Hoje
ao Portugal de vinte e tantos anos

Quando eu desembarquei no Rio de Janeiro, esse Rio de Janeiro para que Deus pintou alguns dos seus mais belos cenários, o Portugal moderno, o Portugal Infante, o Portugal com os olhos de estrelas e cabelos de ondas, era um segredo para o Brasil, um segredo absoluto, um segredo inexplicável... Os escritores novos, todos aqueles que põem nas suas penas movimentos de locomotiva, todos os pintores cujas almas voam doidas, nas telas, como colibris, todos os dramaturgos que souberam fazer dos bastidores os autênticos cenários, todos os escultores que sabem esculpir na carne com os próprios dedos, todos, enfim, que tentam fazer deste Portugal de barbas, um Portugal escanhoado, eram desconhecidos no Brasil... Foi por isso que o Brasil me perguntou admirado, mal cheguei, se eu era o único escritor novo de Portugal... Como outros que lá têm ido, que para lá têm escrito e que deixaram o Brasil na ignorância da moderna arte portuguesa, eu podia tê-lo iludido, para minha glória e triunfo, criando-me uma personalidade de excepção, mentindo-lhe e afirmando-lhe que eu era, na verdade, o único escritor novo de Portugal. Não quis, porém, enganar o Brasil confiado e crédulo. Contei-lhe tudo, disse-lhe a verdade toda. Atirei-lhe braçadas de nomes, flori-o com toda a mocidade do Portugal de vinte e tantos anos, icei, nos meus lábios, o estandarte da alegria e atravessei o Brasil a gritar, a destruir a calúnia, a calúnia de que Portugal não era agora, a calúnia de que Portugal era Dantes, de que Portugal era Dantes... Para isso, evitei o cortejo cívico dos consagrados, dos acadêmicos, de todos os funcionários públicos da arte. Pus-me antes em contato com a mocidade do Brasil, timbre da Raça, único Brasil, afinal... Foram os novos que eu procurei, foram os novos que me rodearam, foram eles que fizeram o meu triunfo, foram eles que afixaram o meu nome, em grandes letras, por todo o Brasil, nas discussões, nos jornais e nos livros...

Não quis proteções oficiais, não requestei comendas, afirmei ao primeiro jornalista que me entrevistou "que eu era o representante oficial de tudo quanto não é oficial". E, entretanto, novos do meu país, únicos a quem devo uma satisfação, antes de ser um modernista, eu fui, no Rio, um português... Eu fui o primeiro, no Rio, a falar, em público, do avião maior, desse telegrama de tela e de alumínio, que Portugal mandou ao Brasil, o primeiro que soube ter fé quando o desânimo era total, quando os bravos aviadores viram seu vôo quebrado e, durante dias e dias, tiveram seu sonho encarcerado e ferido no presídio de Fernando de Noronha... A esse discurso todos os jornais brasileiros se referiram com o maior entusiasmo e a maior crença em mim. A *Tribuna* terminava assim a notícia: "As últimas palavras do orador foram abafadas pela maior e mais forte salva de palmas, a que nos tem sido dado assistir". *A Noite*, um dos colossos da imprensa brasileira, pela pena de Mário Ferreira, talentoso jornalista, desenvolvia um longo artigo à volta destes períodos: "A palestra do sr. Antônio Ferro, ontem, no Palácio Teatro, revelou-nos pelo calor humano da palavra, uma nova expressão de arte. Foi a palavra deste audacioso malabarista da forma e do pensamento que iniciou nas prodigiosas originalidades da arte moderna os ouvidos, as atenções e os pensamentos do Rio". O importante jornal de S. Paulo, *Correio Paulistano*, num admirável artigo de Cândido Mota Filho, sintetizava assim, com incontestável exagero mas com calor, a impressão recebida em todo o Brasil pelo meu discurso: "No século de Antônio Ferro os tipos representativos são Antônio Ferro, Sacadura Cabral, Gago Coutinho. Antônio Ferro é a mentalidade heróica duma pátria, etc., etc..." Não cito mais. Cobriria a revista mas não tenho esse direito, lembrando-me, sobretudo, de que esta revista não é uma revista de anúncios... Eu sei. Sou bastante impertinente falando de mim mas se o faço não é para meu orgulho, é para vergonha de todos aqueles que não o souberam fazer, que tendo sido espectadores do meu triunfo, o deturparam, numa falta absoluta de camaradagem que me indignaria se não me fizesse sorrir...

Depois desse primeiro discurso, falei no Gabinete Português de Leitura, no Teatro Lírico, em quase todas as festividades que se realizaram em honra dos aviadores. Alguns jornalistas portugueses ouviram esses discursos, alguns me felicitaram, alguns se encontraram frente a frente com a minha popularidade, popularidade de que trago mil e um documentos... Cheguei a Portugal, convencido de que alguns desses jornalistas, hábeis repórteres, tivessem feito, ao menos por instinto de profissão, a reportagem dos meus discursos, de toda a minha campanha patriótica. Ao contrário de tudo isso, encontrei calúnias, encontrei misérias, encontrei torpezas...

Pois quê? Pois o meu triunfo não tinha sido o triunfo de todos? Pois a minha ação no Brasil, a minha ação de animador da arte moderna, não era motivo de orgulho para os meus patrícios, para os meus camaradas? Pois não lhes tinha eu aberto caminho para novas viagens, citando-lhes os nomes, exaltando-lhes as qualidades? Pois não levei ao Brasil, como disse esse grande português que é Malheiro Dias, o sangue novo de Portugal, a vitalidade da minha raça, a força da minha geração? Pois não me receberam, em todo o Brasil, como um revelador? Pois não se colocaram, à minha volta, num abraço que jamais esquecerei, todos os novos do Brasil? Pois não teria sido isto uma glória para Portugal, uma glória modesta, uma glória que não voou mas que se manteve firme, clara e altiva, sem quebras nem humilhações... Qual o motivo então por que se pretendeu transformar essa glória honesta e lavada numa derrota, numa derrota total e vergonhosa?

Pensei, pensei durante dias, esquivando-me a compreender, enojado com a minha inteligência que me fazia ver claro no que é tão escuro, no que é tão pobre, no que é tão triste... Hoje, porém, não hesito. Sei os motivos e vou dizê-los.

O primeiro, é porque em toda a minha viagem, como disse o grande poeta Guilherme de Almeida no discurso com que me apresentou em S. Paulo, não houve "patriotada oficial", fazendo eu, entretanto, "o melhor reclame da civilização da minha terra". Sim. Eu fui ao Brasil sem credenciais, sem comendas e sem encomendas... Eu fui ao Brasil, comigo e com a minha arte, completamente só, só mas com a Pátria... Porque hoje em Portugal para estar com a Pátria é preciso estar só. Mas o motivo principal do silêncio que se fez à minha volta enquanto estive no Brasil, ainda não é este. O principal motivo vem de toda a minha vida, de toda a minha vida independente e serena, vem, ignóbil e rastejante, da inveja, da inveja que me gagueja cumprimentos quando me encontra nas ruas e me calunia quando me apanha de costas... E há sobretudo em mim uma qualidade irritante, uma qualidade que excita: A lealdade. Pois é lá possível tanta indiferença pelas insinuações, pela ofensiva constante das reticências?... Pois é lá possível tanta generosidade, tantos bons sorrisos para a chuva infinita dos beijos de Judas? É de perder a paciência, é de perder a cabeça, de perder a cabeça com tudo quanto ela lá tem dentro: inteligência, equilíbrio, juízo, bom senso... Continuem, continuem escondidos, a sussurrar, a alcovitar, a jesuitar...

Eu seguirei o meu caminho, o meu caminho amplo e liso sem olhar para trás...

Estou a vê-los, a vê-los sorrir, estou a ouvi-los murmurar: "Pois sim... Mas nem tudo foram rosas... Alguns ataques sofreu no Brasil...". Na verdade, é com orgulho que o afirmo, alguns ataques sofri no Brasil, muito poucos, infelizmente... No Rio, apenas um jornal protestou contra o meu triunfo. E quando da minha peça, alguns jornais de S. Paulo a atacaram, sob o aspecto moral, com uma certa violência. Nada escondo, nada preciso esconder. Fui atacado no Brasil, fui discutido, mas nunca com a deslealdade com que tenho sido atacado no meu país. E os inimigos em Portugal não têm conseguido destruir-me os amigos, não têm conseguido tirar-me do meu lugar. Bem pelo contrário, eu devo aos meus inimigos uma grande parte do meu nome. Já dizia Tolstói: "On peut faire que les ennemis non seulement ne soient pas une souffrance, mais qu'ils soient une force". E se em Portugal os inimigos não me têm prejudicado por que me haviam de prejudicar no Brasil, onde eles constituíam uma insignificante e mal cotada minoria? Um triunfo sem ataques, sem discussões não é um triunfo como uma invasão sem resistência não é uma batalha. Sem ataques vai ser recebido o sr. Júlio Dantas. Não é essa a glória que me sorri, a glória que eu desejo, aquela que sem a minha peça me teria falhado no Brasil... Só há uma glória que eu apeteço porque é a única que me dá a consciência da minha força: é a glória arrancada como se arranca uma bandeira das mãos do inimigo. Essa glória tive-a e ninguém ma poderá negar. A outra, a glória unânime, também veio ter comigo mas não guardo dela tantas saudades... Peçam informações da primeira glória, da minha autêntica glória, ao Brasil moderno, a todos os artistas novos, a todos aqueles que sendo o Brasil de amanhã são o Brasil de hoje, o Brasil de sempre... Perguntem a Graça Aranha, o notável acadêmico que se pôs contra a Academia e a favor da Irreverência, a Álvaro Moreyra, a Ronald de Carvalho, a Monteiro Lobato, a Oswald de Andrade, a Olegário Mariano, a Guilherme de Almeida, a Menotti del Picchia, a Mário de Andrade, a Freitas Vale, a Paulo Prado, a José Carlos Macedo Soares, a Onestaldo de Pennafort, a René Thiollier, a Elísio de Carvalho, a Renato Almeida, a Mário Ferreira, a Francisco Lagreca, a Rodrigo Octávio Filho, a Paulo de Magalhães, a Di Cavalcanti, a Carlos Drummond, a tantos outros, perguntem-lhes o que foi a minha viagem, se venci, se fui vencido, se Portugal andou comigo ou andou com os que me caluniaram, aqueles cujos nomes o Brasil não sabe nem nunca saberá... Perguntem-lhes e enquanto a resposta não vem (que ela virá, mais dia menos dia) eu irei revelando a Portugal, num grande friso de vitória e de sonho, essa geração admirável em cujos braços estive e que trouxe, para todo o sempre, na minha saudade e na minha inteligência.

Antônio Ferro

Contemporânea, nº 9, Lisboa, março, 1923, pp. 151-54.
N.B. A publicação real deste número data do segundo semestre de 1923.

José Osório de Oliveira

[Entrevista sobre a sua ida ao Brasil]

Portugal e Brasil

Os fins da viagem ao Rio de Janeiro

de José Osório de Oliveira

O moço escritor José Osório de Oliveira cujo nome andou nas colunas dos jornais quando preso como implicado numa conspiração nacionalista e que recentemente editou o seu interessante estudo sobre Eça de Queirós e Oliveira Martins, partiu para o Brasil. Na hora da despedida trocamos com ele algumas breves palavras:

— Quais os motivos da sua viagem?

— Por um lado a livraria que minha mãe deixou instalada na sua recente passagem pelo Brasil.

— Além disso...

— Sabe que para mim um livreiro não deve ser um comerciante vulgar. Tem uma importante missão social e artística. Não se devem sacrificar o valor e a beleza ao simples e mesquinho interesse material.

E José Osório lembra a filha do grande pintor Segantini que andou pelo mundo a expor e a explicar em conferências as obras de seu pai.

— Com a obra educativa de minha mãe vou fazer o mesmo. De resto, a tarefa é fácil, pois o Brasil até já oficialmente a consagrou.

— Tem outros projetos?

— Sim. Além das edições que tenciono fazer, realizarei conferências sobre "A verdadeira literatura portuguesa", mostrando ao mesmo tempo o esplêndido esforço do nacionalismo português.

— Essas conferências...

— Não têm qualquer intento de lucro. Serão públicas, para que os brasileiros e portugueses me ouçam.

— A sua idéia...

— É sobretudo levar aos que nos amam e aos que, porventura, nos desconhecem, o nome de Portugal. Eduquei-me no Brasil. Amo-o enternecidamente e nunca perdi ocasião de o afirmar. No entanto, posso garantir-lhe que não há qualquer propósito especulativo. A aproximação luso-brasileira é um dever.

Falou-se da literatura brasileira. E José Osório, mostrou-nos a sua admiração e o seu entusiasmo por ela:

— Hei de escrever um dia um estudo sobre essa admirável literatura.

E fala-nos dos nomes mais brilhantes da moderna literatura de Além-Atlântico, enquanto se preparam os lenços para a despedida, que o barco vai partir daqui a nada...

Diário de Lisboa, 19 de julho, 1923.

Oswald de Andrade

[Entrevista concedida em Lisboa]

Idéias-novas

A arte e a literatura do Brasil moderno

Apreciação de Oswald de Andrade

Oswald de Andrade, romancista fortíssimo, nome que marca na moderna geração brasileira, passou ontem em Lisboa no "Massilia" e veio visitar-nos pela mão amiga de Antônio Ferro.

O autor de *Os condenados* que vai agora publicar um novo romance, *Memórias sentimentais*, regressa de Paris, onde esteve em contato com todos os artistas modernistas franceses: Blaise Cendrars, Jean Cocteau, Jules Romains, Larbaud, Max Jacob, Paul Morand, Jean Giraudoux, Raymond Radiguet, morto aos 20 anos, com dois belos romances publicados; e o músico Erik Satie e os pintores Léger e Picasso.

Quisemos ouvi-lo sobre a arte e a literatura do Brasil moderno.

— Desde a "Semana de Arte Moderna", realizada em S. Paulo sob o patrocínio de Graça Aranha — um acadêmico — que o movimento modernista começou a espalhar-se, a tomar fôlego, para varrer de todo, num futuro próximo, a retórica acadêmica de que enferma a literatura brasileira.

Falamos de Rui Barbosa e de Coelho Neto. Este último nome mereceu a Oswald de Andrade um adjetivo bastante depreciativo. Quanto a Rui Barbosa, acha que ele, sendo uma pessoa de grande valor, e escrevendo o português clássico, teve uma influência nefasta.

— A obra de Rui Barbosa é toda ela elogio histórico, acadêmico, empolado.

Sobre a língua, Oswald tem uma opinião curiosa:

— O Brasil, sofrendo a influência de tantas línguas, há de criar uma língua nova, riquíssima, que não pode ser o português clássico.

Voltando à Arte e à literatura:

— O relógio brasileiro andava atrasado 30 anos. O que nós procuramos é acertá-lo... A Arte e a literatura brasileira têm estado, de há muito, asfixiadas por um classicismo sem razão de ser no Brasil. Começamos agora a libertar-nos. E para isso, para o desenvolvimento das tendências modernistas, bastante contribuiu a ida de Antônio Ferro ao Brasil. Foi um agitador...

Oswald de Andrade — que nos cita, entre outros, como representantes dessa corrente, Mário de Andrade, Luís Aranha, Sérgio Milliet, Paulo Prado, Rubens de Morais, Ronald de Carvalho, Renato Almeida, Guilherme de Almeida (literatos), Anita Malfatti, Tarsila do Amaral, Di Cavalcanti, Rego Monteiro, pintores, o escultor Brecheret que obteve tão grande sucesso no "Salon d'Automne", os músicos Villa-Lobos, Sousa Lima e Frutuoso Viana — tenciona vir a Lisboa fazer uma conferência, intitulada "Espírito e forma de Paris", sobre Amadeo de Souza Cardoso, notável pintor português residente em Paris.

Com ele, a bordo do "Massilia", segue também para o Brasil o grande escritor Paulo Prado, que, apesar dos seus 50 anos, pode considerar-se o dirigente do movimento modernista brasileiro.

Diário de Lisboa, 19 de dezembro, 1923.

ANTÔNIO FERRO

A nova literatura brasileira

Graça Aranha e os escritores novos do Brasil

— Algumas figuras da nova geração —

O morro do Castelo e a velha literatura brasileira

Portugal e o Brasil são dois irmãos queridos que vivem afastados... Lembram-se muito um do outro mas nunca se escrevem... Portugal e o Brasil se viessem, novamente, a encontrar-se juntos, já não se conheceriam... O intercâmbio tem sido mal orientado. As missões intelectuais que atravessam o Atlântico dirigem-se a um Brasil que Portugal já conhece, ao Brasil oficial, ao Brasil acadêmico. Ficam à superfície, ficam nas cidades... Ora o verdadeiro Brasil não se encontra nos banquetes nem nas festas de homenagem. O verdadeiro Brasil, o Brasil que tem expressão e raça, vive escondido, procura a solidão, tem o orgulho de não se exibir, de não se meter com ninguém... É preciso descobri-lo, é preciso trazê-lo para a luz, fotografá-lo "à contrecoeur"...

Da literatura brasileira, por exemplo, conhecem-se apenas meia dúzia de nomes. Esses nomes, porém, gloriosos e fortes, pertencem a um Brasil que já hoje não existe, a um Brasil que se recorda com saudade, que se respeita mas que já não está coerente com o movimento da Avenida Central e com as obras do Morro do Castelo...

A literatura brasileira está vivendo uma hora de renovação, está-se libertando da onda de romantismo que a inundou, que lhe deu uma alta expressão, mas uma expressão retórica. A literatura brasileira voou muito alto nos poemas de Castro Alves e de todos os "condoreiros"... Precisa descer um pouco, agarrar-se mais à vida, integrar-se na atmosfera trepidante e sonora do Brasil moderno, acompanhar as locomotivas que vão rasgando as florestas e vão semeando cidades pelas terras incultas do interior...

Essa atualização da literatura brasileira começa a desenhar-se. O primeiro impulso foi dado, num belo exemplo que é preciso mostrar a Portugal, pelo acadêmico Graça Aranha, o autor do *Canaã*, romance eterno, romance em bronze...

Graça Aranha viveu alguns anos em Paris na intimidade de Paul Claudel e de outros escritores modernos. Paris indicou-lhe a hora oficial da Arte contemporânea. Verificou que o seu relógio estava certo mas lembrou-se de que não acontecia o mesmo no Brasil, lembrou-se de que havia por lá alguns mostradores onde os ponteiros marchavam com lentidão, sem impaciências e sem febre... Regressou ao Brasil e, apesar de acadêmico, pronunciou-se contra a Academia e contra o seu espírito de rotina. Graça Aranha, o velho amigo de Machado de Assis, um dos primeiros acadêmicos, diplomata de categoria, investiu corajosamente contra os filisteus, colocou-se no alto da barricada e soltou o primeiro grito de guerra no espetáculo inaugural da Semana de Arte Moderna realizada em S. Paulo. Elísio de Carvalho e Paulo Prado, contemporâneos de Graça Aranha, acompanharam-no, rejuvenesceram, com ele, no combate sem tréguas contra as velhas fórmulas, contra os preconceitos encanecidos... O discurso de Graça Aranha, em S. Paulo, foi o toque de reunir. Todos os brasileiros novos, todos aqueles que desejavam uma literatura tão moderna como o Brasil, vieram colocar-se ao lado de Graça Aranha, armados com a sua mocidade e com a sua fé, dispostos à grande guerra, últimos bandeirantes, bandeirantes da Arte e da Beleza... E pouco a pouco, toda uma geração se foi afirmando, uma geração que olhou a paisagem brasileira com novos olhos, que encontrou síntese e grandes linhas numa vegetação aparentemente luxuriosa e prolixa...

Ronald de Carvalho, que ama o presente sem desdenhar o passado, escreveu esses admiráveis *Epigramas irônicos e sentimentais* onde o Brasil é desenhado a quatro traços à japonesa, à maneira do Fujita... Álvaro Moreyra, grande escritor para quem a vida é um livro de anedotas, escreveu *Um sorriso para tudo...*, sorriso triste, muitas vezes... Olegário Mariano, o último romântico do Brasil, escreveu as *Últimas cigarras*, cigarras cantantes e boêmias... Renato Viana, demolidor do velho teatro brasileiro, escreveu a *Salomé*, a Salomé de hoje, aquela Salomé de cabelos oxigenados e lábios de tinta encarnada, que dança em todas as vidas... Paulo Torres, o poeta da cidade coleante que é a Capital Federal, escreveu *A hora da neblina*, livro enternecido onde se canta um vestido como se canta um corpo, onde se beija uma luva como se beija certa mão... Renato Almeida, o profeta do movimento modernista brasileiro, é o autor do *Fausto*, obra que é um oceano de idéias novas... Onestaldo de Pennafort, poeta que tem o recolhimento dum verso de Samain, escreveu o *Perfume*, ritmos de seda e veludo... Mário Ferreira, Peregrino Júnior e Buarque de Holanda anunciam, constantemente, a hora da partida nas colunas dos jornais... Tristão de Ataíde e Agripino Grieco são os críticos da gente nova, críticos serenos que vão separando, tranqüilamente, o trigo do joio...

Mas foi em S. Paulo, depois da Semana de Arte Moderna, que o movimento atingiu a maré-cheia... Os escritores modernos paulistas reuniram-se na revista *Klaxon* e largaram a toda a velocidade... Monteiro Lobato, escritor regional desempoeirado, auxiliou o movimento com a fundação duma casa editora que é hoje uma das mais importantes do Brasil. O milionário Paulo Prado que lembra o Diaghilev dos "Bailados russos", sacrificando a sua fortuna ao triunfo da Arte moderna, pôs todos os seus bens à disposição dos escritores novos de S. Paulo. Oswald de Andrade, o grande romancista de *Os condenados*, é o animador do movimento, o guerrilheiro mais audacioso... Foi a Paris, conviveu com Jean Cocteau, Jules Romains, Max Jacob e convenceu Blaise Cendrars, o indomável Blaise Cendrars, a ir ao Brasil fazer uma "tournée" de conferências. Guilherme de Almeida, poeta de versos sossegados como bonecas de seda, decide-se, um dia, a dizer tudo quanto lhe vai na alma e escreve *Era uma vez*... Menotti del Picchia, imaginário, vai engrandecendo a catedral gótica da sua Arte... Mário de Andrade é o próprio *Klaxon*, a buzina atroadora a abrir caminho... Ribeiro Couto, Manuel Bandeira, Francisco Lagreca, Sérgio Milliet, Tasso de Almeida, Couto de Barros, Luís Aranha, René Thiollier, Carlos Drummond, Eneias Ferraz, Rocha Ferreira, Cândido Mota Filho, Rubens de Morais, Joaquim Inojosa, Paulo de Magalhães e muitos mais, comandam, em vários pontos do Brasil, guerrilhas modernistas, grupos de bandeirantes...

Neste artigo, onde procurei fazer, rapidamente, um balanço de alguns valores novos do Brasil, do Brasil que deseja modernizar-se, não há a menor falta de respeito pelo velho Brasil, pelo Brasil de Rui Barbosa, de Coelho Neto, de Machado de Assis, de D. Júlia Lopes de

Almeida, de Afrânio Peixoto, de Euclides da Cunha e de tantos outros. Neste momento encontra-se, justamente, em Lisboa um representante desse glorioso Brasil literário, acadêmico que tem sabido conservar-se livre, que tem sabido conservar-se novo... Quero referir-me a Filinto de Almeida, pai desse poeta íntimo, poeta do lar e do amor, que é Afonso Lopes de Almeida. Cardoso de Oliveira, o ilustre embaixador do Brasil, é outro representante desse Brasil que há de viver sempre na saudade. O Morro do Castelo, no Rio de Janeiro, está a ser destruído... A cidade tende a alargar-se e aquele Morro é uma parede que lhe impede o natural desenvolvimento. O Morro do Castelo é um símbolo. A velha literatura brasileira é um morro dum castelo encantado onde pousaram águias e onde viveram príncipes lendários... Mas a literatura brasileira precisa de ser atualizada, precisa de modernizar-se. O morro do Castelo da Retórica opõe-se a essa renovação, a essa marcha para o futuro... Urge destruí-lo. Destruir-lhe a forma e guardar-lhe o espírito. Graça Aranha e os seus companheiros não devem descansar. Se não destroem os vários morros que rodeiam a alma brasileira, a alma da raça, arriscam-se a ficar emparedados...

Antônio Ferro

Diário de Notícias, Lisboa, 31 de maio, 1924.

Graça Aranha

[O Modernismo brasileiro e a tradição portuguesa]

[...] Ao iniciar-se a criação acadêmica lamentou-se cautelosamente não ter a Academia força para instituir um estilo acadêmico, como toda a arte francesa, convencional, acabado, perfeito. É para esse estilo acadêmico que por uma fatalidade institucional caminhamos e o atingiríamos se uma rajada de espírito moderno não tivesse levantado contra ele as coisas desta terra informe, paradoxal, violenta, todas as forças ocultas do nosso caos. São elas que não permitem a língua estratificar-se e que nos afastam do falar português e dão à linguagem brasileira este maravilhoso encanto da aluvião, do esplendor solar, que o tornam a única expressão verdadeiramente viva e feliz da nossa espiritualidade coletiva. Em vez de tendermos para a unidade literária com Portugal, alarguemos a separação. Não é para perpetuar a vassalagem a Herculano, a Garrett e a Camilo, como foi proclamado no nascer a Academia, que nos reunimos. Não somos a câmara mortuária de Portugal.

Já é demais este peso da tradição portuguesa, com que se procura atrofiar, esmagar a nossa literatura. É tempo de sacudirmos todos os jugos e firmarmos definitivamente a nossa emancipação espiritual. A cópia servil dos motivos artísticos ou literários europeus, exóticos, nos desnacionaliza. O aspecto das nossas cidades modernas está perturbado por uma arquitetura literária, acadêmica; a música busca inspiração nos temas estrangeiros, a pintura e a escultura são exercícios vãos e falsos, mesmo quando se aplicam ao ambiente e aos assuntos nacionais. A literatura vagueia entre o peregrinismo acadêmico e o regionalismo, falseando nesses extremos a sua força nativa e a sua aspiração universal.

Se escaparmos da cópia européia não devemos permanecer na incultura. Ser brasileiro não significa ser bárbaro. Os escritores que no Brasil procuram dar de nossa vida a impressão de selvageria, de embrutecimento, de paralisia espiritual, são pedantes literários. Tomaram atitude sarcástica com a presunção de superioridade intelectual, enquanto os verdadeiros primitivos são pobres de espírito, simples e bem-aventurados.

O primitivismo dos intelectuais é um fato de vontade, um artifício como o arcadismo dos acadêmicos. O homem culto de hoje não pode fazer tal retrocesso, como o que perdeu a inocência não pode adquiri-la. Seria um exercício de falsa literatura naqueles que pretendem suprimir a literatura. Ser brasileiro não é ser selvagem, ser humilde, escravo do terror, balbuciar uma linguagem imbecil, rebuscar os motivos da poesia e da literatura unicamente numa pretendida ingenuidade popular, turvada pelas influências e deformações da tradição européia. Ser brasileiro é ver tudo, sentir tudo como brasileiro, seja a nossa vida, seja a civilização estrangeira, seja o presente, seja o passado. É no espírito que está a manumissão nacional, o espírito que pela cultura vence a natureza, a nossa metafísica, a nossa inteligência e nos transfigura em uma força criadora, livre e construtora da nação.

O movimento espiritual, modernista, não se deve limitar unicamente à arte e à literatura. Deve ser total. Há uma ansiada necessidade de transformação filosófica, social e artística. É o surto da consciência, que busca o universal além do relativismo científico, que fragmentou o Todo infinito. Se a Academia não se renova, morra a Academia. [...]

Graça Aranha, *O espírito moderno*. São Paulo: Monteiro Lobato, 1925, pp. 23-47. Trata-se de um excerto do famoso discurso que o autor pronunciou na Academia Brasileira de Letras em 19 de junho de 1924.

CARLOS DRUMMOND DE ANDRADE

[Sobre *A morte do imaginário*, de João Barreira]

Literatura Portuguesa

A morte do imaginário — João Barreira — Lisboa, 1923.

Não é muito conhecido entre nós o sr. João Barreira, de quem talvez o grosso público haja guardado apenas as traduções de Flaubert. Entretanto, que poderoso escritor é esse homem, e que voluptuoso é o comércio com seu espírito! Os únicos escritores verdadeiramente contemporâneos são os escritores dinâmicos, que não adormeceram à sombra de velhas concepções nem de carunchosos postulados estéticos, num lamentável faquirismo intelectual. São os escritores-forças, eternamente inquietos e inquietantes, tornando a literatura um desdobramento da vida com toda a vertigem dos seus ritmos, e animando figuras e símbolos com o desembaraço de deuses criadores. Os outros, românticos de um falso romantismo, estilizadores de uma falsa tristeza, inadaptados, frustes ou vencidos, merecem a nossa piedade, porém jamais a nossa admiração. Não chegaremos a enquadrar o sr. João Barreira na primeira categoria, porém muito menos na segunda. Antes de tudo, não se pode dizer que ele habite o mundo das idéias, por isso que freqüenta mais habitualmente o mundo das formas. Será talvez o milésimo escritor, depois de Théophile Gautier, para quem "o mundo exterior existe". Ainda bem. Felicito-o por isso. Temos abusado escandalosamente do mundo interior. O próprio Maeterlinck, filósofo amável e sensível aos feitiços da terra e das coisas, é vítima da nossa fadiga espiritual. A necessidade de regressar às formas claras, primitivas, e a primitiva alegria de viver! dir-se-ia que as bibliotecas escurecem o mundo, e destruíram a pureza dos nossos sentidos. Mas, não nos iludamos: esse desejo de retorno às forças virgens do instinto e aos imperativos do mundo exterior é puramente superficial. Não voltaremos à natureza, o que seria um absurdo proselitismo às idéias do romântico Jean Jacques, no século da arte e do artifício. Já penetrou a consciência do homem moderno a desolante certeza de que a natureza é indiferente, para não dizer inimiga. A natureza não nos acolherá. Somos filhos pródigos sem esperança de reconciliação. Daí o nosso orgulho amargo, e — porque não afirmá-lo? — a nossa força. Mais do que nunca o homem tem necessidade de pensamento, e mais do que nunca as idéias fazem volta ao mundo. Agora, por exemplo, no Brasil, não estamos assistindo a um impetuoso movimento de idéias?

O sr. João Barreira tem da vida a impressão de uma festa de luzes e formas; ele se agita ao meio dessas representações delirantes, e, agitando-se, realiza a sua obra literária. Até que ponto o obceca a "féerie" do mundo objetivo? Pergunta para críticos rigorosos e graves. Contento-me em observar que os motivos do sr. João Barreira (tomo como exemplo *A morte do imaginário*) são motivos essencialmente plásticos, ao contato dos quais a sua prosa adquire tonalidades de pintura e assume relevos de estatuária. Corre em seus períodos uma luxuriosa embriaguez de vida, não da vida contingente e deformada de todos os dias, mas de uma outra, ardente e rumorosa, em que todas as horas são cheias de surpresas físicas. Tudo isso, é evidente, revela nas páginas castigadas de *A morte do imaginário* um artista vigoroso. Para o sr. João Barreira, "Renascença" deve ser uma palavra mágica... Mas, que digo? Ele está atrasado muitos anos, muitos séculos mesmo: sua mentalidade remonta aos dias mitológicos da Grécia. Neste seu livro, que me parece antes um conto alegórico, opõe o espírito da arte cristã ao espírito da arte do paganismo, dando ensejo a que um sátiro de pedra "que não se intimidará nunca com a ameaça das quimeras e gárgulas, tocando inalteravelmente através dos séculos na sua flauta bucólica" pronuncie estas palavras reveladoras: "O grande Pã não morreu! Apolo vive ainda!" Será essa a filosofia do conto: a eternidade do helenismo? Prefiro acreditar que não; a fábula do sr. João Barreira terá o mérito universal das fábulas; provará o que o leitor quiser.

O sr. João Barreira põe um escultor trabalhando sob os influxos da inspiração religiosa; depois submete esse escultor à tentação do paganismo; finalmente, fá-lo sucumbir "sentindo na boca o travor da taça enfeitiçada", mas sob o perdão silencioso de uma Virgem Dolorosa que em tempos modelara. Enredo simples, mas com o mérito de comportar a atuação de símbolos sempre novos. Do jogo destes símbolos, e não da finalidade moral do conto, depende a atração que porventura este nos desperte.

Como dizia, eu não creio que a concepção de beleza dos gregos tenha um caráter de eternidade. A bem dizer, nós temos da Grécia uma noção puramente lendária, confundindo na mesma bruma os seus tempos heróicos e os seus tempos históricos. Atenas e Alexandria estão muito longe de nós e do nosso efêmero quotidiano. Ficou-nos da Hélade a lembrança de uma terra em que a vida era bela e os homens cantavam deuses benignos. Mas, isso foi há tanto tempo! A vida moderna tem outras exigências que não a contemplação de uma idade morta. O ideal estético dos gregos foi destruído. Ai de nós! — e vamos para diante, resignados. Certamente, não há coisa mais frágil e passageira do que a beleza. Era, até bem pouco, uma idéia arrimada à idéia de arte. Vivem hoje dissociadas, graças à visão mais penetrante do espírito moderno; arte e beleza são, afinal, categorias independentes. Mas, tanto esta como aquela morrem todos os dias vitimadas pela dialética dos doutores sutilíssimos e pela fraca memória dos homens. Cada civilização tem uma concepção do belo, e essa concepção varia de povo a povo, e de um indivíduo a outro. As coisas do espírito morrem antes que as dos sentidos. Pobre Keats, com a sua consoladora mentira! "Uma coisa de beleza não é uma alegria para sempre". Concorde comigo o sr. João Barreira: essa é uma verdade melancólica.

Carlos Drummond

Diário de Minas, Belo Horizonte, 6 de julho, 1924.

Gilberto Freyre

Apologia *pro generatione sua*

[Conclusão]

[...] No Brasil, é preciso que retifiquemos os falsos valores de que há cinqüenta anos vivemos, reintegrando-nos no Brasil brasileiro dos nossos avós.

Contra o ideal absorvente de transformar o país num vasto 202 de Jacinto, ideal que é desde a República a tendência, agora acentuada pela fartura de dinheiro, ergamo-nos, os novos homens do Brasil. Que exceda o conforto dos fogões a gás, dos *water-closets* de porcelana, da luz elétrica, o ideal de cultura e de vida brasileira. Que a Nossa Senhora do Brasil tenha mais de Maria do que de Marta.

Felizmente, da nova geração brasileira surgem esboços de *leaders* e sombras de profetas: Agripino Grieco, Oliveira Viana, Jackson de Figueiredo, Antônio Torres, Gilberto Amado, Ronald de Carvalho, Renato Almeida, Tristão de Ataíde, Perilo Gomes, Andrade Muricy e Tasso da Silveira. Em recentíssimo trabalho sobre *O pensamento filosófico no Brasil* destaca o sr. Renato Almeida, na geração que se forma, "pendores para a crítica, a análise e a indagação", ausentes nas gerações predecessoras. Nós precisamos de pôr ao serviço dum grande esforço de introspecção nacional esses plásticos recursos de espírito crítico.

Paralelo a um esforço de reação contra os falsos valores de vida, economia e cultura que nos impuseram uma filosofia e um liberalismo sem raízes nos nossos antecedentes e nas nossas atualidades, semelhante inquérito está a impor-se como o programa da nossa geração. Quase se pode dizer que "tout se joue sur nos têtes".

Decididamente não se trata, no caso da nova geração brasileira, de mero sebastianismo de "les jeunes". Nem creio se possa acusar a um grupo tão sincero de autodidatas — cujos dentes de senso crítico podem ser ainda de leite mas coisa nenhuma têm de postiços — dessa petulância em que às vezes se requintam as mocidades cheias da pretensão de ser o "sal da terra". Croce nos adverte contra os "jeunes" das cervejarias que vivem a chocarrear nos velhos e nos mestres, sem se mostrar capazes de sérios esforços criadores, numa estéril rebelião contra o estabelecido e o tradicional.

O nosso caso é outro. Não se passa impune através duma época como aquela por onde passou nossa adolescência: 1914-1920.

Ala recém-chegada da geração que fez a guerra com o seu sangue e a sua carne, também estivemos no carro que uma acrobacia macabra quase precipitou no fundo das águas: carro parecido ao que ia lançando Pascal dentro do Seine; donde sua "doença do abismo". Estamos, todos os que seguimos o ritmo deste século e nascemos quase com ele, no mesmo barco: prende-nos uns aos outros a consciência de experiências e de destinos em comum. O excepcional dessas experiências e desses destinos impõe-nos o dever, antes de nos ceder o direito de pensar e de agir acima da mediocridade.

Pernambuco — 1924.

Gilberto Freyre

Portugália, nº 2, Lisboa, novembro, 1925, pp. 102-3. O texto integral (pp. 89-103) é, com muitas variantes, o da conferência que o autor fez no Teatro Santa Rosa, na Paraíba, a 5 de abril de 1924, e que foi publicado nesse mesmo ano pela Imprensa Oficial da Paraíba (tiragem de 200 exemplares), vindo a ser integrado no livro *Região e tradição*. Rio de Janeiro: José Olympio, 1941, pp. 55-77.

José Osório de Oliveira

[Novos escritores brasileiros]

[...] Menotti del Picchia está ligado ao grupo de modernistas que em S. Paulo ergueu o estandarte da *Klaxon*, buzinando ao Brasil o futurismo e todos os ismos criados de Marinetti para cá. Digo está ligado e não pertence porque, de fato, Menotti del Picchia está um pouco à parte do modernismo. O seu livro mais modernista, que é esse de que vos falei, pertence ainda àquele rito de sensualismo, de morte e de mistério que os livros de D'Annunzio espalharam no mundo e de onde nasceram, no Brasil, a *Exaltação* de Albertina Berta e a *Assunção* de Goulart de Andrade. A esse grupo pertencem Guilherme de Almeida, mas só pelo *Era uma vez...* que intermediou modernisticamente o lirismo do *Nós* e o classicismo de *A frauta que eu perdi*; Oswald de Andrade, o romancista de *Os condenados*, e, sobretudo, Mário de Andrade.

Agripino Grieco pertence ao grupo de aqueles que "olham para Roma", segundo a sua expressão. Falei-vos da alma católica do Brasil. Vede agora o seu espírito. É Perilo Gomes que "escreve à luz da lâmpada de ouro da Igreja Católica"; é Jackson de Figueiredo, "a voz de homem livre" que "é a consciência, a dignidade, a nobreza da sua geração"; é Renato Almeida, o pensador do *Fausto* e é Agripino Grieco, o panfletário dos *Fetiches e fantoches*, o crítico dos *Caçadores de símbolos* e um dos espíritos mais brilhantes que me foi dado conhecer no Brasil.

À parte Flexa Ribeiro, autor de um dos melhores estudos que de Fialho se tem feito, e de Tristão de Ataíde, de quem já vos falei, os críticos modernos do Brasil podem dividir-se, não em escolas mas em grupos, conforme as livrarias que freqüentam. Assim temos na Garnier o grupo em que pontifica Nestor Vítor e a que pertencem Andrade Muricy e Tasso da Silveira; na Leite Ribeiro o grupo de que fazem parte Ronald de Carvalho, Renato Almeida e Agripino Grieco. Destes últimos, Ronald é, decerto, o mais artista, aquele que de Gonzaga Duque recebeu em maior quantidade o culto pela prosa que no escritor da *Mocidade morta*, no crítico da *Arte brasileira* era uma missa deslumbrante de pedrarias. É preciso recorrer às *Evocações* em prosa do "poeta negro" Cruz e Sousa para encontrar na literatura brasileira estilo comparável ao de Gonzaga Duque. Ele foi na prosa o que no verso foi Cruz e Sousa; — o supremo artista do simbolismo que no Brasil teve brilhantes poetas e um crítico de valor em Nestor Vítor.

Mas se Ronald é o mais artista, se Renato Almeida é, talvez, o mais profundo, nenhum é no entanto, tão incisivo como Agripino Grieco. Duma independência absoluta, ele faz a crítica do momento literário que vem desde Pereira da Silva, o poeta espiritualíssimo, até Théo Filho, o romancista escandaloso, sem se importar de ferir susceptibilidades, sejam elas do seu melhor amigo. E é toda a sua geração que no seu livro *Caçadores de símbolos* passa. É, além de alguns de que já falei, Hermes Fontes, o poeta desse canto brasileiro que é o *Despertar!*; é Enéias Ferraz, o romancista da *História de João Crispim*; é Luís Carlos, o poeta das *Colunas*; e é José Geraldo Vieira, o contista da *Ronda do deslumbramento*. Eu queria falar-vos destes todos e, ainda, de Aníbal Teófilo o *poète assassiné* dos *Vilancetes*; de Gomes Leite, o malogrado autor da *Caravana dos destinos* e do *Através dos Estados Unidos*; e de Manuel Bandeira, "o poeta tísico" que escreveu o *Carnaval*, um *Carnaval* sinistro, um *Carnaval* que faz lembrar *La mort au bal masqué* de Félicien Rops.

Mas não me é possível. O *rol de honra* da literatura brasileira é tão grande que, mesmo tratando só da literatura atual e por alto, eu nunca mais acabaria. Também não vos posso falar como desejava da obra filosófica de Tobias Barreto e de Farias Brito, o cérebro que domina o pensamento brasileiro; da obra sociológica de Tito Lívio de Castro e de Alberto Torres, esse que eu chamo o Joaquim Costa do Brasil; da obra histórica de Capistrano de Abreu, de Oliveira Lima e de Rocha Pombo; da obra crítica de Sílvio Romero, de José Veríssimo, de Araripe Júnior, de João Ribeiro, de Alberto de Faria e de Solidônio Leite; de Oliveira Viana, o autor desse livro fundamental que é *As populações meridionais do Brasil*, esse que de Euclides da Cunha herdou "a portentosa visão sociológica" e que, nos *Pequenos estudos de psicologia social* e em *O idealismo na evolução política do Império e da República*, nos dá, mais do que nenhum livro de literatura, a idéia do Brasil; e da *História militar do Brasil*, o livro importantíssimo desse "jovem professor de patriotismo" que é o capitão Genserico de Vasconcelos. E não posso porque esses assuntos são daqueles a que uma impressão não basta e esta conferência é feita de impressões.

Falar-vos-ei, no entanto, ainda, das poetisas e de alguns poetas não acadêmicos que, talvez por não serem parnasianos, pertencem ao número de aqueles de que eu mais gosto dentre os poetas vivos do Brasil. Deixai-me dizer-vos que há poetas muito interessantes de que eu não falo porque, apesar de como poetas terem começado, se dedicaram de preferência ou exclusivamente à prosa. Tal o caso de Agripino Grieco, de Álvaro Moreyra e de tantos outros, alguns dos quais já citados. De Álvaro Moreyra ainda se pode dizer que, embora escreva em prosa, não deixou de ser um poeta. A sua arte, a arte da crônica, arte de que é hoje o "Prince charmant", é quase uma forma de poesia, uma forma de poesia em prosa. Principalmente quando ela é, como em Álvaro Moreyra feita de *Um sorriso para tudo*... Mas Agripino Grieco, lançado no panfleto e enfronhado na crítica, fez calar em si a música dos versos para que se ouça apenas a voz austera do seu pensamento.

Eu não quis falar nesta conferência senão de aqueles que menos conhecidos são entre nós ou dos que conosco têm mais relação. Pareceu-me absolutamente inútil e pretensioso falar, por exemplo, dos grandes mestres da poesia parnasiana, mestres consagrados de toda a poesia brasileira, como Raimundo Correia, Olavo Bilac e Alberto de Oliveira. Além destes, outros há que, menos conhecidos, estão, no entanto, ao alcance de quem os queira conhecer visto pertencerem já à história literária, vivos ou mortos, pela sua consagração. É o caso da poetisa Francisca Júlia, a autora célebre da *Dança de centauras* que eu guardo junto ao *Colóquio de los centauros* do meu querido Rubén, e da prosadora Júlia Lopes de Almeida, "animatrice" de uma família de artistas e, ela, a primeira romancista brasileira.

Gilka Machado, *A mulher nua*, Rosalina Coelho Lisboa, a sacerdotisa do *Rito pagão*, e Cecília Meireles formam a trindade feminina da poesia brasileira contemporânea. De Cecília Meireles disse eu ser, ao saudá-la, pouco depois de chegar ao seu país: "Uma poetisa quase sem palavras. Uma poetisa apenas música. Uma poetisa melodia. Uma poetisa Chopin".

Tal me apareceu quando li o seu livro *Nunca mais*... E um ano depois é ainda assim que me aparece, ao recordar de memória a cadência musical dos seus versos, "À hora em que os cisnes cantam...":

Nem palavras de adeus, nem gestos de abandono.
Nenhuma explicação. Silêncio. Morte. Ausência.
O ópio do luar banhando os meus olhos de sono...
Benevolência. Inconseqüência. Inexistência.

Paz dos que não têm fé, nem carinho, nem dono...
Todo o perdão divino e a divina demência!
Oiro que cai dos céus pelos frios do outono...
Esmola que faz bem... — nem gestos, nem violência...

Nem palavras. Nem choro. A mudez. Pensativas
Abstrações. Vão temor de saber. Lento, lento
Volver de olhos, em torno, augurais e espectrais...

Todas as negações. Todas as negativas.
Ódio? Amor? Ele? Tu? Sim? Não? Riso? Lamento?
— Nenhum mais. Ninguém mais. Nada mais. Nunca
mais...

A Pereira da Silva chamou Tasso da Silveira *o poeta da profunda tristeza.** Quixote da dor, o seu canto, quer se chame *Vœ solis!*, quer se chame *Solicitudes, Beatitudes, Holocausto* ou *O pó das sandálias*, só excepcionalmente deixa de vibrar a nota duma amargura infinita e sem remédio.

E essa amargura, e esse desespero do seu coração tornam-se em revolta e lançam sobre a cidade e as mulheres a sua cólera. Mas o tédio o invade e, sem fé e sem esperança, o poeta só deseja a morte pensando:

...na sinistra realidade
De que se nasce, por azar, suicida.

Se neste poeta, "Na raiz de" cuja "íntima tragédia, uma análise intencionalmente alongada iria encontrar o desengano mais lancinante que possa ferir o coração de um homem: o desengano do amor,

* *O Mundo Literário*, nº 20, Rio de Janeiro, 5 de dezembro, 1923.

do grande sonho de amor que cada um de nós faz na vida", como diz Tasso da Silveira;* se neste poeta a diatribe contra as mulheres é constante, para o Da Costa e Silva do *Zodíaco* parece não existirem as mulheres. Por isso Humberto de Campos** chamou a esse livro *um palácio deserto*, "ao verificar", como Celso Vieira, "no fim do livro, que não cruzara em toda a viagem, com uma única sombra feminina". Mas já no *Pandora*, em que Da Costa e Silva voltou à forma adotada no *Sangue*, o poeta dá lugar à mulher em suas rimas. E se em Pereira da Silva se sente, além da influência da forma, o misoginismo de Antero, em Da Costa e Silva poema e amor fazem lembrar Camões. Lembrar, reparem bem, que é uma medida que tem o tamanho do infinito.

Mas escutai este soneto de Pereira da Silva:

Noite. Febril, só, no meu leito, doente,
Penso na minha vida que se apaga.
Penso no amor que, por ser puro e ardente,
Deixou minha alma para sempre em chaga.

Oh! Como a sina sabe ser aziaga
Para quem ama inelutavelmente.
E, desprezando, a cada instante sente
Que a chama do desprezo se propaga!

Então, nesses momentos em que a Morte
Parece mussitar: "Vamos! sê forte!...
Lança ao teu mundo o derradeiro olhar!"

Como um frio pavor nos transfigura
E punge fundo a nossa desventura
De ter amado a quem não soube amar!

Nesse efêmero *Orpheu*, que tanta cólera despertou nas feras, apareceram aos olhos dos portugueses dois poetas do Brasil de bem diferente som e mais diverso destino. Um, Ronald de Carvalho, já com

---

* Op. cit.

** Op. cit.

a *Luz gloriosa*, havia de, após um silêncio de cinco anos sobre esse livro, ressurgir, com os *Poemas e sonetos* e com a *Pequena história da literatura brasileira*, para ser premiado pela Academia. Ei-lo, pois, consagrado em plena juventude. Mas o seu canto laureado, embora mais grave, como no soneto que vos lerei, não deixou de ser ardente como era e não o impediu de, nos *Epigramas irônicos e sentimentais*, se manter na fila do "avant-gardisme" literário do Brasil. Eis o soneto, intitulado "Pó":

"De onde vens, cavaleiro misterioso,
No teu ginete de revoltas clinas?
Que manhãs, e que tardes cristalinas
Atravessaste, inquieto e sem repouso?"

Olhando, assim, no cimo das colinas,
O vulto pensativo e silencioso,
Os homens clamam, prelibando o gozo
Das verdades eternas e divinas.

"Quem é o nosso Deus? A dor, a glória,
O sonho, o amor? Que força transitória
Para a ilusão formou o nosso ser?"

E os homens viram mudos, de repente,
Uma nuvem de pó subir no poente,
E o cavaleiro desaparecer...

Mas vede como ele canta o *Interior* dum poeta dos trópicos, o seu "Interior":

Poeta dos trópicos, tua sala de jantar
é simples e modesta como um tranqüilo pomar;
no aquário transparente, cheio de água limosa,
nadam peixes vermelhos, dourados e cor de rosa.
Entra pelas verdes venezianas uma poeira luminosa,
uma poeira de sol, trêmula e silenciosa,
uma poeira de luz que aumenta a solidão...

Abre a tua janela de par em par! Lá fora, sob o céu do Verão,
todas as árvores estão cantando... Cada folha
é uma cigarra, cada folha é um pássaro, cada folha
é um som... O ar das chácaras cheira a capim melado,
a ervas pisadas, a baunilha, a mato quente e abafado...

Poeta dos trópicos,
dá-me no teu copo de vidro colorido um gole d'água.
(Como é linda a paisagem no cristal de um copo d'água!)

E, premiado pela Academia ou inacademizável, como nestes versos, ele é sempre o poeta discutido, o "enfant-gaté" da celebridade.

Ao contrário, Eduardo Guimaraens, o outro que o *Orpheu* nos revelou, celebrado embora pela crítica e por ela posto ao lado de Ronald, quando do aparecimento do seu livro *Divina quimera*, há oito anos, que eu saiba, que não perturba o silêncio, cuja alma tão querida deve ser a quem cantava assim, "Sob os teus olhos sem lágrimas":

Ah! não dirás por certo
que não te amei, que não sofri!
— Foi-me a tua alma assim como um salão deserto
onde, uma noite, me perdi.

Um ramo de violetas fenecia
em cada móvel amortalhado pelo pó;
a púrpura das cortinas, rubra, estremecia
presa a cada janela. Eu hesitava, só.

— E era meu coração, por ti quase ferido,
à dúvida infantil que o emudecera já
um velho piano adormecido
que ninguém mais acordará.

E era Mallarmé que se sentia ecoar nestes versos, Mallarmé que ele traduziu como ninguém até hoje na nossa língua. E procurando na nossa língua quem se lhe assemelhe só em Camilo Pessanha encontramos uma melodia, um cantar em surdina tão suave e dolorido como o seu.

Olegário Mariano, cantor das *Últimas cigarras*, cigarra cantadeira ele próprio, e Guilherme de Almeida são os poetas cujos versos mais amados são hoje pelas mulheres do Brasil. E isto vale bem uma crítica, a mais elogiosa. Porque, diga-se o que se disser, ainda são as mulheres quem melhor sente a poesia e, quando ela for assim como o soneto de Guilherme de Almeida que vos vou ler, todas a aprenderão de cor. Elas e eu que, de resto, amo, tanto como elas, os versos deste poeta. Ouvide, pois, vós, senhoras!, este soneto belíssimo do *Nós*:

Fico — deixas-me velho. Moça e bela,
partes. Estes gerânios encarnados,
que na janela vivem debruçados,
vão morrer debruçados na janela.

E o piano, o teu canário tagarela,
a lâmpada, o divã, os cortinados;
— "Que é feito dela?" — indagarão — coitados!
E os amigos dirão:— "Que é feito dela?"

Parte! E se, olhando atrás, da extrema curva
da estrada, vires, esbatida e turva,
tremer a alvura dos cabelos meus;

irás pensando, pelo teu caminho,
que essa pobre cabeça de velhinho
é um lenço branco que te diz adeus!

Falei-vos já de Catulo Cearense, o poeta do *Luar do sertão* que toda a gente canta no Brasil e eu canto também com a mesma saudade brasileira. Eu não vou dizer-vos o que ele é. Os seus versos dizem, melhor do que todas as explicações, o que é o canto, não da sua lira, mas da sua viola. Se o cito de novo é só para vos dizer mais uns versos, arrancados ao romance do *Marroeiro*, e que são uma das expressões mais belas do lirismo amoroso do seu país. É só isto:

Apois os cabello d'ella
Tão preto pro chão cahia,
Que toda frô qui butava
Nos cabello, a frô murchava
Pensando que anoitecia!...

Assim como o Rio tem o seu poeta no Murilo Araújo de *A cidade de ouro*, livro feito de luz, de sol e de ardor, São Paulo tem o seu no Ribeiro Couto de *O jardim das confidências*, todo feito de garoa, de ternura e de melancolia. Essa cidade triste, essa cidade da qual se poderia dizer o que de Baltimore disse Antônio Nobre:

Cidade triste entre as tristes

tem nesse poeta o seu melhor cantor. Ela e o amor o fizeram triste e poeta. Por isso ele dedica "A São Paulo, às suas manhãs nevoentas de sol frouxo; às suas tardes nostálgicas; às suas noites de garoa erma e de luar gelado; à graça ornamental dos seus jardins adormecidos sob o céu friorento; às alamedas silenciosas dos seus bairros burgueses; e dos seus bairros aristocráticos; e dos seus bairros pobres; ao seu encanto indeciso de cidade triste, este livro". E é São Paulo inteiro que passa nesta dedicatória aos olhos de quem um dia viu essa cidade. Mas vede como ele:

...Vai dizendo, vai cantando
a dor sentimental dos romances perdidos,
da mocidade inquieta e de uma espera inútil...

na certeza de que:

...Há-de haver alguns ouvidos
que, por momentos, ficarão enternecidos

no seu *Jardim das confidências*. Por exemplo, "A moça da estaçãozinha pobre":

Eu amo aquela estaçãozinha sossegada,
aquela estaçãozinha anônima que existe

longe, onde faz o trem uma breve parada...
Na casa da estação, que é pequena e caiada,
mora, a se estiolar, uma menina triste.

À chegada do trem, semierguendo a cortina,
ela espia por trás da vidraça que a encobre.
Muita gente do trem para fora se inclina
e olha curiosamente o rosto da menina,
tão anônima quanto a estaçãozinha pobre.

O trem parte... Ficou na distância esquecida,
a estaçãozinha... e a moça triste da janela...
Mas vai comigo uma lembrança dolorida...
Quem sabe se a mulher esperada na vida
não era aquela da estação, não era aquela,

aquela que ficou lá para trás, perdida?

Ou a "Solidão":

E chove... Uma goteira, fora,
como alguém que canta de mágoa,
canta, monótona e sonora,
a balada do pingo d'água.

Chovia quando foste embora...

Aqui tendes o que são os literatos, aqui tendes o que é a literatura moderna do Brasil. Chegou, pois, o momento das conclusões. Algumas fui eu tirando no decurso desta conferência, mas ainda há muitas outras a tirar. Ou por outra, há muitas outras afirmações a fazer sobre o caráter geral da literatura brasileira e as suas principais características. Assim, por exemplo, a preponderância e a persistência do parnasianismo na poesia e, duma forma geral, o culto da forma em quase toda a sua literatura, como uma manifestação de sensualismo e prova de que a raça brasileira é, sobretudo, sensorial, como outras são, principalmente, sentimentais ou cerebrais. Assim, também, a falta dum poeta verdadeiramente nacional, não pelo caráter, mas pelo símbolo, apesar do Olavo Bilac genial de *O caçador de esmeraldas*, até hoje o poeta que melhor simbolizou o Brasil. É o que Tasso da Silveira afirma quando escreve:*

"Ainda não tivemos o nosso Whitman, o que é motivo para o esperarmos como cada vez mais prestes a chegar. Digo o nosso Whitman e não simplesmente o nosso *grande poeta*: porque é por um Whitman que ansiamos, e não por um Victor Hugo ou um D'Annunzio. Por um Whitman, isto é, por um arrebatado cantor, em sinfonias gigantescas, do mundo novo que somos, da alvorada de raça que representamos, das grandezas que nos couberam no planeta, e do multiforme tumulto de desejo e sonho que a nossa complexidade étnica nos deu".

E nesta afirmação do autor de *A igreja silenciosa* podeis ver uma tendência, das mais absurdas, do povo brasileiro. Refiro-me ao culto excessivo e quase exclusivo pelos Estados Unidos, que são a antítese e os inimigos tanto do Brasil como da América espanhola. E tanto que, assim como Rubén Dario, o da ode *A Roosevelt*, esse que dizia:

Eres los Estados Unidos,
eres el futuro invasor
de la América ingenua que tiene sangre indígena,
que aun reza a Jesucristo y aun habla en español.

Eduardo Prado mostrou *A ilusão*, Medeiros e Albuquerque *O perigo americano* e Agripino Grieco chama a esse culto "a nossa estúpida *latria yankee*". Disse que esse culto era quase exclusivo porque a França compartilha dele na vida mental tão excessivamente como os Estados Unidos na vida social. Há quem reaja também contra essa adoração pela França e disso é exemplo Mário Pinto Serva que a injustiça da paz levou a por-se ao lado de *A Alemanha saqueada*, o que não quer dizer que a calunie como há quem pretenda fazer acreditar. Não é, também, caluniar a França dizer que ela é antagônica e prejudicial às almas e aos espíritos fraternos da Espanha, de Portugal, do

* Op. cit.

Brasil e da América espanhola, como eu já um dia disse.* Será isto sequer atacá-la? Não. As palavras entusiásticas de Elísio de Carvalho em *La France éternelle* encontram, por gratidão e admiração individual, um eco na nossa alma. O que o nosso espírito condena é a influência excessiva e isoladora da França sobre a alma coletiva do nosso país e dos seus irmãos espirituais, da mesma maneira que a influência política da Inglaterra sobre nós.

Mas, como eu disse já, esta conferência é feita de impressões e não portanto, de conclusões. Eu fiz como o viajante que observa para contar, para descrever o que viu. Li e falei-vos do que li, dando, de vez em quando, a minha opinião e, quase sempre, o meu gosto. Como vos dei algumas amostras do que li, podereis verificar a exatidão de algumas das minhas opiniões. Quanto aos gostos, não se discutem.

Tenho dito.

José Osório de Oliveira, *Literatura brasileira*. Lisboa, Porto, Coimbra, Rio de Janeiro: Lumen, 1926, pp. 48-65. Apresentando o texto (de que transcrevemos a parte final) em forma de conferência, aliás nascida "de um artigo" publicado na *Nação Portuguesa*, este livrinho não indica o lugar e a data em que ela foi pronunciada. O autor republicou este texto, a que fez amputações e modificações, em *Geografia literária* (Coimbra: Imprensa da Universidade, 1931, pp. 37-71), com o título "A literatura brasileira contemporânea" e com a nota final: "Lisboa, 1924 e 1930".

* "A alma da Espanha", *América Brasileira*, nº 21, Rio de Janeiro, ano II, setembro, 1923.

Futurismo e tradição

Se o futurismo existisse eu o combateria. Porque me parece que eu sou mesmo um sujeito apegado à tradição. Que tradição? Tupi? O Brasil-Tupi correu pra o mato há muitos anos. O atual é apenas ibero-celto-fenício-troiano-hebraico-grego-cartagino-romano-suevo-alemão-visigodo-arábico. Mais afro. Mais tupi. Mais alguma coisa. Mas a tradição que o brasileiro sente dentro dele, balançando o coração dele como uma rede de tucum é a tradição portuguesa. Uma campanha de pilhérias procura (faz um pedaço de tempo) sujar essa tradição. Há mesmo muita gente ignorante que se envergonha dos avós *pés de chumbo* colonizadores. Eu estou com o atraso (de mentira) desses *pés de chumbo*, com a religião que eles nos trouxeram, calçados de caravelas boiando sobre todos os mares com os tamancos gigantescos que a raça inventou. Com a República essa tradição [*conheceu*] a sua maior crise. Os propagandistas, os fundadores da nova governação eram homens inteligentes mas quase todos sem cultura, inclusive os melhores Rui e Benjamin Constant.

Tão sem cultura que engabelados pelo Comte que eles não conheciam a fundo e engabelados pela falsa democracia da outra banda do mar nos sapecaram até o feriado maluco da Bastilha que a própria França hoje discute advertida que aquele celebrado levante histórico pegou fogo com o pé-de-meia estrangeiro e encapa um golpe danado dos inimigos do catolicismo contra a França-filha caçula da Igreja.

A tradição era forte e triunfou. Voltamos à Igreja. E voltamos ao Brasil. Ao Brasil tapuia? Ao Brasil racionalista? Ao Brasil católico e ordeiro e tradicional, pois não!

Nesse Brasil de hoje vem nascendo o pensamento político da Nação. Esse pensamento político tem muito de oposto à politicalha sovada e porca que ainda existe hoje. E ainda estamos com a tradição porque não é decerto em muitos, em quase todos esses republicanos de meia tigela (exceto um Floriano ou um Campos Sales) quer esses republicanos sejam legalistas ou revolucionários, mas naqueles homens bons que se chamarem Mauá ou Lourenço de Albuquerque, ou Feijó ou Caxias.

Esse pensamento novo, político, de minha terra, com a moral que a sua religião lhe ensina e com a força que a tradição lhe deu, irá riscar o que não é brasileiro: o político, o artista ou o profissional amorais.

O Semeador, Maceió, 25 de outubro, 1928.
Valemo-nos da transcrição feita por Moacir Medeiros de Sant'Ana em *Documentário do Modernismo*. Maceió: Universidade de Alagoas, 1978, pp. 83-84 (acrescentando um hipotético "conheceu" e corrigindo as gralhas "a" para "e", "suave" por "suevo" e "envorganha" por "envergonha").

Tristão de Ataíde

[A influência literária portuguesa]

[...] Em 1892, era ainda a Portugal que se dirigiam os renovadores. Adolfo Caminha conta como a ele, Caminha, se dirigiram os fundadores da *Padaria Espiritual*: — "Você está designado para escrever uma carta a Guerra Junqueiro, o Sales vai se dirigir a Ramalho Ortigão, o Tibúrcio a Eça de Queirós, o Lopes Filho a Antônio Nobre". Tudo Portugal! E acrescenta: — "Todos nós tínhamos entusiasmo pela gloriosa constelação portuguesa; recolhemo-nos para meditar frases ao Eça, ao Nobre, ao Ramalho, ao Guerra Junqueiro... Nem Eça, porém, nem Ramalho, nem Guerra Junqueiro nos mandaram uma respostazinha, sequer, de animação e cortesia... Abel Botelho é que nos enviou seus livros, acompanhados duma honrosa carta. Foi o único. Em todo o caso, já éramos vistos da *outra banda*"...

O grande orgulho, então, ainda era ser visto da outra banda! Hoje as coisas são muito outras. Começam mesmo a ser o inverso disso. Portugal deixou, de todo em todo, de exercer sobre nós qualquer espécie de influência literária. O naturalismo morreu, apesar das profecias de Adolfo Caminha. O simbolismo venceu, e com ele a função orientadora da literatura passou do Norte para o Sul. Mas o simbolismo morreu também. E, hoje em dia, quando um novo movimento de renovação se abre para as nossas letras, é preciso que o Norte venha trabalhar com o Sul. Lembre-se também de que deve ser diferente do seu passado. E, para ser diferente do passado, sem ser indiferente ao passado, o necessário não é trabalhar contra ou com o passado, mas *como* esse passado trabalhou. [...]

Tristão de Ataíde, *Estudos*, 2ª série. Rio de Janeiro: Terra de Sol, 1928, pp. 124-25.

Um poeta que morre

Ronald de Carvalho

Os elementos estéticos da sua obra

Sob o signo de um passado extinto, evoco, na hora dolorosa da morte de Ronald de Carvalho, o doce convívio de três anos seguidos com o poeta, em terras longínquas do Brasil.

Decorreram já duas dezenas de anos, e é como se fora ontem, como se não houvera tempo perdido, a deplorar — esquecida a alma do seu trânsito cotidiano — que o revivo e recomponho sob o apelo humano de uma secreta e viva amargura.

Éramos* então homens de pouco mais de 20 anos. Criara o nosso encontro, desde as primeiras horas de convívio, um ritmo de reciprocidade espiritual, uma identidade subjetiva nos anelos mútuos, um elo fraterno que nos unia na prefiguração ideal do mesmo mundo de beleza.

Ah! ainda relembro esse rumorejar de sonhos, essa fosforescência de anseios, esse espraiado murmúrio de palavras, extintas — a trama sensível do apelo à ilusão — que ambos, noite fora, na casa familiar e hospitaleira de Copacabana, tecíamos, absortos em nossos rumos interiores.

Era nessas noites dos trópicos, céus fundos, abobadados, massa calma de silêncios; um lácteo, aéreo sulco estrelado, guiava o pouso dos nossos olhos, o aproar inquieto da nossa ansiedade do desconhecido.

Ah! ainda vos recordo, mundos de ouro, ancoradouros do céu! Era a hora em que a alma sucumbe ao fardo do seu dia morto, e em que do sono das coisas, do côncavo silêncio da vida, uma onda fluida se descerra, recriando uma superatmosfera envolvente, um subentendimento espiritual, uma emanação mais viva da inteligência até a alma ganhar aquela nervosa lucidez que reclama a adesão de todas as faculdades do espírito.

Era nessa atmosfera inquieta, exaustiva, aderente, que Ronald surpreendia, evadido de si mesmo, transbordando a sua personalida-

* No original impresso vem: "Eram-nos então"... Petrus leu: "Éramos nós então"...

de, ampliando contornos, vivendo as grandes linhas do seu ideário humano. Nesses longos serões, a conversa tinha para Ronald o sentido dum descobrimento contínuo buscando a palavra mais rara, o vocábulo sonoro, o detalhe preciso, o acessório brilhante na inserção do mundo conjectural da sua fantasia. Discursava, teorizava, divagava, no seu estilo particular — o seu estilo *heróico* — onde a alegoria, a *suite* de imagens, o poder evocatório, certo deslumbramento musical das palavras, — no seu aspecto essencialmente formal — nos davam a impressão de se travar uma árdua batalha, *de dentro para fora*, como quem procura dominar, sujeitar, ultrapassar as resistências virtuais do verbo buscando, para a imaginação, uma respiração mais ampla, a devolução mais exata do seu clima interior, da sua natureza de artista.

Ronald insinuava-nos um mundo de legenda, um país projetado na voz do pretérito e do longínquo, fixado no plano furtivo da sua imaginação onde o maravilhoso transcendia o real, círculo de fábula, centro da ação onde ele vivia, dominava, perdurava, dando-nos pelos dons da graça esquisita da sua bonomia maliciosa, do seu complexo de ingênua candura, a sugestão de um mundo alígero, saboroso e dormente, redutível a um conto* mágico de Perrault.

Ora, em Ronald, havia entre o artista e a pessoa humana, uma íntima analogia, um perfeito contacto, do que resultava, quer nas suas relações sociais, ou entre amigos, uma fina transparência da sua delicadeza espiritual, o doce acento de uma estranha simpatia.

Conheci-o, tinha ele regressado de uma longa estadia pela Europa, nesse dealbar do *avant-guerre*, saturado do bulício nostálgico e dos mestres da latitude intelectual de Paris, daqueles, bem entendido, que se tinham alinhado na ala do movimento simbolista francês.

Aspirara, nesse clima, conturbado e ansioso a flor promissora da mensagem simbolista, — a poucos passos ainda da sua radiosa emigração para o mundo, — aceitando dela os dados da experiência com que modelou a sua poesia e a voz essencial da sua modernidade.

Data dessa época a gestação, o plano, *in mente*, da fundação de uma revista eclética, repositório vivo, documentário incisivo dos vá-

---

* No original impresso: "canto" (e, linhas depois, "cantacto").

rios modos de ser, dos anseios, das curiosidades estéticas da gente nova, de ritmo independente e livre, unânimes no repúdio das fórmulas triviais e gastas, revista esta que mais tarde eu batizei com o título de *Orpheu*, de trilho escandaloso e efeitos violentos, a cuja direção pertencemos eu e Ronald, e seguidamente os nomes queridos de Sá-Carneiro e Fernando Pessoa.

Um incidente circunstancial na biografia de Ronald, mas indispensável para o conhecimento da sua filiação literária, das suas ligações com as tendências da literatura européia dessa época. Em *Orpheu* colaborou ele com um feixe admirável de poesias, a que se seguiram outras publicadas na *Águia*, umas e outras ainda feitas sob a adesão do pensamento poético subordinado aos cânones da escola simbolista, passo intermédio, fulguração radiosa entre o neo-parnasianismo da *Luz gloriosa* e a lírica dos *Poemas e sonetos*,* e o conceitualismo dos *Epigramas irônicos e sentimentais*.

Subsistem nestas três obras, nestes três momentos específicos do seu caso poético, ainda que em gradações, os três principais elementos estéticos da sua obra: o vago, o irreal e o *heróico*!

A sua consciência bem como o seu sonho elevam-se para além dos limitados horizontes da vida.

Calou-se, porém, súbita, a sua voz estranha.

Deste poeta se pode dizer o que Fernando Pessoa disse de Sá-Carneiro: "morre jovem o que os Deuses amam".

Poderá objetar-se que a juventude deste poeta atingira já a maturidade do espírito, no trânsito recolhido e seguro dos 40 anos.

Que importa! Não morre a sua juventude quem como ele viveu o amor, a vida e a Beleza.

Luís de Montalvor

Diário de Lisboa, 22 de fevereiro, 1935. Transcrito com algumas incorreções por Petrus, em Luís de Montalvor, *Poemas*. Porto: Parnaso, Jardim de Poesia, s.d., pp. 75-77. Este texto acompanhava a publicação dos poemas "Vitral cinzento" e "Canção do último adeus", de Ronald de Carvalho.

* No original impresso (e em Petrus): *Poemas e canções*.

Portugal

(18-VIII-40)

Não foi sem bastante melancolia que li, no último número da *Revista Acadêmica*, o "Adeus à literatura brasileira", de José Osório de Oliveira, português. Inda recentemente, comentando a sua *História breve da literatura brasileira*, eu salientava o quanto devíamos ao admirável ensaísta da *Psicologia de Portugal*, com os ensaios e críticas que ele publicava em sua terra sobre a nossa produção literária. Na verdade, creio que foi José Osório de Oliveira o primeiro intelectual português a conceber a nossa literatura como uma entidade unida e independente, um corpo lógico e tradicional em movimento evolutivo, e não apenas como um florilégio de escritores que se sucediam esporadicamente, apenas vivos pelo acaso da maior ou menor inteligência que possuíam.

E foi por causa da sua concepção, creio, que José Osório de Oliveira pôde aceitar, já agora sem a menor repulsa ou incompreensão, as mudanças legítimas que, mesmo em nossa língua escrita e literária, estavam se processando no português do Brasil. Sobre isso ele escreveu uma página de grande lucidez, que, auxiliada pela sua presença em certos meios da literatura jovem de Portugal, deve ter contribuído enormemente para a aproximação, hoje tão compreensiva e amante, entre as novas gerações de intelectuais brasileiros e portugueses. Hoje os intelectuais moços d'além-mar aceitam sadiamente que escrevamos o português deste Atlântico mais pacífico, esta nossa língua incontestavelmente "nacional", que o professor Edgar Sanches insiste em apelidar de "língua brasileira".

É certo que o prof. Edgar Sanches argumenta aparentemente sem paixões, procurando se colocar em bases científicas. Este primeiro tomo da obra que está criando é uma revisão muito preciosa de quanto já se escreveu sobre as mudanças sofridas pela língua portuguesa no Brasil. Não seria digno da minha parte renegar com uma penada uma obra como esta, de mérito inegável, não só pela cultura e constância no trabalho que representa, como pela honestidade de argumentação. É obra que merece ser lida e que contém, na exposição de suas 350 páginas, o resumo claro, e pormenorizado com inteligência, de todos os idealistas e contraditores nacionais da esperançosa "língua brasileira".

Não nego que a argumentação científica do prof. Edgar Sanches não chegou a me convencer e que, por enquanto, continuarei falando em "língua nacional" quando quiser me referir ao português do Brasil, mas o livro do sr. Edgar Sanches me lembrou um problema bem mais profundo e útil. Não posso me esquecer da verdadeira desilusão que me causou o admirável livrinho de João Ribeiro sobre a *Língua nacional*. João Ribeiro pugnava pela nossa libertação gramatical, dava os argumentos da sua cultura, mas na verdade era o primeiro a desrespeitar as suas próprias convicções escrevendo numa linguagem que, embora sem lusismos inaceitáveis pra nós, também cuidava de não empregar nenhum brasileirismo inaceitável pra Portugal. Na verdade ele permanecia fiel a qualquer gramática que a universidade-mater de Coimbra aconselhasse aos portugueses de boa estirpe.

Graça Aranha em seguida fez o mesmo, em mais de um sentido. E este "fazei o que eu digo e não o que eu faço" ainda persevera característico da atitude do prof. Edgar Sanches. Creio que não haverá sintaxe em seu livro que os portugueses não possam aceitar. E este aliás é um fenômeno que se dá com grande número dos nossos escritores, no momento em que, já suficientemente cultos, cuidam de "apurar" a sua linguagem. Estou quase a exclamar: Bendita a ignorância!... À medida que certos escritores nossos desenvolvem o seu conhecimento lingüístico, e principiam cuidando, não já do estilo propriamente, mas da sua linguagem, é sensível o acovardamento deles. Dupla covardia. São brasileiros, estão mesmo convencidos das insinuantes mudanças do português do Brasil, falam despretensiosamente em língua nacional, mas no momento de escrever apuradamente, a lição dos maiores os assusta. E acovarda. Confundem estilo com linguagem, e não encontram na secular tradição estilística dos grandes modelos, nenhuma normalidade que lhes permita "sentir", na língua escrita, as nossas nacionais diferenças. E se coimbrizam covardemente, incapazes de forjar mais um elo da corrente secular. Ainda quereriam talvez escrever no português do Brasil. Mas na verdade o trabalho vai ser doloroso e inquieto. Será preciso com paciência e em tentativas cheias de erros, criar uma nova "sinceridade" que enfim habilite a mão que escreve a corresponder às convicções da inteligência. E a trabalheira os acovarda outra vez. Preferem a argumentação subtil e no fundo falsa de que já em Machado de Assis tem um certo não-sei-o-quê, um certo sentimento brasileiro de dizer, que o torna diferente de Eça e de Camilo. Há, não tem dúvida. E este subtil e imponderável "sentimento brasileiro de dizer" também existe em Graça Aranha, em João Ribeiro e no prof. Edgar Sanches. Mas isto é jogar a gente aos azares do sentimento: é a gente se deixar viver na irresponsabilidade dos imponderáveis. E, que eu saiba, literatura é fenômeno de inteligência e de cultura. Eu afirmo que os nossos escritores "cuidados", são indivíduos que se abarrotam de saber, sem conseguir nunca atingir a verdadeira cultura. Tão sabichões que se tornam incapazes de sabedoria. Tão "cuidados" que caem no bizantismo de só cuidarem de si mesmos, esquecidos da principal, da única coisa pela qual valem e para a qual devem valer, a coletividade.

Imagino que o meu amigo José Osório de Oliveira, que vinha mais ou menos concordando comigo, estará dando suspiros de individualismo diante desta minha última afirmativa. Talvez tenha sido este elemento da sua inteligência, a sua sinuosa e tão delicadamente nuançada liberdade individualista de pensar, o que ele esqueceu de apontar na deliciosíssima palestra que recitou recentemente sobre a influência da cultura francesa na formação do seu espírito. José Osório de Oliveira, que escreve um claro português lusitano, como espírito, talvez seja o mais francês de todos os escritores portugueses vivos. Ele tem principalmente essa grande qualidade francesa, a Malícia, de que derivam todas as características melhores do espírito francês, o cartesianismo inato, o temor de quaisquer desequilíbrios e a feminina contradição de um individualismo irredutível manejando um moralismo condutício.

Foi por isso mesmo que me surpreendeu desagradavelmente o tom do "Adeus à literatura brasileira", completamente isento de malícia. José Osório de Oliveira vem irritado com os escritores brasileiros que não lhe mandam seus livros e só por causa disso jura nunca mais escrever sobre a literatura do Brasil. Ora será possível tamanha falta de malícia! José Osório de Oliveira não está fazendo poesia, que esta, a grande poesia lírica portuguesa é de uma grande efusão pampsíquica, capaz das mais sublimes ingenuidades. Ainda dentro desta magnífica tradição nos deu recentemente Alberto de Serpa os seus poemas de guerra e paz (*Drama*, edições Presença, Lisboa, 1940). Um poeta, e principalmente um poeta português pode se isentar de qualquer espécie de malícia, pra exclamar lindissimamente, como Alberto de Serpa, na sua "Oração na trincheira":

Senhor, antes da paz da morte, uma outra paz!

Um poeta pode ter a... ilusão dourada de publicar em pleno perímetro urbano da sua cidade do Porto e em pleno período desumano da vitória de todas as quintas colunas possíveis e imagináveis, o seu magnífico poema da "Fraternidade". Mas José Osório de Oliveira é prosador, e admiravelmente prosístico pelo domínio irredutível da inteligência lógica em tudo quanto escreve. E por isto só posso considerar o seu "Adeus à literatura brasileira" a derrapagem de um momento de irritação. José Osório de Oliveira tem compromissos pra com a sua própria personalidade intelectual, muito maiores que os dos escritores brasileiros pra com ele. Os escritores brasileiros são uns desleixados da própria celebridade. Mordidos pelo nosso agradabilíssimo complexo de inferioridade, talvez sejamos nós os únicos americanos que não acreditamos em intercâmbio intelectual.

Proclamo da maior justiça e mesmo do nosso dever mandarmos, todos os escritores brasileiros, os nossos livros a José Osório de Oliveira, que mora no adorável endereço que é o Largo do Contador Mor, 1-A, 2º Dto., Lisboa, Portugal. Só escrever este endereço já é uma ventura para a mão sensível. E nesse endereço mora mais que um amigo, outra mão sensibilíssima e uma inteligência livre e aguda, que revelou a inteligência viva do Brasil a Portugal.

Mas este é o maior compromisso de José Osório de Oliveira pra consigo mesmo. A bem dizer, não havia literatura brasileira em Portugal. Havia quando muito algum literato brasileiro, com Coelho Neto por chefe de fila. Eis que surge José Osório de Oliveira e lança em Portugal um mito, a literatura brasileira. E em seguida, com suas amizades, com sua crítica, com seus ensaios, ele consegue transformar o mito em realidade. Tudo isto faz tamanha parte, e tão íntima, da personalidade do autor do *Espelho do Brasil*, que não haverá escritor de língua portuguesa que possa evocar José Osório de Oliveira sem o seu papagaio verde de bico dourado. E agora, por falta de cibo mandado dos nossos milhais, José Osório de Oliveira vai matar o papagaio!... Sei, honestamente sei que isso pra nós é um castigo, mas pra José Osório de Oliveira é uma deserção. É uma das exigências do espírito, do espírito culto, colocar o destino acima das dificuldades e ingratidões. José Osório de Oliveira não quererá que algum dia se diga dele que palmilhou com tanta pertinácia e por tanto tempo, um caminho de que não tinha a convicção. Por mim não posso crer que abandone os seus títulos brasileiros quem não só conseguiu "realizar" em Portugal a inteligência brasileira, mas ainda é o melhor estímulo vindo de outras terras, para que nos acreditemos reais.

Diário de Notícias, Rio de Janeiro, 18 de agosto, 1940. A versão que aqui se publica teve em conta as correções feitas (manuscritas) num recorte — guardado no Instituto de Estudos Brasileiros da USP — pelo próprio Mário de Andrade "para efeitos de publicação em livro", como me informou o professor José Aderaldo Castelo.

O movimento modernista [e a língua]

[...] Graça Aranha, sempre desacomodado em nosso meio que ele não podia sentir bem, tornou-se o exegeta desse nacionalismo conformista, com aquela frase detestável de não sermos "a câmara mortuária de Portugal". Quem pensava nisso! Pelo contrário: o que ficou dito foi que não nos incomodava nada "coincidir" com Portugal, pois o importante era a desistência do confronto e das liberdades falsas. Então nos xingaram de "primitivistas".

O estandarte mais colorido dessa radicação à pátria foi a pesquisa da "língua brasileira". Mas foi talvez boato falso. Na verdade, apesar das aparências e da bulha que fazem agora certas santidades de última hora, nós estamos ainda atualmente tão escravos da gramática lusa como qualquer português. Não há dúvida nenhuma que nós hoje sentimos e pensamos o *quantum satis* brasileiramente. Digo isto até com certa malinconia, amigo Macunaíma, meu irmão. Mas isso não é o bastante para identificar a nossa expressão verbal, muito embora a realidade brasileira, mesmo psicológica, seja agora mais forte e insolúvel que nos tempos de José de Alencar ou de Machado de Assis. E como negar que estes também pensavam brasileiramente? Como negar que no estilo de Machado de Assis, luso pelo ideal, intervém um *quid* familiar que os diferença verticalmente de um Garrett e um Ortigão? Mas se nos românticos, em Álvares de Azevedo, Varela, Alencar, Macedo, Castro Alves, há uma identidade brasileira que nos parece bem maior que a de Brás Cubas ou Bilac, é porque nos românticos chegou-se a um "esquecimento" da gramática portuguesa, que permitiu muito maior colaboração entre o ser psicológico e sua expressão verbal.

O espírito modernista reconheceu que se vivíamos já de nossa realidade brasileira, carecia reverificar nosso instrumento de trabalho para que nos expressássemos com identidade. Inventou-se do dia prá noite a fabulosíssima "língua brasileira". Mas ainda era cedo; e a força dos elementos contrários, principalmente a ausência de órgãos científicos adequados, reduziu tudo a manifestações individuais. E hoje, como normalidade de língua culta e escrita, estamos em situação inferior à de cem anos atrás. A ignorância pessoal de vários fez com que se anunciassem em suas primeiras obras, como padrões excelentes de brasileirismo estilístico. Era ainda o mesmo caso dos românticos: não se tratava duma superação da lei portuga, mas duma ignorância dela. Mas assim que alguns desses prosadores se firmaram pelo valor pessoal admirável que possuíam (me refiro à geração de 30), principiaram as veleidades de escrever certinho. E é cômico observar que, hoje, em alguns dos nossos mais fortes estilistas surgem a cada passo, dentro duma expressão já intensamente brasileira, lusitanismos sintáxicos ridículos. Tão ridículos que se tornam verdadeiros erros de gramática! Noutros, esse reaportuguesamento expressional ainda é mais precário: querem ser lidos além-mar, e surgiu o problema econômico de serem comprados em Portugal. Enquanto isso, a melhor intelectualidade lusa, numa liberdade esplêndida, aceitava abertamente os mais exagerados de nós, compreensiva, sadia, mão na mão.

Teve também os que, desaconselhados pela preguiça, resolveram se despreocupar do problema... São os que empregam anglicismos e galicismos dos mais abusivos, mas repudiam qualquer "me parece" por artificial! Outros, mais cômicos ainda, dividiram o problema em dois: nos seus textos escrevem gramaticalmente, mas permitem que seus personagens, falando, "errem" o português. Assim, a... culpa não é do escritor, é dos personagens! Ora não há solução mais incongruente em sua aparência conciliatória. Não só põe em foco o problema do erro de português, como estabelece um divórcio inapelável entre a língua falada e a língua escrita — bobagem bêbada pra quem souber um naco de filologia. E tem ainda as garças brancas do individualismo que, embora reconhecendo a legitimidade da língua nacional, se recusam a colocar brasileiramente um pronome, pra não ficarem parecendo com Fulano! Estes ensimesmados esquecem que o problema é coletivo e que, se adotado por muitos, muitos ficavam se parecendo com o Brasil!

A tudo isto se ajuntava quase decisório, o interesse econômico de revistas, jornais e editores que intimidados com alguma carta rara de leitor gramatiquento ameaçando não comprar, se opõem à pesquisa lingüística e chegam ao desplante de corrigir artigos assinados. Mas, morto o metropolitano Pedro II, quem nunca respeitou a inteligência neste país! [...]

Mário de Andrade, *Aspectos da literatura brasileira*, 5ª ed. São Paulo: Livraria Martins Editora, s.d., pp. 244-45. O texto a que pertence este excerto foi o da conferência intitulada "O movimento modernista", que Mário de Andrade pronunciou em 30 de abril de 1942 no Rio de Janeiro e que foi inicialmente publicada pela Casa do Estudante do Brasil (Rio de Janeiro, 1942).

Carlos Maul

O misterioso destino de Luís de Montalvor

Quando li, há anos, num telegrama de Lisboa, que Luís de Montalvor morrera afogado no Tejo, em companhia da esposa e do filho, dentro de um automóvel que perdera a direção e mergulhara no rio, assaltou-me a dúvida sobre se aquilo teria sido mesmo uma ocorrência fortuita, um simples golpe trágico da fatalidade, ou se fora suicídio tranqüilamente concertado e melhor executado. É que, eu conhecia o poeta desde 1913, à sua vinda para o Brasil. Quem mo apresentou foi Araújo Cunha, um gaúcho de talento, causídico formado em Coimbra, e que com ele travara relações em Portugal.

Araújo Cunha, diga-se de passagem, também representou os seus pampas na Câmara dos Deputados em 1934. Mas voltemos a Luís de Montalvor, pseudônimo literário de Luís Filipe de Saldanha da Gama da Silva Ramos, primo do mestre de português do Colégio Pedro II, de idêntico apelido.

Mal desembarcou no Rio de Janeiro, e guiado pelo seu cicerone rio-grandense, Luís procurou o contato de juventude que se iniciava na literatura. O seu sonho era o de instalar-se na vida, conquistar fortuna, fundar uma revista e uma casa editora destinada a só explorar as edições de luxo, as preciosidades bibliográficas de alto preço. Não falava de outra coisa nas rodas que freqüentava e nas quais se notavam Ernâni Rosas, poeta entusiasta das melancolias de Antônio Nobre, de estro sombrio mas de talento brilhante, Caio de Melo Franco, futuro diplomata e poeta de rara sensibilidade revelada nos versos recolhidos no volume *Urna*.

Queria Montalvor possuir os instrumentos de vulgarização para fazer-se o editor da própria obra, uma série de poemas reticenciosos de que nos oferecia, em palestra, apenas a sugestão de alguns trechos. Parecia-nos um poeta inacabado, e ele assim se revelava ao admirar os trabalhos inconclusos e póstumos de Rimbaud e de Samain, seus ídolos franceses. Tinha em mente realizar um poema intitulado "Orfeu" de revivescência do mito helênico, mas tal epígrafe, sem nunca ver-se a composição que a determinara, ele a aplicaria, tempos depois, num mensário* que agrupou espíritos afins e foi centro de um ímpeto renovador contrário ao grupo da "Renascença Portuguesa" dirigido por Teixeira de Pascoaes e tinha no Porto a *Águia* como órgão representativo.

Luís de Montalvor era um melancólico, despreocupado da necessidade de um sistema de esforços normais para a subsistência material. Tinha a ilusão de que as coisas lhe cairiam do céu por descuido, e nem cogitava da sorte da esposa e do filho pequeno, ela uma senhora que se submetia resignadamente ao lirismo vadio do marido.

A princípio o professor Silva Ramos dispôs-se a ajudar o parente a arrumar-se no Brasil. Ofereceu-lhe lugar num colégio em Niterói, para o casal, com ordenados de seiscentos e quatrocentos mil réis para um e outro dos consortes. Uma pequena fortuna, a tranqüilidade doméstica assegurada, numa época em que um fim de carreira burocrática se pagava regiamente com quinhentos mil réis... O poeta deu de ombros ao oferecimento magnífico e retrucou que não atravessara o Atlântico para tamanha insignificância... Preferiu a aventura de conferencista a tanto por bilhete de ingresso, e disso fez meio de vida durante mais de um ano.

Em dado momento de agravação de aperturas faltou-lhe o crédito aberto por Ronald de Carvalho numa pensão onde se alojara. Deram-lhe ordem de mudança. Recebi-o então na minha casa de Copacabana. Cedi-lhe um aposento disponível, com saída independente para o jardim. Mais de um ano tive-o como hóspede, e isso me permitiu perceber-lhe melhor os desajustamentos com a realidade e o desequilíbrio evidente. Às vezes ainda se apresentava no Copacabana Clube a discorrer sobre poetas e poesia do simbolismo. Mas nunca deixava, na intimidade, em horas de inquietação, de falar de Antero de Quental e Mário de Sá-Carneiro, considerando o suicídio de ambos o poderoso instrumento de evasão...** A vida só lhe apontava o caminho da morte... Meu otimismo dava-lhe arrepios...

Luís de Montalvor era casado com uma filha de dois artistas do palco, e de nomeada, Pato Moniz e Júlia Moniz e tinha um filho, Au-

---

* *Orpheu* era uma revista trimestral.

** Montalvor deixou o Rio em fins de 1914 e Sá-Carneiro só se suicidou em 26 de abril de 1916.

gusto Dante, uma criança loura de feição angélica. As responsabilidades nunca lhe deram o que pensar, e isso acontecia num Brasil ainda não atingido pelas crises que se avolumariam depois da Primeira Grande Guerra. O instituto de solidariedade humana nos meios intelectuais estava distante do canibalismo que viria mais tarde na derrocada dos sentimentos... E era possível a prática de se ajudarem uns aos outros, como muita destacada gente fazia, toda a vez em que algum da grei lhe batia à porta em condições precárias. Os Mecenas eram discretos e esquivavam-se à publicidade, mas existiam, numerosos, a cobrir de generosidade os desafortunados que só possuíam a beleza de seus cantos para resgate de dívida...

Na ocasião em que abriguei com toda a força da minha simpatia Luís de Montalvor, fui a uma recepção na Embaixada de Portugal. Bernardino Machado, um diplomata fascinante, com laços familiares em nosso país, pois era carioca de nascimento, era padrinho de casamento de Luís, mas não queria nada com o afilhado a quem tentara amparar inutilmente. Falou-me dele para uma censura que me pareceu áspera: eu teria feito mal em dar-lhe agasalho, porque estaria estimulando a sua vocação para a ociosidade... O poeta não merecia a minha proteção modesta e que nada me custava, ao dar-lhe um pedaço de meu teto... O embaixador sabia do sucedido com o emprego obtido por Silva Ramos, e isso afigurava-se-lhe o bastante para impedir quaisquer condescendências. Ponderei que o caso não era para ser levado a tais extremos de severidade, e desculpei o camarada...

Esse teor de vida entretanto, teria de acabar. Luís de Montalvor, cansado e desiludido de encontrar a árvore de frutos de ouro que seus compatriotas laboriosos desconheciam nos seus embates para vencer pelo trabalho honrado, regressou ao berço. Em Lisboa reiniciou a sua batalha poética, por um simbolismo algo esotérico. Montou o *Orpheu* e encontrou auxílio para a instalação de uma oficina gráfica destinada a seu plano de edições luxuosas. Uma dessas seria a que pude ver, e magnífica: *Pedras para a construção de um mundo*, de Joaquim Manso, diretor do *Diário de Lisboa*. Estaria Luís de Montalvor, nessa altura, em boa situação financeira? Não sei. No entanto, era seu o carro em que viajava com a mulher e o filho formado em Engenharia, quando o veículo deslizou para as águas do Tejo e nelas afundou, com as portas rigorosamente fechadas, conforme com o que noticiou a imprensa lisboeta, levando consigo o mistério daquela morte. E eu fiquei pensando na possibilidade de suicídio, armado com engenho e segurança por quem sempre achou a auto-eliminação um gesto de bravura sublime...

Carlos Maul, *O Rio da Bela Época*. Rio de Janeiro: Livraria S. José, 1967, pp. 165-67.

Menotti del Picchia

[O "germe" de *As máscaras*]

Projetos literários

Quero agora — tantas perguntas sobre o assunto me foram feitas — recordar toda a evolução da criação de *As máscaras*. Concebi-as em Santos. Dali levei seu esquema mental para São Paulo obedecendo a composição desse meu processo normal de criação.

As máscaras

Creio que o germe ainda informe de *As máscaras* nasceu de um ímpeto de gratidão. Um dos artigos mais importantes que se escreveram sobre o *Juca Mulato* foi, na ocasião do seu aparecimento, o de Júlio Dantas, inserto no jornal *Primeiro de Janeiro* de Lisboa.* O poeta da *Ceia dos cardeais* gozava plena glória. A palavra do mestre lusitano causou-me, por absolutamente imprevista, o choque de uma desvanecedora surpresa.

Grande foi o júbilo e minha gratidão pelo estridente e espontâneo carinho do autor de *Severa* manifestado para com um obscuro poeta que vivia sua vida quieta em terra tão distante. Esse interesse pelo seu desconhecido colega brasileiro estava a reclamar uma gratidão que não seria resgatada apenas com a carta gratulatória que lhe enviei.

Foi nessa hora que talvez houvesse brotado em mim a idéia do poema. Eu faria — quê? — na técnica do mestre, alguma coisa amorosa e espontânea para dedicar-lhe. Propunha-me desde logo, sem saber como nem o que, criar algo que fosse frágil e lírico, que tivesse, possivelmente, a graça de um Sèvres e a doçura de um minueto de Rameau. Esse era o propósito. Propósito de quê? Eu ainda não definia. Agora era esperar o acontecimento que provocasse a inspiração.

Esta veio, sugerida por amigos, em Santos, num carnaval regurgitante de lindas santistas, jatos de lança-perfume, arcos coloridos de

---

* *O Primeiro de Janeiro* publicava-se, como ainda hoje, no Porto.

serpentinas, no grande salão de festas do "Miramar", extinto casino no qual famosos eram os bailes de Momo.

Estávamos numa mesa em torno de uma jovem, linda e culta, Martins Fontes, Ibrahim Nobre, Assunção Filho, Armando Pamplona e Laio Martins. Bebíamos champanhe. De quando em quando uma serpentina caía sobre uma das nossas cabeças ou um folião mais trêfego vinha perfumar com seu jato glacial de éter o colo da nossa companheira.

Nossa mesa era um cruzar de jogos de espírito. Estavam ali dois dos mais fúlgidos palestradores: Martins Fontes e Ibrahim Nobre. É claro que os fogos visavam dois alvos de azeviche: os olhos negros e maliciosos de Z. M. A mulher, centrando dois ângulos diversos, recebia o culto cálido do comburente Martins Fontes e as baforadas do incenso romântico de Ibrahim. Talvez nesse instante se instalassem no meu subconsciente: Arlequim, Pierrot e Colombina.

Foi quando, tomado de entusiasmo pelo espírito dos grandes artistas — Fontes e Ibrahim — Assunção Filho propôs:

— Por que Zézinho e Menotti, não escrevem cada um um poema sobre esta hora maravilhosa que é este carnaval?

A proposta interessou a roda. Os olhos dos circunstantes cruzaram numa coletiva aprovação.

— Vamos topar a parada Menotti — estimulou Martins Fontes. E, com aquela facúndia que fazia das suas descrições páginas verbais antológicas, o poeta do *Verão* compôs, em poucos instantes, uma trama em que entravam: Arlequim, Pierrot, Miafron, Pantalon, Colombina, todas as eternas queridas máscaras imaginadas por amantes e poetas.

Au clair de la lune
mon ami Pierrot...

Saltaram para aquela mesa Sganarelo com sua burlesca espada, Pierrot com seus olhos violetas, Arlequim com sua risada de guizo, Colombina frágil e romântica como uma costureirinha friorenta de Murger... já não lembro de tudo que Martins Fontes disse mas que depois confessou na sua famosa *Arlequinada*. Algo fascinante e lindo.

Ficou fechado o pacto poético. Nesse instante rompia o germe do poema que eu queria conceber para pagar ao vate sentimental da *Ceia dos cardeais* o carinho manifestado do alto da sua glória ao poeta agreste encurralado em Itapira.

A longa viagem (2ª etapa). São Paulo: Martins, Conselho Estadual de Cultura, 1972, pp. 43-45.

Cassiano Ricardo

[Os modernistas brasileiros e os modernistas portugueses]

[...] Ninguém ignora o surto de arte que, quase a um só tempo, irrompe em Portugal e no meu país; antes mesmo de 22. Nasce de um ideário de renovação político-social, por todos conhecido e reconhecido.

O Modernismo brasileiro teve, na Semana de Arte de 22, o seu momento de ruptura oficial e coletiva com a velha literatura então vigente. Mário de Andrade, que havia produzido o *Há uma gota de sangue em cada poema*, aparece com *Paulicéia desvairada*, que assinalou o início, no campo experimental e formal, de uma poesia revolucionária, em franca oposição à da velha guarda, embora aqui e ali pintalgada de alguns decassílabos e alexandrinos imperdoáveis.

Menotti já havia, em 1917, publicado o seu *Juca Mulato*, poema do homem e da terra, triunfante até pelo seu lirismo telúrico.

Já Oswald de Andrade merece um registro à parte, por ter sido o único genial dos reformadores paulistas e, ao mesmo tempo, o mais "lusíada" de todos. Os seus "ready-made", em que aproveita trechos de Vaz Caminha, Gândavo, Frei Vicente do Salvador e dos cronistas do descobrimento do Brasil, constituem original, surpreendente prova disso.

Vai ele buscar o Brasil, não em Paris, como se dizia, mas na virgindade dos documentos históricos, na saborosa descrição feita pelos lusos do primeiro contato com a terra grande e enigmática e respectivos habitantes em estado de natureza.

A primeira parte dos *Poemas reunidos* de Oswald, se intitula mesmo "Por ocasião da descoberta do Brasil" e tem como dístico este "Escapulário":

No Pão de Açúcar
de Cada Dia
dai-me, Senhor,
a poesia
de Cada Dia

Dentro dessa orientação inequivocamente brasílica (em que o "Pão-de-Açúcar" lhe é o "pão-de-cada-dia") é que escreve os seus "ready-made", praticando aquela descontextualização do signo e a reinserção deste num contexto novo enriquecido de significados diferentes — aquela fissão semântica a que alude Lévi-Strauss ao mencionar a técnica do "ready-made" surrealista.

Na última parte de sua criação lírica, ele se declara um menestrel, filiando-se ao medievo galaico-português, notadamente do século XIII, com as suas baladas ao som do violão de rua. O seu último livro *Cântico dos cânticos para flauta e violão* caracterizam um Oswald lusíada, no que possui de um lirismo atávico-cultural que nada tem que ver com a "Antropofagia" (*tupy or not tupy*) do seu manifesto de desvinculação com os códigos do passadismo.

E isto lhe foi fácil porque ao verso de "ritmo especializado" preferira inicialmente o "ritmo existencial", fenomenológico, sem nenhum compromisso com o metrônomo.

Os seus opositores diziam que ele havia descoberto o Brasil em Paris. Não.

Ao contrário, Oswald procurou, como se viu, as raízes brasílicas em suas fontes de nascença: 1) no "escapulário" do Pão de Açúcar, e não no "atelier" de "la Place Clichy"; 2) na "descoberta do Brasil" que é o pórtico dos seus *Poemas reunidos*; 3) na "História do Brasil" (segunda parte de tais Poemas); 4) no medievo da balada ao som do violão, ou seja, na poesia portuguesa de índole trovadoresca.

Identidade de rumos

Fora do Brasil é em Baudelaire que Marcel Raymond situa a origem da Modernidade.

As tentativas de renovação passam por Mallarmé e, em síntese, se exacerbam na mais recente vanguarda européia.

A vanguarda européia atinge novos pontos imprevistos com o futurismo (os manifestos de Marinetti foram publicados em 1912), com o expressionismo alemão cujo manifesto só apareceu em 1917, assinado por Kasimir Edschmidt, depois de "Arte: nova secessão", em "A antitradição futurista", de Apollinaire, em 1913; o "Cubofuturismo", um ano antes, na publicação "Bofetada no gosto do público", de vários autores; o Dadaísmo, com o manifesto Dada, de Tristan Tzara, em 1918; o Surrealismo, com o manifesto de André Breton, em 1924.*

Algumas dessas inovações que exerceram influência no Brasil e provocaram a reação verde-amarela, não teriam tido nenhuma repercussão em Portugal?

A resposta só pode ser afirmativa.

Centauro, *Portugal Futurista*, ao que sei, prenunciam a mudança lusa de orientação estética, ansiosamente. Em 1915 porém, aparece *Orpheu*, órgão já radical, a princípio tido como futurista, mas na realidade a favor de uma arte própria e genuinamente reformuladora. Dirigida por quem? Por Luís de Montalvor (português) e Ronald de Carvalho (brasileiro) ao lado de Mário de Sá-Carneiro e Fernando Pessoa.

O jovem profeta da nova poesia portuguesa, que foi Fernando Pessoa, inventa a experiência do "paulismo" e tem companheiros que se irmanam com ele, como Alfredo Pedro Guisado, Armando Côrtes-Rodrigues, Almada Negreiros, Mário de Sá-Carneiro, Santa Rita Pintor.

O "paulismo" aparece como primeiro "ismo" luso em poética, motivado por "Pauis" de Fernando Pessoa; o primeiro "ismo" brasileiro, o "verdamarelismo" nasceu em São Paulo, com o grupo verde-amarelo, em oposição aos "ismos" importados da Europa.

Mas, como surgiu *Orpheu*? Luís de Montalvor, então secretário, no Brasil, da Embaixada portuguesa, havia aventado a hipótese, em companhia de Ronald de Carvalho, de uma revista para os dois países, que teria esse nome. De fato, em seu primeiro número figura o dístico "Portugal-Brasil"; os "irmãos unidos" freqüentavam, segundo os dados que colhi, a Livraria Brasileira, onde a revista havia sido exposta à venda. A imprensa os apontou como "doidos", dada a sua insólita "modernidade", chamando com isso a atenção dos indiferentes.

Recorde-se ainda que Ronald de Carvalho autografou e ofereceu seu retrato, com esta dedicatória, a Fernando Pessoa: "A Fernando Pessoa, esquisito escultor de máscaras. Rio, MCMXV".

* Ler *Vanguarda européia e Modernismo brasileiro* de Gilberto Mendonça Teles. [N. de Cassiano Ricardo.]

A essa época, isto é, há cinqüenta anos, explode a Semana de Arte Moderna. Os nomes mais representativos do anseio renovador eram os de Mário de Andrade, Menotti del Picchia, Oswald de Andrade, Graça Aranha, Ronald de Carvalho, Plínio Salgado, Ribeiro Couto, Guilherme de Almeida, Cândido Mota Filho, Renato Almeida, Agenor Barbosa, além de Villa-Lobos, Victor Brecheret, Di Cavalcanti, entre alguns outros.

É a deflagração, a ruptura aberta com a velha mentalidade. Mas note-se: em São Paulo e em Lisboa as duas figuras centrais que chefiavam "grupos de doidos" (como foram chamados) eram respectivamente Fernando Pessoa e Mário de Andrade. Fernando Pessoa, com a sua "Ode triunfal", era o doido luso; Mário de Andrade, com a sua *Paulicéia desvairada*, era o "desvairado" brasileiro.

E quem confessa, mais tarde, o delírio de que estava possuído? O próprio Mário, que alude aos exageros, aos defeitos, à inconsistência técnica da obra. "Feito o livro, numa semana de verdadeiro delírio, de sofrimento irritado e destruidor que provocavam em mim a minha situação financeira do momento, a incompreensão de todos de minha família (quanto ao meu futurismo) e mais outras coisas; feito o livro eu não tinha absolutamente a intenção de publicá-lo" (carta ao Prof. Souza da Silveira, em *Revista do Livro*, p. 128, 1964).

Por um dos seus heterônimos, Álvaro de Campos, Fernando Pessoa, mais corajoso que o paulista, afirma: "sou um técnico; fora disso sou doido, com todo o direito a sê-lo, ouviram?"

José Régio também diz: "tendes regras, tratados e filósofos e sábios, eu tenho a minha loucura". Ambos se prezam de serem loucos. De modo que o público, até certo ponto, tinha razão em dizer que os reformistas lusos eram "doidos varridos".

O autor de *Paulicéia desvairada*, como já frisei, entra em "delírio" em São Paulo, com o mesmo desembaraço, pelo que escreve, pelas imagens que pratica, pelo título do seu livro, embora de início não se declare doido com a coragem que seria de se esperar; era um louco talvez mais perigoso, porque mais manso, sem a necessária coragem de o ser.

A não ser que todos considerassem, lucidamente, a poesia uma forma de "loucura existencial", de comportamento neurótico, como quer Ronald David Laing. Entre a minha mente (= o esperado, e a psiquiatria) e o livro (= a Poesia, o encontro).

Doidos de Portugal e doidos do Brasil, dada a sem-cerimónia com que derrubavam ídolos do conservadorismo. Ninguém lobrigava o que seria hoje a glória dos doidos futuristas, "paulistas" (veja-se bem, originários do paulismo lusíada) e paulistas, brasileiros de São Paulo.

Paulistas e paulistas se entenderiam muito bem. [...]

Cassiano Ricardo, *Arte & independência*. Rio de Janeiro: Livraria José Olympio Editora, 1973, pp. 4-9. O texto de que extraímos este excerto era constituído, no dizer do seu autor, por "apontamentos para uma palestra que seria pronunciada em Lisboa, numa comemoração ao Cinqüentenário da Semana de Arte Moderna, de 22, em São Paulo". Por ter adoecido, Cassiano Ricardo não pôde deslocar-se a Lisboa.

[Depoimento sobre as suas primeiras leituras de autores portugueses]

[...] Posso dizer individualmente que eu sou descendente de portugueses, então isso para mim conta muito, porque meus bisavós eram portugueses, e as tradições portuguesas marcaram profundamente minha vida. A minha casa era uma casa portuguesa. Meu pai lia e assinava uma revista portuguesa chamada *Mala da Europa*, que hoje em dia não existe mais. Minha mãe falava muito numa escritora chamada Branca de Gonta Colaço, casada com o Tomás Ribeiro Colaço.* Um filho do casal foi meu colega na redação do *Correio da Manhã*. A gente começava a tomar conhecimento da literatura através de Eça de Queirós, Fialho de Almeida, Antônio Nobre, Cesário Verde, Castelo Branco, Alexandre Herculano, esses escritores nos marcavam muito. No Rio de Janeiro a influência portuguesa era muito sensível no comércio. Os jornais brasileiros eram dirigidos por portugueses. Um grande jornal republicano chamado *O País*, era propriedade, no começo do século, de João Lage, um português radicado no Brasil e casado com uma brasileira. O comércio português tinha o domínio quase que total da praça, então influía muito nos jornais. Isso trouxe problemas, sim. Houve um problema engraçado na parte de navegação. A maioria dos poveiros era portuguesa. Então, havia um oficial de marinha que assumiu a direção do serviço de caça e pesca e resolveu nacionalizar o serviço de navegação no Brasil, quer dizer, mandar embora os portugueses, mais ou menos em 1920. Isso causou grande perturbação, e um jornal defendia os portugueses, *A Pátria*, de João do Rio, que era um escritor brasileiro muito ligado a Portugal, muito amigo de João de Barros, o escritor português hoje mais ou menos esquecido, mas que era muito ligado ao Brasil. Então, ele defendeu a posição dos portugueses com muita veemência. Depois surgiu uma invasão do mercado brasileiro pelos Estados Unidos, e aí diminuiu

* O marido de Branca foi o pintor Jorge Colaço; Tomás era "filho do casal", que emigrou para o Brasil em 1940.

muito a influência portuguesa, como diminuiu a influência francesa, que era muito forte. A minha influência cultural era toda francesa e portuguesa. Falava-se muito francês no Brasil, depois passou-se a falar inglês, e nem é o inglês de verdade, é o inglês americano. Diminuiu muito essa influência e generalizou-se o espírito humorístico brasileiro pelo qual o português era motivo de chacota, de contar anedotas de português, mas como parece que também em Portugal há anedotas de brasileiro, fica uma coisa pela outra! Mas o fato é que nós conhecemos pouco a literatura portuguesa hoje, não há realmente um grande intercâmbio. [...] Eu não posso conceber um escritor brasileiro que não conheça a literatura portuguesa. Esse é um desgraçado, é uma pessoa que não tem raiz.

[...Herculano é um pouquinho] Chato, sim, mas muito respeitável. Camilo também não é do meu gosto, não. Eu acho que Eça de Queirós marcou muito a minha formação. Eu gosto muito de um escritor muito pouco conhecido, que era talvez um escritor bissexto português, era o visconde de Santo Tirso. Era um diplomata muito fino, colaborou nos jornais daqui. Tinha um livro chamado *De rebus pluribus*, delicioso. É o escritor português que me parece corresponder ao nosso Machado de Assis, pelo senso de humor que ele tinha. Uma coisa dele que me recordo diz assim: "Oitenta por cento das pessoas que jogam bilhar participam das opiniões do taco" — quer dizer, não têm opinião! Eu o lia desde menino, fiquei encantado, procuro por toda a parte os livros dele e não encontro. Na década de 20 morou no Brasil e era diretor de revistas semanais um autor português muito discutido chamado Carlos Malheiro Dias, organizador daquela monumental *História da colonização portuguesa no Brasil.* Já viu esse livro? Eu vou-lhe mostrar. É uma coisa realmente monumental, uma coisa estupenda. Esse homem era monarquista e saiu de Portugal para ganhar a vida, em função de revistas mundanas, revistas fúteis aqui, embora fosse um homem de grande categoria. Depois, entrou em entendimentos com capitalistas brasileiros e fundou-se uma editora que publicava os livros portugueses no Brasil, feitos aqui mesmo, e também livros brasileiros que deveriam ter divulgação em Portugal. Muitos desses livros que eu conheci eram publicados por eles. Tinham coisas que hoje não valem muito, como o Júlio Dantas, que hoje não é mais um autor considerado importante, mas que teve aqui grande influência, porque colaborava nos jornais do Brasil. Sabe que uma das características do jornal brasileiro é que os escritores portugueses colaboravam sempre, mandando um artigo. O jornal *O Estado de São Paulo* ainda hoje mantém uma grande sensibilidade para esse lado português e tinha um correspondente em Lisboa. Isso praticamente acabou.

[...] Em criança, eu tinha a mania de ler, mais de ler do que de viver a vida. Pegava em revistas e jornais velhos e ficava horas, escondido num pé de jabuticabeira. Hoje, sinto uma nostalgia profunda dessa natureza toda. Os livros que comecei a ler lá em Itabira do Mato Dentro (o Mário de Andrade gostava do nome, dizia assim: "Como é longe, como é bom!") vinham do Rio, por um de meus irmãos que estudava lá. Assim eu conheci Fialho e Eça. Certas formas dos poetas portugueses me fascinam, como no último poema do *Só*, de Antônio Nobre, quando diz: "A lua é a nossa vaca, ó Maria, mugindo". Antônio Nobre achava o Brasil a maior forma de exílio: "Ai do lusíada, coitado, antes fosse para soldado, antes fosse pró Brasil!" Conheci Antônio Ferro em Minas, recém-casado com Fernanda de Castro, nos anos 20, quando ainda não era "relações públicas" de Salazar. Eu gostava muito do Raul Brandão, no *Diário*, lia sempre aquela cena depois da morte do rei, e do Antônio Feijó, e do Antônio Patrício no *Serão inquieto*. Gostava também daquele romantismo exacerbado do Soares de Passos, que contava a história mais triste do mundo, de um rapaz e uma moça que se amavam e terminava assim: "Dois esqueletos um ao outro unidos foram encontrados num sepulcro só". E achava admirável aquele texto sobre a "Última corrida de touros em Salvaterra", do Rebelo da Silva. A literatura portuguesa tem expressões lindas, como *Dom Donzelo*. Nós não conhecíamos Fernando Pessoa nessa época, porque ele só foi conhecido praticamente depois da sua morte, em 1935. E, acima de todos os poetas, é Camões, ele não pode ser comparado com nenhum outro. Estudávamos Camões, quando nos davam os textos clássicos mais difíceis da literatura portuguesa — ao contrário do que hoje acontece. O canto IX de *Os lusíadas* era proibido, e tinha coisas esplêndidas como "oh, que chuva de beijos na floresta!". [...]

Diário de Notícias, Lisboa, 7 de outubro, 1984. Excerto de uma entrevista concedida a Leonor Xavier, republicada no seu livro *Falar de viver*. São Paulo: Difel, 1986, pp. 77-99.

Bibliografia

Obras citadas

Afeto às letras — Homenagem da literatura portuguesa contemporânea a Jacinto do Prado Coelho. Lisboa: Imprensa Nacional, Casa da Moeda, 1984.

Agripino Grieco em Portugal. Artigos — Ensaios — Saudações — Apresentações — Entrevistas — Reportagens. Coimbra: Coimbra Editora; Lisboa: Acadêmica de D. Filipa, 1953.

Alencar, José de. *Iracema*. Edição do Centenário. Org. M. Cavalcanti Proença. Rio de Janeiro: Livraria José Olympio Editora, 1965.

________. *Obra completa*, 4 vols. Rio de Janeiro: José Aguilar, 1958.

Alge, Carlos d'. *As relações brasileiras de Almeida Garrett*. Rio de Janeiro: Tempo Brasileiro; Brasília: Instituto Nacional do Livro, 1980.

Almada Negreiros. Catálogo da exposição organizada pela Fundação Calouste Gulbenkian. Lisboa, 1984.

Almeida, Guilherme de. *O meu Portugal*. São Paulo: Companhia Editora Nacional, 1933.

Almeida, Lourival Nobre de. *A comunidade luso-brasileira, desafio a dois povos*. Rio de Janeiro: Edições Fundação Cultural do Amazonas, Artenova, 1969. (N.B. A folha de rosto diz: *Desafio a uma raça*.)

Amaral, Amadeu. *O dialeto caipira. Gramática — Vocabulário*. São Paulo: Casa Editora "O Livro", 1920.

Amaral, Aracy. *Blaise Cendrars no Brasil e os modernistas*. São Paulo: Livraria Martins Editora, 1970.

ANDRADE, Carlos Drummond de. *A lição do amigo. Cartas de Mário de Andrade a Carlos Drummond de Andrade*. Rio de Janeiro: Livraria José Olympio Editora, 1982.

________. *A paixão medida*, nova ed. aum. Rio de Janeiro: Livraria José Olympio Editora, 1980.

________. *O corpo. Novos poemas*. Rio de Janeiro: Record, 1984.

________. *Poesia e prosa*, 5ª ed. rev. e at. Rio de Janeiro: Nova Aguilar, 1979.

ANDRADE, Mário de. *Aspectos da literatura brasileira*. São Paulo: Livraria Martins Editora, s.d.

________. *Cartas a Manuel Bandeira*. Rio de Janeiro: Organização Simões, 1958.

________. *O empalhador de passarinho*, 3ª ed. São Paulo: Livraria Martins Editora, em convênio com o Instituto Nacional do Livro/MEC, 1972.

________. *Poesias completas*. São Paulo: Livraria Martins Editora, 1966.

________. Ver ANDRADE, Carlos Drummond de.

ANDRADE, Oswald de. *Obras completas*, 11 vols. Rio de Janeiro: Civilização Brasileira, 1971-1974 (vol. 2: *Memórias sentimentais de João Miramar*, 4ª ed., 1972, e *Serafim Ponte Grande*, 3ª ed., 1972, com estudos de Haroldo de Campos; vol. 7: *Poesias reunidas*, 4ª ed., 1974, com um estudo de Haroldo de Campos; vol. 9: *Um homem sem profissão: sob as ordens de mamãe — Memórias e confissões, vol. I: 1890-1919*, 3ª ed., 1974).

ANSELMO, Manuel. *Família literária luso-brasileira. Ensaios de literatura e estética*. Rio de Janeiro: Livraria José Olympio Editora, 1943.

ANTOLOGIA DO FUTURISMO ITALIANO. MANIFESTOS E POEMAS. Intr. José Mendes Ferreira. Lisboa: Editorial Vega, 1979.

Anuário Diplomático e Consular Português 1910-1913. Lisboa, 1913.

Aquilino Ribeiro no Brasil. Lisboa: Livraria Bertrand, s.d. (1952?).

Aranha, Graça (org.). *Futurismo. Manifestos de Marinetti e seus companheiros*. Rio de Janeiro: Pimenta de Melo & Cia., 1926.

________. *O espírito moderno*. São Paulo: Monteiro Lobato & Cia., 1925.

Aranha, Paulo de Brito. *Portugal-Brasil. Orações de fé*. Rio de Janeiro, ed. do autor, 1925.

Arcos, Joaquim Paço d'. *Carlos Malheiro Dias escritor luso-brasileiro*. Separata da revista *Ocidente*, vol. LX. Lisboa, 1961.

Assis, Machado de. *Obra completa*, 3 vols. Rio de Janeiro: Companhia José Aguilar, 1959 (vol. III, 3ª ed., 1973).

Ataíde, Tristão de. *Estudos*, 2ª série. Rio de Janeiro: Terra do Sol, 1928.

________. *Homenagem a Manuel Bandeira*. Rio de Janeiro: Tipografia do Jornal do Comércio, 1936.

________. *Primeiros estudos. Contribuição à história do Modernismo brasileiro*. Rio de Janeiro: Livraria Agir Editora, 1948.

Azevedo, Manuela de (sel., pref. e notas). *Cartas a João de Barros*. Lisboa: Livros do Brasil, s.d. (1972).

________. *Cartas políticas a João de Barros*. Lisboa: Imprensa Nacional, Casa da Moeda, 1982.

Azevedo, Neroaldo Pontes de. *Modernismo e regionalismo (Os anos 20 em Pernambuco)*. João Pessoa: Secretaria de Educação e Cultura da Paraíba, 1984.

Bandeira, Manuel. *Andorinha, andorinha*. Sel. e coord. Carlos Drummond de Andrade. Rio de Janeiro: Livraria José Olympio Editora, 1966.

BANDEIRA, Manuel. *Obras poéticas de Manuel Bandeira*, "edição para Portugal Continental e Ultramar Português". Pref. Henrique Galvão. Lisboa: Editorial Minerva, 1956.

________. *Poesia e prosa*, 2 vols. Rio de Janeiro: José Aguilar, 1958.

________. Ver QUENTAL, Antero de.

BARBADINHO NETO, Raimundo. *A lição do Modernismo brasileiro* e *Sob a rubrica do Modernismo*. Separatas da *Revista de Portugal*, vol. XXXIV. Lisboa, 1969.

________. *Sobre a norma literária do Modernismo*. Rio de Janeiro: Ao Livro Técnico Indústria e Comércio, 1977.

BARBOSA, Rui. *Réplica do senador Rui Barbosa às defesas da redação do Projeto do Código Civil*. Rio de Janeiro: Imprensa Nacional, 1904.

BARREIRA, Cecília. *Nacionalismo e Modernismo. De Homem Cristo Filho a Almada Negreiros*. Lisboa: Assírio & Alvim, 1981.

________. *Sondagens em torno da cultura e das ideologias em Portugal* (*sécs. XIX-XX*). Lisboa: Editorial Polemos, 1983.

BARRETO, Lima. *Recordações do escrivão Isaías Caminha*. Lisboa: Livraria Clássica Editora de A. M. Teixeira, 1909.

BARROS, João de. *A aproximação luso-brasileira e a paz*. Porto, s.ed., 1919.

________. *A energia brasileira*. Porto: Livraria Chardron, de Lello & Irmão, 1913.

________. *Adeus ao Brasil*. Lisboa: Livros do Brasil, s.d. (1962).

________. *Alma do Brasil*. Rio de Janeiro: A Noite, 1937.

________. *Caminho da Atlântida*. Lisboa: Revista *Atlântida*, 1918.

________. *Euclides da Cunha e Olavo Bilac*. Lisboa, s.ed., 1923.

BARROS, João de. *Heróis portugueses no Brasil*. Porto: Livraria Lello, s.d. (1922).

______. *Hoje ontem amanhã... Ensaios e esquemas*. Lisboa: Livraria Clássica, 1950.

______. *Palavras ao Brasil. Discursos*. Rio de Janeiro: A Noite, 1936.

______. *Portugal, terra do Atlântico*. Paris: Livrarias Aillaud; Lisboa: Livraria Bertrand, 1923.

______. *Presença do Brasil*. Lisboa: Edições Dois Mundos; Rio de Janeiro: Livros do Brasil/Livros de Portugal, 1946.

______. *Sentido do Atlântico*. Paris: Livraria Aillaud; Lisboa: Livraria Bertrand, 1921.

______. Ver AZEVEDO, Manuela de.

BASTOS, Teixeira. *Poetas brasileiros*. Porto: Livraria Chardron, de Lello & Irmão, 1895.

BATISTA, Marta Rossetti; LOPEZ, Telê Porto Ancona e LIMA, Yone Soares de (pesq., sel. e planej.). *Brasil: 1º tempo modernista — 1917-29, Documentação*. São Paulo: Instituto de Estudos Brasileiros, 1972.

BERARDINELLI, Cleonice. *Estudos de literatura portuguesa*. Lisboa: Imprensa Nacional, Casa da Moeda, 1985.

BERNARDINI, Aurora Fornoni (org.). *O Futurismo italiano*. São Paulo: Perspectiva, 1983.

BIBLIOTECA INTERNACIONAL DE OBRAS CÉLEBRES. Lisboa, Rio de Janeiro, São Paulo, Londres, Paris: Sociedade Internacional, s.d. (1912).

BILAC, Olavo. *Crítica e fantasia*. Lisboa: Livraria Clássica Editora de A. M. Teixeira, 1904.

______. *Poesias*, 19ª ed. Rio de Janeiro: Francisco Alves, 1942.

BILAC, Olavo. *Sagres*. Rio de Janeiro: Tipografia do Jornal do Comércio, 1898.

BOLÉO, Manuel de Paiva. *Brasileirismos (Problemas de método)*. Coimbra: Coimbra Editora, 1943.

BOPP, Raul. *Cobra Norato e outros poemas*. Rio de Janeiro: Civilização Brasileira, 1973.

________. *Movimentos modernistas no Brasil 1922-1928*. Rio de Janeiro: Livraria S. José, 1966.

BRAGA, Teófilo. *Parnaso português moderno*. Lisboa: Francisco Artur da Silva, 1877.

BRANCO, Camilo Castelo. *Cancioneiro alegre de poetas portugueses e brasileiros*. Porto, Braga: Livraria Internacional de Ernesto Chardron, 1879.

________. *Noites de insônia*. Porto: Livraria Internacional de Ernesto Chardron, 1874.

________. *Os críticos do* Cancioneiro alegre. Porto, Braga: Livraria Internacional de Ernesto Chardron, 1879.

BRITO, Casimiro de. *Jardins de guerra*. Lisboa: Portugália, 1966.

BRITO, Mário da Silva. *As metamorfoses de Oswald de Andrade*. São Paulo: Conselho Estadual de Cultura, 1972.

________. *História do Modernismo brasileiro: I — Antecedentes da Semana de Arte Moderna*, 2ª ed. rev. Rio de Janeiro: Civilização Brasileira, 1964; 3ª ed. rev., Rio de Janeiro: Civilização Brasileira, Ministério da Educação e Cultura, 1971.

BROCA, Brito. *A vida literária no Brasil — 1900*. Rio de Janeiro: Ministério da Educação e Cultura, 1956.

BRUNO, Sampaio. *O Brasil mental. Esboço crítico*. Porto: Livraria Chardron, 1898.

CAMOËNS À PARIS. Paris: Societé des Etudes Portugaises, jul., 1912.

CAMPOS, Agostinho de. *Futuro da língua portuguesa no Brasil.* Rio de Janeiro: Edições Dois Mundos, 1948.

CANDIDO, Antonio (bras.). *Literatura e cultura de 1900 a 1945.* São Paulo: Escola de Comunicações e Artes, Universidade de São Paulo, 1970 (edição policopiada). Incluído em *Literatura e sociedade.* São Paulo: Companhia Editora Nacional, 1965.

______. *Vários escritos.* São Paulo: Livraria Duas Cidades, 1970.

CÂNDIDO, Antônio (port.). *Discurso proferido no Teatro de S. João da cidade do Porto na noite de 19 de maio de 1900.* Porto: Tipografia do Comércio do Porto, 1900.

CARDOSO, Nuno Catarino. *A pátria portuguesa e brasileira.* Antologia. Lisboa: Portugália, s.d. (1924).

CARQUEJA, Bento. *O Brasil amado. Notas e impressões.* Porto: Oficinas de O Comércio do Porto, 1928.

CARUSO, Vítor. *Uma polêmica célebre.* São Paulo, s.ed., 1935.

CARVALHO, Elísio de. *As modernas correntes estéticas na literatura brasileira.* Rio de Janeiro, Paris: H. Garnier, 1907.

______. *Os bastiões da nacionalidade.* Rio de Janeiro: Anuário do Brasil; Lisboa: Seara Nova; Porto: Renascença Portuguesa, 1922.

CARVALHO, Ronald de. *Luz gloriosa.* Paris: Grès et Cie., 1913.

______. *O espelho de Ariel — Poemas escolhidos.* Apres. e cronologia Antônio Carlos Vilaça. Rio de Janeiro: Nova Aguilar, Instituto Nacional do Livro, 1976.

______. *Poesia e prosa.* Apres. e notas Peregrino Júnior. Rio de Janeiro: Livraria Agir Editora, 1960.

______. *Toda a América.* Rio de Janeiro: Anuário do Brasil, 1926.

CASTEX, François. *Mário de Sá-Carneiro e a gênese de* Amizade. Coimbra: Livraria Almedina, 1971.

______. *Três cartas inéditas de Mário de Sá-Carneiro*. Separata de *Vértice*, nº 268. Coimbra, jan., 1966.

CASTRO, Fernando de. *Ao fim da memória*. Lisboa: Verbo, 1986.

CASTRO, Sílvio. *Teoria e política do Modernismo brasileiro*. Petrópolis: Vozes, 1979.

CASTRO, Vitório de. *Brasileiros & portugueses. Resposta a um livro*. Rio de Janeiro: Editores Teixeira & Cia. Ltda., 1925.

CAVALCANTI, Paulo. *Eça de Queirós, agitador no Brasil*. São Paulo: Companhia Editora Nacional, 1959.

CÉSAR, Amândio. *Sobre Fernando Pessoa poeta da* Mensagem. Separata da revista *Gil Vicente*. Guimarães, 1968.

CÉSAR, Guilhermino. *O "brasileiro" na ficção portuguesa. O direito e o avesso de uma personagem-tipo*. Lisboa: Parceria Antônio Maria Pereira Ltda., 1969.

CINCINATO, Lúcio Quinto. *Questões do dia, observações políticas e literárias escritas por vários e coordenadas por Lúcio Quinto Cincinato*, 2 tomos. Rio de Janeiro: Tip. e Lit. Imperial, (1871).

COELHO, Jacinto do Prado. *O Rio de Janeiro na literatura portuguesa*. Lisboa: Comissão Nacional das Comemorações do IV Centenário do Rio de Janeiro, 1965.

COELHO, Joaquim-Francisco. *Biopoética de Manuel Bandeira*. Recife: Massangana, Fundação Joaquim Nabuco, 1981.

______. *Manuel Bandeira pré-modernista*. Rio de Janeiro: Livraria José Olympio Editora, 1982.

COELHO, José Simões. *O Brasil contemporâneo*. Lisboa: Guimarães & Cia., 1915.

CORREIA, Mendes. *Cariocas e paulistas. Impressões do Brasil.* Porto: Fernando Machado & Cia., 1935.

COSTA, Firmino. *Gramática portuguesa (Resposta à crítica).* São Paulo: Livraria Magalhães, 1922.

COSTA, Othon. *Camilo Castelo Branco e o Brasil.* Rio de Janeiro: Continental, 1956.

COUTINHO, Afrânio (dir.). *A literatura no Brasil*, 6 vols, 2ª ed. Rio de Janeiro: Editorial Sul Americana S.A., 1968-1971.

_______. *A tradição afortunada (O espírito de nacionalidade na crítica brasileira).* Rio de Janeiro: Livraria José Olympio Editora, com a colaboração da EDUSP, 1968.

COUTO, Pedro do. *Páginas de crítica.* Lisboa: Livraria Clássica Editora de A. M. Teixeira & Cia., 1906.

COUTO, Ribeiro. *Sentimento lusitano.* São Paulo: Martins, 1962; Lisboa: Livros do Brasil, s.d. (1963).

CRISTÓVÃO, Fernando. *Graciliano Ramos: estrutura e valores de um modo de narrar*, 2ª ed. rev. Rio de Janeiro: Editora Brasília, 1977.

CUNHA, Augusto. *Contos escolhidos.* Lisboa: Bertrand, s.d.

_______. *Missal de trovas* (em colab. com Antônio Ferro). Lisboa: Livraria Ferreira, 1914.

CUNHA, Celso. *Língua portuguesa e realidade brasileira.* Rio de Janeiro: Tempo Brasileiro, 1968.

CUNHA, Euclides da. À *margem da história.* Porto: Livraria Chardron, de Lello & Irmão, 1909.

CUNHA, Fausto. *A leitura aberta.* Rio de Janeiro: Cátedra, 1978.

DANTAS, Júlio. *A unidade da língua portuguesa.* Lisboa: Portugal-Brasil, s.d. (1929).

DAUPIÁS, Jorge Guimarães. *O dicionário da Academia Brasileira*. Lisboa: Livraria Clássica Editora de A. M. Teixeira & Cia. (Filhos), 1929.

DEROUET, Luís. *Duas pátrias. O que foi a visita do sr. dr. Antônio José de Almeida ao Brasil*. Lisboa: Imprensa Nacional, Sociedade Ed. "O Mundo", 1923.

DIAS, Carlos Malheiro. *A mulata*. Rio de Janeiro: Quaresma & Cia., 1896.

______. *Carta aos estudantes portugueses*. Lisboa: Portugal-Brasil Ltda., s.d. (1922).

______. *Em redor de um grande drama. Subsídios para uma história da sociedade portuguesa (1908-1911)*. Lisboa: Livrarias Aillaud & Bertrand; Rio de Janeiro: Livraria Francisco Alves, s.d. (1913).

______ (dir., coord. e col.). *História da colonização portuguesa do Brasil*, 3 vols. Porto: Lit. Nacional, 1921-1924.

______. *Pensadores brasileiros. Pequena antologia*. Lisboa: Livraria Bertrand, s.d. (1934).

DIAS, Gonçalves. *Poesia completa e prosa*. Rio de Janeiro: José Aguilar, 1959.

DICIONÁRIO DA PINTURA UNIVERSAL, vol. III, Pintura portuguesa. Lisboa: Estúdios Cor, 1973.

DINIS, Almáquio. *A perpétua metrópole (autores e livros de Portugal)*. Lisboa: Portugal-Brasil Ltda., s.d. (1922).

______. *F. T. Marinetti — Sua escola, sua vida, sua obra em literatura comparada*. Rio de Janeiro: Edições Lux, 1926.

______. *Moral e crítica (Estudos, escritos e polêmicas)*. Porto: Magalhães & Moniz Ltda., 1912.

______. *Sociologia e crítica (Estudos, escritos e polêmicas)*. Porto: Magalhães & Moniz Ltda., 1910.

DIOS, Angel Marcos de (intr., leitura e notas). *Epistolário português de Unamuno*. Paris: Fundação Calouste Gulbenkian, Centro Cultural Português, 1978.

DUARTE, Paulo. *Mário de Andrade por ele mesmo*. São Paulo: EDART-São Paulo Livraria Editora, 1971.

ELIA, Sílvio. *Ensaios de filologia*. Rio de Janeiro: Livraria Acadêmica, 1963.

_______. *O problema da língua brasileira*. Rio de Janeiro: Instituto Nacional do Livro, 1961.

EULÁLIO, Alexandre. *A aventura brasileira de Blaise Cendrars. Ensaio, cronologia, filme, depoimentos, antologia*. São Paulo: Edições Quíron; Brasília: Instituto Nacional do Livro, 1978.

EXPOSIÇÃO INTERNACIONAL DO RIO DE JANEIRO. Seção Portuguesa. Catálogo oficial, 1922.

FEIJÓ, Antônio. *Bailatas*. Lisboa: Livraria Clássica, 1907.

_______. *Cancioneiro chinês*. Porto: Magalhães & Moniz, 1890.

_______. *Líricas e bucólicas*. Porto: Magalhães & Moniz, 1884.

_______. *Sol de inverno. Últimos versos*. Paris: Livraria Aillaud; Lisboa: Livraria Bertrand, 1922; *Sol de inverno seguido de vinte poesias inéditas* (intr., bibliogr. e notas Álvaro Manuel Machado). Lisboa: Imprensa Nacional, Casa da Moeda, 1981.

FERES, Nites Therezinha. *Leituras em francês de Mário de Andrade*. São Paulo: Instituto de Estudos Brasileiros, 1969.

FERREIRA, José Gomes. *Poesia — III*. Lisboa: Portugália, 1961.

FERREIRA, José Mendes. Ver *Antologia do Futurismo italiano*.

FERREIRA, Paulo. *Correspondance de quatre artistes portugais*. Paris: Presses Universitaires de France, 1972.

FERRO, Antônio. *A amadora dos fenômenos*. Porto: Livraria e Imprensa Civilização Editora, 1925.

______. *A arte de bem morrer*. Rio de Janeiro: H. Antunes & Cia., 1923.

______. *A idade do* jazz-band. São Paulo: Monteiro Lobato & Cia., 1923; 2ª ed., Lisboa: Portugália, 1924.

______. *Árvore de Natal*. Lisboa: Portugália, 1920.

______. *As grandes trágicas do silêncio (Francesca Bertini, Pina Menichelli, Lyda Borelli)*. Lisboa: Monteiro & Cia. (Depositários), 1917.

______. *Batalha de flores*. Rio de Janeiro: H. Antunes & Cia., 1923.

______. *Colette, Colette Willy, Colette*. Lisboa, Rio de Janeiro: H. Antunes, 1921.

______. *Estados Unidos da Saudade*. Lisboa: Edições SNI, 1949.

______. *Gabriele d'Annunzio e eu*. Lisboa: Portugália, 1922.

______. *Leviana. Novela em fragmentos*. Lisboa, Rio de Janeiro: H. Antunes, 1921; 4ª ed., definitiva, Lisboa: Empresa Literária Fluminense, 1929.

______. *Mar alto*. Peça em 3 atos. Lisboa: Imprensa Lucas & Cia., 1924.

______. *Missal de trovas* (em colab. com Augusto Cunha). Lisboa: Livraria Ferreira, 1914.

______. *O ritmo da paisagem*. Lisboa, s.ed., 1918.

______. *Praça da Concórdia*. Lisboa: Empresa Nacional de Publicidade, 1929.

______. *Saudades de mim*. Poemas. Lisboa: Livraria Bertrand, s.d.

FERRO, Antônio. *Teoria da indiferença*. Lisboa: Portugália (Depositária), 1920.

FIGUEIREDO, Cândido de. *A ortografia no Brasil. História e crítica*. Lisboa: Livraria Clássica Editora de A. M. Teixeira & Cia., 1908; 3ª ed., Lisboa: Livraria Clássica Editora de A. M. Teixeira & Cia. (Filhos), 1929.

FIGUEIREDO, Fidelino de. *Epicurismos*. Lisboa: Empresa Literária Fluminense, 1924.

_______. *Um século de relações luso-brasileiras (1825-1925)*. Separata da *Revista de História*, vol. XIV. Lisboa: Empresa Literária Fluminense, 1925.

FIGUEIRINHAS, Antônio. *Impressões sobre a instrução no Rio de Janeiro e S. Paulo*. Porto: Casa Editora de A. Figueirinhas, 1929.

FONSECA, Gondin da. *Portugal na história. O Brasil e os portugueses*. Rio de Janeiro: A. Coelho Branco Fº, 1932.

FONTES, Alexandre. *Gralhos depenados (A questão ortográfica)*. Lisboa: Tip. da Gazeta dos Caminhos de Ferro, 1912.

FREIRE, Laudelino. *Notas e perfis*, 3ª série. Rio de Janeiro: Revista de Língua Portuguesa, 1925.

FREITAS, José Antônio de. *Estudos críticos sobre a literatura do Brasil. I — O lirismo brasileiro*. Lisboa: Tip. das Horas Românticas, 1877. (N.B. A capa diz apenas: *O lirismo brasileiro*.)

FREYRE, Gilberto. *O luso e o trópico*. Lisboa: Comissão Executiva das Comemorações do V Centenário da Morte do Infante D. Henrique, 1961.

_______. *O mundo que o português criou*. Rio de Janeiro: Livraria José Olympio Editora, 1940.

_______. *Tempo morto e outros tempos. Trechos de um diário de adolescência e primeira mocidade, 1915-1930*. Rio de Janeiro: Livraria José Olympio Editora, 1975.

FREYRE, Gilberto. *Uma cultura ameaçada: a luso-brasileira*, 2ª ed. Rio de Janeiro: Edição da Casa do Estudante do Brasil, 1942.

GARRETT, Almeida. *Obras de Almeida Garrett*, 2 vols. Porto: Lello & Irmão, 1966.

GENETTE, Gérard. *Palimpsestes*. Paris: Editions du Seuil, 1982.

GONÇALVES, Emílio. *Portugal (À margem do jacobinismo e da lusofobia)*. São Paulo, ed. do autor, 1925.

GREMBECKI, Maria Helena. *Mário de Andrade e* L'esprit nouveau. São Paulo: Instituto de Estudos Brasileiros, 1969.

GRIECO, Agripino. *Memórias de Agripino Grieco. Vol. II — Rio de Janeiro-I*. Rio de Janeiro: Conquista, 1972.

GUIMARAENS, Eduardo. *A divina quimera*. Rio de Janeiro, 1916; 2ª ed., definitiva. Pref. e org. Mansueto Bernardi. Porto Alegre: Globo, 1944; 3ª ed., Porto Alegre: DAC, SEC, RS, Instituto Estadual do Livro, Editora Emma, 1979.

GUIMARÃES, Fernando. *Simbolismo, Modernismo e vanguardas*. Lisboa: Imprensa Nacional, Casa da Moeda, 1982.

GULLÓN, Ricardo. *El Modernismo visto por los modernistas*. Barcelona: Editorial Labor, Guadarrama, 1980.

HALLEWELL, Laurence. *O livro no Brasil (Sua história)*. São Paulo: T. A. Queiroz, EDUSP, 1985.

HOLANDA, Heloísa Buarque de. *26 poetas hoje*. Rio de Janeiro: Editorial Labor do Brasil, 1976.

HOMENAGEM AO BRASIL E PORTUGAL. Lisboa: Escola Tipográfica de S. José, 1908.

INOJOSA, Joaquim. *A arte moderna*. Recife: Oficinas do Jornal do Comércio, 1924; edição fac-similar, Rio de Janeiro: Livraria Editora Cátedra, 1984.

INOJOSA, Joaquim. *O movimento modernista em Pernambuco*, 3 vols. Rio de Janeiro: Gráfica Tupy, s.d. (1968-1969).

JACKSON, Kenneth D. *A prosa vanguardista na literatura brasileira: Oswald de Andrade*. São Paulo: Perspectiva, 1978.

JÚDICE, Nuno (sel. e pref.). *Poesia futurista portuguesa (Faro 1916-1917)*. Lisboa: A Regra do Jogo, 1981.

JUNQUEIRO, Guerra. *Horas de luta*. Porto: Lello & Irmão, s.d.

LABOREIRO, Simão de. *A obra associativa dos portugueses do Brasil*. Rio de Janeiro, s.ed., 1939.

———. *Os portugueses no Brasil de 1500 a 1943*. Rio de Janeiro, s.ed., 1943.

LAET, Carlos de. *Obras seletas. II — Polêmicas*, ed. anotada. Rio de Janeiro: Livraria Agir Editora, Fundação Casa de Rui Barbosa, em convênio com o Instituto Nacional do Livro e a Fundação Nacional Pró-Memória, 1984.

LANCASTRE, Maria José de. *Fernando Pessoa — Uma fotobiografia*. Lisboa: Imprensa Nacional, Casa da Moeda, Centro de Estudos Pessoanos, 1981.

LAPA, M. Rodrigues. *As* Cartas chilenas. *Um problema histórico e filológico*. Rio de Janeiro: Instituto Nacional do Livro, 1958.

LEAL, Antônio Henriques. *Lucubrações*. Maranhão: Magalhães & Cia., 1874.

LEAL, Gomes. *Claridades do Sul*, 2ª ed. rev. e aum. Lisboa: Empresa da História de Portugal, 1901.

———. *Poesias escolhidas*. Sel. e intr. Vitorino Nemésio. Lisboa: Livraria Bertrand, s.d.

LEAL, Raul (Henoch). *Sodoma divinizada*. Lisboa, s.ed., 1923.

LEITE, Manuel da Câmara. *Estudantes de Coimbra no Brasil.* Coimbra: Coimbra Editora, 1926.

LEMOS, Virgílio de. *A língua portuguesa no Brasil.* Salvador: Livraria Progresso Editora, Aguiar & Sousa Ltda., 1959.

LES RAPPORTS CULTURELS ET LITTÉRAIRES ENTRE LE PORTUGAL ET LA FRANCE. Atas do colóquio realizado de 11 a 16 de outubro de 1982. Paris: Fundação Calouste Gulbenkian, Centre Culturel Portugais, 1983.

LESSA, Luís Carlos. *O Modernismo brasileiro e a língua portuguesa.* Rio de Janeiro: Fundação Getúlio Vargas, 1966.

LIMA, Henrique de Campos Ferreira. *Casimiro de Abreu em Portugal.* Separata da *Revista do Arquivo*, nº LVIII. São Paulo: Departamento de Cultura, 1939.

_______. *Gonçalves Dias em Portugal.* Coimbra: Coimbra Editora, 1942.

LIMA, Herman. *História da caricatura no Brasil*, 4 vols. Rio de Janeiro: Livraria José Olympio Editora, 1963.

LIMA, João de Lebre e. *O claro riso medieval.* Porto: Livraria Chardron de Lello & Irmão, 1916.

LIMA, Luís Costa. *Lira e antilira (Mário, Drummond, Cabral).* Rio de Janeiro: Civilização Brasileira, 1968.

LIMA, Oliveira. *Aspectos da história e da cultura do Brasil.* Lisboa: Livraria Clássica Editora de A. M. Teixeira & Cia. (Filhos), 1923.

LIMA SOBRINHO, Barbosa. *A língua portuguesa e a unidade do Brasil.* Rio de Janeiro: Livraria José Olympio Editora, 1958.

LISTA, Giovanni (org., sel. e apres.). *Marinetti et le Futurisme. Etudes, documents, iconographie.* Lausanne: L'Age d'Homme, 1977.

LOBATO, Monteiro. *Críticas e outras notas.* São Paulo: Brasiliense, 1965.

LOPES, Oscar. *Jaime Cortesão*. Lisboa: Arcádia, s.d.

LYRA, Heitor. *O Brasil na vida de Eça de Queirós*. Lisboa: Livros do Brasil, 1965.

MACHADO, Álvaro Manuel. *Quem é quem na literatura portuguesa*. Lisboa: Publicações D. Quixote, 1979.

________. Ver FEIJÓ, Antônio.

MACHADO, José Pedro. *O português do Brasil*. Coimbra: Coimbra Editora, s.d. (1943).

MAGALHÃES, Luís de. *O brasileiro Soares. Com uma carta-prefácio de Eça de Queirós*. Porto: Antiga Livraria Chardron, 1886.

MAGALHÃES, Valentim. *A literatura brasileira*. Lisboa: Antônio Maria Pereira, 1896.

MARQUES, A. H. de Oliveira e COSTA, Fernando Marques da. *Bernardino Machado*. Lisboa: Edições Montanha, 1978.

MARROQUIM, Mário. *A língua do Nordeste (Alagoas e Pernambuco)*. São Paulo: Companhia Editora Nacional, 1934.

MARTINS, Heitor. *Oswald de Andrade e outros*. São Paulo: Conselho Estadual de Cultura, 1973.

MARTINS, Wilson. *A crítica literária no Brasil*, 2 vols., 2ª ed. Rio de Janeiro: Francisco Alves, 1983.

________. *História da inteligência brasileira*, 7 vols. São Paulo: Cultrix, 1977-1978.

MAUL, Carlos. *A concepção da alegria nalguns poetas contemporâneos*. Lisboa: Guimarães & Cia., 1914.

________. *A morte da emoção (Prosas atuais)*. Porto: Renascença Portuguesa, 1915.

________. *Ankises*. Porto: Renascença Portuguesa, 1914.

MAUL, Carlos. *Grandezas e misérias da vida jornalística (Memórias)*. Rio de Janeiro: Livraria S. José, 1968.

________. *O poeta conversa com a musa*. Rio de Janeiro, ed. do autor, 1947.

________. *O Rio da Bela Época*. Rio de Janeiro: Livraria S. José, 1967.

MEIRELES, Cecília (sel. e pref.). *Poetas novos de Portugal*. Rio de Janeiro: Edições Dois Mundos, 1944.

MELO, Gladstone Chaves de. *Alencar e a "língua brasileira" (Seguido de Alencar, cultor e artífice da língua)*, 3ª ed. Rio de Janeiro: Conselho Federal da Cultura, 1972.

MENDES, Margarida Vieira (apres. crítica, sel., notas e sugestões para análise literária). *Poesias de Cesário Verde*, 2ª ed. Lisboa: Editorial Comunicação, 1982.

MENDES, Murilo. *Convergência*. São Paulo: Livraria Duas Cidades, 1970.

MENDONÇA, Renato. *O português do Brasil. Origens — Evolução — Tendências*. Rio de Janeiro: Civilização Brasileira, 1936.

MENEZES, Raimundo de. *Dicionário literário brasileiro*, 2ª ed. Rio de Janeiro, São Paulo: Livros Técnicos e Científicos, 1978.

MOISÉS, Massaud (org. e dir.). *Pequeno dicionário de literatura portuguesa. Crítico, biográfico e bibliográfico*. São Paulo: Cultrix, 1981.

MOISÉS, Massaud e PAES, José Paulo (orgs.). *Pequeno dicionário de literatura brasileira. Biográfico, crítico e bibliográfico*, 2ª ed. rev. e amp. por Massaud Moisés. São Paulo: Cultrix, 1980.

MONTALVOR, Luís de. *Poemas*. Porto: Parnaso, Jardim de Poesia, s.d.

MONTEIRO, Adolfo Casais. *Artigos de Adolfo Casais Monteiro publicados no Suplemento Literário de* O Estado de S. Paulo, 2 vols. Araraquara: UNESP, *Cadernos de Teoria e Crítica Literária*, nº 12 (número especial), 1983.

MONTEIRO, Adolfo Casais. *Estudos sobre a poesia de Fernando Pessoa*. Rio de Janeiro: Livraria Agir Editora, 1958; 2ª ed., *A poesia de Fernando Pessoa*. Org. José Blanc. Lisboa: Imprensa Nacional, Casa da Moeda, 1985.

________. *Figuras e problemas da literatura brasileira*. São Paulo: Instituto de Estudos Brasileiros, 1972.

MONTEIRO, Mário. *Bilac em Portugal*. Lisboa: Agência Editorial Brasileira, 1936.

MOREIRA, Thiers Martins. *Lição inaugural do curso de Cultura Brasileira na Faculdade de Letras de Lisboa*. Lisboa, s.ed., 1961.

MOREYRA, Álvaro. *As amargas, não... (Lembranças)*, 2ª ed. Rio de Janeiro: Lux, 1955.

________. *Legenda da luz e da vida*, 1911.

MURICY, Andrade. *O símbolo — À sombra das araucárias (Memórias)*. Rio de Janeiro: Conselho Federal de Cultura, 1976.

________. *Panorama do movimento simbolista brasileiro*, 2 vols., 2ª ed. Brasília: Instituto Nacional do Livro, 1973.

NASCENTES, Antenor. *O linguajar carioca em 1922*. Rio de Janeiro: Süssekind Mendonça, s.d.

NEGREIROS, Almada. *Obras completas*, 6 vols. Lisboa: Editorial Estampa, 1971.

________. *Obras completas. Vol. I — Poesia*. Lisboa: Imprensa Nacional, Casa da Moeda, 1985.

NEGREIROS, Maria José Almada. *Conversas com Sarah Affonso*. Lisboa: Arcádia, 1982.

NEVES, João Alves das. *Fernando Pessoa — O poeta singular e plural*. São Paulo: Expressão, 1985.

NEVES, João Alves das. *O movimento futurista em Portugal.* Porto: Livraria Divulgação, 1966.

_______. *Temas luso-brasileiros.* São Paulo: Conselho Estadual de Cultura, 1963.

OCTAVIO FILHO, Rodrigo. Ver PEDERNEIRAS, Mário.

OLIVEIRA, Alberto de. *Na outra banda de Portugal (Quatro anos no Rio de Janeiro).* Lisboa: Portugal-Brasil; Rio de Janeiro: Companhia Editora Americana, Livraria Francisco Alves, s.d. (1919).

OLIVEIRA, Filipe de. *Vida extinta.* Rio de Janeiro: Editora das Oficinas Gráficas da Liga Marítima Brasileira, 1911.

OLIVEIRA, José Osório de (sel., pref. e notas). *Contos brasileiros.* Lisboa: Livraria Bertrand, s.d.; 2ª ed., *Contos do Brasil.* Lisboa: Portugália, 1966.

_______ (sel., pref. e notas). *Ensaístas brasileiros.* Lisboa: Livraria Bertrand, s.d.

_______. *Espelho do Brasil.* Lisboa: Empresa Nacional de Publicidade, 1933.

_______. *Geografia literária.* Coimbra: Imprensa da Universidade, 1931.

_______. *História breve da literatura brasileira*, 5ª ed., definitiva. Lisboa: Editorial Verbo, 1964.

_______ (sel., pref. e notas). *Líricas brasileiras.* Lisboa: Portugália, s.d. (1954).

_______. *Literatura brasileira.* Lisboa, Porto, Coimbra, Rio de Janeiro: "Lumen", Empresa Internacional Editora, 1926.

ORBAN, Victor. *Littérature brésillienne.* Paris: Garnier, 1910.

OS MELHORES SONETOS BRASILEIROS, 2ª ed. Lisboa: Empresa do Diário de Notícias, 1928.

PACHECO, João. *Poesia e prosa de Mário de Andrade*. São Paulo: Livraria Martins Editora, 1970.

PAES, José Paulo. Ver MOISÉS, Massaud.

PAXECO, Fran. *O sr. Sílvio Romero e a literatura portuguesa*. São Luís do Maranhão, 1900.

________. *Teófilo no Brasil*. Lisboa: Casa Ventura Abrantes, 1917.

PAZ, Octavio. *In/Mediaciones*. Barcelona, Caracas, México: Editorial Seix Barral, 1979.

________. *Los hijos del limo. Del romanticismo a la vanguardia*. Barcelona: Editorial Seix Barral, 1974.

PEDERNEIRAS, Mário. *Poesia*. Intr., sel. e notas Rodrigo Octávio Filho. Rio de Janeiro: Livraria Agir Editora, 1958.

PEIXOTO, Afrânio. *Maias e Estevas (Pequenos ensaios portugueses)*. Porto: Livraria Lello & Irmão; Lisboa: Aillaud & Lellos, 1940.

PEREIRA, José Carlos Seabra. *Do fim-de-século ao tempo de Orfeu*. Coimbra: Livraria Almedina, 1979.

PEREZ, Renard. *Escritores brasileiros contemporâneos*, 2 vols. (2 séries). Rio de Janeiro: Civilização Brasileira, 1960 e 1964.

PESSOA, Fernando. *Cartas a Armando Côrtes-Rodrigues*. Intr. Joel Serrão. Lisboa: Editorial Confluência, s.d. (1945); 2ª ed., Editorial Inquérito, s.d. (1959).

________. *Livro do desassossego*, 2 vols. "Escrito" por Bernardo Soares. Recolha e transcrição dos textos Maria Aliete Galhoz e Teresa Sobral Cunha. Pref. e org. J. do Prado Coelho. Lisboa: Ática, 1982.

________. *Obra poética*, 2ª ed. Org., intr. e notas Maria Aliete Galhoz. Rio de Janeiro: Aguilar, 1965.

________. *Obras em prosa*. Org., intr. e notas Cleonice Berardinelli. Rio de Janeiro: Nova Aguilar, 1974.

PESSOA, Fernando. *Páginas de estética e de teoria e crítica literária.* Textos estabelecidos e prefaciados por G. R. Lind e J. do Prado Coelho. Lisboa: Ática, 1966.

_______. *Páginas íntimas e de auto-interpretação.* Textos estabelecidos por G. R. Lind e J. do Prado Coelho. Lisboa: Ática, 1966.

PETRUS. *Os modernistas portugueses. Escritos públicos, proclamações e manifestos.* Porto: Textos Universais C.E.P., s.d. (1954?).

PICCHIA, Menotti del. *A longa viagem*, 2ª etapa. São Paulo: Martins, Conselho Estadual de Cultura, 1972.

_______. *República dos Estados Unidos do Brasil.* São Paulo: Editorial Helios, 1928.

PINA, Luís de. *Panorama do cinema português (Das origens à atualidade).* Lisboa: Edições Terra Livre, 1978.

PINTO, Edith Pimentel (sel. e apres.). *O português do Brasil — Textos críticos e teóricos. Fontes para a teoria e a história*, 2 vols. Rio de Janeiro: Livros Técnicos e Científicos; São Paulo: EDUSP, 1978 e 1981, I — 1820-1920, II — 1920-1945.

PINTO, Manuel de Sousa. *À hora do correio.* Rio de Janeiro, Paris: Livraria Garnier Irmãos Editores, 1911.

PINTO, Silva. *No Brasil. Notas de viagem.* Porto: Tipografia de Antônio José da Silva Teixeira, 1879.

PIRES, José Cardoso. *E agora, José?* Lisboa: Moraes Editores, 1977.

PORTUGAL-BRASIL. DISCURSOS PRONUNCIADOS NO BANQUETE EM HOMENAGEM AO ILUSTRE ESCRITOR BRASILEIRO SR. PAULO BARRETO REALIZADO NO CLUB GINÁSTICO PORTUGUÊS NA NOITE DE 6 DE SETEMBRO DE 1919.

PRADO, Antônio Arnoni. *1922 — Itinerário de uma falsa vanguarda.* São Paulo: Brasiliense, 1983.

PY, Fernando. *Bibliografia comentada de Carlos Drummond de Andrade.* Rio de Janeiro: Livraria José Olympio Editora, 1980.

QUADROS, Antônio. *Fernando Pessoa. I — Vida, personalidade e gênio.* Lisboa: Arcádia, 1981 (2ª ed., Lisboa: Publicações D. Quixote, 1984); *II — Iniciação global à obra.* Lisboa: Arcádia, 1982.

QUEIRÓS, Carlos. *Homenagem a Fernando Pessoa. Com os excertos das suas cartas de amor e um retrato por Almada.* Coimbra: Edições Presença, 1936.

QUEIRÓS, Eça de. *Obras de Eça de Queirós,* 3 vols. Porto: Lello & Irmão, s.d.

QUENTAL, Antero de. *Sonetos completos e poemas escolhidos.* Sel., rec. e pref. Manuel Bandeira. Rio de Janeiro: Livros de Portugal, 1942.

RAMOS, Silva. *Adejos.* Coimbra, 1871.

REGO, A. da Silva. *Relações luso-brasileiras (1822-1953).* Lisboa: Edições Panorama, 1966.

RIBEIRO, Aquilino. *Jardim das tormentas.* Lisboa: Livraria Bertrand, 1913.

RIBEIRO, Carneiro. *A redação do projeto do Código Civil e a réplica do dr. Rui Barbosa.* Bahia, 1905.

RIBEIRO, João. *A língua nacional e outros estudos lingüísticos.* Sel. e coord. Hildon Rocha. Petrópolis: Vozes, em convênio com o Governo do Estado de Sergipe, 1979.

________. *O fabordão,* 2ª ed. Rio de Janeiro: Livraria S. José, 1964.

RICARDO, Cassiano. *Arte & independência.* Rio de Janeiro: Livraria José Olympio Editora, 1973.

________. *Sabiá e sintaxe (e outros pequenos estudos sobre poesia).* São Paulo: Secretaria de Cultura, Esportes e Turismo, Conselho Estadual de Cultura, 1974.

RIO, João do. *Adiante!* Paris: Livraria Aillaud; Lisboa: Livraria Bertrand; Porto, Rio de Janeiro: Livraria Francisco Alves, 1919.

________. *Fados, canções e danças de Portugal*. Rio de Janeiro: H. Garnier, s.d.

________. *O momento literário*. Rio de Janeiro, Paris: H. Garnier, s.d. (1908).

________. *Portugal d'agora*. Rio de Janeiro: H. Garnier, 1911.

RODRIGUES, Bettencourt. *Os sentidos e a emoção nalguns poetas portugueses e brasileiros*. Lisboa: Livraria Clássica Editora de A. M. Teixeira & Cia., 1909.

________. *Uma confederação luso-brasileira*. Lisboa: Livraria Clássica Editora de A. M. Teixeira & Cia. (Filhos), 1923.

RODRIGUEZ, José Cervaens y. *Letras brasileiras*. Porto: Tip. da Escola Raul Dória, 1914.

ROIG, Adrien. *Essai d'interprétation de* Paulicéia desvairada. Poitiers: Publicações do Centre de Recherches Latino-Américaines de l'Université de Poitiers, 1975.

ROMERO, Sílvio. *Passe recibo (Réplica a Teófilo Braga)*. Belo Horizonte: Imprensa Oficial do Estado de Minas Gerais, 1904.

________. *Quadro sintético da evolução dos gêneros na literatura brasileira*. Porto: Livraria Chardron, 1911.

________. *Uma esperteza. Os cantos e contos populares do Brasil e o sr. Teófilo Braga*. Rio de Janeiro: Tipografia da Escola, 1887.

ROSAS, Ernâni S. *Certa lenda na tarde*. 1917.

________. *Poema do ópio*. 1918.

________. *Silêncios*. S.n.t.

SÁ-CARNEIRO, Mário de. *Além, sonhos*, 2 vols. Porto: Arte e Cultura, s.d. (1961).

SÁ-CARNEIRO, Mário de. *Amizade*. Peça em 3 atos, em colab. com Tomás Cabreira Júnior. Lisboa: Livraria Bordalo, 1912.

________. *Cartas a Fernando Pessoa*, 2 vols. Lisboa: Ática, 1958-1959.

________. *Cartas de Mário de Sá-Carneiro a Luís de Montalvor/ Cândida Ramos/ Alfredo Guisado/ José Pacheco*. Leitura, intr. e notas Arnaldo Saraiva. Porto: Limiar, 1977.

________. *Correspondência inédita de Mário de Sá-Carneiro a Fernando Pessoa*. Leitura, intr. e notas Arnaldo Saraiva. Porto: Centro de Estudos Pessoanos, 1980.

________. *Dispersão*. Lisboa, 1914.

________. *Indícios de ouro*. Porto: Presença, 1937.

________. *Princípio. Novelas originais*. Lisboa: Livraria Ferreira, 1912; 2ª ed., Porto: Orfeu, 1985.

SÁ-MACHADO, Manuel de. *Para uma comunidade luso-brasileira*. Lisboa: Sociedade de Geografia de Lisboa, 1973.

SAMPAIO, Albino Forjaz de. *Palavras cínicas*, 7ª ed. Lisboa: Empresa Literária Fluminense, s.d.

________. *Prosa vil*. Lisboa: Empresa Literária Fluminense, s.d.

SANTILLI, Maria Aparecida. *Entre linhas — Desvendando textos portugueses*. São Paulo: Ática, 1984.

SARAIVA, Arnaldo. Carlos Drummond de Andrade: do berço ao livro. Tese de licenciatura (policopiada), Faculdade de Letras, Universidade de Lisboa, 1968.

________. *Encontros des encontros*. Porto: Livraria Paisagem, 1973.

________. Ver SÁ-CARNEIRO, Mário de.

SCHWARTZ, Jorge. *Vanguarda e cosmopolitismo na década de 20. Oliverio Girondo e Oswald de Andrade*. São Paulo: Perspectiva, 1983.

SENA, Jorge de. *Seqüências*. Lisboa: Moraes Editores, 1980.

SÉRGIO, Antônio. *Em torno do problema da "língua brasileira" (Palavras de um cidadão do mundo, humanista crítico, a um estudante brasileiro seu amigo)*. Lisboa: Seara Nova, 1937.

SERPA, Alberto de. *Almanaque de lembranças luso-brasileiro*. Lisboa: Editorial Inquérito Ltda., 1954.

_______. *Novo almanaque de lembranças luso-brasileiro*, ed. do autor destinada a ofertas. Porto, 1954.

SILVA NETO, Serafim da. *Introdução ao estudo da língua portuguesa no Brasil*. Rio de Janeiro: Instituto Nacional do Livro, 1963.

SILVEIRA, Pedro da. *Os últimos luso-brasileiros*. Lisboa: Biblioteca Nacional, 1981.

SIMÕES, João Gaspar. *Heteropsicografia de Fernando Pessoa*. Porto: Editorial Inova, 1973.

_______. *Literatura, literatura, literatura... De Sá de Miranda ao concretismo brasileiro*. Lisboa: Portugália, 1964.

_______. *Perspectiva histórica da poesia portuguesa (Dos simbolistas aos novíssimos)*. Porto: Brasília Editora, 1976.

_______. *Vida e obra de Fernando Pessoa. História duma geração*, 3ª ed. novamente rev. Amadora (e Lisboa): Bertrand, 1973.

SIMÕES, Nuno. *Atualidade e permanência do luso-brasilismo*. Lisboa, ed. do autor, 1960.

SIMÕES, Veiga. *A nova geração*. Coimbra: F. França Amado, 1911.

_______. *Daquém & dalém mar*. Manaus: Tip. da Livraria Palais Royal, 1916.

SOUSA, Cruz e. *Obra completa*, edição do Centenário. Rio de Janeiro: José Aguilar, 1961.

SOUSA, João Rui de. *Fernando Pessoa empregado de escritório*. Lisboa: Sitese, 1985.

TAVARES, Antônio Rodrigues e SILVA, Pedro Ferreira da. *Fundamentos e atualidade do Real Gabinete Português de Leitura*. Rio de Janeiro: Publ. do Real Gabinete Português de Leitura, 1977.

TELES, Gilberto Mendonça. *Camões e a poesia brasileira*, 3ª ed. São Paulo: Livros Técnicos e Científicos, 1979.

________. *Vanguarda européia e Modernismo brasileiro. Apresentação e crítica dos principais manifestos vanguardistas*, 6ª ed. rev. e amp. com documentos da vanguarda portuguesa. Petrópolis: Vozes, 1982.

TELES, Moreira. *Brasil e Portugal — Apontamentos para a história das relações dos dois países*. Lisboa, ed. do autor (depositária: Livraria Ventura Abrantes), s.d. (1914).

TORRES, A. de Almeida. *Comentários à polêmica entre Rui Barbosa e Carneiro Ribeiro*. São Paulo: Companhia editora Nacional, 1959.

TORRES, Antônio. *As razões da Inconfidência*, 3ª ed. Rio de Janeiro: A. J. Castilho, 1925.

TRATADOS E ATOS INTERNACIONAIS BRASIL-PORTUGAL. Lisboa: Serviço de Propaganda e Expansão Comercial do Brasil, 1962.

UNAMUNO, Miguel de. Ver DIOS, Ángel Marcos de.

VASCONCELOS, José Leite de. *Esquisse d'une dialectologie portugaise*. Paris: Aillaud & Cie., 1901.

VASCONCELOS, Mário Cesariny de. *Poesia (1944-1955)*. Lisboa: Delfos, s.d. (1961).

VERDE, Cesário. Ver MENDES, Margarida Vieira.

VERGARA, Pedro. *A poesia moderna riograndense*. Rio de Janeiro, 1943.

VERÍSSIMO, José. *Estudos de literatura brasileira*, 6ª série. Rio de Janeiro: Garnier, 1907.

________. *História da literatura brasileira. De Bento Teixeira (1601) a Machado de Assis (1908)*. Rio de Janeiro: Livraria Francisco Alves & Cia., 1916.

VILHENA, Maria da Conceição. *As duas "Cantigas medievais" de Manuel Bandeira*. Separata da *Revista do Instituto de Estudos Brasileiros*, nº 17. São Paulo, 1975.

WOLL, Dieter. *Realidade e idealidade na lírica de Sá-Carneiro*. Lisboa: Delfos, 1968.

XAVIER, Jayro José. *Camões e Manuel Bandeira*. Rio de Janeiro: MEC, Departamento de Assuntos Culturais, 1973.

Índice onomástico*

A

* Neste índice não são considerados os nomes (e as respectivas páginas) da Bibliografia.

B

C

D

E

F

G

H

I

J

K

L

M

N

O

P

Q

R

S

T

U

V

W

X

Z

Título	Modernismo brasileiro e Modernismo português
Autor	Arnaldo Saraiva

Equipe técnica

Supervisora de revisão	Ana Paula Gomes
Preparação dos originais	Silvia Maria Grisi Sampaio
Revisão	Daniela Lellis
Secretário gráfico	Ednilson Tristão
Supervisora de editoração	Silvia Helena P. C. Gonçalves
Editoração eletrônica	Silvia Helena P. C. Gonçalves
Design de capa	Lygia Arcuri Eluf
Formato	16 x 23 cm
Papel	Pólen soft 75 g/m² – miolo Cartão Supremo 250 g/m² – capa
Número de páginas	680
Filmes	Editora da UNICAMP

Editora da UNICAMP	Caixa Postal 6074
Cidade Universitária	Barão Geraldo
CEP 13083-892	Campinas – SP – Brasil
Tel./Fax:	(19) 3788-7235/7786
www.editora.unicamp.br	vendas@editora.unicamp.br

impressão e acabamento
imprensaoficial
Rua da Mooca, 1921 São Paulo SP
Fones: 6099-9800 - 0800 123401
www.imprensaoficial.com.br